HOMENAGEM
AO PROFESSOR DOUTOR
ADELINO TORRES

COLECÇÃO ECONÓMICAS – 2ª Série
Coordenação da Fundação Económicas

António Romão (org.), *A Economia Portuguesa – 20 Anos Após a Adesão*, Outubro 2006

Manuel Duarte Laranja, *Uma Nova Política de Inovação em Portugal? A Justificação, o modelo os instrumentos*, Janeiro 2007

Daniel Müller, *Processos Estocásticos e Aplicações*, Março 2007

Rogério Fernandes Ferreira, *A Tributação dos Rendimentos*, Abril 2007

Carlos Alberto Farinha Rodrigues, *Distribuição do Rendimento, Desigualdade e Pobreza: Portugal nos anos 90*, Novembro 2007

João Ferreira do Amaral, António de Almeida Serra e João Estêvão, *Economia do Crescimento*, Julho 2008

Amélia Bastos, Graça Leão Fernandes, José Passos e Maria João Malho, *Um Olhar Sobre a Pobreza Infantil*, Maio 2008

Helena Serra, *Médicos e Poder. Transplantação Hepática e Tecnocracias*, Julho 2008

Susana Santos, *From de System of National Accounts (SNA) to a Social Accounting Matrix (SAM) – Based Model. An Application to Portugal*, Maio 2009

João Ferreira do Amaral, *Economia da Informação e do Conhecimento*, Maio 2009

Fernanda Ilhéu, *Estratégia de Marketing Internacional*, Agosto 2009

Jorge Afonso Garcia e Onofre Alves Simões, *Matemática Actuarial. Vida e Pensões*, Janeiro 2010

COLECÇÃO ECONÓMICAS – 1ª Série
Coordenação da Fundação Económicas

Vítor Magriço, *Alianças Internacionais das Empresas Portuguesas na Era da Globalização. Uma Análise para o Período 1989-1998*, Agosto 2003

Maria de Lourdes Centeno, *Teoria do Risco na Actividade Seguradora*, Agosto 2003

António Romão, Manuel Brandão Alves e Nuno Valério (orgs.), *Em Directo do ISEG*, Fevereiro 2004

Joaquim Martins Barata, *Elaboração e Avaliação de Projectos*, Abril 2004

Maria Paula Fontoura e Nuno Crespo (orgs.), *O Alargamento da União Europeia. Consequências para a Economia Portuguesa*, Maio 2004

António Romão (org.), *Economia Europeia*, Dezembro 2004

Maria Teresa Medeiros Garcia, *Poupança e Reforma*, Novembro 2005

1ª Série publicada pela CELTA Editora

HOMENAGEM AO PROFESSOR DOUTOR ADELINO TORRES

Comissão Organizadora:

ANTÓNIO ROMÃO
JOAQUIM RAMOS SILVA
MANUEL ENNES FERREIRA

HOMENAGEM AO PROFESSOR DOUTOR ADELINO TORRES

COORDENADORES
ANTÓNIO ROMÃO
JOAQUIM RAMOS SILVA
MANUEL ENNES FERREIRA

EDITOR
EDIÇÕES ALMEDINA, SA
Av. Fernão Magalhães, n.º 584, 5.º Andar
3000-174 Coimbra
Tel.: 239 851 904
Fax: 239 851 901
www.almedina.net
editora@almedina.net

DESIGN DE CAPA
FBA.

PRÉ-IMPRESSÃO | IMPRESSÃO | ACABAMENTO
G.C. GRÁFICA DE COIMBRA, LDA.
Palheira – Assafarge
3001-453 Coimbra
producao@graficadecoimbra.pt

Dezembro, 2010

DEPÓSITO LEGAL
320850/10

Os dados e as opiniões inseridos na presente publicação
são da exclusiva responsabilidade do(s) seu(s) autor(es).

Toda a reprodução desta obra, por fotocópia ou outro qualquer
processo, sem prévia autorização escrita do Editor, é ilícita
e passível de procedimento judicial contra o infractor.

Biblioteca Nacional de Portugal – Catalogação na Publicação

HOMENAGEM AO PROFESSOR DOUTOR ADELINO TORRES

Homenagem ao professor doutor Adelino Torres / comis. org. António
Romão, Joaquim Ramos Silva, Manuel Ennes Ferrreira
ISBN 978-972-40-4404-0

I – ROMÃO, António
II – SILVA, Joaquim Ramos, 1948-
III – FERREIRA, Manuel Ennes, 1955-

CDU   33

Com o Patrocínio da
Fundação Calouste Gulbenkian
Fundação Económicas
Fundação para a Ciência e a Tecnologia
Reitoria da Universidade Técnica de Lisboa

Agradece-se à Fundação Calouste Gulbenkian, à Fundação Económicas, à Fundação para a Ciência e a Tecnologia e à Reitoria da Universidade Técnica de Lisboa o apoio financeiro que tornou possível a publicação deste livro.

Nota de Abertura

Reunimos neste livro um conjunto de textos e estudos em homenagem a Adelino Torres. O livro está organizado em duas Partes.

A Parte I reúne, para além do CV do homenageado, o conjunto das intervenções que tiveram lugar, no dia 20 de Outubro de 2009, na Sessão de Jubileu de Adelino Torres realizada no ISEG, e que fecha com o texto do homenageado, que usualmente designamos como "Última Lição".

Na Parte II reunimos um conjunto de ensaios que os autores quiseram dedicar à sua vida pedagógica e científica, mas também à sua actividade cívica e cultural.

Os textos estão apresentados por ordem alfabética do primeiro nome dos autores.

Não sendo um professor formado originariamente no ISEG, Adelino Torres integrou-se, após o 25 de Abril de 1974, na Escola que o acolheu de forma aberta e amigável, constituindo, ele também, e a partir daí, "um dos nossos" que muito se empenhou e honrou a Escola.

O seu contributo e as suas áreas de interesse são agora apresentados no livro que se põe à disposição de um público mais vasto do que aquele que se confina às Salas de Aula ou às Conferência e Seminários.

Os autores dos textos abordam muitas das temáticas caras a Adelino Torres. Ele sentirá, certamente, que colegas e amigos quiseram deixar registado o seu reconhecimento perante uma vida dedicada à Universidade, mas que ele soube encontrar tempo para alargar a outros domínios, como os do jornalismo ou da poesia.

Sendo os textos algo diversificados, não devemos, contudo, deixar de referir que em muitos deles surge como objecto de análise a realidade angolana, que marcou a vida de Adelino Torres de forma bem evidente, tal como testemunha o seu CV.

Não queremos deixar de agradecer a todos quantos se associaram, quer à Sessão de Jubileu, quer elaborando ensaios que constituem a Parte II deste livro. Uma palavra de agradecimento é devida à Fundação Calouste Gulbenkian, à Reitoria da UTL, à Fundação para a Ciência e Tecnologia e à Fundação Económicas pelo apoio concedido à edição deste livro, entregue à competente equipa da Editora Almedina.

A todos muito obrigado.

A Comissão Organizadora

ANTÓNIO ROMÃO
JOAQUIM RAMOS SILVA
MANUEL ENNES FERREIRA

Índice

PARTE I

SESSÃO DO JUBILEU
DO PROFESSOR DOUTOR ADELINO TORRES

Curriculum Vitae do Professor Doutor Adelino Torres 13

O Cachimbo
João Duque 21

Sessão do Jubileu de Adelino Torres
António Romão 23

Um eterno aluno
Manuel Ennes Ferreira 29

O poeta por detrás do economista: uma breve incursão pela poesia de Adelino Torres
José Carlos Venâncio 33

A Jubilação de Adelino Torres
Adriano Moreira 41

Problemas do Desenvolvimento (Esboço de algumas linhas teóricas)
Adelino Torres 45

PARTE II
CONTRIBUTOS EM HOMENAGEM A ADELINO TORRES

Os caminhos da diversificação da economia angolana
Alves da Rocha 83

**A situação da justiça, o ensino do direito
e a formação dos juristas**
António Garcia Pereira 103

Revisitar Angola em 2009
António Jacinto Rodrigues 115

A Educação e a Paz Mundial
António José Fernandes 135

Que nova NOEI?
António Romão 155

**Les intellectuels, le M. P. L. A. et la libération nationale
en Angola, 1973-1977**
Daniel dos Santos 171

**O Ensino Universitário em Economia e Gestão e a *Internet*:
Resultados de um Inquérito às Opiniões e Práticas dos Docentes**
Elsa Fontainha 209

**Enhanced Strategy for Development in Africa: Structural
and Systemic Transformation**
Fátima Moura Roque 241

A landscape of the post-soviet amnesia in Russia
Francisco Martínez 263

How a few social scientists came to hold top offices of state
Hermínio Martins 281

The determinants of demand for lottery products: a panel data analysis
Horácio C. Faustino; Maria João Kaizeler; Rafael J. Marques 313

O Atlântico Norte e os Ocidentes do Ocidente
Ilídio do Amaral 327

Economics teaching as mind framing: Evidence from a survey concerning the social building of trust in Portugal
João Carlos Lopes; João Carlos Graça 343

Demografia, migrações e desenvolvimento – Algumas reflexões sobre teorias e políticas da população
João Peixoto 353

Central tenets of economics as a moral science
Joaquim Ramos Silva 381

Geografia: convergência e interdisciplinaridade
Jorge Carvalho Arroteia 405

Império e Globalização: Viagens entre o Real e o Imaginário
José Filipe Pinto 421

Ciência Económica: entre a ordem espontânea e o intervencionismo
José Manuel Moreira 433

TIC, Aprendizagens e Competências no Ensino Superior
José Maria Carvalho Ferreira 461

A integração europeia hoje: Que agenda de investigação?
Luís Lobo-Fernandes; Maria Helena Guimarães 479

Economics against the Human Right to work
Manuel Couret Branco 493

The Economics of Conflict Resolution in a Two-Sided Grievance and Quasi-Greed Model of Civil War
Manuel Ennes Ferreira 519

Geografia da inovação em mudança: a explosão de uso de marcas e patentes na China, Índia e Brasil
Manuel Mira Godinho; Vítor Ferreira 541

On Commons, anticommons and tragedies
Manuel Pacheco Coelho; José António Filipe; Manuel Alberto Ferreira 587

Mozambique : une impossible alternative dans la Culture politique?
Michel Cahen 601

Le livre arabe, ou l'univers occulté en Occident
Nizar Tajditi 651

Civil war ans nation formation in Angola
Nuno Valério 669

Estratégias de sobrevivência dos deficientes físicos de Luanda
Paulo de Carvalho 687

O microcrédito como instrumento de inclusão social
Pedro Verga MatosBerta SilvaRute Correia 727

Le despotisme oriental revisité : la nature des relations entre l'Etat et l'économie en Chine et dans le monde arabe
Philippe Béraud 747

Crescimento e Desenvolvimento Económico: em busca do factor primordial
Sacramento Costa 777

Sobre a natureza multidimensional do desenvolvimento
Sandrina Berthault Moreira; Nuno Crespo 817

PARTE I

SESSÃO DO JUBILEU DO PROFESSOR DOUTOR ADELINO TORRES

ISEG, 21 de Outubro de 2010

Curriculum Vitae resumido

Nome: Adelino Augusto Torres Guimarães

Habilitações: Licenciatura e Mestrado em Sociologia (Universidade de Paris-Sorbonne); Doutoramento e Agregação em Economia (Universidade Técnica de Lisboa).

Profissão: Professor Catedrático Jubilado de Economia

Local de trabalho: Instituto Superior de Economia e Gestão da Universidade Técnica de Lisboa de Novembro de 1976 a Setembro de 2009..

Áreas científicas de pesquisa e/ou estudo: Economia do Desenvolvimento; Economia Internacional; Economia Africana; Teorias Económicas; Economia e culturas árabo-muçulmanas; Metodologia e Epistemologia das Ciências e da Economia; Filosofia Portuguesa do século XX.

Áreas de interesse e estudo pessoal fora do seu domínio propriamente profissional: Literatura, História da Filosofia, Arte.

Endereço: Rua Miguel Lupi, 20 – Lisboa (Portugal)

Código Postal: 1249-078

Emails: atorres@iseg.utl.pt
ou adelino.torres@netcabo.pt
ou torres.adelino@gmail.com

Telefone: (+ 350) 961 644 703)

Site pessoal internet: http://www.adelinotorres.com

Nota sobre algumas actividades de Adelino Torres

- Dissertação de Mestrado em Sociologia sob a orientação do Prof. Georges Balandier (Paris, Sorbonnne). Tese de doutoramento em Economia sob a orientação do Prof. Francisco Pereira de Moura (Lisboa, ISEG/UTL). Terminou a sua carreira como professor catedrático de Economia do ISEG.

- Algumas actividades: delegado em Portugal da *ESF-European Science Foundation* (Estrasburgo, 2003-2006); director da revista *Episteme-Revista Multidisciplinar da Universidade Técnica de Lisboa* (2000-2008); membro da *"Academia Internacional da Cultura Portuguesa"* (Lisboa); colunista do *Diário de Notícias* (Lisboa, 1998--2007); Professor Visitante da Universidade de Rennes I desde 1996; Presidente do Departamento de Economia do ISEG (1996--98) e Presidente do Conselho Pedagógico do ISEG em dois mandatos nos anos 90; várias vezes coordenador do Mestrado em *"Desenvolvimento e Cooperação Internacional"* do ISEG; actualmente membro dos conselhos científicos ou consultivos das revistas: *Africanologia* (Universidade Lusófona de Lisboa); *Revista Angolana de Sociologia* (Luanda); *Sémiotiques* (Marrocos).

- Nos anos 1960-61 foi Secretário-Geral da *"Sociedade Cultural de Angola"* (SCA, Luanda) e jornalista do jornal independente *ABC-Diário de Angola* (Luanda).

- No quadro académico fez prelecções ou participou, com comunicações, em colóquios organizados por universidades ou outras instituições públicas e privadas. Em Portugal: Lisboa, Porto, Coimbra, Braga, Évora, Faro, Covilhã, bem como no I.N.A. No estrangeiro: França (*U. de Paris* e *U. de Rennes I*); Espanha (*Universidade Complutense*); Bélgica (*U. Libre de Bruxelles*); Reino Unido (*London School of Economics* e *Institute of Development Studies-U. of Sussex*); Cabo Verde; Moçambique (*U. Eduardo Mondlane*); Guiné-Bissau; Namíbia; Brasil (*U. de Ita-*

jaí, Santa Catarina); Canadá (*U. de Ottawa* e *U. du Québec*); EUA (*U. of Pennsylvania*, State College e *U. of South Carolina*, Columbia); Macau (*U. de Macau*), Estónia e Strasbourg (no quadro da *European Science Foundation*)

- Foi professor, nos anos 60-70, em *"Sciences Économiques et Sociales"* nos liceus oficiais franceses de Fontainebleau (Lycée François Couperin e Lycée François Ier). Anteriormente fora professor de *"História e Geografia"* em Escolas Secundárias de Argel no período 1962-67.

- «Colaborador permanente» da revista *Esprit* (Paris) no período 1968-1976 sob a direcção de Jean-Marie Domenach.

- Publicou 9 livros e dezenas de artigos em diversas revistas nacionais e estrangeiras. Tem em preparação três novos livros.

- Artigos publicados em: *African Economic History* (Wisconsin, EUA); *Análise Social* (Lisboa); *Antropolítica* (Brasil, U. Fluminense); *Cultura* (SCA, Luanda); *Economie et Humanisme* (Lyon); *Episteme* (UTL, Lisboa); *Esprit* (Paris); *Estratégia* (Lisboa); *Estudos de Economia* (ISEG, Lisboa); *Estudos Afro-Asiáticos* (Brasil, U. Cândido Mendes); *Moderna* (Porto); *Nação e Defesa* (IDN, Lisboa); *NRF-Nouvelle Revue Française* (Paris); *Studia Africana* (Barcelona); *Studia Africana* (U. Porto); *Encontro* (Gabinete Português de Leitura de Pernambuco, Brasil); *Africanologia* (U. Lusófona de Lisboa); *Cadernos de Economia* (Ordem dos Economistas, Lisboa); *Janus* (U. Autónoma de Lisboa).

- Participou em várias obras colectivas portuguesas e francesas.

- Colaborações dispersas em jornais como: *Témoignage Chrétien* (Paris); *La Croix* (Paris); *Diário Popular* (Lisboa); *Expresso* (Lisboa); *Diário de Notícias* (Lisboa) e em jornais de Angola nos anos 60-70.

- Alguns dos seus trabalhos podem ser consultados em linha em: www.adelinotorres.com

- **Coordenador do** Mestrado em *"Desenvolvimento e Cooperação Internacional"* **do ISEG (2006-2008 e em períodos anteriores).**
- **Participação, em França,** em Júris de Agregação (*"Habilitation"*) na Universidade de Rennes e de Doutoramento na Universidade de Bordéus.
- **Participação em França** como membro de júri em provas de doutoramento na Universidade de Bordéus, em Dezembro 2008.
- **Presidente do Departamento de Economia** do ISEG (1996-1998)
- Presidente do Conselho Pedagógico do ISEG (2 mandatos nos anos 1990)
- **Membro do Conselho Científico** do ISEG desde 1981
- **Membro do Conselho Científico** da *Revista Angolana de Sociologia* (Luanda) desde 2008
- **Membro do Conselho Científico** da revista *Africanologia--Revista Lusófona de Estudos Africanos* (Ed. Universidade Lusófona de Lisboa) desde 2008.
- **Membro do Conselho Científico** da revista *Sémiologie* (Marrocos) desde 2009.
- Fez, no 2º semestre de 2009 e no 2º semestre de 2010, um curso de Metodologia e Epistemologia da Ciência no **Curso de Doutoramento** da Universidade Lusófona do Porto.

Livros:

1. *Horizontes do Desenvolvimento Africano no Limiar do Século XXI*, Lisboa, Vega, 2ª edição 1999, 267 p.
2. *Demografia e Desenvolvimento*, Lisboa, Gradiva, 1996, 168 p.
3. *O Império Português entre o Real e o Imaginário*, Lisboa, Escher, 1991, 359 p.
4. *Portugal – Palop: As Relações Económicas e Financeiras* (Coord. e co-autoria de), Lisboa, Escher, 1991, 222 p.
5. *Novos Elementos do Método no Estudo*, Lisboa, Vega, 4ª ed. 2000.

6. *Sociologia e Teorias Sociológicas*, Lisboa, A Regra do Jogo, 4ª ed. 1985, 328 p.
7. *Estudos de Economia Portuguesa* (en colaboração com Laura Veloso), Lisboa, A Regra do Jogo, 1984, 2 vols, 410 e 320 p.
8. *Uma fresta no tempo*, (poesia), Lisboa, Ed. Colibri, 2008, 145 p.
9. *Histórias do Tempo Volátil* (poesia), Lisboa, Ed. Colibri, 2009, 103 p.

Em preparação (livros):

– *Economia e Sociedade – Médio Oriente e África Subsaariana* (título provisório)
– *Dicionário de Economia*
– *Metodologia, Epistemologia e controvérsias em Ciência Económica* (título provisório).
– *Cantos do Crepúsculo* (poesia, vol. III)

Artigos e outros textos em revistas como:

1. *African Economic History* (Wisconsin, USA)
2. *Análise Social* (GIS/Instituto de Ciências Sociais da Universidade de Lisboa)
3. *AntroPolítica* (Universidade Federal Fluminense, Brasil)
4. *Cultura* (Revista da Sociedade Cultural de Angola, Luanda, anos 1960)
5. *Economie et Humanisme* (Lyon, Ed. Ouvrières)
6. *Episteme – Revista Multidisciplinar da UTL* (Lisboa)
7. *Esprit* (Paris, Seuil)
8. *Estratégia* (Lisboa, IEEI-Instituto de Estudos Estratégicos e Internacionais)
9. *Estudos de Economia* (Lisboa, ISEG/UTL)
10. *Estudos Afro-Asiáticos* (Rio de Janeiro, Universidade Cândido Mendes)

11. *Moderna* (Universidade Moderna, Porto 2001)
12. *Nação e Defesa* (Lisboa, Instituto de Defesa Nacional)
13. NRF-Nouvelle Revue Française (Paris, Gallimard)
14. *Studia Africana* (Universidade de Barcelona)
15. *Studia Africana* (Porto, Universidade do Porto)
16. *Encontro* – Revista do Gabinete Português de Pernambuco (Ano 22, n.º 19, 2005)
17. Revista *Africanologia* (Universidade Lusófona, Lisboa, 2008)
18. Revista *Cadernos de Economia* (Ed. Ordem dos Economistas portugueses), Lisboa, 2006, 2008.

Alguns textos do autor estão disponíveis *on line* na Internet *in*: http://www. adelinotorres.com (Página "Trabalhos do Autor"

Participações em obras colectivas:

Inclusão em vários livros colectivos portugueses e franceses. Nomeadamente:

1. In: **Bourgs et villes en Afrique lusophone** (Coor. Michel Cahen), Paris, L´Harmattan.
2. In: AAVV, **Homenagem ao Professor J.R. dos Santos Júnior**, Lisboa, IICT, vol. I.
3. In: **O Desafio Africano** (Coord. J.C. Venâncio) op. cit.
4. In: **La France et l´outre-mer: un siècle de relations monétaires et financières**, (Coord.) Jacques Marseille) op. cit.
5. In: **Géo-économie de la Coopération: de Yaoundé à Barcelone**, (Coord. P. Béraud), op. cit.
6. In: **Comunidade dos Países de Língua Portuguesa – Cooperação** (Coord. Adriano Moreira), op. cit.
7. Contribuições inseridas nos volumes 1, 2 e 3 de **Portugal Contemporâneo** (Coord. António Reis), Lisboa, Alfa (nova ed. Readers)

8. "Desenvolvimento e mudança nos países do Sul no final do século XX" in: *Ensaios de Homenagem ao Professor Francisco Pereira de Moura*, Lisboa, ISEG/UTL, 1995, pp. 549-566.
9. "Economia do Desenvolvimento e interdisciplinaridade: da heterodoxia desenvolvimentista à ortodoxia neoclássica" in: *Ensaios de Homenagem ao Professor Manuel Jacinto Nunes*, Lisboa, ISEG/UTL, 1996, pp. 117-130.
10. **"Terrorismo: o apocalipse da Razão?"**, in *Terrorismo* (Coord. de Adriano Moreira), Coimbra, Almedina, 2ª ed. 2005). As versões portuguesa e francesa (esta última mais actualizada) encontram-se no site: *www.adelinotorres.com* (página "Trabalhos do Autor)
11. **Vários artigos** *in*: António Romão *et alii*. (Organizadores), *En directo do ISEG*, Oeiras, Editora Celta, 2004, 335 p.

Orientação de teses e dissertações

- **Orientação de Teses de doutoramento**
  5 teses de doutoramento aprovadas [*Doutores*:[1]) Manuel Ennes Ferreira,[2]) João Estêvão,[3]) Fernando Jorge Cardoso,[4]) José Carlos Pereira,[5]) Custódia Sacramento Costa].

- **Orientação de "Dissertações" de mestrado**
  Várias dezenas de dissertações de mestrado no ISEG e algumas noutras universidades portuguesas. Actualmente mais de uma dezena de dissertações de mestrado suplementares está em curso de finalização.

- **Participação em Júris como arguente**
  Participação em júris de provas agregação, de doutoramento e de mestrado, como arguente, em várias universidades em Portugal e em França desde 1982.

O Cachimbo

João Duque*

Os Homens também se lêem pelo que fumam. Há imagens que nos ficam para sempre.

Churchil, com o seu charuto. Ar de bulldog sem poder morder os seus inimigos de guerra, trincava, mastigando, o fumo pesado e espesso que só o charuto provoca na boca de quem o sabe "puxar". Era assim, e assim ficou.

De Humphrey Bogart vamos recordá-lo com aquele ar de cachorro irresistível a que nenhuma mulher resiste (e que ele aproveitava), saboreando uma mistura inigualável de amor, tabaco e álcool que ia bebendo e misturando a partir dos lábios das divas, do copo do seu whisky e do cigarro de papel, sempre sacado da cigarreira e calcado com três batidas na dita: "– Play it, Sam…"

O Lucky Luke não teve a sorte de poder morrer a fumar, ou melhor, a manter pendente o eterno cigarro que nem fumava, mas que insistia em não deixar cair dos lábios secos, pois por estarem secos, não largavam o cigarro enrolado na mortalha do cowboy solitário. Maurice De Bevere, aliás Morris, trocou-lhe o cigarro pela palhinha ao canto da boca quando os pedagogos dos anos 80 pensaram que heróis de miúdos não podem fumar. Foi em 1983…

---

* Presidente do ISEG-UTL, Professor Catedrático; jduque@iseg.utl.pt

Sherlock Holmes ficará sempre intocável porque na altura em que Sir Arthur Conan Doyle escrevia não havia políticos correctos a afectar a literatura britânica. Por isso, ainda hoje Sherlock só tira da boca o seu pensativo cachimbo para se voltar para o seu amigo Doctor Watson e exclamar, o que nunca exclamou, mas que todos invocam: "– Elementar meu caro Watson!"

O Professor Adelino Torres é um fumador de cachimbo. E isso, para quem já fumou cachimbo como eu, sabe que só assenta com um determinado tipo de carácter humano: o de alguém que gosta de pensar e ter tempo para degustar o pensamento. Não apenas o dele, claro, mas também o dos outros.

Uma das mais fortes imagens que guardo do meu colega Adelino Torres é a de uma pessoa que, depois da saída buliçosa do bar por parte dos colegas de departamento, tem o bom gosto e a disponibilidade mental para ficar a apreciar, sentado numa das mesas ao fundo da sala, a sua leitura reflexiva saboreando o tabaco que calcava na chaminé da pequena fornalha que prendia entre os dentes.

O Professor Adelino Torres gosta de apreciar as ideias. E só assim se compreende o trabalho, carinho e dedicação de entregou ao projecto Episteme, aquela revista que alguns perguntavam "o que era", ou "sobre o que era" e que eu logo entendi: uma revista conduzida à medida de um Homem que não espartilha o conhecimento e que gosta de dar espaço ao pensamento universalista e enciclopédico dos outros.

Que muitos outros possam seguir os passos marcados na Escola e no mundo pelo Professor Adelino Torres.

Em nome do ISEG, e na qualidade de seu Presidente, deste cargo efémero que ocupo, envio o meu bem-haja ao Professor Adelino Torres, sabendo-me acompanhado no gesto por todo o corpo de discentes, docentes e restantes funcionários não docentes.

Como colega, obrigado ao Adelino Torres. Foi um prazer e uma honra partilhar o seu espaço e o seu tempo.

Sessão do Jubileu de Adelino Torres

*António Romão**

Senhor Vice-Reitor,
Senhor Presidente do ISEG,
Senhor Prof. Adriano Moreira,
Senhor Prof. José Carlos Venâncio,
Prof. Ennes Ferreira,

Caros Colegas,
Senhoras e Senhores Convidados,
Meu Caro Adelino,

Pediram-me que falasse nesta Sessão em tua Homenagem (justíssima), enquanto Colega no ISEG ao longo dos últimos 30 anos.

Esta Sessão e a Homenagem que te prestamos não é um Ritual, nem uma Convenção. **É uma Obrigação.**

O BI afastou-te, formalmente, da Carreira Universitária, mas não da Universidade e da vida universitária.

Para mim é uma honra intervir nesta Sessão que simboliza o teu Jubileu, mas não a tua ausência do ISEG e, certamente muito menos, da actividade cívica, científica e cultural que sempre esteve

---

* Professor Catedrático, ISEG-UTL; romao@iseg.utl.pt

presente em ti desde que nos conhecemos e que, pelo teu *curriculum*, já era bastante anterior e intensa.

Conhecemo-nos e tornamo-nos amigos no ISEG no início da década de 80; e desde então a nossa amizade e consideração mútuas fortaleceram-se, muito facilitadas pela tua personalidade e pela maneira como alimentas e fertilizas as amizades.

Sei um pouco do teu percurso antes de chegares ao ISEG – a passagem por Angola, pela Argélia, por França. Sei do teu "engagement " (como gostas de dizer, metendo palavras em francês no discurso português, devido, justamente a essa experiência e a essa vivência... "enfin"!....) cívico e político. Também sei da tua passagem pelo jornalismo em Angola, em França e em Portugal.

Mas foi, efectivamente, após o Doutoramento em Economia, o teu aqui no ISEG e o meu em Grenoble, ambos em 1981, que iniciámos uma viagem, que começou por ser sòmente profissional e que se foi alargando pelos campos da amizade e até de alguma cumplicidade, o que implica, nalguns casos, confidencialidade, que respeitarei.

Desde os já "velhos tempos" da constituição do "Núcleo de Economia", nos anos 80, sob a orientação e coordenação do Prof. F. Pereira de Moura, até às diferentes fases e vicissitudes por que passaram as nossas vidas académicas.

Concorremos aos mesmos concursos para professores associados e catedráticos, respectivamente em 1984 e 1989, juntamente com outros colegas que aqui também recordo – alguns já saíram da Escola, outros ainda cá estão.

Este Grupo de professores do ISEG constituiu a 1ª grande renovação no quadro de professores da Escola que se verificou desde há longas décadas.

Foi o início de uma nova fase de que as gerações mais novas têm beneficiado e o País também, uma vez ultrapassada aquela fase atávica e castradora da vida da Escola.

Já que evoco este período não me esquecerei que tive a oportunidade de te conferir posse como professor associado, após a reformulação do Quadro de Professores do ISEG em 22.11.89 e voltei a dar-te posse em 26.12.89, agora como professor catedrático, uma vez que exercia nessa altura as funções de Presidente do Conselho Directivo, sendo para o efeito eu próprio previamente empossado pelo Prof. F. Pereira de Moura, enquanto decano dos professores do Grupo I – Economia.

Recordo a tua passagem pelo Conselho Pedagógico, cuja presidência chegaste a assumir (1985/88), bem como pelo Departamento de Economia, pelo Conselho Científico e sempre senti a dedicação à Escola, mesmo se a tua origem era a França da emigração económica e política e a tua formação de base sociológica.

Apreendeste que esta Escola era uma Instituição *sui generis* no panorama português e nas áreas científicas em que desenvolvia as actividades de Ensino e Investigação. Por ser uma Instituição anti-dogmática, plural, tolerante, de grande abertura à discussão de ideias, as mais variadas, pela liberdade de ensino e de investigação, pela pluralidade de perspectivas teóricas e políticas que aqui coexistiam e, quero crer, que ainda coexistem.

Sei que nos últimos anos lamentavas com frequência uma certa tendência para estreitar os campos de análise, para uma certa unidimensionalidade cuja justificação dificilmente encontravas; Tu, um defensor acérrimo da inter, da pluri e da multidisciplinariedade. Algumas vezes te dei razão, outras vezes tentei dar-te a minha posição sobre o apoio a algumas alterações que tinham lugar na Escola, para minimizar o teu "sofrimento".

A tua vertente multidisciplinar está bem presente no CV. Quem for ao **site pessoal** que criaste e que disponibilizas a quem o queira utilizar para divulgar trabalhos, fàcilmente se aperceberá dessa componente essencial da tua formação e da tua actividade – da Sociologia à Economia, passando pela História, Filosofia, Relações Internacionais e, claro está, pelas Questões Africanas e pelos Países do "Sul", o ponto cardeal para designar Sub-Desenvolvimento.

Mas há mais. Recentemente fizeste-me descobrir a tua vertente de Poeta, cuja última publicação me chegou às mãos em Julho passado. São as *"Histórias do tempo volátil"*, com um excelente prefácio do Prof. Alfredo Margarido, e que certamente não por acaso começa com um poema intitulado "SERES INAMOVÍVEIS" e fecha com outro sob o título de "DESTINO".

A proximidade dos nossos Gabinetes de trabalho aqui no ISEG (509 o meu, 511 o teu) permitiu, desde os tempos em que o partilhavas com o nosso comum amigo, desaparecido prematura e tràgicamente, Armando Antunes de Castro, que trocássemos impressões com frequência:

OU para te pores ao corrente de como iam as "coisas" no ISEG;

OU para me informares de teus trabalhos projectados ou realizados;

OU para discutirmos temas da Área de Economia Internacional e do Desenvolvimento, área em que ensinavas e investigavas. Aliás deve aqui ser realçado o teu papel, juntamente com outros Colegas, na criação e desenvolvimento do Mestrado em Desenvolvimento e Cooperação Internacional (DCI) e no Centro de Estudos sobre África (CESA);

OU ainda para me mostrares os últimos livros que acabavas de receber da **Amazon.com**.

O conhecimento que tinha de ti permitiu-me aconselhar o então Reitor da UTL, em 1999/2000, que te entregasse a Direcção da EPISTEME, Revista Multidisciplinar da UTL, que durante oito anos dirigiste com dedicação, melhorando-a de forma muito considerável; sei que nem sempre o teu trabalho e a tua dedicação a esse projecto foram compreendidos como deviam pelas diferentes Escolas da UTL. Mas era um projecto bastante interessante em cujo desenvolvimento havia que apostar. Infelizmente, após a tua saída, a EPISTEME teve o destino dos projectos mal-amados.

Não mais a voltei a ver. E ela que deveria ser – e ter – um Valor Acrescido numa Universidade Técnica.

Adelino,
Caros Colegas,
Minhas Senhoras e Meus Senhores,

Já vai longo este simples Depoimento, mesmo assim não dará para uma "caracterização" completa de uma personalidade tão multifacetada.

Resta-me a esperança de ter deixado aqui as opiniões de um Colega que acompanhou a tua vida nesta Casa nas últimas décadas e que elas sejam fiéis à Realidade.

E esta Realidade é a grandeza da tua personalidade, da tua humildade, da dedicação ao trabalho e aos amigos, sempre disponível para os estudantes, sempre desperto para a actualidade e para a actualização.

E isto é suficiente para te ficar agradecido para sempre por me teres distinguido como Colega e como Amigo.

Um grande Muito Obrigado,

Uma certa Saudade da tua presença, agora menos frequente; Sei que trabalhas mais em casa. Uma Certeza – a da continuidade da tua dedicação às Causas que abraças, aos Amigos, à Escola e, sobretudo, aos trabalhos que sei teres projectados.

UM ABRAÇO AMIGO do

António Romão

Um eterno aluno

*Manuel Ennes Ferreira**

Enquanto membro da Comissão Organizadora da cerimónia alusiva ao Jubileu do Professor Adelino Torres, coube-me a honra de proferir algumas palavras.

Este é um momento particularmente difícil para mim, do ponto de vista institucional e pessoal. Fui aluno do Professor Adelino Torres na licenciatura e no mestrado e a minha tese de doutoramento foi por ele orientada. São 27 anos de conhecimento profissional e, ao longo do tempo, pessoal e onde uma forte amizade se foi construindo. Cruzei-me com o homenageado quando frequentava o 4º ano de Economia, ao tempo do ISE. Uma disciplina que, se me recordo bem, chamava-se Desenvolvimento e Subdesenvolvimento. Pelo menos essa era a área. A maneira de ensinar e a forma como se relacionava com os estudantes eram bastante distintas de outros docentes. A temática era apelativa e a forma como a abordava era, no mínimo, entusiasmante. Acabada a licenciatura e tendo ingressado imediatamente na carreira académica nesta casa, iniciei o Mestrado em Economia. E novamente tive ocasião de ter o professor Adelino Torres como docente, agora em Economia Africana. Durante o tempo em que decorreram estes dois episódios mantive para com ele, por pudor, um segredo.

---

* ISEG-UTL; mfereira@iseg.utl.pt

O à-vontade e a amizade que entretanto se vinham a desenvolver levou-me finalmente a abrir o 'jogo'. E era simples mas que me marcava no fundo do coração.

Os trajectos pessoais de cada um de nós são tão diversos quanto insodáveis, por vezes. Mesmo com quem privamos no dia-a-dia. Durante a minha juventude, em Angola, no turbilhão de um processo revolucionário no qual estava fortemente empenhado, acabei por, juntamente com centenas de outros jovens, ter sido preso por questões políticas. Parece que na altura andava demasiado à esquerda... Foram quase três anos terríveis. Felizmente que a solidariedade existe em todo o mundo e aparece quando é necessária. De todos os abaixo-assinados de que fui tomando conhecimento, ainda na prisão e mais tarde em liberdade, lá aparecia o nome de Adelino Torres. Já agora aproveito para publicamente também referir o nome de dois nossos colegas do Iseg, um entretanto falecido, Armando de Castro, e a Professora Manuela Silva. Como devem calcular, a dívida moral que tenho para com todos aqueles que ajudaram a resolver a situação penosa em que me encontrava é grande. Agora imaginem o que é um dia, a iniciar-se o 4º ano de licenciatura, aparecer-me a um metro na sala de aula o Professor Adelino Torres! Para mim ele funcionava como uma espécie de mito! Os anos foram passando e uma espécie de 'química' rapidamente se foi transformando numa profunda amizade, de respeito e reconhecimento. Percebe-se, assim, porque no início desta apresentação afirmei que este é um momento particularmente difícil para mim.

A vida académica do homenageado é, para mim e estou certo que também para a maioria dos colegas e antigos alunos que vejo nesta sala, um exemplo de um pedagogo e de um investigador exemplar para a Academia. O rigor que coloca na sua investigação e publicações, o autêntico rendilhado que cria procurando os pormenores sem perder de vista a ideia central da temática abordada, tornam-no um perfeccionista. Aliado a isto, um conhecimento e uma curiosidade permanentes e muito abrangente em diversas áreas, seja da filosofia à história passando pela literatura, conferem-lhe um estofo intelectual invejável. Adelino Torres é um aluno em permanência! E como se isto não fosse pouco, uma escrita notável, invejável diria! Mas se a investigação e a divulgação deste conhecimento através das suas publicações é uma obrigação de um professor universitário, não menos importante é a capacidade de transmissão de conhecimentos. E, uma vez mais, é notável o seu lado pedagógico e comunicativo. E com isto não quero dizer apenas o arrebatar da atenção da audiência enquanto expõe, seja pela clareza do discurso, seja até pela sua postura física. O que dali resulta é empolgante e mobilizador, afinal um professor universitário também é um actor em palco. É ímpar o modo como entusiasma os seus alunos pelo saber e pela exigência. Atrevo-me quase a dizer que o professor Adelino Torres quando encara uma turma só vê os seus filhos à frente, quer dar--lhes tudo. E consegue! Sempre conseguiu! Mesmo quando em períodos onde o ensino tecnocrático e as tentações 'mainstream' fazem escola e muitas das vezes apenas escondem a incapacidade de um professor em sê-lo verdadeiramente, o ousar ir contra a corrente de Adelino Torres marcou esta Escola. Nunca desistiu de chamar a atenção para os problemas do Desenvolvimento. Mostrou, como hoje ironicamente se vê no Iseg, que tinha razão. Mais do que nunca esta área é de importância indesmentível. E ao contrário do que se possa apressadamente pensar não é apenas uma questão de África. Esta foi a área privilegiada de aplicação do seu saber. Mas era e é muito mais do que isso.

    Não me quero alongar nesta cerimómia tão importante na vida de um professor universitário. Só queria dizer, a terminar, que mais de trinta anos depois de ter ouvido falar no nome de Adelino Torres e de quase trinta anos a conviver com ele nesta casa, todos sabem a amizade e a admiração que eu tenho por ele. E alguns, por isso, admirar-se-ão por que razão eu nunca o tratei por 'tu'. O respeito que tinha, e tenho, e a enorme dívida moral pessoal, não me punham o suficientemente à vontade para esse tratamento. Mas isso acabou agora e por isso digo publicamente e pela primeira vez directamente ao homenageado: "Adelino, tu foste e és um grande exemplo de professor universitário, um pedagogo e um investigador, que não engrandece apenas o ISEG mas igualmente a Academia Portuguesa. Só te temos a agradecer"!

O poeta por detrás do economista
Uma breve incursão pela poesia de Adelino Torres

*José Carlos Venâncio**

(...) "a escrita começa onde a fala se torna impossível"
ROLAND BARTHES

Algumas palavras iniciais

Em 1961, é publicada em Luanda a colectânea de poesia *Força Nova* (impressa na Neográfica), que reúne poemas de 17 estudantes pré-universitários, entre os quais Adelino Torres, então com 22 anos, João Abel, que se tornou um nome incontornável da poesia angolana dos anos 60, António Jacinto Rodrigues, que enveredou pela vida académica[1], e o António José Rodrigues, que, tendo sido

---

* Universidade da Beira Interior; jcvenancio@sapo.pt
[1] Terminou a carreira académica como professor catedrático na Faculdade de Arquitectura da Universidade do Porto. Entre os textos que produziu, enquanto ficcionista, merece especial destaque o conto "na ilha há gritos de revolta (Diário do Sexta-Feira)". Partindo da relação de dependência de Sexta-feira em relação a Robinson Crusoe, no romance homónimo de Daniel Defoe, desconstrói a relação colonial, dando voz e protagonismo às vítimas da colonização europeia em Angola e, por extensão, em África. O conto terá sido escrito, segundo informação do autor, em 1973/74 e publicado em 1976 ou 1977, nas Edições ITL.

igualmente o autor do linóleo da capa, se tornou um dos mais conceituados escultores do mundo da arte português.

1961 é o ano em que se iniciou a luta armada contra o colonialismo em Angola: a 4 de Fevereiro, um grupo de nacionalistas, insuficientemente armados, ataca prisões em Luanda onde estavam outros tantos nacionalistas aprisionados; a 15 de Março é a vez das plantações de café do Norte, da região dos Dembos, serem atacadas por grupos revoltosos, igualmente mal armados, malgrado a violência empregue quer no momento dos ataques, quer na resposta dos colonos e entidades coloniais. Ao que parece, a leitura que até há uns anos se fazia – e que oficialmente ainda se faz – a respeito da autoria destes dois levantamentos, em que o primeiro teria sido da autoria do MPLA e o segundo da UPA, tem sido alvo de crítica, de certa maneira justificada, pelo que tal linearidade perdeu, enquanto argumento, muita da sua sustentabilidade. Porém, independentemente da natureza dos grupos envolvidos, as sublevações em apreço foram perpetradas por nacionalistas, por angolanos descontentes com o *statu quo* colonial, que, ao rebelar-se, encetam um percurso de libertação e de afirmação num universo dominado pela idiossincrasia do homem branco. 1961 é também o ano em que Henrique Galvão assalta, com um punhado de homens, o paquete Santa Maria, abalando, por essa via, o regime vigente na metrópole. Ao que se sabe hoje, fruto da investigação de Filipe Zau e de outros investigadores, a relação deste assalto com as sublevações de 15 de Março é mais conjuntural (o aproveitamento por parte da UPA da visibilidade mediática que o assalto causaria a nível internacional) do que estrutural. Em qualquer das circunstâncias, o ano de 1961 marca o início de um novo ciclo de vida na colónia. Disso dá menção o subtexto da "Introdução", da autoria de Jorge Almeida Fernandes. "Queremos integrar-nos – diz – no movimento que por toda a parte se processa e não é mais que o aspecto novo da marcha da humanidade" (p.8). É obvia a influência marxista, mormente a do materialismo histórico, uma das manifestações, porventura das mais consistentes, do evolucionismo social no pensamento moderno europeu a que o africano não pôde ficar imune.

No que respeita ao ambiente cultural vivido na colónia de então, em 1961 já vários episódios haviam contribuído para a afirmação do que se poderá considerar como um discurso literário genuinamente angolano. Em 1953, Francisco Tenreiro, são-tomense, e Mário Pinto de Andrade, angolano, haviam publicado em Lisboa o *Caderno de poesia negra de expressão portuguesa*, que contou com a colaboração, entre outros, de Agostinho Neto e de António Jacinto. Do primeiro, que residia em Lisboa (?), é publicado, entre outros, um dos seus poemas mais conseguidos, "Aspiração", um poema de forte conotação pan-africanista; do segundo, sedeado em Luanda, é igualmente publicado um dos poemas mais significativos da sua obra, "Monangamba". "Naquela roça grande tem café maduro/e aquele vermelho-cereja/são gotas do meu sangue feitas seiva", rezam alguns dos versos, uma crítica explícita ao regime de trabalho compulsivo.

Os anos 50 haviam também visto emergir duas revistas literárias que muito contribuíram para a definição do cânone literário angolano. Refiro-me às revistas *Mensagem* e *Cultura* (II), expressões de uma geração que ficou conhecida na história da literatura angolana como a "Geração de 50".

O lugar da antologia

É neste ambiente de indefinição e de procura que surge a antologia *Força Nova*, desejosa, como se depreende da introdução, de afirmar e justificar (...)"a existência de uma geração"; uma geração que não terá seguramente os mesmos propósitos da "Geração de 50", uma geração que provavelmente não estava tão comprometida com o desígnio nacionalista da colónia, mas que, mesmo assim, não concordava com a desumanidade do regime e, em conformidade, denunciava as suas injustiças. Eram, na sua maioria, pelo que dos textos e das biografias pude depreender, de origem portuguesa, mas mesmo assim atentos às injustiças, mostrando quão errado esteve Frantz Fanon quando, num posicionamento deveras sectário, menosprezou o papel dos franceses progressistas na denúncia e no combate contra o sistema colonial na Argélia.

É notória, aliás, a influência, mormente em Adelino Torres e em [António] Jacinto Rodrigues, da poesia dos anos 50. Refiro-me especificamente a António Jacinto (que, na verdade, era primo quer de Jacinto Rodrigues, quer de José Rodrigues), Viriato da Cruz e Mário António, poetas que, para além dos atributos nacionalistas, marcaram profundamente o que se poderá designar por modernismo angolano. E, assim sendo, vale elencar um outro poeta, de anterior geração, que, tendo sido indefinido quanto ao propósito nacionalista, foi decididamente um poeta do modernismo. Refiro-me a Tomás Vieira da Cruz.

Poemas como "Pescador " e "O corcunda" de Adelino Torres, e "Lenda das Tatuagens", de [António] Jacinto Rodrigues, são exemplo desse compromisso com uma estética que haveria de diferenciar o percurso literário angolano dos percursos congéneres dos restantes países africanos, mesmo os de língua portuguesa, com excepção de Cabo Verde. Era a influência do Brasil, mormente do seu modernismo, a fazer-se sentir.

A manifestação do poeta bissexto

O termo foi cunhado pelo poeta brasileiro Manuel Bandeira e Alfredo Margarido usou-o para caracterizar a faceta poética de Adelino Torres, no prefácio que acompanha o livro *Histórias do tempo volátil* (Lisboa: Edições Colibri 2009)[2]. Bissexto define, nesta

---

[2] Este prefácio foi solicitado por Adelino Torres para acompanhar o livro anterior, Uma fresta no tempo seguida de ironias (Lisboa: Edições Colibri 2008). Razões de saúde impediram que Alfredo Margarido o terminasse a tempo da publicação, pelo que, em homenagem ao prefaciador, Adelino Torres resolveu publicá-lo no livro Histórias do tempo volátil. Cf. "Nota prévia ao 'prefácio' do Professor Alfredo Margarido.

circunstância, uma actividade poética que não é ou foi constante; uma voz poética dada a longos silêncios. Adelino Torres, porém, ainda nos anos 60, e desta feita em francês, publica em *La Nouvelle Revue Française* (1967, nº. 179) um conto intitulado "Retour à la source"; uma narrativa na primeira pessoa, que tanto tem de dramático, como de belo. Um conto, do ponto de vista literário, tecnicamente perfeito.

O registo que possuo da sua actividade literária leva-me a concluir (sempre pronto a rectificar, claro!) que apenas na década de 2000 terá retomado a actividade poética e literária, provavelmente por razões que se prendem com o decurso particular da sua história de vida. E qual não foi o meu espanto quando, ao receber inesperadamente um poema seu, enviado por correio electrónico, pude verificar que não se tratava de um principiante. Sabia vagamente, das muitas conversas que mantínhamos, que em Angola e em França se dedicara à actividade literária, mas confesso que não descortinei, na altura, a importância que a literatura tinha tido e tem no seu projecto de vida. Para um amante da literatura, como julgo ser, só me resta dizer, bem à maneira beirã: Bem haja, Adelino!

A poesia em apreço, contida em dois livros publicados (*Uma fresta no tempo seguida de Ironias* e *Histórias do tempo volátil*) e num outro em preparação, ainda sem título, deve, deste modo, ser vista na continuidade do que produziu em fins dos anos 50, altura em que terão sido escritos os poemas constantes da antologia *Força Nova*. Mantêm a mesma relação bipartida entre o cânone, entretanto consolidado, da literatura angolana, e uma literatura mais comprometida com valores de teor universal, que, sendo portuguesa na sua enunciação, não deixa de poder ser também angolana. Exemplo desta ambivalência é o poema "Lembranças para África", inserto no volume *Uma fresta no tempo*... Posicionando-se o autor, por um lado, como alguém que

> (...) nos confins da juventude
> Pelas estradas africanas (pisou) tão ao de leve
> Paisagens sem pressa que ficaram para trás(...),

mas que, por outro, lamenta a ausência do amigo Abel Sanda nos seguintes termos:

> (...) [que] vinha de Cabinda
> e [que] um dia se foi embora levado pelo pai
> marinheiro de rebocador
> em Santo António do Zaire
> e me deixou só com os outros brancos chatos
> que não tinham aquela energia maluca da velha África
> a trepar pela música acima
> não roubavam nos quintais maçãs da Índia (...)
> não sabiam verdadeiramente nem rir nem brincar
> (...)
> nem conheciam os segredos das barrocas de Luanda (...).

"Os segredos das barrocas de Luanda"... Luandino Vieira ou Arnaldo Santos não expressaram de forma diferente a sua relação telúrica com a terra vermelha de Luanda, marcas de pertença, de cumplicidade com uma nação a haver.

Mas, de qualquer modo, a grande mensagem da poesia de Adelino Torres é o sentido de humanismo, que está igualmente presente no conto que publicou em francês. É como um princípio catalisador de toda a sua escrita literária, que conjuga, quase sempre, com racionalidade e com o uso razoável dos princípios. Há uma clara preocupação em relevar o ser humano como o centro do universo. Só em função dele, do seu equilíbrio e da sua felicidade, se justificam as demais actividades que preenchem a vida humana, incluindo a própria economia. Olha, consequentemente, de forma crítica o economismo e a filosofia que está por detrás do famoso *homo economicus*. Fá-lo num poema inserto no volume *Histórias do tempo disperso*, que designou precisamente de "Economismo".

Trata-se, assim, de um humanismo social e culturalmente contextualizado, suportando, enquanto tal, as muitas ironias com que descreve e categoriza episódios, figuras (não apenas políticas), tendências filosóficas, como o pós-modernismo, ou mesmo estados de espírito. No que a estes [estados de espírito] diz respeito, é particularmente significativo o poema "Consciência nacional (in ...*Ironias*)

"Era uma vez um país atrofiado
Em espaço e pensamento
Que proclamava do mundo uma visão
À escala do seu tamanho".

Bem, o tamanho deste poeta e escritor (lembremo-nos do conto que escreveu em francês) não cabe seguramente no tamanho desse tal país, que não sei qual é; nem desse, nem doutro provavelmente. O poeta a que dediquei estas páginas é antes de tudo um humanista (que teve a humanidade de dedicar um poema ao meu falecido filho) com um forte pendor universalista.

Covilhã, 19 de Outubro de 2009

A Jubilação de Adelino Torres

*Adriano Moreira**

O percurso académico de Adelino Torres, é notável não apenas pela obra de investigador e mestre de ensinar, mas também pela experiência humana de passar pelos elos que o Império teceu, lendo os desafios que o mundo em geral, e a Europa em particular, foram semeando pelo trajecto da geração a que pertence. Ele próprio enumera e honra a memória dos mestres que lhe ficaram de referência, Francisco Pereira de Moura, Jean-Marie Domenach e Casamayor da revista francesa *Esprit*, e Alfredo Margarido. Mas, lembradas as referências, também devem acrescentar-se os espíritos e memórias dos discípulos por onde passou a sua palavra, sobretudo nos últimos 27 anos de serviço devotado ao ISEG – Instituto Superior de Economia e Gestão, local onde hoje lhe prestamos, de maneira insuficiente, a homenagem que merece. Recordo ainda, e pensando na sua intervenção de professor, o trajecto desta Faculdade da Universidade Técnica, desde os tempos em que o seu corpo docente lutou valorosamente para impor a autonomia da área científica, e a autoridade dos seus mestres. E destes destacarei, como o nosso homenageado, o já referido Francisco Pereira de Moura, talvez a voz mais escutada pelos estudantes da geração que viveu o fim do secular conceito estratégico nacional portu-

---

* Presidente do Instituto de Altos Estudos da Academia das Ciências de Lisboa; Presidente do Conselho Geral da Universidade Técnica de Lisboa.

guês, cuja vida decorria dentro das instalações desta Escola, sempre disponível, sempre empenhado.

Mas a dura realidade da mudança que aquela geração enfrentou, foi longa e profundamente assumida por discípulos, que assim cresceram humana e cientificamente, como Adelino Torres. Não apenas circulando pelas mais prestigiadas Universidades Europeias, Paris, Rennes, Complutense, Universidade Livre de Bruxelas, London School of Economics, Santa Catarina, Ottava e Quebec, Pensilvania, mas também pelo mundo que o português criou, Cabo Verde, Moçambique (Universidade Mondlane), Guiné-Bissau, Macau. Quando regressou a Portugal, em 1976, dispunha de uma das mais sólidas, críticas e iluminadas experiências, da constelação de novas exigências nascidas do fim do Euromundo imperial, e da chegada ao diálogo mundial, em liberdade, das áreas culturais que tinham sido até então tratadas como a *cera mole* que a supremacia política ocidental podia modelar. As obras que publicou orientam-se pela atenção aos novos horizontes, designadamente o horizonte africano da especial responsabilidade moral portuguesa, a demografia inquietante da relação Europa-África, a reconstrução do relacionamento cooperante entre todos os países de língua oficial portuguesa, a resposta possível da economia portuguesa às novas circunstâncias mundiais, ao mesmo tempo que aquele milagre de também lhe acontecerem poemas, o mantinha liberto e apoiado nos valores que incitam a não deixar de pensar no futuro que será o das próximas gerações, não será do tempo finito de cada um de nós. A sementeira de reflexões, directivas, compreensões da realidade, perplexidades, propostas, que espalhou por dezenas de revistas, jornais diários, nacionais e estrangeiros, a peregrinação por colóquios, conferências, debates, preenchem um património que ficará não apenas no acervo da Universidade Técnica, mas também na memória cívica dos que o escutaram e leram fora dos claustros. Mas gostava de salientar, tendo em vista a sua principal área de intervenção, que é a economia, a exigida relação nunca abandonada entre Economia, Ética, e Democracia.

O desastre financeiro global que enfrentamos, com os dramáticos efeitos colaterais na economia real e nas estruturas sociais sem fronteiras defensivas, salientam a importância e lucidez de nunca ter silenciado a exigência ética da regulação política, social e económica. São palavras suas estas: "é conveniente relembrar que o discurso económico não é apenas analítico, mas igualmente normativo e prescritivo; a ciência económica é uma disciplina apaixonante que mereceria mais do que ser encurralada exclusivamente na área instrumental do binómio micro-macro, num excessivo aparelho matemático e num espaço confinado onde se trata com menosprezo as ciências sociais, quando não a própria história do pensamento económico"; "o que é criticável na teoria neoliberal não é o seu grau de abstracção, mas o contestável uso que dele é feito em detrimento de outras abordagens que não são menos científicas."

Finalmente, para não alongar excessivamente estas palavras de louvor e admiração, quero deixar uma nota sobre a nobre vocação que é a de um intelectual dispor do seu *tempo finito* de vida, a favor dos *tempos finitos* das gerações futuras, sempre inquieto com as interrogações dos valores e do sentido das coisas, na origem e no destino. E, recordando a ligação que no seu pensamento mantiveram os temas da Ética e da Democracia, julgo apropriado recordar o conceito de Tocqueville: "nos povos democráticos todos os cidadãos são independentes e débeis. Não podem querer nada por si próprios e nenhum deles poderá obrigar os seus semelhantes a prestar-lhes ajuda. Caem todos na impotência se não aprendem a ajudar-se livremente". Mas é justamente esta capacidade, a de congregar adesões, que traduz a força da palavra. O número de discípulos, de ouvintes, de leitores, e de admiradores que hoje se congregam nesta ilustre casa, em homenagem a Adelino Torres, provam que essa é a sua força: a força da palavra.

Problemas do desenvolvimento
(Esboço de algumas linhas teóricas)[1]

Adelino Torres[*]

Em homenagem a Alfredo Margarido

A *"economia do* desenvolvimento", que se integra no *"Development Studies"*, é um ramo particular da ciência económica mas também uma disciplina cuja identidade própria teve alguma difi-

---

[*] Professor Catedrático Jubilado, ISEG-UTL; atorres@iseg.utl.pt

[1] **NOTA:** Este texto corresponde nalgumas das suas grandes linhas, à *"lição"* de jubileu que apresentei resumidamente em público no anfiteatro principal do ISEG em 20 de Outubro de 2009. Em princípio estava previsto que as intervenções desse dia seriam incluídas numa publicação separada onde figuraria este trabalho. Por razões técnicas isso não parece ter sido possível, tendo sido reunidas pelos organizadores, num único livro, essas participações conjuntamente com as comunicações científicas posteriormente apresentadas.

Aos oradores que participaram na mesa e intervieram na sessão do jubileu, deixo-lhes aqui o meu profundo agradecimento pela honra concedida: Sr Vice--Reitor da UTL, Prof. Vítor da Conceição Gonçalves, em representação do Sr. Reitor da UTL, Prof Fernando Ramôa Ribeiro; Prof. João Duque (Presidente do ISEG); Prof. Adriano Moreira (Presidente da Academia das Ciências de Lisboa e membro do Conselho Geral da UTL); Prof. José Carlos Venâncio (UBI, Covilhã); Prof. Manuel Ennes Ferreira (ISEG); Prof. António Romão (ISEG); Prof. Joaquim Ramos Silva (ISEG).

Estendo estas palavras à Comissão que tomou a iniciativa de organizar a jornada do dia 20 de Outubro assumindo também a coordenação deste livro:

culdade em afirmar-se desde o seu nascimento, no período subsequente à 2ª Guerra Mundial quando a visão colonial dos países ocidentais sofreu as primeiras alterações[2].

Se hoje a economia do desenvolvimento (ED) é uma área de investigação e de ensino em plena expansão, tal resulta de contribuições de disciplinas diferentes que adunam metodologias eventualmente diversas e trabalhos sobre diferentes regiões[3]. Essa convergência multidisciplinar e interdisciplinar[4] que constitui a força e a originalidade da ED – mas também a sua dificuldade[5] – resulta, em parte, da tentativa de resposta à complexidade crescente do mundo actual (Edgar Morin), o que não deixa de dificultar a afirmação de uma identidade própria enquanto disciplina académica, até porque as visões *espacializadas* resultam necessariamente de disciplinas singulares tais como a Economia, a Sociologia, a

---

professores Manuel Ennes Ferreira, António Romão e Joaquim Ramos Silva cuja generosidade e amizade foram inexcedíveis. Agradeço igualmente a todos os amigos, colegas e antigos estudantes da minha Escola (ISEG), do ISCTE, da Universidade Lusófona de Lisboa, ou provenientes doutras universidades portuguesas (U. Lusófona do Porto, U. de Aveiro, U. da Covilhã-UBI e U. de Évora) e de universidades estrangeiras (França, Angola, Canadá, Grã-Bretanha, Marrocos, Espanha) que me deram a honra de participarem neste livro. A todos manifesto sincera gratidão..

[2] David Alexander Clark, *The Elgar Companion to Development*, Cheltenham, 2006. Algumas ideias aqui expressas foram inspiradas por esta obra.

[3] Vd Gilbert Étienne, *Repenser le développement*, Paris, Armand Colin, 2009.

[4] Vd por exemplo, Philippe Hugon, *Economia de África*, trad. port., Lisboa, Vulgata, 1999; mais recentemente, o importante Philippe Hugon et Pierra Salama (Sous la direction de), *Les Suds dans la crise*, n.º especial da *Revue Tiers* Monde, Hors Série, Paris, 2010. E ainda Albert O. Hirschman, *L'économie comme science morale et politique*, Paris, Gallimard, 1984. ou Albert O. Hirschman, *As paixões e os interesses*, trad. port., Lisboa, Bizâncio, 1997.

[5] Vd por exemplo Herbert Simon, *A razão nas coisas humanas*, Lisboa, Gradiva, 1989, ou Herbert Simon, *Sciences des systèmes, sciences de l'artificiel*, Paris, Dunod, 1991.

Antropologia[6], a Política[7], a Demografia e até mesmo a Filosofia[8] (em certos aspectos, como afirma Karl Popper, os critérios metodológicos que separam o que é *científico* do que é *não científico* passam pelos chamados *"critérios de demarcação"* e pelo *"falsificacionismo"* que são os mesmos nas ciências naturais e nas ciências sociais). É inevitável que cada uma dessas orientações introduza perspectivas novas inseridas numa teia de complexidades[9].

Numa primeira fase os estudos do desenvolvimento[10] resultaram dos esforços realizados nos anos 1940-50 com vista à

---

[6] Vd. Alberto Arce and Norman Long, *Anthropology, Development and Modernities*, Londres, Routledge, 2000.

[7] Vd por exemplo, entre muitos outros, Pierre Berthaud et Gérard Kébabdjian (Sous la direction de), *La question politique en économie internationale*, Paris, La Découverte, 2006.

[8] Alguns exemplos de obras sobre história da filosofia no continente africano: Hubert Mono Ndjana, *Histoire de la philosophie africaine*, Paris, Harmattan, 2009; Lee M. Brown (Ed. by), *African Philosophy – New and Traditional Perspectives*, Oxford, 2004; Mamoussé Diagne, *De la philosophie et des philosophes en Afrique Noire*, Paris, Karthala, 2006.

[9] Sobre o falsificacionismo popperiano, o professor Hermínio Martins da Universidade de Oxford e meu estimado amigo, comenta em carta particular:"Não sei se o falsificacionismo popperiano é tão aplicável nas ciências com o é, *prima facie*, nas ciências naturais (e mesmo ainda há problemas sérios, como a falta de testes para a *Teoria das Supercordas*, que levou certos físicos a uma grande irritação com Popper). Não é nada fácil testar teorias como a *Teoria da Dependência*, o que impeliu certos defensores a escolher o modelo lakatosiano dos programas de pesquisa científica, mais flexível, mais diacrónico. Mas a exigência de criticabilidade que subsume não coincide plenamente com a noção de falsificabilidade empírica, é absolutamente fundamental. Mais, de facto, mais para as ciências sociais do que para as ciências naturais, de certo modo. A aplicação da falsificabilidade em geral não é simples, mas a exigência pode ser salutar, e um incentivo à apresentação mais defensável de um modelo, hipótese, teoria ou programa.

Cf. Hermínio Martins, correspondência particular com o signatário.

[10] Vd António Manuel Figueiredo e Carlos S. Costa, *Do Subdesenvolvimento – Vulgatas, rupturas e reconsiderações em torno de um conceito*, Porto, Afrontamento, 2 vols 1982 e 1986; Paul Bairoch, *Le Tiers Monde dans l'impasse*, Paris, Gallimard, 1971.

reconstrução da Europa. Nos períodos seguintes até à actualidade a noção de "desenvolvimento" foi interpretada diferentemente, podendo mesmo falar-se de crises de paradigmas (Kuhn) até certo ponto incomensuráveis, em parte devido ao primado do método sobre os conteúdos. Com efeito, se os conteúdos fossem dados e a realidade sempre a mesma, a teoria seria uma e a sua história uniforme. Mas nesse caso ficaria isolada e imóvel como a corrida da Rainha Vermelha em *Alice no país das maravilhas* onde se corre para ficar parado, como relembrou recentemente Martin Wolf[11]. Ora a experiência mostra o contrário. As afirmações de eternidade não valem nada face à diversidade do movimento. Por isso o conceito de "desenvolvimento" não se conforma com axiomáticas dominantes num determinado período da história e tem evoluído no tempo apesar de algumas vicissitudes.

Mas, como escreveu Bergson, *"com o uso, as ideias valorizam-se indevidamente"*. Por outras palavras, mais cedo ou mais tarde certos raciocínios que foram fecundos no seu tempo acabam por ser tomados como evidências e aplicados de maneira descontextualizada. Foi o que aconteceu com a transposição de mecanismos do crescimento (que tinham sido adequados à situação europeia depois da 2ª guerra mundial, durante o Plano Marshall), para as novas nações africanas nos anos 50-60 do século XX, sem muitas vezes atender à discrepância histórica e conceptual entre *"desenvolvimento"* e *"subdesenvolvimento"*. A utilização do conceito, algo rústico, de *homo oeconomicus* é apenas um exemplo.

Tais noções, quando aplicadas inadequadamente, transformaram-se em verdadeiros *"obstáculos epistemológicos"* no sentido bachelardiano. Muitas ideias, instrumentos e métodos foram transferidos para fora da Europa no estudo e construção das novas sociedades africanas independentes. Na época estiveram incluídos nessa corrente de entusiasmo autores notáveis e influentes

---

[11] Martin Wolf, "Stopper la machine infernale", *Le Monde* (Paris), 27 de Abril de 2010.

como Ragnar Nurkse, Arthur Lewis ou Walter Rostow. Em Portugal, nos anos 60 podem ser destacados trabalhos de Jacinto Nunes, de Francisco Pereira de Moura e de Alfredo de Sousa[12]. Este último consagrou mesmo a sua tese de doutoramento à economia africana, tese de mérito cujo valor ainda não foi devidamente apreciado.

Na Europa, as contribuições dos diversos autores concentraram-se então nas temáticas do crescimento, da acumulação do capital, nas mudanças estruturais das economias, nas transferências de tecnologia ou no comércio internacional, sem esquecer as ideologias que tinham como pano de fundo a "guerra fria". Não obstante, para a maioria dos economistas o conceito de "desenvolvimento" era, fundamentalmente, "crescimento económico". Surpreendentemente, nem mesmo Schumpeter escapou a esta tendência[13].

Num período seguinte, e na medida em que, como observou Diogo Pires Aurélio, "o real reduz-se (...) à interrogação que na linguagem lhe fazemos"[14], outros cientistas sociais introduziram diferentes parâmetros de análise que iam além da Economia *stricto sensu*[15], completando-a com estudos sociais, políticos e mesmo, por vezes, em psicologia em torno do objecto da "modernização", como foi o caso de J.M. Keynes, Talcott Parsons, D. Lerner e D. McClelland e agora George Akerlof. Os francesas René Gendarme, François Perroux, Jacques Austruy, entre outros, não se identificaram porém com a esta última tendência...

Em geral, a maioria das teorias dominantes encarava o desenvolvimento do então chamado "Terceiro Mundo" como um esforço

---

[12] Alfredo de Sousa, *Economia e sociedade em África*, Lisboa, Morais, 1965.

[13] Vd Schumpeter, *A teoria do desenvolvimento económico*, S. Paulo, Nova Cultural, 1988. E eventualmente Jean-José Quiles, *Schumpeter et l'évolution économique*, Paris, Nathan, 1997.

[14] Cf. Diogo Pires Aurélio, *O próprio dizer*, Lisboa, Imprensa Nacional, 1984, p. 22.

[15] John Toye, *Dilemmas of Development*, Londres, Blackwell, 2e ed. 1993.

de transformação de valores, atitudes e normas do poder tradicional à luz de um quadro de referência *"ocidentalo-cêntrico"* visto unilateralmente como moderno e progressista[16].

O enquadramento dos poderes *tradicionais* e da *tradição* nos países do Sul era apreciado negativamente com poucas excepções como a de Karl Popper[17] que equacionou a questão da *"tradição"* em moldes filosóficos mais tolerantes e mais justos. O avolumar das preocupações individualistas[18] e o aparecimento de novas classes empresariais nos "países em desenvolvimento" (PED)[19] nos anos posteriores, foram encarados como traços característicos de uma cultura de modernização julgada indispensável ao crescimento económico e à mudança estrutural. Esta visão, de raiz etnocêntrica, ainda subsiste apesar da mundialização, e está por vezes na origem de certas contradições entre o *local* e o *global*.[20]

Também houve controvérsia entre as teorias do *"crescimento equilibrado"* (Ragnar Nurkse[21], Rosenstein-Rodan) e o *"crescimento em desequilíbrio"* que, nos anos 50-60 fez correr rios de tinta, como

---

[16] Creio, no entanto, que Peter T. Bauer, escapa em grande medida a esta regra. A sua experiência de África, a amplidão dos conhecimentos e o realismo deste autor dão-lhe um lugar especial no panorama da literatura sobre o desenvolvimento económico. Ver em especial: Peter T. Bauer and B.S. Yamey, *The Economics of Under-Developed Countries*, (1957) Cambridge, 1963.

[17] Em particular em"Rumo a uma teoria racional da tradição" in *Conjecturas e refutações*, Brasília, Editora Universidade de Brasília, 1972, pp. 147 sgs. Na versão portuguesa este capítulo está traduzido com o título"Avançando como uma teoria recional da tradição" in K. Popper, *Conjecturas e refutações*, Lisboa, Almedina, pp. 169 sgs.

[18] Vd. eventualmente Miguel Benasayag, *Le mythe de l'individu*, Paris, La Découverte, 1998. Não é sem interesse notar que este livro foi objecto de uma crítica implacável de Jean-François Revel em *La grande Parade*, Paris, Plon, 2000. pág. 124.

[19] Convém recordar que a terminologia genérica de"Paises em Desenvolvimento" em vez de"Países Subdesenvolvidos" é mais diplomática do que científica...

[20] L. Beneria and S. Bisnath (Ed. by), *Global Tensions*, Londres, Routledge, 2004.

[21] Ragnar Nurkse, *Prolemas de formación de capital en los países insuficientement desarrollados* (1953), México, 1955.

se costuma dizer, até à tese pioneira de Albert O. Hirschman[22] que demonstrou que a visão do crescimento *"em desequilíbrio"* era a mais coerente e realista. A polémica está há muito ultrapassada, salvo nas elucubrações meramente formais de alguns. Retrospectivamente, parece até surpreendente que a tese do *"crescimento equilibrado"* assente no modelo walrasiano,[23] retomado mais tarde

---

[22] Albert O. Hirschman, *Stratégie du développement économique* (1958), Paris, Éd. Ouvrières, 1964.

[23] A obra de Léon Walras, tal como aliás a de Keynes, foi sujeita a interpretações parcelares, senão parciais e redutoras, que esquecem que ao lado dos *Éléments d'Économie Politique pure* (com um subtítulo revelador:*"ou théorie de la richesse sociale"*) também escreveu um outro livro importante: *Études d'Économie Sociale – Théorie de la répartition de la richesse sociale"*, Paris, Económica, 1990. E ele não separava um do outro, ao contrário de muitos dos seus seguidores. Por último, talvez não seja inútil recordar que Walras era socialista... Quanto à obra de Keynes, reservo para outro trabalho, já em curso, o estudo sobre a actualidade deste autor, muito citado mas, pelos vistos, pouco lido se atendermos ao reducionismo simplista com que se tem falado quase unicamente do carácter inflacionista e"ultrapassado" das medidas que preconizou. Falar assim abreviadamente de um autor que não apenas se notabilizou na ciência económica (*A teoria geral do emprego, do juro e da moeda*) mas que foi igualmente um intelectual importante na economia internacional com a sua participação na criação dos acordos de Bretton Woods e os seus escritos nesta área (*As consequências económicas da paz* e outros estudos, alguns agora em português em J.M. Keynes, *A grande crise e outros textos*, Lisboa, Relógio d'Água, 2009), na filosofia (*A Treatise on Probability*), nos problemas monetários (*Treatise on Money*), na arte ou na ciência política, é revelador da ignorância daqueles que o dizem ter lido...

Quanto à aplicação, mais sensível, das suas ideias ao desenvolvimento, há efectivamente matéria para uma discussão até este momento apenas embrionária. Relembro no entanto que o saudoso amigo Sir Hans W. Singer, aquando da sua visita ao ISEG para receber o grau de *Doutor Honoris Causa* da Universidade Técnica de Lisboa, autorizou generosamente a publicação de um seu trabalho inédito intitulado: *How Relevant is Keynesianism for Understanding Problems of Development?*, texto de grande clareza e finura, que foi publicado pelo mestrado em"Desenvolvimento e Cooperação Internacional", na sua colecção «Textos de Apoio DCI», n.º 21, 2ª ed. 1995.

por Kenneth Arrow e Gérard Debreu[24] tenha assumido uma importância aparentemente tão desproporcionada. Bem entendido a preocupação teórica com o "equilíbrio geral" continua a ser uma questão relevante (o que é compreensível). Porém, quando ela se apresenta em certos casos como quase uma "obsessão", isso já parece menos curial.

Recentemente J. Stiglitz propunha que o objectivo do preço de equilíbrio "natural" não seja mais considerado como um dogma absoluto e preconizava substitui-lo pela noção de equilíbrio "a prazo", concebendo instrumentos de gestão das *"distorções persistentes"* dos preços de certos activos. Do mesmo modo, Roman Frydman, mais radical, estima que, na medida em que o preço de equilíbrio não existe, os bancos centrais[25] deverão dedicar-se a controlar de maneira oportunista os excessos "positivos" (as bolhas) ou "negativos" (os *krachs*), porque é impossível manter os objectivos anunciados previamente, como o demonstrou o exemplo da Grécia e da zona euro: "Os meios financeiros dos Estados serão sempre inferiores aos dos mercados"[26].

Não seria exagerado dizer que são implícitos os indícios dessa obsessiva preocupação do "equilíbrio" na obrigatoriedade, por exemplo, dos países da União Europeia não ultrapassarem um défice de 3% do PIB (ninguém sabe explicar qual é o critério *científico* que determina esses 3% em vez de 4%, por exemplo) e, o que é ainda mais curioso, que se aponte para que, no futuro, esse défice atinja os 0%! E ainda há quem diga que a metafísica está morta...

Jacques Austruy já observava, nos anos 60, que as análises *"em equilíbrio"* negligenciam, "por definição, os problemas estru-

---

[24] Cf. Joseph Stiglitz, *Freefall – Free Markets and the Sinking of the Global Economy*, Londres, Allen Lane, 2010, p. 243.

[25] Vd. CASS Business School,"What do banks do, what should they do and what public policies are needed to ensure best results for the real economy?, in *www.fsa.gov.uk*

[26] Cf. *Le Monde* (Paris), 27 de Abril de 2010.

turais levam a esquecer que as grandezas que isolam só têm significado para o crescimento e, por maioria de razão, para o desenvolvimento, *apenas num certo contexto que lhes dá uma eficiência*. E é esse contexto favorável que é o objecto essencial da análise do desenvolvimento". E mais adiante: "O método dos modelos de crescimento equilibrado sofre, sem dúvida, das dificuldades suscitadas pela tradução do contínuo heterogéneo da realidade em contínuo homogéneo"[27].

Schumpeter também não andava longe desse pressuposto quando procurava distinguir a teoria económica tradicional que se ocupava dos movimentos tendentes para o *equilíbrio*, da sua própria preocupação por um desenvolvimento económico concebido como "perturbação do equilíbrio (...) espontâneo e descontínuo, que modifica e desloca definitivamente o estado de equilíbrio que existia antes"[28].

Algumas das teorias dos anos 50-60 do século XX foram por vezes severamente apreciadas pelo seu carácter teleológico e por assimilarem modernização e ocidentalização não clarificando, na teoria e na prática, a distinção entre os dois conceitos ou ainda por encararem o desenvolvimento como um processo linear de etapas sucessivas que, nos PED, reproduziam mecanicamente uma evolução à imagem da que tivera lugar nos países ocidentais como se de uma finalidade escatológica se tratasse. Foi o caso de W.W. Rostow nos anos 1960 com o seu tão famoso quanto violentamente criticado livro *As etapas do crescimento económico*. As críticas à sua obra tinham justificação mas, como Jacques Freyssinet admite no seu já clássico livro sobre as teorias do subdesenvolvimento[29], elas foram, na época, excessivas, ao não reconhecerem

---

[27] Jacques Austruy, *Le scandale du développement*, Paris, Marcel Rivière, 1968. Itálico no original.

[28] J. Schumpeter, *Théorie de l'évolution économique*, (1911), Paris, Dalloz, 2ª ed. 1999.

[29] Cf. Jacques Freyssinet, *Le concept de sous-développement*, Paris, Mouton, 1966.

méritos ao trabalho de W.W. Rostow cuja ambição "era apresentar uma teoria global do crescimento enunciada em termos económicos, mas incluindo no seu campo de análise o conjunto dos fenómenos sociais" (Freyssinet).

Outra preocupação válida de Rostow era o papel de destaque que outorgava à agricultura numa altura em que estava na moda considerar esta como um factor negligenciável no desenvolvimento dos PED[30], atribuindo principalmente, ou quase unicamente, às "estratégias de industrialização" essa função. W. Rostow escreveu outras obras, revelando que se tratava de um autor com mais importância e qualidade do que aquela que lhe foi atribuído em certos meios políticos e económicos fora dos EUA[31].

Também o debate sobre "modernização *versus* ocidentalização", foi outra temática frequentemente debatida entre especialistas e ainda hoje ocupa um lugar – quiçá exagerado – nas preocupações dos intelectuais do chamado "Terceiro Mundo".

É claro que a questão não deixa de ter interesse, mas este reside mais no conceito de "modernização" do que no termo ambíguo de "ocidentalização" ou na pretendida incompatibilidade entre ambos. Basta relembrar que os japoneses da era Meiji provaram ser possível uma *modernização* (militar, económica, científica e cultural) sem assumir em profundidade a *ocidentalização*, ao passo que

---

[30] Em 1981 o conhecido *Relatório Berg*, do Banco Mundial, dirigido pelo professor Elliot Berg, retomou esta questão com oportunidade, no seguimento do Plano de Acção de Lagos, mas foi pouco escutado pelos dirigentes africanos e criticado – com razões discutíveis, aliás – por Samir Amin na revista *Afrique et Développement* (Dakar). Se o *Relatório Berg* é considerado como sendo o "pai" dos programas de ajustamento estrutural (PAE) subsequentes, essa assimilação é em grande parte injusta. Este *Relatório* tinha uma visão muitíssimo mais abrangente e realista e, de certo modo, até "humanista", que os polémicos PAE parecem ter ignorado nos anos seguintes.

[31] Por exemplo entre as suas obras importantes: W.W. Rostow, *Theorists of Economic Growth from David Hume to the Present – With a Perspective on the Next Century*, Oxford, 1990.

os turcos no primeiro quartel do século XX (Mustapha Kemal) no contexto ainda mais difícil da cultura muçulmana, identificaram *modernização* e *ocidentalização* e optaram por essa convergência, levando a cabo, apesar disso ou por isso mesmo, reformas profundamente revolucionárias que, a despeito de hoje estarem quase esquecidas, foram entre as mais significativas da Europa dos anos 1920.

Uma outra faceta do "desenvolvimento", é o seu objecto.[32] Depois da 2ª guerra mundial este foi visto como o estudo dos "países subdesenvolvidos" em dois planos. No plano *"interno"*, sobretudo depois das independências, o desenvolvimento era tomado quase como se os PED estivessem isolados do contexto internacional[33], sendo o modelo de desenvolvimento prioritariamente ligado a medidas tomadas internamente a nível nacional. No plano *"externo"* muitos economistas liberais apenas viam o desenvolvimento dos PED como só podendo resultar da abertura sem condições dos seus mercados à economia mundial.

No primeiro caso os dirigentes africanos, formados nas universidades ocidentais, também adoptaram, surpreendentemente, pontos de vista etnocêntricos, inteiramente desfasados das realidades locais, como foi a ideia um pouco absurda segundo a qual os camponeses africanos não seriam sensíveis às variações dos preços e permitiriam, sem reagir, que os governos bloqueassem ou baixassem indiscriminadamente os preços pagos aos produtos agrícolas, axioma que até um ex-governador colonial português (Norton de Matos) já tinha desmentido com lucidez em 1944! O estrangulamento dos preços dos produtos agrícolas para favorecer uma industrialização, por vezes mal pensada ou mesmo insensata, provocou apenas a diminuição da produção (os campo-

---

[32] Arturo Escobar, *Encountering Development – The Making and Unmaking or the Third World*, Princeton, Princeton University Press, 1995.

[33] Stéphane Paquin, *La nouvelle économie politique internationale*, Paris, Armand Colin, 2008.

neses, num exercício de perfeita racionalidade económica, recusavam-se a produzir abaixo de um determinado preço) incentivando o abandono da agricultura e o êxodo rural que é hoje uma das chagas dos grandes centros urbanos africanos. O calamitoso preconceito ideológico na URSS estalinista contra o "espírito individualista" do camponês e que, por via de consequência, agravou o preconceito contra a agricultura, acabou por ter repercussões nas políticas económicas postas em prática nos países independentes do "Terceiro Mundo", nomeadamente em África...

No segundo caso, a abertura ao exterior como único critério de desenvolvimento traduziu-se, por exemplo, pela implantação dos *Programas de Ajustamento Estrutural* (PAE) a partir dos anos 1980 sob a égide do *Consenso de Washington*[34]. Até certo ponto a iniciativa era evidentemente necessária, mas os PAE foram aplicados de maneira dogmática e redutora, quase sempre sem atender ao factor social, geralmente com efeitos muito mais negativos do que positivos.

Por outro lado, a febril ideologia nacionalista pós-colonial e as políticas económicas que tinham em atenção exclusivamente a substituição das importações[35] (como um fim em si e não como um meio), ou as nacionalizações mais ou menos populistas, resultavam também de uma percepção ideologicamente distorcida da realidade, que quase todos os dirigentes políticos africanos partilhavam, levando os seus países a dificultar os investimentos internacionais, ou a recusar mesmo, por vezes, a implantação de firmas estrangeiras encaradas como "instrumentos do imperialismo"[36], atitudes que decorriam de velhas teorias revolucionárias

---

[34] Ver, entre outros, o camaronês Daniel Etounga Manguelle, *L'Afrique a-t-elle besoin d'un programme d'ajustement culturel?*, Paris, Nouvelles Éditions du Sud, 1993.

[35] Vd Manuel Ennes Ferreira, *A indústria em tempo de guerra (Angola 1975-1991)*, Lisboa, Cosmos/Instituto de Defesa Nacional, 1999.

[36] Só na reunião dos chefes de Estado africanos em Addis-Abeba (1985) é que estes admitiram, pela primeira vez desde das independências terem algumas responsabilidades próprias nas fracassadas políticas económicas do continente.

do princípio do século XX (Lénine, Rosa Luxembourg, N. Bukharine[37] e outros).

Como se disse acima, só após meados dos anos 1980 se impôs a ideia (que também acabou, aliás, por ter interpretações abusivas) de que a abertura à economia mundial não era necessariamente incompatível com o desenvolvimento interno e não apresentava apenas inconvenientes, apesar dos imenso desafios que a caracterizam.

Hoje, em tempos de "globalização", é por de mais evidente que as economias nacionais já não podem ser vistas, se é que alguma vez o poderiam ser, como "autarcias" desinseridas do contexto global. Mais do que nunca o desenvolvimento é uma resultante da conjugação das vertentes nacional e internacional[38], e não apenas da primeira, como pretendiam os primeiros nacionalistas, ou da segunda como sustentavam os mais ortodoxos dos liberais. Dito de outro modo, as economias nacionais nos PED[39], deixaram de poder estar "desinseridas" do contexto global, e as

---

[37] Por exemplo: Rosa Luxembourg, *L'accumulation du capital*, Paris, Maspéro, 2 vols., 1967. Note-se que N. Bukharine é autor de *L'économie politique du rentier – Critique de l'économie marginaliste*, Paris, Études et Documentation Internationales/CNRS, 1967. Nesta obra, que é um notável exemplo de erudição e rigor, analisa em profundidade as ideias do grande economista Bohm-Bawerk (de quem foi aluno) e presta uma justa homenagem a Augusto Walras (pai de Léon Walras) cujo livro *De la richesse et de l'origine de la valeurs*, Paris, Félix Alcan, 1938, merece ainda hoje ser revisitado.

[38] Robert Gilpin, *The Political Economy of International Relations*, Pinceton University Press, 1987; ou ainda: R. Gilpin, *O desafio do capitalismo global – A economia mundial no século XXI*, Rio, Record, 2004.

[39] A área dos estudos do "desenvolvimento" não diz respeito apenas aos problemas dos países do Sul mas tem igualmente aplicação nos países industrializados do Norte, ainda que com instrumentos ou critérios distintos: basta pensar que, no tecido social dos países do Norte, continuam a persistir a dualidade rural-urbano, os problemas da pobreza, do desemprego, da saúde dos mais pobres ou da (in)justiça que atinge os desprotegidos, etc. Vd António Teixeira Fernandes, *Para uma sociologia da cultura*, Porto, Campo das Letras, 1999.

relações Norte-Sul[40], ainda que conservando naturalmente os aspectos conflituais que perduram, mudaram de tónica ou são agora ideologicamente menos dramáticas[41] embora as desigualdades internacionais persistam e o desnível entre os países desenvolvidos e os PED não seja menos flagrante na esmagadora maioria dos casos

O problema que agora se coloca é saber se pode haver uma regulação nacional e internacional[42] das economias (e sobretudo da Finança internacional) e em que termos, ou se o destino destas vai ficar confiado exclusivamente às *"forças de mercado"*[43], dogma que tem vigorado nos últimos anos com os resultados insatisfatórios que se conhecem mas que não parecem ter abalado o optimismo inamovível dos meios financeiros[44].

Entretanto os PED não perderam de vista os conflitos de interesses e até ideológicos[45] entre países "desenvolvidos" e países ditos "em desenvolvimento" (ver a acção da OPEP e dos BRIC[46] em Doha e no interior do G20), mas, mercê das dificuldades e desaires encontrados no período pós-independência, nomeadamente nos fracassos sucessivos da pretendida aplicação do modelo revolucionário da *"via para o socialismo"*, têm agora

---

[40] Vd. Philippe Béraud, Jean-Louis Perrault et Omar Sy (Sous la direction de), *Géo-économie de la coopération européenne – De Yaoundé à Barcelone*, Paris, Maisonneuve & Larose, 1999.

[41] Não me refiro, naturalmente, a tensões mais ou menos larvares como a da energia nuclear ou conflitos previsíveis relativamente ao controlo da água em certas regiões.

[42] Joaquim Ramos Silva e Allan C. Barbosa (Ed.), *Estado, empresas e sociedade – Um mosaico luso-brasileiro*, Lisboa, Colibri, 2009.

[43] Michel Henochsberg, *La place du marché*, Paris, Denoel, 2001.

[44] Apesar dos avisos, por exemplo, de um dos maiores conhecedores do que é a especulação: George Soros.

[45] Vd por exemplo, Joan Antón Mellón (Ed.) *Ideologías y movimientos políticos contemporâneos*, Madrid, Tecnos, 1998.

[46] BRIC: Brasil, Rússia, Índia e China.

uma consciência mais clara e realista de que o *desenvolvimento* é um processo de muito longo prazo, para não dizer de gerações, sendo evidente a necessidade de uma "interdependência" que exige parcerias onde os "interesses" de uns e de outros tendam a ser contemplados, mesmo que esse escopo continue muito longe de excluir confrontos.

Note-se que *"interdependência"* não é nem uma categoria geral (que dissolva as diferenças das partes) nem a reprodução de cada relação em particular (relações entre classes, estados, economias). A ideia de interdependência é, por assim dizer, uma "síntese do pensamento" resultante do processo teórico-prático do *conhecimento*, e esse conhecimento é a sua própria história organizada por meio de conceitos.

As relações Sul-Sul, contrariamente às expectativas anteriores às independências expressas na célebre conferência de Bandung em 1955, também apresentam dificuldades inesperadas que são, paradoxalmente (se abstrairmos a retórica revolucionária e os simplismos de uma pretensa "fraternidade" religiosa, política, étnica ou racial entre países ex-colonizados), talvez ainda maiores do que as que incidem sobre as relações Norte-Sul, como se verifica, desde 1975, com as guerras civis ou conflitos fronteiriços regionais ou quanto às ambições, por enquanto goradas ou sem avanços significativos, de integração regional na Comunidade dos Estados da África Ocidente (CEDEAO), na Comunidade Económica dos Estados da África Central (CEEAC) e, mais recentemente, na Comunidade da África Austral (SADC) sob a égide da África do Sul e já ameaçada de implosão em 2010, com vários países a integrar ao mesmo tempo comunidades distintas (o que é interdito pelos estatutos do OMC), cujas economias em vez de serem complementares ou se prepararem para essa situação num futuro mais ou menos próximo, continuam a ser concorrenciais produzindo os mesmos bens e deixando à África do Sul, a única economia industrializada da África Austral, um papel que poderá vir a ser hegemónico na região e mesmo na zona subsaariana, o que é susceptível de conduzir a tensões ou conflitos num horizonte temporal relativamente breve[47]. O previsível desaparecimento de Nelson Mandela (dada a sua idade avançada) e do efeito moderador que ainda exerce, pode, no entanto, precipitar os acontecimentos no que concerne a República da África do Sul, com terríveis consequências para toda a África Austral. As manifestações populares que se seguiram à morte do extremista bóer E. Terreblanche (em 4 de Abril de 2010) e que as autoridades sul-africanos contiveram a custo, são um sinal preocupante...

No que se refere à evolução histórica das ideias no desenvolvimento do pós-guerra, é conveniente relembrar ainda as teses da influente "Escola da Dependência"[48] particularmente vigorosa nos anos 1960 e 1970, nas suas versões *estruturalista* (Hans Singer, Raul Prebish, CEPAL, Fernando Henrique Cardoso[49]) e sobretudo *neo-marxista* (Gunder Frank, Samir Amin, Theotónio dos Santos, R. Stavenhagen).

É então que a tese do *"desenvolvimento do subdesenvolvimento"* (Gunder Frank) se torna popular entre a esquerda europeia, latino-americana e até (ainda que de maneira menos pronunciada) nos países africanos, dentro de certos movimentos nacionalistas deste continente, mesmo que de maneira por vezes imperceptível.

Segundo esta tese[50], claramente reivindicada ou apenas implícita no discurso ou na acção, o desenvolvimento (do Norte) e o subdesenvolvimento (do Sul) seriam duas faces da mesma

---

[47] Um historial de alguns dos conflitos inter-africanos anteriores é analisado por George B.N. Ayittey, *África in Chaos*, Londres, Macmillan, 1999

[48] Vd Uma Kothari (Ed. by), *A Radical History of Development Studies*, Londres, Zed Books, 2005; Craig Johnson, *Arresting Development – The Power of Knowledge for Social Change*, Londres, Routledge, 2009.

[49] Fernando Henrique Cardoso e Enzo Faletto, *Dependência e desenvolvimento na América Latina*, Rio, Zahar, 6ª ed. 1981.

[50] Convém não esquecer também a influência das ideias de Franz Fanon, particularmente em *Les Damnés de la terre* e o prefácio literalmente explosivo de Jean-Paul Sartre que, embora com razões na altura compreensíveis e justificadas, não deixaram de ter, a longo prazo, consequências psicológicas e políticas que alguns classificaram de particularmente nocivas para África.

moeda. A exploração exercida pelos países industrializados provocaria o empobrecimento dos países do Sul, cujo desenvolvimento seria impossível no contexto do sistema capitalista e imperialista, perspectiva que pressupunha a passagem directa do subdesenvolvimento ao socialismo sem passar pela etapa capitalista e escapando assim à "dominação imperialista".

Tais ideias caminharam a par da estratégias de *substituição de importações*[51], que, na verdade, teria sido compreensível e mesmo necessária se tivesse sido encarada como "um meio" provisório (caso da Coreia do Sul entre os anos 50 e 60) e não como "um fim em si" *ad eterno*, o que, tendo em conta a estreiteza dos mercados africanos, a fraqueza do equipamento tecnológico e científico e a insuficiente qualificação dos recursos humanos, acabaram por limitar seriamente o desenvolvimento da grande maioria dos países do continente.

Por outro lado, a teoria conceptiva da *"Escola da Dependência"*, particularmente na sua versão neo-marxista mais influente nesse período, não deixou de provocar polémicas violentas entre os próprios marxistas. O protagonista mais conhecido terá sido Bill Warren[52] – brilhante intelectual prematuramente falecido – que apontou para o desfasamento entre o *neo-marxismo* e a própria teoria de origem (o marxismo de Marx).

Com efeito, na perspectiva de Bill Warren havia contradição (teórica) entre Marx, para o qual a passagem pela fase capitalista era obrigatória[53], e os neo-marxistas que pretendiam a passagem directa do subdesenvolvimento ao "socialismo".

Resumidamente, para B. Warren seria obrigatório que os PED passassem pela fase capitalista por duas razões: primeiro porque era essencial a constituição de uma burguesia intelectual e tecnicamente preparada, própria de um capitalismo avançado,

---

[51] Vd Manuel Ennes Ferreira, *op. cit.*

[52] Bill Warren, *Imperialism: Pioneer of Capitalism*, Londres, Verso, 1980.

[53] o capitalismo desenvolvido mostra aos novos países a imagem do seu próprio futuro, escrevera em substância Marx no *Capital*.

antes de encetar a transição para o socialismo; segundo porque ninguém sabia ao certo o que seria – ou como seria – esse *"socialismo"* tão desejado e que o próprio Marx se recusara a descrever...

A consequência foi que, à falta de experiência empírica satisfatória (o "marxismo soviético" era igualmente rejeitado pelos neo--marxistas) o neo-marxismo apresentava-se aos olhos de muitos como um conceito e uma reivindicação *moral* de certo modo casuísta, sem contornos precisos nem correspondência directa com a realidade económica e social concreta. Tudo se passava como se o *neo-marxismo* fosse percebido como uma *utopia*, tal como o fora no século XIX o *"socialismo utópico"* de Saint Simon, de Fourrier e de Owen.

O fracasso das experiências *"socialistas"* nos países do Sul[54], parece ter demonstrado que as objecções de Bill Warren, sem falar das reservas de outros autores heterodoxos não marxista (Gunnar Myrdal), tinham fundamento pelo menos no plano da lógica teórica, como, mesmo nessa época, o livro de Cardoso e Faletto já o sugeria. Na perspectiva mais ampla da competição Leste-Oeste de uma certa escatologia política, vale a pena relembrar, de passagem, que o próprio Schumpeter também não foi muito feliz nos seus vaticínios sobre a vitória do socialismo sobre o capitalismo[55].

No entanto a visão sobre a evolução dos países do "Terceiro Mundo" alterou-se depois desse período polémico, integrando novas preocupações como a pobreza e desigualdade ou pondo a ênfase nas vertentes culturais da modernização, na interdependência ou na admissão da possibilidade de certos países do Sul se inserirem de modo diferente e menos fatalista no sistema mun-

---

[54] Vd José Filipe Pinto, *Do Império Colonial à Comunidade dos Países de Língua Portuguesa: continuidades e descontinuidades*, Lisboa, Ministério dos Negócios Estrangeiros, 2005.

[55] J. Schumpeter, *Capitalisme, socialisme et démocratie* (1942), Pars, Payot, 1965

dial (caso já referido da Coreia do Sul, e hoje dos "países emergentes" como a Índia, o Brasil e a China)[56].

Na busca de novos indicadores, os investigadores olharam cada vez mais para lá da economia, atravessando fronteiras e explorando novos terrenos disciplinares sem, no entanto, em muitos casos, se afastarem demasiado do "núcleo duro" da análise económica propriamente dita. Os mentores desse movimento *"cross-disciplinary"* que podemos traduzir por *"análise transversal"* ou *"multidisciplinar"*, foram denominados os *pioneiros* dos Development Studies, ainda que essa denominação do Banco Mundial, expressa numa obra conhecida (*Os pioneiros do Desenvolvimento*)[57], tivesse sido atribuída injustamente apenas a autores anglo-saxónicos, entre os quais Paul Streeten, Dudley Seers, Mahbud ul Haq, Hollis Chenery, Hans Singer, esquecendo-se completamente de autores franceses como François Perroux, L.J. Lebret, Gaston Leduc, Jacques Austruy, Elias Gannagé[58], etc.

Uns e outros contribuíram todavia para criar no pensamento do desenvolvimento um espaço de inovação entre as análises económicas do período anterior e as novas abordagens multi-disciplinares. Foi assim que vieram juntar-se ao conceito de "crescimento" *stricto sensu* muitas outras temáticas tais como o emprego ou a redistribuição com crescimento, o crescimento zero do Clube de Roma, o microcrédito de Yunus, a reflexão sobre o político e o social, projectando novas luzes sobre as "necessidades básicas" em termos de *inputs* ou incidindo sobre os seus resultados (*basic opportunities*). Mais tarde estas perspectivas foram alargadas para

---

[56] Vd. C. Jaffrelot, *The Emerging States – The Wellspring of a New World Order*, Londres, Hurst & Company, 2008.

[57] Gerald M. Meier and Dudley Seers (Ed. by), *Pioneers in Development*, Washington, World Bank, 1985; Gerald M. Meier (Editor), *Pioneers in Development – Second Series*, Washington, World Bank, 1987.

[58] Vd Philippe Hugon, *L'économie du développement et la pensée francophone*, Paris, Éd. des Archives Contemporaines, 2008.

incorporar as capacidades (*"capabilities"* de Amartya Sen)[59] e liberdades humanas que estiveram finalmente reflectidas no índice de desenvolvimento humano do PNUD e noutros indicadores que põem em relevo, por exemplo, problemas ecológicos e do ambiente, qualidade de vida nos PED, justiça social, educação, saúde, migrações, urbanização, boa "governança" etc., acompanhando novas contribuições inter e multidisciplinares.

A rápida expansão dos trabalhos nestas áreas criou oportunidades favoráveis a uma mais estreita correlação ou cooperação entre disciplinas diversas[60] permitindo também o robustecimento de outras como a demografia[61] ou a economia institucional, tendo

---

[59] Vd. Amartya Sem, *Un nouveau modèle économique*, trad., fr. Paris, Odile Jacob, 2000; Amartya Sen, *Rationalité et liberté en économie*, trad. fr., Paris, Odile Jacob, 2005.

[60] Vd Manuel Couret Branco, *Economics Versus Human Rights*, Londres, Routledge, 2009; José Manuel Moreira, *Ética, economia e política*, Porto, Lello, 2ª ed. 1996; José Manuel Moreira, *Ética, Democracia e Estado*, Lisboa, Pincípia, 2002; Amartya Sen, *Éthique et économie*, Paris, PUF, 1993; Amartya Sem, *L'économie est une science morale*, Paris, La Découverte, 2003.

[61] É de recear que as consequências da evolução demográfica ainda não tenham sido plenamente apreendidas não só pelos economistas mas sobretudo pelos homens políticos da Europa onde as taxas de fecundidade são da ordem de 1,3-1,5, quanto o mínimo exigido só para a renovação da população é de 2,1 filhos por mulher. A manterem-se as taxas actuais, haverá não apenas um declínio da população europeia como o seu envelhecimento brutal (derivado tanto pela baixa taxa de natalidade como pelo prolongamento da esperança de vida à nascença) como já começa a ser visível. Se esta questão não for urgentemente resolvida e se se mantiver sem que sejam tomadas medidas enérgicas durante a primeira metade do século XXI, tal poderá não apenas acelerar o declínio mas pôr mesmo em causa a própria sobrevivência da Europa enquanto cultura. Há já sinais evidentes no *multiculturalismo* vigente – de que a Grã Bretanha está a fazer a amarga experiência e que a França ainda procura combater – e na gangrena de um *relativismo* que se infiltra em todos os sectores do conhecimento. A sua resolução é, pois, de uma urgência dramática. No entanto, este gravíssimo problema não parece estar à cabeça da lista de prioridades dos políticos europeus, para além de uma morna rotina governativa, e tem sido até secundarizada por outras

esta última visto a sua importância confirmada pela atribuição do prémio "Nobel" da Economia a Oliver Williamson[62], a R. Coase[63] e a Douglass North[64], embora entre a maioria das obras em economia institucional, a de Geoffrey Hodgson[65] se me afigure das mais estimulantes...

Em todo o caso, é evidente que a economia institucional, sobretudo se tivermos como referências Veblen e Hodgson mais ainda do que a *"Nova Economia Institucional"*, parece ser particularmente promissora ao combinar estudos sobre a história das instituições (direitos de propriedade, organizações, sistemas políticos e económicos...) com uma análise sobre a eficácia e performance dos modelos de desenvolvimento que se abrem a múltiplas áreas de investigação.

---

preocupações, em particular de ordem financeira que, contrariamente às aparências, são bem menos importantes no longo prazo.

Quanto aos países africanos, cuja população acaba de atingir os mil milhões de habitantes, as dificuldades são de outra índole. A juventude da população africana é sinónimo de dinamismo, de pujança e de criatividade para o futuro mas, em contrapartida, falta saber de que modo e com que meios os países farão face, a curto e médio prazos pelo menos, aos problemas de alimentação e, sobretudo, de educação das novas gerações.

Em conclusão, se a evolução demográfica é, apesar de tudo, razão de esperança para a África, ela constitui, para os europeus, um motivo de profunda inquietação.

[62] Oliver E. Williamson, *Les institutions de l'économie*, Paris, InerEditions, 1994.

[63] Ronald Coase, *La firme, le marché et le droit*, Paris, Diderot, 1998; R. Coase, *Le coût du droit*, Paris, PUF, 2000;

[64] Cf. Douglass North, *Le processus du développement économique*, Paris, Éditions de l'Organisation, 2005; D. North, *Institutions, Institutional Change and Economic Performance*, Cambridge, 1990.

Ver ainda : John Harriss *et alii* (Ed. by), *The New Institutional Economics and Third World Development*, Londres, Routeldge, 1995; Robert Salais *et alii*, (Sous la direction de), *Institutions et conventions – La réflexivité de l'action économique*, Paris, EHESS, 1998; Laure Bazzoli, *L'économie politique de John R. Commons – Essai sur l'institutionnalisme en sciences sociales*, Paris, L'Harmattan, 1999.

[65] Geoffrey M. Hodgson, *Economia e instituições*, Lisboa, Celta, 1994

Para além destas preocupações mais frequentes, o historial dos estudos sobre o desenvolvimento sugere novas aplicações, desde as análises sobre a filosofia antiga, até à economia politica clássica e aos horizontes constantemente renovados das modernas ciências sociais.

Para dar apenas alguns exemplos, os estudos de Karl Polanyi[66] sobre os mecanismos do mercado antigo ou, mais modernamente, sobre a "grande transformação" da economia capitalista e do predomínio da finança internacional nos séculos XIX-XX cujas lições podem ser tiradas relativamente à crise actual resultante da anarquia financeira dos *subprimes* e doutros desvarios da banca americana e internacional; as obras de Louis Dumont sobre o regime de castas; de Marshall Sahlins demonstrando que a *"idade da pedra"* foi inesperadamente, no plano económico, a *"idade da abundância"*; de Martha Nussbaum que pôs em evidência as implicações da teoria aristotélica da política de distribuição e o seu interesse para o desenvolvimento humano no discurso contemporâneo[67]. Outros autores relembram ainda as teses da *Riqueza das Nações* ou da tão importante quanto pouco lida *Teoria dos sentimentos morais* de Adam Smith, cuja relações com o desenvolvimento económico e social não carecem de ser demonstradas[68], apesar das leituras

---

[66] Karl Polanyi, *A grande transformação – As origens da nossa época* (1944), Rio, Campus, 2000; Karl Polanyi et Conrad Arensberg, *Les systèmes économiques dans l'histoire et dans la théorie*, Paris, Larousse, 1975; e também: K. Polanyi, "A nossa obsoleta mentalidade mercantil", en linha na internet, in: www.adelino torres.com (página"Desenvolvimento")

[67] Martha Nussbaum,"Nature, function and capability: Aristotle on political distribution", *Oxford Studies in Ancient Philosophy*, 1988, supplementary vol., pp. 145-84, citado por Clark 2006, *op. cit.* Ver igualmente: Irene Van Staveren, *The Values of Economics. An Aristotelian Perspective*, Londres, Routledge, 2001

[68] Vd eventualmente Adelino Torres,"A Economia como ciência social e moral (Algumas observações sobre as raízes do pensamento económico neoclássico: Adam Smith ou Mandeville?), revista *Episteme*, n.º 2, Lisboa, Universidade Técnica de Lisboa, 1999; A. Smith, *Teoria dos sentimentos morais*, S. Paulo, Martins Fontes, 1999; A. Smith, *Riqueza das nações*, Lisboa, Gulbenkian, 2 vols, 1980; Christian Marouby, *L'économie de la nature – Essai sur Adam Smith et l'anthropologie de la croissance*.

algo simplistas das ideias de Adam Smith[69] como acontece com algumas interpretações abusivas da "imagem" (alegoria e não conceito epistemológico) da *mão invisível* ou das suas reflexões sobre o papel do Estado e do mercado[70] demasiadas vezes esquecidas...

No âmbito dos factores políticos do desenvolvimento também deve ser sublinhada a contribuição de teóricos da Ciência Política para o estudo do Estado[71] cujo papel tem certamente uma incidência profunda na constituição e sobrevivência da nação. Nos fundamentos da ciência política, do Estado e da própria democracia, sem os quais a análise do "desenvolvimento" no sentido amplo do termo fica amputada ou perde muito do seu alcance, a interpretação da obra de Thomas Hobbes (1588-1679), tanto no *De Cive* como, sobretudo, no *Leviatã*[72] – o estado natural da guerra de todos contra todos e a maneira de o contrariar – permitiriam melhor entender uma concepção de organização política que, aparentemente, encontra um terreno de aplicação nas tiranias e nas "democracias falhadas" que vigoram em especial no continente africano. Falta indagar se os traços predominantes de um moderno "Estado leviatã", grosseiramente característico de certos regimes em vigor no continente africano, podem ou não ser assimilados à doutrina de Hobbes, na aplicação dessa teoria construída há mais de 300 anos e que, na sua essência, mereceria mais uma análise comparativa do que uma assimilação superficial e apressada.

---

[69] Vd por exemplo: Jean Dellemotte, «La 'main invisible'd'Adam Smith: pour en finir avec les idées reçues», *L'Économie Politique* (Paris), n.º 44, octobre 2009, pp. 28-41.

[70] Para une reflexão sobre Adam Smith e incidência das suas ideias na actualidade, ver o importante livro de Giovanni Arrighi, *Adam Smith à Pékin – Les promesses de la voie chinoise*, Paris, Max Milo Éditions, 2009.

[71] Vd por exemplo Paulo Ferreira da Cunha (Org. de), *Teoria do Estado contemporâneo*, Lisboa, Verbo, 2003, bem como vários trabalhos de Max Weber, de Adriano Moreira ou de Raymond Aron.

[72] Vd. Thomas Hobbes, *Leviatã*, Lisboa, Imprensa Nacional, 4ª ed. 2009.

Em todo o caso esta problemática contem elementos de reflexão que seria apropriado utilizar na leitura das origens e procedimentos do Estado em "democracias sem democratas"[73] do "Terceiro Mundo", controladas por regimes ditatoriais, para compreender a sua incidência sobre a cidadania e, por consequência, sobre o desenvolvimento no sentido lato do termo. Aliás a leitura de Hobbes, tão importante como a de Maquiavel (1469-1527), deveria ser conjugada e completada com o estudo de outros filósofos, entre os quais John Locke (1632-1704) – que advoga a passagem do estado natural à sociedade organizada onde os cidadãos têm o direito de derrubar os governantes, como Hobbes e Montesquieu o admitem – ou se Rousseau não estaria na raiz de uma interpretação enviesada da democracia ao afirmar que os indivíduos deveriam ser "forçados a ser livres", abrindo assim a porta a outras formas de opressão...

O desconhecimento de algumas destas teorias políticas fundadoras, que ajudam a compreender a evolução das sociedades contemporâneas, pode constituir uma séria lacuna dos investigadores do desenvolvimento que pretendem analisar o papel do Estado, tanto nos países do Sul como nos do Norte, para além dos papéis interventores que lhe são geralmente atribuídos quase exclusivamente no capítulo económico, ao menos no que se refere às publicações dos economistas.

É evidente que a apreciação dos fundamentos filosóficos e políticos dessa dinâmica estatal permanece ainda demasiado limitada, nomeadamente nos países do Sul, por conteúdos parcelares (planificação, nacionalizações, políticas económicas do sector público, privatizações) que, sendo evidentemente aspectos básicos do processo de desenvolvimento, não chegam porém para nos fazer apreender em profundidade os fundamentos ontológicos da acção política (e social) desenvolvida por esses estados, a qual

---

[73] Cf Ghassan Salamé, *Democracy without Democrats? – The Renewal of Politics in the Muslim World*, Londres, I.B.Tauris, 1996.

condiciona todas as outras, tanto mais que, pelo menos em África, é do Estado (com a excepção de Cabo Verde) que tem de partir a iniciativa de construir a Nação e a sua identidade, tarefa complexa e improvável num horizonte temporal imediato...

No contexto científico propriamente dito (pelo menos teórico), a noção de "desenvolvimento" pode ainda ser repensada para ultrapassar a visão limitada das disciplinas tradicionais especializadas, na medida em que estas não esgotam a realidade contemporânea, tanto mais que, como tudo indica na investigação mais recente, terão também de tomar em linha de conta a dimensão da *"aceleração"* tratada como teoria social (Hartmut Rosa[74]) e concomitantemente o seu reverso que seriam as *"estratégias de desaceleração"*, que, por sua vez, parecem centrais nos PED. Embora nestes últimos residam factores aparentemente negativos (hedonismo, ritmo e valor diferenciado do tempo), estes são – ou podem ser – também formas de defesa contra as disfunções da "aceleração" tecnológica moderna.

A hipótese de Hartmut Rosa é que a "modernização não é apenas um processo multidimensional *no tempo*, mas designa também e antes de tudo uma transformação estrutural e culturalmente muito significativa das estruturas e dos horizontes temporais e que o conceito de *aceleração* social é mais adequado para compreender a *via* que esta toma. Sem um estudo que coloque a dimensão temporal no centro da análise, a teoria social não poderá dar conta (...) das transformações contemporâneas das práticas e das instituições sociais, nem da relação entre o indivíduo e si próprio nas sociedades ocidentais"[75].

Da conjugação entre estratégias "de aceleração" e de "desaceleração" poderá ainda a resultar uma função eventualmente positiva se, bem entendido, as jovens nações do Sul estiverem ainda

---

[74] Hartmut Rosa, *Accélération: une critique sociale du temps*, Paris, La Découverte, 2010.
[75] Cf. Hartmut Rosa, *op. cit.*, p. 16-17.

a tempo de recusar formas dissolventes pós-modernas que já afligem os países industrializados, reestruturando os alicerces do edifício político e reparando as malhas do sistema económico e social.

Para isso seria igualmente útil tomar em consideração que a *"forma espacial"* (Sloterdjik[76]) molda, ainda mais do que o "tempo" (Heidegger) a nossa concepção do mundo.

Em resumo, no plano científico e no da criação intelectual torna-se necessária a ajuda dos filósofos para revitalizar teorias do conhecimento que desenhem contornos ainda não explorados.

Desde logo, uma nova teoria do desenvolvimento deverá observar uma metodologia que não será apenas positivista, linear ou ideológica, mas, adoptando a terminologia do biólogo Sewall Wright, uma teoria do *"equilíbrio dinâmico"*, ou seja um equilíbrio de permanente movimento entre as forças para a homogeneidade e as forças para a heterogeneidade[77].

Vários filósofos africanos – entre os quais Hountondji, Mudimbe, Wiredu, Appiah[78] – depois de ultrapassarem uma etno-filosofia datada, tentam já abrir caminho a uma reflexão axiológica sobre a possibilidade de ligar as questões filosóficas[79] à utilização das ciências sociais, nomeadamente as ciências económicas, embora

---

[76] Peter Sloterdijk, *Globes Sphères II*, Paris, Libella-Maren Sell, 2010.

[77] Cf. Michael Ruse, *O mistério de todos os mistérios*, Vila Nova de Famalicão, Quasi Edições, 2002; Jacques Sapir, *Les trous noirs de la science économique*, Paris, Albin Michel, 2000.

[78] Vd por exemplo: Paulin Hountondji, *African Philosophy – Myth and Reality* (1976), Londres, Hutchinson, 1983; M. Diagne, *De la philosophie et des philosophes en Afrique Noire*, Paris, Karthala, 2006; Kwame A. Appiah, *Na casa do meu pai – A África na filosofia da cultura*, Rio, Contraponto, 1997; V.Y. Mudimbe, *The Invention of África – Gnosis, Philosophy and the Order of Knowledge*, Londres, James Currey, 1988; Lewis R. Gordon, *Na Introduction to African Philosophy*, Cambridge, 2008; Lee M. Brown (Ed. by), *African Philosophy – New and Traditional Perspectives*, Oxford, 2004; Augustine Shutte, *Philosophy for Africa*, Cape Town, University of Cape Town Press, 1993

[79] No plano da reflexão filosófica ver eventualmente François Julien, *L'invention de l'idéal et le destin de l'Europe*, Paris, Seuil, 2009.

não seja garantido que essa perspectiva, ainda que fundamental, se revele suficiente para dar conta das múltiplas dimensões, interrogações e problemas que o fenómeno do "desenvolvimento" poderá ainda anunciar no decorrer do século XXI, tanto no caso dos PED como no dos países industrializados, na medida em que a problemática do "desenvolvimento", se bem que com modalidades diferentes, diz respeito a ambos e não apenas aos PED como se pensou durante muito tempo.

Efectivamente, se os primeiros (os PED) têm problemas por demais conhecidos para resolver, não é menos certo que os segundos (países industrializados) se defrontam com um clima de incerteza civilizacional e de projectos políticos conturbados cujas soluções não estão à vista. Sem falar da crise mundial que atinge de chofre a Europa e aquilo que Adriano Moreira chama o "euromundo" e o "ocidente"[80], pense-se nas dificuldades da constituição de uma União Europeia *política* que vá para além da construção económica, ou na criação de um Fundo Monetária Europeu que dê uma nova expressão à solidariedade europeia tal como foi pensada pelos seus fundadores, ou outras medidas concretas que ultrapassem egoísmos nacionais obsoletos e até perigosos (vd. a ameaça velada de expulsar da zona euro os países que não respeitem o pacto de estabilidade e crescimento), etc.

No âmbito científico, é evidente que nenhuma disciplina singular pode abraçar a variedade e complexidade dos factores que caracterizam o desenvolvimento.

Ravi Kambur[81] propôs há alguns anos a noção de *"análise transversal" ("cross-disciplinary")* que se refere a qualquer estudo ou recomendação política baseada em análises e métodos de mais

---

[80] Adriano Moreira, *A comunidade internacional em mudança*, Coimbra, Almedina, 3ª ed. 2007

[81] Ravi Kambur,"Economics Social Science and Development", *World Development*, 2002, 30 (3): 477-86. Citado por Clark 2006, *op. cit.*

de uma disciplina. Essa *cross-disciplinary* apresentaria duas variantes principais:

Na *"multidisciplinaridade"*, que resulta do trabalho de pesquisa de equipas de investigadores, cada elemento da equipa trabalha na sua especialização própria mas colabora para construir com os outros elementos da equipa uma síntese e conclusões gerais;

Na *"interdisciplinaridade"* estaríamos perante uma investigação que tenta atingir a mais profunda integração de duas ou mais disciplinas em todas as fases do processo de pesquisa até atingir uma conclusão que eventualmente ultrapasse as premissas iniciais e dê origem a soluções inovadoras.

Em síntese, a *multidisciplinaridade* seria uma forma aditiva da *"análise transversal"*, enquanto que a *interdisciplinaridade* seria muito mais integracionista, embora haja, sem dúvida, caminhos diversos para combinar a *multidisciplinaridade* com a *interdisciplinaridade*. As modernas pesquisas sobre o desenvolvimento caminham nessa via sistémica que responde a interrogações, muitas delas suscitadas pela globalização. Mas, pelo menos em parte, será talvez na via da articulação entre as diversas ciências sociais – nas quais se inclui em especial a Economia – onde as teorias do desenvolvimento poderão encontrar um terreno fértil.

A discussão, ainda de actualidade, entre a visão da "economia do desenvolvimento" como uma disciplina com um estatuto próprio ou como uma área transversal a vários interesses científicos, é um debate que continua e sobre o qual as opiniões não são unânimes, tanto mais que a *"mono-economia"* (Hirschman) e o *mainstream* neoliberal[82] assertivo ainda predominam em instâncias internacionais, incluindo na Comissão Europeia, e já entraram na

---

[82] Não é possível tratar aqui da história do liberalismo e da sua evolução desde o século XIX. Ver por exemplo: Catherine Audard, «Le 'nouveau' libéralisme», *L'Économie Politique* (Paris), n.º 44, octobre 2009, pp. 6-27. Ver igualmente, mas num outro registo, René Passet, *L'illusion néo-libérale*, Paris, Fayard, 2000 (existe uma tradução portuguesa) e Christian Chavagneux, *Les dernières heures du libéralisme*, Paris, Perrin, 2007.

Universidade, apesar da crise mundial iniciada em 2007 ter, no mínimo, demonstrado os seus limites e anunciado o fim da crença na auto-regulação do mercado, a que alguns já chamam *"teologia de mercado"* na expressão dum fino pensador como Adriano Moreira[83].

Não obstante, segundo John Loxley[84], é possível identificar quatro características dos estudos internacionais de desenvolvimento (EID) que, reunidas, parecem constituir uma identidade coerente: a primeira incide no desenvolvimento dos países de *per se*, distinguindo-se da economia política global e das relações internacionais (monografias, experiências empíricas comparativas...).

A segunda característica dos EID é que estes são interdisciplinares e multidisciplinares por natureza. Ou seja, qualquer tentativa para compreender o mundo em desenvolvimento e o modo como ele está inserido na economia global e no sistema político (da *economia-mundo* de Wallerstein) exige, como já se disse, o trabalho colectivo de várias disciplinas distintas.

A terceira característica é de permitir, ou mesmo encorajar, pesquisas ao nível internacional, nacional e sub-nacional (local), atitude que deve suscitar uma escolha eclética por parte dos investigadores.

A quarta é, ao mesmo tempo, teórica, empírica e orientada politicamente.

Estas quatro características são interdependentes. Mas continua a faltar uma definição consensual dos *"Development Studies"* e, por consequência, da própria "Economia do Desenvolvimento".

---

[83] É sabido que Adriano Moreira é, sem dúvida, um dos grandes pensadores de ciência política em Portugal, pelo menos nos últimos 50 anos. Mas poucos parecem ter reparado que se trata também de um dos mais notáveis prosadores da língua portuguesa. Ver por exemplo dois dos seus últimos livros onde as duas qualidades se evidenciam, a científica e a literária: o primeiro intitula-se *A espuma do tempo – Memórias do tempo de vésperas*, Coimbra, Almedina, 2009. O segundo: *A circunstância do Estado exíguo*, Lisboa, Diário de Bordo, 2009.

[84] *In* Clark 2006, *op. cit.*

Não obstante, isso não é necessariamente uma limitação, mas antes um desafio à criatividade e ao progresso da actividade científica neste sector das Ciências Sociais[85]...

Também é permitido deduzir que a economia do desenvolvimento terá novos caminhos a explorar nas próximas décadas, quer inserida num sistema de rede que as novas tecnologia promovem com intensidade, como Manuel Castells o demonstrou[86], quer ainda como área teórico-empírica com identidade própria.

O tema do "desenvolvimento" pode assim ser inscrito, sem se descaracterizar, no âmbito da nova EPI (*"Economia Política Internacional"*), especialmente na corrente teorizada por Susan Strange, cujas teses são particularmente originais[87].

Bem conhecida nas universidades e meios especializados anglo-saxónicos, a obra de Susan Strange não encontrou ainda, infelizmente, nas universidades portuguesas e francesas[88] a atenção que deveria merecer.

Ao analisar o "desenvolvimento" na sua acepção nacional e internacional mais abrangente, Susan Strange distingue-se das duas outras correntes americanas da EPI: a primeira é a escola realista que trata sobretudo do poder relacional e das questões de segurança entre estados (Robert Gilpin, Robert Keohane e Joseph

---

[85] Vd eventualmente M. Villaverde Cabral, J.L. Garcia e Helena M. Jerónimo (Org.), *Razão, tempo e tecnologia – Estudos em homenagem a Hermínio Martins*, Lisboa, ICS, 2006.

[86] Manuel Castells, *L'ère de l'information*, Paris, Fayard, 3 vols. (1.º vol. 1998, 2.º vol. 1999, 3.º vol. 1999).

[87] Nomeadamente Susan Strange, *States and Markets – An Introduction to International Political Economy* (1988), Londres, Pinter, 1993; Susan Strange, *The Retreat of the State– The Diffusion of Power in the World Economy*, Cambridge, 2000; Roger Tooze and C. May (Ed. by), *Authority and Markets – Susan Strange's Writings on International Political* Economy, Londres, Palgrave Macmillan, 2002. Sobre a obra de Susan Strange ver: Thomas C. Lawton, J. Rosenau e A. Verdun (Ed. by), *Strange Power,* Aldershot, Ashgate, 2001.

[88] Com excepção do livro de Christian Chavagneux, *Économie politique internationale*, Paris, La Découverte, 2004.

Nye) os quais são determinados pelos seus recursos e repousam sobre a força que, por sua vez, condiciona a diplomacia. A segunda resulta da perspectiva normativa de Robert Cox sobre o papel das classes e a teoria do *soft power*.

A abordagem de Susan Strange assume por sua vez uma posição crítica da ordem internacional estabelecida, preocupando-se com o poder estrutural, a hierarquia dos valores e o papel político dos actores não estatais (máfias, por exemplo). Os seus trabalhos projectam a EPI como o ponto de confluência e de interacção de quatro estruturas (representadas graficamente numa pirâmide de quatro faces em *States and Markets)*: a estrutura da segurança, a estrutura da produção, a estrutura financeira e a estrutura do conhecimento ou dos saberes. As quatro estruturas de Strange "não evoluem de maneira independente e as suas interacções determinam as estruturas secundárias da globalização, entre as quais os sistemas de transportes, de comércio internacional, de energia e de ajuda pública ao desenvolvimento"[89], rejeitando a abordagem económica tradicional unicamente preocupada com o papel desempenhado pelo comércio internacional ou com a acção desenvolvida pelos Estados.

S. Strange dá aos problemas da interacção entre desenvolvimento e relações internacionais um novo impulso interdisciplinar que, conjugando os vectores referidos, favorece a apreensão realista das condições em que se move a globalização e permite melhor compreender a sua incidência para o "desenvolvimento" na actualidade.

Um outro campo de análise é a questão do declínio ou abandono do sector público em privatizações[90] ou mesmo nas chamadas "privatizações selvagens". Mas as atenções concentram-se muito

---

[89] Chavagneux 2004, *op. cit*, p. 47.
[90] Vd Manuel Ennes Ferreira, «Angola: la reconversion économique de la *nomenklatura* pétrolière», *Politique Africaine* (Paris), 57, mars 1995, pp. 11-26.

em especial numa outra forma de privatização ainda mais extrema que é a *"privatização do Estado"* em África[91].

Com efeito assiste-se nos últimos anos a uma privatização, não apenas das empresas públicas em favor do sector privado, mas igualmente à privatização de sectores decisivos da própria administração pública (alfândegas, fiscalidade, controle de fronteiras marítimas, venda de verdadeiros-falsos passaportes diplomáticos, entrega da maior parte dos recursos económicos a actores estrangeiros, criminalidade controlada na sombra pela elite governamental, etc.[92]), o que faz pensar a muitos autores que se trata da aplicação radical das teorias neoliberais.

De facto Susan Strange tinha falado, com propriedade, da "retirada do Estado" (in *The Retreat of the State)*, mas Béatrice Hibou acrescenta novos elementos de informação que permitem pensar que o fenómeno vai ainda para além da equação público-privado tradicional. Na verdade, em África o Estado não declina como se pensava (ou pelo menos da maneira como se pensava) porque não se trata textualmente de um "declínio" ou de um desaparecimento, mas de uma transformação enviesada em que, sob novas formas, o poder sobrevive e se fortalece utilizando interesses económicos privados que agem como intermediários da elite nacional dominante, a qual, de uma forma ou doutra (pacífica ou violentamente) manipula o poder político para construir uma economia de acumulação rendeira. Assim sendo, o poder político e económico serve antes de mais o enriquecimento de uma minoria nacional que é partilhado com as empresas e interesses internacionais instalados no terreno.

Alguns autores, mesmo quando são acusados de um certo cinismo ou que se assumem pelo menos como *descrentes*, admitem que essa situação dramática e imoral é, no entanto, preferível ao

---

[91] Béatrice Hibou (Sous la direction de), *La privatisation des États*, Paris, Karthala, 1999.

[92] Béatrice Hibou 1999, *op. cit.*

caos ruinoso de guerra civil e de anarquia permanente como acontece na República Democrática do Congo (ex-Zaire), ou a matanças e genocídios como os que tiveram lugar no Rwanda e noutras regiões. E mesmo que esta situação de *"privatização do Estado"* se prolongue por mais alguns anos ou mesmo décadas, dizem, não é impossível esperar que um dia virá em que as novas gerações[93], se herdarem ao menos uma economia que funcione tecnicamente (ainda que corrupta), terão talvez mais facilidade em retomar em mãos os seus países, estabelecendo novas regras, revistas e inspiradas em ideais democráticos[94].

«»«»«»

No plano académico, as disciplinas ligadas aos problemas do desenvolvimento parecem ser das mais estimulantes e desafiadoras tanto para os estudantes como para os docentes e investigadores porque, ultrapassando a mera *"reprodução do conhecimento"*, são, em qualquer das suas formas, motores privilegiados da *"produção de pensamento"* que se me afigura ser, sem menosprezo algum pela primeira que não deixa de ser essencial, uma das traves mestras da Universidade.

Para isso o "desenvolvimento", nomeadamente a Economia do Desenvolvimento, apesar das resistências algo conservadoras que encontrou por vezes desde os anos 1980 em muitas universi-

---

[93] Vd sobre o papel da educação as teses de doutoramento de Filipe Zau, *Educação em Angola – Novos trilhos para o Desenvolvimento*, Luanda, Movilivros, 2009, também consultável em linha in: www.adelinotorres.com (página "Desenvolvimento") e André Corsino Tolentino, *Universidade e transformação social nos pequenos Estados em desenvolvimento: o caso de Cabo Verde*. Consultável em linha in: www.adelinotorres.com (página"Desenvolvimento").

[94] Entre os autores africanos, ver: Edem Kodjo, *...Et demain l´Afrique*, Paris, Stock, 1985; e Edem Kodjo, *L´Occident: du déclin au défi*, Paris, Stock, 1988.

dades pelo mundo fora[95], é uma das áreas mais apaixonantes do ensino e da investigação universitárias enquanto, bem entendido, não considerar nenhum axioma como uma verdade adquirida e inamovível, e admitir que o método científico não é a *"acumulação"* linear do conhecimento mas a *"revolução permanente"* de que fala Karl Popper[96]. Ou seja que a ciência só avança de *problemas*

---

[95] Mercê do predomínio avassalador das ideias neoliberais impulsionadas desde o início dos anos 1980 por Margareth Tatcher e Ronald Reagan, que invadiram as instituições internacionais, os governos (incluindo governos socialistas) e mesmo as universidades. Este movimento consolidou o seu predomínio ao reivindicar um estatuto *científico* que não merecia.

Com efeito, o"*critério de demarcação*" de Karl Popper (autor constantemente chamado à colação – impropriamente a meu ver – por esses mesmo neoliberais), marca a distinção entre o que"é científico" e o que"não é científico". O que é científico é o que é *refutável* (K. Popper utiliza o conceito de"falsificável"), e será tanto mais científico quanto maior for o seu conteúdo empírico e mais refutável puder ser. Quando o resultado empírico não confirma a teoria (ou melhor: a hipótese) esta tem impreterivelmente de ser revista (depois de, bem entendido, preenchidas as condições de severos protocolos metodológicos) ou abandonada.

Ora as teses neoliberais foram muitas vezes confrontadas com a sua refutação empírica (projecções que se revelaram erróneas, crises não previstas ou contrárias aos pressupostos enunciados em nome da"ciência", falsas previsões como as que fizeram dois prémios"Nobel" que iam levando o sistema bancário americano à bancarrota, etc.). Apesar desses constantes dissabores, os teóricos reagiram sempre de maneira contrária à que Popper preconizava, quer dizer ou negando a realidade ou elaborando hipóteses *ad hoc* afirmativas e sentenciosas. Um pouco como se dissessem que se há erro, esse erro não é da *teoria* mas da *realidade*, num curioso retorno à velha teologia do século XIII. Essa atitude a que alguns não hesitam em chamar de"obscurantista", ilustra a constância axiomática das correntes (nem todas) do neoliberalismo, que continuam a prevalecer mesmo depois de 2008 (daí a persistência, em plena crise, dos bónus ridículos na alta finança), como se a crise fosse um incidente pontual e passageiro que nada teve a ver com os modelos postos em prática por essas teorias. E, neste momento em que se escrevem estas linhas, continuam a persistir apesar dos gritos de alarme de muitos cientistas sociais de todos os quadrantes ideológicos...

[96] Quanto a este ponto, o professor Hermínio Martins da Universidade de Oxford, a quem dei a ler previamente este artigo, comenta que sobre a «dicotomia entre a acumulação linear e revolução permanente" há anos que o modelo

(velhos) para *problemas* (novos), operando numa constelação multi e interdisciplinar que singra pelo caminho espinhoso da dúvida e da precariedade, mas que tem sempre no horizonte a ideia da sua utilidade humanista sem as vãs pretensões de ser uma *ciência dura* que exclui a incerteza...

Parede, 1 de Maio de 2010

---

kuhniano da alternância de fases longas de ciência normal e de fases curtas de ciência revolucionária tem exercido um grande fascínio (por analogia também o modelo do equilíbrio pontuado de S.J. Gould e Niels Eldredege, por sua vez muito em dívida com o historiador F.J. Teggart nos anos 20). Simpatizo com a sua simpatia com o modelo de revolução permanente, embora do meu ponto de vista as ciências sociais deveriam ficar satisfeitas com uma espécie de pluralismo irredutível, mas sempre renovado, de perspectivas fundamentais sem resolução final e só com superações ou progressos parciais (uma boa parte do tempo com *retrogressos* e perdas de *insights*, mais ou menos regulares, seguidas de recuperações e reapreciações em que a história das ideias, o pensamento dos grandes, conta mais, muito mais, nas ciências sociais do que nas ciências naturais, pelo menos até os obscurantistas gestores das universidades puderem arrasar a história do pensamento».

Cf. Correspondência particular do professor Hermínio Martins com o signatário.

PARTE II

**CONTRIBUTOS EM HOMENAGEM
A ADELINO TORRES**

Os caminhos da diversificação da economia angolana

*Alves da Rocha**

Sinto-me muito honrado em poder participar desta iniciativa de se homenagear o Professor Adelino Torres a propósito da sua jubilação, neste ano. Sou angolano e a minha vida académica e profissional tem-se desenrolado em Angola e posso testemunhar o enorme prestígio de que o Professor Adelino Torres goza entre a comunidade intelectual e científica angolana.

Na Universidade Católica de Angola, os seus livros e reflexões sobre economia e os problemas económicos e sociais de África – de que este Professor é um atento observador e acutilante crítico – são de consulta recomendada pelos diferentes professores e de leitura muito procurada pelos estudantes que utilizam a Biblioteca da UCAN.

Fiquei particularmente agradecido pelo seu extraordinário prefácio ao meu livro Os Limites do Crescimento Económico em Angola – As Fronteiras entre o Possível e o Desejável, agora já em segunda edição, pelo seu brilhantismo, riqueza de conhecimento e informação, domínio do relacionamento entre variáveis económicas, sociais, culturais e políticas e ensinamentos sobre como nos devemos posicionar face às nossas responsabilidades para com as

---

* Universidade Católica de Angola; alvesdarocha.ucan@gmail.com

populações, as únicas que devem ser o verdadeiro sujeito e objecto do desenvolvimento.

Muito do sucesso deste meu livro se tem devido ao prefácio do Professor Adelino Torres.

1. As questões essenciais da diversificação

O desenvolvimento económico sustentável caracteriza-se, entre outros aspectos, pelas seguintes tendências: elevadas taxas de crescimento do rendimento por habitante, índices altos de variação da produtividade total dos factores de produção, coeficientes significativos de transformação estrutural da economia, importantes transformações sociais e ideológicas e abertura da economia (Economic Development, Michael Todaro and Stephen Smith, 2003). Um país que apresente, por exemplo, uma taxa de variação anual do PIB por habitante de 10%, consegue duplicar o seu valor em 7 anos, o que é importante para a melhoria das condições de vida. Foi o que a China conseguiu nos últimos 30 anos, isto é, em cada 7 anos desse período duplicou o valor do seu rendimento médio social.

No entanto, a máxima repercussão social duma duplicação do rendimento por habitante em cada 7 anos depende dos modelos de distribuição da renda, do acesso às oportunidades de emprego e de negócio e da transformação estrutural dos sistemas económicos. Este o ponto que, para efeitos da presente reflexão, me importa reter. As transformações estruturais são, afinal, o cerne da diversificação dos tecidos produtivos.

Evidências empíricas retiradas de muitos estudos de correlação entre o aumento do rendimento médio e as transformações económicas estruturais apontam no sentido duma alteração sustentada da participação relativa sectorial no PIB, à medida que o rendimento por habitante cresce.

No nosso país, as informações estatísticas disponíveis apontam para uma variação de mais de 685% no Rendimento Nacional

Bruto por habitante entre 2001 e 2008 (cerca de 34% ao ano, ou seja, a possibilidade de ser duplicado em 2 a 3 anos). Em 2008, o Rendimento Nacional Bruto por habitante foi de 3280 dólares americanos a preços correntes.

Quanto à estrutura económica tem, no essencial, permanecido inalterada, no mesmo período de tempo. O quadro seguinte esclarece a tendência das alterações estruturais no nosso país.

Tendências das alterações económicas estruturais em Angola
(os valores estão expressos em percentagens do PIB)

	2001	2005	2008
Agricultura, pecuária, floresta e pescas	8,3	8,6	8,3
Indústria Transformadora	4,0	4,1	6,7
Serviços	15,8	14,9	15,5
Petróleo	52,3	56,3	57,6
Rendimento Nacional Bruto/habitante (usd)	416,6	1290,5	3282,9

Fonte: Universidade Católica de Angola, Relatório Económico de 2008.

Ou seja, a forma como o sector de enclave se relaciona com o resto da economia tem limitado o surgimento dum movimento sustentado de alteração da estrutura produtiva interna. A única nota digna de registo é o comportamento da participação relativa da indústria transformadora, com um incremento de 2,7 pontos percentuais em 7 anos, ainda assim, bem menor do que a variação pontual da extracção de petróleo (mais de cinco pontos percentuais em igual período). A manufactura nacional aparece, portanto, como o sector mais dinâmico das transformações estruturais, sendo disso, também, prova o Índice de Transformação Industrial, com um valor de 1,996 em 2008, contra 0,54 em 2001.

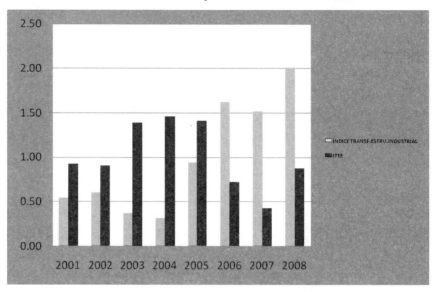

Índice de transformação da estrutura industrial

Dum outro ângulo de análise, a indústria transformadora nacional igualmente aparece a liderar o processo de transformações dinâmicas em termos de produtividade bruta aparente do trabalho (uma grosseira aproximação ao índice de variação da produtividade total dos factores).

Comportamento da produtividade bruta aparente do trabalho
(os valores estão expressos em dólares americanos)

	2005	2007	2008
Agricultura, pecuária, florestas e pescas	549,0	875,2	1233,2
Indústria Transformadora	38141,1	78769,7	133094,7
Serviços	29501,8	31720,0	34208,2

Fonte: Cálculos do autor, com base em informações retiradas dos Relatórios de Balanço dos Programas do Governo de 2007 e 2008.

A indústria transformadora é o cerne dum processo de diversificação económica estrutural sustentado. As razões são fáceis de enumerar:

- A industrialização das economias é um fenómeno ligado ao desenvolvimento económico, não havendo economias avançadas sem um sector transformador forte, dinâmico e de elevado valor agregado interno.
- A industrialização é, muitas vezes, vista como potenciadora da geração de emprego. Entre nós, o desenvolvimento da agricultura, no sentido moderno do termo, vai ter de passar pela libertação de quantidades elevadas de mão-de--obra, que deverão ser absorvidas pelas actividades manufactureiras, numa primeira fase, e de serviços, num segundo momento, quando a qualificação dessa força de trabalho for compatível com os processos tecnológicos usados nestes sectores de ponta.
- A industrialização é o caminho mais seguro para se reduzir a dependência externa e a concentração das exportações. É deste modo que se consegue estabilizar os rendimentos externos provenientes da participação no comércio internacional.
- A industrialização é um poderoso factor de crescimento, modernização e desenvolvimento da agricultura, envolvendo-a num processo de integração económica interna valorizador dos recursos naturais do país.
- Dados os baixos níveis de produtividade do trabalho em todos os sectores de actividade, a industrialização contribui para os elevar, através da sua maior eficiência económica.
- Finalmente, a industrialização é o processo que sustenta as mudanças económicas e sociais associadas à saída dos estádios mais primários de desenvolvimento.

A indústria transformadora, dada a posição que ocupa nos tecidos económicos, desencadeia efeitos a montante e efeitos a jusante de arrastamento de outras actividades produtivas e de serviços. Para que o sector manufactureiro, em geral, e os correspondentes ramos de actividade, em particular, sejam o motor da diversificação da economia, as relações a montante devem ser mais numerosas do que as desencadeadas por outros sectores de actividade.

As relações a jusante referem-se à capacidade da indústria transformadora induzir o crescimento dos sectores aos quais fornece as mercadorias de que necessitam para a sua actividade.

Que ramos industriais devem ser envolvidos no processo de industrialização com diversificação da economia? A selecção pode socorrer-se de vários critérios, dos quais os efeitos a montante e a jusante são dos mais usados.

Estudos internacionais apontam para a seguinte classificação.

Actividades de elevada contribuição para a diversificação da economia

RAMOS DE ACTIVIDADE	Índice de ligação a jusante	Índice de ligação a montante
Indústrias de couro	0,645	2,39
Metais de base	0,98	2,36
Vestuário	0,025	2,32
Indústria têxtil	0,59	2,24
Produtos alimentares e bebidas	0,272	2,22
Papel	0,788	2,17
Produtos químicos e de refinação do petróleo	0,599	2,13
Produtos metálicos e maquinaria	0,43	2,12
Madeira e mobiliário	0,582	2,07
Construção	0,093	2,04
Tipografia e impressão	0,508	1,98
Outros produtos manufacturados	0,362	1,94
Indústria da borracha	0,453	1,93
Minerais não metálicos	0,87	1,83

Fonte: Économie du Développement, Dwight Perkins, Steven Radelet et David Lindauer, 2006.

Verifica-se que são os efeitos a montante – directos e indirectos – os que melhor indicam os caminhos da diversificação da estrutura económica. Do conjunto de ramos de actividade indicados no quadro, destacam-se as indústrias ligeiras (têxteis, vestuário, calçado e produtos alimentares) como as melhor habilitadas para contribuírem para um processo sustentado de industrialização e diversificação económica.

Outro aspecto relevante para a reflexão sobre a diversificação da economia angolana prende-se com os investimentos necessários para alterar o peso relativo dos diferentes sectores de actividade no Produto Interno Bruto. De acordo com as experiências de outros países, dos quais República da Coreia, Taiwan, Malásia, China, África do Sul, Maurícias são das mais assinaladas, a diversificação da economia foi um processo longo, exigindo cerca de 30 anos para mudar o peso relativo dos diferentes sectores de actividade, tendo apelado para a existência de condições propícias, como infra-estruturas físicas, capital humano, estabilidade económica e política e abertura económica (fonte de eficiência e competitividade).

Os pressupostos admitidos para o cálculo do esforço de investimento necessário para colocar num rumo definitivo a diversificação da economia angolana são:

- Taxa real média anual de crescimento do PIB de 9,5%.
- Período de 17 anos (2008 – 2025).
- Coeficiente de capital da ordem dos 2,4 (com parcelares de 1,85 para a agricultura, 2,75 para a indústria transformadora, 1,75 para os serviços e 3,5 para a actividade de extracção de petróleo).
- Taxa média anual de inflação de 3,5%.
- Estrutura económica em 2025 caracterizada por uma economia industrial em transição para uma economia de serviços: agricultura = 12,5% do PIB; indústria transformadora (com materiais de construção) = 20% do PIB; serviços = 30% do PIB, petróleo = 31,5% do PIB e Estado = 6% do PIB.

Os resultados deste exercício estão resumidos a seguir.

Esforço de investimento para a diversificação da economia
(valores em milhões de dólares correntes)

SECTORES	Investimento total	Média anual	Taxa de investimento média anual (%)	Taxa real anual de crescimento PIB(%)
Total economia	1504882,1	88522,5	28,2	9,5
Agricultura	150992,5	8881,9	25,7	12,2
Transformadora	375501,5	22088,3	47,5	16,8
Serviços	330643,4	19449,6	21,1	9,9
Petróleo	610002,1	35882,5	30,1	5,7

Conclusões quanto ao esforço subjacente à construção duma economia industrializada em transição para uma economia de serviços:

- O PIB nominal atingiria, em 2025, a cifra de 711,8 mil milhões de dólares, equivalente a cerca de 400 mil milhões de dólares a preços de 2008.
- O investimento acumulado em 17 anos para os sectores protagonistas da diversificação da economia (agricultura, transformadora, serviços mercantis e petróleo) é de aproximadamente 1504,9 mil milhões de dólares, que corresponde a um parcial anual médio de 88,5 mil milhões de dólares.
- A taxa anual média de investimento no período suplanta aproxima-se dos 30%, com destaque para a indústria transformadora, em que o respectivo valor ronda 48%. São taxas de investimento muito elevadas que exigem: poupança interna adequada (das famílias, das empresas e do Estado, um activo mercado de capitais, hábitos enraizados de poupança, aspectos actualmente ausentes na proporção exigida pelo esforço de industrialização e diversificação; capacidade de financiamento externo (*rating,* risco-país, investimento estrangeiro – que tem de ser estruturante, capaz de adensar a malha de relações intersectoriais da economia, gerador de inovação, gestão estratégica e competitividade – empréstimos externos, fazendo todo o sentido o apro-

fundamento das relações com o Fundo Monetário Internacional).
- As dinâmicas de crescimento estão retratadas na última coluna, de onde se destaca a correspondente à indústria transformadora, a rondar os 17% anuais.
- O valor do rendimento nacional bruto por habitante em 2025, nas condições de crescimento com diversificação, situar-se-ia em 35000 dólares americanos.

Só para se ter uma ideia quanto ao significado dos valores anteriores, o total do investimento realizado em 2008 foi de cerca de 30 mil milhões de dólares, com um peso preponderante dos investimentos petrolíferos (56%) e dos investimentos públicos na reconstrução de infraestruturas (39,7%). Ou seja, os investimentos privados nos sectores estruturantes da diversificação representaram apenas 10% do total. Acrescente-se, ainda, que o investimento público em infraestruturas económicas poderá diminuir de intensidade, a partir do momento em que o essencial da sua reabilitação/modernização estiver concluído e que a sua sustentabilidade continuará dependente das receitas do petróleo e da capacidade de endividamento interno e externo da economia.

Evolução do investimento
(milhões de dólares)

INDICADORES	2002	2003	2004	2005	2006	2007	2008
Investimento público	274,1	281,3	868,4	1531,4	5403,0	7146,1	11901,3
Investimento privado	3077,6	4996,7	6045,0	8029,4	11385,5	11647,0	18984,7
Investimento total	3351,7	5278,0	8897,8	9560,8	16788,5	18793,1	30886,0

Fonte: UCAN/CEIC – Relatório Económico 2008.

2. A macroeconomia da diversificação

Uma estratégia de diversificação da economia é exigente em relação ao comportamento e controlo de determinadas variáveis macroeconómicas. A abertura da economia, necessária a uma maior participação no comércio internacional de produtos transformados, coloca determinados desafios relativos aos índices de competitividade da economia e dos sectores que produzem bens transaccionáveis. Por isso, certos aspectos relacionados com as taxas de câmbio, a inflação, o défice fiscal, as reservas internacionais e a dívida externa são cruciais para se diversificarem as exportações, atrair investimento privado, nomeadamente estrangeiro, e melhorar a competitividade.

A questão cambial em Angola foi, desde sempre, um dos seus bloqueios estruturais. Foram necessários 17 anos para se compreender que a taxa de câmbio era um instrumento de política económica e, por isso, deveria ser manipulada consoante as exigências da situação económica. Depois de 2000, as autoridades monetárias angolanas encetaram um processo sustentado de regularização do mercado cambial que culminou na desvalorização da moeda nacional, na quase eliminação do *spread* entre paralelo e oficial e numa relativa liberalização do acesso às divisas. Ainda assim, persiste uma diferença entre taxa de câmbio de equilíbrio e taxa de câmbio efectiva, sugerindo haver margem para proceder a desvalorizações que poderiam proporcionar uma deslocação dos investimentos para os sectores exportadores não minerais.

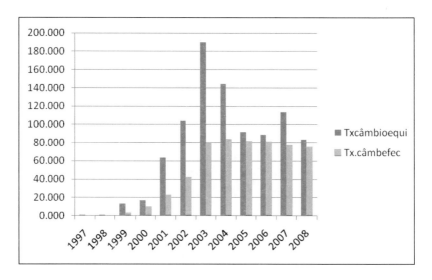

Porém, havendo, da parte do Governo angolano, a intenção de controlar a inflação interna – uma das condições de resguardo dos rendimentos mais débeis e voláteis da maioria da população que é pobre –, a desvalorização da moeda nacional, enquanto medida de incentivo à diversificação das exportações, encontra resistência na possibilidade de elevação dos preços internos, tal é o grau de dependência externa de produtos acabados e semi-acabados. Daí que a política anti-inflacionista – que, do mesmo modo, tem repercussões sobre a competitividade dos transaccionáveis angolanos – tenha de seguir uma estratégia de remoção dos obstáculos estruturais que impendem sobre os mecanismos da formação dos preços internos, tais como, infraestruturas de produção, distribuição e importação, aumento da concorrência, redução das imperfeições dos mercados (estruturas monopolistas e oligopolistas), facilitação burocrática, eliminação de custos administrativos sobre os empreendimentos privados, etc.

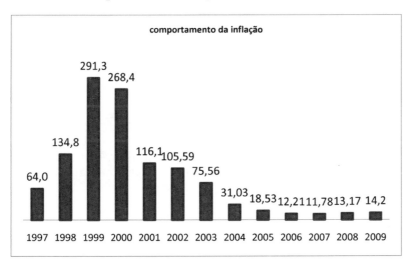

Outros aspectos igualmente relacionados com a diversificação da economia nacional são o défice fiscal e o saldo da balança corrente, dois indicadores importantes para as agências internacionais de *rating*. Graças ao excelente comportamento do preço do petróleo, Angola tem podido limitar o défice fiscal – tornando-a até positivo em determinados anos do processo de reconstrução económica – sem prejudicar os investimentos públicos e obter ganhos significativos na balança corrente, que permitiram atingir, em Novembro de 2008, um stock de reservas internacionais líquidas de 20 mil milhões de dólares (2006 foi o ano em que o saldo corrente da conta externa atingiu um recorde absoluto, tendo representado 35,6% do PIB).

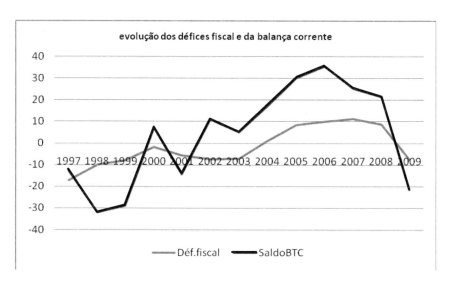

Outros indicadores macroeconómicos que influenciam a estratégia de diversificação da economia nacional são a dívida externa e a capacidade de crédito interno.

A dívida externa angolana é essencialmente pública, pelo que os excedentes orçamentais obtidos entre 2004 e 2008 – com um pico em 2007, equivalente a 11,4% do PIB – permitiram uma consolidação na redução dos compromissos perante o exterior e que se tem expressado numa queda sistemática do seu peso relativo (27,1% em finais de 2008).

Indicadores diversos
(valores em milhões de dólares)

INDICADORES	2002	2003	2004	2005	2006	2007	2008
Dívida Pública Externa	7695,4	8270,1	9000,2	10222,4	15115,3	19876,6	22765,4
Dívida Pública Externa/PIB(%)	68,7	61,2	48,6	33,8	31,5	32,8	27,1
Reservas Internacionais Líquidas	432,5	623,3	1358,4	3189,4	8587,5	11323,9	18012,0
Meses de importações	0,73	0,85	1,53	2,53	6,33	5,54	4,54
Importações FOB		5480,3	5831,8	9227,3	10770,2	11702,6	18561,9
Meses importações FOB	1,4	1,4	2,8	4,1	9,6	11,6	11,3
Taxa de crédito à economia (%)	1,0	1,8	2,0	2,6	4,2	10,6	13,6

3. As condições para a industrialização (e consequente diversificação da economia)

As restrições a um rápido, intensivo e extensivo crescimento industrial apresentam outros contornos.

A actividade industrial caracteriza-se por altos coeficientes capital/trabalho, que determinam valores elevados para o investimento e disponibilidade consentânea de poupança interna e capacidade empresarial estratégica para a sua gestão. Este aspecto ajuda a perceber porque o sector industrial é cada vez menos gerador de emprego líquido, em todos os países, mas com consequências dramáticas naqueles que patenteiam elevadas taxas de desemprego – também provocadas pelo elevado crescimento demográfico – e de pobreza.

A crescente complexidade das técnicas e tecnologias de produção industrial, passou a exigir perfis da mão-de-obra industrial e de gestão empresarial estratégica e táctica de elevado gabarito, indisponíveis na maior parte dos países africanos, cujo atraso na criação do capital humano os coloca na cauda do pelotão do desenvolvimento humano mundial.

A actual divisão internacional do trabalho exerce um efeito profundamente desfavorável sobre as industrializações retardadas dos países em desenvolvimento. A marginalização da África do comércio internacional tem-se agravado, representando, actualmente, as exportações e importações da África subsariana não mais do que 3,5% do total das exportações e importações mundiais. A deslocalização industrial do centro capitalista e desenvolvido para as periferias atrasadas e subdesenvolvidas tem sido feita em grande benefício das chamadas economias emergentes não africanas, de onde se destacam a China, a Índia, a Rússia e a Coreia do Sul.

A penetração nos mercados mundiais é dificultada pela evidente falta de competitividade estrutural dos produtos africanos, agravada pelas políticas neo-proteccionistas dos países capitalistas desenvolvidos, através de tarifas, subsídios e critérios não tarifários.

Portanto, são vários os escolhos a ultrapassar para se criarem as melhores e mais favoráveis condições para uma industrialização e diversificação sustentáveis da economia.

A elaboração dum modelo de industrialização consequente deve começar, pois, por uma avaliação lúcida das condições disponíveis e dos seus limites.

Costumam ser elencadas cinco condições para a industrialização dos países que ainda a não possuem.

A primeira condição – talvez relativamente necessária ou facilitadora ou coadjuvante, mas, com certeza, nunca suficiente, em particular por tudo o que se escreveu e escreve acerca da maldição dos recursos naturais, mormente os de natureza mineral e com destaque para o petróleo – é, claro, a **disponibilidade de recursos naturais**. Esta condição está directamente relacionada com a natureza específica da indústria transformadora, que consiste na fabricação de artigos a partir de matérias-primas naturais ou artificiais. Assim, a abundância destes recursos naturais funciona como um estímulo para os empresários criarem indústrias de transformação. Nem sempre, porém, a disponibilidade de recursos naturais facilita, imediata e directamente, a industrialização dos países. Dependendo da natureza desses recursos naturais, os investimentos necessários para a sua exploração industrial rentável podem, por vezes, ultrapassar a capacidade interna de financiamento, exigindo a intervenção de poupanças externas mais interessadas na exportação em bruto do que transformada. Em relação a outros tipos de matérias-primas de origem não mineral, a sua industrialização interna depende, muitas vezes, da dimensão dos mercados nacionais, via de regra, relativamente pequena para construir uma competitividade baseada nas economias de escala. Acresce que, em alguns casos, o acesso aos mercados externos depende menos da competitividade dos produtos do que das políticas seguidas pelos grandes países industrializados e dos comportamentos oligopolistas das grandes corporações industriais. Daí que as indústrias exportadoras tenham de ser objecto dum tratamento cuidadoso tendente a ultrapassar alguns dos obstáculos que podem defrontar nos mercados internacionais. Por exemplo, o estabelecimento de acordos de exportação de longo prazo pode ajudar essas indústrias a diminuir as resistências dos mercados externos, a aumentar a produção e a diminuir os custos. A iniciativa AGOA dos Estados Unidos pode ser uma oportunidade para a industrialização de alguns produtos africanos, bem assim como diligências semelhantes da União Europeia e do Japão.

O segundo problema da indústria exportadora expressa-se na integração vertical das respectivas actividades, ou, numa linguagem moderna, nas fileiras produtivas. A melhoria da sua competitividade externa pode estar relacionada com a escolha correcta das fases dessa fileira nas quais o país se deve especializar.

A segunda condição é a **disponibilidade de recursos humanos**. Trata-se dum aspecto importante e sensível e que se projecta num contexto mais enquadrador e vasto, equivalente a avaliar a influência da organização social e política sobre o funcionamento da economia e a estudar a estratificação social, a demografia e os arquétipos culturais. Trata-se, no fundo, duma análise global das instituições. A industrialização está fortemente ligada à modernidade, às inovações tecnológicas, aos avanços científicos e às reformas estruturais, pelo que a transformação social interna é um quesito muito facilitador do processo de transformação nacional das matérias-primas. Resta avaliar e compreender por onde este processo de transformação social e de modernidade começa e até onde a própria industrialização actua como um factor de aceleração das mudanças culturais. O estudo, a análise e a avaliação dos recursos humanos nos países em desenvolvimento apresentam três eixos de incidência:

- Desequilíbrios estruturais na distribuição da mão-de-obra por especialidades profissionais: normalmente ocorre uma sobre-disponibilidade de mão-de-obra não qualificada e de certas profissões, como as de Direito e de Letras, uma penúria de força de trabalho altamente qualificada, de engenheiros, técnicos, biólogos, gestores, informáticos, etc., e uma quantidade restrita de qualificações intermédias.
- Processos de urbanização sem industrialização suficiente, devida ao êxodo rural de trabalhadores desejosos de deixarem as condições de vida miseráveis em troca da miragem dum emprego nas cidades.
- Estratificação social muito diferente da que prevaleceu na Europa e nos Estados Unidos nas diferentes revoluções industriais, caracterizada pela coexistência dum número relativamente restrito de trabalhadores industriais qualificados com uma população rural numerosa e pobre, assim como com assalariados privados dum emprego estável no sector moderno da economia.

Portanto, duma maneira geral, a situação dos recursos humanos impõe restrições severas à industrialização.

A terceira condição relaciona-se com os **recursos técnicos e a capacidade tecnológica** das economias em desenvolvimento. Se a industrialização é, por definição, modernidade e inovação tecnológica, produtividade e competitividade, resulta que a inexistência ou a fraqueza dos recursos técnicos e da capacidade tecnológica equivale a um forte e intransponível obstáculo à sua realização. As experiências de utilização das técnicas e tecnologias dos países industrializados não têm sido positivas, dada a sistemática ausência de processos de adaptação criativa aos meios envolventes dos países não industrializados. Na falta de estruturas nacionais de ciência e tecnologia, as pesquisas locais são fracas e sem originalidade, conduzindo, no geral, a técnicas de produção pouco rentáveis. Assim, nestes contextos, podem ser correctas as opções que se centrem na melhoria das técnicas tradicionais de produção.

Como quarta condição para a industrialização das economias mais atrasadas identificam-se os **mercados**. A dimensão dos mercados é um elemento primordial para a decisão de implantação de actividades transformadoras, em qualquer país, mas mais acentuadamente nas economias atrasadas, onde os ambientes macroeconómicos e a corrupção aumentam o risco do investimento. A dimensão dos mercados está relacionada com as indivisibilidades e as economias de escala que determinado tipo de indústrias transformadoras exige como condição de optimização (são os casos da siderurgia, da petroquímica e da indústria automóvel, não sendo, por consequência, de estranhar que estas actividades se encontrem viradas para o mercado internacional, teoricamente de dimensão ilimitada e estejam preferentemente localizadas nas economias mais desenvolvidas, cujo modelo de inserção externa é baseado no livre-câmbio). Existem, no entanto, outras indústrias transformadoras mais condescendentes neste critério – e, assim, a dimensão mínima de produção economicamente rentável é menos exigente – o que, de certo modo, protege as indústrias locais dos países onde os custos de transporte são elevados. A dimensão do mercado é, aproximadamente, função da população total, do rendimento médio por habitante e da distribuição do rendimento. Este último atributo da dimensão dos mercados é, particularmente, importante nas sociedades mais atrasadas, onde se verifica uma excessiva concentração do rendimento. Uma distribuição mais equilibrada do rendimento confere maior possibilidade de instalação à indústria transformadora, porque o leque de produção é mais variado e com uma procura final economicamente relevante. Onde a concentração do rendimento for acentuada, o leque possível de produtos industriais limita-se à gama de bens de luxo e bens de consumo de massa (de baixa qualidade, de reduzida incorporação de tecnologia e trabalho especializado). Pelo contrário, com mais classes de rendimento, outros tipos de produtos têm viabilidade económica. Os mercados internos não esgotam a problemática da sua dimensão económica. Se a sua dimensão não propicia rentabilidade suficiente às novas indústrias, há sempre a possibilidade do mercado externo. Trata-se, no entanto, dum mercado muito mais exigente em determinados atributos, como preço, cumprimento de prazos de entrega, qualidade e produtividade. Se é verdade que em relação ao preço uma maior competitividade (aparente) pode ser conseguida pelos subsídios à exportação (proibidos pela OMC em determinadas circunstâncias), já no concernente aos restantes atributos a capacidade concorrencial depende da organização industrial interna (capital social) e da natureza da política industrial. Convém, no entanto, ter presente que as indústrias podem ser agrupadas em dois conjuntos: **as indústrias determinadas pela oferta**, cujas taxas de crescimento são determinadas pela importância dos recursos naturais ou pelos perfis técnicos e institucionais, e **as indústrias determinadas pela procura**, em que a produção pode aumentar à medida que os mercados se desenvolvam. Porém, logo que a taxa de crescimento atinja um certo valor, todas as indústrias são determinadas pela oferta.

Enquanto quinta condição, enumera-se a **capacidade de importar**. Esta capacidade de importação é fundamental para o desenvolvimento industrial, na medida em que pode colmatar algumas das falhas da oferta interna em termos de matérias-primas, bens intermédios, bens de equipamento, *"know-how"* e mão-de-obra qualificada. As reservas internacionais líquidas têm a função – para, além, evidentemente, de diminuírem o risco-país, darem maior confiança aos investidores e financiadores externos e elevarem a credibilidade dos países – servem, exactamente para promoverem e financiarem a industrialização e a diversificação da economia.

Verifica-se, assim, que este processo é longo e rigoroso em condições e facilidades, elas próprias a exigirem, igualmente, tempo para se criarem e afirmarem.

4. Conclusões

Do ponto de vista nacional, a minha preocupação prende-se com o tempo requerido para se promover uma diversificação económica sustentável e os respectivos custos financeiros, necessariamente dependentes das receitas do petróleo (os empréstimos externos acabarão por estar sempre relacionados com as nossas disponibilidades de petróleo, só deixando de ser assim quando a diversificação for irreversível e a força da economia não mineral a mais determinante do crescimento e do desenvolvimento nacional). E quando se fala em tempo, pensa-se na duração provável das nossas reservas petrolíferas. Ou seja, no *peak oil* angolano.

Utilizando a definição clássica de ponto de inversão do aumento da produção de petróleo – correspondente à data a partir da qual a produção declinará progressivamente e assimilado à extracção de metade das reservas comprovadas ou prováveis – cheguei a quatro alternativas para o *peak oil* angolano. As hipóteses de trabalho são: produção de 2 milhões de barris por dia e reservas de 9 mil milhões de barris (BP, Junho de 2009), 13,5 mil milhões de barris (são as reservas oficialmente admitidas como correctas pelo Governo), 19 mil milhões de barris (WTI, 2008) e 24,5 mil milhões de barris, ao admitirem-se correcções dinâmicas derivadas do progresso tecnológico capaz de ir buscar petróleo a profundidades cada vez maiores e de outros tipos de óleo (areias asfálticas, óleo pesado, xistos betuminosos, etc.).

Assim, o ponto máximo da produção petrolífera nacional poderá ocorrer ou já em 2015 (dentro de pouco mais de cinco anos), ou em 2018, ou em 2022, ou, finalmente, em 2025 (mais 15 anos a contar de 2010). Estas estimativas são consistentes com as que costumam ser feitas a nível das reservas mundiais.

Na verdade, os cálculos mais pessimistas sobre *o peak oil* mundial apontam para a sua ocorrência entre 2010 e 2020 (correspondentes a reservas entre 2000 e 3000 biliões de barris), enquanto as previsões mais optimistas estabelecem o ponto de declínio da produção mundial somente depois de 2030. Vale a pena, no entanto, sublinhar que, actualmente, por cada barril de petróleo descoberto, três são consumidos.

Compulsando estatísticas internacionais e verificando estudos sobre processos de diversificação da economia, conclui-se que a maior parte das economias que deixaram de pertencer ao grupo das menos desenvolvidas precisaram de mais de 30 anos para consolidarem os seus processos de diversificação das estruturas produtivas nacionais. Se atentarmos nos anos que nos separam do *peak oil*, conclui-se que outras fontes de financiamento do crescimento e da diversificação têm de ser encontradas, mesmo sabendo-se que o ponto de *break* da produção não significa esgotamento das receitas petrolíferas.

Na verdade, as projecções das receitas petrolíferas brutas feitas pelo Banco Mundial (Angola, Memorando Económico do País – Petróleo, Crescimento Alargado e Equidade, Outubro de 2006) e justamente baseadas na ocorrência do *peak oil* em Angola, apontam para um máximo de 226698 milhões de dólares no quinquénio 2010-2014 (para um preço médio do barril de petróleo de 60 dólares), momento a partir do qual se registará uma quebra acentuada, até cerca de 17 mil milhões de dólares em 2025. Ou seja, para o Banco Mundial o ponto de produção petrolífera máxima em Angola poderá ocorrer entre 2010 e 2014.

Evidentemente que as receitas fiscais oriundas da exportação e extracção de petróleo se reduzirão na mesma percentagem. Assim, entre 2010 e 2014, no melhor cenário, as receitas do Estado situar-se-ão, anualmente, em cerca de 35 mil milhões de dólares.

Dir-se-á que são apenas cenários. Claro que sim. Mas têm a vantagem de assinalar a probabilidade da ocorrência de factos determinantes para a sustentabilidade do crescimento económico de Angola e que alicerçam a ideia de que o reforço da economia não mineral e o processo de musculação da sua estrutura produtiva têm de ser dramaticamente dinamizados e acelerados.

Luanda, 19 de Fevereiro de 2010.

"A situação da justiça, o ensino do direito e a formação dos juristas"

António Garcia Pereira[*]

Estamos hoje numa época que os interesses do grande capital financeiro pretendem que seja caracterizada por uma negação permanente da cidadania e por uma "nova mitologia", na qual a sociedade e a empresa se transformam em definitivo num instrumento de exclusão e que o chamado "moderno" Direito (em especial o Direito do Trabalho) é chamado a "legalizar" e a justificar, e que se caracteriza essencialmente:

a) Pela capacidade de produção, pela velocidade dos processos e pela superficialidade dos conceitos – tidos e apresentados como os instrumentos de apreciação dominante de tudo e de todos!

b) Pela natureza "descartável" igualmente de tudo e de todos (de acordo com a qual cada produto deve ser incessantemente "reciclado" atendendo ao contexto da moda, sob pena de ser implacavelmente retirado da montra, procurando impôr-se a mesma ideologia e a mesma lógica para o próprio trabalho humano).

c) Pelas pretensas "inelutabilidade" e "eternidade" destes mesmos fenómenos.

d) Pelo elogio do individualismo extremo, com desprezo pela organização, pela solidariedade social e pelo colectivismo,

---

[*] ISEG-UTL; agarciapereira@netcabo.pt

e dentro da lógica de que todos os meios são legítimos para atingir fins – é o "vale tudo"! – e, mais, numa prática de autêntico *"darwinismo* social" de desprezo pelos fracos, pelos doentes, pelos idosos, pelos vulneráveis, pelos deficientes, com a consequente "justificação" da sua exclusão.

e) Pela afirmação da pretensa desnecessidade das ideologias e dos princípios, e pela negação dos princípios e valores básicos (como a solidariedade, a entreajuda, a honradez) sempre em nome do "pragmatismo", da "eficácia", da "competitividade" e do deus Mulloch do "mercado". E, a nível jurídico, pela diluição e esvaziamento dos grandes princípios constitucionais – como o da dignidade da pessoa humana, como valor estruturante da República Portuguesa, nos termos do art.º 1.º da Constituição da República, o da solidariedade social etc., etc. – esvaziamento esse tendente a apresentar tais princípios, com a "justificação" ideológica da sua alegada datação no tempo, como algo ultrapassado ou, pelo menos, meramente programático, virtual, ou seja, inútil!

f) Pela gestão "científica" e pela justificação social e jurídica da incerteza, da angústia e sobretudo do medo – o medo de perder o emprego, de perder a casa, de não poder educar os filhos, o medo do estrangeiro, do estranho, do deficiente, do divergente...

Na verdade, noutras épocas, tinha-se medo da Natureza. Hoje, procura impôr-se (de forma que, como é óbvio, não é ideologicamente neutra) que se tenha medo da Sociedade, do próximo, do futuro, do diferente ou do minoritário, como forma de manietamento da consciência colectiva e do amordaçamento da razão crítica de cada um.

A vulnerabilidade dos cidadãos, a generalização da incerteza e da insegurança, a desestabilização mesmo dos aparentemente estáveis revelam-se então instrumentos absolutamente fundamentais de controle social. É por isso, aliás, que a precariedade de que hoje tanto se fala é então apresentada como um destino comum, interiorizado por todos, e deixa de ser uma característica marginal para passar mesmo a constituir, como refere Robert Castel, a "nova questão social".

Neste quadro – e face a uma lógica de transformação do Direito que se baseia em que, se a velocidade e a capacidade de produção ao minuto são valores máximos num mundo em que as relações intersubjectivas se tornam cada vez mais efémeras em virtude da quantidade de problemas a serem resolvidos ao segundo, o mesmo Direito e os juristas teriam então de aceitar submissa e passivamente serem transformados em meros "instrumentos de actuação", e que devem ser instrumentalizados, agilizados e simplificados, a fim de satisfazerem essa imperiosa necessidade de rotação do capital e da obtenção do máximo lucro – a resistência relativamente a uma tal "lógica" constitui uma prioridade absoluta, em particular por parte dos mesmos juristas, adoptando aquilo que Miguel Pressburger justamente apelidou de "positivismo de combate" (em que se defende e se combate por que as conquistas sociais alcançadas tenham efectiva concretização, ou seja, tenham vida real, e não meramente formal ou virtual).

A chamada "crise da Justiça" e a inefectividade prática das normas relativas a direitos sociais e cívicos de todo *não* são uma espécie de fatalidade do destino, mas desempenham afinal um papel importante de controle social, já que afirmam a existência dos direitos na medida em que tal afirmação é imposta pela necessidade ideológica de *parecer* conferir tais direitos e, logo, de conter e normalizar o conflito de interesses subjacente à norma dentro dos limites do socialmente aceitável, mas logo comprimem e restringem efectivamente esses mesmos direitos aos limites impostos pelas novas racionalidades do sistema e asseguram assim a maior margem de manobra possível dos grandes "poderes de facto".

E quais são hoje os principais meios, formas ou modalidades de inefectividade das normas legais (em particular as que respeitam a direitos, liberdades e garantias) e como poderão ser combatidos?.

Entre os factores de inefectividade de muitas das normas legais temos, antes de mais, a própria produção de normas que, à partida, ou se revelam completamente desajustadas em relação à situação económica e social que as envolve e que por isso se destinam a não terem qualquer aplicação ou então contêm excepções tão grandes ou maiores que as próprias regras (como é o caso das continuadas excepções no campo do Direito do Trabalho ao pleno reconhecimento e exercício dos direitos de personalidade do trabalhador sempre em nome das denominadas "particulares exigências inerentes à natureza da actividade" do empregador).

Como também a produção de normas de uma arrepiante confusão ou mesmo imperfeição técnico-formal, ou a produção de outras normas que consagram soluções que, embora manifestamente ilegítimas ou inconstitucionais, a verdade é que inviabilizam mesmo o exercício de direitos, determinando por exemplo que se quem quer impugnar um despedimento colectivo ou por inadaptação não pode receber a respectiva compensação de antiguidade, então apenas os ricos poderão exercer esse direito de impugnação; ou dos actuais regimes do Apoio Judiciário (que praticamente apenas isenta de custas os indigentes) e das Custas Judiciais (que são extremamente elevadas), tudo ao estilo da já célebre lógica neo-liberal de que "quem quer Justiça, paga-a!".

A isto se some a propositada *colocação no atoleiro de determinados Tribunais* (sejam eles do Trabalho, Administrativos e Fiscais, do Comércio ou até Cíveis); a *ausência de meios eficazes de 1ª linha de prevenção e de repressão da violação de normas*, como é o caso da completa debilidade em que é persistentemente mantida a intervenção das chamadas "entidades de supervisão", numa lógica de tolerância e mesmo de tributo, própria de País do Terceiro ou até do Quarto Mundo, seja a estratégias de competitividade assentes na irregularidade e ilegalidade, seja à chamada "não hostilização" dos grandes interesses, normalmente de grandes empresas e de sectores considerados "estratégicos" para a Economia do País, e de que a completa omissão de efectiva supervisão não só na área laboral mas também na Banca é apenas um triste mas muito significativo exemplo.

Mas também, para não dizer sobretudo, *uma fraquíssima capacidade de resposta doutrinária e sobretudo jurisdicional*, e que passa designadamente pelos seguintes aspectos:

a) Tendência crescente – propiciada e incrementada por fenómenos perversos como os da acumulação de processos, dos critérios dominantes de avaliação dos Juízes e da pressão objectiva para que, mesmo que os meios não sejam os mais correctos, se atinjam fins "estatísticos" – para se buscarem as soluções mais fáceis, em particular privilegiando as decisões de forma sobre as de fundo e abandonando a figura do Juiz activo que busca atingir a verdade material dos factos e a solução justa.

b) Gritante incapacidade de conhecer e compreender as realidades económicas e sociais que efectivamente condicionam o exercício dos direitos (como a diminuta dimensão e o baixo grau de empregabilidade do mercado de trabalho, a natureza muito fechada e de fácil circulação da informação, v.g. patronal, de alguns sectores de actividade, as naturais dificuldades de disponibilização de prova testemunhal, as práticas e técnicas de gestão habituais, da facilidade de imposição pela parte mais forte à parte mais fraca de um custo do processo judicial muito elevado, quer do ponto de vista logístico, quer do ponto de vista financeiro, etc., etc.) e a gritante incapacidade, também, de operacionalizar os grandes princípios do Direito, desde o da "fraude à lei" ao do "abuso de direito".

c) Ausência de qualquer esforço dogmático de densificação dos grandes princípios legais ou constitucionais e uma gritante recusa em "criar direito" no sentido de, no quadro da unidade do sistema jurídico vigente, integrar as lacunas do legislador [e, na verdade, teorias como as do "efeito Lázaro" da Jurisprudência espanhola, permitindo reabrir o prazo para acção de impugnação de despedimentos cuja falsidade de pressupostos vem (só) posteriormente a ser conhecida ou as da "desconsideração da personalidade jurídica para efeitos de responsabilização laboral" e da "consideração do grupo" para efeitos de apreciação dos pressupostos de um despedimento colectivo decidido numa das empresas daquele, da Jurisprudência alemã, eram e ainda hoje em larga medida são totalmente impossíveis de surgir, em particular no momento actual, na Jurisprudência portuguesa, muito mais inclinada à apreciação da formalidade ou à aparência do que à substância das coisas].

d) A completa inutilização do sistema de fiscalização da constitucionalidade de normas através da autêntica perversidade de um processo que, de novo, privilegia "à *autrance*" as decisões de forma sobre as de substância, possibilita e incentiva a multiplicação de decisões sumárias individuais e, tratando como receitas correntes do Tribunal Constitucional as custas e multas que este próprio aplica, coloca a decidir a parte interessada (pelo menos financeiramente ...) no respectivo desfecho, tudo isto para além do montante escandalosamente elevado de tais custas, em particular em processos em que estão em causa direitos sociais básicos, sem que aparentemente ninguém do mundo da Justiça se preocupe com tal verdadeiro escândalo...

e) Por fim, um peso considerável, para não dizer avassalador, de legisladores e de julgadores formatados e mesmo deformados no "pensamento único" antes examinado, com uma formação essencialmente técnico-formal, até por vezes com algum conhecimento da letra das várias disposições legais, mas totalmente desconhecedores do Direito e dos seus grandes princípios, sem qualquer formação cívica e sem qualquer formação filosófica de base, e que – e citando a tal propósito Alain Supiot, na sua conhecida obra *"Homo Juridicus"* – até por isso mesmo não conseguem desde logo compreender, por exemplo, que "a língua materna, primeira fonte do sentido, é também o primeiro dos recursos dogmáticos indispensáveis à constituição do sujeito"; que não alcançam descortinar que "não se adicionam lesmas e nuvens, porque só se podem enumerar objectos identificáveis aos quais se atribui uma natureza comum"; que julgam aceitável – ou, pior, não chegam sequer, em nome do "realismo" ou do "pragmatismo", a colocar-se tal questão!... – expulsar as considerações da Justiça da análise do Direito; ou, pior ainda, que pretendem reduzir a sociedade dos homens à soma das suas "utilidades individuais" e que, consequentemente, a todo o momento procuram – mesmo que disso se não dêem consciência ... – sujeitar toda a regra jurídica a um cálculo de pretensa "utilidade", que seria simultaneamente a fonte e a medida da sua própria legitimidade.

O "grau zero" que se atingiu hoje em Portugal em matéria de Justiça (em particular da Justiça Criminal) está indissoluvelmente ligado ao estado intolerável a que se chegou em matéria de inutilização de direitos, liberdade e garantias dos cidadãos, de negação à Justiça da sua natureza de direito fundamental dos mesmos cidadãos e de subtracção a estes de mecanismos efectivos de controle democrático sobre os órgãos de soberania "Tribunais".

Assim, a liquidação da cidadania – que é também a liquidação da democracia!... – foi sendo paulatinamente imposta sob a justificação de teorias absolutamente erróneas, como a do tristemente célebre e pretenso "excesso de garantismo". Sempre sob a capa de medidas ditas excepcionais, e com os propósitos anunciados da "celeridade" e da "eficácia", abriram-se brechas sucessivas em regras e princípios que levaram séculos e séculos a criar e a consolidar (como o da presunção de inocência ou o da proibição de violação do domicílio entre o pôr e o nascer do sol), sem nunca se querer reparar que, após tais medidas, a Justiça não só não ficava mais célere nem mais eficaz como se tornava cada vez mais injusta e permeável ao arbítrio e à iniquidade!

Pior, os defensores de tais princípios foram publicamente execrados e apodados de incapazes de compreender a "modernidade". E assim passou a admitir-se como "normais" as entradas no domicílio dos cidadãos durante as rusgas nos bairros ditos problemáticos, com magistrados "*à la carte*", com rusgas, rebentamento de portas e detenção de pessoas e filmagens em directo pelas televisões, e o completo aniquilamento de direitos tão básicos como os direitos à imagem e à presunção de inocência.

Reforçaram-se os poderes das polícias e generalizou-se a "banalização do mal" de práticas policiais como as dos musculados "interrogatórios informais" a meio da noite e sem a presença do defensor. Insignes democratas de undécima hora proclamam desavergonhadamente quer a admissibilidade de que "todos podemos ser escutados" quer a pretensa inevitabilidade de que possam existir – como efectivamente existem – serviços de informações e unidades especiais das polícias, de todas elas, funcionando na obscuridade, à margem da lei e fora de qualquer efectivo controle democrático, em autêntica "roda livre" de que nem a CIA goza na pátria da chamada "guerra ao terrorismo".

Recusou-se liminarmente o debate acerca das questões de legitimação do Poder Judicial (o único que, recorde-se, não tem legitimidade democrática electiva, problema que não é de todo resolvido nem com a célebre afirmação solene de que tal legitimidade residiria afinal na Constituição, nem com a invocação da já estafada história do moleiro que confiava nos juízes de Berlim...) e identificou-se erradamente independência do Poder Judicial com autogoverno dos Juízes (impossibilitando-se que a sua gestão administrativa e disciplinar pudesse ser entregue a um órgão composto por cidadãos não juízes); e autonomia do Ministério Público com a transformação deste num autêntico "Estado dentro do Estado".

Aligeiraram-se as exigências mais básicas da legitimação democrática do poder de julgar, como por exemplo a da fundamentação das sentenças que decidem da vida e dos interesses mais fundamentais dos cidadãos e, nalguns casos, reduziu-se o recurso (concebido inicialmente como uma verdadeira reapreciação da questão decidenda, quer do ponto de vista do direito, quer do ponto de vista de facto, por um conjunto de julgadores mais experientes e mais conhecedores) a uma mera formalidade tabelar de um qualquer juízo de simples concordância formal com a 1ª instância. Em nome da defesa da celeridade processual atingiu-se mesmo o paroxismo de forçar o cidadão que não compreende adequadamente o sentido e alcance duma decisão judicial a ter de dela recorrer (mesmo sem a compreender !?...) e a formular o pedido de esclarecimento ou aclaração no interior do próprio recurso, que assim não se sabe se é necessário ou se justifica, mas cuja mera interposição sempre representa mais algum dinheiro para o Estado.

Liquidada a concepção da Justiça como um direito fundamental dos cidadãos, e reduzida aquela a um mero serviço e estes a meros utentes, abandonadas as concepções éticas e filosóficas da Justiça como referencial de tudo e de todos, rapidamente ela se transformou num campo de meros exercícios de Poder e de poderes, com o alargamento sucessivo (sempre em nome da "independência" ou da "autonomia") das áreas de verdadeira e própria irresponsabilidade e impunidade. Passou deste modo a aceitar-se como "normal" que, por exemplo, um inquérito-crime que, por lei, deveria demorar 8 meses, durasse 8 anos sem que ninguém fosse por tal responsabilizado. Ou que a nossa investigação criminal se viciasse nos meios que se baseiam na auto-culpabilização dos arguidos, ou seja, nas escutas (escuta-se em Portugal 4 vezes mais que em França, por exemplo!...) e nas confissões, conhecendo frequentemente as polícias e o Ministério Público, nos processos em que não existam ou não possam ser validamente utilizadas nem umas nem outras, derrotas absolutamente fragorosas. Ou, pior que tudo, que, sempre com tão cirúrgicas quanto sempre impunes violações do segredo de Justiça, se procurasse ganhar fora do campo (no "Tribunal" dos Jornais e da opinião pública) aquilo que, pelos vistos, se não conseguia alcançar em campo, ou seja, no próprio processo!

A rarefacção dos princípios e o oportunismo mais inaceitável (agora rebaptizado assepticamente de "realismo" ou "pragmatismo") – e que têm levado a aceitar como boas as violações das regras mais basilares se elas atingem adversários ou opositores e a apenas protestar contra as mesmas quando elas nos tocam à porta – traduziu-se na teoria (e na prática) de se defender o regresso à barbárie de que afinal os fins sempre justificariam os meios e, logo, as instituições da Justiça podem tão livre quanto impunemente "fazer batota", podem cometer injustiças, podem eximir-se ao controle democrático dos cidadãos.

Com todo este processo de sucessiva degradação, a Justiça tornou-se assim completamente estranha em relação à generalidade dos cidadãos que deveria servir, passou a merecer da parte destes cada vez menos consideração e confiança, como passou a ser tão-somente considerada e tratada como um "serviço", que deve funcionar sobretudo para a estatística, que deve ser "rentável" e "produtivo", e pode ser, e é, um palco de puras "operações mediáticas". Pior do que isso, transformou-se, conforme já referido, num espaço de exercício do Poder e de poderes, cada vez mais incontroláveis e incontrolados, e num poderoso instrumento de "assassinato cívico" de opositores políticos e de cidadãos incómodos.

Na época em que a (anti)-racionalidade dos grandes interesses económico-financeiros se procura impor, apresentando-se como uma realidade imutável e inelutável da qual os juristas devem ser meros instrumentos passivos e eficazes, a grande resposta deve ser afinal buscada no papel do Homem (e logo também do Homem Jurista) face ao seu percurso histórico, ao que já foi trilhado até aqui e, sobretudo, ao que havemos de construir daqui em diante. E na defesa da Democracia e dos princípios e dos métodos que ela necessariamente supõe e impõe.

Há, pois, que traçar caminhos inteiramente novos neste campo.

Caminhos novos como a revogação completa dos actuais regimes do Acesso ao Direito e das Custas Judiciais, garantindo a gratuitidade muito em especial da Justiça Laboral e da Constitucional; a reformulação da composição e funcionamento actuais do Tribunal Constitucional e a instituição do recurso de amparo em matéria constitucional; a proibição do recurso a questões formais para obviar ao conhecimento e decisão das questões de fundo; a sujeição a controle jurisdicional de todos os actos do M.ºP.º; a efectiva responsabilização dos responsáveis titulares da Justiça pelo cumprimento dos prazos; a extinção dos DIAP's e a consequente imposição de que o M.ºP.º que promover a acusação ou o arquivamento intervenha no julgamento a sustentar a sua posição; o reforço da necessidade de fundamentação das decisões judiciais e a garantia efectiva do duplo grau de jurisdição, quer de direito, quer de facto; a extinção dos actuais Conselhos Superiores da Magistratura e do Ministério Público e a sua substituição por órgãos constituídos por cidadãos idóneos, eleitos por período de tempo superior ao de cada legislatura; a redução do papel dos sindicatos de magistrados à mera defesa dos seus interesses sócio-profissionais.

Mas o traçar destes caminhos novos implica também a radical alteração dos conteúdos, dos agentes e dos métodos formativos, quer do ensino em geral, em particular do Direito, com a imposição do papel das universidades como centros de criação de cidadãos activos e conscientes e com a obrigatoriedade das disciplinas da Filosofia (a nível do ensino secundário) e da Filosofia do Direito (no próprio curso universitário), quer da formação dos magistrados, demolindo o actual "edifício ideológico" do CEJ, abrindo-o à sociedade e ao controle democrático dos cidadãos e introduzindo uma forte componente cívica nessa mesma formação.

Assim, toda a formação dos Juristas, desde o ensino universitário até à formação "profissionalizante" mais específica de cada profissão jurídica, com particular destaque para os juízes e advogados, tem de ser revista de alto abaixo.

A ideia central é a de que toda essa formação deve servir, antes de tudo e acima de tudo, para criar cidadãos activos e conscientes, capazes de reflectirem pela sua própria cabeça e de tudo sujeitarem ao crivo da sua razão crítica. Na lógica de que, mais do que conhecer, é preciso compreender. E, mais do que declarar, se impõe assegurar. E ainda fazê-lo ao serviço do Povo em nome do qual se exerce um poder soberano. Porque, por exemplo e como bem afirma Alain Supoit, "a simples declaração de igualdade formal não serve, num primeiro tempo, senão para despojar os mais fracos das prestações que lhes são próprias".

Com a implicação dos formandos no contacto com as realidades em que se terão de mover no futuro (como por exemplo as visitas aos mesmos estabelecimentos prisionais para onde mandarão no futuro cidadãos quando os condenarem a penas de prisão; ou os períodos de estágio de Advocacia, para melhor compreenderem o papel dos representantes dos cidadãos e a pressão dos prazos, etc.), e, sobretudo, a permanente insistência seja na ideia--matriz de que um magistrado é titular de um órgão de poder de soberania, a qual reside no Povo, e de que ele não tem mais dignidade social do que aqueles que ele julga, seja na concepção antropocêntrica do Mundo e valorizadora da dignidade da pessoa humana e na noção de que sem a realização da Justiça não há verdadeiro Direito (pois que aquela é o verdadeiro paradigma da orientação e da legitimidade deste e a realização da mesma Justiça passa não só pelo seu reconhecimento como também e sobretudo pela sua garantia).

A pública discussão dos respectivos conteúdos, a aprovação dos respectivos docentes por critérios cristalinos de competência (v.g. concursos), com a imposição de uma parcela das vagas preenchidas por não magistrados, a atribuição da sua direcção a não magistrados, bem como a efectiva abertura dos lugares dos Supremos Tribunais a não Juízes e a real implementação do funcionamento dos Tribunais de Júri são outras tantas medidas no mesmo sentido, cuja adopção se impõe, e cada vez mais.

Mas antes de tudo e acima de tudo, o que importa é abrir e alargar o diálogo franco e aberto na sociedade portuguesa sobre esta temática, não cedendo à pressão dos que, cientes de que é a sua "central de poder" não democrático que assim fica posta em questão, sempre o tem logrado abafar sob a invocação, tão tonitroante quanto falaciosa, de que seria a independência dos juízes ou a autonomia do Ministério Público que com esse mesmo debate ficariam afinal em causa!

Lisboa, 15 de Março de 2010

Revisitar Angola em 2009

António Jacinto Rodrigues*, PhD

NOTA: Um diário de itinerância é um diário de investigação. Trata-se de um processo de escrita usada especialmente em antropologia. Aí se regista, sem ser necessariamente de um modo cronológico, o processo numa perspectiva transversal, que reflecte a itinerância de alguém que vive situações contraditórias. É assim uma trajectória não concluída, é uma errância, como diz René Barbier.

Revela pensamentos, sentimentos e desejos.

Trata-se de descrever recordações e vivências do aqui e agora sem haver ainda uma teorização definitiva.

Este diário de itinerância que aqui se descreve é parte duma viagem de investigação a Angola, no quadro do CEAUP – Centro de Estudos Africanos da Universidade do Porto, realizada em Julho e Agosto de 2009.

(...) Com o Dr. Samuel Aço, atravessamos a cidade de Luanda durante a hora de ponta. Apercebemo-nos dum trânsito infernal. Fomos ao bairro do Casenga buscar uma máquina rudimentar para o fabrico de bloco de terra compacto (BTC).

O Dr. Samuel Aço preparava o material e os instrumentos de trabalho para a realização do Seminário de Construção em Terra do Centro de Estudos do Deserto, no Namibe, a realizar de 27 a 30 de Julho de 2009.

---

* Universidade do Porto; jacintorodrigues@sapo.pt

O bairro do Casenga denuncia uma situação epidémica larvar: esgotos ao ar livre, pneus velhos boiando em águas residuais podres que se estendiam por todo o bairro...

Reflectimos sobre a cidade de Luanda:

- Tráfego;
- Saneamento;
- Caotização na construção;

Prosseguimos com a nossa observação sobre a cidade e os musseques.

Morar em Luanda custa "os olhos da cara" como refere um jornalista. São várias as reportagens que descrevem a situação gravosa do trânsito e do alojamento em Luanda.

Podemos referir o Jornal de Angola[1] quando escreve sobre os preços exorbitantes das rendas, a gravidade da questão do trânsito e a questão do saneamento.

O drama do trânsito em Luanda é que todos os meses o parque automóvel cresce desmesuradamente. O fluxo automobilístico provoca engarrafamentos monstruosos, paralisando o tráfego. O custo social deste trânsito caótico é incalculável e a poluição de gases, poeiras e partículas tóxicas, são propaladas pelos escapes rotos e sem filtros de viaturas velhas.

A humidificação do cacimbo deste Agosto vai densificando toda a poluição que paira sobre Luanda e esta nuvem tóxica torna-se numa espécie de capacete cuja ameaça é cada vez mais permanente pois aumentam diariamente as alergias e doenças respiratórias.

Na baixa ninguém arranja lugares para estacionar. Os carros são obrigados a dar voltas e mais voltas para poderem finalmente encontrar lugar. Na verdade, muitas coisas faltam nesta cidade para que o trânsito possa fluir e se minimizem os perigos da poluição.

---

[1] Jornal de Angola, 6 Agosto 2009 "O Drama do Estacionamento na Baixa de Luanda".

Não há parques na periferia que possam reter o fluxo que entra na cidade. Não há bons nem suficientes transportes públicos. Não existem passeios nas ruas para que as pessoas possam circular a pé.

Não existem árvores suficientes para ajudarem a despoluir a atmosfera da cidade. O ar condicionado dos edifícios aumenta esta poluição doentia. Não há tectos verdes, apenas parabólicas que povoam os telhados por toda a parte.

O roncar dos motores, o fumo dos escapes e os buzinões irrompem a toda a hora. Só os meninos de rua e alguns jovens desempregados ocupam alguns lugares de estacionamento, improvisando aparentes descarregamentos em sítios estratégicos para clientes habituais. Arranjam os lugares e lavam as viaturas. E tomam conta dos veículos, a troco de 1.200 kwanzas, na baixa de Luanda.

Retomamos a observação da cidade e começamos a tirar algumas conclusões para um diagnóstico urbano: a estrutura viária está espartilhada entre um tráfego que cresce galopantemente e um casco urbano já inadaptado ao movimento e às actividades actuais.

Por isso a cidade cresce em altura. O crescimento frenético da urbe vai-se consolidando todos os dias numa indescritível concentração. Os quase 5 ou 6 milhões de habitantes (segundo alguns prognósticos) já não cabem na cidade.

Estendem-se tentáculos para Luanda sul onde a urbe desponta em prédios mais ou menos luxuosos. Outro tentáculo avança a norte para os lados de Viana. Mas uma outra Luanda pobre vai-se estendendo como uma mancha de óleo.

É o mundo dos musseques. É o fenómeno urbano que reflecte uma ferida de um crescimento acelerado socialmente mas que a morfologia topológica tem dificuldade em acompanhar. Só uma visão geopolítica do território pode debelar tal contradição. Só um plano profiláctico e estratégico pode resolver este alastramento constante de milhares de barracas, de lixeiras e insalubres poças de água onde escorrem "esgotos" ou valas a céu aberto que trazem doença e morte.

Face a este flagelo epidémico, o governo quer fazer face com um programa nacional de habitação através do plano para um milhão de casas em Angola. Mas como?

Para que se possa assistir a uma real transformação, a armadura urbana do território tem de se equilibrar. Outros centros urbanos deverão tornar-se atractivos para a população que procurou refúgio na capital, durante a guerra que assolou Angola.

Como explicitei na comunicação que fiz na ADRA, o futuro alojamento deveria centrar-se numa visão ecológica e numa participação das populações para uma cidadania consciente.

Ao percorrer esta Luanda de hoje, recordo a Luanda de ontem, da minha infância. Luanda era ainda, nos anos 40, uma pequena cidade.

Recordo depois, a Luanda dos finais da minha adolescência, com um surto de modernidade que começava a fazer sentir-se. Lembro ainda a Luanda do pós-independência, na rápida viagem que fiz em finais de 1976.

Depois ainda, nos fragmentos da minha memória, vejo imagens múltiplas em que as alterações, as rupturas e os desastres da guerra vieram ferir o território mutilado das cidades e do campo.

Resumindo as metamorfoses morfológicas de Luanda, podemos dizer que o casco antigo se moldou, nos anos 40 e 50, à escassa actividade produtiva. A cidade colonial cresceu entre a baixa da Mutamba, a Avenida Salvador Correia e o eixo da "Alameda Afonso Henriques". O lugar altaneiro e militar da antiga fortaleza S. Miguel, deslocou-se para o aparelho administrativo colonial, na parte da cidade alta, onde se ergueu o Palácio. O panóptico colonial modernizava-se lentamente. Nesses anos 40, ainda me lembro das Portas do Mar onde os "gasolinas" levavam e traziam passageiros para os paquetes estacionados no mar, pois a estrutura portuária estava ainda por construir.

Quando eu era criança, a ilha de Luanda era uma língua de areia coberta de coqueiros, palmeiras e casuarinas.

A vegetação cobria com um manto verde o raro casario, de casas pequenas, que pontuava o território até à ilha do Cabo.

Depois, nos anos 60, a cidade cresceu. A estrutura portuária permitia agora que os vapores atracassem. O aeroporto modernizara-se e a rede viária respondia a novos desafios da produção do café, do sisal e dos diamantes. Começavam a surgir, no casco urbano, as construções de estilo moderno. Porém, os saneamentos, as habitações e a rede viária não respondiam senão a 500 mil pessoas.

Nos anos seguintes, a metamorfose da cidade iria ritmar-se à economia de guerra e do petróleo, tornando-se um estaleiro da cidade actual.

Esta cidade de cimento armado não está ainda capaz de responder às alterações sociais, culturais e económicas que se vivem hoje.

Revejo-me nesta retrospectiva marcada pela observação participante. O caminho que percorro agora, em 2009, é o caminho desta minha memória intermitente, de estadias sincopadas da minha infância, adolescência e idade adulta. Esta viagem, de agora, tenta religar as visões parcelares da minha vivência, dentro e fora, desta terra onde nasci. O referencial diacrónico obriga-me a objectivar a relação entre o observador e o objecto de investigação, mostrando através de um olhar reflexivo, toda a problemática da história desta cidade.

Revisitamos o Museu Nacional de Antropologia, em Luanda.
Dei particular atenção à exposição temporária.

Trata-se duma exposição sobre o património da zona do Namibe, da Huíla e do Kunene que representam regiões dos povos pastores – os Nyaneka Khumi, Helelo e Huvambo. Algumas dezenas de objectos funcionais e fotografias, mostram instrumentos tais como os "Heholos", baldes, os "Ohupa", cabaças para transformar o leite em iogurte e os funis.

Tento compreender o salto enorme entre os povos pastoris e a situação urbano-industrial. Reflicto sobre a ruptura gigantesca entre povos vernaculares e a chamada globalização.

De madrugada partimos em direcção a Benguela.

Visitamos algumas praias de Benguela – Caota, Caotinha, Praia Azul, Baía Farta, Praia da Macaca.

Alojámo-nos em frente à Universidade de Benguela.

Fiz uma conferência sobre "O Desenvolvimento Ecologicamente Sustentável e a Paisagem Urbana" no anfiteatro da Universidade de Benguela. Abertura pelo Reitor Professor Doutor Francisco Santos e apresentação pelo Professor Doutor Francisco Soares.

A palestra centrou-se essencialmente na reflexão sobre 3 cidades:

1. A cidade simbiótica de Kalundborg, em que, através de uma articulação sistémica, se criaram sinergias que melhoraram o nível de vida das populações e aumentou a produção local;
2. A cidade de Freiburg que, graças à energia solar e outras energias alternativas, pretende vir a tornar-se sustentável e até mesmo, de energia positiva. Através da reconversão de desempregados de aeronáutica, a câmara municipal desta cidade alemã, criou novos postos de trabalho em torno da actividade produtiva de protótipos de energias renováveis, nomeadamente painéis termosolares e fotovoltaicos.
3. A cidade de Curitiba que, graças ao desenvolvimento da cidadania nas múltiplas vertentes, favoreceu a reciclagem de lixos em nutrientes, a melhoria dos transportes e a renovabilidade energética.

Articulando necessidades e aspirações, a Câmara Municipal favoreceu uma maior consciência ecológica e o aumento de participação na gestão da pólis.

Visita com o Reitor da Universidade de Benguela à Fundação da Sociedade Projectos Educativos de Angola, na praia da Caotinha.

Primeira reflexão para um diagnóstico da situação e proposta de trabalho futuro.

Podem-se referir sete pontos necessários para a melhoria da Caotinha:

1º A implantação de energias renováveis e especialmente da energia solar e eólica;
2º Organização de elementos agroecológicos que permitam uma maior sustentabilidade para a Fundação e para a própria aldeia;
3º Vedações orgânicas com taludes ecológicos que permitam espaços separados das várias funções territoriais, respondendo simultaneamente à criação de ambientes úteis do ponto de vista alimentar e medicinal e agradáveis do ponto de vista paisagístico;
4º Criação dum sistema que permita a filtragem para a obtenção de água potável, um sistema de bio-depuração de águas residuais e equipamento solar capaz de dessalinizar a água do mar;
5º Criação dum **forno solar multifuncional** capaz de responder a actividades produtivas através da energia solar (panificação, cerâmica, nomeadamente cozedura de tijolos, produção de cal, etc.).

A Fundação e/ou a Universidade de Benguela poderiam ter um papel decisivo na criação de uma rede de agentes de mudança do paradigma fóssil para as energias alternativas e o ecodesenvolvimento, tal como defendi e propus na conferência que fiz, aí na Universidade de Benguela.

6º Ecotecnologias de construção melhorando as habitações das sanzalas.
7º Criação de uma estrutura sanitária de chuveiros aquecidos solarmente, bem assim como um conjunto de sanitas secas, que permitem o aproveitamento dos dejectos humanos aos quais se podem juntar ainda algas para adubagem das terras. A compostagem pode ser enriquecida com os excrementos dos animais e o uso de minhoqueiros, ou seja, estruturas organizadas com minhocas para a produção de húmus.

Seguimos de Benguela para o deserto do Namibe, com o Dr. Samuel Aço, Director do Centro de Estudos do Deserto, na sua carrinha. O Dr. Samuel Aço é professor de antropologia na Universidade Agostinho Neto e convidara-me para ser membro fundador do referido centro (CE.DO – Centro de Estudos do Deserto). Só agora, passados quase dois anos, estava a partilhar com ele esta extraordinária aventura de me deslocar ao deserto do Namibe onde o CE.DO está sediado. Ele vinha de Luanda e trazia alguns jovens estudantes, Gamboa, Uíme e Carlos. Dois deles seguiram de autocarro para o Namibe e a Gamboa veio na carrinha connosco.

Fomos ao Lubango. Vimos a antiga cidade de Sá da Bandeira com as colinas, antigamente cobertas de árvores e hoje pejadas de musseques, galopando encosta acima até ao Cristo-Rei. Depois, descemos a Serra da Leba em direcção ao Namibe.

Já ao fim do dia, chegamos a Njambasana, junto ao rio Kuroka, em pleno oásis.

Antes do workshop começar, a 27 de Julho, fomos visitar a cidade de Namibe.

Conheci o ex-vice-governador, Inácio João Tavares, conhecedor profundo da cidade e da sua história e fui ver o colorido dos panos e os cheiros das várias especiarias no Mercado do Namibe.

No passeio pela cidade pude ver a multiplicidade de prédios reconstruídos, edifícios "Art-Déco" na marginal e o passeio ibérico (espécie de passeio público do séc. XIX-XX) eixo de lazer da população da ex-Moçâmedes, actual Namibe.

Esta cidade merece um estudo urbanístico que revele a sua história colonial e a miscigenação das populações.

Voltamos a Njambasana, Kuroka. Exploramos o território observando Welvitschias, Salvadoras Pérsicas, dunas fósseis, pedras roliças, cristais, etc.

Esta área do vale do Kuroka situa-se numa região de clima seco desértico, muito quente.

Como diz Castanheira Dinis, "a média de precipitação anual é inferior a 100mm e todos os meses do ano se podem considerar secos (...). Trata-se duma região com características do Plistocénico e do Kalahari Superior".[2]

Interessará estudar cuidadosamente as mudanças climáticas operadas nesta região. O interesse local e internacional deste estudo parece-me relevante e poderá constituir um objectivo da maior importância para o CE.DO (Centro de Estudos do Deserto)

A palavra "Kurocas", como refere o Padre Carlos Estermann, "é um vocábulo que define mais a geografia do que a etnia. São vários os povos que coexistem ao longo do rio Kuroka: Hubas ou Chimbas, Cuanhocas, Cuepes e Quimbares são alguns dos grupos étnicos que habitam a zona."[3]

O Padre Carlos Estermann refere que os habitantes do Vale do Kuroka têm sido objecto de observação e estudo desde longa data. O primeiro cronista dos povos do rio Kuroka foi Duarte Pacheco Pereira que, no livro "Esmeralda de Situ Orbis" descreve as populações entre a "mangua das areas" (Porto Alexandre), actual Tômbwa e a "angra das aldeias" (Baía de Moçâmedes), actual Namibe.

Também na história geral das guerras angolanas, A. de Oliveira Cardonega descreve estes povos dispersos, que se cruzam ao longo dos tempos. Estabeleceram migrações com miscigenações sucessivas. Em Setembro de 1770, o sertanejo João Pilarte da Silva, fornece inúmeras informações etnográficas: indumentária, armamento, material usado na construção e hábitos alimentares.

Recentemente, Ruy Duarte de Carvalho, no seu livro "Vou lá visitar pastores"[4], dá-nos conta de que os Mukubais casaram com os Quimbares e por seu turno, os Himbas, em migrações mais recentes, foram complexificando relações de povos sedentários e

---

[2] In Dinis, A. Castanheira,"Características Mesológicas de Angola", Nova Lisboa, 1973.

[3] In Estermann, Padre Carlos,"Etnografia do Sudoeste de Angola", Mem. Serie Antropo. Etnol., n.º 4 (Vol 1.º) 2ª Ed., 1960.

[4] In Carvalho, Ruy Duarte,"Vou lá Visitar Pastores", Ed. Cotovia, Lisboa, 1999.

nómadas, agricultores e pastores, articulando complexas relações, afinal tão antigas e simbólicas como aquelas que são descritas na Bíblia, entre Caim e Abel.

Os Mukubais, pastores, são independentes e avessos ao trabalho agrícola. A mobilidade faz com que se metamorfoseiem facilmente em guerreiros e caçadores. Por sua vez os Quimbares, sedentários, agricultores e comerciantes, possibilitam a ritmação entre processos de conflitualidade e negociação.

Todos estes dados devem ser comparados com a realidade actual para um estudo diacrónico das populações. As variações demográficas podem revelar movimentos de "refugiados climáticos" que assinalem, eventualmente, as incidências ecológicas resultantes das variações climáticas nesta região africana. Este facto, a verificar-se, aumentará a importância do estudo do deserto assim como a criação de formas de combate à desertificação.

Assim, a plantação de espécies autóctones, o controle das águas e a protecção e disseminação de oásis nessa região, devia constituir uma preocupação política da maior importância.

Na minha viagem a Marrocos com Pierre Rabhi, em Maio de 2005[5], à aldeia de Karmet Ben Salem, pude aprender que o modo flexível e sistémico dos processos de regeneração da vida no deserto, fazem-se melhor graças à criação de pequenos oásis e acções pontuais do que através de grandes meios como as muralhas verdes, em que a desertificação mais facilmente "cavalga".

Enquanto a carrinha parecia desengonçar-se sobre o estradão de areia com lombadas, qual tábua de lavar roupa, o Samuel Aço falou-me dum paleontólogo francês que visitou recentemente a região. Para esse paleontólgo, a origem do homem não estava em Olduwai, como escrevera Lickey. Era no Vale do Kuroka que este cientista pretendia ter encontrado fósseis que atestavam ali, o lugar da génese dos antepassados humanos. A confirmar-se esta teoria,

---

[5] In Rodrigues, Jacinto"Sociedade e Território – Desenvolvimento Ecologicamente Sustentado", Profedições, Porto, Março 2006.

a região do Kuroka poderá vir a ser um ponto de atracção para uma comunidade científica mais vasta (ecologistas, paleontólogos, botânicos, etc.).

A vegetação no Kuroka rareia. Aquela região, vulgarmente conhecida como o deserto de Moçâmedes, guarda raras espécies de acácias: acácia melífera, acácia gossweileri, etc. Porém outros arbustos pontuam a "faixa arbustivada (...) como a Boscia Microphila, a Macrua Angolensis, Aximénia Americana e a Salvadora Pérsica."[6]

Durante o percurso paramos o jipe diante dum destes arbustos de folha muito verde, a Salvadora Pérsica, que se apresenta com espessos tufos arredondados, que sobressaem na secura da paisagem. Avistamos ainda a famosa e estranha Welvitschia Mirabilis na planura desértica do Vale do Kuroka. Vimo-la entre a área das pedras vermelhas e do magnífico oásis do Arco do Carvalhão quando, mais tarde, visitamos a Tombwa, ex-Porto Alexandre.

O estudo desta região árida é do maior interesse, como já dissemos, para a criação de meios ecológicos capazes de inverter a marcha da desertificação.

Em conversa com o Dr. Samuel Aço referi a importância de se proceder, nesta região, ao repovoamento das seguintes plantas, sempre que isso fosse possível: Odysseia Paucinervis, Sporobolus Spicatus e sobretudo a Acanthosicyus Hórrida.

Estas plantas fixam as areias, impedindo os ventos de as deslocarem graças às suas raízes profundas e dispersas. Já há muitos anos, como referiu L. A. Grandvaux Barbosa[7] conseguiram-se fixar algumas dunas, junto à cidade do Tômbwa (ex-Porto Alexandre) utilizando também a Casuarina Equisetipholia, impedindo as areias de invadirem a referida cidade piscatória.

No Brasil, quando visitei o TIBÁ dirigido pelo Arquitecto Johan van Lengen, dei-me conta que, embora numa situação climática

---

[6] Idem
[7] In Barbosa, L. A. Grandvaux,"Carta Fito-geográfica de Angola", 1970.

diferente, se utilizava para a fixação de terras, uma planta denominada Vetiver, "Chrysopogon Zizanioides L." conhecida ainda por capim limão ou capim de cheiro.

Não muito longe do vale de Kuroka, apercebi-me do uso da erva príncipe (chá de caxinde) como planta medicinal. Essa planta, para além das propriedades medicinais é também um excelente repelente de mosquitos e possui raízes que fixam o solo.

Finalmente chegamos à comuna de Kuroka onde ficamos alojados.

Pelas manhãs comíamos na casa do Samuel Aço e da Teresa uma papa de farinha de milho fermentado – maté – ou seja o mingau brasileiro. Esta farinha de milho seca ao sol em cima de lajes de pedra, fermenta ao longo de 4 ou 5 dias. Misturada com leite ou água dá um creme branco.

Na casa do Samuel Aço estavam alojados a arquitecta Cristina Salvador, a antropóloga Cristina Rodrigues e o fotógrafo Jorge Coelho. Na nossa casa ficaram o engenheiro Luís Pedroso e a arquitecta Leonilde Fialho.

Chegaram depois mais participantes: o arquitecto Maurício Ganduglia, a Dra. Fátima Viegas, a D. Emília Almeida, o Arquitecto Artur Lima e o Arquitecto paisagista Luís Mata.

Começamos o seminário sobre a construção em terra, que foi bastante participado e com um nível que satisfez todos os intervenientes.

A minha intervenção centrou-se, particularmente, em torno da importância do Centro de Estudos do Deserto (CE.DO) como iniciativa de estudo e investigação da problemática da desertificação e das alterações climáticas.

De importância internacional, este objectivo científico torna-se também da maior relevância para o interesse local pois pode servir como antena de formação a vários níveis (sanitário, educativo, construtivo) para as populações da região.

A tecnologia da terra – tema central do seminário – constituiu uma proposta do maior interesse numa região em que se devem privilegiar materiais naturais, ecotecnologias apropriáveis e possibilidade de participar num projecto ecologicamente sustentável nas aldeias do deserto.

Com efeito, as construções de terra, além das características ecológicas e de apropriação tecnológica fácil, constituem já, historicamente, uma realidade local. As populações do vale do Kuroka não constroem casas rectangulares com cobertura de 2 águas, como já observara Carlos Estermann. A característica da cubata dos povos criadores de gado desta região, sejam eles Kuanhocas ou Chimbas, é terem uma forma intermediária entre a "cubata cupulada dos Hereros da Damaralândia e a casa cónica dos Kuvales."[8]

Confirmamos também que as casas são muitas vezes rebocadas exterior e interiormente com uma mistura de terra e bosta de boi. Sob o ponto de vista territorial, estes povos fazem uma distinção entre o espaço destinado à casa de habitação e à área envolvente.

Esta característica africana que se denomina "django" articula a área do convívio externo – o quintal – e a área onde existe o fogo, propriamente dito. O entendimento deste fogo passa para a noção do espaço convivial de toda a aldeia.

Durante a estadia na comuna de Kuroka e graças ao amigo Conrado António Republicano, visitei o extraordinário oásis do deserto, Arco do Carvalhão. A paisagem paradisíaca, o encanto vegetal e a lagoa coberta de nenúfares, potencializam um lugar excepcional para a investigação e para um eventual centro cultural e terapêutico.

O nosso amigo mostrou-me a periferia de Tombwa onde escorrem águas sobre a areia. Alguns lençóis freáticos, de água doce, afloram aqui e acolá. Por detrás dos viveiros florestais, as Casuarinas formam uma muralha verde e as várzeas tornaram-se hortas e pomares.

---

[8] Estermann, Padre Carlos, op. cit.

O meu amigo alertou-me para os problemas ecológicos resultantes dos furos abertos por alguns horticultores, que provocaram o aparecimento de água salgada nos terrenos de cultivo. É que na precária e frágil relação entre os lençóis freáticos de água doce e a penetração osmótica da água salgada, nesta zona árida do litoral sul de Angola, rompem-se facilmente equilíbrios ecosistémicos quando se forçam processos produtivos que não levam em conta os equilíbrios locais dos ecosistemas.

Reflecti sobre a necessidade de uma prática agroecológica e agroflorestal nesta zona.

Apreciei a reconstrução da pequena cidade de Tômbwa – ex--Porto Alexandre – e desfrutei da baía desta localidade piscatória.

Depois da cerimónia oficial com a presença do Vice-governador do Namibe em que me foi dada a palavra para defender, mais uma vez, a importância internacional e local do CEDO (Centro de Estudos do Deserto) falei da problemática das alterações climáticas e da desertificação naquela região e no planeta. Fui também entrevistado para a TPA (Televisão Pública de Angola) e para o Jornal de Angola cuja publicação saiu a 18 de Agosto de 2009.

Para além da implantação dos edifícios em terra defendi, na entrevista, que Njambasana deveria ter árvores, hortas e água para a sua sustentabilidade: "Nós temos que ver se primeiro criamos condições com viabilidade. Condições de vida vegetativa que permita a sustentabilidade a esta população que aqui habita. (...) Njambasana é um oásis de enorme riqueza pela abundância da água. Se gerida de uma maneira adequada, colocando uma vegetação necessária para a sua bioregeneração, nós podemos criar aqui um ecosistema capaz ou pelo menos mais capaz de responder às necessidades da população (...). O objectivo é alargar os pequenos oásis de maneira a mudar a própria higrometria. Para além do interesse local em transformar-se num centro exemplar e educativo, mostrando às populações soluções técnicas, pedagógicas e sanitárias (soluções eco-sustentáveis) o CE.DO tem uma importância para toda a humanidade (...). Estamos aqui a fazer uma investigação em relação à desertificação, às mudanças climáticas, enfim, tudo o que o planeta está a sofrer na sua crise ecológica."[9]

Durante a estadia em Njambasana e ao longo dos trabalhos de reflexão que fizemos com os participantes no seminário, referi a importância do super-adobe como tecnologia (talvez a mais simples) para aplicar no deserto pois parece-me relevante a não utilização de água, neste processo, uma vez que a terra é ensacada. As casas podem ser encostadas ao solo e semi-enterradas, aproveitando assim uma maior inércia térmica. Os sacos podem ser reutilizados a partir dos sacos de fuba que se vendem no comércio ou podem ser feitos a partir de fibras vegetais existentes em Angola como por exemplo o sisal ou cânhamo.

Também defendemos a plantação de Nime (planta para uso medicinal e repelente de mosquitos) e de Moringa Oleífera, árvore prodigiosa pelas qualidades nutritivas e medicinais das folhas e do fruto, bem assim como o uso das sementes na purificação da água e na biodepuração de águas residuais.

Referi, nos contactos com o Dr. Samuel Aço e nos debates e conferências que realizei no Seminário e workshop sobre "A Arquitectura de Terra Uma Aposta para o Desenvolvimento de Angola", a importância de desenvolver o uso das energias renováveis. Interessa particularmente que seja generalizada a energia solar. Vejo com o maior interesse o uso de forninhos solares (fogões domésticos) onde as populações podem preparar as refeições sem recorrerem à desflorestação e queima de lenha. Com esta medida simples podia-se evitar a destruição de milhares de hectares de floresta evitando o aumento da desertificação e a consequente alteração climática.

Os fornos solares, de tipo industrial e com multifunções, poderiam ser implantados junto de povoações mais densas de maneira a

---

[9] In Jornal de Angola, Reportagem, pág. 5, 18 de Agosto de 2009.

constituirem pólos de produção (panificação, metalurgia, cerâmica, motor a vapor, etc.) desenvolvendo pequenas indústrias artesanais com o uso de energias renováveis e ecotecnologias simples.

Existem já protótipos destas mini-indústrias solares que, com o uso dum espelho parabólico, permitem construir fornos cujas temperaturas podem ir até cerca de 1400 graus Celsius. Um destes fornos está já em funcionamento como fábrica artesanal, cozendo peças de cerâmica e funcionando também para cozer pão. Este forno permite assim, variações de temperatura para usos diversos (panificação, cerâmica, metalurgia, etc.)

Partida de avião para Luanda.

No Jornal de Angola saiu um artigo sobre o Congresso de Njambasana, no deserto do Namibe e o CE.DO[10].

Fui assistir à conferência sobre o octagésimo aniversário do Mário Pinto de Andrade, realizada na Universidade Lusíada de Luanda. Intervenção de Vicente Pinto de Andrade, professor na Católica e do etnólogo cubano Carlos Moore Wedderburno.

Ressalto a intervenção de Carlos Moore pela importância que deu ao pensamento de Mário Pinto de Andrade, explicitado no livro "As Origens do Nacionalismo Africano" onde defendia a criação dos Estados Unidos do Continente Africano, tendo mesmo uma visão abrangente do Estado Universal Africano incluindo a diáspora dos africanos espalhados por outros continentes.

Carlos Moore desenvolveu ainda algumas ideias do Pan-africanismo mostrando a sua actualidade na importância da emancipação africana através de uma articulação do conjunto dos países africanos para "Um Outro Mundo Melhor é Possível" tal como defende o movimento altero-mundialista.

O antigo secretário da OUA, Carlos Moore, referiu as questões do esgotamento do petróleo e a necessidade de lançar perspectivas para um ecodesenvolvimento.

---

[10] In Jornal de Angola, 18 de Agosto de 2009 "Centro de Estudos do Deserto Melhora casas no Kuroka".

Depois do almoço, eram 15h quando entramos no carro da Dra. Fátima Viegas em direcção ao Bairro Rocha Pinto, para participar numa investigação sobre a problemática da saúde e religião.

O bairro Rocha Pinto é um bairro com casas degradadas e muito lixo amontoado.

Ao aproximarmo-nos da **Igreja Profética Vencedora no Mundo,** dirigida pelo Profeta Enoque, ou seja, Jorge Lino Kambundo, passamos por um grande mercado ao longo da rua, com quitandeiras sentadas vendendo fruta, bolachas e baldes de plástico.

Vínhamos com a Dra. Fátima Viegas, socióloga e responsável pelos assuntos religiosos junto do governo, e tínhamos encontro marcado.

Quando chegamos ao local onde se vai erigir a igreja que está em obras, já estavam à nossa espera alguns membros dessa comunidade religiosa, descalços e vestidos de branco. Sustentavam insígnias amarelas, azuis e exibiam alguns bastões de madeira.

Receberam-nos amavelmente no pátio da igreja em construção. Ouviam-se os cânticos dirigidos por um pastor. Eram vozes de mulheres sentadas por baixo duma arcada que suportava o terraço e entoavam cânticos religiosos africanos.

Fomos para um pequeno escritório enquanto aguardávamos ser recebidos pelo profeta Enoque. A Dra. Fátima Viegas, já conhecida na igreja, recebeu as boas-vindas. Nós fomos apresentados como estudiosos da Universidade e após as saudações protocolares sobre a nossa bem-vinda e auspiciosa visita, começamos a nossa conversa espontaneamente.

Procuramos esclarecer alguns problemas relacionados com a espiritualidade africana antes mesmo de avançarmos com as questões das terapias espirituais propostas pela Igreja Profética Vencedora no Mundo.

Como tínhamos compulsado alguns materiais teóricos sobre a espiritualidade bantu, quisemos certificar-nos, junto de Lino Kambundo, qual era a postura da sua Igreja em relação às 3 grandes funções mágicas tradicionais: adivinho, curandeiro e feiticeiro.

O profeta assumiu-se de imediato como adivinho, imbuído desde os 23 anos pelo espírito do Anjo Enoque, mostrando assim o seu distanciamento ao curandeirismo tradicional e em particular a ruptura total com a feitiçaria.

Durante a viagem até à Igreja e mesmo durante a conversa, procurava olhar para o meu próprio olhar. Pretendia, enquanto observador participante, desenvencilhar-me dos estereótipos dos paradigmas religiosos que conhecíamos. O objectivo da nossa entrevista era eliminar evidências epistémicas, resultantes duma formatação hermenêutica, em que culturalmente vivemos. Desejávamos pois a obtenção da informação fenomenológica e participar, evitando um estrangeirismo excessivamente distante, procurando a universalidade e a singularidade, a vivência e a teorização aberta mas equidistante às duas grandes superstições a que está sujeito o investigador da sociologia das religiões: o racionalismo e o irracionalismo ideológico.

Fomos tendo então, uma compreensão reflexiva sobre esta igreja e o seu profeta. Lino Kambundo procurava dar sentido à energia cósmica e à força positiva "nyambe".

O discurso do profeta articulava-se ora em considerações geoestratégicas e até políticas que não se afastavam de qualquer discurso académico ou similar. Porém, de vez em quando, um discurso imaginal aparecia nos seus relatos. Falou do jacaré que calçava botas e falava com as mulheres, junto do rio Cunene, atacando-as de seguida. Falou ainda dum Soba mau, do Kwanza Sul que todas as manhãs fazia sair répteis e ratos impedindo as pessoas de se passearem nas ruas da aldeia entre as 7h e as 15h. Também nos fez relatos de crianças que voavam.

O profeta Enoque, nesse seu relato, não "facilitava" a nossa decifração intelectualista, pois ficamos sempre sem saber se relatava cenas objectivas ou projecções subjectivas dos doentes que ele socorria. Mas isso tornava-se também na riqueza da sua "achega imaginal".

Esta narrativa fenomenológica obrigava-nos a uma constante abertura e distanciamento que se tornaram ainda mais evidentes diante da prática terapêutica a que assistimos na sala contígua, também forrada de azulejos brancos. A imposição de mãos no corpo dos pacientes, ao mesmo tempo que, com uma voz mântrica e quase autoritária, o "dr. massagista" expulsava as energias negativas que os pacientes possuíam.

Lino Kambundo recebeu-nos amavelmente, com hospitalidade africana. Numa conversa de charme falou-nos mesmo de um projecto para uma casa grande, com camaratas e quartos para jovens e mais velhos, integrado numa quinta com sustentabilidade para todos os hóspedes e doentes.

Escolas e ateliers ajudavam à formação e capacitação profissional. Jardins e piscinas permitiriam actividade criativa e de lazer.

O problema da sociologia religiosa em África, mesmo para quem se pretenda incluir numa posição de espiritualismo laico, não pode deixar de observar, para além do operativismo imediatista deste tipo de terapias, a problemática perigosa que pode surgir em seitas que prometem milagres repentinos e que se alimentam de ilusões miríficas, muitas vezes assentes nos factores objectivos da fome real e da miséria quotidiana do sofrimento.

Contudo, um trabalho reflexivo sobre o xamanismo e em especial o xamanismo africano, necessita duma compreensão fenomenológica (um olhar por dentro) de modo a poder avaliar epistemologicamente o saber tradicional, ao mesmo nível dos outros saberes. Caso contrário, as leituras habituais sobre esta temática curativa restringem-se apenas ao olhar "ocidentalocrático" que faz apreciações reducionistas tais como, considerar tais práticas xamânicas como simples expressões de "sociedades primitivas" e baseadas em "conceitos supersticiosos" ultrapassados.

Só um olhar reflexivo poderá então apreciar, sem preconceitos, o valor do xamanismo como contribuição para uma cosmovisão mais alargada da antropologia humana.

A abertura ecológica permite entender que as práticas xamânicas estão ligadas a uma abordagem sistémica do homem e da natureza. Esta perspectiva é particularmente interessante para a emergência do novo paradigma que põe em causa, do meu ponto de vista, a arrogância reducionista da visão da sociedade moderna.

A questão essencial persiste: estas práticas constituem uma psiquiatria social do oprimido e portanto são uma resposta possível e positiva ou constituem um processo de alienação e submissão que agrava a situação dos excluídos?

De manhã dirigimo-nos a casa da Dra. Fátima Viegas e conversamos sobre a experiência vivida aquando da visita à Igreja do Profeta Enoque e também sobre as perspectivas do trabalho a efectuar no campo social, recorrendo a aspectos ligados às terapêuticas da sociedade tradicional. Registámos este encontro em vídeo e tal como vamos fazer em relação ao vídeo feito na visita à Igreja do Profeta Enoque, vamos dá-lo a conhecer ao Doutor Pierre--Yves Albrecht no sentido de alargar esta investigação para uma reflexão teórica sobre o xamanismo e em especial o xamanismo africano, procurando uma compreensão fenomenológica de modo a poder avaliar o saber tradicional em relação aos outros saberes tecnocientíficos. Pretende-se ultrapassar os preconceitos ocidentalocráticos sobre a terapia utilizada nas sociedades vernaculares.

Procura-se a cosmovisão duma antropologia reflexiva. Pretende-se abandonar a arrogância reducionista da visão dominante em detrimento das achegas da etnomedicina.

A resposta a estas questões poderá ser possível se se entrosarem saberes vernaculares, etnopsiquiatria e conhecimentos académicos numa reflexão epistemológica de fundo.

A educação e a paz mundial

*António José Fernandes**

Introdução

A história da humanidade está marcada por longos períodos de disputas, conflitos e guerras, intercalados por períodos de paz relativa.

De acordo com as investigações dos estudiosos da «polemologia», os conflitos armados são um fenómeno inerente às relações entre os povos. «Desde 1648, contam-se mais de 14.000 (catorze mil) guerras, 160 das quais depois de 1945. entre o ano I e 1899, as guerras fizeram 38 milhões de mortos; entre 1900 e 1945, cerca de 100 milhões» (Renner, 1999,1). E, «dos 22 milhões de pessoas que morreram em conflitos desde a Segunda Guerra Mundial, 5,5 milhões pereceram entre 1990 e 1995» (Chopra, 1998,1). No entanto, o número de "guerras maiores" (entre grandes potências) foi diminuindo substancialmente: «27 no século XVI, 17 no século XVII, 10 no século XVIII, 5 no século XIX e 5 no século XX» (Amstutz, 1995,262).

Porém, a destruição provocada pelos ditas "guerras maiores" aumentou significativamente devido ao aperfeiçoamento das armas utilizadas e ao volume dos contingentes militares envolvidos nesses conflitos, pois as guerras europeias do século XVI não fizeram

---

* U.L.P.; antonio.fernandes@ulp.pt

mais de um milhão de mortos, enquanto «as do século XX ultrapassaram as de todos os séculos precedentes, fazendo 60 milhões de vítimas militares e civis, (...) sem contar com os cerca de 40 milhões de mortos nas guerras civis do Terceiro Mundo» (David, 2001,115).

Os conflitos entre as pessoas, entre os povos e entre as instituições, e sobretudo os conflitos armados, são um flagelo da humanidade, dizimam milhões de pessoas, destroem bens materiais de incalculável valor e impedem o restabelecimento e a consolidação da paz mundial permanente e duradoira.

Quem é responsável pela expressão da violência colectiva e pelo assassinato de milhões de seres humanos? Quem impede que as pessoas e os povos possam viver em paz?

Em Novembro de 1979, na sua comunicação apresentada no congresso promovido pela UNESCO para debater a problemática da Paz, Menuhin-Hauser afirmava a certo passo: « *Existe a fome, a ignorância, as doenças evitáveis; às quais se acrescentam o racismo, a miséria inseparável da opressão económica, a tortura, o ódio, o desprezo pelo direitos do homem, a frustração das mulheres humilhadas em nome dos valores masculinos. Lembro que as mais belas resoluções e as propostas adoptadas na euforia de prestigiadas reuniões, como a sessão especial sobre o desarmamento, continuam letra morta e descansam no interior dos espíritos. A vontade de viver e de lutar pela paz parece sofrer de paralisia*» (1980,223). E, nesse mesmo encontro, Adadevoh sublinhava: «*Num mundo onde reina a discriminação, num mundo desumanizado, num mundo onde tudo é fraude e mentira, onde tudo é corrupção política, será possível restaurar a paz?*» (1980,195).

Estes dois pequenos excertos evidenciam claramente a realidade do nosso mundo no final da década de 1970 do século XX, precisamente a 2ª Década das Nações Unidas para o Desenvolvimento (1971-1980). E, hoje, como se caracteriza a comunidade internacional?

Decorridas quase três décadas marcadas pelo processo de globalização e pelos efeitos da revolução tecnológica e científica (a revolução mecatrónica), será que é muito diferente a realidade do

Planeta onde vive o rebanho humano? Continuarão a persistir a fome, a ignorância e as doenças que dizimam anualmente milhões de seres humanos e que bem podiam ser evitadas? Manter-se-ão a miséria, a discriminação racial, étnica e sexual, a humilhação das mulheres e o desrespeito dos direitos humanos? Persistirão as gritantes desigualdades económicas e sociais entre os Estados e dentro dos próprios países? Continuará a perdurar a fraude, a mentira e a corrupção económica e política no mundo em que vivemos? Será ainda um mundo desumanizado? E os textos das convenções, declarações e pactos internacionais que prescrevem os princípios e as regras de convivência pacífica dos povos, continuam a ser letra morta e votados ao esquecimento por muitos daqueles que têm a obrigação política e moral de os aplicar e fazer respeitar? Ainda será necessário (e possível) construir os alicerces para edificar a paz mundial?

1. Caracterização da Paisagem Humana do Mundo em Vivemos

Embora as novas tecnologias e a redução das distâncias económicas tenham aproximado os povos e facilitado as trocas e as transacções financeiras, ainda existe muita fome no mundo, cifrando-se em cerca de 40.000 os seres humanos que perecem diariamente vítimas deste flagelo social. Por outro lado, milhões de pessoas padecem de doenças derivadas de uma alimentação deficiente e da falta de condições de higiene e de cuidados de saúde, e são elevadas as percentagens das populações dos países da África, da América Central e do Sul, da Ásia e da Oceânia que sofrem da síndrome de ignorância, em virtude de serem analfabetas. A observação dos indicadores socio-culturais constantes do quadro I deste estudo mostra-nos que os dez países de menor índice de desenvolvimento humano possuíam, em 2006, taxas de analfabetismo superiores, em média, a 60%, perfazendo no Mali 80,7%, no Burkina Faso 77,7%, no Níger 71,0%, na R. Centro-Africana 66,5%, na Serra Leoa 64,4%, na Etiópia 58,5%, na Guiné-Bissau 57,2%, em

Moçambique 53,8%, no Burundi 40,2% e na R. Democrática do Congo 32,5%. E os indicadores estatísticos dos países que se seguem na escala crescente do índice de desenvolvimento humano evidenciam elevadas percentagens de analfabetismo: Chade 73,2%, Angola 31,5%, Malawi 35,5, Zâmbia 32,5%,Costa do Marfim 50,3%, Tanzânia 30,2%, Benin 64,4%, Guiné 69,6%, Ruanda 34,4%, Timor-Leste 52,0%, Senegal 60,0%, Eritreia 41,3%, Gâmbia 59,7%, Djibuti 31,8% e Haiti 48,1%. Isto quer dizer que, nos 25 países que ocupam os últimos lugares na escala de desenvolvimento humano, 51,7% da sua população adulta é, em média, analfabeta, dispondo esses países de uma taxa de escolarização de 3ª grau muito baixa, a qual não ultrapassa, em média, os 2,5%, apesar das taxas relativamente elevadas de Timor-Leste (10,2%), da Costa do Marfim (6,5%) e do Senegal (5,4%). Se aos analfabetos destes países acrescentarmos os do Afeganistão (72,0%), do Bangladesh (59,0%), do Paquistão (50,5), de Marrocos (47,3%), da Índia (39,4%), do Sudão (38,5%), da Nigéria (33,1%), da Guatemala (30,6%), do Egipto (28,8%), do Iraque (25,8%), do Irão (23,0%), da Arábia Saudita (21,8%), da África do Sul (17,5%), da Turquia (12,6%), do Brasil (11,4%), da China (9,7%), da Indonésia (9,6%), do Vietname (9,6%), das Filipinas (7,5%) e da Tailândia (7,3%), pode-se facilmente concluir que mais de um quarto (1/4) da população mundial adulta é analfabeta.

No que concerne à situação das mulheres, o panorama não melhorou muito nestes últimos trinta anos. Estudos relativamente recentes revelam que somente cerca de 7% dos cargos governamentais são ocupados por mulheres. De facto, ainda hoje, em quase todas as sociedades humanas o poder pertence aos homens e é por estes exercido. E as mulheres continuam a ser consideradas o "sexo fraco", relegadas para segundo plano na vida social, discriminadas no trabalho, muitas vezes humilhadas, olhadas como simples objecto nas classes mais abastadas, ou como empregadas gratuitas nas classes mais pobres, sexualmente exploradas, violentadas e mutiladas, compradas e vendidas para ficarem à disposição de homens como escravas e prostitutas; em suma, ainda são objecto de um estatuto de inferioridade.

QUADRO I – **Rendimento per capita e Indicadores socioculturais, nos dez países mais desenvolvidos e nos dez países de menor índice de desenvolvimento, relativos a 2006**

Países	PIB/hab.(dólares USA em PPC)	Despesa pública com Educação (% do PIB)	Analfabetismo (%)	Escolarização 3° grau (%)	Mortalidade Infantil (%0)	Número de Médicos por mil/hab.	Esperança de Vida
1. Noruega	43.574	7,7 (d)	–	80,5 (c)	3,3	3,5(c)	80
2. Suécia	34.409	7,5 (d)	–	47,0 (c)	3,2	3,8(c)	81
3. Austrália	32.938	4,8 (d)	–	72,2 (c)	4,4	2,6(d)	81
4. Canadá	35.494	5,2 (e)	–	60,2 (e)	4,8	2,1(d)	81
5. Holanda	35.078	5,3 (d)	–	59,0 (c)	4,7	3,6(c)	80
6. Bélgica	34.478	6,2 (d)	–	62,5 (c)	4,2	4,0(c)	79
7. Islândia	40.227	8,1 (d)	–	67,7 (c)	2,9	3,6(c)	82
8. Estados Unidos	43.444	5,9 (d)	–	82,4 (c)	6,3	2,4(c)	78
9. Japão	32.647	3,7 (d)	–	54,0 (c)	3,2	2,0(e)	83
10. Irlanda	44.087	4,5 (d)	–	58,5 (c)	4,9	2,8(c)	80
Média dos dez países mais desenvolvidos	37.637	5,9	-	64,4	4,2	3,04	80,5
168. R.D. Do Congo	850	-1	32,5	1,3	113,5	0,11 (c)	46
169. R.CentroAfricana	1.198	1,9	66,5	1,6(b)	96,8	0,08(c)	45
170. Etiópia	1.044	5,0(b)	58,5	2,7(b)	86,9	0,03(d)	53
171. Moçambique	1.500	3,7	53,8	1,2(c)	95,9	0,03(c)	53
172 Guiné-Bissau	774	5,3	57,2	0,4(k)	112,7	0,12(c)	46
173. Burundi	680	5,1(b)	40,2	2,3	99,4	0,03(c)	49
174. Mali	1.300	4,3(b)	80,7	2,6(b)	128,5	0,08(c)	54
175. Burkina Faso	1.396	4,7(b)	77,7	2,4(b)	104,4	0,06(c)	52
176. Níger	951	2,3(c)	71	0,9(b)	110,8	0,03(c)	57
177. Serra Leoa	888	3,8(b)	64,4	2,1(e)	160,3	0,03(c)	43
Média dos dez países menos desenvolvidos	1.058	4	60,2	1,8	110,9	0,06	49,8

(1) Sem informação disponível; (b) 2005; (c) 2004; (d) 2003; (e) 2002; (f) 2001
Fonte: «L'État DU Monde», Editions La Découvert, Paris, 2008.

A fome, a ignorância, a falta de instrução e as discriminações raciais, étnicas e sexuais, que mancham a paisagem humana do nosso Planeta, são o reflexo das gritantes desigualdades económicas e sociais entre os Estados e dentro dos próprios países.

Para se ter uma ideia das desigualdades do poder de compra das populações dos diferentes países que cobrem a superfície terrestre, basta atentar nas enormes diferenças de rendimento médio por habitante em cada um deles. Para esse efeito, observe-se novamente o quadro I deste trabalho/estudo, no qual se pode constatar que o rendimento médio por habitante dos dez Estados com menor índice de desenvolvimento humano é 35,5 vezes (trinta e cinco vezes e meia) inferior ao rendimento médio *per capita* dos dez Estados que ocupam os primeiros lugares nessa escala de desenvolvimento; e onde se pode verificar também que o rendimento por habitante da Noruega (43.574 dólares USA) é 49,7 vezes superior ao da Serra Leoa (888 dólares USA), e que o rendimento *per capita* do Burundi (680 dólares USA) é quase sessenta e cinco vezes (64,86) inferior ao rendimento *per capita* da República da Irlanda (44.087 dólares USA). Quer isto dizer que um habitante do Burundi dispõe, em média, de 56,7 dólares (o equivalente a 36 euros) por mês para viver, enquanto um habitante da R. da Irlanda dispõe de 3.674 dólares (ou seja, cerca de 2.355 euros); e quer dizer também que os habitantes dos dez países com menor índice de desenvolvimento (Serra Leoa, Níger, Burkina Faso, Mali, Burundi, Guiné-Bissau, Moçambique, Etiópia, R. Centro-Africana e R. Democrática do Congo) dispõem, em média, de 88 dólares (57 Euros) por mês para viverem, ao passo que os habitantes dos dez países de maior índice de desenvolvimento humano (Noruega, Suécia, Austrália, Canadá, Holanda, Bélgica, Islândia, EUA, Japão e R. da Irlanda) dispõem, em média, de 3.136 dólares (2010 Euros) para gastar num mês.

Se as desigualdades do rendimento *per capita* entre os países atinge significativas proporções, como atrás ficou demonstrado, as desigualdades dentro dos próprios países são ainda mais acentuadas, em virtude dos grandes desequilíbrios da distribuição das respectivas riquezas, dado que, em muitos deles, 10% da população usufrui de mais de 80% do rendimento, enquanto metade da população não dispõe sequer de 10% do rendimento nacional.

A educação e a paz mundial | 141

Portanto, se tivermos em conta esta realidade, é fácil perceber a miséria em que vivem centenas de milhões de seres humanos. Atente-se apenas na realidade de meia dúzia de países, como por exemplo, da Etiópia, da Índia, da Indonésia, da Nigéria, do Paquistão e da Tanzânia, e verificar-se-á o grau de miséria da maior parte dos seus habitantes, pois cada um deles não dispõe, em média, de mais de um euro por dia para sobreviver, conforme nos mostram os dados do quadro II relativos à população e ao PIB desses seis países. E se nos reportarmos aos três países do continente africano constantes deste quadro, constatamos que o rendimento anual médio *per capita* de mais de metade dos seus habitantes não ultrapassa 130 euros por ano, ou seja, menos de 40 cêntimos por dia.

Esta situação de carência de meios para satisfazer as necessidades mínimas de qualquer ser humano estende-se a mais de 900 milhões de pessoas somente nos seis países referenciados. E, se a esta realidade acrescentarmos os milhões e milhões de excluídos que vivem em todos os outros países, mesmo nos mais desenvolvidos, onde atingem proporções que chegam a ultrapassar 20% dos seus habitantes, certamente nos damos conta de que a dimensão da miséria no mundo é muito superior ao que aparentemente se possa imaginar.

QUADRO II – **População e PIB (Produto Interno Bruto) global e por habitante de seis países dos continentes africano e asiático, em 2006**

Países	População (milhares)	PIB Total (milhões $ dólares)	PIB por habitante (PPC) $ dólares	50% da População (milhares)	10% do PIB (milhões $)	PIB por habitante ($dólares)
Etiópia	81.021	78.405	968	40.510	7.840	194
Índia	1.151.751	4.158.922	3.610	575.875	415.892	722
Indonésia	228.864	959.834	4.194	114.432	95.984	839
Nigéria	144.720	181.840	1.256	72.360	18.184	251
Paquistão	160.943	422.943	2.612	80.472	42.294	526
Tanzânia	39.459	30.611	776	19.730	3.061	155
Totais	1.806.758,00 €	5.832.555	3.228	903.379	583.255	646

Fonte: *L'État du Monde*, Paris, Éditions La Découverte, 2008.

As condições económicas, sociais, e culturais em que vive mais de ¼ (um quarto) da humanidade, que reflectem a situação de miséria e de dependência em que se encontram, evidenciam que os textos constitucionais e as convenções, declarações e pactos internacionais que enumeram os princípios e estabelecem as normas respeitantes aos direitos do homem e às liberdades fundamentais continuam a ser letra morta para centenas de milhões de seres humanos, cujos princípios da dignidade, da liberdade e da igualdade desconhecem e cujos "*direitos a*" lhes são permanentemente negados ou não lhes são aplicadas.

Os direitos do homem, aprovados nos areópagos internacionais e codificados em convenções, declarações e pactos com validade universal, continuam a não ser usufruídos por todos os seus titulares, e são ignorados e desrespeitados, ainda hoje, por muitos indivíduos, com responsabilidades nacionais e internacionais, que têm a obrigação de os respeitar e de garantir a sua aplicação efectiva. Com efeito, a fazer fé nos mais recentes relatórios dos principais organismos de defesa dos direitos humanos, são numerosas as situações de sofrimento, de flagelo e de morte de seres humanos causadas pelas violações dos direitos do homem. Conforme referem os relatórios da Amnistia Internacional (AI), «*a denegação dos direitos fundamentais têm destruído a vida de milhões de pessoas no mundo(...); uma mulher em cada três foi espancada, forçada a ter relações sexuais ou mal tratada ao longo da sua vida (...); as denúncias por violências policiais registadas em França pela Comissão nacional de deontologia da segurança aumentaram 38% de 2003 para 2004, e 10% de 2004 para 2005, sendo que um terço dos casos diz respeito a actos manifestamente racistas*» (cit. in: Langlois, 2008,358-360). De acordo com o Observatório para a protecção dos defensores dos direitos do homem, em 2006 mais de 1300 militantes da causa dos direitos humanos foram objecto de repressão; em cerca de 90 países existiam entraves à liberdade de associação; e a pena de morte continuava a subsistir em 69 Estados, concentrando seis deles (China, EUA, Iraque, Irão, Paquistão e Sudão) 91% das 20.000 execuções praticadas nesse ano de 2006. E, segundo o Alto Comissariado das

Nações Unidas para os Refugiados (HCR), o número total de refugiados baixou, entre 2004 e 2005, de 9,5 para 8,4 milhões; mas o número global de pessoas que relevam da sua competência aumentou de 19,5 para 20,8 milhões, em virtude de haver crescido o número de pessoas deslocadas (refugiadas nos seus próprios países).

A realidade da paisagem humana do Planeta que acabámos de retratar mostra claramente quanto é necessário ainda fazer para que estejam reunidas as condições indispensáveis a uma convivência pacífica e harmoniosa entre as pessoas e entre os povos. E a condição das condições para que isso aconteça é, sem dúvida, apostar na educação, numa educação vocacionada para desenvolver e aprofundar o conhecimento das pessoas e das técnicas, mas também dos princípios e dos valores que fundamentam os alicerces da solidariedade humana.

2. Educar para compreender e conhecer

O objectivo da educação – do processo educativo – é desenvolver as capacidades cognitivas, intelectuais e físicas do indivíduo e transmitir-lhe valores éticos e morais e normas de conduta que visam a sua integração social. Por conseguinte, educar consiste em promover, implementar e desenvolver processos de acção conducentes à aquisição de conhecimentos, ao desenvolvimento de aptidões e à formação e enriquecimento do espírito, por forma a que os cidadãos possam integrar-se melhor na sociedade, em geral, e na vida profissional, em particular.

A integração do indivíduo na sociedade, através da educação, pressupõe o desenvolvimento das faculdades de apreender, assimilar e entender a realidade e a capacidade de ser tolerante para com as pessoas, as atitudes e as acções; o que significa que os processos educativos devem assentar nos valores éticos e morais que consubstanciam os princípios dos direitos do homem e das liberdades fundamentais (os princípios da dignidade, da liberdade, da igualdade, da solidariedade e responsabilidade, da autoridade e da universalidade. Logo, a educação (o processo de ensino/aprendizagem) deverá ser orientada para a compreensão das realidades e dos valores que suscitam uma tomada de consciência a favor da solidariedade e da paz, e não apenas no sentido de desenvolver as aptidões para a concorrência profissional, o individualismo chauvinista e a consecução dos interesses estritamente materiais.

Quase no final da primeira década do século XXI, continuamos a viver num mundo de violência, de conflitos, de guerras, de insegurança, de dominação, de exploração, de desigualdades, de ignorância, de discriminação e de desumanização. Enfim, vivemos num mundo cheio de dificuldades e de obstáculos ao restabelecimento, consolidação e preservação da paz individual e colectiva. E, apesar de algumas correntes de pensamento e de muitos teóricos responsabilizarem a estrutura do sistema internacional e a política externa dos Estados, sobretudo dos Estados mais poderosos, pelas condições de insegurança, de medo e de pânico que se estendem a todos os cantos do Planeta que habitamos, não podemos esquecer, ou devemos ter sempre presente, que a responsabilidade é sempre do indivíduo, do indivíduo como homem político, como homem económico e como homem social e cultural. Por isso, para transformar, corrigir ou melhorar a estrutura do sistema internacional, para modificar o comportamento externo dos Estados, e para eliminar o pânico, o medo e a insegurança da mente do ser humano, é imprescindível apostar na educação, na instrução e na formação das crianças, dos jovens e dos adultos, com vista a prepará-los para a compreensão dos outros, para o entendimento das relações inter-pessoais, inter-grupais e interestaduais e para a interiorização dos valores éticos e morais subjacentes aos princípios da dignidade, da solidariedade e da responsabilidade.

Em 1979, no Congresso promovido pela UNESCO para debater os problemas fundamentais da paz, François Giroud sublinhava que só existe um meio para instaurar e preservar a paz. Esse meio «é o conhecimento, o saber dos homens sobre eles mesmos, a explicação objectiva das condutas do potencial adversário, a compreensão das suas estruturas mentais. Quando não há compreensão do outro, não se respeita forçosamente (...). Porque não se ensina o que é a violência e o que ela representa em cada homem? E, em vez de celebrar as vitórias militares, porque não se mostram os corpos despedaçados, as faces mutiladas, as cidades soterradas? Porque não se mostra, por todos os meios, pela escrita e pela imagem, o que significaria a explosão de uma bomba termonuclear? E, assim, talvez se compreendesse que, se uma vida não vale nada, nada vale mais do que uma vida» (1980,198). Nesse mesmo congresso, Daniel Oduber, salientava que «a educação deve suscitar uma tomada de consciência a favor da paz»; e formulava a seguinte interrogação: «como podem os países pobres consagrar uma parte mais importante dos seus pequenos orçamentos à educação do que à compra de armas, quando a pressão dos países "desenvolvidos" se exerce em sentido contrário?», à qual respondeu afirmando que «o mal não está nos países pobres; está sobretudo nos países ricos. Só uma campanha massiva e constante, feita pelos organismos sociais de todos os países do mundo, é capaz de orientar e de levar a bom termo os princípios essenciais da paz (...). A educação para a paz é difícil. Mas a paz é possível, como uma mudança nas atitudes dos homens também é possível se, em cada país, se lutar para alcançar esse objectivo» (1980,112-116).

E, hoje, estará facilitada a educação para a paz? Tal como nas últimas décadas do século passado, também, nesta primeira década do século XXI, o mundo em que vivemos é um mundo que conhece o progresso, mas também a violência, a mentira, a discriminação, a recusa da solidariedade, um mundo onde proliferam os conflitos bélicos, onde a guerra continua inseparável do expansionismo ilimitado dos poderosos, dos preconceitos raciais e religiosos e da ideia de que o direito assenta na força e não pode ser exercido senão pela força. E daí que a guerra continue a ter necessidade de uma opinião que a aceite e a venere, de um exército regular e/ou de mercenários que a sirvam, de uma indústria de armamento e do consequente comércio de armas que a sustentem. E, por isso, ainda há muitos analistas que entendem que é mais fácil orientar o ensino/aprendizagem para o conhecimento das questões militares e bélicas do que para o entendimento das condições indispensáveis para se viver em paz.

O medo é considerado como o principal elemento da ameaça à paz. No reino animal, o medo gera a agressividade, a violência. E entre os humanos passa-se o mesmo: o receio de uma ameaça conduz à manifestação da violência. Portanto, para garantir a segurança, para evitar a ameaça do medo, os homens criam estruturas de defesa/ataque, organizam os seus escudos-protectores, cuja persistência exige a presença de uma hipotética ameaça permanente. Este facto deixa aos responsáveis pelas sociedades politicamente organizadas pouco tempo (ou liberdade) para compreenderem que a melhor forma dos homens se protegerem contra a (ou se defenderem da) ameaça do medo consiste em desenvolver um processo educativo que tenha como um dos principais objectivos a compreensão, o conhecimento e o respeito dos direitos do homem e das liberdades fundamentais.

Educar para compreender os outros e para conhecer a realidade envolvente é educar para a paz. Por conseguinte, o desenvolvimento de sistemas educativos sadios, de processos de ensino/ /aprendizagem para todos[1], não é somente a chave do progresso da humanidade, é também e sobretudo o caminho para a paz mundial permanente e duradoira.

Os sistemas educativos e os processos de ensino/aprendizagem, vocacionados para criar as condições políticas, económicas, sociais e culturais indispensáveis ao restabelecimento e preserva-

---

[1] De acordo com informações da UNICEF, no Dia Mundial Contra o Trabalho Infantil (12-06-2008), «*a educação é a chave para libertar dezenas de milhões de crianças do trabalho perigoso. Com mais de 150 milhões de crianças a trabalhar em vez de aprender, os governos e a comunidade internacional podem fazer mais para ajudar essas crianças a regressar à escola*».

ção da paz mundial, devem assentar nos princípios subjacentes à definição, aplicação e usufruição dos direitos humanos, por forma a que os valores que os fundamentam e lhes são inerentes sejam apreendidos, interiorizados e compreendidos pelos sujeitos activos e passivos que integram os respectivos sistemas educativos de toda e qualquer sociedade politicamente organizada.

A compreensão dos valores morais e das normas de comportamento ético que respeitam e enaltecem aqueles princípios deve ser acessível a todos os seres humanos em todas as partes do globo terrestre. A educação é um direito universal que a todos diz respeito. Por isso, não faz sentido, nem é moralmente aceitável, que, em pleno século XXI, mais de 25% da população mundial ainda seja analfabeta, e mais de 150 milhões de crianças tenham abandonado a escola e sejam objecto de exploração de mão-de-obra infantil. Também esta enorme massa humana de crianças e adultos, que não teve oportunidade, nem tem possibilidade, de frequentar a escola, tem direito, como todos os outros, a entender as coisas, a compreender a paisagem social do Planeta e a conhecer a realidade em que vive o rebanho humano; isto é, também tem direito à educação e a viver em paz.

3. Compreender e conhecer para viver em paz

Os conceitos de compreensão, de conhecimento e de paz estão subjacentes às relações entre as pessoas, entre grupos, entre as instituições e entre as sociedades politicamente organizadas – os Estados. E são geralmente invocados quando as relações inter-pessoais, interinstitucionais ou internacionais revestem um carácter problemático e se tornam conflituosas. De resto, existe uma corrente de pensamento, encabeçada por John Burton, que considera as situações conflituosas como «*o resultado de uma percepção errada de uma situação objectiva*».

Compreender as situações conflituosas e conhecer as causas das manifestações da violência individual e colectiva será (é) a melhor forma de lhes pôr termo e de as evitar e prevenir. No entanto, a capacidade de compreender as situações e de conhecer os factos e os acontecimentos, que consubstanciam e moldam a realidade em que vivemos, adquire-se através da educação (da formação, da instrução, do desenvolvimento das aptidões e da interiorização dos princípios e valores éticos e morais). E daí a necessidade de que os sistemas educativos sejam integrantes (abertos a todos os membros da sociedade) e adaptados às exigências de uma convivência pacífica e humanista, baseada no respeito pela dignidade e pela liberdade do ser humano.

A paz é o bem mais preciosos pelo qual vale a pena fazer sacrifícios. Mas é um bem que não tem cotação no mercado financeiro; não se encontra à venda nos hipermercados, nem nas lojas do comércio tradicional, nem sequer nas farmácias; não se pode comprar; não tem preço. Se a paz fosse um bem disponível no mercado, sujeito às leis da oferta e da procura, quantos não recorreriam às suas poupanças, ou ao crédito bancário, para poder adquiri-la e conservá-la para sempre. Mas não é possível encontrá-la a qualquer preço. Porque a paz constrói-se. Constrói-se, através da educação, da instrução, do conhecimento, isto é, da interiorização do respeito pelos princípios e valores éticos e morais que dignificam as relações humanas. Portanto, a compreensão e o conhecimento são os instrumentos mais importantes e eficazes para se construir e preservar a paz. Compreendendo e conhecendo os seres humanos, o que determina a sua conduta e o seu comportamento, individual e colectivo, pacífico e belicoso, é mais fácil erigir os alicerces onde assentam os pilares que sustentam a paz entre as pessoas e entre todos os povos.

Conforme referiu o grande humanista François Visine, «*na medida em que a paz depende da razão, ela exige o máximo de conhecimentos exactos e, portanto, uma instrução e uma informação objectivas. Por conseguinte, uma das primeiras tarefas a realizar a favor da paz é desenvolver, em todos os países e a todos os níveis, uma instrução objectiva, verdadeira; uma instrução que seja não somente um factor de melhoria do nível de vida mas também um factor de compreensão dos povos, mesmo de indulgência; uma instrução que facilite as relações e os contactos entre os povos; uma instrução que permita à razão bem informada dominar mais facilmente os entusiasmos de uma sentimentalidade facilmente explorada pelos ditadores mais diversos; uma instrução que dê ao homem mais responsabilidade e maior esperança no seu destino, destino que não deve ser o da sua preparação para o suicídio ou para o assassinato colectivo mas sim o da colaboração pacífica dos povos no respeito da sua dignidade e das suas civilizações»* (1972, 118).

Volvidas mais de três décadas e meia desde a sua publicação, este texto mantém, hoje, toda a actualidade. Continua a ser necessário apostar na educação para todos, na actualização dos sistemas educativos, na implementação de processos de ensino/aprendizagem que permitam apreender, interiorizar e compreender os fenómenos sociais, as suas causas e os seus efeitos, e que possibilitem o desenvolvimento da investigação e o aprofundamento dos conhecimentos, com vista a melhorar o nível de vida, as condições de trabalho e as relações humanas. É imprescindível sensibilizar o homem para a compreensão da simples realidade que é habitarmos todos na mesma cidade – a Terra – todos fazermos parte do rebanho humano e todos pertencermos à mesma pátria – a humanidade. E é fundamental valorizar a formação do factor humano para tornar o mundo melhor: mais justo, mais solidário, mais harmonioso e mais ajustado às exigências da dignidade do ser humano.

Sejam quais forem os motivos, as causas e os factores que conduzem a situações conflituosas, são sempre as pessoas que determinam, promovem e desencadeiam as acções que dão origem a conflitos. Por isso, a compreensão dos outros, a percepção correcta da realidade, a tolerância para com as pessoas, as atitudes e as acções e, sobretudo, o respeito pelos princípios da dignidade, da liberdade, da igualdade, da solidariedade, da tolerância e da responsabilidade, são imprescindíveis, pois contribuem para evitar, reduzir, amenizar e resolver situações conflituosas, e para garantir condições de vivência em tranquilidade, em harmonia e em paz entre as pessoas, nos grupos e entre os grupos, nas instituições e entre as instituições.

A percepção errada das situações e conjunturas, a incompreensão dos outros e das suas atitudes e acções e a intolerância de cada um não contribuem para que haja condições de vivência em paz e tranquilidade. É preciso, portanto, que sejamos todos mais compreensivos, mais tolerantes e mais solidários, para que o mundo seja mais justo e pacífico e o rebanho humano viva em tranquilidade e segurança. Para isso, é fundamental que a educação seja organizada e orientada para o cumprimento da sua nobre missão: desenvolver as capacidades físicas, intelectuais e cognitivas do indivíduo, aprofundar e enriquecer os seus conhecimentos e moldar e aprimorar as suas faculdades e aptidões para ser compreensivo, tolerante e solidário. Só assim será possível acabar de vez com a arrogância, a prepotência e a mesquinhez, e derrubar para sempre os muros erguidos (e que se continua a erguer) para separar os seres humanos e para coarctar o exercício dos seus direitos e liberdades. Só assim será possível estabelecer e preservar a paz: a paz com nós próprios, a paz com os outros, a paz com todos e de todos, a paz mundial.

Conclusão

Quase no final da primeira década do século XXI, continuamos a viver num mundo de violência, de conflitos, de guerras, que espalham o medo, o terror e o pânico e geram a insegurança individual e colectiva em todos os cantos do planeta. E, no entanto, todos afirmam desejar a paz. Chefes de Estado e Chefes de Governo multiplicam as declarações a favor da paz, e os "neutros enfáticos" das organizações internacionais declaram peremptoriamente que estão ao serviço da paz e que as suas funções e actividades se destinam a promover a convivência pacífica entre os povos, entre os grupos e entre as instituições. Poucos são aqueles, quaisquer que sejam as suas funções e responsabilidades, que não se afirmem partidários do restabelecimento e da manutenção da paz mundial. Parece que todos desejam viver efectivamente em paz.

As numerosas afirmações e declarações a favor da paz mostram à evidência que a paz não é um produto acabado, não se encontra disponível em qualquer "botica", nem se transacciona no virar da esquina; mas que é, sim, um objectivo que muitos prosseguem e que a humanidade deseja e precisa que esse objectivo seja efectivamente alcançado. A paz é, pois, um produto em elaboração, um bem precioso que é necessário conquistar, lapidar, acarinhar e preservar. A paz não se herda, nem se transacciona. A paz constrói-se. Constrói-se através do conhecimento, da sabedoria e do respeito pelos valores éticos e morais em que assentam as relações de convivência pacífica. Constrói-se através da educação, do ensino/aprendizagem, do desenvolvimento de processos de acção conducentes à aquisição de conhecimentos, ao desenvolvimento de aptidões, à formação e enriquecimento do espírito e à interiorização dos princípios e dos valores em que se fundamentam os direitos do homem e as liberdades fundamentais. Só através de uma educação sadia, rigorosa e objectiva é possível erigir os alicerces de uma verdadeira paz mundial.

O ensino da história da humanidade, que enaltece primordialmente a importância das lutas armadas, das guerras, na construção do progresso e no desenvolvimento económico e social, e que considera as guerras como um mal necessário, porque se lhes atribui a função de negar o presente para construir um futuro melhor, não reflecte a verdadeira realidade dos factos e dos condicionalismos que impulsionaram a evolução da humanidade. O ensino da história das guerras, dos tratados e dos acordos de paz, do desrespeito desses acordos e tratados que dá origem a novas guerras e, assim, sucessivamente, não é o ensino da realidade histórica dos factos e dos acontecimentos que moldaram a evolução das condições de vivência do ser humano na superfície da Terra. Com efeito, as revoluções pacíficas, designadamente a Revolução Neolítica (6000 a 5000 a. C.), a Revolução Mecânica (1770-1800), a Revolução Eléctrica (1870-1900) e a Revolução Mecatrónica 1970-

-2000) contribuíram mais do que todas as guerras juntas para o desenvolvimento económico e social e para o progresso da humanidade.

As guerras têm, pois, um efeito destrutivo e não construtivo. A sua preparação e o seu desenvolvimento exigem avultados recursos financeiros, materiais e humanos, mobilizam as camadas jovens da população para o combate e traduzem-se sempre na perda e destruição de recursos humanos e materiais necessários para promover e impulsionar o desenvolvimento económico e social, atrasando, assim, o processo de evolução natural das sociedades politicamente organizadas e, consequentemente, da própria comunidade internacional. As guerras deixam sempre um rasto de destruição das estruturas produtivas, de diminuição significativa da mão-de--obra em idade de plena força de trabalho e de miséria e fome nas camadas populacionais mais desfavorecidas. São, pois, um flagelo económico e social que urge prevenir e evitar. E o processo mais adequado e eficaz para prevenir a ocorrência e desenvolvimento de situações conflituosas e a degeneração destas em conflitos armados é dar a conhecer a todos os seres humanos o carácter devastador das guerras e transmitir-lhes que o progresso e o desenvolvimento dos povos e das comunidades em que se integram é o resultado de relações cordiais, harmoniosas e pacíficas, entre as pessoas, entre os grupos e entre as instituições, e não da existência de relações conflituosas. Daí a importância da educação, do ensino/aprendizagem, na preparação das crianças, dos jovens e dos adultos para compreenderem a necessidade de construir os fundamentos e os alicerces em que assenta a paz de cada um e a paz de todos, a fim de que o direito a viver em paz deixe de ser um objectivo e seja uma realidade efectiva, duradoira e indestrutível.

Com uma educação que privilegie o ensino dos valores éticos e morais subjacentes aos princípios da dignidade, da liberdade, da igualdade, da solidariedade e da responsabilidade, é possível construir um mundo de convivência pacífica; um mundo em que o ser humano seja respeitado como um ser único, individual, mas também como parte integrante da humanidade; um mundo em que o direito à liberdade de cada um e o direito à igualdade de todos no acesso aos benefícios que decorrem da vivência em sociedades politicamente organizadas sejam efectivamente assegurados e respeitados; um mundo em que a solidariedade de todos e a responsabilidade de cada um derrubem os muros erigidos (e que se continuam a erigir) para separar os homens e coarctar o exercício dos seus direitos e liberdades, e acabem definitivamente com todas as espécies de discriminação; um mundo de paz para todos e de todos.

Educar para a paz é educar para o progresso e para o desenvolvimento económico, social e cultural harmonioso; é educar para a compreensão e para a tolerância; é educar para o respeito dos direitos do homem e das liberdades fundamentais; é, em suma, o caminho mais seguro para construir a paz mundial.

Bibliografia

ADADEVOH, KWaku – «Restaurer la Paix dans l'Esprit des Enfants» in: *La Guerre et La Paix*, Paris, UNESCO, 1980.

AMSTUTZ, Mark R. – *International Conflict and Cooperation. An Introduction to World Politics*, Chicago, Brown and Benchmark, 1995.

BURTON, John W. – *Peace Theory, Precondition of Disarmament*, New York, Knoph, 1962.

CHOPRA, Jarat – *The Politics of Peace Maintenance*, Boulder (Col.), Lynne Rienner, 1998.

DAVID, Charles Philippe – *A Guerra e a Paz: Abordagens Contemporâneas da Segurança e da Estratégia*, Lisboa, Instituto Piaget, 2001.

GIROU, François – «Exemplaire Costa Rica», in: *La Guerre ou la Paix*, Paris, UNESCO, 1980, pp. 197-198.

LANGLOIS, Isabelle – «Droits de l'Homme: Conjuncture 2006-2007», in: *L'État du Monde*, Paris, La Découverte, 2008.

MENUHIN-HAUSER, Hephzibah – «Se Batre pour la Paix», in: *La Guerre ou La Paix*, Paris, UNESCO, 1980.

ODUBER, Daniel – «Um Seul Recours: La Connaissence», in: *La Guerre ou la Paix*, Paris, UNESCO, 1980.

RENNER, Michael – «Ending Violent Conflict», in: *Stat of the World 1999*, Washington, World-Watch Institute, 1999, pp. 150-157.

VISINE, François – *De la Paix*, Paris, La Pensée Universelle, 1972.

UNESCO – «*Da Natureza dos Conflitos*», Paris, 1957.

– «*La Guerre ou la Paix*», Paris, 1980.

"*L'État du Monde*", Éditions la Découvert, Paris, 2008.

Que nova NOEI?

António Romão[*]

Nota Prévia

Resolvi abordar este tema para prestar uma homenagem adicional ao Adelino Torres, pois sei que corresponde a preocupações suas, aliás bastas vezes abordado em escritos seus nos últimos anos.

As nossas preocupações científicas e sociais sobrepõem-se parcialmente, salvaguardando cada um, como é inerente à vida académica, a sua própria autonomia de pensamento e de acção. Só assim podemos concretizar a nossa missão universitária. Só assim pudemos conviver ao longo das últimas décadas, reforçando a nossa amizade e respeito mútuos.

Introdução

Ao abordar este tema estou consciente de poder despertar, em alguns, sentimentos de nostalgia ou de revivalismo. Nada de mais errado.

Vou, efectivamente, recuperar uma expressão "NOEI", que foi contextualizada e datada, mas que, do meu ponto de vista, ultrapassado esse contexto histórico, faz hoje todo o sentido ser tratada com o conteúdo que lhe pretendo dar neste texto.

---

[*] ISEG-UTL; romao@iseg.utl.pt

A expressão Nova Ordem Económica Internacional (NOEI) foi lançada no início dos anos 70 do século passado, há portanto cerca de quarenta anos, num quadro histórico em que predominavam as questões decorrentes das descolonizações, os países produtores de petróleo passaram a controlar grande parte dos seus próprios recursos, o aumento dos preços do petróleo permitiu--lhes um poder reivindicativo internacional como até aí não tinham tido. Todo este quadro, com a criação da CNUCED já em 1964, *forum* de discussão e de assistência técnica, mas com impacto político necessariamente, a par do ambiente internacional então vivido, permitiu que fortes intenções revolucionárias dominassem a agenda política. Forma-se uma vasta coligação dos países então designados do Terceiro Mundo que reivindica uma mudança radical nas regras económicas internacionais, que essencialmente tinham surgido ou se tinham reafirmado com o fim da 2ª Guerra Mundial.

É neste quadro que a Assembleia Geral das Nações Unidas adopta em 1974 a Declaração relativa à instauração de uma NOEI. Esta Declaração proclamava vários princípios, em particular, o "direito de cada país adoptar o sistema económico e social que julga melhor adaptado ao seu próprio desenvolvimento" e "a soberania permanente e integral de cada estado sobre os seus recursos naturais e sobre todas as actividades económicas". Era o produto do quadro histórico em que se vivia, mas era também o tempo das proclamações generosas e das realizações reduzidas. Foi assim que as negociações, visando concretizar os princípios proclamados, duraram anos e anos até ser reconhecido o seu falhanço, em particular na Cimeira Norte – Sul de Cancun em 1981.

Estávamos, então, já no início de uma nova fase na Ordem Internacional. Os anos 80 e 90 corresponderam às décadas do triunfo da visão e dos princípios liberais na estrutura e na gestão da economia, da implosão da URSS e do início (1978) e desenvolvimento das reformas económicas na China.

Todo este quadro alteraria por completo o ambiente político e económico vivido nas duas décadas anteriores (anos 60 e 70) e, consequentemente, os temas em agenda, as posições relativas dos diferentes agentes políticos e económicos e as perspectivas de desenvolvimento para a economia mundial, nas suas dimensões regional e global.

Se não faz sentido, hoje, recuperar a "NOEI" com o enquadramento que em traços gerais registámos, faz todo o sentido, do meu ponto de vista, pensar no que designo por uma "NOVA NOEI", tanto mais que ela está a ser construída todos os dias, mas de que só temos notícias de tempos a tempos quando algo de mais "perturbador" chega ao nosso conhecimento, seja por uma simples informação, seja pelo produto de uma reflexão mais elaborada.

Tenho bem presente as discussões entre os economistas sobre a terminologia do "Internacional", do "Transnacional", do "Multinacional", do "Mundial" e do "Global". Não pretendo abordar esta problemática neste texto. Por isso retenho a velha designação de "NOEI", com consciência de que a realidade envolvente mudou e que o conceito de "Internacional" tem hoje limitações que naquele tempo não teria ou não eram tão evidentes.

É neste contexto que me proponho alinhavar algumas notas sobre o que poderá ser uma "NOVA NOEI", a partir de três elementos essenciais, a saber:

- o processo de globalização em curso, enquanto fase actual de desenvolvimento do capitalismo;
- a crise actual que começou por afectar os EUA, com o fenómeno do "subprime" e que degenerou numa crise financeira, económica e social em quase todo o Mundo;
- a posição de crescente poder económico e político das chamadas economias emergentes (e dos BRIC, em particular) e a tentativa de criar um embrião de governação mundial a partir do G20, embora com muitas reservas e contradições entre os (e dos) seus membros.

O processo de globalização

1. Para a criação de condições objectivas visando uma (re)formulação da Ordem Económica Internacional saída do pós--2ª Guerra Mundial tem sido decisivo o processo de globalização que marca a actual fase da história do capitalismo.

O conceito de globalização, que é amplo, será aqui reduzido essencialmente às suas dimensões económica e financeira ou a domínios com repercussões nestas duas áreas.

A globalização começa por ser um *termo* que surge nos anos 60 e que se vai densificando, tornando-se num *conceito* mais presente nas nossas leituras e reflexões a partir dos anos 80[1], com o acentuar do processo de liberalização económica e sobretudo financeira – e a consequente prevalência do Mercado face ao Estado, como se fossem totalmente antagónicos! – e o extraordinário acelerar das mudanças operadas nas tecnologias de informação, comunicação e de processo.

Vejam-se no QUADRO ANEXO alguns elementos que ilustram muitas das mutações operadas.

Dos elementos apresentados podemos constatar que:

– enquanto o PIB mundial entre 1982 e 2008 cresceu, a preços correntes, de cinco vezes, as exportações totais multiplicaram por 8,34 e só as de mercadorias por 8,0; se tomarmos um período maior (1948-1997), o crescimento real anual do PIB foi de 3,7%, tendo-se multiplicado por 6, mas o das exportações de mercadorias foi de 6,0% e multiplicou-se por 17. O crescimento do comércio ultrapassou largamente o da produção mundial;

– o peso crescente das empresas transnacionais (ETN) na actividade económica global – as vendas das suas filiais multiplicaram-se por 12 entre 1982 e 2008, as suas exportações por 10,5 e corresponderam a 11% do PIB mundial em 2008 (5,3% em 1982), os seus activos multiplicaram-se de 34,26 vezes e o emprego é 4 vezes superior em 2008 face a 1982;

---

[1] Sem atender às diversas posições que têm sido referidas, desde as que apontam o "início" da globalização com os Descobrimentos portugueses!... Não é nesse registo que nos queremos situar. Sobre este assunto ver a boa síntese apresentada por V. Magriço, no cap. 1 de "Alianças internacionais das empresas portuguesas num contexto de globalização tecno-económica", Tese de Doutoramento, ISEG, Lisboa, 2000.

- o investimento directo estrangeiro (IDE) atingiu níveis de crescimento e em valor absoluto que traduzem bem o acentuar do processo de globalização, não só em termos de deslocalização de actividades globais, como de partes do processo produtivo, isto é, o acentuar da divisão internacional do processo produtivo (DIPP), face à tradicional divisão internacional do trabalho (DIT).
Em termos de fluxos (entradas) o IDE passou de 58 para 1697 mil milhões de USD entre 1982 e 2008, i.e., multiplicaram-se por 29. Neste último ano estes fluxos correspondem a 141,4 mil milhões de USD por mês (cerca de ¾ do PIB português) e a 4,71 mil milhões por dia. Entre 1973 e 1996 estes fluxos cresceram a uma taxa média anual de 12,9% e o stock de IDE (o que é mais significativo) cresceu a uma taxa de 13,8% ao ano e passou de 790 para 14909 mil milhões de USD, i.e., multiplicou-se de 18,9 vezes;
- no final do século 20 os fluxos financeiros são 40 vezes superiores aos fluxos comerciais e o volume das transacções em bolsa (investimento de carteira) correspondia, em 2007, a 1,3 mil milhões de USD/dia, o que é um valor 65 vezes superior ao do comércio mundial;
- dois indicadores chegam para pôr em evidência o acentuar das desigualdades internas e externas aos países.
Nos países desenvolvidos a parte do PIB que ia para o Trabalho era, em 1980, de 68%; vinte e cinco anos depois (2005) era somente de 61%. Nas relações entre países, constatamos que em 2005/6 o rendimento de 20% da população mundial que vivia nos países mais ricos era 75 vezes superior ao rendimento dos 20% que viviam nos países mais pobres (em 1960 esta relação era de 1 para 30), de acordo com o Doc. n.º 11366 da Assembleia Parlamentar do Conselho da Europa de 9 de Agosto de 2007.

2. O processo de globalização acentuou os ritmos dos fluxos comerciais e de investimentos e, nestes, os fluxos de curto prazo

(transaccionados em bolsa) assumiram um peso crescente. Acentuou-se a financeirização da economia, a par do crescimento abissal da esfera da troca face á esfera produtiva. Tudo isto foi acompanhado por um acentuar das desigualdades na repartição do rendimento nos países desenvolvidos em benefício do factor Capital e por uma crescente assimetria entre os rendimentos dos que vivem nos países mais desenvolvidos face aos que vivem nos países mais pobres.

A crise

3. Com o processo de globalização em fundo, com os seus pressupostos ideológicos e políticos de carácter liberal, assistimos, desde 2007, ao início de mais uma crise, que não é uma mera recessão, característica do capitalismo.

A crise actual que se iniciou nos EUA resulta, no essencial, de três elementos básicos:

– da natureza intrínseca ao funcionamento do sistema de economia de mercado;
– da crescente financeirização da economia global;
– de falhas acrescidas pela acção e/ou omissão de agentes políticos, económicos e financeiros – públicos e privados – num quadro em que o pensamento e a condução política são dominados pela perspectiva liberal.

Estas três dimensões estão, obviamente, ligadas entre si. O crescente peso da actividade financeira é hoje uma realidade que pode ser ilustrada através de alguns números elucidativos, para além dos que constam no Quadro Anexo e já referidos.

Wall Street empregava em Setembro de 2008 directa e indirectamente cerca de 320 mil pessoas, o que representava cerca de 5% do empregos da "Grande New York", mas 25% dos salários e 10% dos impostos cobrados. Esta praça financeira representava um pouco mais de 6% da economia norte-americana. Por seu lado, a City londrina empregava cerca de 290 mil pessoas, representava cerca de 14% dos salários londrinos e a sua actividade correspondia a cerca de 10% do PIB do Reino Unido[2].

O valor dos activos financeiros mundiais atingiu, em 2007, cerca de 196500 mil milhões de USD, o que traduz um aumento de 18% face ao ano anterior e representa 359% do PIB mundial[3].

Esta importância crescente das actividades financeiras acentuou, em simultâneo, as suas vulnerabilidades, tanto mais que a "criatividade" neste domínio foi particularmente "fecunda". J. Ferreira do Amaral[4] (4) cita, por exemplo, que o valor dos contratos de derivados passou de 15% para 20% do PIB mundial entre 2001 e 2007. Em 2005, em período de alguma euforia ainda, o volume de derivados foi 35 vezes o valor das mercadorias e serviços transaccionados e entre 1992 a 2007 este volume passou de 4000 mil milhões para 596000 mil milhões de USD (cerca de 150 vezes mais). São valores astronómicos que nada têm a ver com a realidade substantiva, daí a sua elevada fragilidade.

Eichengreen e Bordo[5], em obra de 2002, identificam 139 crises financeiras entre 1973 e 1997 (sendo 44 em países desenvolvidos), contra 38 crises entre 1945 e 1971. Mesmo sem discutirmos agora de que conceito de crise estamos a falar, há uma realidade incontestável que é – por um lado, a hegemonia do financeiro sobre o económico e a progressiva vulnerabilidade à medida que novos mecanismos "virtuais" são criados e, por outro lado, o agravamento que se tem verificado nas últimas décadas e, particularmente nos últimos anos. É a sucessão de "Bolhas Especulativas", que veio a tornar-se numa das características fundamentais *deste* processo de globalização.

---

[2] Ver "Manière de Voir", n.º 102, Décembre 2008-Janvier 2009.

[3] Ver Carla Costa, "Crises financeiras na economia mundial – reflexões sobre a história recente" Lição, Provas de Agregação ISCSP, Lisboa, 2009, pag. 20.

[4] Ver "Le Monde Diplomatique", Ed. portuguesa, Janeiro de 2009.

[5] Citados por Carla Costa, op.cit., pag 21.

4. A crise actual que começou por ser uma crise de crédito, por incumprimento de pagamentos de créditos de alto risco, rapidamente leva a uma crise bancária, depois financeira, económica e social. Esta sequência tem como base uma crise de modelo económico-social e da gestão que dele foi feita nas últimas décadas. O modelo e a sua gestão estão em crise mas não existe um modelo alternativo de aplicação imediata, o que existe é a necessidade de encontrar uma alternativa por "aproximações sucessivas", "tâtonnements", como refere Immanuel Wallerstein[6].

Subjacente a toda esta instabilidade existe uma Crise Ética e de Valores, que o processo de globalização, a orientação que tomou e as perspectivas dominantes de rentabilização rápida e em montantes crescentes, vieram facilitar.

Como recentemente alguns economistas, oficiais e não oficiais, têm chamado a atenção, a crise, no sentido mais restrito que lhe é atribuído pelas correntes "mainstream", pode ainda não ter sido superada e voltar a fazer sentir-se de novo com grande intensidade nos próximos tempos. Talvez valha a pena, também neste quadro, ter presente a análise de I. Wallerstein inspirada em Fernand Braudel. A sua interpretação vai no sentido de pôr em evidência que a fase que o capitalismo vive actualmente corresponde à fase B do Ciclo de Kondratieff, a qual começou há cerca de 35 anos, após uma fase A, correspondente ao período do imediato pós-2ª guerra e até 1975 (1945-1975), e que foi um período de grande crescimento económico nos EUA e na Europa Ocidental (reconstrução da guerra e recuperação de poder económico).

Na fase A do Ciclo de Kondratieff a reprodução do sistema capitalista é assegurada pelos lucros obtidos na produção industrial ou outra de carácter material, enquanto na fase B o capitalismo, para assegurar o lucro, deve "financeirizar-se" e até refugiar-se na especulação. Se atentarmos bem, foi este o caminho recente do sistema e que levou à crise que se iniciou em 2007 nos EUA.

---

[6] Ver Immanuel Wallerstein, in "Bilan du monde – 2009" edição Le Monde.

Trata-se, na perspectiva deste autor, de uma crise do sistema que, historicamente, foi capaz de produzir mais bens e serviços e mais riqueza, mas também, atentados graves ao ambiente e desigualdades (relativas) sociais e regionais de grande amplitude. A crise verifica-se quando a estabilidade do sistema já não é ou não pode ser assegurada. A saída é encontrar um novo sistema, que não se sabe *à priori* qual é (não há aqui inevitabilidades históricas), que pode ser melhor ou pior do que o sistema capitalista, tal como o conhecemos hoje. As forças em presença nesta crise não são só as defensoras e as adversárias do sistema, mas também entre os agentes ou actores dominantes, com os Estados e as ETN à cabeça, por forma a controlar o evoluir da situação e reencontrar um novo equilíbrio, uma nova estabilidade. É esta nova estabilidade que não tem sido encontrada, e que é difícil encontrar.

Que nova "NOEI"?

5. Vejamos bem as contradições geradas nesta crise e perspectivemos que futuro é expectável.

A crise actual levou, na fase inicial, ao descrédito do pensamento e das propostas de acção política das correntes neoliberais, que vêm dominando nas últimas décadas a gestão política e económica dos Estados e das Organizações Regionais (v.g. EU...) e Internacionais mais relevantes (OMC, FMI, BM, OCDE).

A necessidade de evitar uma situação caótica do ponto de vista económico, social e político, levou à intervenção dos Estados junto do sistema bancário, ao aumento da despesa pública, em particular do investimento público, na perspectiva keynesiana. Passada que foi a fase mais aguda da crise, em finais de 2009/ /início de 2010, começamos a assistir a um recuperar de propostas de acção política e de comportamento empresarial, próximos e próprios da fase anterior à crise (certa recuperação do papel de Organizações como o FMI e de Bancos com práticas pouco éticas, distribuição de bónus generosos a executivos ...).

Como bem assinala Frédéric Lourdon[7], a crise financeira levou à intervenção dos Estados, através de aumentos da despesa pública, os quais, em consequência da redução do nível da actividade económica, viram também reduzidas as suas receitas fiscais, levando ao acentuar dos défices orçamentais e externos. E agora, em particular na EU, vêm as Agências de Rating, parcialmente grandes responsáveis pela criação de condições para o início e desenvolvimento da crise[8], o BCE e as regras adoptadas no Pacto de Estabilidade e Crescimento (PEC), impor aos Estados a adopção de programas que dêem cumprimento àquelas regras e estabeleçam normas de austeridade, salvo para os que mais beneficiaram ou beneficiam com a crise – isto sob a designação semântica de "Mercados"! – Que "Mercados"? Que agentes estão por detrás deste comportamento dos "Mercados"?

Isto é, a crise financeira leva agora à crise das finanças públicas e ao endividamento externo, que se exige que sejam combatidos com recurso a medidas que atingem as classes média e média – baixa, o que pode conduzir a uma grave crise social. E desta à(s) crise(s) política(s) o caminho parece ser curto, sem que isto se possa confundir com uma advertência, mas tão-somente constatar o percorrer de um caminho, que visa recuperar o poder e os poderes conjunturalmente(?) perdidos ou abalados pela crise.

6. Tendo presente as mutações operadas na economia globalizada nas últimas décadas e perante a situação de crise que se tem vivido nos últimos anos, fica claro que as relações de força na economia mundial não têm hoje tradução nem nas Regras nem

---

[7] Em excelente artigo publicado no "Le Monde Diplomatique", Ed. portuguesa de Março de 2010.

[8] Segundo informações veiculadas, discretamente, pela imprensa, o Procurador-Geral do Connecticut (EUA) processou as Agências de Rating Moody's e Standard & Poors por considerar que contribuíram para a crise nos EUA – "as notações de produtos financeiros estruturados estavam corrompidas pelo seu desejo de ganharem retribuições elevadas", acusou o Procurador, segundo o "Diário de Notícias", Suplemento Bolsa, de 12 de Março de 2010.

nas Organizações Internacionais que as gerem. Daí que, em vez do G7 (ou do G8 com a Rússia), passasse a ser o G20[9] a assumir uma potencial maior responsabilidade na gestão da governança mundial.

Mas passado o período imediato de maior sobressalto, e após três reuniões do G20 (Novembro de 2008 nos EUA, Abril de 2009 em Londres e em Setembro do mesmo ano novamente nos EUA), cujas decisões são fortemente marcadas não só por divergências, como indiciadoras de pretender superar a crise recorrendo, no essencial, às mesmas Instituições (v.g. FMI) e com Regras quase inalteradas, é fácil constatar que há um longo caminho a percorrer de forma a dar uma resposta política, económica e socialmente adequada à nova situação criada.

Na realidade, estamos perante um conjunto de factos e de constatações que assinalam que o Mundo é confrontado com a necessidade de uma NOVA NOEI, com o sentido que lhe demos no início deste trabalho.

Resumiria a situação da seguinte forma:

– o processo de globalização operou uma profunda reorganização nas relações de poder a nível económico (e político) no Mundo, com o despontar de novas potências e o (re)afirmar de organizações regionais (v. g. EU, APEC, Mercosul...) ou informais, como o G20, apesar das suas limitações práticas;

– a crise que se iniciou em 2007 nos EUA, alastrou-se a muitos outros países, passou do nível bancário/financeiro ao económico e ao social e pode chegar ao político (veja-se a situação na Grécia no início de 2010);

– o desencadear e o desenvolvimento da crise veio pôr em causa o pensamento e a gestão política e económica de natureza liberal (neoliberal, como é referido com frequência),

---

[9] Inclui. EUA, Japão, Alemanha, Reino Unido, França, Itália, Canadá (G7), Rússia (G8), mais a China, India, Brasil, África do Sul, Indonésia, México, Argentina, Coreia do Sul, Austrália, Arábia Saudita, Turquia e União Europeia.

em que o Mercado assumiu um papel determinante (por vezes quase exclusivo), remetendo o Estado para funções de simples regulação e/ou supletivas. É a fase a que alguns chamam de " fundamentalismo de Mercado "-ver J. Stiglitz (2004), por exemplo-;
- a crise veio também apelar a uma retoma do papel do Estado, de forma a que o sistema financeiro não levasse o caos e o pânico à Sociedade. Esta intervenção do Estado conduziu a aumentos da despesa social pública e do investimento público, o que, acompanhado de uma redução do nível de actividade económica levou à quebra das receitas fiscais e, logo, ao aumento dos défices públicos (orçamentais e da dívida);
- as contradições e as hesitações nos EUA e na EU levaram a que as forças que estiveram na origem da crise recuperassem algum do seu protagonismo e poder e hoje estejam a tentar impor, de novo, as suas Regras. É o caso da chantagem das Agências de Rating, da actuação de Bancos pouco recomendáveis eticamente, da imposição das regras do PEC e do BCE na EU e do FMI e da OMC a nível internacional;
- embora estejamos perante uma crise de carácter global, algumas zonas/países de relevo mundial foram pouco ou nada atingidos. São os casos de alguns dos países do G20. A China teve uma taxa de crescimento real do PIB em 2009 de 8,7%, a India de 5,6%, a Indonésia de 4,5% e o Brasil registou uma estagnação (-0,2%), por oposição aos EUA (-2,4%), Japão (-5%) e EU(-4,2%). Aquele conjunto de economias emergentes vem-se afirmando na economia mundial nos últimos anos. É hoje bem conhecido o acrónimo "BRIC"[10], para designar o Brasil, Rússia, India e China,

---

[10] Criado por Jim O'Neill do Banco Goldman Sachs em 2001, no "Global Economics Paper", n.º 66.

cujo PIB (em PPC) representa hoje já cerca de ¼ do PIB mundial. Mas outras economias emergentes estão a impor-se progressivamente.

A China deixou de ser o que se convencionou designar como "atelier do Mundo", o Brasil o produtor de alimentos mundial e a India o sub-contratado mundial, em particular, a nível dos Serviços.

Hoje são isso e muito mais. Têm indústrias, tecnologias, recursos humanos e naturais (petróleo nos casos da Rússia e do Brasil), mercados internos em crescendo, capacidade de prestar serviços e estão muito para além de simples receptores de IDE e de encomendas das economias mais desenvolvidas;

– A China transformou-se, em 2009, segundo informações recentes e ainda sujeitas a confirmação, na 2ª economia mundial considerando o PIB, no 1.º exportador mundial, no país que maiores reservas cambiais tem a nível mundial, 2273 mil milhões de USD, em Setembro de 2009, no maior credor dos EUA com 764 mil milhões de USD de Títulos do Tesouro norte-americano(Abril de 2009), que há quem fale numa Ordem Económica que poderá ser gerada e gerida por um G2 (EUA e China). Julgo que estamos ainda longe dessa realidade.

Mas há uma **nova realidade** e ela tem tradução numa **NOVA NOEI** em termos de relações de poderes e de regras económicas e políticas a nível mundial.

Ninguém hoje põe em causa a perda de poder *relativo* dos EUA (representavam cerca de 50% do PIB mundial em 1945, hoje representam menos de 25%), e há até autores[11] que se referem à perda de poder *absoluto* dos países da EU, em benefício da deslocação do poder económico para a Ásia, e muito particularmente centrado na China.

---

[11] Por exemplo F. Chesnais no artigo "Anatomia de um colapso" in Le Monde Diplomátique, Ed. portuguesa, Novembro de 2009.

– esta NOVA NOEI está em gestação há alguns anos, já hoje tem tradução na realidade da economia mundial, nas relações de poder a nível do Globo, embora ainda não tenha tradução institucional nas Organizações e Normas que regem a vida económica mundial, em particular, traduzindo o poder relativo das novas economias emergentes no FMI, no Banco Mundial e na OMC. Na reorganização em curso estão em causa, sobretudo, os interesses das economias emergentes, o que significa que serão sacrificados os interesses dos países menos desenvolvidos. Mas as economias, tal como as sociedades, são dinâmicas.

E como diz Jacques Sapir, "não são as regras que criam a sociedade, mas a sociedade, porque implica a densidade, que as torna necessárias"[12].

As mudanças em curso ultrapassam em muito a dimensão económica. Elas situam-se no domínio da Geoeconomia, da Geopolítica e da Geoestratégia.

Lisboa, Março de 2010

---

[12] M. Godelier citado por J. Sapir, in "Que economia para o século XXI", Instituto Piaget, Lisboa, 2007, pag. 416.

Quadro anexo

	1982	**2008**
– PIB mundial (a)	11.963	60.780
– Exportações de Mercad. e Serv. (a)	2.395	19.990
– Exportações de Mercadorias (a)	1.838(1983)	15.713
– Taxa Cresc. real do PIB de 1948 a 1997 foi de 3.7%/ano (multiplicou por 6)		
– O PIB industrial entre 1948-1997 (multiplicou por 8)		
– Taxa Cresc. real das Export Merc de 1948-1997 foi de 6%/ano (multiplicou por 17)		
– Exportações industriais multiplicaram por 30 de 1948-1997		
	1982	**2008**
– Vendas das filiais de ETN (a) (multiplicou por 11,98)	2.530	30.311
– Export. de filiais de ETN(a) (multiplicou por 10,49)	635	6.664
– Produto bruto de filiais de ETN (a) (multiplicou por 9.66)	623	6.020
– Activos detidos por filiais de ETN(a) (multiplicou por 34,26)	2.036	69.771
– Emprego em filiais de ETN (em milhares) (multiplicou por3,89)	19.864	77.383
– IDE–Fluxos (entradas – (a)) (multiplicou por 29,3)	58	1.697
– IDE–Fluxos (entradas – (a)) de 1973-1996 cresceu a 12,9%/ano – passou de 21.5 para 350 mil milhões de $		
– IDE–Stock (a) (multiplicou por 18,9)	790	14.909
– IDE–Stock) de 1973-1996 cresceu a 13,8%/ano de 165 para 3.205 mil milhões de $		
– Rendimentos de IDE-entradas – (a)	44	1.171

(a) em mil milhões de $ – preços correntes

Fonte: World Investment Report, UNCTAD,2009
World Trade Organization, Annual Report,1998
World Trade Organization, International Trade Statistics, 2009

– Inv.º Carteira(Transacções em Bolsa) 1,3m.m. $/dia, i.e. 65 vezes mais do que o Comércio Internacional

Fonte: Doc. A.P.C.E., n.º 11366 de 9 de Agosto de 2007

– Migrações Internacionais – stock de Imigrantes (em milhões) em:
                1960   1990   2005   2010*
                77,1   156,5 195,2 213,9

  * previsão

– Remessas de Emigrantes (entradas) em 2007 — 370 mil milhões de $

Fonte: UNDP, Relatório de Desenvolvimento Humano, 2009

Referências

ADDA, Jacques (1997) – A Mundialização da Economia, 2 volumes, Terramar, Lisboa,

AMARAL, J. Ferreira – "A crise e o futuro" art. in Le Monde Diplomatique, ed. portuguesa, Janeiro de 2009

CHESNAIS, François – "Anatomia de um colapso", art. in Le Monde Diplomatique, ed. portuguesa, Novembro de 2009

CORDELLIER, Serge (Org.) (1988) –A Globalização para lá dos mitos, Editorial Bizâncio, Lisboa

COSTA, G. Carla, – "Crises financeiras na economia mundial – reflexões sobre a história recente" Lição – Síntese, Provas de Agregação, ISCSP, Lisboa, 2009

FONTANEL, Jacques (2007) – A globalização em "análise" – geoeconomia e estratégia dos actores, Instituto Piaget, Lisboa

GRAZ, Jean-Christophe (2004) – La gouvernance de la mondialisation, La Découverte, Paris

LOURDON, Frédéric – "A urgência do contrachoque" art. in Le Monde Diplomatique, ed. portuguesa, Março de 2010

MAGRIÇO, Vitor (2000) – "Alianças internacionais das empresas portuguesas num contexto de globalização tecno-económica", Tese de Doutoramento, ISEG, Lisboa

SAPIR, Jacques (2007) – Que economia para o século XXI, Instituto Piaget, Lisboa

STIGLITZ, Joseph (2004) – Globalização – a grande desilusão, Terramar (3ª edição) Lisboa (2007) – Tornar eficaz a Globalização, Edições Asa, (1ª edição) Lisboa.

WALLERSTEIN, Immanuel, entrevista in "Le Bilan du Monde – 2009" Le Monde, Paris

Les intellectuels, le M. P. L. A. et la libération nationale en Angola, 1973-1977

*Daniel dos Santos**

À Adelino Torres, ainsi qu'aux autres intellectuels organiques,
dont Viriato da Cruz, Gentil Viana, Mário de Andrade,
Joaquim Pinto de Andrade, Fernando Paiva et Julieta Gandra

> *As coisas não são como são*
> *mas o que delas se faz*
> *por isso o poema é possível*
> ADELINO TORRES[1]

> *Les idéologies sont mystificatrices: elles masquent la vie, l'expérience même et l'infinie variété des formes réelles et possibles, la genèse constante qu'implique le fait d'être ici et là...*
> JEAN DUVIGNAUD[2]

Comment dire l'intellectuel? Les narratives possibles sont nombreuses. La nôtre n'est qu'une des façons de le raconter ou de l'imaginer. Un individu, un être, une personne ayant des qualifications et compétences dans des champs qui concernent et intéressent une communauté à un moment déterminé de son his-

---

* Université d'Ottawa; ddsantos@rogers.com
[1] Adelino Torres, 2008: 33.
[2] Jean Duvignaud, 1999: 56.

toire. Ces qualifications et compétences reposent sur des connaissances et expériences accumulées durant sa trajectoire de vie, sur un savoir-faire résultant d'un travail de l'esprit envisagé comme un ensemble de facultés qui permet d'acquérir une conscience particulière et singulière des choses et des phénomènes. Or, cet être cesserait d'être un intellectuel, s'il était incapable d'intervenir dans la *sphère publique*. Aussi, se doit-il de prendre publiquement position sur des questions qui assaillent la communauté dans laquelle il s'insère, que ce soit pour les soutenir ou les contester.

La prise de position se traduit par une action publique positive si la connaissance et le savoir ont pour objectif une *cause juste*, celle de la résolution des problèmes dans l'intérêt de tous les membres de la communauté. L'intellectuel, comme citoyen, se doit de faire le lien entre sa pensée et son action.

Dans toute société, les intellectuels sont souvent appelés à jouer des rôles importants, soit pour construire l'idéologie dominante qui permet de revendiquer le *consensus*, cette sorte de système de justification et de cohérence dont les blocs historiques[3] ont besoin afin de consolider leur pouvoir culturel, politique et économique, soit pour la contester, en participant à l'organisation d'une certaine conscience collective[4] de la réalité quotidienne.

Ce dernier rôle constitue leur tâche primordiale et suppose le renversement du premier – celui des «clercs» des pouvoirs institués[5] – où l'on cherche d'abord à obtenir *la servitude volontaire*

---

[3] Hugues Portelli, 1978.

[4] Alors que le *consensus* demeure une illusion, car il aboutit à une plus grande aliénation, la *conscience* se réfère à l'éveil aux réalités concrètes, à la recherche de moyens et de procédures permettant d'initier un débat et d'aboutir à une décision négociée. Pour cela, on doit rechercher activement l'assentiment et la participation la plus large des citoyens, déployer des efforts pour dépasser les oppositions et construire le bien commun de tous, comme condition de tout changement social durable et démocratique.

[5] «La démission des clercs», comme l'a intitulé Alain Caillé, n'a rien à voir avec la position de Julien Benda. Il nous rappelle d'entrée de jeu qu'elle se définit par les «modes de conceptualisation dominants dans les sciences sociales qui les

selon l'expression d'Étienne de la Boétie[6]. La tâche fondamentale et concernée de ces «clercs» est de servir de caution morale et justificatrice de la reproduction sociale dans le but délibéré de protéger leurs propres intérêts. Indépendamment des régimes politiques, ces «clercs» cessent d'être des intellectuels pour devenir des idéologues, des fonctionnaires des appareils de domination et de soumission. Leur fonction se dévoile davantage lorsque leurs discours s'épuisent et qu'ils deviennent partie intégrante des institutions-appareils. C'est alors que le recours à la violence répressive prend le relais et donne lieu à une *servitude involontaire*, forcée ou aliénée».

Dans le deuxième rôle, les intellectuels s'inscrivent plutôt dans une structure sociale déterminée, et non dans un processus historique. Or, comme ils ne possèdent plus une «*vérité scientifique absolue*», mais une multitude de possibilités de vérité, ils passent ainsi du rôle de *législateur* à celui d'*interprète* selon Bauman[7]. Ils deviennent avant tout des *traducteurs* de ces vérités/réalités multiples, des négociateurs et médiateurs plutôt que des idéologues, rompant avec à ce qui est établi. Nous faisons nôtre la position d'Umberto Eco sur la traduction:

> «La *fidélité* manifeste des traductions n'est pas le critère qui garantit l'acceptabilité de la traduction. La fidélité est plutôt la conviction que la traduction est toujours possible si le texte source [*la vérité/réalité pour l'intellectuel*] a été interprété avec une complicité passionnée, c'est l'engagement à identifier ce

---

[*intellectuels*] conduisent progressivement à se désintéresser et à se retirer d'à peu près tous les débats importants de l'époque ». Caillé avance que les intellectuels doivent plutôt «agir en jouant leur rôle d'éclaireurs et d'éveilleurs de la conscience collective, ayant charge de dire le possible et le souhaitable», Alain Caillé, 1993: 7.

[6] Pour de la Boétie (1530-1563), ami de Montaigne, le pouvoir s'exprime dans les rapports *maître/esclave* et repose sur une obéissance volontaire de la part des «victimes» par peur, par complaisance, etc. Étienne de la Boétie, 1576/1995.

[7] Zygmunt Bauman, 2007.

qu'est pour nous **le sens profond du texte, et l'aptitude à négocier à chaque instant la solution qui nous semble la plus juste** [*souligné par nous*]. Si vous consultez n'importe quel dictionnaire italien, vous verrez que, parmi les synonymes de *fidélité*, il n'y a pas le mot *exactitude*. Il y a plutôt *loyauté, honnêteté, respect, piété*»[8].

Il faut alors que les intellectuels se situent dans l'espace public conçu comme un espace de débat et d'action,

«le domaine, historiquement constitué, de la controverse démocratique et le ressort d'une éthique procédurale de *l'agir communicationnel* dont l'enjeu est... l'élaboration d'un accord fondé sur un *usage libre et public de la raison*»[9].

Il s'agit d'imaginer et de construire des lieux de rencontre des pluralités, des altérités et des identités qui se meuvent et peuplent les sociétés. Aucune d'entre elles n'est figée dans le temps et dans l'espace. Cette rencontre dans l'espace public est marquée par la différence, le différend et l'égalité; elle vise non seulement à réduire les inégalités, mais aussi à s'opposer à l'imposition de la domination à sens unique et du pouvoir homogénéisant.

Le travail de ces intellectuels consiste alors à étudier et éclaircir les rapports sociaux, ainsi qu'à mobiliser culturellement et politiquement les citoyens, les groupes, les classes sociales et les institutions qui subissent la domination et l'oppression, des groupes que Gramsci appelait «fondamentaux» par rapport à une structure sociale déterminée et une période donnée[10]. Pour mener ce travail, les intellectuelles bâtissent moultes et multiples espaces publics en vue de définir collectivement les droits (principe de l'égalité) et les aspirations (le différent et le différend) des

---

[8] Umberto Eco, 2006: 435.
[9] Isaac Joseph, 1998: 12, en se référant à Jürgen Habermas.
[10] Hugues Portelli, 1978: 95.

groupes fondamentaux, de débattre ouvertement les problèmes qui les unissent ou les séparent et d'engager l'action publique commune, c'est-à-dire créer des modes de résolution démocratiques qui placent tous les acteurs sur le même plan, en incluant, dans cette *agora*, ceux qui dominent et oppressent. En somme, il s'agit de revendiquer et reprendre les droits citoyens, de transformer les droits civils et les droits humains en réalités concrètes, et de les exercer dans l'espace public sans marginaliser qui que ce soit. On ne peut pas concevoir la suprématie des droits individuels sur les droits collectifs sans produire des inégalités et des injustices. L'espace public devient un lieu de négociation démocratique, un moyen permanent de légitimation des compromis, de l'harmonisation des droits individuels et collectifs, et non une finalité en soi. Concept réflexif, la démocratie est toujours en mouvement perpétuel, car elle est le résultat de l'aboutissement de compromis entre les acteurs intervenant dans l'espace public. Les compromis constituent un engagement de leur part vers des changements et des compromis nouveaux et meilleurs.

Or, pour ce faire, les intellectuels doivent non seulement être conscients eux-mêmes qu'ils ne sont plus les *législateurs* d'antan, puisqu'ils ne possèdent guère la seule vérité et la solution unique, mais qu'ils participent auprès et avec ces groupes à la formulation et la mise en œuvre du changement, lequel n'est pas du ressort exclusif d'une avant-garde éclairée et élitiste qui se croit toujours, par sa profonde arrogance et domination, dépositaire de la véritable et bonne connaissance. Telle est la position des «clercs». Les intellectuels se définissent comme citoyens à part entière d'une communauté de différents[11], et non pas membre d'un État ou d'un parti. Au lieu de dicter le chemin à suivre à leurs concitoyens, aux groupes et aux classes sociales désireux de

---

[11] Cela signifie qu'elle est définie par l'altérité et non pas par l'identité, celle-ci menant à l'homogénéisation, forcément réductrice des droits à l'égalité, et mettant en cause la démocratie. Roberto Esposito, 2000a et 2000b.

rompre avec le monde inégalitaire qui les enferme et qui est considéré comme étant «naturel», ils feraient mieux de proposer des solutions possibles et de participer à la réalisation des changements porteurs d'espoirs de jours meilleurs.

Par rapport à notre sujet, ce changement concerne surtout l'aspiration de certains groupes et classes dans la société coloniale en Angola, qui trouvent leurs racines dans la colonisation portugaise. C'est donc par rapport à celle-ci et par rapport à la définition du territoire géographique ainsi que des nations et populations existantes dans cet espace que la domination coloniale crée une identité coloniale imaginaire qu'était l'Angola. Partant de cette rencontre, des catégories sociales spécifiques – la bourgeoisie métropolitaine, la bourgeoisie coloniale divisée entre celle de la côte et celle de l'intérieur de la colonie[12], les nations africaines qui précèdent «l'Angola», une nouvelle petite bourgeoisie «angolaise» composée de noirs, blancs et métis – se produisent et interagissent entre elles. À ces catégories, on pourrait ajouter les paysanneries africaines qui, face à l'expropriation, à l'esclavage, au travail forcé gratuit, remplissaient un rôle important et complémentaire dans la production agricole des propriétés latifundiaires coloniales; et finalement la faible et tardive «prolétarisation» des travailleurs africains, surtout après la Seconde Guerre mondiale. L'administration coloniale de l'Angola faisait aussi progressivement appel aux Autochtones, ainsi qu'aux autorités dites traditionnelles africaines comme médiatrices de certains rapports entre le monde du colonisateur et celui du colonisé. Toutes ces catégories, sauf la bourgeoisie métropolitaine, revendiquaient parallèlement ce qu'elles se sont mises à imaginer comme nation et État indépendant possibles.

Cette situation est issue d'une prise de conscience collective et objective, parfois violente, du sort réservé à ces groupes et classes sociales dans le régime colonial du XVe au XXe siècle.

---

[12] Adelino Torres, 1989 et 1997.

Cependant, un problème demeure, à savoir la structure mentale coloniale partagée entre le mercantilisme et le libéralisme, ses valeurs, ses catégories analytiques et ses modes de raisonnement, par exemple *le tribalisme politique*,[13] les modèles de développement économique, les conflits créés entre la bourgeoisie métropolitaine et la bourgeoisie coloniale, les formes et les contenus de l'urbanisation, etc.

Tant que ce lien primordial entre la nécessité de changement (*structure*) et la conscience des dominés (*superstructure*) n'est pas concrétisé, les actions publiques en vue de la réalisation de cette revendication, au niveau *local* des anciens royaumes et États et au niveau *global* de l'Angola, laissent des marges de manœuvre importantes à leur manipulation non seulement par l'État colonial et la puissance métropolitaine, mais aussi par les différents groupes et classes locaux. Il convient, en conséquence, d'étudier les positions et les conditions des forces engagées dans la situation coloniale, en mettant en relief la relation dialectique entre les valeurs professées et les pratiques sociales et politiques de ces acteurs. D'une certaine façon, l'analyse porte davantage sur les actions publiques que sur les discours et les déclarations, de façon à éviter de tomber dans une rhétorique qui peut conduire au prolongement des mythes et de la reproduction des structures.

Pour analyser le rôle des intellectuels dans la construction du lien entre le changement que représente la lutte de libération nationale en Angola, construction imaginaire de la *nation*[14], et la constitution d'une conscience collective des populations qui l'habitaient, nous avons choisi un moment particulier de la vie politique du MPLA, mouvement/parti, qui est au pouvoir depuis l'indépendance en 1975. Entre 1973 et 1977, les intellectuels angolais participant à la lutte à l'intérieur du MPLA devaient accomplir la symbiose entre la connaissance populaire – le «sens commun»

---

[13] António Custódio Gonçalves, 1999: 161-171.
[14] Benedict Anderson, 2002.

du peuple[15] – et leur propre connaissance de la lutte de libération et de l'Angola coloniale. En outre, leur engagement politique autour de la construction de la «nation angolaise», et par conséquent de la formation d'un «État angolais», devait tenir compte de la condition et de la situation sociales des citoyens, groupes et classes dominées et opprimées, sans discrimination quelconque eu égard au projet de nation et d'État, en tenant compte de tout ce qu'elles possèdent ou expriment de nouveau[16].

Pour ces intellectuels, la question de leur place et fonction dans la structure sociale nationale à venir ou à construire, et non pas de leur situation dans le processus historique colonial qui les reliait aux classes et groupes sociaux *«en voie de disparition»*[17] était essentielle. Leur rôle dans cette lutte était d'avancer des propositions démocratiques qui permettraient aux Angolais, indépendamment de leurs valeurs spécifiques, de partager le bien commun. Dans ce contexte de la lutte de libération nationale, le travail des intellectuels serait d'éclairer, d'éduquer et de mobiliser leurs concitoyens. Ce rôle était, en quelque sorte, une médiation

---

[15] Dans la mesure où l'Angola, en tant que «nation», est une construction imaginaire puisant ses sources dans l'histoire de multiples nations africaines et dans leur rencontre coloniale, son peuple ne peut pas se réduire à une identité mythique, ignorant non seulement la réalité sociale et économique, mais aussi culturelle. L'identité authentique ou pure n'existe pas, et au-delà des races, le métissage ou l'hybridisme culturel serait probablement plus en mesure de nous aider à voir plus clair. En tout cas, le débat n'est pas propre à l'Angola; à l'époque de la mondialisation, il fait rage partout. À titre d'exemple, nous ne citons que quelques auteurs qui nous semblent importants, dont Zygmunt Bauman, 2010; Jean-Luc Nancy, 2010; Peter Burke, 2009; Robert J. C. Young, 1995/2005; Jean-Loup Amselle, 2001; Jean-Loup Amselle, 1990/1999; Jean-Loup Amselle et Elikia M'Bokolo, 1985/1999;

[16] Cette tâche n'était pas uniquement celle des intellectuels au sein du MPLA, mais de tous les intellectuels *organiques* aux classes et groupes angolais dominés, qui «imaginaient» la nation angolaise à venir.

[17] Par «en voie de disparition», nous entendons les groupes et les classes sociales tournées vers le passé.

entre l'étude de cette réalité et la prise de conscience collective, condition préalable du passage à l'action publique.

Les intellectuels ne pouvaient effectuer ce lien qu'en étant *organiques* aux *damnés de la terre* angolaise, en se distinguant des intellectuels *traditionnels* (les futurs «clercs»), trop pressés à justifier des appareils «nouveaux» qui étaient et sont la copie conforme de la continuité du processus historique colonial. Nous distinguons cette continuité de ce qui ce qui fut l'apport de la rencontre entre le monde portugais et le monde africain en Angola comme le rappelle si bien Viriato da Cruz:

> «Les peuples colonisés ne peuvent pas se satisfaire de *l'honneur* de voir adopter par les colonisateurs tel ou tel élément de leur culture. Il est indispensable et plus important de savoir aussi si le peuple colonisé a la possibilité de prendre dans la culture du colonisateur ce qui l'intéresse, quand et comme cela lui convient, pour l'utiliser en accord avec ses propres nécessités»[18].

Cette fonction *organique* était essentielle à la formation des maillons centraux de la chaîne qui unirait la structure sociale à la superstructure, c'est-à-dire celle d'un nouveau bloc historique porteur du changement véritable. Elle était une condition importante de la construction d'une hégémonie démocratique, fondée sur l'hospitalité et l'amitié, qui ne saurait être réalisée sans l'organisation préalable d'une conscience collective capable de créer le trait d'union de la solidarité entre la condition sociale de futurs citoyens angolais, sans marginaliser et exclure quiconque, et la nation imaginée. Autrement, l'indépendance de l'Angola signifierait la prise du pouvoir par l'imposition d'un consensus fabriqué par la société politique, au détriment de possibles sociétés civiles à bâtir, avec l'intervention d'un appareil répressif qui serait le prolongement de celui de l'État colonial, devenant l'expression

---

[18] Viriato da Cruz, 1959: 328.

d'un nouveau groupe dirigeant prétendant parler et agir au nom d'une nation angolaise héritée et non imaginée.

Pour que la libération nationale et l'indépendance angolaises soient effectives, qu'elles correspondent aux luttes et aux efforts déployés par des milliers de citoyens angolais qui ont lutté pour conquérir des droits politiques, sociaux et économiques pendant des siècles de domination coloniale, il faut reconnaître que la lutte a été menée par des peuples aux identités multiples, avec une histoire spécifique, des langues, des cultures, des modes de production économique et des formes juridiques distinctes. Le régime colonial les a unis d'abord au sein d'un territoire et les a imposés une langue administrative, donnant «au langage une fixité inédite, qui, à la longue, contribua à forger cette image d'ancienneté tellement capitale pour l'idée subjective de nation»[19]. Il les a légués à son insu une «idée de nation» dont les mouvements de libération devraient s'approprier selon les besoins des populations angolaises. Les conditions objectives (situation matérielle et sociale) et subjectives (conscience collective) pour considérer l'éclatement de l'ancien bloc historique colonial, peuvent être vues comme le prélude d'un véritable changement démocratique, menant de façon vivante au passage du sentiment-passion lié à la lutte de libération nationale, à la compréhension et au savoir exigés par la construction de la nation angolaise, incluant ses dimensions politiques et sociales.

La réunion de ces conditions permettrait-elle l'accomplissement du changement en un seul temps, à savoir démanteler le pouvoir de l'État colonial pour en construire un nouveau et non pas prendre cet État colonial pour le nommer national? La formation de ce nouvel État exigeait des assises historiques qui se traduiraient par des structures et des institutions émanant de sociétés civiles angolaises fortes et de la constitution préalable d'un bloc historique nouveau ayant des points communs essentiels au changement structurel de la société. Ce bloc historique serait

---

[19] Benedict Anderson, 2002: 55.

formé par une alliance de groupes sociaux, de classes sociales, de citoyens et d'institutions représentant la diversité et la multiplicité des peuples habitant l'Angola coloniale et serait capable de créer une nouvelle hégémonie nécessaire à la concrétisation de la conscience collective.

Or, comment savoir reconnaître le moment de maturité de ces conditions primordiales à la réalisation du changement? La tâche n'est pas facile, car le MPLA, mouvement de libération nationale angolais, négligeait fréquemment les conditions subjectives et les réduisait aux conditions objectives, par exemple la dénonciation de l'exploitation coloniale. En ce faisant, il envisageait la prise du pouvoir comme une conquête de l'État colonial par son *élite avant-gardiste* se réclamant révolutionnaire. Une telle attitude signifiait qu'une fois au pouvoir, cette *élite* aurait exagérément recours à la société politique, pour instaurer un nouveau consensus, diminuant ainsi ses capacités de répondre aux aspirations des Angolais et de mettre en œuvre des politiques et des principes dont elle se proclamait la gardienne.

Or c'est précisément par rapport à cette construction des conditions subjectives que l'intellectuel assume sa condition d'intellectuel **organique**. Il n'est ni autonome ni *organique* à un parti ou un mouvement politique, sinon il devient un rouage de la machine, un bureaucrate de plus, qui exécute les ordres de l'appareil sous la base d'une obéissance aveugle, ou un idéologue qui est un intellectuel **traditionnel**:

> «Tout groupe social, qui naît sur le terrain originaire d'une fonction essentielle dans le monde de la production économique, se crée, en même temps, de façon organique, une ou plusieurs couches d'intellectuels qui lui apportent homogénéité et conscience de sa propre fonction, non seulement dans le domaine économique, mais également dans le domaine social et politique»[20].

---

[20] Antonio Gramsci, 1978: 5 (notre traduction).

Pour Gramsci, tous les citoyens sont en quelque sorte des intellectuels. Néanmoins, ce qui fait l'intellectuel dans son sens plein, c'est la fonction sociale qu'il remplit, le contexte social dans lequel il existe. Il ne peut pas se contenter de produire une pensée ou des discours, mais doit prendre part à l'organisation d'actions publiques concrètes, être partie prenante de l'organisation des pratiques sociales. L'intellectuel ***traditionnel*** se croit une «classe distincte de la société», alors que l'intellectuel organique est généré par chaque classe ou groupe social. Le problème n'est pas de décrire «scientifiquement» la vie sociale, mais de donner un sens à cette description en termes d'expériences et de sentiments que les groupes et les classes dominés ne peuvent pas exprimer par eux-mêmes[21].

Ce lien devient plus évident et pressant au moment où l'ancien bloc historique colonial se désagrège et qu'il faut donner une cohésion au nouveau bloc historique. En fait, les intellectuels ***organiques*** cherchent à présenter, avant la prise du pouvoir, une vision réaliste de la société à bâtir et de la nation à imaginer. Au risque de nous répéter, cette vision dépendra alors de la façon comment ces intellectuels réussissent à faire le lien entre la connaissance et les pratiques des «populations angolaises» et leur propre connaissance et pratiques sociales. Partant, elle devrait comprendre l'éveil de la conscience sociale et collective, laquelle permettrait la création d'une nouvelle structure mentale transdisciplinaire qui correspond au mode d'articulation des pluralismes représentant les multiples réalités angolaises, ce qui suppose la volonté de construire une nouvelle conception du monde hybride en tenant compte des assises historiques concrètes dans les communautés africaines qui habitent l'espace géographique nommé Angola et en y intégrant l'apport de la rencontre avec le colonialisme portugais.

En Angola, plusieurs associations culturelles, mouvements et partis politiques ont vu le jour depuis au moins les années 1950.

---

[21] Antonio Gramsci, 1978: 5-23; Hugues Portelli, 1978: 93-118.

Leur but était de revendiquer une culture angolaise et africaine, et la reconnaissance des droits des populations autochtones. Ces regroupements, qu'ils soient culturels ou clairement politiques, définissent les intérêts et les aspirations des différents groupes et classes sociales de la colonie[22] jusqu'à ce que la dictature portugaise refuse de créer un «espace public» pour permettre un dialogue entre les acteurs concernés et réponde à ces revendications par la répression. C'est alors que ces revendications tournent à la violence et que les individus choisissent l'immigration et l'exil, les mouvements de libération nationale[23] se décident pour la lutte armée, jetant ainsi les bases des idéologies nationalistes angolaises.

Selon ses discours, ses déclarations et ses documents officiels, le MPLA visait à mener une révolution nationale et sociale en un seul temps alors que le rôle des intellectuels n'a jamais été précisément défini, sauf bien sûr celui de l'intellectuel **traditionnel**. Le MPLA était, non pas un parti, mais un large front national de libération né de la fusion entre plusieurs organisations, dans la mesure où elles ne pouvaient pas revendiquer la représentation exclusive d'une classe sociale précise. Le Parti communiste angolais, né dans les années 1950, n'a connu qu'une brève existence. Néanmoins, ses cadres et militants, peu nombreux, se sont associés aux initiatives politiques nationalistes et à la contestation de l'ordre colonial, et ont participé à la fondation du MPLA, mais sur une base plutôt individuelle qu'organisationnelle.

À ses débuts, le MPLA est composé par une poignée d'intellectuels *assimilés* – issus pour la plupart de la petite bourgeoise urbaine, des fonctionnaires africains de l'administration coloniale, des couches de la nouvelle petite bourgeoisie «angolaise» – et par un petit embryon ouvrier. Les paysanneries ne se joignaient à la

---

[22] Mário de Sousa Clington, 1975; Sócrates Dáskalos, 2000; Edmundo Rocha, 2003; Carlos Serrano, 2008; Marcello Bittencourt, 2008; Christine Messiant, 2008.

[23] En Angola, le MPLA, qui détient le pouvoir d'État depuis l'indépendance, le FNLA et plus tard l'UNITA.

libération nationale qu'à partir du déclenchement de la lutte armée[24] et de son organisation sous forme de maquis. Viriato da Cruz, fondateur du PCA, premier et seul secrétaire général du MPLA, souligne précisément la nécessité de générer des intellectuels *organiques* aux populations angolaises exploitées en affirmant

> «[qu']il serait faux de considérer que les intellectuels angolais ne peuvent pas ou ne doivent pas, individuellement, jouer un rôle dans la révolution angolaise. Ils y ont leur place; et l'importance de leur apport positif au combat ne dépendra que de leur rééducation dans un sens révolutionnaire»[25].

La faiblesse de la structure sociale angolaise des années 1950 et la dispute entre, d'une part, le capitalisme mercantile et libéral portugais et, d'autre part, la bourgeoisie coloniale et la bourgeoisie métropolitaine, comme le souligne Adelino Torres[26], auxquelles s'ajoutent la création de mouvements politiques blancs angolais – solidaires avec les populations africaines de l'Angola et acquis à la cause d'une nation pluraliste – et l'absence initiale des paysanneries, rendent difficile une dialectique permettant à ces groupes et classes sociales d'avoir leurs propres intellectuels *organiques*. Il revient ainsi aux intellectuels générés par la petite bourgeoisie urbaine de faire leurs les conditions réelles des populations angolaises exploitées.

C'est aussi dans ce sens qu'il faut envisager la lutte de libération nationale en Angola. Parmi les mouvements de libération, seul le MPLA *semblait* définir la lutte du peuple angolais en termes de changement politique et social, et aller au-delà de l'émancipation politique, car seule l'émancipation sociale des peuples «angolais» était la condition de leur libération. Ces deux aspects

---

[24] Il faudra attendre presqu'au début des années 1970 pour atteindre une mobilisation plus significative des populations rurales, sans jamais réussir à couvrir la moitié du territoire de la colonie.

[25] Viriato da Cruz, 1964: 15.

[26] Adelino Torres, 1997.

de la question sont intimement liés. Face à l'UPNA, devenue l'UPA puis le FNLA[27], le MPLA pouvait-il revendiquer d'«aller dans le sens de l'histoire»? Il convient de faire remarquer que, selon Viriato da Cruz,

> «Les conséquences sociopolitiques et culturelles de l'*assimilation* portugaise jouèrent et jouent un rôle important dans le développement du nationalisme angolais, car les principaux dirigeants de celui-ci se classent dans la catégorie des *assimilés*».

Il ajoute que...

> «le secteur assimilé n'a pas dans l'ensemble, un contenu socio-économique et ethnique homogène. Par la simple observation, on peut diviser ce secteur en deux groupes: le groupe assimilé-objet et le groupe assimilé-destiné, dans le contexte colonial, à la réussite sociale et économique»[28].

Construit par des *assimilés*[29], intellectuels urbains au sens large, le MPLA cherchait à regrouper les classes nouvelles, la petite bourgeoisie urbaine et l'embryon ouvrier, ainsi qu'à mobiliser les paysanneries, issues souvent des modes de production précapitalistes, mais lentement intégrées au capitalisme colonial, surtout mercantile, alors que les autres mouvements représentaient les classes ou groupes «en disparition», les fractions dites ethniques de la petite bourgeoisie, ou encore certains secteurs des paysanneries y compris de l' «*aristocratie rurale*», et les immigrés. Dans ce contexte, le régime colonial a dû non seulement affronter ces intérêts et revendications, mais aussi trouver des solutions, particulièrement après le décès du dictateur Salazar, y compris celle d'une *bourgeoisie comprador* africaine en Angola.

---

[27] L'UNITA n'existait pas encore.
[28] Viriato da Cruz, 1964: 6.
[29] Christine Messiant présentait une analyse beaucoup plus complète, nuancée et riche de cette question pour montrer comment l'*assimilation* a joué un rôle important dans le mouvement nationaliste angolais, dans les dissidences du MPLA jusqu'à aujourd'hui 2008, 2: 56-103.

On assistait alors à une course contre la montre pour prouver aux yeux du monde entier qui des deux avait le meilleur projet pour l'avenir de l'Angola. L'État métropolitain et l'État colonial angolais qui avaient déjà changé les politiques coloniales à partir des années 1960 – en fait depuis le déclenchement de la lutte armée des mouvements de libération pour l'indépendance de l'Angola. Cependant, le rythme des changements apportés aux politiques économiques s'est accru par la suite, avec l' «invitation» par les deux paliers de gouvernement aux détenteurs de capital métropolitain, colonial et international d'investir tous azimuts en Angola. De la politique fiscale et douanière aux facilités de crédits et aux concessions généreuses, ces encouragements ont eu des répercussions dans tous les secteurs de l'économie de la colonie et sur la structure sociale de l'Angola. À la mort du dictateur Salazar, le nouvel homme fort du régime portugais, Marcelo Caetano, ancien ministre des colonies, imprimera alors un rythme plus accentué aux réformes du régime colonial.[30]

Selon le MPLA, la lutte de libération nationale en Angola devait permettre la conduite de la lutte armée en même temps qu'une réflexion et une consultation de sa base sur la société angolaise à venir, portant sur la construction des instruments nécessaires à l'établissement d'un nouveau *consensus* qui mènerait à la création d'une nouvelle hégémonie ou à la mobilisation de la conscience collective angolaise afin de créer les conditions de la naissance d'un bloc historique national. Bâtir une nouvelle stratégie politique et penser à une structure sociale qui correspondrait aux aspirations de l'ensemble pluriel angolais consistait avant tout à imaginer la société et nation que les «Angolais» voulaient construire, et à définir la capacité de mener des changements non seulement au niveau économique, mais aussi et

---

[30] Des nombreuses études existent sur cette période dont Adelino Torres, 1983 et 1996; Manuel Ennes Ferreira, 1990; Ana Maria Neto, 1991.

surtout au niveau de la superstructure, ce que le MPLA appelait «l'homme nouveau angolais»[31].

La tâche des intellectuels angolais dans cette stratégie du MPLA n'était toujours pas clairement définie. Le besoin urgent de terminer la lutte armée[32] a souvent conduit à la dépréciation du travail de mobilisation et d'éducation, la priorité étant la conquête militaire de l'indépendance. L'absence d'un rôle défini pour les intellectuels cache une autre réalité, puisque seule la fonction *traditionnelle*, celle qui visait à les transformer en «clercs» du *consensus*, semblait être la seule valable aux yeux des dirigeants du MPLA. La tâche de relier la structure à la formation d'une conscience collective devrait revenir aux intellectuels *organiques*: un moyen de renforcer la connaissance et le savoir des populations et des intellectuels, tout en favorisant le respect de l'altérité et du pluralisme et en trouvant un rythme et un temps dialectique pour consolider des liens avec les paysanneries, la seule véritable «force armée» de la lutte pour la libération nationale.

Ce mépris pour le travail intellectuel aboutit parfois à la démobilisation, aux révoltes individuelles ou, au contraire, à l'obéissance aveugle et opportuniste de certains intellectuels et, en conséquence, à la création des bases d'un militarisme à outrance. *Ce qui est important c'est la guerre*, entendait-on souvent au sein du MPLA, comme si la guerre pouvait tout résoudre. Bien que théoriquement, le pouvoir politique doive commander le pouvoir

---

[31] À la fin de l'année 1971, les dirigeants du MPLA ont créé une commission dirigée par Mário Pinto de Andrade et dont faisaient partie Rui de Sá, Kito Rodrigues et Nino dos Santos. Cette commission a produit un rapport dans lequel était proposé une nouvelle stratégie militaire pour la lute armée et des éléments concernant les différentes dimensions de la société à construire, de l'économie au social, du politique au culturel.

[32] Le vrai sens du mot «terminer» dans cette phrase est celui de conduire la lutte armée le plus rapidement vers la prise de l'État colonial et non de la «parachever», c'est-à-dire terminer la lutte armée en y apportant le plus grand soin: lui donner les touches finales, mais fondamentales.

militaire, en pratique c'était souvent le contraire. Malgré le statut égal entre un commandant et un commissaire politique dans une unité de combat, le deuxième jouait, dans la plupart des cas, un rôle secondaire, voire effacé.

En avançant comme justification le fait militaire et la rudesse des conditions dans lesquelles la lutte armée était menée, la direction historique du MPLA a toujours ordonné l'obéissance sans réserve des intellectuels aux décisions prises par une sorte de haut-commandement politique et militaire, composé de cinq membres du comité directeur du MPLA[33]. Ce haut commandement était censé assurer la coordination de la lutte et décider de tout ce qui se passait dans le front le plus important, celui de l'Est angolais. Il existait d'ailleurs un organe de pouvoir identique dans le front Nord.

Les dirigeants du MPLA veillaient à ce que plusieurs intellectuels ne se retrouvent pas ensemble dans la même région, les séparant toujours de sorte à ne permettre entre eux qu'une communication qui pouvait être contrôlée. Ainsi, l'absence d'importants débats politiques à la base et de confrontation démocratique, surtout si on se rappelle que le MPLA était un front national, conduisait à l'émergence continuelle de conflits qu'on ne cherchait nullement à résoudre, car ils étaient considérés comme des *contradictions secondaires*, face à la contradiction première qu'était la lutte armée de libération nationale, voire comme des manifestations «réactionnaires» du *fractionnisme* ou des actes d'agents de «l'ennemi colonialo-impérialiste».

Cette situation au sein du MPLA a créé une ambiance lourde et peu propice au travail de mobilisation et à la création d'espaces publics démocratiques. En outre, les intellectuels qui ont toujours

---

[33] Le comité de coordination politique et militaire: le président A. Neto, L. Lara, I. Carreira, F. Monimambo et D. Chipenda. Ce dernier dirigea une révolte contre ses collègues du CCPM en 1973, connue sous le nom de Révolte de l'Est.

été en proie à leurs propres démons de classe étaient incapables d'agir autrement que par la prise de position individuelle:

> *a*) le silence, l'exil volontaire pour ceux qui se voulaient *organiques* aux masses populaires, coupant ainsi le lien qui les unissait aux groupes, aux classes sociales dominées et opprimées, en particulier les paysanneries[34];
>
> *b*) la tentative de putsch pour ceux qui sont *organiques* à la petite bourgeoisie[35] et qui voyaient en la petite bourgeoisie l'héritière «naturelle» du colonialisme;
>
> *c*) la fidélité et de l'obéissance à la direction «historique» du mouvement par ceux formant le noyau des futurs intellectuels *traditionnels*, c'est-à-dire les hommes et les femmes de l'appareil, en somme les «clercs» bâtisseurs de *consensus* et d'appareils répressifs.

Comme nous l'avons dit auparavant, pour déterminer le contenu du *consensus* ou le niveau de la conscience collective de la lutte de libération en Angola, on ne peut pas se contenter de déclarations d'intentions, du moins au niveau de l'analyse. Il faut observer l'action publique concrète et la pratique des acteurs sociaux. C'est dans cette dernière que l'on peut détecter le plus grand nombre de faits significatifs nous permettant de mieux comprendre les situations que nous voulons étudier.

Sur le plan militaire, la lutte de libération nationale avançait à reculons, faute de définition d'une stratégie susceptible de frapper les centres vitaux du colonialisme portugais. Sur les plans «idéologique» et politique, les tentatives d'approfondir le contenu

---

[34] N'oublions pas que la lutte armée de libération nationale en Angola se déroulait surtout dans la brousse et à la campagne. Nous employons le mot paysanneries, au pluriel, pour signifier la pluralité culturelle de cette classe, qui se traduit aussi par la différence des rapports avec la nature et entre eux (procès de travail).

[35] En particulier lorsque les divisions ethniques prenaient le dessus sur celle des classes.

de la lutte étaient bloquées par la direction historique du MPLA sous prétexte qu'il ne faut pas détourner le peuple de sa tâche principale. **Hégémonie du consensus ou démocratie de la conscience collective?** Or, la mise en application des instruments nécessaires au peuple angolais pour exercer ses droits et ses intérêts lorsque viendrait le moment de constituer et consolider un nouveau bloc historique étaient également bloquée. C'est ainsi que, pour la direction historique du MPLA, les classes sociales devraient être «sous-estimées» en faveur d'une «surestimation» de la nation angolaise prédéterminée par la construction dudit consensus par le groupe dirigeant, plutôt que par la structure sociale et la formation d'une conscience collective à laquelle les intellectuels *organiques* auraient participé activement. Elle refusait donc, pendant cette phase, de reconnaître l'existence d'intérêts propres à chacune des classes sociales participant à la lutte de libération.

Il faut remarquer que l'absence de ce débat, ou du moins de l'importance réduite qu'on lui attribuait, a conduit le MPLA à affirmer, jusqu'au jour de sa **transmutation**[36] en parti (décembre 1977), qu'il n'était pas, loin s'en faut, un mouvement communiste. Ces dirigeants le définissaient, par une formule générale et floue, comme un mouvement progressiste dont la tâche majeure était de créer la «nation angolaise» et de défendre les masses travailleuses les plus exploitées. Or, après l'indépendance, ses dirigeants, ses cadres les plus haut placés et ses «clercs», à l'intérieur tant du «nouveau Parti» que de l'appareil du «nouvel État» qui est devenu

---

[36] À l'image de la physique, nous appelons transmutation, la modification apparente de la nature *profonde* du MPLA, mouvement de libération, de façon à obtenir un élément différent, le MPLA-Parti, construit en jouant sur les éléments et les parties qui le composaient auparavant. Cependant, à en juger par les résultats, les personnages clés sont demeurés en poste, jusqu'à ce que le changement de nature soit effectif. Selon la méthode désormais classique de la cooptation, la plupart de ces personnages se sont alors *convertis*, en y ajoutant une nouvelle clientèle.

une dépendance du premier, se confondent non seulement avec la direction historique du MPLA et les intellectuels **traditionnels** de celui-ci, mais aussi avec des nouveaux dirigeants issus des classes populaires et selon le système de cooptation qui garantissait leur fidélité à la direction historique. Aussi jouent-ils un rôle figuratif et décoratif.

En avançant que les mouvements de libération souffraient souvent d'un «*défaut idéologique*» qui faisait leur faiblesse et qui «se justifie à la base par l'ignorance de la réalité historique que ces mouvements prétendent transformer»[37], Amílcar Cabral croyait qu'il était important d'établir un lien entre ce que nous appelons la structure et la conscience et d'étudier «*les fondements et les objectifs de la libération nationale en rapport avec la structure sociale*»[38]. Il nous semble, toutefois, nécessaire de placer le mot *idéologie* qu'il employait dans le contexte politique de l'époque: la «guerre froide» ainsi que les luttes anti-coloniales sur le continent africain et anti-impérialistes ailleurs qui ont conduit à des alignements et des soutiens politiques précis, voire à la création, parfois, de dépendances.

L'*idéologie* – mot ou concept qui était très en vogue et qui supposait qu'il y en avait une «bonne» (la nôtre) et une «mauvaise» (celle de nos adversaires) – est un ensemble composé de doctrines sociales, culturelles, politiques et économiques cohérentes entre elles et se présentant comme la vérité unique, un ensemble d'idées et de valeurs abstraites et fausses, produisant plutôt l'aliénation que l'émancipation sociale, ce qui aboutirait à la création d'une *fausse conscience*. Rappelons-nous non seulement la formation, lors de la conférence de Bandung en 1955, du Mouvement des pays non-alignés, ces pays du *Tiers Monde* qui n'acceptaient pas de s'aligner sur le bloc dit occidental capitaliste ni sur le bloc dit socialiste et qui l'ont présenté comme une troisième voie, mais

---

[37] Amílcar Cabral, 1975, I: 286.
[38] Op. cit, 1975, I: 287.

aussi l'éclosion de la Tricontinentale, un autre mouvement qui prétendait donner une cohérence et une stratégie globale unissant les trois continents (l'Amérique latine, l'Asie et l'Afrique) face à l'impérialisme occidental.

Nous interprétons l'utilisation du mot *idéologie* par Cabral comme le besoin urgent de se pencher sérieusement sur la structure sociale coloniale afin de construire une connaissance et un savoir national qui aboutiraient à une conscience collective réelle et non fausse, une tâche considérable qui devrait revenir aux intellectuels africains à titre d'*interprètes et traducteurs*[39] de la lutte de libération nationale. Cependant, comme nous l'avons souligné, ce ne fut pas le cas dans la pratique du MPLA. Derrière la crise de 1963[40], on y trouvait déjà le problème de la définition du rôle des intellectuels, mais malheureusement on ne possède pas assez de données sur l'événement pour élaborer une analyse lucide, d'autant plus que l'on ne connaît que la version officielle des faits, celle de la direction historique, et que les différents protagonistes individuels racontent chacun sa version. En plus, comme il s'agissait d'un sujet tabou au sein du MPLA, personne n'osait ouvrir le

---

[39] Être interprète renvoie à la capacité des intellectuels d'expliquer les situations et les conditions propres à la structure sociale, ce qui exige la connaissance. En tant que traducteur, les intellectuels s'emploient à la création d'un langage accessible et compréhensif de ces situations et conditions, et essentiel à la communication et au lien social qui sont le socle de la construction de la conscience collective.

[40] Il s'agit d'une crise importante opposant, entre autres, Viriato Da Cruz, alors secrétaire général du MPLA, à Agostinho Neto qui, après s'être échappé des prisons portugaises, a été choisi comme président du MPLA pour remplacer Mario De Andrade, premier président. Cette crise était centrée autour de la question de la stratégie à donner à la lutte de libération angolaise. Da Cruz prônait la constitution d'un large front national de toutes les organisations politiques, tout en défendant la position que les métis devraient se retirer des positions de pouvoir dans le MPLA, alors que Neto refusait une telle stratégie et l'accusait de racisme. À ce propos, et sur l'envergure de Viriato da Cruz, voir Christine Messiant, 2004: 215-360; Edmundo Rocha et al, 2008 et Michel Cahen, 2008: 395-415.

débat sur la question et encore moins l'amener dans l'espace public, par crainte de déclencher la colère de la direction historique. Tous ceux qui l'ont abordée, surtout lors des réunions des militants dans le front Nord, ont été sévèrement critiqués comme étant des déviationnistes ou des bourgeois et ont été écartés des postes de responsabilité ou expulsés, tout simplement.

En 1973, au moment de la mort de Viriato Da Cruz, un personnage important de la dissidence de 1963 qui s'était exilé par la suite en République populaire de Chine, la direction historique du MPLA en a profité pour exorciser toute forme de dissidence intellectuelle, au point de présenter Da Cruz comme un «traître» à la cause nationale, alors qu'il était l'un des fondateurs du nationalisme moderne angolais, l'un des brillants intellectuels de son époque et l'un des précurseurs du marxisme en Angola[41]. Dans les années 1950, il avait participé à la fondation du P.C.A. (Partido Comunista Angolano) dont la durée était brève comme nous l'avons mentionné plus haut. Quelques années après l'indépendance de l'Angola, le MPLA a finalement autorisé que sa dépouille soit transférée de la Chine vers l'Angola, sous l'encadrement du MPLA-Parti. Ce rituel se répétait quelques années plus tard, lors du décès d'autres intellectuels *organiques*, dont la dissidence a été marquée par l'exil ou la mise à l'écart par ce parti.

Après la crise de 1963 et installée au Congo-Brazzaville dans un environnement peu propice au développement d'un mouvement national «progressiste» en raison de la situation politique et des luttes de pouvoir au Zaïre et au Congo même, la direction historique du MPLA avait lancé un appel politique à la mobilisation générale, auquel avait répondu un grand nombre d'intellectuels alors exilés en Afrique et en Europe. Ces derniers ont constitué le noyau principal du groupe d'intellectuels *traditionnels*, fidèles à la direction de Neto et ont servi de «clercs» du futur parti.

---

[41] Cela ne signifie pas qu'on devrait forcément partager ou épouser ses positions, mais reconnaître sa contribution et sa valeur indéniable pour l'Angola.

La lutte armée nationale, définie comme étant la «contradiction principale», a pris un élan important jusqu'en 1972 et a, par conséquent, étouffé le débat des idées sur le projet social et la nation imaginée, avec des sursauts jamais éclaircis[42], comme ceux de la réalisation d'une assemblée extraordinaire de la première et deuxième régions (Front Nord) dans laquelle la direction historique du MPLA a été prise à partie. Par la suite, la stagnation militaire (1972-1974) a eu pour effet de faire jaillir les vieilles contradictions internes par l'éclatement de conflits ouverts au Nord et dans l'Est, opposant la direction historique à un groupe de militants, de combattants et au peuple. Le niveau de mobilisation était au plus bas. Les intellectuels se trouvaient alors dans une position inconfortable pour faire le lien entre leur connaissance, la connaissance et l'insatisfaction des paysanneries et celles des militants et des combattants du MPLA en vue d'ouvrir un débat politique et d'idées dont l'organisation avait tant besoin. En d'autres termes, comment être interprète et traducteur dans un tel contexte?

L'urgence de la situation a conduit à la tentative de ramener la confrontation à la base et de forcer, pour la première fois de la lutte de libération nationale, la direction historique à écouter les doléances de ses membres. En 1972, le *mouvement de réajustement* a trouvé à sa tête un intellectuel, Gentil Viana. Ce dernier, également exilé en Chine comme Viriato da Cruz après la crise de 1963, est revenu au MPLA après avoir discuté des conditions de son retour lors de la visite, en 1971, d'une délégation dirigée par Agostinho Neto en RPC. Les objectifs initiaux du *mouvement de*

---

[42] Par exemple, la mort au combat du commandant *Hoji ya Henda*. En 1970-1971, des rumeurs couraient encore qu'il aurait été assassiné lors d'un affrontement avec les troupes coloniales portugaises, puisqu'il aurait reçu une balle dans le dos. Sporadiquement d'autres dissidences voyaient le jour comme des manifestations d'insatisfaction à l'égard, entre autres, des rapports sociaux au sein du MPLA et des différences de traitement entre les membres et les régions culturelles.

réajustement étaient de «rectifier» la ligne politique et les structures organisationnelles du MPLA pour les rendre plus démocratiques, et de définir une nouvelle stratégie militaire qui donnerait une place plus importante à la participation populaire. Tous les secteurs de la lutte de libération nationale devaient être inclus dans cet effort de débat démocratique.

Parmi les revendications et le désir de changement, on trouve pour la énième fois la nécessité de définir le rôle de l'intellectuel dans la lutte sociale et politique. Tout en revendiquant la démocratie à la base, ce mouvement cherche à lier le sort des intellectuels à celui des groupes et classes exploités, c'est-à--dire à en faire des intellectuels *organiques*, non pas à l'organisation, mais aux paysans, travailleurs angolais et aux nouvelles classes nationalistes, car Viana, comme d'autres intellectuels angolais militant dans le MPLA, défendait l'idée que l'absence d'une dialectique démocratique à la base coupait le lien entre la direction, le mouvement et le peuple. Une telle absence a renforcé le point de vue de l'une des composantes du front national, la petite bourgeoisie.

Mais cette tentative de «mouvement de réajustement» a vite été intégrée par la direction historique, absorbée par les luttes de pouvoir à l'intérieur du MPLA et en compétition avec les autres mouvements de libération, puisque maintenant, en plus du FNLA, il fallait compter avec la présence de l'UNITA. La direction historique a pris alors les rênes du *mouvement de réajustement*. Elle décidait qui étaient les *militants actifs*, qui devraient constituer une sorte de groupes de dynamisation du *mouvement de réajustement*, à partir desquels a été constituée l'Assemblée des militants actifs (AMA), dont l'une des tâches consistait à choisir une nouvelle direction, à savoir, reporter la direction historique au pouvoir avec un semblant de renouveau.

L'échec des accords de Kinshasa (1972-1973) entre le MPLA et le FNLA, sous les auspices du dictateur Mobutu, a ajouté un autre élément aux contradictions internes du MPLA, rappelant amèrement la crise de 1963 et l'importance du pluralisme dans la définition de la nation à imaginer. De nouveau, les critiques et la contestation venaient des intellectuels, même de certains inconditionnels de la direction historique, ainsi que de la base militante et du peuple en général. Partout, la critique visait le manque de démocratie: la direction historique était seule à être dans le secret des dieux, ne recourant à la base que pour faire exécuter les décisions qu'elle avait déjà prises. Dans l'Est de l'Angola, la dimension ethnique devenait démesurée. Les peuples du Sud et de l'Est de l'Angola avaient toujours regardé avec une certaine méfiance ceux du Nord. Les critiques faites pendant le *mouvement de réajustement* faisaient état de la façon dont l'accord de Kinshasa était perçu par les premiers comme une alliance des peuples du Nord pour dominer le pays futur.

Au même moment, un certain nombre d'intellectuels cherchaient le dialogue avec la direction, mais sur une base individuelle et à huis clos. Viana, le promoteur du mouvement de réajustement, et Manuel Jorge, représentant du MPLA à Rome, étaient alors nommés conseillers d'Agostinho Neto, le président, ce qui a fait naître l'espoir, pour un moment, chez les intellectuels. Cependant, «d'une oreille», Neto écoutait ses conseillers et, de l'autre, il s'écoutait lui-même. Mais en ayant le droit de participer aux réunions de la direction, ces deux conseillers pouvaient se faire entendre par d'autres dirigeants. Il faut cependant remarquer l'habilité de la direction historique. Elle n'a jamais permis d'amener ce débat à la base militante, à une discussion politique plus ouverte et démocratique. Coupé des bases, un tel dialogue risquait d'être sans fruit.

À la fin de 1973, Daniel Chipenda, membre de la direction du MPLA qui a ouvert le Front de l'Est avec Anibal de Melo, a profité du désarroi et de l'insatisfaction d'une partie des paysans et des combattants de l'Est pour détourner la contestation de la direction historique sur le terrain de la question ethnique. En plus, il a personnalisé le débat. À moitié découvert, il a tenté un putsch pour éliminer Neto. L'échec de son entreprise «régionaliste», marquée par ses ambitions personnelles et le recours à la protection de Kaunda (président de la Zambie) comme pression extérieure sur le MPLA, a durci davantage les positions de la direction historique. Du côté des intellectuels, Viana, Jorge et d'autres ont constaté aussi leur échec, dû en partie à l'entêtement de la direction, mais surtout à l'absence des bases dans ce débat. Ils se réunissaient alors pour discuter de la situation du pays et de la lutte de libération nationale. Pour la première fois, on peut alors parler de la possibilité de l'existence de l'intellectuel collectif en Angola. Il fallait alors trancher entre les intellectuels **traditionnels** et les intellectuels **organiques**, entre les «clercs» et les «*interprètes/traducteurs*».

La direction historique a riposté violemment à l'endroit de la dissidence de Chipenda, mais elle a adopté une réaction légèrement différente envers les intellectuels. Elle a d'abord cherché à les intégrer aux structures dirigeantes par sa méthode désormais traditionnelle, la **cooptation**. Les intellectuels l'ont refusée. Ensuite, la direction s'est employée à fomenter **l'intrigue politique** dans le but évident de discréditer les contestataires. Cependant, elle a toujours eu le soin de ne pas se placer dans une situation qui l'obligerait de débattre des questions en litige. L'escalade répressive a hâté les événements. L'ostracisme forcé dans lequel la direction historique a enfermé les contestataires, ainsi que les menaces et les tentatives de liquidation physique ont contraint ces intellectuels à faire appel à la base militante du MPLA et à s'adresser directement aux peuples de l'Angola. En même temps, ils ont cherché la médiation de certains pays africains comme le Congo-Brazzaville et la Tanzanie. Or, la direction historique contrôlait tout l'appareil administratif, politique et militaire du MPLA. Impuissants, les intellectuels ne pouvaient pas s'expliquer collectivement tant devant le mouvement de libération que devant la population et étaient forcés, en 1974, à rendre public leur cri, «*la patrie est en danger, et le roi va nu*», sous forme d'un manifeste[43] et à le faire circuler à l'extérieur de l'appareil du MPLA. Ces événements se déroulaient alors qu'au Portugal, l'armée se révoltait et réalisait un coup d'État contre la dictature fasciste.

Au 25 avril 1974, la lutte de libération angolaise et, en particulier le MPLA, se trouvaient dans une situation où les conditions objectives et subjectives du changement qui s'annonçait – construction de la nation imaginée – n'étaient probablement pas réunies. Toute contestation des excès du centralisme, de l'élitisme dirigiste et du militarisme propres au MPLA jusque là, que ce soit de la part des intellectuels ou des militants de la base, était considérée par la direction historique comme de la trahison: le «fractionnisme»[44] est devenu alors une sorte de maladie «mpléienne». Le jargon de la direction historique a jeté alors la confusion idéologique la plus complète sur les contestataires: un jour ils étaient des gauchistes, un autre ils étaient des bourgeois, des agents du colonialisme, de la CIA, de l'impérialisme américain, des agents des compagnies pétrolières, une bande de métis et mulâtres coupés du peuple, et d'autres épithètes injurieux. Mais il n'y a pas eu de débat démocratique sur les accusations avancées dans l'appel des intellectuels: absence de participation de la base militante aux décisions; développement du régionalisme et du racisme; imposition des décisions par le haut; excès de dirigisme et de militarisme; concentration du pouvoir politique; développement du populisme et de **l'appareil répressif**; absence de débat sur la nation, de droit à la réflexion, à la contestation, à la critique et à l'autocritique. Cet appel a proposé la formation d'une direction collégiale et la fin du charisme présidentiel.

---

[43] Parmi les éléments qui composaient cette Révolte active des cadres et des militants du MPLA il y avait des dirigeants et des responsables politiques et militaires, des fondateurs du MPLA, des cadres de différents niveaux et des militants de la base. «Appel à la révolte active de tous les militants et cadres du MPLA» (11 mai 1974).

[44] Nom attribué par la direction historique à toute opinion ou action qui s'opposait à sa «ligne juste» et qui était exprimée collectivement.

La solution à ces contradictions devrait permettre au MPLA de mener le débat avec les autres forces nationales en vue de la constitution d'un nouveau bloc historique, capable de mener la pluralité angolaise vers la nation imaginée. Le besoin était urgent, car la situation mondiale et celle au Portugal faisaient pencher la balance vers une solution néocoloniale, fondée sur la prise du pouvoir par le FNLA et l'UNITA. Le général Spínola qui dirigeait la junte militaire au pouvoir au Portugal, a nommé un ancien gouverneur général de la colonie, le général Silvério Marques, comme commissaire en Angola. Les États-Unis nommaient ambassadeur à Lisbonne, Frank Carlucci, un agent actif de la CIA[45] qui avait participé à la mise en scène de l'assassinat de Lumumba et à l'ascension de Mobutu. En vue de cette stratégie, Nixon, Kissinger, Spínola et Soares se réunissaient dans l'Île du Sal avec Holden et Chipenda. Le Mouvement des Forces armées (MFA) portugaises, qui s'était constitué avec le coup d'État, a été parmi les premiers à se rendre compte de la situation, mais il n'échappait pas aux contradictions de ses propres membres[46]. C'est ainsi que le général Otelo de Carvalho, l'un des artisans de la prise du pouvoir par les militaires et chef du COPCON (sorte de haut-commandement de la sûreté), a averti les États-Unis qu'il ne répondrait pas de la sécurité de leur ambassadeur, ce qui a provoqué un scandale à Washington. Plus tard, l'amiral Rosa Coutinho, dont les sympathies allaient vers le MPLA de Neto, a été nommé commissaire en Angola.

Le nouveau bloc historique, proposé par les contestataires, témoignait de leur souci d'imaginer une nation angolaise plurielle

---

[45] Et aujourd'hui homme d'affaires américain avec des intérêts au Portugal et en Angola.

[46] Les uns favorisaient cette position néo-coloniale, d'autres s'y opposaient, mais l'opposition parfois s'identifiait aux positions du PCP qui préconisait la prise du pouvoir par le MPLA dirigé par Neto, ou alors beaucoup plus nuancée et proche de l'idée avancée par la Révolte active (par exemple la position de Melo Antunes).

et démocratique et de leur engagement à être des *interprètes* et des *traducteurs* du lien entre la structure sociale et la conscience collective. Ce bloc devrait être formé par

> «un vaste front uni de l'indépendance de l'Angola, intégré par tous ceux qui, en Angola, se battent effectivement pour l'indépendance et où chaque membre-individu ou organisation est réellement libre de lutter pour une Angola libre, unie, démocratique, prospère et africaine»[47].

Cette proposition des intellectuels n'était pas une capitulation devant le FNLA et l'UNITA, comme le prétendait la direction historique, mais plutôt une façon de rassembler le peuple angolais tout entier face au colonialisme et à l'impérialisme, un peuple qui, à la veille de l'indépendance, était faible, car morcelé et divisé. Cette proposition visait ainsi la mobilisation la plus large possible des forces vives de l'Angola. En plus, une telle mobilisation permettrait la création des liens d'unité et de solidarité nationale, sur une base concrète et commune, qu'un décret ou un discours politique ne pourrait pas réaliser et qui éviterait le bain de sang de la guerre civile après l'indépendance. Dans la mesure où les conditions subjectives n'existaient qu'en partie et n'avaient touché certaines classes sociales que tardivement, la volonté d'établir une nouvelle hégémonie au nom du «peuple angolais» sans sa participation pleine équivaut tant à l'absence d'un *consensus* autour de cette question qu'au refus de travailler à l'éveil d'une *conscience collective*. Une telle stratégie pavait la route à la constitution d'une nouvelle classe dirigeante et dominante, fondée sur l'appareil du MPLA-État comme moyen d'accumulation de richesse au détriment des classes et des groupes qui se sont sacrifiés pour faire ou imaginer une «nation angolaise» plurielle.

---

[47] Manifesto, 1974.

Les trois premières années du régime du MPLA sont marquées non seulement par des conflits intenses avec les velléités impérialistes sud-africaines et, à travers elles, celles de l'impérialisme américain, mais aussi par des rivalités internes sanglantes et terriblement coûteuses. La répression du régime de Neto[48] a frappé plus durement à sa gauche qu'à sa droite. Les intellectuels de la Révolte active ont été arrêtés, au début de 1976, et gardés en prison sans jugement. D'autres sont disparus et d'autres encore se sont exilés volontairement ou par la force au Portugal et, ailleurs, en Europe. L'OCA (Organisation communiste angolaise), formée par l'extrême gauche maoïste et ayant des liens particuliers avec l'UDP au Portugal, a subi le même sort. À sa droite, la répression du FNLA et de l'UNITA se traduisait par de vastes offensives militaires soutenues par la Yougoslavie et Cuba. Il faut donc se poser des questions sur les conditions favorables au changement tant rêvé. L'expérience angolaise, comme d'autres avant elle, semble indiquer que lorsque les conditions objectives sont réunies, «*l'avant-garde*» a tendance à précipiter les choses comme si elle avait hâte de prendre le pouvoir. Ce faisant, elle néglige les conditions subjectives: sans l'existence d'une *conscience collective*, ce qui est différent d'un prétendu *consensus*, l'hégémonie d'une classe ou d'une alliance de classes ne peut devenir effective que par la force, en d'autres mots, par la domination. Mais alors, qui domine qui? Et dans quel sens? C'est-à-dire dans quel but?

Dans le contexte du système mondial, la question qui se pose à notre analyse est de savoir si l'attitude de la direction historique, qui s'est perpétuée après la mort de Neto, était le prix élevé que les peuples de l'Angola devaient payer pour obtenir leur libération – qui n'était pas leur émancipation sociale. Autrement dit, dans la périphérie angolaise et face aux impérialismes, l'alliance de classes entre la petite bourgeoisie nationaliste, la classe

---

[48] Décédé de maladie en 1979.

ouvrière presque inexistante, et les paysanneries ne peut conduire qu'à la constitution d'un bloc historique dirigée et dominée par la petite bourgeoisie qui exerce son pouvoir sans partage, qui détermine la route de la libération nationale et qui, pour convaincre ses partenaires à la suivre, utilise abusivement la contrainte et la répression. Le fait impérialiste est bien concret et réel. On ne saurait nier la nécessité de rompre sa domination pour pouvoir se libérer et s'émanciper. Cette position et ce même fait ne pouvaient pas non plus justifier la reproduction de la direction historique du MPLA et son mode particulier de gestion politique de la lutte de libération nationale en Angola, c'est-à-dire se servir de l'anti-colonialisme et de l'anti-impérialisme comme **idéologie** justificatrice de tous ses excès. Finalement, il ne s'agit pas d'erreurs de parcours que l'on répare avec des autocritiques circonstancielles, mais plutôt de la stratégie d'une classe qui vise à réaliser l'intégration et la symbiose entre une petite bourgeoisie ancienne produite par le colonialisme et une nouvelle apparue avec la consolidation du nouveau régime post-indépendant et qui s'apprête à devenir une bourgeoisie non productive au moyen du clientélisme et de l'affairisme du Parti-État. Certains chercheurs optimistes y voient plutôt un processus d'accumulation primitive du capital qui donnera naissance à la formation d'une bourgeoisie nationale.[49]

Dans la mesure où l'on n'a pas pu – ou voulu – créer une conscience collective angolaise, l'exercice de l'hégémonie, après la prise du pouvoir[50], du nouveau bloc historique, entendue comme contrôle de l'espace géographique appelé Angola, des populations

---

[49] Voir à ce propos Jean-François Bayart, Stephen Ellis et Béatrice Hilou (1997); Patrick Chabal et Jean-Pacal Daloz (1999); Jean-François Bayart (2004); Jean-François Bayart, Achille Mbembe et Comi Toulabor (2008).

[50] Il faut bien se rendre compte que cette situation conduit à *prendre* l'État colonial, et non pas à construire un État national. Comme nous avons l'habitude de dire, il ne suffit pas de remplacer"les fesses des uns par celles des autres, il faut aussi changer complètement les chaises sur lesquelles on devra s'asseoir". Il devrait donc y avoir rupture pour créer quelque chose de nouveau.

qui l'habitent et des richesses à l'intérieur de cet espace,[51] passe forcément par le besoin continu de renouveler les tactiques de répression en recourant abusivement à la société politique et d'empêcher que des *sociétés civiles angolaises* se constituent en des sujets actifs de l'espace public.

La réunion des conditions objectives (étude et compréhension des structures sociales) et des conditions subjectives (réalisation d'une conscience collective) pour faire la nation ou l'imaginer, pour la rendre une réalité, dépendait de l'établissement d'espaces publics garantissant un lien dialectique de l'*agir communicationnel* en termes de partage, de solidarité, d'échanges et de débats entre les peuples de l'Angola. La formation d'un large front national serait l'outil au service des **Angolais**, tant au niveau de la lutte politique, culturelle, économique et sociale qu'au niveau de la saisie de l'État, instrument de la mise en forme du projet commun d'une nation.

Une fois la conquête du pouvoir accomplie, la domination du MPLA-Parti a réduit progressivement l'État à sa fonction politique, un instrument des nouvelles classes dirigeantes et dominantes. Bien que les assises sociales de cet État ne se trouvent pas dans la «société angolaise» mais à l'extérieur, cela ne signifie pas pour autant que ses autres fonctions ont disparu, surtout si l'on envisage la perspective d'une continuité paradigmatique entre l' «État angolais» et l'État colonial.[52] Il faudra, en conséquence, étudier sérieusement la formation de l'État angolais[53] pour comprendre

---

[51] Il faut bien se rendre compte que cette situation conduit à *prendre* l'État colonial, et non pas à construire un État national. Comme nous avons l'habitude de dire, il ne suffit pas de remplacer «les fesses des uns par celles des autres, il faut aussi changer complètement les chaises sur lesquelles on devra s'asseoir». Il devrait donc y avoir rupture pour créer quelque chose de nouveau.

[52] Par exemple, le MPLA/État a créé des appareils répressifs à l'image de ceux qu'il dénonçait à l'époque coloniale. La DISA ressemblait étrangement à la PIDE.

[53] Nous poursuivons cette démarche en essayant d'étudier la formation de l'État en Angola. Voir Daniel dos Santos, 1987: 141-159; 2006: 31-48; 2007: 95-125 et 2009.

cette situation particulière: dans le cas des sociétés périphériques africaines où les problèmes à résoudre sont immenses et ne sont plus ceux de l'État colonial, et où les forces économiques et politiques dominantes dans le cadre de la mondialisation sont prêtes à tout pour sauvegarder leurs intérêts, doit-on donner la primauté à la société politique pour bâtir une hégémonie nationale et émancipatrice ou, au contraire, privilégier la réalisation d'une conscience collective démocratique? Le rôle joué par les intellectuels angolais au sein du MPLA dans la libération nationale est maintenant un fait historique, mais il continue de se poser dans les mêmes termes. Aussi la question est-elle de savoir si les intellectuels doivent être organiques aux faibles sociétés civiles angolaises, ce qui suppose travailler pour qu'elles deviennent des réalités concrètes, ou organiques au parti/État et assurer ainsi la reproduction sociale.

Nous devons donc conclure que la tâche des intellectuels angolais est inachevée et qu'elle doit se poursuivre aujourd'hui, dans le sens que nous propose cet intellectuel organique qui était Edward W. Said:

> «...le rôle public de l'intellectuel comme un *outsider*, *amateur* et fauteur de troubles remettant en question le statu quo», [et dont] «l'une des tâches est de s'efforcer de briser les stéréotypes et les catégories réductrices qui limitent tellement la pensée humaine et la communication.»... «Les intellectuels sont justement les personnages dont les performances publiques ne peuvent pas être prévues ni réduites à un slogan, à une ligne partisane orthodoxe ou à un dogme figé» et s'adressent «à une audience aussi large que possible, qui constitue sa base politique naturelle.»[54]

---

[54] Edward W. Said, 1996: x, xi, xii et xiii (notre traduction).

Bibliographie

AMSELLE, Jean-Loup, *Branchements. Anthropologie de l'universalité des cultures*, Paris, Flammarion, 2001.
Logiques métisses: anthropologie de l'identité en Afrique et ailleurs, Paris, Payot, 1990/1999.
AMSELLE, Jean-Loup et M'Bokolo, Elikia, *Au Coeur de l'ethnie. Ethnies, tribalisme et État en Afrique*, Paris, Éditions La Découverte, 1985/1999.
ANDERSON, Benedict, *L'imaginaire national. Réflexions sur l'origine et l'essor du nationalisme*, Paris, Éditions La Découverte, 2002.
BAUMAN, Zygmunt, *Identité*, Paris, L'Herne, 2010.
La décadence des intellectuels: des législateurs aux interprètes, Rouergue/Arles, Éditions Jacqueline Chambon/Actes Sud, 2007.
BAYART, Jean-François, *Le crime transnational et la formation de l'État*, Politique africaine, 1993, mars 2004: 93-104.
BAYART, Jean-François; Mbembe, Achille et Toulabor, Comi, *La politique par le bas en Afrique noire*, Paris, Éditions Karthala, 2008.
BAYART, Jean-François; Ellis, Stephen et Hibou, Béatrice, *La criminalisation de l'État en Afrique*, Bruxelles, Éditions Complexe, 1997.
BITTENCOURT, Marcelo, «Estamos juntos!». *O MPLA e a luta anticolonial* (2 volumes), Luanda, Editorial Kilombelombe, 2008.
Angola: Intelectuais et luta pela independência, X Encontro Regional de História – ANPUH-RJ, Universidade do Estado do Rio de Janeiro, 2002 (www.rj.anpuh.org/resources/rj/Anais/2002/.../Bittencourt%20Marcelo.doc, retirado em 2002/02/12).
BRAGANÇA, Aquino de et Wallerstein, Immanuel, *Quem é o inimigo?* (Vol.I – Anatomia do colonialismo, Vol.II – Os movimentos de libertação nacional et Vol.III – A estratégia de libertação), Lisboa, Iniciativas Editoriais, 1978.
BRIEUX, *Angola An III*, Paris, Éditions Rupture, 1980.
BURKE, Peter, *Cultural Hybridity*, Cambridge (UK), Polity Press, 2009.
CABRAL, Amílcar, *Unité et lutte* (I. L'arme de la théorie et II. La pra-tique révolutionnaire), Paris, François Maspéro, 1975.
CARREIRA, Iko, *O pensamento estratégico de Agostinho Neto*, Lisboa, Publicações Dom Quixote, 1996.
CAHEN, Michel *Postface: Militante de la connaissance* in Christine Messiant, *L'Angola postcolonial* (Volume 2. Sociologie politique d'une oléocratie), Paris, Éditions Karthala, 2008: 395-415.
CAILLÉ, Alain, *La démission des clercs. La crise des sciences sociales et l'oubli du politique*, Paris, Éditions La Découverte, 1993.

CHABAL, Patrick et Daloz, Jean-Pascal, *Africa Works. Disorder as Political Instrument*, Oxford, James Currey et Bloomington, Indiana University Press, 1999.

CLINGTON, Mário de Sousa, *Angola libre?* Paris, Gallimard, 1975.

DÁSKALOS, Sócrates, *Um testemunho para a História de Angola. Do Huambo ao Huambo*, Lisboa, Vega, 2000.

DA CRUZ, Viriato *Des responsabilités de l'intellectuel noir*, *Présence Africaine*, 27-28, 1959: 321-339.

Angola, quelle indépendance? Révolution, 6, février 1964 : 5-16.

DE ANDRADE, Mário, *Origens do nacionalismo Africano*, Lisboa, Publicações Dom Quixote, 1997.

Les rebelles de Ziegler. Une caricature de Fanon, *L'Esprit*, 10-11, octobre/ novembre 1984: 293-297.

DE LA BOÉTIE, Étienne, *Discours de la servitude volontaire*, Paris, Éditions Mille et une nuits, 1576/1995.

D.E.P.I./M.P.L.A. *Sobre o movimento de rectificação*, Luanda, D.E.P.I., 1978.

DOS SANTOS, Daniel, *Contar uma história e fazendo história. Elementos para uma análise histórica da justiça em Angola*, *Revista Ciências Sociais*, 15, 2, 2009 : 117-133.

A formação do Estado em Angola na época da globalização, *Antropolítica, Revista Contemporânea de Antropologia e Ciência Política*, 22, 1er semestre 2007: 95-125.

O direito costumeiro e a formação do Estado Africano, *Revista Ciências Sociais*, 12, 1, 2006: 31-48.

Sociedade política e formação social angolana (1975-1985), *Estudos Afro-Asiáticos*, 32, dezembro 1997: 209-220.

L'Angola à la croisé des chemins: la démocratie, le pouvoir politique et la Constitution, Gérard Conac, Françoise Dreyfus et José Oscar Monteiro (dir.) *L'Afrique du Sud en transition. Réconciliation et coopération en Afrique Australe*, Paris, Economica, 1995: 249-266.

L'État périphérique et les classes sociales, référence particulière à l'Afrique, *Critiques socialistes*, 3, Automne 1987: 141-159.

DUVIGNAUD, Jean *Nous et les autres*, *Internationale de l'imaginaire*, Nouvelle Série, 10, 1999: 51-56.

ECO, Umberto, *Dire presque la même chose. Expériences de traduction*, Paris, Éditions Grasset & Fasquelle, 2006.

ESPOSITO, Roberto, *Comunitas. Origine et destin de la communauté*, Paris, Presses Universitaires de France, 2000a.

«Communauté» ne signifie pas identité, mais altérité, *Le Monde*, 19 décembre 2000b: 18.

FERREIRA, Manuel Ennes, *Angola-Portugal. Do Espaço Económico às relações pós-coloniais*, Lisboa, Escher, 1990.
GONÇALVES, António Custódio *Identités et altérités en Angola: enjeux et défis*, Chryssoula Contantopoulou (dir.) *Altérité, mythes et réalités*, Paris, L'Harmattan, 1999: 161-171
GRAMSCI, Antonio, *Œuvres choisies*, Paris, Éditions Sociales, 1959.
Prison Notebooks, New York, International Publihers, 1978.
HAZOUME, Guy-Landry, *Idéologies tribalistes et nation en Afrique*, Paris, Présence Africaine, 1972.
JOSEPH, Isaac, *La ville sans qualités*, La Tour d'Aigues, Éditions de l'Aube, 1998.
LABAN, Michel, *Mário Pinto de Andrade. Uma entrevista*, Lisboa, Edições João Sá da Costa, 1997.
MESSIANT, Christine, L'*Angola postcolonial* (Volume 1. Guerre et paix sans démocratisation; Volume 2. Sociologie politique d'une oléocratie), Paris, Éditions Karthala, 2008.
Viriato da Cruz em Pequim: as provações de um revolucionário angolano. Esboço de um percurso e tentativa de interpretação, in Michel Laban (ed.). *Viriato da Cruz. Cartas de Pequim*, Luanda, Chá de Caxinde, 2004 : 215-360.
MANIFESTO APELO A TODOS OS MILITANTES E QUADROS DO MPLA, Brazzaville/Lusaka/Luanda, Revolta Activa, 1974.
MINISTÉRIO DA DEFESA, *O fraccionismo*, Luanda, Ministério da Defesa, 1978.
MOITA, Luís, *Os congressos da Frelimo, do PAIGC e do MPLA*, Lisboa, Ulmeiro, 1979.
NANCY, Jean-Luc, *Identité. Fragments, franchises*, Paris, Éditions Galilée, 2010.
NETO, Agostinho, *O que é o fraccionismo*, Luanda, Departamento de Orientação Revolucionária (DOR), 1977.
NETO, Ana Maria, *Industrialização de Angola. Reflexão sobre a experiência da administração portuguesa, 1961-1975*, Lisboa, Escher, 1991.
PORTELLI, Hugues, *Gramsci y el bloque histórico*, México/Madrid, Siglo Veintiuno Editores, 1978.
ROCHA, Edmundo, *Contribuição ao estudo da génese do nacionalismo moderno angolano (período de 1950-1964)*, Luanda, Editorial Kilombelombe, 2003.
ROCHA, Edmundo, Soares, F. et Fernandes, M., *Viriato da Cruz. O homen e o mito*, Luanda, Chá de Caxinde, 2008.
SAID, Edward W., *Representations of the Intellectual. The 1993 Reith Lectures*, New York, Vintage Books/Random House, 1996.
SANTOS, Fernando Barciela, *Angola na hora dramática da descolonização*, Lisboa Prelo Editora, 1975.
SERRANO, Carlos, *Angola, nascimento de uma nação*, Luanda, Editorial Kilombelombe, 2008.

SYLLA, Lanciné, *Tribalisme et parti unique en Afrique Noire*, Paris, Presses de la Fondation des Sciences Politique, 1977.
TORRES, Adelino, *Uma fresta no tempo seguida de Ironias*, Lisboa, Edições Colibri, 2008.
– *Angola: conflitos políticos e sistema social (1928-1930)*. Estudos Afro-Asiáticos, 32, Dezembro 1997: 163-183.
– *Mécanismes de la Zone Escudo (années 60-70). La Zone Escudo et l'«Espace Économique Portugais» ont-ils favorisé le développement du Portugal et de ses colonies d'Afrique?*, Colloque «La France et l'Outre-Mer – Un siècle de relations monétaires et financières*, Paris, Ministère de l'Économie et des Finances, 13-15 Novembre 1996 (http://www.adelinotorres.com, extrait le 08/11/2005).
– *Le processus d'urbanisation de l'Angola pendant la période coloniale (années 1940-1970)*, Michel Cahen (dir.) *Bourgs et villes en Afrique Lusophone*, Paris, L'Harmattan, 1989: 98-117.
– *Balança de pagamentos e integração de Angola nos finais do período colonial*, Estudos de Economia, III, 3, 1983: 313-329.
TALI, Jean-Michel Mabeko, *Dissidências e poder de Estado: O MPLA perante si próprio (1962-1977)* (2 volumes), Luanda, Editorial Nzila, 2001.
YOUNG, Robert J. C., *Desejo colonial. Hibridismo em teoria, cultura e raça*, S. Paulo, Editora Perspectiva, 2005.

Remarque:

Nous avons reconstitué l'ensemble des documents officiels sur la période concernée, publiés par la direction historique du MPLA, la Révolte de l'Est et la Révolte active, le plus souvent ronéotypés, ainsi que des coupures de presse étrangère (portugaise, française, anglaise et américaine) et coloniale (angolaise). Ces documents sont très pertinents puisqu'il sont révélateurs des actions, positions et pratiques des différents acteurs. Nous avons pu nous entretenir avec plusieurs acteurs individuels des trois «tendances», dont nous respectons la confidentialité, même si certains sont décédés, entre-temps. Finalement nous avons aussi eu l'occasion d'être nous-mêmes, pendant la même période, un «observateur participant» qui élaborait ce que les anthropologues brésiliens appelent des «cadernos de campo».

O ensino universitário em economia e gestão e a *internet:*

Resultados de um Inquérito às opiniões e práticas dos docentes

*Elsa Fontainha**

Introdução

> *"O tecto da sala de aula desapareceu e as paredes passaram a envolver o Globo"*
>
> BENJAMIM DARROW (1932)
> "Radio: The Assistant Teacher"

A utilização crescente da *Internet*[1] no ensino e na aprendizagem em geral e no ensino universitário em particular justifica um melhor conhecimento das práticas, motivações e resultados de professores e alunos em relação a esse aspecto.

A presente investigação pretende responder às seguintes questões: Quais são as formas de uso da *Internet* utilizadas no ensino da Economia e da Gestão? Qual a atitude dos docentes em relação às vantagens e desvantagens do seu uso? Que factores afectam as práticas e opiniões dos professores?

---

* ISEG-UTL, Departamento de Economia; elmano@iseg.utl.pt

A *Internet* é utilizada em múltiplas áreas do ensino universitário. No caso do ensino da economia e da gestão, os recursos educacionais disponibilizados, alguns gratuitamente, por indivíduos, instituições ligadas ao ensino e empresas são abundantes e crescentes.

Na Europa, nos últimos anos multiplicam-se os programas, iniciativas e projectos que procuram para os diferentes níveis de ensino e formação, estudar e desenvolver o uso das tecnologias de informação e comunicação (TIC) quer no ensino à distância quer no ensino presencial. A descrição e documentação relativa a essa actividade no âmbito da União Europeia pode ser encontrada em numerosos sítios da *Web*.[2] Alguns projectos europeus envolvendo universidades de diferentes países permitem conhecer e comparar metodologias e conteúdos do ensino universitário.[3]

Existem também recursos educativos de acesso livre como, por exemplo, o *MIT OpenCourseWare* onde é possível encontrar materiais de ensino para cerca de 1700 disciplinas, das quais 137

---

[1] Na linguagem comum *Internet* e *World Wide Web* são, por vezes, erradamente usados como sinónimos. No entanto, a *World Wide Web* é apenas uma das componentes da *Internet*. A *Internet* permite por exemplo enviar e receber correio electrónico, conversar ou pesquisar informação. Para o conceito adoptado pelo EUROSTAT ver (http://cordis.europa.eu/cerif/src/glossary.htm:.

[2] Alguns desses *sítios* no âmbito da União Europeia:
http://ec.europa.eu/education/programmes/elearning/index_en.html
http://ec.europa.eu/information_society/eeurope/i2010/index_en.htm
http://ec.europa.eu/dgs/information_society/index_en.htm
http://www.elearningeuropa.info/main/index.php?page=home
http://ec.europa.eu/dgs/education_culture/index_en.html
Para uma súmula da política da União Europeia relacionando a Sociedade da Informação e o Sector Educativo ver *European Commission* (2006).

[3] Para um exemplo de um dos projectos em que participou o IST-UTL, sobre o ensino da engenharia em quatro universidades europeias consultar http://www.lei.ucl.ac.be/multimedia/eLEE/PO/guide/resultats.htm. (Resende, Silva et al. 2004)

são de Gestão e 60 de Economia.⁴ Na Europa, são diversos os projectos de difusão de materiais de ensino, destacando-se, entre outros a *Open University* do Reino Unido.⁵

Para o apoio específico a leccionação e aprendizagem da Economia e da Gestão, em particular aos níveis correspondentes ao 1.º Ciclo de Bolonha, existem numerosos sítios de acesso livre ou restrito, principalmente em língua inglesa. Na página *Resources for Economists* (http://www.aeaweb.org/rfe/) editada por Bill Goffe, são listados inúmeros recursos para o ensino da economia.⁶ No *Journal of Economic Education* na secção *On line* da responsabilidade de Kim Sosin⁷, é apresentada desde há anos uma selecção comentada de sítios com recursos para o ensino da economia (Sosin e Becker 2000).

As grandes empresas editoras de manuais universitários facultam, com acesso condicionado, a professores e a alunos, diversos materiais.⁸

---

⁴ As cadeiras de Gestão encontram-se em http://ocw.mit.edu/OcwWeb/Sloan-School-of-Management/index.htm e as de Economia em http://ocw.mit.edu/OcwWeb/web/courses/courses/index.htm#Economics. Seis desses cursos de Economia encontram-se também disponíveis em língua portuguesa, seis de Economia e dez de gestão nos sítios : http://www.universiabrasil.net/mit/index.jsp?codcategoria=9 e http://www.universiabrasil.net/mit/index.jsp?codcategoria=4. (páginas acedidas em 3 de Setembro 2007)

⁵ A *Open University UK* (http://openlearn.open.ac.uk/) constitui um paradigma a nível europeu. Outros recursos podem ser encontrados por exemplo associados à Universidade de Lovaina: http://info.melt-project.eu, http://www.mace-project.eu/, http://ariadne.cs.kuleuven.be/alocom/, http://globe-info.org/.

⁶ O sítio de *Resources for Economists* possui várias actualizações anuais.

⁷ Todos os artigos incluídos nessa secção podem ser acedidos a partir de http://www.indiana.edu/~econed/onlinehome.htm.

⁸ Entre os materiais disponibilizados pela editora de um manual de economia de nível introdutório que é adoptado em muitas Escolas de Economia em todo o mundo encontram-se: manual em formato digital, notas das aulas, apresentações *Power Point* das Aulas, tabela comparativa com outros manuais, contactos com os autores, manual do professor, testes de resposta múltipla para resposta

A literatura sobre o uso de novas tecnologias no ensino da economia, segundo Grimes e Ray (1993) numa das primeiras resenhas sobre o assunto, reparte-se por cinco áreas principais: a) descrições das experiências de funcionamento de programas e cursos; b) apresentações de novos programas informáticos; c) análises críticas do *software*; d) conhecimento dos modos de utilização do computador na sala de aula; e) inquéritos e análises empíricas dos resultados dessas inovações.

O presente artigo, focando os dois últimos aspectos estrutura--se da seguinte forma: no ponto seguinte será efectuada uma resenha breve da literatura relevante face às questões a investigar. Em seguida, é apresentado o conteúdo, procedimentos e limitações do inquérito "O Ensino Universitário e a *Internet*" efectuado pela autora em 2006. No ponto 3 são expostos e discutidos os resultados em relação aos usos e opiniões sobre a *Internet*. Finalmente, no último ponto, conclui-se e apresentam-se pistas de investigação futura.

1. A Internet no ensino da economia e da gestão

Os métodos de ensino da economia são analisados em duas obras colectivas, uma editada por Becker e Watts (2001) e outra por Becker, Watts e Becker (2006). Em ambas são analisadas formas de ensino (e.g. estudo de casos, experiências), o papel das TIC e modos de avaliação de conhecimentos.

As vantagens e desvantagens do uso da *Internet*, as potencialidades e resultados são discutidos nessas duas obras. Sosin e Goffe (2006) procedem a um resumo da literatura recente em torno de duas questões: evidência empírica do efeito dos usos das TIC na melhoria da dimensão cognitiva e afectiva do ensino; o

---

on line e avaliação automática, notícias de imprensa relativas aos assuntos estudados, vídeos de aulas, bases de dados para tratamento estatístico, ligações para outros recursos, programas de gestão de turmas e disciplinas (um exemplo é o *Discover Econ*).

custo para o professor da adopção de tecnologias mais elaboradas que o *email* e as páginas *Web*. São apresentados resultados de diversos estudos, nem sempre convergentes quanto à quantificação dos benefícios, eficiência e eficácia do uso dos computadores e da *Internet* no ensino da economia (Sosin e Goffe 2006).

Algumas abordagens gerais podem ser encontradas também em Agarwall e Edward (1998), Becker (2000), Navarro (2000), Dori, *et* al. (2002), Hamid (2002), Hannatin (2003), Marriott *et* al. (2004), Prensky (2007), Robert (2003), Selwyn (2007).

Sobre o ensino da economia na Europa, Gärtner (2001) apresenta um resumo de alguns aspectos. Uma súmula da literatura em relação aos EUA foi apresentada por Becker (1997).

Muitos estudos empíricos assentam em estudos de caso (um método, disciplina ou turma). Por exemplo, o caso específico das disciplinas de estatística e econometria (Becker e Green 2001) a introdução à economia (Haworth e Davidson 2000; Coats *et* al. 2004) e os princípios de microeconomia. Quanto aos métodos, as potencialidades e efeitos das apresentações *Power Point* (Parks 1999), o recurso a gráficos (Elchanam *et* al 2001) e as simulações são alguns dos aspectos investigados.

2. Questionário "o ensino universitário e a *Internet*"

Existe um conhecimento insuficiente da utilização das Tecnologias da Informação e da Comunicação (TIC) em conjugação com o ensino presencial (de modo síncrono ou assíncrono), assim como dos respectivos efeitos desse uso sobre alunos, docentes e o ensino em geral. A eficiência das TIC no ensino e aprendizagem, depende também das competências e atitudes dos utilizadores, outro aspecto que carece de investigação empírica ampla e aprofundada.

A utilização das TIC e em particular da *Internet* no ensino têm vindo a ser conhecida através de informação recolhida por questionários de âmbito diverso. Muitas vezes esses questionários são efectuados em pequena escala (uma turma ou uma disciplina).

Alguns inquéritos de âmbito mais amplo são contudo levados a cabo por instituições de ensino ou institutos estatísticos. Seguem--se alguns exemplos.

O EUROSTAT, para além da produção regular de estatísticas relativas à educação que incluem informação sobre o uso das TIC, promove anualmente inquéritos específicos sobre o uso da *Internet* nas famílias e pelos indivíduos (EUROSTAT 2005 e 2006). Os estudantes são dos grupos populacionais que usam a *Internet* com maior regularidade. Em Portugal, 88% dos estudantes usam a *Internet* pelo menos uma vez por semana (na EU15 81%) e são raros os que nunca a usaram, 4% (na EU 7%). Estes resultados quanto à posição relativa dos estudantes portugueses, contrasta com os valores obtidos para o conjunto da população portuguesa. Portugal encontra-se bastante abaixo da utilização na EU, pois em 2005 apenas 28% da população usa a *Internet* pelo menos uma vez por semana (na EU15 46% e na EU25 43%) e os que nunca usam a *Internet* elevam-se as mais de metade (63% da população portuguesa) sendo na EU15 40% e na EU25 43%. (EUROSTAT 2006).[9]

A OECD publicou recentemente os resultados de um questionário internacional sobre o uso e a produção de recursos educacionais de acesso livre (*Open Educational Resources – OER*) onde identifica , no início de 2007 a existência de 3000 disciplinas de acesso livre envolvendo cerca de 300 universidades. As motivações dos indivíduos e das instituições para usar, produzir e partilhar esses recursos são tecnológicas, económicas sociais e legais. A disponibilidade de infraestruturas de TIC, equipamento e programas tornam mais barata e fácil a produção e uso desses recursos educacionais. Foram identificados quatro tipos de incentivos para a utilização pelos professores desses recursos: uma motivação altruísta apoiada nos valores académicos; ganhos não monetários como a reputação; obtenção de publicidade para alcançar o

---

[9] Indicadores de funcionamento não estão ainda integrados na informação essencial em relação à educação divulgada pela Comissão Europeia, como recentes publicações testemunham (European Comission 2007).

mercado mais facilmente; não ser compensador o esforço de fechar o acesso aos recursos (CERI-OECD 2007).

Nos EUA, no âmbito do ensino da economia, a nível do ensino superior ou ensino secundário vários questionários foram realizados. Existe um inquérito apoiado pela *American Economic Association* que já teve várias edições (Watts e Becker 2006; Harter *et* al. 2007) Outros questionários efectuados nos EUA foram os de Sax (1996) e o de Blecha (2001).[10]

2.1. Antecedentes do Questionário: Análise de conteúdo de páginas de disciplinas de Economia

O caso português, no que se refere ao ensino da Economia e da Gestão, foi anteriormente estudado com base na análise do conteúdo de cerca de 50 páginas de disciplinas de 15 Universidade Portuguesas (Fontainha 2003; Fontainha 2005; Fontainha 2006a), nos anos lectivos de 2002/2003 e 2004/5 tendo-se então concluído que" i) a *Internet* é fundamentalmente usada para a difusão dos tradicionais materiais de ensino tendo a utilização de ferramentas de aprendizagem interactiva *online* expressão muito reduzida; ii) a natureza das disciplinas influencia o uso da *Internet*; iii) os cursos com maior dimensão tendem a usar mais a *Internet*; iv) a construção de páginas de apoio às disciplinas é geralmente efectuada por um docente ou equipas de docentes" (Fontainha, 2005).

Os resultados dessa análise de conteúdo procuram ser aprofundados com o inquérito levado a cabo em 2006, "O Ensino Universitário e a *Internet*". O instrumento de inquirição foi divulgado por Fontainha e Gomes (2006), sendo os primeiros resultados

---

[10] O estudo, com o objectivo de avaliar a eficiência e a eficácia do uso de diferentes tecnologias no ensino da economia envolveu 67 cursos de introdução à economia onde se encontravam inscritos 3.986 alunos, 30 docentes e 15 instituições de ensino (Blecha 2001).

publicados em Fontainha (2006c) e difundidos em Fontainha e Gannon-Leary (2007). Este inquérito constitui, tanto quanto sabemos, o primeiro questionário em larga escala efectuado em Portugal sobre esta temática e em relação ao ensino da economia e da gestão.

2.2. Componentes do Questionário

O questionário, disponível na *Internet* numa versão de demonstração *(http://pascal.iseg.utl.pt/~elmano/eui/eui.html)* integra três componentes:

- o uso da *Internet* na actividade docente onde são indicadas 26 actividades;[11]
- opiniões sobre o uso da *Internet*, com base em 14 afirmações baseadas na literatura que discute as vantagens e desvantagens da *Internet* no ensino e no ensino da Economia e da Gestão em particular;
- elementos caracterizadores dos docentes inquiridos tais como o tipo de aulas leccionado, a dimensão das turmas, o nível dos cursos, os anos de experiência docente, a área científica das disciplinas leccionadas e o tempo médio diário ocupado na *Internet* e directamente relacionado com actividades de ensino.

2.3. Universo, Amostra e Metodologia

Do universo de professores da UTL, foram contactados todos os docentes para os quais existia disponibilização pública de endereço electrónico. Das sete Escolas da UTL apenas cinco são incluídas no presente estudo: Faculdade de Medicina Veterinária (FMV), Faculdade de Motricidade Humana (FMH), Instituto Superior de

---

[11] Existia ainda uma questão aberta para indicação de"outras actividades" para além das 26 listadas no formulário. No conjunto das 526 respostas apenas 3% assinalaram"outras actividades".

Agronomia (ISA), Instituto Superior de Economia e Gestão (ISEG) e Instituto Superior Técnico (IST).[12] Em 2005 leccionavam nessas cinco Escolas 82% dos docentes da UTL (RUTL 2006; REBIDES 2005). Predominam as áreas das Engenharias e da Economia e Gestão o que está de acordo com o peso que o IST e o ISEG detêm em relação ao total dos docentes da UTL, cerca de 64% (REBIDES, 2005). A taxa de resposta em relação ao universo considerado foi de 34%, e em relação à economia e gestão 42%.

A presente investigação centra-se nos docentes responsáveis pela formação dos futuros economistas e gestores (n=108), distribuindo-se os docentes que a ele responderam pelas seguintes áreas de ensino[13]: economia (49%), gestão (23%) matemática e estatística (14%) outras áreas (14%). O período de inquirição decorreu de Fevereiro a Abril de 2006.

A metodologia do inquérito, seguindo as recomendações de Dillman (2000) sobre este tipo de inquéritos foi a de um envio de *email* que incluía um *link* para o questionário *on line* cujo ecrã se encontra reproduzido no *Apêndice 1*.[14] A resposta era anónima e o instrumento de inquirição *on line* não podia ser acedido por uma pesquisa geral da *Internet*. Nas escalas de opinião foram apresentados cinco níveis com o significados discutidos em Ghiglione e Matalon (1985). Para uma versão demonstrativa do questionário em português pode ser visitada a página *(http://pascal.iseg.utl.pt/ ~elmano/eui/eui.html)*.

---

[12] A não inclusão nos dados apresentados da Faculdade de Arquitectura (FA) e do Instituto Superior de Ciências Sociais e Políticas (ISCSP) resulta da insuficiente disponibilização pública dos endereços electrónicos dos docentes.

[13] Os docentes dos cursos de Economia e Gestão são do Instituto Superior de Economia e Gestão (ISEG) da Universidade Técnica de Lisboa (UTL). Noutras Escolas da UTL são também leccionadas disciplinas de Economia e de Gestão. Contudo essas respostas não estão incluídas na presente análise em virtude do objecto da investigação ser a Formação dos Economistas e dos Gestores.

[14] Para além da resposta *on line*, alternativamente, poderiam ser remetidas como anexo a mensagem electrónica, por fax ou por via postal. Apenas 2 respondentes, num total de 526 optaram por outra via que não a resposta *on line*.

Refira-se como limites ao questionário, entre outros, dois aspectos: a limitação dos *emails* disponíveis condicionou a representatividade da amostra e os resultados são afectados devido ao modo de envio e recepção do questionário.

3. Resultados

3.1. *As Formas de Utilização da* Internet

Se quando do seu aparecimento a discussão era sobre a inclusão da *Internet* no ensino, actualmente, o seu uso é generalizado e a discussão centra-se nas formas mais adequadas de o fazer. Nas palavras de dois docentes inquiridos:

"Como afirmou o genial Faraday quando questionado sobre o interesse da recém descoberta indução electromagnética: para que serve um bebé? O bebé cresceu. A Internet está aí...".

"Confesso [que não sei] como é que alguém pode ensinar seja o que for hoje em dia na Universidade sem levar a Internet em consideração, seja como fonte de referências seja como meio de comunicação IMHO[15], tal faz já parte natural do paradigma..."

Os domínios em que a *Internet* pode apoiar o ensino da economia são múltiplos:

– como veículo de comunicação: correio electrónico para transmissão de informação, recepção e resposta a dúvidas dos alunos, contactos entre alunos e docentes da mesma instituição ou de instituições que se podem situar a milhares de quilómetros;
– como uma biblioteca e repositório de bases de dados estatísticos necessários à realização de trabalhos e exercícios;

---

[15] O termo *IMHO"in my humble opinion"* é usado correntemente por exemplo nas comunicações *on-line*, nas mensagens de *email*, e *fora* de discussão.

- disponibilizando programas informáticos para tratamento da informação, realização de jogos e simulações;
- permitindo aceder a *software* de gestão de cursos ou turmas[16] e construção de página de disciplina ou de turma;
- instrumento de auto aprendizagem;
- ilustração de fenómenos reais relativos à Economia ou à Gestão.

Os resultados para os docentes de Economia e Gestão não são significativamente diferentes das restantes áreas de ensino (**Figura 1**). A troca de *emails* com colegas e alunos é uma prática generalizada, pois mais de 90% dos docentes afirmam usá-la e a utilização durante as aulas é realizada por cerca de 35%. Em comparação com o conjunto dos inquiridos (n=526), os docentes dos cursos de Economia e Gestão (n=108) utilizam mais a *Internet* durante as aulas.

A combinação do uso nas aulas e fora delas é assim resumido por um inquirido:

"A estratégia a seguir deve passar pelo que se designa por Blended Learning com a utilização das ferramentas quer em modo síncrono quer, principalmente, em modo assíncrono."

Um outro docente sumaria do seguinte modo a sua actividade destacando também o cuidado em não sobrevalorizar a forma em detrimento do conteúdo:

"Na minha actividade docente a Internet serve para: Disponibilizar resumos da matéria e material de apoio aos alunos; Colocar enun-

---

[16] Existe vário *software* de gestão de cursos (*CMS, Course management software*). São exemplos o *Blackboard* e o *WeBCT*. Em Portugal existem experiências do uso destes programas, que variam também quanto às possibilidades de adaptação. O *Aplia*, a que se encontra ligado o economista Paul Romer, permite a adopção de diferentes manuais para os quais dispõe de conjuntos de questionários e exemplificações. Também o *Eco Discover* ligado a uma editora está associado a diferentes manuais por ela publicados. O *Moodle* e o *Sakai* são dois programas de acesso livre adoptado por muitas escolas de diversos graus de ensino.

ciados de exercícios; Colocar as resoluções de exames; Dar aos alunos links de outras páginas com matéria relacionada e applets que poderão servir como motivação; Afixar notas, avisos, sumários. Serve assim de registo à actividade da cadeira, motiva alguns alunos, é fonte de muita informação, mas não se deve sobrevalorizar o seu papel. A única maneira de aprender é sentar e estudar. Estudar continua a ser a parte essencial."

O *email* constitui actualmente um veículo corrente de comunicação, o que está a alterar o ensino e a investigação em economia. Desde o seu aparecimento, a difusão da correspondência electrónica tem sido notável.[17] E como adiante veremos o aumento da comunicação entre o professor e os alunos como efeito da *Internet* merece a concordância de cerca de 80% dos inquiridos. Menos de 10% discordam desse aumento. A afirmação seguinte ilustra essa opinião minoritária:

"A Internet serve sobretudo para acedermos a uma quantidade enorme de conteúdos produzidos nos locais mais variados e para distribuirmos facilmente os conteúdos que produzimos aos alunos. No ensino, o essencial continua a ser a comunicação Professor-Aluno e essa não se altera com a Internet."

As apresentações das aulas em *Power Point* ou disponibilização aos alunos são usadas por cerca de 60% dos inquiridos. Esta prática tem prós e contras conforme discutido por Parks (1999).

O uso de bases de dados por cerca de metade dos docentes é também mais intenso que no caso geral o que se relaciona com a natureza das matérias leccionadas e com os materiais disponíveis[18].

---

[17] Ilustrativo das modificações nesse domínio, é o facto de um questionário realizado a professores norte americanos há cerca de sete anos *no âmbito do projecto Economics Technology Project-Andrew F.Mellon Foundation, incluir ainda cerca de 27 % das perguntas sobre a utilização do correio electrónico por parte dos docentes (frequência, funções, dificuldades de utilização, etc.). (Blecha 2001).*

[18] Existem sítios específicos de disponibilização de dados económicos que servem fins educativos. Dois exemplos: um europeu, o Euromacro (http://www.

Algumas formas relativamente recentes tais como os questionários interactivos, grupos de discussão, *blogs*[19], fóruns de discussão, *chats* e videoconferências, vídeos de aulas[20] são ainda pouco utilizadas (***Figura 2***). Ressalta neste aspecto a natureza das matérias leccionadas e os conhecimentos e capacidades específicas dos docentes que podem contribuir para um uso mais intenso e adequado dessas formas. É o caso por exemplo dos docentes cuja área de ensino é a Engenharia Informática (n=38), como é ilustrado na ***Figura 2***.[21] Os impactos dessas formas emergentes podem ser diferentes das correntes, como testemunha um docente:

"Já experimentei ferramentas de ensino à distância (webcast de aulas, chats em "real time" no horário da aula, etc). Aí sim senti uma diferença, principalmente na relação professor-aluno."

Os alunos disporem de equipamento informático individual com o qual podem interagir durante as aulas presenciais, prática que já ocorre em algumas aulas da UTL, é sugerido como uma técnica a desenvolver:

"Para além do uso da Internet o uso de PPCs nas aulas deveria ser incentivado. Nas aulas: projecção da informação a partir do PPC do

---

fgn.unisg.ch/eumacro/macrodata/) e um norte-americano, o *Ecomagic* (http://www.economagic.com/).

[19] Um dos Blogs mais visitados é o do professor *DeLong* (http://www.j-bradford-delong.net). Para uma breve apresentação do uso dos blogs no ensino da economia veja-se por exemplo http://www.economicsnetwork.ac.uk/showcase/ayres_blogs.htm (acesso em 3 de Setembro)

[20] Existem cursos disponíveis em que os recursos áudio e o vídeo possuem componentes importantes como por exemplo os disponibilizados pela Sloan School of Management em http://ocw.mit.edu/OcwWeb/web/courses/av/index.htm#SloanSchoolofManagement.

[21] Em algumas disciplinas dessa área de ensino é prática corrente a gravação integral de todas as aulas que são depois disponibilizadas aos alunos com acesso restrito. Um exemplo pode ser visitados no sítio da disciplina de Interface Pessoa Máquina (Instituto Superior Técnico, IST): https://fenix.ist.utl.pt/leic-taguspark-pb/disciplinas/2003/ipm/2006-2007/1-semestre/aulas-teoricas/programa-aulas-teoricas

docente, uso de pequenos utilitários nas aulas por parte dos alunos, discussão de andamento de trabalhos a partir da informação/trabalho já realizado pelos alunos, etc. No futuro todas as salas de aula de teóricas e teórico-práticas deveriam estar equipadas com projector de vídeo com ligação a PC portátil (do docente)."

Comunidades virtuais de aprendizagem, ou seja, redes de indivíduos que partilham um domínio de aprendizagem em relação ao qual comunicam *on-line*, partilham experiências, instrumentos e metodologias, problemas e soluções não foram identificadas. No entanto essas comunidades possuem um largo potencial enquanto modos informais de ensino e aprendizagem. (Gannon-Leary and Fontainha, 2007).

Um outro aspecto não identificado no questionário é a existência da designada "Universidade *iPod*" que é a gravação num formato específico (*podcasting*) de aulas que ficam disponíveis em

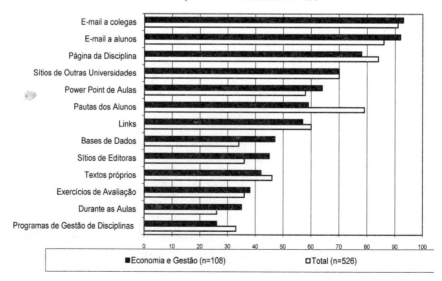

FIGURA 1 – **Utilização da Internet no Ensino Universitário**

formato digital para serem descarregadas nos equipamentos *iPod*. Este processo, ainda numa fase experimental, e existindo em muito poucas universidades[22], representa apenas uma nova forma da anterior difusão de aulas gravadas em formato áudio ou vídeo.

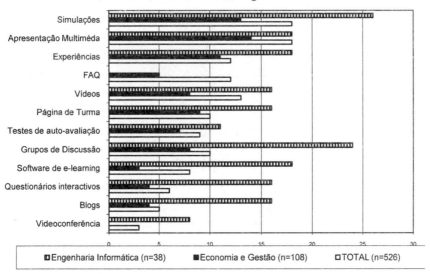

FIGURA 2 – **Utilização da Internet no Ensino Universitário**
Actividades Menos Frequentes
Total n= 526; Economia e Gestão n= 108; Engenharia Informática n=38[23]

---

[22] Em 2005 foi efectuado um balanço do primeiro ano da experiência de iPod University na Duke University cujo relatório se encontra disponível em: http://cit.duke.edu/pdf/reports/ipod_initiative_04_05.pdf (acesso em 3 de Setembro de 2007)

[23] Os docentes cuja área de docência é a Engenharia Informática, apresentam uma frequência de recurso às FAQ (Questões Mais Frequentes) de 63%, valor muito superior à média. Ao contrário dos resultados para as outras áreas representadas na Figura 2, trata-se de uma actividade frequente pelo que os valores para 'FAQ' não estão representados.

3.2. Vantagens e Desvantagens do uso da Internet no Ensino da Economia e da Gestão

Recordar a frase de Benjamim Darrow escrita há oito décadas com que iniciámos este texto, recorda-nos a prudência com que os impactos das novas tecnologias sobre o ensino devem ser encarados. As frases *"trazer o mundo para dentro da sala de aula"* ou *"disponibilizar para todos as lições dos melhores professores"*[24] aplicadas então à introdução da rádio no ensino, poderiam hoje ser atribuídas a um entusiasta do uso da *Internet* no ensino. O conhecimento continua a navegar nas ondas hertzianas, mas numa escala radicalmente maior viaja através da *Internet*.

Também Thomas Edison, criador do cinescópio escreveu em 1922 que "os filmes estão destinados a revolucionar o nosso sistema educativo e dentro de poucos anos irão *suplantar largamente, senão inteiramente o uso de manuais de ensino*"[25]. Passado quase um século, os manuais de ensino na forma digital são numerosos, os vídeos são aplicados ao ensino, mas, manuais e vídeos convivem em diferentes metodologias de ensino e aprendizagem.

É pois num contexto de possibilidades mas também de algumas limitações que as vantagens e desvantagens da *Internet* deverão nos nossos dias ser analisadas.

As vantagens mais destacadas pelos docentes quanto ao contributo da *Internet* para o ensino da Economia e da Gestão são: o aumento do intercâmbio de experiências pedagógicas, a melhoria da comunicação professor – aluno e o aumento da motivação dos alunos. Os níveis de concordância são, respectivamente, de 85%, 81% e 67%. Existe uma ampla concordância em relação a essa integração na docência ter mais vantagens do que desvantagens (87%) (**Quadros 1 e 2**). Essas opiniões, combinadas com prudência

---

[24] Darrow (1932). Curiosamente logo dez anos mais tarde, Reid, S. e Day, D. (1942) interrogavam-se sobre qual o efeito real sobre a aprendizagem dos alunos com a introdução do rádio.

[25] Sublinhados nossos.

em relação às respectivas potencialidades, é bem expressa nos seguintes comentários recebidos de três docentes participantes no inquérito:

> "A Internet é um meio que tanto pode ser usado bem como mal. Como qualquer outro meio. Depende portanto o seu interesse, fundamentalmente, do utilizador."

> "O uso da Internet veio modificar a nossa forma de estar no ensino universitário, mas creio que, sem dúvida, para melhor."

> "A Internet é uma ferramenta poderosa mas não faz milagres. Usada com bom senso é óbvio que pode ser extremamente útil, não sendo no entanto o essência".

Existe uma ampla concordância sobre a *Internet* alterar as formas de ensinar (85%) e exigir um esforço suplementar ao professor (71%), embora em relação ao último aspecto também se identifica a redução no tempo dispendido em algumas actividades docentes o que pode ser a razão de discordância ou neutralidade em relação ao esforço suplementar. Quatro docentes, entre outros, expressaram nos comentários a opinião relativa à existência (ou não) de esforço suplementar do docente:

> "Os processos de ensino/aprendizagem que utilizam a internet como ferramenta complementar não são alterados nos seus fundamentos essenciais. O bom professor continua a ter essencialmente o mesmo trabalho (por vezes mais porque tem a capacidade disponível(...)"

> "A Internet é mais um meio interessante, mas não deve ser totalitário pois impõe mudanças consumidoras de muito tempo se não foram equacionadas as necessárias sinergias."

> "O uso da Internet é, entre outras coisas, uma forma de poupar tempo. Não é necessário deslocar-me para efectuar certas coisas, sendo o mesmo verdade para os alunos (efectuar inscrições, etc.). O outro uso que quanto a mim é bastante importante é usar os locais das disciplinas como repositório centralizado de informação. Todos os materiais usados, todas as pautas, os enunciados dos exa-

mes (e, atempadamente, a sua resolução), etc. ficam online num mesmo local. Relacionado com isto, a coordenação entre os vários docentes da disciplina fica também mais simples".

"A actualização dos docentes exige tempo e, no caso das tecnologias, a universidade deveria contribuir com cursos (como faz noutras matérias)"

A criação de problemas técnicos por parte da *Internet* é identificada por 40% dos respondentes, sendo raros os que consideram que o ensino se desvia do essencial (3%) (**Quadro 2**).

3.3. *Efeitos da Intenet Sobre os Alunos – a Opinião dos Professores*

Os alunos que hoje frequentam a universidade, cresceram num ambiente digital, havendo quem recorra aos conceitos de 'geração digital' e 'geração *dowload*' para os caracterizar. Alguns autores destacam mesmo as diferenças em relação ao treino e apetência pelas TIC em comparação com as gerações a que pertencem a maioria dos docentes. Outros autores salientam aspectos associados ao processo cognitivo: menor capacidade de concentração por períodos longos, mas maior capacidade para obter informação aleatoriamente, preferência por uma informação rápida e por actividades que possam controlar.[26] Estas características entram em conflito com a aprendizagem, que exige reflexão, concentração e informação estruturada.

Muitas dos comentários recebidos no questionário incluem a necessidade de os estudantes conhecerem, compreenderem e terem competência para usarem a *Internet* de modo eficiente. De facto, o

---

[26] Prensky, M. (2002)"True Believers: Digital game-based learning in the military. Capítulo 10 in Digital Game-Based Learning, N.Y., McGraw-Hill, citado por Sosin e Goffe (2006).

uso da *Internet* como recurso útil ao ensino e aprendizagem está condicionado fortemente pelo grau de literacia no uso da *Internet* por parte dos professores e alunos. Essa literacia dos estudantes é claramente questionada em três dos comentários recebidos:

> *"O maior problema, é que por vezes os alunos "trabalham" na Internet: sem saber fazer uma selecção correcta dos sites; Pensam que é melhor do que as bibliotecas das universidades."*

> *"Penso que os alunos têm tendência a ler menos livros, indo buscar a informação (de forma pouco crítica) à Internet, e não sabendo muitas vezes graduar a sua qualidade."*

> *"Sendo cada vez mais difícil distinguir entre a "boa" e a "má" Internet, julgo que a actividade dos professores corre sérios riscos de se dissipar com o tempo, deixando os estudantes sem referências e sem rumo definido."*

As práticas e os resultados das TIC e os factores críticos de sucesso estão ainda longe de ser conhecidos em relação aos professores e alunos. Os alunos podem adoptar em relação às TIC diferentes estratégias (Selwyn, 2007). Os estudos empíricos disponíveis apontam para um aspecto positivo em relação ao uso da *Internet*: os alunos que durante a Licenciatura usaram folhas de cálculo e programas mais facilmente se integram na vida profissional (Sosin 1999).

Apesar da intensa comunicação por correio electrónico com os alunos (92%), e de 81% dos docentes concordarem que a *Internet* permite melhorar a comunicação entre professores e alunos, outras opiniões obtidas através do questionário sugerem algum desconhecimento por parte dos docentes quanto aos efeitos do uso da *Internet* sobre os alunos, em particular sobre a aprendizagem. De facto, se a resposta neutra (*0* na escala Likert de cinco pontos) for interpretada como indiferença ou ausência de opinião, quanto ao conhecimento dos docentes relativamente aos alunos é deficitário nos seguintes aspectos: aproveitamento (44%), assiduidade (34%), barreiras linguísticas (32%), capacidades de escrita (26%), fraude (23%) e motivação (23%) (**Quadro 1**).

O aspecto mais relevante é o de quase metade dos professores (44%) não está seguro quanto à melhoria no aproveitamento dos alunos e 9% discordam mesmo desse contributo. Ou seja, sem desviar o ensino do essencial (apenas 3% concordam) e sendo as vantagens superiores às desvantagens (87% concordam) não parece existir idêntica convergência de opinião quanto à Internet contribuir para um maior sucesso académico.

Os efeitos das tecnologias usadas no ensino da economia sobre o aproveitamento dos alunos foram estudados por Sosin *et* al. (2004) numa amostra de 30 docentes universitário e respectivos alunos de 15 instituições dos EUA tendo concluído que comparando as turmas com uso mais intenso de tecnologia com as de uso menos intenso, existia um impacto *positivo embora pequeno* da tecnologia. No entanto, o tipo de tecnologia e a matéria leccionada (por exemplo macroeconomia ou microeconomia) apresentavam diferentes resultados (Sosin et al. 2004).[27]

As opiniões recebidas por parte dos professores portugueses quanto ao efeito sobre o aproveitamento dos alunos (47% concordam, 44% são neutros e 9% discordam) não são assim contraditórias com os resultados obtidos para outros países em relação aos resultados efectivos do uso das TIC sobre a aprendizagem. Sendo o impacto mínimo e dependendo das disciplinas pode ser considerado nulo ou pouco significativo por parte dos docentes, explicando-se assim que menos de metade concordem com o efeito positivo sobre a aprendizagem.

---

[27] Itálicos não existentes no texto original. Algumas variáveis sob a forma dicotómica foram: uso de *Power Point*, envio de materiais do docente para os alunos por *email*, uso de programas de gestão de disciplinas (por exemplo WebCT ou Blackboard). (Sosin et al. 2004)

A preocupação em relação à falta de ética[28] e à necessidade de clarificar regras encontra-se nos seguintes comentários de dois inquiridos:

"Preocupa-me em particular no ensino [usando a Internet] a postura ética dos aluno. Devem ser comunicadas normas éticas(...)"

"(...) A avaliação de conhecimentos via internet é um óbvio encorajamento à fraude e só quem não fala com alunos directamente pode ignorar tal facto."

A fraude designada como ciber-plágio, ou seja, a cópia da *Internet* e o uso sem indicação das respectivas fontes, de textos, dados, imagens, sons ou programas e outros recursos disponíveis na *Internet* é uma prática crescente em todo o mundo. Segundo inquéritos efectuados em vários países, a prática do plágio com recurso à *Internet* encontra-se amplamente difundida. O ciber-plágio, constitui assim um argumento adicional para quem advoga o uso parcimonioso e selectivo da *Internet* no ensino.

Essa fraude, pode revestir várias formas (e.g. apropriação não referenciada de textos alheios, falta de ética em testes respondidos *on line*) e têm vindo a ser desenvolvidos programas e serviços para a sua detecção.[29] No caso português o ciber-plágio, poderá eventualmente assumir dimensão menor que noutros países devido à barreira linguística. Contudo, a respectiva detecção pode ser, pelo mesmo motivo, mais difícil.[30]

Cerca de um terço dos inquiridos concorda que a *Internet* aumenta a fraude nas provas de avaliação (**Quadro 1**). Assinale-se

---

[28] A ética académica é debatida na *Internet* em diversos sítios de Universidades (e.g. http://www.academicintegrity.org/)

[29] Por exemplo: http://www.plagiarism.org/, http://www.copycatchgold.com/, http://www.canexus.com/eve/index.shtml, http://integrity.castlerockresearch.com/.

[30] A experiência de alguns docentes contactados revela que a detecção do plágio em português é facilitada por traduções erradas ou imperfeitas de textos em inglês ou de textos em português disponibilizados em páginas brasileiras.

que em Portugal já foi realizado um estudo que abrangeu diversas universidades de economia e gestão e ela assumia uma dimensão considerável (Teixeira e Rocha 2007).

As capacidades de escrita que podem ser afectadas negativamente segundo alguns autores (Stoll 1995) não são considerados como problema para cerca de 40% dos professores (**Quadro 1**).

Para analisar se os docentes que ocupam mais tempo na Internet possuem diferentes opiniões, foi aplicado o teste do Qui-quadrado. As variáveis consideradas, ambas dicotómicas, foram: a opinião (concordância=1; discordância =0) quanto a aspectos relacionados com vantagens e desvantagens da *Internet* e o tempo ocupado diariamente na *Internet*, menos de uma hora ou uma hora ou mais. Os resultados mostram que as opiniões dos docentes sobre a motivação dos alunos, a comunicação entre professor e aluno e os resultados no aproveitamento, não são independentes do uso mais intenso da *Internet* pelos professores (**Quadro 3**).

4. Conclusões e investigação futura

Os resultados do inquérito "O Ensino Universitário e a *Internet*" contribuíram para um melhor conhecimento do uso da *Internet* no ensino em geral e no ensino da Economia e da Gestão em particular.

No que se refere ao ensino da economia e da gestão (n=108), verifica-se um uso da *Internet* pelos docentes em muitos aspectos similar ao das restantes áreas de ensino, com particular destaque para a criação de páginas de disciplina e uso de comunicação electrónica entre docentes e entre docentes e alunos.

No entanto, no recurso a bases de dados e na utilização durante as aulas, os docentes que ensinam os futuros economistas e gestores apresentam uma maior frequência de uso que as restantes áreas de ensino analisadas.

QUADRO 1 – **Efeitos do Uso da Internet nos Alunos na Perspectiva dos Docentes**
Cursos de Economia e Gestão EcGe (n=108) e Total (n=526)
(Resposta numa escala de Likert de 5 níveis: 2, 1, 0, -1, -2); 2="Concordo Totalmente"; -2= "Discordo Totalmente")

" O uso da Internet no ensino universitário...		N[31]	Média	Desvio Padrão	Concorda Totalmente %	Concorda %	Neutral %	Discorda %	Discorda Totalmente %
Aumenta a motivação dos alunos	(+)								
	EcGe	105	.62	.89	10	57	23	7	4	100
	Total	512	.58	.93	12	48	29	6	4	100
% EcGe-%Total			.04		-2	9	-6	1	0
Melhora a comunicação professor aluno	(+)								
	EcGe	108	1.04	.87	31	50	14	4	2	100
	Total	525	.98	.96	33	41	18	5	3	100
% EcGe-%Total			.06		-2	9	-4	-1	-1
Melhora o aproveitamento dos alunos	(+)								
	EcGe	106	.41	.75	4	43	44	7	2	100
	Total	518	.42	.88	10	35	45	8	3	100
% EcGe-%Total			.01		-6	8	-1	-1	-1
Prejudica a capacidade de Expressão escrita dos alunos	(-)								
	EcGe	106	-.26	1.12	2	29	26	27	16	100
	Total	512	-.26	1.15	6	21	31	25	17	100
% EcGe-%Total			0		-4	8	-5	2	-1

---

[31] Número de respostas válidas.

Torna o ensino mais individualizado	(+)								
	EcGe	106	-.09	.95	5	22	40	28	6	100
	Total	513	-.10	1.0	6	21	41	24	9	100
% EcGe-%Total				.01		-1	1	-1	4	-3
Aumenta a fraude nas provas de avaliação	(-)								
	EcGe	106	-.30	1.33	10	21	23	21	26	100
	Total	509	-.67	1.16	4	11	30	23	32	100
% EcGe-%Total				.37		6	10	-7	-2	-6
Reduz a assiduidade dos alunos nas aulas	(-)								
	EcGe	106	-.38	1.02	4	15	34	34	13	100
	Total	520	-.41	1.02	3	15	37	28	17	100
% EcGe-%Total				.03		1	0	-3	6	-4
Cria barreiras linguísticas aos alunos	(-)								
	EcGe	108	-.75	.87	1	6	32	42	20	100
	Total	517	-.88	.97	2	6	28	33	32	100
% EcGe-%Total				.13		-1	0	4	9	-12

Fonte: Inquérito "Ensino Universitário e *Internet*", Fevereiro-Abril 2006.

QUADRO 2 – **Efeitos do Uso da Internet**
Cursos de Economia e Gestão (EcGe) (n=108) e Total (n=526)

(Resposta numa escala de Likert de 5 níveis: 2, 1, 0, -1, -2); 2="Concordo Totalmente"; -2= "Discordo Totalmente")

" O uso da Internet no ensino universitário...	N[32]	Média	Desvio Padrão	Concorda Totalmente %	Concordo %	Neutral %	Discorda %	Discorda Totalmente %	
Tem mais vantagens que desvantagens									
EcGe	108	1.37	.76	52	35	11	2	0	100
Total	520	1.28	.80	45	42	10	2	1	100
% EcGe-%Total			.09	7	-7	1	0	-1	
Aumenta o intercâmbio de experiências pedagógicas									
EcGe	108	1.18	.78	36	49	12	2	1	100
Total	519	1.10	.82	33	48	16	2	1	100
% EcGe-%Total			.08	3	1	-4	0	0	
Altera as formas de ensinar									
EcGe	108	1.11	.78	32	53	12	3	1	100
Total	520	.93	.91	25	53	14	5	3	100
% EcGe-%Total			.26	7	0	-2	-2	-2	
Exige um esforço suplementar ao docente									
EcGe	107	.68	1.10	22	49	11	14	5	100
Total	518	.57	1.12	19	44	20	10	7	100
% EcGe-%Total			.11	3	5	-9	4	-2	
Desvia o ensino do essencial									
EcGe	108	-1.23	.80	0	3	15	39	44	100
Total	516	-1.10	.95	1	5	21	30	43	100
% EcGe-%Total			-.13	-1	-2	-6	9	1	

[32] Número de respostas válidas.

Cria problemas técnicos								
EcGe 108	-.02	1.06	2	38	28	21	11	100
Total 517	-1.15	1.17	5	29	28	20	17	100
% EcGe-%Total	1.13		-3	9	0	1	-6	

Fonte: Inquérito "Ensino Universitário e *Internet*", Fevereiro-Abril 2006.

QUADRO 3 – **Opinião sobre os efeitos sobre os alunos e uso da Internet pelos docentes**
Teste Qui-Quadrado
Docentes Inquiridos (n=526)
Opinião (concordância e discordância) e Tempo de Uso da Internet[33]

Opinião sobre o uso da Internet no ensino universitário...	N[34]	Valor[35]	Nível Signific.
Aumenta a motivação dos alunos	360	14,259	0,000
Melhora a comunicação professor aluno	424	8,844	0,003
Melhora o aproveitamento dos alunos	283	7,738	0,005
Prejudica a capacidade de Expressão escrita dos alunos	348	0,190	0,663
Torna o ensino mais individualizado	300	0,032	0,858
Aumenta a fraude nas provas de avaliação	355	5,208	0,022
Reduz a assiduidade dos alunos nas aulas	323	3,472	0,060
Cria barreiras linguísticas aos alunos	366	0,199	0,656

---

[33] "Tempo médio diário ocupado na Internet e directamente relacionado com actividades de ensino", conforme indicado no questionário. Para a construção da variável dicotómica, as duas categorias consideradas foram: menos de uma hora e uma hora ou mais.

[34] Número de respostas válidas. Porque algumas questões tiveram um número elevado de respostas neutras, o número de respostas válidas diferem bastante entre as diferentes questões.

[35] Os valores apresentados para o qui-quadrado não são os do qui-quadrado de Pearson simples mas sim os valores com a Correcção de Continuidade de Yates, que rectificam os primeiros da sobre-estimação do valor do qui-quadrado quando são consideradas duas variáveis dicotómicas.

Apesar de existir um largo consenso quanto às vantagens da *Internet* superarem as desvantagens e quanto às modificações das formas de ensino, aumentando também a troca de experiências pedagógicas, esse processo é acompanhado, segunda a opinião da maioria dos docentes, por um esforço adicional por parte do professor.

Quanto aos efeitos sobre os alunos e em particular sobre a sua aprendizagem, persistem áreas de relativa ignorância ou dúvida em relação aos efeitos positivos ou negativos. De facto, um terço ou mais dos docentes manifestaram-se neutros em relação aos efeitos de barreira linguística, redução de assiduidade, personalização do ensino e aproveitamento escolar. Estes resultados convergem com outros obtidos com diferentes metodologias e em diferentes contextos, alertando ainda para a necessidade de investigar de modo aprofundado esses efeitos sobre os alunos.

Outra linha de desenvolvimento da investigação consiste na interpretação das diferenças de opinião em relação às vantagens e desvantagens das TIC.

Presentemente o questionário está a ser organizado para aplicação a docentes em universidades europeias. Encontra-se ainda em preparação um questionário aos alunos que espelha algumas questões do questionário dos docentes.

Agradecimentos:

O Inquérito "O Ensino Universitário e a Internet" em que esta comunicação se baseou só foi possível de concretizar com a preciosa colaboração dos Colegas que nele participaram. A todos queremos expressar o nosso agradecimento. Dos múltiplos contributos recebidos na fase de preparação, aplicação, tratamento e análise do inquérito queremos ainda destacar os de E. Gendel, Margarida Fontes, Pat Gannon-Leary, Paul W. Grimes e Paulo Gomes. Os erros e omissões são obviamente da exclusiva responsabilidade da autora.

Referências

AGARWAL, R. e EDWARD, A. (1998), "The Impact of the Internet on Economic Education", *Journal of Economic Education*, pp. 99-110.

BECKER, W. E. e WATTS, M. (eds.) (2001), *Teaching economics to undergraduates: Alternatives to chalk and talk*. Edward Elgar.

BECKER, W. e WATTS, M. (2001), "Teaching Economics at the start of the 21th Century: Still Chalk and Talk", *American Economic Review*, vol. 91, n. 2, pp. 446-451.

BECKER, W. E. (1997), "Teaching Economics to Undergraduates", *Journal of Economic Literature*, vol. 35, pp. 1347-1373.

BECKER, W. (2000), "Teaching Economics in the 21st Century", *Journal of Economics Perspectives*, vol.14, n.1, pp. 109-119.

BECKER, W. E., WATTS, M. e BECKER, S.R. (eds.) (2006), *Teaching Economics: More Alternatives to Chalk and Talk*, Edward Elgar Press.

BLECHA, Betty (2001), Economics Technology Project, survey http://online.sfsu.edu/~bjblecha/etp (acesso em 3 de Setembro de 2007).

CENTRE FOR EDUCATIONAL RESEARCH AND INNOVATION CERI-OECD (2007), *Giving Knowledge for Free – The emergence of open educational resources*, Organisation for Economic Co-operation and Development OECD.

COATES, D. Humphreys, B. KANE, J. e VACHRIS, M. (2004), "No significant distance between face to face and on line instruction: evidence from principles of economics", *Economics of Education Review*, 23, p. 533-546.

DILLMAN, D.A. (2000), *Mail and Internet Surveys*, 2nd ed., John Wiley & Sons.

DORI, Y.J., TAL, R.T. e PELED, Y. (2002), "Characteristics of Science Teachers who Incorporate Web-Based Teaching", *Research in Science Education*, 32, p. 511--547.

ELCHANAM COHN, et al. (2001), "Do Graphs Promote Learning in Principles of Economics", *Journal of Economic Education*, Fall, 299-310.

EUROPEAN COMMISSION (2006), Information Society and Education: Linking European Policies, European Commission.

EUROPEAN COMMISSION (2007), Key data on Higher Education in Europe 2007 edition Indicators and Figures, Eurydice, European Commission.

EUROSTAT (2005), *Community Survey on ICT usage in households and by private individuals*, Eurostat, European Communities.

EUROSTAT (2006), Use of the Internet among individuals and enterprises, Statistics in fucous, 12/2006, Eurostat, European Communities.

FONTAINHA, E. (2003), "Using Web to Teach Economics – What the University Web Sites Reveal", *2º Encontro sobre o Ensino da Economia*, Universidade de Évora, Évora, Portugal, Fevereiro.

FONTAINHA, E. (2005), "A Internet na Formação dos Economistas em Portugal – o que revelam as páginas online", *1.º Congresso Nacional dos Economistas*, Secção: A formação dos Economistas, Ordem dos Economistas.

FONTAINHA, E. (2006a), "Using the Web to Teach Economics: What the Portuguese University Web Sites on Economics Courses Reveal", *American Economic Association Allied Social Science Associations (AEA) Annual Meeting*, Session "International Perspectives on Economic Education", Boston, Janeiro.

FONTAINHA, E. (2006b), "O Ensino Universitário e a Internet", [versão demonstrativa do questionário disponível em *http://pascal.iseg.utl.pt/~elmano/eui/eui.html*].

FONTAINHA, E. (2006c), "Internet at Portuguese Universities: Teachers' Opinions and Practices", *Proceedings of IADIS International Association for Development of the Information Society Virtual Multi Conference on Computer Science and Information Systems*, Maio, pp. 75-80.

FONTAINHA, E. e GOMES, P. (2006), "Ensino Universitário e Internet", poster, IV Simpósio Pedagogia na Universidade, Universidade Técnica de Lisboa, Fevereiro.

FONTAINHA, E. e GANNON-LEARY, P. (2007), "Web enhanced university courses – practices and teachers' opinions", poster, *CAL'07 Development, Disruption & Debate – D3*, org: ELSEVIER, Trinity College, Dublin, Março,.

GANNON-LEARY, P. e FONTAINHA, E. (2007), "Communities of Practice and Virtual Learning Communities: Benefits, Barriers and Success Factors", *e-Learning Papers*, n. 5, September.

GÄRTNER, M., (2001), Teaching Economics to Undergraduates in Europe: Volume, Structure, and Contents. *Journal of Economic Education*, Summer, pp. 219-242.

GHIGLIONE, R. e MATALON, B. (1985), *O Inquérito – Teoria e Prática*, (3ª ed. 1997), Celta Editora, Oeiras.

GOFFE, William L. e SOSIN, K. (2005), "Teaching with Technology: May You Live in Interesting Times", *Journal of Economic Education*, vol. 36, n. 3, Summer.

GRIMES, P.W. e RAY, M. (1993), "Economics: Microcomputers in the college classroom – a review of the academic literature" *Social Science Computer Review*, 11, 452-463.

HAMID, A.A. (2002), "e-Learning Is it the "e" or the learning that matters?", *The Internet and Higher Education*, 4, p.311-316.

HANNATIN, M.J. e KIM, M.C. (2003), "In search of a future: A Critical Analysis of Research on Web-based teaching and learning", *Instructional Science*, 31, p. 347-351.

HAWORTH, B. e DAVIDSON, A. (2000), "The determinants of the Web Use within an Economics Principles Course", *The Internet and Higher Education*, 2 (4), p.197-209.

HARTER, C. L., BECKER, W.E. e WATTS, M. (2007), "Time Allocations and Reward Structures for Academic Economists from 1995-2005: Evidence from Three National Surveys", *American Economic Association Allied Social Science Associations (AEA) Annual Meeting*, Janeiro.

MARRIOTT, N. MARRIOTT, P. et al., (2004), Accounting undergraduates' changing use of ICT and their views on using the internet in higher education. *Accounting Education*, 13, pp. 117-130.

MITCHELL, Dipetta, T. e KERR, J. (2001), "The frontier of Web-Based Instruction", *Education and Information Technologies*, 6, p. 105-121.

NAVARRO, Peter (2000), "Economics in the Cyberclassroom", *Journal of Economics Perspectives*, vol. 14, number 2, Spring, pp. 119-132.

PARKS, R. P. (1999), "Macro Principles, PowerPoint, and the Internet: Four Years of the Good, The Bad, and the Ugly", *Journal of Economic Education*, Summer, p. 200-209.

PRENSKY, M. (2001), "Digital Natives, Digital Immigrants", On the Horizon, NCB University Press, vol .9, n. 5. Disponível também em: http://www.twit chspeed.com/site/Prensky%20-%20Digital%20Natives,%20Digital%20Im migrants%20-%20Part1.htm (acesso em 3 de Setembro de 2007).

PRENSKY, M. (2007), "How to Teach With Technology keeping both teachers and students comfortable in an era of exponential change", *BECTA's Emerging Technologies for Learning*, Vol 2. Disponível em: http://partners.becta.org.uk/page_documents/research/emerging_technologies07_chapter4.pdf (acesso em 3 de Setembro de 2007)

REBIDES (2005) Registo Bibliográfico de Docentes do Ensino Superior.

REID, S. e Day, D. (1942), "Radio and Records in Education", *Review of Educational Research*, Vol. 12, No. 3, pp. 305-322.

RESENDE, M.J., Silva, F. *et tal*. (2004), Estudo Comparativo UCL/HEI/UCV/IST. Disponível em: http://e-lee.ist.utl.pt/guide/resultats.htm (data de acesso 3 de Setembro)

ROBERT, G. (2003), "Teaching using the Web conception and approaches from a phenomenographic perspective, *Instructional Science*, 31, p. 127-150.

RUTL Reitoria da Universidade Técnica de Lisboa (2006), *UTL in Números*. Universidade Técnica de Lisboa, n. 6, Dezembro.

SAX, L.J. (1996), *The American college teacher: National norms for the 1995-1996* HERI faculty survey, Los Angeles, USA: Higher Education Research Institute (HERI), University of California.

SELWYN, N. (2007), "The use of computer technology in university teaching and learning: a critical perspective", *Journal of Computer Assisted Learning*, 23, pp. 83-94.

Sosin, K. e Goffe, W., (2006), Teaching with Technology: You May Live in Interesting Times, in Becker, W., Watts, M. et al. (eds.), 2006. *Teaching Economics: More Alternatives to Chalk and Talk*, Edward Elgar Press.

Sosin, K. Blecha, B. Agarwal, R. Bartlett, R. e Daniel, J. (2004), "Efficiency in the Use of Technology in Economic Education: Some Preliminary Results", *American Economic Review*, Maio, p. 253-258.

Sosin, K. (1999), "Impact of the Web on Economics Pedagogy", versão revista do paper com a mesma designação apresentado na *AEA-Allied Social Sciences Association Meeting*, 5 de Janeiro 1997.

Sosin, K. e Becker, W. E. (2000), "Online Teaching Resources: A New Journal Section", *Journal of Economic Education*, Winter, p. 3-7.

Sosin, Kim e Goffe, William L. (2005), "Teaching with Technology: You May Live in Interesting Times", in Becker, W. e Watts, M. (2005).

Stoll, C. (1995), *Silicon Snake Oil: Second Thoughts on the Information Highway*, N.Y.

Teixeira, A. E Rocha, M.F. (2007), "Plágio e fraude académica", *Seminário*, ISEG, Universidade Técnica Lisboa.

Watts, M. and Becker, W.E., (2006), A little more than chalk and talk: Results from a third national survey of teaching methods in undergraduate economics courses, Paper presented at the *Meeting of the Allied Social Science Associations – American Economic Association*, January, Boston, MA, USA.

APÊNDICE 1 – **Inquérito "O Ensino Universitário e a *Internet*"**

(*fac simile* do ecrã)
versão demonstrativa em *http://pascal.iseg.utl.pt/~elmano/eui/eui.html*

Ensino Universitário e Internet

Q1 - Na sua actividade docente utiliza a Internet das seguintes formas:

☐ Página da disciplina	☐ *FAQ*	☐ Bases de dados	☐ Testes de auto-avaliação
☐ Página de Turma	☐ Sítios de outras universidades	☐ Videoconferência	☐ Questionários interactivos
☐ E-mails aos alunos	☐ *Links*	☐ Simulações	☐ Sites de Editoras
☐ E-mail a colegas	☐ Durante as aulas	☐ Experiências	☐ Programas gestão disciplinas
☐ *Fóruns/Chats* de discussão	☐ Textos próprios	☐ Vídeos	☐ *Software e-learning*
☐ *Blogs*	☐ Powerpoint aulas	☐ Pautas dos alunos	☐ Outras formas:
☐ Grupos de discussão	☐ Apresentação multimédia	☐ Exercícios de avaliação	Quais?

Q2 - Indique a sua opinião sobre as seguintes afirmações:

"O uso da Internet no ensino universitário...	2 Concordo Totalmente	1	0	-1	-2 Discordo Totalmente
... altera as forma de ensinar"	○	○	○	○	○
... desvia o ensino do essencial"	○	○	○	○	○
... aumenta o intercâmbio de experiências pedagógicas"	○	○	○	○	○
... exige um esforço suplementar ao docente"	○	○	○	○	○
... cria problemas técnicos"	○	○	○	○	○
... melhora a comunicação professor - aluno"	○	○	○	○	○
... melhora o aproveitamento dos alunos"	○	○	○	○	○
... cria barreiras linguísticas aos alunos"	○	○	○	○	○
... aumenta a motivação dos alunos"	○	○	○	○	○
... reduz a assiduidade dos alunos nas aulas"	○	○	○	○	○
... torna o ensino mais individualizado"	○	○	○	○	○
... aumenta a fraude nas provas de avaliação"	○	○	○	○	○
... prejudica a capacidade de expressão escrita dos alunos"	○	○	○	○	○
... tem mais vantagens que desvantagens"	○	○	○	○	○

Q3 - Caracterização

As aulas que lecciona são
[... escolha uma opção... ▼]

Lecciona a cursos de
[... escolha uma opção... ▼]

Área científica das disciplinas que lecciona
[... escolha uma opção... ▼]

A dimensão das suas turmas é
[... escolha uma opção... ▼]

Experiência docente
[... escolha uma opção... ▼]

Tempo médio diário ocupado na Internet e directamente relacionado com actividades de ensino
[... escolha uma opção... ▼]

Caso pretenda receber os resultados globais do presente questionário indique-nos um contacto de e-mail

Sugestões e comentários serão sempre bem-vindos! (use o espaço abaixo s.f.f.)

[ENVIAR] [ALTERAR]

Enhanced strategy for development in Africa

Structural and Systemic Transformation

Fátima Moura Roque[*]

> *Africa must unite*
>
> KWAME NKRUMAH

> *Together, we shall support courage where there is fear, promote understanding where there is conflict, instill hope where there is despair*
>
> NELSON MANDELA

1. Introduction

Africa being a Continent of 53 complex and heterogeneous countries and therefore with highly diverse initial conditions % namely of a socio-economic, cultural, political, quality of leadership, religious, institutional, infrastructural and regional integration nature, as well as in their geography, history, stage of develop-

---

[*] Vice-President of the Board of Directors and President of the Commission for African Affairs of "Instituto Luso-Árabe para a Cooperação (ILAC); froque@mail.telepac.pt

ment and level of security %, the path taken to face **structural and systemic transformation (SST)**[1], in the context of a serious world crisis[2], may be different in each country (in accordance with its specificities) and may diverge (in some aspects as well) from the international solution. Africa, as a Continent, and the African Union (AU), as its most important and encompassing organization, are confronted with formidable challenges in defining an appropriate strategic vision, through institutional and economic transformation, in order to achieve a just, sustainable and "greener" development in the long run.

The New Partnership for Africa's Development (NEPAD)[3] % an African-led initiative to address the development challenges of

---

[1] Many of the aspects contained in a successful SST have been developed elsewhere throughout the years – see, for instance, Moura Roque, 1994, 1997, 2000, 2005 a and b, 2007 and 2009 a and b.

[2] On a global level, the financial crisis and the "distorted" neo-liberal model of socio-economic development, persistent extreme poverty and unequal distribution of income and wealth, galloping (and worrying) unemployment and terrorism (besides nuclear proliferation), conflicts, pandemics and the existence of non-democratic regimes that violate basic human rights – continue as constant threats to social, economic and political progress experienced since the end of the Cold War. In addition, the effects of dehumanised globalisation, of climate changes and of the constant failure of the "development" round of Doha have aggravated a situation that is already fragile. However, these threats and uncertainties are at the same time challenges that Africa will also have to overcome in order to advance, firmly and successfully, towards the Millennium Development Goals (MDG), thus becoming an increasingly essential partner for the structural and systemic transformation of this global world.

[3] NEPAD is the final result of the combination of three african initiatives launched between 2000 and 2001: the Millennium Partnership for Africa's Recovery Programme (MAP), the OMEGA plan and the Compact for African Recovery (CAR). In May 2001, in Argel, the three proposals resulted in a development programme for the Continent, New African Iniciative (NAI), endorsed later in July in Lusaka (in the last OAU, 37th, before being transformed into the AU) by Presidents Wade, Chiluba, Mbeki, Obasanjo and Bouteflika. In October 2001, the NAI was renamed into NEPAD whose Secretariat was based in South Africa. See these themes and the main social, institutional and economic aspects and achievements of NEPAD in Moura Roque (2007).

the Continent % incorporates many of the actual concerns and the solutions to address them. And, the African Peer Review Mechanism (APRM)[4], a process through which African leaders hold their peers accountable to meeting principles of good governance[5], offers some guarantees to investors, donors and the international community in general that the G8 Africa Action Plan can be implemented. Since the 2002 G8 Summit in Kananaskis, Canada, African development has been a high priority on the G8's agenda. The Kananaskis Summit adopted the Africa Action Plan, which was, in principle, implemented within the framework of NEPAD and by establishing partnerships guided to a large extent by the APRM. The leaders of the eight most industrialised nations resolved to increase their support to Africa through the following main interventions: aid; debt relief; encouraging private capital flows; investment for physical infrastructure and social sectors; and support for peace and security. Both in Kananaskis (2002) and in Gleneagles (2005), as well as in the 2009 G8 Summit in L'Aquila, Italy, the main mechanism that guides the relationship between African countries and the G8 is the principle of mutual accountability – i.e., progress in governance and, consequently, in good economic performance would commit the G8 to increase support to African development. However, the 2009 G8 Summit

---

[4] The APRM (and consequently the NEPAD) must be considered as a historical landmark in the path of Africa towards a future based on law and order, good governance (political and economic), democratic institutions, protection of human rights and socio-economic sustainable development.

[5] The causal relationship between good governance and development, as well as between good governance, development and capable, reliable and transparent institutions, have been stated already for many years by African (and others) scholars and politicians. Nevertheless, Barack Obama during his first official visit to Africa gave it a stronger importance by emphasizing in Accra (Ghana) that "... development depends on good governance ..." and that both need"... strong parliaments; honest police forces; independent judges; an independent press; a vibrant private sector; (and) a civil society". He went on by declaring that"Africa doesn't need strongmen; it needs strong institutions" – see the Associated Press, 11/07/09; and The Economist, 18/07/09, p. 37.

changed the focus of the relationship, that is to say, less support in emergency food aid and more investment towards sustainable development of the agricultural sector for the poor countries. This was the greatest change in strategy seen in the last two decades towards Africa's development. The total amount pledged in L'Aquila was about $ 20 billion, $ 5 billion more than expected. "... we don't see this aid as the end of the road ...", said Obama in the last day of the meeting in Italy, but "... we believe that the aim is to create conditions ... to help people to be self-sufficient, to feed their families and to enhance their standard of living" (see, http://www.brookings.edu/opinions/2009/0701 g8 africa).

However the global financial crisis is seriously affecting the world's poor, will these initiatives be sufficient to enhance social and economic development in Africa? This paper suggests a strategic vision that, together with NEPAD and the APRM, will make an Africa Action Plan more effective in meeting the SST of the Continent[6].

2. The Paradigm Towards Which Post-Conflict and Post-Crisis Africa Needs to Evolve

2.1. *Hopes and Challenges*

A wide literature has been published about the structural changes and problems (some chronic)[7] facing the Continent, either to emphasize the political cohesion of Africa and the high growth rates of many countries, (at least) in the last decade, or to draw

---

[6] "The true sign of success is not whether we are a source of perpetual aid that helps people ... it is whether we are partners in building the capacity for transfomational change ..." (Obama's address to the Parliament in Ghana, the Associated Press, 11/07/09).

[7] A comprehensive summary of both structural changes and chronic problems can be found, for instance, in Adedeji (1999), Moura Roque *et al* (2005), Fosu and Collier (2005), Hope (2008) and Kapstein (2009).

attention to the deterioration, in some countries, of the human development, poverty, economic, financial, institutional and sectoral indices.

It is quite frequent to lay the blame on the Continent for Africa's failure in competing successfully in a globalized World. The armed conflicts, the pandemics, the migratory movements, the lack of humanism, the corruption and incompetence of some African leaderships have contributed, in part, in increasing the continuous crises... Nevertheless, an equally important role should be attributed to slavery, to international greediness, to a "biased" globalisation, to the Doha round, to power games, to exploitation, to government manipulation and to multinational companies, to the corrupt arms' trade and to granting large commissions for maintaining dubious deals (see Moura Roque, 2007, p. 26). Nevertheless, political changes since 1990 have played a crucial role in Africa's development. For example, "... in January 2009, Ghana held a crucial presidential election that led to its second peaceful transfer of power in a decade ... Even where democracy remains fragile, as in Kenya, leaders understand that the old patrimonial ways of doing business are becoming costly to maintain. Anticorruption commissions ... are springing up in a growing number of countries ... citizens are also demanding more competent leaders ... (and) modern societies integrated into a global economy ..." (see Kapstein, 2009, p. 120).

In both cases, the relative importance of each aspect % either in relation to positive features or in terms of deterioration % has been measured by the behaviour of various quantitative and qualitative variables related, among others, to: (i) indices of human development, poverty, perception of corruption and economic freedom; and (ii) the existence of peace and reconciliation, democratic legitimacy and good governance, inequality (Gini coefficient) and discrimination.

Despite the fact that, at least, since 2004, Africa's economic activity has been growing at an average level of six per cent annually % and that as a result of the world financial crisis the

IMF still projects growth of aroung 1.5 per cent for 2009 and four per cent for 2010, relatively healthy growth rates by the rest of the world's depressing standards % Africa continues the poorest continent in the World, where half of its 700 million inhabitants (of sub-Saharan Africa) live with 65 cents of the dollar or less per day. What is still more worrying is the fact that it is the only Continent whose level of poverty has increased in the last 25 years, despite the technological explosion and trade that have contributed enormously for the increase of income in other regions % see, for instance, the Economist, 2008, p. 94. Additionally, in sub--Saharan Africa about a third of the world population live with less than 1 dollar per day (323 against 1.100 million) and one fourth without access to drinkable water (273 against 1.197 million). Furthermore, 299 million africans (out of 2.742 million worldwide) have no access to adequate sanitation, 44 million children (out of 104 million) at the age of primary school do not go to school and 5 million children under five years of age die per year, from a whole of 11 million (see Human Development Report (HDR), 2004, table 2, p. 129; and HDR, 2005, p. 4). Another relevant factor to be pointed out concerns maternal health: in sub-Saharan Africa, the probability for a woman to die due to complications of this nature (that is, due to complications which are treatable and avoidable during pregnancy and delivery) is of 1 in 16, compared to 1 in 3800 in the developed part of the world (see The Millennium Development Goals Report, 2007). Also, the qualitative variables of countries' development % namely those referring to quality of the institutions, protection of human rights, governance and transparency and respect for the diversity, culture and religion of the various Peoples % have played a significant part, during the last decades, in explaining the position that each one occupies in the index list of human, political and economic development[8].

---

[8] See, for instance: the governance indicators developed by the World Bank, available at www.worldbank.org/wbi/governance/govdata2202: the

The future of the African Continent is built every day and therefore it is fundamental that its Populations feel that they can have, on one hand, trust in the State and its institutions, and, on the other, trust in democratic strength and hope to demand a much better quality of life. Nevertheless, Africa must face the future with optimism, being, however, aware of the gigantic challenges (together with threats and uncertainties) that it has to overcome in order to deal additionally with the actual global crisis[9] % with tremendous negative social and economic impact[10]

Corruption Perception Indicator, developed by Transparency International; and the list of indicators of political and civic freedom of Freedom House, which are composite indicators since they unite democracy and individual rights in one quantitative value. See, also, OECD (2006, tables 20 to 33, ps. 585 to 588).

[9] In the 2nd summit of the G20, that took place in London on April 2nd, 2009, each country (and/or each group of countries) presented a pre-defined agenda, motivated by a diversity of interests difficult to overcome. Although the outline and some details are still rather undefined, the G20 reached a generic consensus of how to fight the global crisis. The global answer implies (i) restoring trust, credit, growth and jobs in the economy; (ii) avoiding risks in the financial system, strengthening regulation, supervision and fiscalization, in such a manner as to prevent the occurrence of new crises identical to the present ones; (iii) financing and reforming (radically) the international financial institutions; (iv) promoting trade and global investment, rejecting protectionist policies (and, thus, new barriers to trade and investment), in order to sustain world prosperity; (v) reaffirming the Millennium Development Goals, by helping the poorer countries through special drawing rights and the sale of gold by the IMF; (vi) guaranteeing budget sustainability and stability of prices; and (vii) promoting a sustainable,"green", inclusive and more transparent recovery.

[10] At the end of the summit, the British Prime Minister announced that, in order to fight the crisis, the G20 shall make available 1,1 billion dollars, distributed as follows: (i) the IMF funds shall be increased from 250 to 750 billion dollars; (ii) 250 billion dollars of special drawing rights shall be issued and distributed in accordance with the IMF quota system; (iii) attribution of guarantees and incentives to international trade in the amount of 250 billion dollars; (iv) channelling of 100 billion dollars through the European Bank for Reconstruction and Development (amount which may be higher due to the gold sale by IMF) for support of the poorer countries. It was also decided to start supervising all entities (such as hedge funds) which represent systemic risk, to

%, and to advance, firmly and successfully, towards the Millennium Development Goals (MDG). As far as the MDG and official development assistance (ODA) are concerned the historic commitments, repeatedly assumed (at least) since 2000, were reaffirmed in the summit of the G20 in London (April 2nd, 2009), including Aid for Trade, debt relief and the promises made in Gleneagles, in 2005 % mainly to sub-Saharan Africa with regards to the developed countries allocating the equivalent to 0,7% of the GDP to ODA. In 2008, the ODA represented only 0,3% of the GDP of the developed countries % see other commitments assumed along the years, in relation to the developing countries and the poorer countries, in Moura Roque, 2007, chapter IV. During that meeting of the G20 in London, it was also decided to attribute 50 billion dollars as social "cushions", in order to reactivate trade and create safeguards to promote development in countries of lower income – including through the long term investment in food safety.

A Continent without conflicts, with tolerance with regards to diversity and supported by "regulated" market economies with strong social responsibility and a State strengthened in its role, efficiency and ethical values will be more capable to provide and look after democratic structures and, consequently, to protect the fundamental human rights, namely the satisfaction of the most basic needs of its populations. A more just distribution of income, wealth, resources and opportunities presupposes too a change in

---

create sanctions for the fiscal havens that withhold information and redefine the world rules of accounting, in order to make them more counter-cyclical. Nevertheless, three fundamental aspects were still left to be defined: (i) how to"clean" the banks' balances from the accumulated toxic assets; (ii) how to coordinate the multinational companies' regulation in practice, without the existence of a unique regulatory body; and (iii) how to verify whether the economic stimuli (namely, the fiscal and monetary) put in effect by each country are sufficient and, if they are not, how to react and adopt new measures – see G20 Summit Final Communiqué (frusso6@bloomberg.net).

the behaviour of the "elites" in each country and/or in the Regional Economic Community (REC)[11]. An unequivocal and continuous commitment towards social justice and a firm will to protect and make sure that all the ethnical groups, religions, gender, races and regions have equal rights and access to the wealth (namely, natural resources) and opportunities % are indispensable pre-
-requisites for each country to achieve successfully the challenges ahead, and realize with efficiency its political, social, economic and regional responsibilities.

To build a society with community of interests for the poorest[12], excluded and less protected segments of the population

---

[11] Regional integration is an essential aspect of development strategies for Africa. Since the early 1960s, various Regional Economic Communities (RECs) have been created. In 1991, the Abuja Treaty established the African Economic Community (AEC), which entered into force in 1994. In July 2007, in Ghana, the AU approved the"Accra Declaration", the main objective of which is to accelerate the economic and political integration of the Continent – through the rationalisation of RECs and the formation of a Union Government for Africa. There are currently eight RECs, with some member states belonging to more than one regional community at the same time: Community of Sahel-Saharan States (CEN-SAD); East African Community (EAC); Economic Community of Central African States (ECCAS/CEEAC); Economic Community of West African States (ECOWAS); Southern African Development Community (SADC); Arab Maghreb Union (AMU/UMA); Common Market for Eastern and Southern Africa (COMESA); Economic and Monetary Community of Central Africa (CEMAC).

[12] Among the 36 countries considered as the poorest and with worst indicators of quality of life by the United Nations, 29 are in Africa. The United Nations Report on the World Social Situation in 2005 stresses the fact that the proportion of the population who live in extreme poverty in sub-Saharan Africa (with less than one dollar per day) has increased from 42 per cent, in 1981, to 47 per cent, in 2001, while in the World as a whole it has decreased from 40 to 21 per cent, in the same period of time. The OECD Report of 2006/2007, on Economic Perspectives in Africa, states that"... in global terms, the rate of poverty in Africa South of the Sahara has decreased marginally, from 44.6 per cent in 1990 to 44 per cent in 2002" (p. 30). Even so, the African Continent continues to be not only the poorest in the World, but also Africa is behind in relation to the other developing regions, concerning the achievement of the MDG.

and regions must be an essential priority of the strategic vision in the context of the structural and systemic transformation. Africa has to be able to integrate and empower in an affirmative manner the least privileged peoples and regions. The social and economic inclusion must have the support and the contribution of the political agents, businessmen, investors and civil society organizations and must favour deliberately those in most need.

The paradigm towards which post-conflict and post-crisis Africa needs to evolve % with models centered on social development (i.e. with substantial investment in research and development (R&D), in innovation and knowledge, and in labour force skills) and on strengthening the private sector and entrepreneurship (both african and foreign) % should be based on clear rules and inclusive and viable objectives, defined by Africans and accepted by the populations. And the elements which make up this paradigm should be found and developed in each country, combined effectively and in line with local resources and discriminations, the quality of the labour force, the history, geography, traditions and the predominant mental and cultural models in each society.

Consequently, as far as the MDG are concerned, it is confirmed that according to the more recent tendencies only six African countries % the majority of which are in North Africa % are susceptible of being able to achieve the main goal of reducing by half the number of people who live with less than one dollar per day (see OECD, 2007/2008, p. 4). Thus,"... maintaining the actual tendencies, the average of achieved goals per country shall probably be 2.4 in 9, in sub-Saharan Africa ..." (p. 29), and as far as Goal 1 is concerned % halve, between 1990 and 2015, the proportion of people whose income is less than $ 1 a day %, out of the 48 countries only three (Djibuti, Gabon and Ghana) have already achieved this goal, with another 15 (including Angola, Mozambique and São Tomé e Príncipe) being on the way to also succeed (see Table 5, ps. 34 and 35; and OECD, 2007//2008, Table5, ps. 38 and 39).

2.2. *Initial Conditions for a Successful Structural and Systemic Transformation*

The success of a structural and systemic transformation (SST) of the African economies depends primarily on the quality and commitment of the leadership, on the availability of a skilled workforce[13], on the robustness of institutional and infrastructural development, as well as on the "attitude" and behaviour of the international community and foreign investors. However, there are other general aspects that must be provided by the African countries % with different levels of intensity, sequence and importance %, in order not only to facilitate the path towards SST but also to overcome the most dramatic consequences of post-conflict environment and of international crisis on the populations[14], in particular on the poorest and most vulnerable segments in the more destitute areas/countries. Those include:

- Guaranteeing strong, efficient and transparent institutions in the State and the government.
- Diversifying economies and markets; promoting the mass creation of employment; putting into practice policy measures that favour liquidity.
- Curbing the rise in extreme poverty, minimising the drastic fall in internal consumption; creating, improving or expanding retirement pensions and unemployment benefit; promoting the creation of SME and the access to micro-credit.

---

[13] And financial resources to invest strongly on the strengthening of the social sectors (namely, on education and health) and on training and retraining of the labour force, including ex-combatants and the civil servants.

[14] The world crisis and recession is longer than would have been expected precisely because its origins are a financial crisis that is having dramatic economic and social consequences, such as the exponential rise in unemployment and poverty; increased inequalities and imbalances inter and intra countries, regions and communities; the slowdown in consumption, of wealth created and of private investment; and the increase in protectionism in wealthier and developed countries.

- Increasing and improving public investment intensive in labour, investing in infrastructures that are productive in the short and medium term (including, education and vocational training, health, science, new technologies, and clean energies); consolidating an environment conducive to attracting foreign direct investment (FDI) that creates wealth, jobs and competitiveness in the economy[15]; strengthening "automatic stabilisers", particularly those with a direct impact on the more vulnerable segments of the populations.
- Providing the State with a clearer role, with greater capacity and competence, and creating more effective regulatory and supervisory authorities/institutions, as well as providing countries with tax and labour legislation and courts that promptly respond to the current specific needs of this global world.
- Creating tools for a more efficient, innovative, fair and environmentally sustainable social market paradigm that promotes less rigid societies and economies with higher productivity and competitiveness.
- Institutionalising economic diplomacy in each country, in each Regional Economic Community (REC) and in the

---

[15] Although FDI has risen in the last few years and accounted, in 2007, for nearly five per cent of sub-Saharan Africa's GDP, it will remain too limited to have a significant positive effect on African populations. Most of this investment will continue to be in the extractive sector – oil and gas in Western Africa; and precious stones, ore, gold and forests in Central and Eastern Africa. With the exceptions of South Africa, Egypt and the Maghreb region, the manufacturing industry in Africa will play only a residual role for some years yet. On the other hand, the increase in Chinese cooperation, trade and investment in Africa may, in the long term, become a problem for the small-scale (and also family-level) industry, if African countries do not take measures in advance with clear benefits for both parts. Thus, the central problem in many countries in Africa **continues to be how to solve the eradication of poverty through the mass creation of jobs.**

African Union (AU)[16] – in order to attract better FDI and cooperation partners, as well as to strengthen the positive aspects of the image of Africa in the World.

There is nothing new in saying that the "initial conditions" in many African countries need to be highly improved. Also there are no magical solutions in economics ... . Thus, there is an urgent need to structurally transform the African economies and to advance with new policies and practices to achieve solutions that are sustainable in the long term. With strong and viable policy measures, the AU will be able to use this crisis to **radically transform** how the challenges of our Continent are met. The African Union has a unique opportunity to put into practice this global transformation, taking into account the specificities of each economy and applying the common needs and goals to the Continent as a whole.

3. A New Development Strategy: Structural and Systemic Transformation

3.1. *Introduction*

The economies of most African countries do not require a mere structural adjustment (or even change) but an integrated transformation of the system and the structures demanded by the fundamental need to progressively eradicate poverty and social

---

[16] Using the voting power of the 53 African countries in international institutions (such as the UN, IMF, WB and G20), not just to demand their profound transformation (i.e. a radical reform of international governance structures and strict transparency rules) with the active participation of the Continent but also to lead developed countries to honour their commitments to allocate 0.7% of their GDP to development aid for the poorest countries and invest in alternative sources of energy to meet the response to the challenges of global warming.

exclusion, and to create conditions for an environmentaly "greener" and sustainable long-term development strategy.

The distorted and unequal liberal economy of today, must be transformed % while avoiding anarchy and further corruption % into a dynamic, responsible, affirmative and "properly" regulated social market economy (through "systemic transformation"), capable of:

- Eradicating extreme poverty and gender inequality.
- Eliminating violations of fundamental human rights, pandemics, conflicts and social exclusion.
- Correcting gross imbalances in the distribution of income, wealth and opportunities, as well as distortions in resource allocations.
- Reintegrating into the formal economy those marginalised by political, cultural, social and religious antagonisms and conflicts.
- Promoting decentralised social and economic development.
- Reintegrating the African Continent into the global systems.

The ineffective institutions and structures unable to give a fast and functional answer to the new system must be transformed into competent and motivated institutions and pro-development infrastructures, committed to developing and implementing realistic social, economic, sectoral and regional goals in line with the initial conditions pertaining to each country and the long-term development strategy.

What does this mean in practice? How is one to effect this all-encompassing transformation of the African economies? It can only be done by co-ordinating the implementation of a series of interlocking policy measures and actions in a comprehensive structural and systemic transformation (SST), in order to promote, regulate and supervise the functioning of a dynamic, diversified, competitive, supportive social market economy and based on ethical values and principles susceptible to reintegrate the African

Continent into the global economy as an equal partner. As Franklin Roosevelt (1937) emphasized "... we always knew that greed doesn't lead to ethical decency; we now know that it doesn't lead to economic efficiency ...". Africa, therefore, must be able to develop and implement a shared, though, an equal partnership with the rest of the World.

3.2. *Fundamental Agents of SST*

The effectiveness of the new development strategy based on SST depends on the assurances of "good" behaviour and performance given by four fundamental agents: the **economic system**, the "regulation" of **markets**, the **State**, and **families and workers**.

- **The neoliberal economic system** has already proven itself to be an unstable and unjust system, to say the least, and this is therefore the ideal time for it to be properly regulated and "cemented" by "automatic stabilizers" which need to be included and/or consolidated in the system, in order to avoid increasing the vulnerability of the underprivileged and repeated financial and economic crises, with dramatic social consequences, which will be difficult to control and hard to recover from.
- **Markets**, including the financial markets, need to be properly regulated, supervised and managed in conjunction with governments, the private sector and the relevant social institutions, so as to assure they operate effectively and to promote their main purpose, which is to serve the needs of society and the community. This will make it possible to minimise social imbalance, to control the volatility of the economy and to alleviate the financial unsustainability characteristic of the current economic architecture of society.
- **The State** will have to provide strong and transparent leadership, in areas where there are important spill-over effects, and where the markets have a very poor track

record, such as in primary health services, on climate change issues and in public investment in basic social infrastructures.
- **Families** (and/or communities) and **workers** need financial support and a legal structure which allows them to defend their interests when under threat, such as, for instance: protecting and maintaining jobs, with wages and benefits adapted to the existing constraints, with a view to drastically reducing cyclical and structural unemployment – in both urban and rural areas; and to assure a standard of living which respects human rights.

These vectors that must be endorsed by values (such as trust, identity, diversity, solidarity, ethics, effective protection of human rights and the acceptance of the capacity of African peoples to innovate) and challenges must "inspire" the agents of transformation to promote the principles and apply the policy measures which constitute the main thrust of a transformation strategy which could lead to a new development **practice** in Africa, defined with full participation of the populations, for and with the communities and regions.

However, the success of the new **strategic practice** of looking at sustainable development in Africa depends largely on two main challenges that have to be "reasonably" provided by the governments/the State. These two challenges, quite important on one hand and sensitive on the other, are related to the legitimacy of the governments and the quality of their leadership. Legitimacy is the result of the existence/consolidation of an open political and institutional system, democratic, just and efficient, including the regional and local decentralisation (*de facto*) of power, of responsibility and productive resources. Leadership quality is essential for a fair and efficient management of the State's resources, fulfilment of law and order, creation and consolidation of functional and pro-development institutions and infrastructures, promotion of the social sectors, substantial investment in agriculture, in agricultural research, the credit system and commercialisation, as well as for the development of a private sector that produces wealth, creates jobs, promotes public/private partnerships beneficial to the populations and develops production methods that are environmentaly sustainable and clean. In addition, it is also fundamental to develop civic behaviour of transparency and popular responsibility, as well as the strengthening of organised civil societies which may supervise the "goodness" of the political governance and the achievement of the socio-economic goals, clearly defined by the democratically elected governments.

3.3. *Structural and Systemic Transformation*

The "new" development strategic practice based on SST for post-conflict and post-crisis African economies must assume as well a clearer, more responsible and encompassing role of the State and must contain, among others, principles and specific policy measures to:

1. **Restore the confidence and the growth of the economy** through substantial public investment and feasible programmes geared to: (i) protect and create jobs; (ii) obtain greater social cohesion; (iii) promote the strengthening of social sectors (such as education, vocational training, health, unemployment subsidies and housing); (iv) invest in infrastructure, with a short and medium term impact on restructuring of the productive fabric and on the standard of living of the populations; (v) improve (radically, in many cases) institutional development, both at State level and at local/regional level; (vi) encourage investment (public and private) in the environment ("green investment"), in the supply of drinkable water, basic sanitation, in farming and agricultural research, in SME and in extending the network of savings banks and microcredit.

2. **Correct the extreme inequality** in the distribution of income, wealth and opportunities observed in many African countries, and thereby increase prosperity, social justice and empowerment (i.e. the transfer of wealth and power to the underprivileged) of families, and of the most vulnerable communities and destitute regions.
3. **Eradicate, with pro-active measures and affirmative programmes, extreme poverty**[17]**, social exclusion, pandemics and gender inequality**, and at the same time implement, at both country and regional levels, transformation measures to help the populations to contribute in the short run to a better standard of living.
4. **Transform radically**, in many cases, **the economic governance** (at country and regional levels) in order to promote more balanced, just and effective long term development.
5. **Reorganise and effectively regulate and supervise the financial markets and globalisation**, making them more just, less expensive (and elitist) and more efficient – with competent and independent managers to ensure that institutions work properly and pursue the aims for which they were created.
6. **Attract productive national, african and foreign investment**, making, at the same time, the private sector more competitive and thereby creating an environment more conducive to ethical, innovative and diversified economies.

With the above transformational policy measures, the following **aims** may be achieved:

a) More efficient coordination between the policies to be adopted, the instruments to be applied, the means to be

---

[17] See, in Moura Roque (2000, 2005 a, 2007, 2008), a strategy fo poverty and social exclusion eradication, at national and regional levels.

used and the markets to be developed – in both urban and rural areas and between various inter– and intra-country regions.
b) Constant and steady progress on compliance with the MDG.
c) More protection for the economies from the current international crisis % cushioning its effects, promoting faster economic recovery and improving social indicators.
d) Creation of jobs and programmes geared to vocational and professional training and retraining to alleviate cyclical and structural unemployment.
e) Acceleration of financial flows from government/State to local/regional governments, so as: to maintain jobs; to attract skilled and other workers to less overcrowded areas, to provide basic services to the populations, and to maintain the essential infrastructure for the well-being of the populations and the diversity and competitiveness of the economy.
f) Reduction of extreme poverty, social exclusion, pandemics and gender inequality.
g) Promotion of a smooth transition to a "greener" economy, through public investment geared to this purpose and the granting of tax relief and other fiscal benefits, together with programmes to guarantee % through the financial institutions % loans to companies and citizens for creation and development of firms in this field.
h) Consolidation of a stable, efficient, private and diversified financial system which not only complies with the rules set by better regulation and tighter controls but also meets the needs of the populations, communities and entrepreneurs, without jeopardizing the SST of the economy and society.
i) Rehabilitation (and, in some cases, building) of essential infrastructures for: promoting diversification of the economy, developing trade between and within regions

and provinces, attracting investment in industry and agriculture, creating development centres, fixing the population in less populated and destitute areas, encouraging healthy competition between the different regions in attracting investment, social infrastructure and professionals (skilled labour), giving opportunities to young people and women for inclusive and comprehensive participation in all sectors.

j) Getting decentralized cooperation and more OAD for the poorer (and more indebted) countries with greater difficulty in achieving the MDG.

k) Transformation of the economies, in order to move "quickly" from eradication of poverty and hunger and creation of mass employment, to the creation of centres of excellence in Africa where the advancement of science and technology, information and communication will become a priority in the near future.

In most African countries, property rights, rational and equitative distribution of fertile land (in order to guarantee its productivity), the efficient use of productive resources, the transformation of agricultural and trade sectors to make them the "engine" of growth, the direct productive investment % national and foreign %, as well as the strengthening of the social sectors and public investment, and the development of institutions (social, economic, political and legal) % are still among the fundamental priorities of the "new" way of looking at the development in Africa, notably in post-conflict and post-crisis countries.

In **conclusion**, the policy measures and actions to be adopted by African governments should be realistic[18], feasible, practical, effective and designed so as to have visible results in the short

---

[18] As Keynes (1936) pointed out "however, sooner or later, it is the ideas and not the invested interest, that represent a danger, whether for the good or the bad".

term, in the following key areas for the viability of the economy and its structural and systemic transformation: (i) protection and creation of as many jobs as possible; (ii) creation of wealth and income and equitable distribution of both; (iii) implementation of pro-active and affirmative measures to protect the most vulnerable and the poorest regions; (iv) supplying of basic public services to families and communities; (v) increasing regulation, supervision and transparency for financial institutions and large corporations and to set the manner in which they should take part in the collective efforts towards economic recovery; (vi) preparing the institutions and the infrastructures, for achieving the long-term post-crisis goals, to make the transition to a greener and more sustainable development; and (vii) consolidating the social, political and economic democracy and legitimacy that are, together with the quality of leadership, the fundamental pre--requisites for the success of an overall SST in Africa.

Thus, it is vital to define the terms and conditions of the policy measures to be adopted, bearing in mind that the key – goal is to resolve the main social, financial and economic problems faced by each country. Although each country has its own specificities and goals to achieve, there is, no doubt, a need for coordination at the Continent level of the main policy measures, through the creation of a **Social and Economic Forum** based at he headquarters of the African Union.

References

ADEDEJI, A. (ed.) (1999) *Comprehending and Mastering African Conflicts: The Search for Sustainable Peace and Good Governance* (London: Zed Books).
FOSU, A.K. and COLLIER, P. (2005) *Post-Conflict Economies in Africa* (New York: Palgrave Macmillan).
HOPE, K.R. (2008) *Poverty, Livelihoods, and Governance in Africa: Fulfilling the Development Promise* (New York: Palgrave Macmillan).
KAPSTEIN, E.B. (2009) "Africa's Capitalist Revolution: Preserving Growth in a Time of Crisis", *Foreign Affairs* (July/August), vol. 88 (4).

Moura Roque, F. (1994) "Economic Transformation in Angola", *The South African Journal of Economics*, vol. 62 (2).
Moura Roque, F. (1997) *Building the Future in Angola: A vision for a sustainable development* (Oeiras: Celta Editora).
Moura Roque, F. (2000) *Building Peace in Angola: a political and economic vision* (Lisbon: Edicões Universitárias Lusófonas).
Moura Roque, F. (2001) "From Plan to Social Market", in K. Wohlmuth *et al* (eds.), Africa's Reintegration into the World Economy (London: Transaction Publishers).
Moura Roque, F. *et al* (2005 a) *O Desenvolvimento do Continente Africano na Era da Mundialização* (Coimbra: Almedina).
Moura Roque, F. (2005 b) "Transformation for post-conflict Angola", in A.K. Fosu and P. Collier (eds.) *Post-Conflict Economies in Africa* (New York: Palgrave Macmillan).
Moura Roque, F. (2007) *África, a NEPAD e o Futuro* (Luanda: Texto Editores).
Moura Roque, F, (2008) "A Erradicação da Pobreza e a Criação de Emprego na Transformação Económica da África Subsariana", *Academia Internacional da Cultura Portuguesa* (forthcoming, 2009).
Moura Roque, F. (2009 a) "Uma Nova Forma de "Olhar" Para o Desenvolvimento de África", *III Congresso Internacional da África Lusófona*, Paradigma Global: Contributos Africanos, 27 to 29 May (Lisbon: ULHT).
Moura Roque, F. (2009 b) *Uma Nova Estratégia de Desenvolvimento Para África: Transformação Estrutural e Sistémica* (forthcoming).

A landscape of the post-soviet amnesia in Russia

Francisco Martínez[*]

"*We lost the XXth century*" (ALEXANDR SOLZHENITSYN)

"*Other countries got Hamlets, we just have Karamazov*", (DOSTOIEVSKY)

"*The most dangerous time for a bad government is when it starts to reform itself*". (ALEXIS DE TOCQUEVILLE)

"*We have no sun and no past*" (VASILY ROZANOV)

"*The man lives among the abyss of the infinitely large and the abyss of the infinitely small*" (PASCAL)

The communism provoked one of the great tragedies of the twentieth century, but at the same time it represented the major source of hope for the human being and a political challenge for Europe. Mostly of the political experiments carried out in the 20th century were altogether experienced in Russia. The Russian society became a kind of guinea pig for political ideas, suffering a destructive molding process.

---

[*] pacomartinez82@gmail.com

During the immediate post revolutionary years of the Soviet Union a conscious attempt to create a new "Soviet culture" was implemented. In fine arts, architecture, literature, cinema and music, new referents were enlisted to mold the masses into joyful, hardworking citizens of the state with a radiant, utopian future under the fatherly guidance of Stalin.

The project of control over the present and the future involved the goal of suppressing the collective consciousness. The old institutions and traditions -the cultural legacy- were destroyed, and a new ideologically processed version of the past was imposed. The construction of a society without memory, without a past, without an authentic history of its own was the ideal of social engineering applied by all known totalitarian regimes ever.[1]

The Russian Revolution of 1917 introduced the idea of an united "proletariat" culture with its *unique* landscape and language. Then, the traditional religious sqheme of values ceases to exist, and a pseudo-culture based on a fervent faith in the idea of progress appeared. However, not all features of Soviet space were entirely novel; some ideas of the pre-revolutionary past were asserted as well. One example could be the importance of the mother image; another it could be the "universalism" of the Russian character, inspired by the burden of living amid vast empty spaces and the self-definition as a third Rome and as the true Europe.

Political regimes have frequently sought to manipulate social memory to promote their own ideological and political objectives. These regime goals include legitimizing their political and cultural hegemony and control of the physical and social space they inhabit.

---

[1] Samalavicius, Almantas. "Memory and amnesia in a postcommunist society"; (www.eurozine.com)

Memory and everyday banality

The twentieth century left deep wounds in the memory of all the nations in Eastern and Central Europe, yet each national group remembers its own history in its own way; that means that in the same territory could coexiste different understandings of the twentieth century, just depending of the community who lives there.

To know why we should study "the everyday life" of these people, the value of this study lies precisely in its inclusiveness, in its capacity to explore in detail and produce inductive conclusions. The study of the everyday opposes some tendencies of the modernist thought to separate public and private, global and local, politics and economics, reality and fantasy or tradition and modernity, as argues Martin Stokes in the essay "Afterword: recognising the Everyday".

The cultural consequences of this "everyday banality" should not be underestimated. Europe is being reshuffled; it is getting its Romanian and Ukrainian communities in Naples and Barcelona, its Russians in Berlin and Stockholm. For decades we had thousands of monographs about Central Committee discussions and resolutions but not a single study about the *kommunalka*, the communal flats, the central location of everyday life for at least three generations of Soviet citizens.[2]

A proof of that it is the TV show Zhdi Menja (Wait for me), a touching true life show that finds and reunites separated couples and families; Zhdi Menja got its name from a famous poem of the war against Hitler. Another example is melodramas combining huge distances, indiscriminate cruelty and invulnerable bureaucracy.

---

[2] Schlögel, Karl. "Places and strata of memory. Approaches to Eastern Europe"; (www.eurozine.com)

Although the study of memory would significantly benefit from the study of time and viceversa, there are currently very few scholarships who examine how memory, time and materiality interrelate. Those scholars are from different contexts and disciplines, focusing not just on time per se but on the processes that interlace matter and memory.

For example, Kontopodis's study introduces the idea of a multiplicity of pasts, presents and futures; While Deleuze claims that it was Leibniz who first suggested that time should be viewed as a movement following a logic, Bergson suggested that time was the movement of number "One", "One" as the nexus of multiplications: "One" can only multiply itself. It is the most abstract number

In multiplication, time is non-directional; hence, the human ability to experience time as if it moves by itself. For Leibniz – according to Deleuze-, the countdown never begins and never stops, or, rather, everything is the beginning for Bergson, time runs like a stream, and everything is movement or durations of different tensions as opposed to the homogenous time of beginnings and origins.

As a complement, the work of Paul Ricoeur discusses the abuses of memory under three general headings: blocked memory; manipulated memory; and abusively controlled memory. He suggests that manipulated memory takes place on three different levels as well: distortions of reality, the legitimization of power, and the presentation of a common world by means of symbols.

Memory and history are key paths and although navigated using different methods of inquiry, the goal remains the same. Memory is an hyphenated phenomenon, a material-semiotic one. According to Geoffrey Bowker[3], memory is a conceptual site where phenomenology meets ontology and materiality.

---

[3] Bowker, Geoffrey. "Afterword, memories are made of this". Sage, 2009,

The German researcher Karl Schlögel[4] dared to link the ideas of History, Place and Memory, creating a new paradigm of social memory:

- "History of memory" stands for the far from trivial and often forgotten insight that memory itself has a history, a historical place. To understand this encourages us to be cautious and modest.
- "Places of memory" stands for the fact that all memory is attached to places where history took place. This insight teaches us an attitude and perception appropriate to the concreteness and complexity of the world.
- "Strata of memory" is the term that brings both of these together, place and time, as a "chronotope", to quote Mikhail Bakhtin, which can be exposed and explored in a quasi-archaeological procedure.

The problem of social memory was always relevant; however it became of the utmost importance in the Soviet era when the regime applied powerful mechanisms of oppression and control to change the past, to recreate the history of dominated nations according to its ideological program and vision of progress which aimed to change people's minds and self-reflection.[5]

The tendency to perceive Stalinism as a normal vector of historical development finds its counterpart in contemporary Russian historiography, which in turn influences popular consciousness. According to the historian Boris Mironov, Russians need a national history that would "cure" them from a "nationwide inferiority complex" and stop the "groundless humiliation of Russian national feeling".

---

[4] Schlögel, Karl. "Places and strata of memory. Approaches to Eastern Europe"; (www.eurozine.com).

[5] Samalavicius, Almantas. "Memory and amnesia in a postcommunist society"; (www.eurozine.com).

We can find examples of that in the post-Soviet fiction, which is full of macabre atrocities. The nowadays Russian nightmare consists not only in the triumph of supernatural forces over humans, but also in the absence of any plausible distinctions between good and evil.[6]

The victims of the First World War are forgotten, because they have always stood in the shadow of the subsequent civil war and the famines it produced. Then there are the hundreds of thousands, indeed millions of dead who lost their lives in the course of collectivisation and deportations. Not least, there are the half a million who were killed in less than a year in 1937 during the Great Terror. All this took place in the shadow of the catastrophe of the Second World War, which cost 27 million lives on Soviet territory to say nothing of the famine of the first two years of peace.

For decades there was no space in which the names, the fates, and the faces could have been shown, could have found a hearing. There were many reasons for this silence: a regime that wanted to hear nothing about its crimes and was afraid of being called to account; the absence of a victorious power that could have organised a second Nuremberg; the shame of those sentenced as "enemies of the people", who, on returning from the camps, were ashamed to talk about their suffering.[7]

In Russia, where many millions were unlawfully murdered during the Soviet period, the cultural practices of memory are inadequate to these losses. While Europeans are talking about the "mnemonic age, a memory fest" and the obsession with the past "around the globe," Russians complain about the historical "amnesia" in their country.

---

[6] Khapaeva, Dina. "History without memory. Gothic morality in post-soviet society"; (www.eurozine.com)

[7] Schlögel, Karl. "Places and strata of memory. Approaches to Eastern Europe"; (www.eurozine.com)

The gulag survivor and founder of the Memorial Society, Veniamin Jofe wrote that the current "chaos of speculations" about the Soviet past works like "a smoke-screen" which masks the problem of "evaluating the Soviet period of Russian history in terms as clear as those used for evaluating Nazi Germany."[8] But in the Soviet Union no specific group (ethnic, territorial, professional, etc.) suffered significantly more than other groups, with one exception: "a particularly heavy toll among Stalin's victims was, of course, extracted from the state and party apparatus."[9]

Moreover, the researcher Alexander Etkin argues that there are too much differences between the Soviet/Russian and Nazi/ /German cases to make any comparison in the memory dealing.

- First, the socialist regime in Russia lasted much longer than the Nazi regime in Germany. Repairing the damage probably also requires more time,
- Second, the Soviet victims were significantly more diverse than the Nazi victims; their descendants are dispersed and in some cases (e.g. Russian and Ukrainian political elites), have competing interests
- Third, Germany's post-war transformation was forced upon it by military defeat and occupation, while Russia's post-Soviet transformation was a political choice.
- Fourth, the memory of the Nazi period has developed in different ways in Germany's Western and Eastern parts; it may happen that the situation in East Germany is more similar to the Russian case than the better-known situation in the West.
- Finally, among the victims of both regimes and their descendants, the subjective experience of victimization and

---

[8] V.V. "Reabilitatisiia kak istoricheskaia problema"; *Granitsy smysla.* St. Petersburg: Memorial, 2002, Pag 7.

[9] Kershaw, I. and Lewin, M. "The Regimes and their Dictators: Perspectives in Comparison"; Cambridge University Press 1997, Pag. 8.

mourning was significantly different. In Soviet camps, most of the political prisoners shared the principles of their perpetrators but believed that in their personal cases, they were mistakenly identified. In Nazi camps, on the other hand, the typical victim did not question his identification (e.g., as a Jew), but objected to the general reasons for his persecution.[10]

Union of Soviet Socialist Republics
– Four words four lies. (Castoriadis)

To understand why the Soviet Union collapsed, the nature of the political system needs to be understood. The Communist Party was (according to the Marxist-Leninist ideology) the vanguard of the proletariat and exercised a totalitarian monopoly of power over the political system, guiding the state and society (the working class); Yet in practice it was dominated by an unique socio-political stratum, the 'nomenklatura'; a privileged group (party bureaucrats) who gained preferential access to the resources of the State through their position within the ruling party.

However, with the rise of living standards during the postwar period appeared a widespread skepticism of the official worldview, a misconfidence linked also with the corruption, the growing stratification of society, the open intra-elite conflicts, the access to the outside world, the economic crisis and the rise of a new culture beyond the official Soviet universe.

Corruption during the Brezhnev's era reached grotesque levels, provoking a high cynicism and skepticism towards the professed ascetic moral values of the Communists.[11] Professor

---

[10] Etkind, Alexander. "Post-Soviet Hauntology: Cultural Memory of the Soviet Terror"; Blackwell Publishing, 2007, Pág. 185.

[11] Petrasova, Marianna. "Why did the soviet union collapse?", Workpaper. University College London; 2003.

Alexander Dullin argues that the increasing acquaintance and fascination with foreign norms, styles and practices contributed also to the erosion of commitments to official Soviet Orthodoxy.

According to Alexander Dallin, 'the abandonment of mass political terror was the underpinning for the general loosing of Stalinist controls on society". The consequences of this was that the State retreated from the private world of the Soviet citizen and this allowed the growth of individualistic expression, freedom of speech and cultural autonomy. As Malia argues, "none of the Soviet Union's external problems – from Solidarity to Afghanistan – would be capable of shaking the system unless there was a crisis at home".[12]

The population became increasingly well-educated which resulted in a populace considerably less easy to indoctrinate. Moreover, the decline of communal living ensured that the individuals could criticize aspects of the Communist system in the privacy. As a result of industrialization, the sociography of the Soviet Union radically altered, with the growth of the Soviet middle class rapidly expanding in the postwar years. The number of "specialists" – the so-called intelligentsia – grew from some 2 million before World War II to over 30 million in the 1980s.[13]

Tabula rasa?

The post-communist societies have been transformed from plan to market economies and from authoritarian regimes to liberal democracies. Nevertheless, old identities have been complemented with new ones, and in some instances older social identi-

---

[12] Malia, Martin. *"The Soviet Tragedy: A History of Socialism in Russia, 1917--1991"*, 1994, p. 401

[13] Petrasova, Marianna. "Why did the soviet union collapse?", Workpaper. University College London; 2003.

ties have been renewed. Parallel with state and nation building, these societies have been integrated into international collaboration and global competition. New organizational boundaries, new interpretations of reality quickly appeared, while the old traditions and perceptions are still being relevant.

In nowadays Russia, the *conditio humana* is devalued and a general assumption that individuals are not destined to achieve higher aims is spread within the social conscience[14]. After the collapse of the Soviet Union, the intelligentsia appeared to lead the new Russia, nevertheless, they disappeared within the next few years. "We are truly living in a society that suffers from the Russian post-imperial syndrome. But what is most important is what is left after the empire falls", writes Yulia Latynina in the Moscow Times.

The Soviet victory in the World War II never lost its significance as a positive source of national pride, but by the new century, the game with history and memory had blossomed into a vision of the past, broadly shared among Russian elites, that is best described as an *aestheticization* of the genealogy of power.[15] From Putin's official symbols of state (mix of Soviet and Imperial ones) to the reconstruction projects of contemporary Moscow. The result it is that Russia not only didn't accomplish the renovation, but produced new ruins.[16]

At that moment nobody thought possible that the Soviet system would degenerate into a corrupt police state with an ineffective administrative structure, a stagnant economy, a society descending into poverty, and a collapsed health system, with no

---

[14] Gudkov, Lev. "Russia's systemic crisis. Negative mobilization and collective cynicism"; (www.eurozine.com)

[15] Ponomarev, Boris. "Russian Culture at the Crossroads: Paradoxes of Postcommunist Consciousness"; Westview Press, 1996.

[16] Platt, Kevin. "The Post-Soviet is over: on reading the ruins"; American Association for the Advancement of Slavic Studie. University of Pennsylvania; 2006.

leading figures in the sciences, education, or research, and with the country becoming increasingly isolated as Russia it is nowadays.[17]

"Local elites in post-Soviet republics inherited dysfunctional pieces of a dysfunctional empire. They had two options: to build new state institutions based on the rule of law, democratic procedures, and civic mobilization; or to re-animate the dysfunctional quasi-institutions of the Leninist state by other informal methods and semi-legal bodies. Only the Baltic republics opted clearly for the first way. All the other post-Soviet states took the second option. Thus, presidential administrations replaced the Central Committees of the Communist Party and presidential representatives assumed the role of the local communist bosses", lay out Mykola Riabchuk in his article "Pluralism by default" (www.eurozine.com, 2008).

Since the beginning of the 1990s, social tensions in Russia have been steadily on the increase. At the same time, the level of trust in the state is falling continuously. The regime is attempting to adapt institutions inherited from the Soviet period to the new reality, instead of pushing ahead with a general reform of the post-Soviet state, even though the dysfunctionality and loss of control are obvious. Consequently, the debate about the future of Russia revolved solely around Putin: Is he striving to modernize the country, or just securing his power in the manner of a traditional despotism. Nevertheless, Putin is described in both as the great statesman who would go down in history, the man who led his country back onto the right path.

For this reason, the ruling elite is suffering from schizophrenia. It realizes that "it is impossible to keep everything as it is", but it is not interested in changing anything at the same moment.[18]

---

[17] Gudkov, Lev. "Russia's systemic crisis. Negative mobilization and collective cynicism"; (www.eurozine.com)

[18] Gudkov, Lev. "Russia's systemic crisis. Negative mobilization and collective cynicism" (www.eurozine.com)

The biggest problem today is not how to further consolidate the vertical executive hierarchy but how to effectively control and manage it, how to restore the channels of feedback between the public and the authorities.[19]

"Some say democracy is unnatural for Russia because the people are not ready for it. Others say the authorities are at fault for defeating popular attempts to create an open, democratic society. The real problem is that no country with a large number of impoverished people is fit for democracy", writes Yulia Latynina in The Moscow Times.

The communist one-party state has been replaced by Putin's one-pipeline state. Putin offered to Russian society consumer rights but not political rights, elections but not popular control of power, and an state sovereignty but not individual autonomy. Putin's sovereign democracy model has succeeded to secure political stability, but it has failed to create a stable political system... Russia is both a rising global power and a weak state with corrupt and inefficient institutions. [20]

Russia as the convex mirror of Europe

As Vaclav Havel emphasized in The Power of the Powerless: "Sovietism has turned out to be the convex mirror of modern civilization, the avant-garde of modernity and its paradoxical nature".

Russia stands out as an interesting case where the question of European identity formation is concerned. The atrocities committed in that realm, were committed not in the name of love but of necessity. This concept of historical necessity is the product of

---

[19] Arbatov, Alexey. "Moscow and Munich: a new framework for Russian Domestic and Foreign Policy"; Working paper n.3 2007. Moscow Carnegie Center.

[20] Krastev, Ivan. "The crisis of the post-Cold war European order"; (www.eurozine.com)

rational thought and arrived in Russia by the Western route, as argues the Nobel Prize awarded Joseph Brodsky.

The dissolution of the USSR on December 8 of 1991 by the Republics of Russia, Belorussia and Ukraine provoked at the same time a propulsion towards Occident for the central Europe and Baltic, but a retreat towards Asia for Russia and the rest of Soviet Republics, somehow as reaction against the Gorbachov perestroika and his plan of "Common European House".

"The question is, why was the new Europe able to achieve national consensus on its new road, while Russia failed to do so? Why were their elites able to unite around the idea of transformation, while in Russia the elite united around a completely different idea? There are four factors that I think had an impact on Russia's development after the Soviet Union's collapse: historical legacy, structural contradictions in the transformation process itself, the personal factor's role and the West's influence".[21]

The Europe of the Cold War has disintegrated. Political "archipelagoes" appeared instead of two once homogeneous regions – the East and the West–. Russia is one of these fragments. The bigger one by kilometers, but not by influence abroad or life expectancy.

Communism fell and the Soviet Union collapsed, but a centralized state organization not based on the rule of law – principles alien to the European tradition – continues to live in the Russian ruling class. In Russia traditional forms of social unity and old moral codes were long since eradicated; Stalinism was the radical instrument used to uproot the old Russian traditions. Attempts to build a new political system in the absence of mechanisms ensuring social unity led only to the further fragmentation of society.[22]

---

[21] Shevtsova, Lilia. "20 Years Without the Berlin Wall: a Breakthrough to Freedom"; Carnegie Moscow center. Pag. 3

[22] Shevtsova, Lilia. "20 Years Without the Berlin Wall: a Breakthrough to Freedom"; Carnegie Moscow center. Pag. 5

The integration of Russia into a capitalist market economy was going very fast and it had its own peculiarities. Russian society was divided in two very unequal parts: a small proportion (5%) of very rich (New Russians or Russian Capitalists) and the majority of population (95%) that was poor or very poor (Rossiiskaya gazeta, 2007).

The relationship between Church and state at he beginning of the 21st century follows the typical path in Russia's history. If in the case of Poland, Catholicism served as the main catalyst of democratic change from the communist regime, in Russia the Church withdrew itself back to conservative nationalism.[23] It might seem a paradox but religious intolerance in modern Russia is to a great extent based on the national "inferiority complex" and the wish to prove to the world that Russia will survive on account of its "spiritual wealth".[24]

Glamour instead democracy

At the end of the 20th century the process of globalisation was seen in Russia as a process of Westernisation and Americanisation. In Russian sociological literature Westernisation is identified as imposing Western economical development and culture on non-Western countries. Most Russian authors also believe that in Russia, Westernisation is touching all spheres of life, not only in politics and economics, but also in ideology and culture.[25]

---

[23] Gaskova, Marina. "The role of the Russian Orthodox Church in shaping the political culture in Russia"; *Journal for the study of religions and ideologies* (JSRI), No. 7, Spring 2004. P. 112

[24] Golovushkin, Dmitry. "On the issue of religious tolerance in modern Rusia: national identity and religion". *Journal for the study of religions and ideologies*, (JSRI), No. 7. Spring. 2004 Golovushkin, Dmitry. "On the issue of religious tolerance in modern Russia: national identity and religionJSRI, No.7 Spring 2004. P. 101

[25] Zinoviev, Aleksandr. "Global'nyi cheloveinik": Tsentrpoligraf, 2000.

The classic symbols of Americanisation such Coca-Cola, Burger King, McDonald's and KFC franchises are now part of Russian urban culture. Another very important feature of acceptance of cultural globalisation in Russia is the use of English as a global language. In Russia, the main inspiration for design ideas today comes from fashionable American and European magazines and travel experiences, yet producing a "Kitch creations" instead original ones because of the misunderstanding of the Western aesthetics of beauty.

"Why should one show off something that one can't afford? People buy prestigious things hoping that nobody notices the absence of their status"[26], explains the megastar Ksenia Sobchak on the practice of wearing cheap diamond fakes.

In the last years, the word glamour has arisen more and more frequently in the frame of Russian mass media, culture, and even politics. Soviet rationale was theoretically based on the principle of equality, applied not only in the context of jurisdiction and civil society but also in relation to material and immaterial values, as well as in relation to the public domain.[27]

Thus, we observe the collision between two paradigms – the unconscious fixation on the idea of equal access asserted by the Soviet regime, and its complete absence in the current post-Soviet framework. Glamour thus represents the dose of equality that is possible to experience for the majority of citizens, within the radical and expanding rupture in the post-Soviet socium.

For the poor, the media images of glamour – as well as the objects constituting the language of glamour and the desired possibility of consuming them – acquire an ontological dimension. The glamorous image becomes the ideal image, the image of

---

[26] www.telegraph.co.uk/fashion/main.jhtml?xml=/fashion/2006/07/23/stksenia23.xml

[27] Chukhrov, Keti. "Glamour as a form of culture in Post-soviet Russia", Frontiers. Sarai reader 2007.

beauty in a quasi-Platonic sense.[28] Moscow is the planet that has taken off and left Russia behind. Moscow has entered the 21st century, while beyond it, the vast country cannot keep up and is perhaps falling back into the 19th century.[29]

When the concept of an absolute truth vanishes, and a readiness becomes established in its place to be content with something that is regarded less moral, or even amoral, this could be classified as being "a lack of moral clarity".[30] People feel constantly restricted, believing that their lives depend on circumstances that are beyond their control. This feeling of helplessness dominates everyday life to the same degree as their perception of key political events.[31] In opinion of the author, this social apathy is liked with the given historical amnesia.

Bibliography

ARBATOV, Alexey. "Moscow and Munich: a new framework for Russian Domestic and Foreign Policy"; Working paper n.3 2007. Moscow Carnegie Center.
Bassin, M. "Landscape and Identity in Russia and Soviet Art"; Ecumene, 2000.
BERGSON, H. "Matter and Memory". Dover Classics, 2004.
BRODSKY, J. "Menos que uno", Ed. Siruela 1986/2006
CARRÈE D'ENCAUSE, H. "Rusia inacabada". Salvat, 2001.
CHUKHROV, Keti. "Glamour as a form of culture in Post-soviet Russia", Frontiers. Sarai reader 2007.
DELEUZE, G. "Cinema 2: The Time-Image" Continuum, 1989.
DELEUZE, G. "Difference and Repetition" Columbia University Press, 1994.
ELIAS, N. "Sobre el tiempo", F.C.E., Madrid, 1989

---

[28] Chukhrov, Keti. "Glamour as a form of culture in Post-soviet Russia", Frontiers. Sarai reader 2007.

[29] Schögel, Karl. "Archipielago Europe"; (www.eurozine.com)

[30] Sharansky, N. and Dermer, R.. "The case for democracy. The power of Freedom to overcome tyranny and terror"; Public Affairs, New York 2004.

[31] Gudkov, Lev. "Russia's systemic crisis. Negative mobilization and collective cynicism"; (www.eurozine.com)

ENGLISH, E. D.; "Russian and the Idea of the West. Gorbachev, Intellectuals and the End of the Cold War". Columbia University Press, 2000.

FARIAS-FERREIRA, M. "À propós Kundera & Brodsky" Fourth International Conference hierarchy and Power in the History of Civilizations Centre for Civilization and Regional Studies of the Russian Academy of Sciences. Mosc 13-16 de june, 2006.

FIGES, O. "The Whisperers: Private Life in Stalin's Russia"; Penguin Books 2008.

FIGES, O. "Natasha's Dance: A Cultural History of Russia"; Penguin Books 2003.

FRANKLIN, S. and WIDDIS, E. "National Identity in Russian Culture: An Introduction"; Cambridge University Press. 2006

FURMAN, D. "Nash put k normalnoi kulture (Our road to the normal culture)"; Progress, Moscow 1988.

GASKOVA, Marina. "The role of the Russian Orthodox Church in shaping the political culture in Russia"; Journal for the study of religions and ideologies. JSRI, No. 7, Spring 2004.

GOLOVUSHKIN, Dmitry. "On the issue of religious tolerance in modern Rusia: national identity and religion". Journal for the study of religions and ideologies (JSRI). No. 7; Spring 2004.

GUDKOV, Lev. "Russia's systemic crisis. Negative mobilization and collective cynicism"; (www.eurozine.com)

HIRSCH, F. "Setting to Know: the Peoples of the USSR: Ethnographic Exhibits as Soviet Virtual Tourism", Slavic Review, 62, 4. (2003).

HOSKING, G. "Rulers and Victims, the Russians in the Soviet Union"; Belknap Harvard, 2006.

IGNATIEVA, M. and Smertin V. "Globalisation Trends in Russian Landscape Architecture St. Petersburg" State Polytechnic University Publishing House, 2007.

JANICAUD, D. "Chronos: pour intelligence du partage temporal" Le collée de philosophie, 1997.

KANDIYOTI, D. & Saktanber, A. "Fragments of a culture"; IB Tauris. New York, 2002.

KHAPAEVA, D. "History without memory: Gothic morality in post-Soviet society"; www.eurozine.com.

MALIA, Martin. *"The Soviet Tragedy: A History of Socialism in Russia, 1917-1991"*, 1994.

OLDFIELD, J. "Russian nature: Exploring the environmental consequences of societal change"; Aldershot, U.K., 2005.

PETRASOVA, Marianna. "Why did the soviet union collapse?", Workpaper. University College London; 2003.

PLATT, Kevin. "The Post-Soviet is over: on reading the ruins"; American Association for the Advancement of Slavic Studie. University of Pennsylvania; 2006.

PONOMAREV, Boris. "Russian Culture at the Crossroads: Paradoxes of Postcommunist Consciousness"; Westview Press, 1996.

RALEIGH, D. "Provincial Landscapes: Local Dimensions of Soviet Power, 1917--1953"; University of Pittsburgh Press. 2001.

RALEIGH, D. "Russia's Sputnik Generation: Soviet Baby Boomers Talk About Their Lives"; Indiana-Michigan Series in Russian & East European Studies. 2006

RICOEUR, P. "Memory, History, Forgetting", University of Chicago Press, 2004.

RUTHERFURD, E. "Rusos"; Ed. El País. 2006.

SAMALAVICIUS, A. "Memory and Amnesia in a Postcommunist Society"; www.eurozine.com

SCHLÖGEL, K. "Places and strata of memory: Approaches to Eastern Europe"; www.eurozine.com

SHARANSKY, N. and Dermer, R.. "The case for democracy. The power of Freedom to overcome tyranny and terror"; Public Affairs, New York 2004.

TODOROV, T. "Los abusos de la memoria", Paidós, 2008

TODOROV, T. Hope and Memory: Lessons from the Twentieth Century Cloth. 2003

TRENIN, D. "Getting Russia right"; Carnegie Center. Moscow, 2005.

TRENIN, D. "Solo voyage"; Carnegie Center. Moscow 2009.

V.V. "Hierarchy and Power in the History of Civilizations"; Centre for Civilization and Regional Studies of the Russian Academy of Sciences. Mosc 13-16 de junio, 2006.

WEBB, E. "Philosophers of consciousness: Polanyi, Lonergan, Voegelin, Ricoeur, Girard, Kierkegaard University of Washington Press, 1988.

ZINOVIEV, Aleksandr. "Global'nyi cheloveinik": Tsentrpoligraf, 2000.

How a few social scientists came to hold top offices of state

Hermínio Martins[*]

A sociologist-President

The fact that a world-renowned academic sociologist, co-author of one of the most influential social science texts of the last five decades, on the Theory of Dependency, in the Third World and the First World, and not least in the USA, with an impressive international academic curriculum, Fernando Henrique Cardoso, became President of Brazil, being twice elected in a free democratic process, has struck many people as a singular, perhaps unique occurrence in political history of nations in the twentieth century. Possibly if it had happened in a smaller, less consequential country, it would have attracted far less notice, and might have been summarily dismissed as the kind of oddity that can arise in the political processes of minor countries. Be that as it may, it was consideration of this case that originated the present text, where we look at a number of careers that bear some degree of structural similarity to this one and the kinds of socio-political circunstances under which they have taken place.

---

[*] Emeritus Fellow at St Antony's College, University of Oxford Honorary Research Fellow Institute of Social Sciences University of Lisbon.

Delimiting the scope of the inquiry

Attempting to see this occurrence in a comparative perspective, I will look, in this brief account, at a number of cases where social scientists (sociologists, political scientists, anthropologists, economists, and, for the purposes of this study, also economic historians), have come to hold the top political offices of Presidents of Republics or Prime Ministers, *in the twentieth century* (the Presidency can carry little political power in republican parliamentary systems, certainly in normal times, but even so it is formally the highest office of State; in semi-presidential systems or rather semi-presidential circumstances it may carry real power).

It could be argued that lawyers (or "jurists", in the Continental European parlance, which would include university Professors of Law), perhaps the single most numerous category in such posts in Europe and Latin America (and not unknown elsewhere), should be counted as a variety of social scientists, especially before the disciplinary identies of sociology, political science, international relations, etc., were consolidated and institutionalized in separate departments in universities (sociology could appear under a variety of rubrics, such as social economics, social studies or social philosophy): certainly some, in terms of the subjects and approaches of their doctoral dissertations, could be counted as such (work which in a number of cases could easily have been done as history, applied economics or political science), but in this essay I will not include them as a genus. University Professors of Law, though, filled many ministerial appointments in practically all Continental European states between 1900 and 1914 (a time when the status, prestige, and relative remuneration within the State system of university professors in general were at their highest in such countries, the *Geheimrat* in Germany and their counterparts in Austria being good examples[1]), and to a lesser

---

[1] The Polish-American sociologist F. Znaniecki has some interesting remarks on the status of university professors in this period in his classic work

extent between the two world wars, in democracies and dictatorships, though none went on to become Prime Ministers or Presidents. Lawyers, i.e. graduates from Faculties of Law, as has been typically the case in Continental Europe, whether or not they exercised the profession for long periods of time, rather than tenured academic teachers of Law (including under this rubric philosophers of law, an important scholarly area in Germany, Latin Europe, and Latin America) often pursued extremely successful political careers in Europe and the Americas throughout the twentieth century, holding the Presidency on numerous occasions in Europe and the Americas.[2] They were probably the largest single occupational category among holders of ministerial office in both Europe (including in this case the U.K.) and Latin America throughout the twentieth century, amongst civilians, that

---

The social role of the man of knowledge (N.Y. 1940), referring in particular to inter-war Poland (in which country they had a status and salary comparable to that of Government Ministers, as was the case also in a number of other countries, including inter-war Cuba, and at least for a time Salazar's Portugal, as can be ascertained from consulting the published data of the State budget for the 1930s and 40s). University professors, especially, though not exclusively, in the Faculty of Law (where applied or descriptive economci studies wer eoten pursued) were, in principle, regarded as *ministrables*, as a pool from which authoritarian regimes in particular could draw, in the absence of legal political parties and open poltiical party competition, so much that the term *catedráticocracia* (rule by holders of University Chairs) or its equivalent in other languages, was coined in several countries. In France the Third Republic was known as the *république des professeurs*. Concerning authoritarian Portugal Unamuno spoke in 1936 of the"fascism of the Chair" (an expression coined by analogy with the late 19th c. German expression"socialists of the Chair"), though one can also speak of an "empire of professors" (António Costa Pinto :"O império do professor: Salazar e a elite ministerial do Estado Nobo (1933-45)" Análise Social vol. XXXV (157) 2000.

[2] It is interesting to note that two of the most significant populist dictators of the secon half of the twentieth century, Colonel Perón and Colonel Nasser, both originally wanted to become lawyers, but family circunstances led them to desist, and join the military. Many military officers throughout the world, drawn from less prvileged social strata, will have had similar experiences.

is, as military officers often held several ministerial posts in each Cabinet, even in liberal polities (they could include military engineers of military physicians)[3]. Nor will I include physicians (medical doctors), who have been prominent in the political elites of many countries, in Europe and Latin America, though often their work in social medicine and public health might in justify to some degree their inclusion among social scientists, such as Allende, for example (similar considerations would apply to practicioners of psychiatry, especially social psychiatry[4]).

The cases I am most interested in, for the purposes of this essay, are those of social scientists who pursued an academic career of distinction for a significant number of years before entering politics, or being appointed or elected Presidents of the Republic or Prime Ministers (even though they may have harboured political ambitions in that period, they concentrated on scholarly work for a reasonable number of years)[5]. I am not therefore primarily concerned with those holding an academic post for the minimum number of years simply in order to add to their portfolio of qualifications or credentials (in the sociological sense), their c.v. or *cursus honorum* without producing a significant scholarly *oeuvre* or those who, at any rate, did not pursue an academic career for a significant length of time, for whatever reasons, and entered full-time politics instead, or whose commitment to party

---

[3] Dahrendorf's remark that the public schools in England are the counterpart to the Faculties of Law as avenues to polical office should be amended slightly, in order to mention the role of Oxbridge (Oxford and Cambridge Universities) and, within Oxford, the degree known as PPE. Several Prime Ministers have followed this route, sometimes even without going to public school. The probable next Prime Minister of the UK, as I write, David Cameron, is a PPE graduate (as well being educated at the most prestigious public school, Eton).

[4] The psychiatrist Frantz Fanon's writings were very influential throughout what was then known as the Third World among radicals and nationalists.

[5] I have restricted the scope of this paper to full-fledged Sates, and will not therefore consider holders of top political offices in such areas as Quebec, Catalonia, Scotland or Wales.

politics and to a political career was evident, even if, for financial or other reasons they still taught part-time or intermittently at one university or another. There are cases which may be difficult to interpret, and there will be legitimate disagreement on how to classify them, but on the whole the analytical distinction seems worthwile as a point of departure in the inquiry. Max Weber gave two famous lectures at the end of WWI on *Wissenschaft als Beruf* e *Politik als Beruf*, which triggered considerable controversy and remain thought-provoking to this day[6]. The peculiar fascination of at least some of the cases I will be considering is that they exhibit a kinf of dual vocation, not the hybrid the "professorial prophets" that Weber castigated so vehemently (passionate as he was about politics, and not without a degree of political influence at certain politicasl conjuntures), but of two distinct careers over time. To be sure, few cases are as striking as that of Fernando Henrique Cardoso in exhibiting in clear-cut fashion the two vocations in sequence, with excellence in both.

Some cases are clearly "deviant" in terms of the criteria stipulated, but are mentioned for the sake of illustration or because of their historical interest (or, if we take the criteria indicated as forming a "constructed type" in a neo-Weberian fashion, of their "negative utility").

If in temporal terms we have restricted ourselves to the twentieth century, as previously noted, and in geographical terms my examples have been drawn mostly from Europe and the Americas. There is no claim that the cases I mention provide an exhaustive list, though I hope they will include the most prominent ones.

The first case

The first case I can think of of a social scientist attaining a top political office in the twentieth century is that of Woodrow

---

[6] See"*Max Weber's"Science as a vocation"*"which I co-edited with Irving Velody and P.Lassman, London, 1989.

Wilson, a Professor of Politics and author of articles and books on comparative government, elected Presdent of the American Political Science Association, who was twice elected President of the United States (1913-1921)[7]. He became nationally known during his tenure as President of Princeton University that Wilson, and on his resignation he ran for election as Governor of the State of New Jersey and won, in 1910. Subsequently he became the Democratic Party's candidate for President in an unusually fraught Party Convention, and won election in 1912, being relected in 1916. One might even say it was a fluke that he was nominated, in that he had not built up a following over the previous years by pursuing a normal political career or courting key Party figures over a number of years. Since then, hardly any social scientists, not even economists, have come close to being nominated as Presidential candidates for either of the two major parties, or even been talked about seriously, in the USA, though two engineers (Hoover, Carter) became Presidents, though unlucky ones, neither being re-elected...[8]

---

[7] There are, to be sure, a number of figures who, without being academics, deserve to appear in comprehensive histories of political thought, in a fairly inclusive sense, who held the office of Prime Minister in the U.K. (the conservative leader and Prime Minister Lord Salisbury being a case in point, a recent journal of conservative thought in Britain being called *The Salisbury Review*, though many would wish to include the autodidact Winston Churchill). The same would hold in the case of authors of philosophical works, who were not academics, though they enjoyed recognition as significant thinkers in their time, the most salient being Arthur Balfour, another Conservative Prime Minister, who again earns at least footnotes in histories of philosophy of the period, though none of his once well-known works (he wrote at considerable length on questions of epistemology) appears to be in print. Masaryk, whom we shall look at later could easily be double-counted as a philosopher as well as a sociologist, who became the first President of Czechoslovakia.

[8] Wilson remains the only U.S. President to have previously earned a Ph. D. The economist Clark Kerr, President of the University of California, was talked about as a possible Presidential candidate for the Democratic Party but the student rebellion that shook Berkeley in 1968-9 put paid to this prospect. It would have been the third instance of someone who had become the President

A key pattern: social scientists and new States

The great majority of cases of social scientists (other than economists) reaching the top offices subsequently throughout the twentieth century have occurred in newly emergent polities, mostly either following the break-up of dynastic Empires within Europe in the wake of WWI and later, after 1945, in the decolonization of European overseas empires subsequent to WWII.

That is to say, in circumstances where there were not established national political elites to draw on, so recruitment to highest offices of State was fairly open to figures other than professional politicians. Such situations provided openings for prestigious figures of scholarship or the arts, especially the performing arts, above all internationally known ones, sometimes apolitical, except in the sense of being publicly identified with the national cause in pre-independence days, to be elected or appointed as Presidents or Prime Ministers (the choice of the world-famous pianist and composer Ignacy Paderewski as

---

of a major university being nominated in the USA for a major political party, though of course General Eisenhower, President of Columbia University at the time of his nomination for the Presidency, had not been an academic (except insofar as he had taught at a military academy). However, the case of Hubert Humphrey, who had been a instructor in political science at a university, after earning a master's degree, and enrolling in a PhD program, though he never completed it, deserves mention: he did become Vice-President, but was defeated in the Presidential elections when Lyndon Johnson decided not to run. Probably no Democratic candidate could have won that election, at the time of the Vietnam War. The U.S. Congress has had a number of former academics, and perhaps now that a number of academic scientists have become millionaires as a result ot their becoming scientist-entrepreneurs, it may recruit some more, bearing in mind the prevalence of millionaires in the Senate and to a lesser extent in the House of Representatives (still, in a country with thirteen million millionaires there is a large pool to draw on, millionnaire academics or scientists being very small subsets of this population). I have not considered Presidential candidates put forward by minor parties, either in the instance of the US or of other countries.

Prime Minister of Poland in 1919, in his time a world celebrity[9]). Exceptional circumstances may arise, such as that of governments in exile, like that of the Spanish Republic or that of the Polish Republic after 1939, and in the case of Poland again after 1946, where appointments to these positions may be made outside the normal political criteria, and distinguished scholars may be appointed *faute de mieux*, as it were. But in this essay we are mostly concerned with relatively self-determining or emergent polities[10].

Within Europe, the emergence of Czechoslovakia in the wake of the collapse of the Austro-Hungarian Empire, led to the accession of T. Masaryk who had been prominent for some time as a leader of the Czechslovak independence movement, as President of the Republic and indeed "Father of the Nation". Masaryk, though a philosopher primarily, had published studies of a sociological character, such as a much cited work on suicide, and was often characterized as a sociologist. His international reputation as a scholar and publicist was certainly a factor in his accession: his participation in political movements to some extent reinforced his other assets, of intellectual prestige and international fame, valuable to a new country seeking recognition on the world stage in various ways[11]. A greater oddity was the election of another

---

[9] This is perhaps truly unique. Especially valuable to the national cause as a friend of Woodrow Wilson. According to some sources, he was again Prime Minister of the Polish government in exile in 1940-41.

[10] Einstein was approached with the request that he should accept becoming the first President of the new State of Israel. He declined to leave Princeton, much to the relief of practical Israeli politicians like Ben-Gurion. Israel might be considered as an instance of the states emerging or being created from the break-up of European overseas empires, in this case that of Britain, though earlier its territory had been part of the Ottoman dynastic empire.

[11] Karl Renner is a case that deserves mention as a social scientist with important scholarly publications to his credit, who came to occupy the top offices of State without an academic career in a University or research institute. A lawyer by training, he earned his livelihood as a librarian to the Parliament of the Dual Monarchy. His research and publications already before WWI

sociologist, at any rate a former Professor of Sociology at the old and famous Charles University, Eduard Beneš, who, as follower of Masaryk's social throught, and his close collaborator, succeeded Masaryk as President of Czechoslovakia (1935-38) and assumed the office again after exile in the U.K. during WWII, during 1945-48. Attempting to be neutral, he in fact assisted in the process which led to the Communist take-over of the country, with the consequent destruction of the democratic political forces.

Probably the most striking cluster of cases of social scientists assuming top political offices occurred in the aftermath of decolonization, with the independence of former colonies of European powers, above all in Africa, but also in the Caribbean, in the 1960s especially, having been leaders or prominent figures of independence movements.

Jomo Kenyatta, born and bred in Kenya, entered university at the age of 41, earned a Ph. D. in social anthropology at the London School of Economics under no less a figure than Malinowski (he was one of his last students at LSE, before he left for the USA), the revised thesis being published as a book (*Facing Mount Kenya*) in 1938, with a foreword by his supervisor. He did not subsequently publish any scholarly work. He returned to Kenya after an absence of 15 years and subsequently was arrested and tried during the Mau Mau emergency and imprisoned for eight years under British rule. After his release he became Prime Minister and shortly after, having engineered a change in the Constitution, President, executive President (being both head of state, head of government and commander-in-chief of the armed

---

addressed sociological topics. His best-known work on The institutions of private property carried out what be called a Marxist but non-Leninist sociological analyis of law, and indeed the English-language translation was published in the International Library of Sociology founded and edited until his death by Karl Mannheim and has remained a standard reference. With the break-up of the Austro-Hungarian Empire, as a prominent figure of the social democratic party, and a master conciliator, he became PM in 1919, and after WWII the first President of the Second Austrian Republic, one of the few eminent figures in the country not having been tainted with Nazi associations.

forces) of newly independent Kenya. As a Kikyu, he was a member of the majority "tribe" or *ethnie*, and he had been sufficiently close to the independence movement, that together with his intellectual standing, he came to be chosen for the post. Informally crowned as "Father of the Nation", he held it till his death in 1978 (one of the first of the African Presidents for Life, in effect or in denomination, that proliferated in later decades). For the last eight years of his life the country was a one-party state and Kenyatta was the only candidate in the presidential elections. From our point of view he is a "deviant" case in that he did not pursue an academic career before entering full-time politics, but his scholarly credentials were certainly important in the attainment of his political leadership.

K. A. Busia, a native of Ghana (the Gold Coast as it was called then) became Prime Minister in independent Ghana from 1969-72, after the end of the Nkrumah era. Having already taken an Oxford first degree, PPE, he earned a D.Phil in Social Anthropology from Oxford in 1947, at the time when Radcliffe-Brown was director, published as a book in 1951 (*The position of the chief in the modern political system of Ashanti*[12]). Unlike Kenyatta, he went on to publish a number of other scholarly works of an anthropological kind: he was the first African to hold a Chair in the University College of the Gold Coast (one of the few considered in this Note to pursue a normal academic career, in this case both in Ghana and in Oxford, where he was a Senior Associate Member of St Antony's College in his years of exile). In his case he had been involved in party and parliamentary politics for a number of years, so that his intellectual eminence was less of a factor than in the other African cases, his party leadership counting more perhaps. He was ousted by a military coup (and he had been brought to his office by the military coup that overthrew Nkrumah), and appears not to have resumed scholarly activities during the rest of his life.

---

[12] The subtitle was:"A study of the influence of contemporary social changes on Ashanti political institutions".

In the post-colonial world, outside Africa, we have the case of Eric Williams, a native of Trinidad, an undergraduate at Oxford, where he read History, being awarded a First, he later did graduate work in economic history in the same university. His chief work, *Capitalism and Slavery* (based on his Oxford D. Phil., accepted in 1938), was published in 1944 in the USA (it was not published in the UK for another twenty years)[13]. It has been recurrently debated to the present day, and was certainly a landmark in the relevant historiography (unlike the theses of Kenyatta or Busia, it was not about his own country specifically, except as part of Caribbean history, but in a way on international political economy, and those theses have not provoked the same kind of persistent historiographical controversy). Williams, with his Oxford doctorate, wanted to pursue an academic career, but, unable to do so in the UK, where there was perhaps a racial factor counting against him, he emigrated to the USA in 1939, where he taught at a leading Afro-American university, Howard University, though he published little of comparable scope and originality after his remarkable book, which enjoyed a considerable reputation among African intellectuals associated with Pan-African or national African independence movements. He returned to his country, in its last years as a colonial dependency, in 1948, and he was very active as an independent lecturer and publicist, leading to the publication of a history of the Caribbean, a novel synthesis, of definite scholarly value[14], as well in party politics. In newly independent Trinidad, or, strictly speaking, Trinidad and Tobago, as a figure of international standing, indefatigable in his educational and political activities

---

[13] It was published by the University of North Carolina Press. The subtitle (which the work lacks) could have been something like"British capitalism and Caribbean slavery". The D. Phil thesis was entitled"The economic aspects of West Indian slave trade and slavery".

[14] Professor Robin Cohen of Oxford University has emphasised this point (private communication).

since his return, he became Prime Minister, and his astuteness and ability to play the political game in an ethnically divided society, and to handle massive discontents and the surge of "Black Power" which nearly swept him from power, kept him in the office till his death (he held the post of Prime Minister without interruption from 1956 to 1981), and even acquired the informal title of "Father of the Nation", like Kenyatta, who had preceded him also in his life-presidency.

Another case that would deserve to be listed here, had he not been assassinated, was that of the Mozambican Eduardo Mondlane (1920-1969). He obtained a scholarship to study in the USA, entered Oberlin College at the age of 31, graduated there in anthropology and sociology[15], and subsequently earned a doctorate in sociology at Northwestern University in 1960, having spent a year at Havard as a visiting scholar in the meantime (his thesis, never published *in toto* or in part, was not on an African topic, but on role conflict[16]). He taught for a year at Syracuse University and worked as a United Nations official, but returned permanently to Africa in 1962. His intellectual eminence and American connections, amongst other factors, undoubtedly secured a call to him to return to Africa to lead the movement for the independence of Mozambique which was then preparing to start the armed struggle (at that time it had not proclaimed itself a Marxist-Leninist organization, committed to "scientific socialism" and Mondlane, although a socialist, did not subscribe to a Marxist creed). It is still the ruling party today, more than forty years later, FRELIMO, enjoying since 1975 a monopoly or near-monopoly of political power. Mondlane was assassinated in Tanzania, during the war for independence (initiated in 1964), through what agency is still not entirely clear. He would undoubtedly have become the first President of the new Republic of Mozambique after independence had he lived, though one cannot

---

[15] Among his teachers there were two well-known American sociologists, George Simpson and J. Milton Yinger.

[16] I have not had access to this thesis, nor do I know anyone who has.

tell whether he would have become another President for Life or would have chosen to only hold the office for a couple of terms or so, or whether he would have moved towards a less repressive post-colonial regime than the one that was installed. Anyway, he would have been another of the tiny roll of sociologists to have become Presidents, most of whom outside the normal parameters of democratic politics[17].

I have referred to Presidents, but sociologists have not been Prime Ministers, though in recent years a significant number of sociologists have held ministerial office in either presidential systems or parliamentary or semi-presidential systems[18].

---

[17] Mondlane and Kenyatta have both had universities named after them. The intellectual distinction and prominence as public figures of Busia and Williams would have warranted similar memorialization. Colonial liberation movements were often headed by intellectuals in their early phases, with academic experience in the metropoles (often after attending mission schools in the colonies), where they in contact with members of other liberation movements (there were important clusters of such persons at various times in London and Paris) and established links with influential persons and organizations that would prove helpful in various ways to the movements and the newly independent countries ("networking", it would be called later). Some indeed comprised significant numbers of intellectuals and Western-educated persons in their cadres, but the prominent figures would often be writers (a surprising number of poets amongst them) rather than technically qualified (some combined a profession with literary gifts and achievment, such as the medical doctor and poet Agostinho Neto, head of the MPLA, which became the ruling party in Angola). That Mondlane became a sociologist was in a way an anomaly in terms of the kind of academic fields chosen by these elites between the 1930s and 1950s: sociology only became fashionable later. But then Mondlane went for his university education to the US, where sociology was well-established

[18] There have been a number of cases of sociologists (as well as scholars of other disciplines in the social sciences) appointed as Ministers in the last couple of decades in a number of Western countries, some indeed being elected to Parliament as well, but they are not considered in detail here. But many of the cases –not all– represent the coincidence of a young democracy with the recent rise of a new academic discipline with a certain cachet of modernity in the

The resurgent states of Communist Europe especially those that had been incorporated in the USSR in 1939, provided another ensemble of polities which became independent, as a result of the breakdown of the Soviet Union. In fact, very few social scientists achieved the top offices of state in such countries since 1989/91. The only case known to me, not so much of a social scientist in terms of the disciplines I listed, but close enough, of a psycholinguist with a strong research interest in folklore and national identity is the former President of Latvia, Vaira Vike-Freiberga. A refugee in Canada, where she lived for 45 years, she became a Professor at the University of Montreal, with numerous research publications to her credit during her tenure. Her focus on Latvian folklore enable her at the same time to keep in touch with the Latvian diaspora. She returned to Latvia in 1998, and within a year was elected President as an independent (few have returned from such a decades-long exile to such an accolade in their home country), and re-elected for a second term in 2002. A convinced Europeanist she played a significant role in the country's rapprochement with the European Union. She is also the only woman I am able to list in this paper (and highly critical of the scacrity of women in top jobs in the EU).

The opportunities of economists in democracies and dictatorships for reaching the top offices of State in the twentieth century: two patterns

Of all categories of social scientists, economists would seem to have the best chances of reaching at least the office of Prime

---

university systems of the countries concerned. Cases of sociologists who have held Ministerial office in the last two decades known to me include Francisco Weffort (Brazil), Michael Meacher (U.K.), José Maravall (Spain), António Barreto (Portugal), José Medeiros Ferreira, Augusto Santos Silva (Portugal) and Maria Lurdes Rodrigues (Portugal), not to mention the earlier instance of Ralf Dahrendorf in Germany if we count being junior foreign minister in 1969 in the German Federal Republic before he left to join the European Commission. There may well have been others in other European or Latin American countries. Sociologists have also become Secretaries of State in these countries, and doubtless others.

Minister. Again, we restrict our universe to those who have enjoyed a distinguished academic careers or at least served in economic research institutes prior to ministerial appointments. There seem to be two kinds of cases amongst the economists who have attained the office of Prime Minister: (1) those who are catapulted (or perhaps one could say "parachuted") into the office via the sponsorship of a "king-making" entity, which according to the historical or national circumstances, may be the military (corporately our through factions within it), the dominant Church, a major political dynasty, economic lobbies, top bankers, media moguls, etc.[19], and (2) those who enter normal politics after achieving eminence in their discipline, in democracies, and succeed in being elected leaders of political parties, or at least achieve prominence in them (of course these two patterns could apply to social scientists attaining top offices of State in general, but economists have been the most favoured with the Prime Ministership, certainly in Europe). To be sure, there will be mixed cases, such as those in which sponsorship of the kind noted was vital initially to enter the political arena but the economists/social scientists in question then proceeded to be elected Party leaders and subject themselves to competitive national popular elections, and win office through that route (the case of A. Papandreou, which we refer to below).

In the first type of case, it may arise most likely in a military dictatorship. An example was Salazar who after teaching and research, with a number of scholarly publications, was essentially brought to power sponsored by the Church and with the support of important segments of the military (it is true that many former university professors had held ministerial posts since 1910, partly because of the demise of the previous parliamentary political elite). Even though he belonged to a minor political party, standing for

---

[19] I have listed institutions which have been alleged to have played this role in various historical accounts (some perhaps rather doubtful) for a number of countries, especially in dictatorships or the aftermath of authoritarian rule.

the Church interest, it was not because of the importance of this confessional party of which he was not the leader, that he was appointed Minister of Finance with exceptional powers. Through the exercise of these powers he gained influence and prestige and became Prime Minister and in effect the ruler of a civilian-military dictatorship from 1932 to his illness and incapacity (or "political death") in 1968.

In military dictatorships in the post-1945 period in Latin America, or better post-1960 period when a turn to more modern--oriented military dictatorships took place many economists were appointed Ministers of Finance without any previous political experience or affiliations, picked out directly from universities, amongst those willing to serve a dictatorship, to be sure, at least under certain conditions like being given *carte blanche* to implement ambitious programmes of monetary, fiscal and other modes of economic reform, often via stiff doses of drastic "shock therapy" or "surgery", and closing their eyes to repressive practices, the banning of free trade unions, arbitrary imprisonment, systematic torture, etc. taking place at the same time. We may note at this point that the term "technocrat" came to enjoy widespread currency in connnexion with this category in Latin America and elsewhere, though in a different sense from the word originally had, when it was coined in the USA in connexion with the role of engineers and not economists, in public life and especially in rescuing the economy from crisis and stagnation through the promotion of technological innovation and implementation, especially in the energy field: they might better be called "econocrats"[20]. But even the most successful of these Ministers of Finance, Delfim Netto in Brazil, an academic economist, under whose auspices the highest rates of economic growth the country has ever experienced before

---

[20] The British political scientist Peter Self coined this term in connexion with the pretensions of cost-benefit analysis in the determination of public policy, which have caused much harm to the public interest and to environmental protection.

or since were attained for six consecutive years (the years of the Brazilian "economic miracle" as well as of the armed struggle and the state terror, from 1968 to 1974), to whom therefore the military dictatorship owed a special debt, never rose any higher, even though he did entertain hopes of becoming President (there was no office of Prime Minister in a presidential system)[21]. None of the "Chicago boys" elsewhere made it either, though in some cases their policies did result in or coincide with fairly high rates of economic growth, if at the expense of not insignificant social and environmental costs (in others they were disastrous in every way, leading to financial collapse and exacting terrible social costs). Even in a non-dictatorial situation, too, economists may be called directly from the groves of academe to play a high role in politics. There was at least the case of Andreas Papandreou, who had been living in the USA for quite a number of years, having graduated from Harvard, and become Professor of Economics (and Chairman of the Department) at Berkeley, though he also held Professorships of Economics at various other North American universities, being a rather peripatetic academic. He was asked by his father, the head of the family's political dynasty, and leader of a major political party, to return to Greece, which he did in 1959, having lived in the US since 1938 where he had become a US citizen, and became assistant Prime Minister, in effect, though he was also elected to Parliament for the first time. Arrested and exiled again, he became Prime Minister in 1981, having founded and headed the Socialist Party, reelected in 1985 and again in 1993. The dynastic factor here is a distinguishing feature of his trajectory[22].

In normal democratic politics, in Europe, as in the Americas, quite a number of academic economists have been appointed

---

[21] It is true that his second run as Minister of Finance did not meet with much success.

[22] His son has become Prime Minister (the current incumbent), like his father and grandfather.

Ministers of Finance (or the equivalent).[23] One of the two greatest economists of the twentieth century in the view of many economists (the other one being, of course, Keynes), the Austrian Joseph Schumpeter, a Professor of Economics who became Finance Minister of the new Austrian Republic, but an unlucky one. Another Austrian, Rudolf Hilferding, a (not very orthodox) member of the Social Democratic Party of Germany, became Minister of Finance twice in 1923 and 1928-9, in singularly unpropitious economic and political circumstances (Hilferding had become an economist informally as it were, through the classes provided by social-democratic economists, and a number of his publications were of considerable importance such as his book on *Finance Capital*, surprisingly topical once again[24]).

Other examples could be adduced in recent times, as in the post-communist countries of Eastern Europe, even if none have so far enjoyed a very successful record, that is they have not presided as yet over any "economic miracle". To be sure, a number of academic economists have enjoyed great influence on economic policy in their countries without holding a ministerial post, or even located in key financial institutions like Central Banks. Keynes, who after all taught economics for many years, may be seen as perhaps the paramount instance, though his influence on the ways in which economic policy was framed, in a wide sense,

---

[23] I use the expression generically. The post may come under other rubrics in different countries: Chancellor of the Exchequer in the U.K., Secretary of the Treasury in the U.S, Minister of the Treasury, Minister of Planning, and so on, in a number of other countries. Often the Ministry of Finance and the Ministry of the Economy are separated, at least for a period, and economists may hold both posts. Cognate posts such as Minister of Industry could be counted also.

[24] He authored a remarkable paper on totalitarian orders (under whih he subsumed both Nazi Germany and Stalin's Russia) in the late 1930s, published by a Menshevik journal in the USA. It was reprinted in C. Wright Mills' collection *The Marxists* and yet it is too little known, and rarely cited in accounts of formulations of the category of totalitarianism in the 1930s. He was a victim of the Gestapo.

was worldwide, and other cases could be referred such that of Raul Prebisch and his leadership of ECLA in Santiago de Chile, key ideas of which had world-wide impact[25]. No need to dwell here on the role of the "Chicago boys" (a generic term, for by no means all of the economists referred to had received their doctorates from the University of Chicago, often earning their doctorates in universities in their own countries where the Chicago mind-set held sway) and the shaping of the "Washington Consensus", subjects which have been addressed already at length everywhere.

Very few economists have gone on to become PMs or PRs, possibly because their tenure of the ministry was not in general very successful, not necessarily because of the wrongness of the policies, more perhaps the intractability of the *conjoncture* when they were appointed or elected (the post can be as much a breaker as a maker of political reputations, in fact more likely the former)[26]. Fiver cases come to mind, listed in chronological order,

---

[25] Celso Furtado deserves a mention, and not just for his role in CEPAL. An academic economist, he was only briefly Minister of Planning before the military coup of 1964, which led to his exile. He exerted considerable influence on economists and indeed the intelligentsia in general through his writings on the economic history, development economics and international economics. He was one of the earliest Brazilian economists to develop an ecological consciousness and a sustainability approach, partly perhaps owing to his Brazilian North Eastern background and practical experience heading the State development agency for the region. He was also one of the first in Brazil at least to use the phrase"globalization of the economy" ("mundialização da economia") in the early 1970s.

[26] Harold Wilson was an academic economist, but for rather a short time, and was involved in Government work and party-political activities from very early on, so I would not include his Prime Ministership in this list. Hugh Gaitskell, similarly: he might have become Prime Minister, as leader of the Labour Party but for his premature death. Since then there have been no instances of *academic* economists coming so close to the office, or indeed becoming Chancellors, in the UK. Maybe PPE (the acronym of the Oxford degree in Philosophy, Politics and Economics) has become the universal qualification (both Wilson and

according to the date when they first became Prime Ministers (or the equivalent).

First, Ludwig Erhard (1897-2007), an economist who directed an institute of economic research, until dismissed during the Nazi period. He introduced the very successful currency reform of 1948, was appointed by the Chancellor as Minister of Finance, a post he held between 1949 and 1963, became a very successful or very lucky Minister of Finance with the resurgence of the West German economy, the very first "economic miracle" (*Wirtschafts-wunder*), justifying his faith in the "social market economy" of *Ordo*-liberalism and the Freiburg School (other countries have subsequently been looking for their "Erhard"). Some even claim that his success was as important as the Marshall Plan for the resurgence of Western Europe. Partly on the basis of his success, of his affiliation to a political party (the CDU) and partly though the convolutions of parliamentary politics, was subsequently elected Chancellor of the Federal Republic of Germany, a post he held from 1963 to 1966.

The second case was that of Raymond Barre (1924-2007), an academic economist teaching at the Institut d'Études Politiques in Paris who became Prime Minister under the Fifth Republic, a presidential appointment. He was the only PM of the Fifth Republic not to be leader or a prominent figure of any political party. This is a case where a President, as was his prerogative, chose an independent figure who has not played a part in politics, on the grounds of intellectual distinction and professional competence,

---

Gaitskell did PPE) and there is no need to go on to do academic research in economics, even if a consultancy is now often a respectable aftermath...Of course in a parliamentary system there are constraints in such appointments which do not exist in presidential systems i.e., they have to be elected in a parlimantary consituency). Still, nomination to the House of Lords has provided numerous Ministers from outside the elected chamber, though never, I believe, for the key offices: in any case, but no academic economist has been chosen for the purpose, even if from time to time they have been influential on the thinking of the Ministry of Finance, a.k.a. the Treasury.

though in fact he had held a number of government advisory positions and had been Minister of Industry for a few months. In fact the President appointed him as both Prime Minister and Minister of Finance and Economy (the only person to have held both posts at the same time in the history of the Fifth Republic), which he was conjointly from the date of his appointment in 1976 till 1978. He was Prime Minister during the greater part of the Giscard d' Estaing Presidency, but headed three different governments during this period (1976-1977, 1977-78, 1978-1981). The President was not re-elected to a second term, and Barre never secured national political office subsequently.[27]

The third case is that Aníbal Cavaco Silva, who earned a Ph D in economics at the University of York[28], pursued an academic career after his return to Portugal, publishing a number of technical papers, joined the center-right party, one of the two major parties since the transition to democracy, became Minister of Finance (but

---

[27] Giscard had been Finance Minister (twice) before running for President. He had not been a professor of economics, teaching and researching in this discipline: on graduating from one of the *grandes écoles* (the École Nationale d'Administration, or ENA) he went straight into the Civil Service and stayed in public administration or politics, in government or in parliament from then on. This was not an uncommon path for *énarques*: going from the ENA to the inspectorate of finance has characterized a number of successful political leaders in the Fourth and especially the Fifth Republics.

[28] Supervised by Sir Alan Peacock, a specialist on Public Finance and a staunch liberal in economic vision (to use Schumpeter's term) or ideology (very critical though of some versions of economic liberalism, and sympathetic to *Ordoliberalism* at least to the extent of editing a book on this movement of thought). Cavaco Silva was a rather pragmatic Finance Minister, not a liberal ideologue seizing the chance to reshape the economy on neo-liberal lines, which would have been practically impossible anyway in a democracy except perhaps in particularly serious crisis-situations when the need for profound changes in economic policy has become apparent. He was of course greatly helped by the accession of Portugal to the European Economic Community from January 1 1986, which rescued the economy from its dire straits. It is still a matter of academic discussion how far his policies complemented the bonanza.

other economists have served as Ministers of Finance since 1974 in a variety of governments, though not all Ministers of Finance have been economists). Eventually, having become leader of the party, Prime Minister. He enjoys the dubious distinction of having been the second longest serving PM in Portugal after Salazar (another economist). After some years' absence from active politics he stood for election to the Presidency, backed by a wide spectrum of opinion, and not only by his party. A more creditable achievement is that he is perhaps the only academic economist to have become both Prime Minister and President of the Republic, certainly in a democratic polity (in a semi-presidential system the President can be an important political player).

The fourth case is that of Romano Prodi, who was an academic economist at the University of Bologna, having taught and researched there and also in the US, from 1963 till the early 1970s when he started a governmental career. He did not hold the Ministry of Finance, properly speaking, but was Minister of Industry (at any rate, an economic ministry). He became Prime Minister of Italy subsequently from 1996 to 1998, and held the office again from 2006 to 2008. In the meantime he was President of the European Commission (1999-2004), a new kind of appointment in the recent history of international organizations for politician-academics[29].

---

[29] The name of Luigi Einaudi should also have been included in the list of economists who became Prime Ministers or Presidents of the Republic. Luigi Einaudi (1874-1961) was a long-time professor of economics in three universities in Turin and Milan. A liberal and advocate of European federalism, he refused any association with the Fascist regime, and, after 1945, held various government posts and the Ministry of Finance for a brief period. He was elected by the Italian parliament as the second President of the Italian Republic, and held the Presidency for the normal seven-year termofoffice (1948-1955). On the other dand, two economists, Carlos Salinas and Ernesto Zedillo, became Presidents of Mexico in recent years. However, after their doctorates in economics in top American universities, they stayed in academia less than five years before entering full-time government service, and the first was not elected but *de facto* appointed since they were not free elections at the time. There are no doubt other Latin American examples.

The fifth instance comes from contemporary Greece too. Costas Simitis who was a Professor of Economics, and continuoulsy politically active became Minister of Finance, after beng elected to the Parliament (he had held the post of Minsiter of Agriculture wihout a parliamentary seat). He held other ministries subsequently became leader of PASOK, and became Prime Minister of Greece 1996-2004, having won the legislative elections of 1996 and 2000 by a narrow majority. He did not contest the parliamentary election of 2004, having been a minister for over eight consecutive years, a record in modern Greece.

For the sake of consistency, as we have already included an economic historian who became Prime Minister, we should mention another economic historian, Amintore Fanfani. A professor of economic history in Milan he published various works, of which one was translated quite early and is still referred to in current literature: *Catholicism, capitalism and Protestantism* (1935). He was involved in politics from the mid-thrties at least, joining the Fascist Party, but later disowning his past and became leader of the Christian Democratic Party and Prime Minister on several occasions.

We have not considered non-economist academics becoming Minister of Finance (as has happened) and then achieving one or the other of the highest offices (of which only one case comes to mind). We end by returning to the beginning of this paper. A sociologist by training and vocation, he followed a parliamentary career after his return from exile, having taught at universities in three different countries[30]. FHC owes his election to the

---

[30] Something like the modal *cursus honorum* of Brazilian national politics for plausible presidential candidates would demand at least some of the following elective posts: membership of either House of Parliament, especially (but not exclusively) election to the Senate, prefect (executive Mayor) of one the leading cities of the country, governor of a state, especially one of the major states. Non-elective posts like being a Cabinet Minister, or State Secretary in a major state like São Paulo, are not as decisive, in general. FHC was a distinguished parliamentarian, but his one great mishap was failing to be elected governor of

Presidency above all (though by no means exclusively) to the fact that he was appointed by the then President to the Finance Ministry rather than to the Foreign Ministry, for which his qualifications, interests and cosmopolitan background would have made him an obvious and superb choice. He had the good sense to listen to his team of economists and the good luck to have a team of economists who put forward a realistic programme which turned out to be adequate to the circumstances[31]. In addition, of course, and this factor was crucial, he had the courage and political savvy to launch a programme based on their recommendations, which turned out to be most successful economic programme, the Plano Real which marked a turning point in Brazilian history since the transition to democracy starting in 1985, taming inflation which had endured for decades despite numerous plans and programmes, sometimes quite drastic, in pratically every government trying to address it. Though the leader of only the fourth largest party in Parliament, he won a substantial popular majority on his first campaign for the Presidency, being substantially backed also by an important segment of the intelligentsia (those not irreducibly committed to the Workers' Party and their leader, Lula, an emotional tie the strength of which cannot be underestimated), the key media and a majority of the middle classes. Certainly, he was the most intellectually eminent of Brazilian Presidents (and not only)[32], and played a crucial role in the consolidation of

---

his own state of São Paulo (though he was not defeated by a wide margin). Fortunately, it did not prove fatal, and being Minister (of Finance) in this case more than compensated for that mishap. In any case, he had being talked about among the Brazilian elites as a potential President, a *papabile*, as it were, for some years before his first candidacy.

[31] Every serious presidential candidate in Brazil since 1985 has relied on a team of economists even before the electoral campaign starts, often drawn from a particular university department or center.

[32] Possibly the next President will be José Serra, former State Secretary in the State of São Paulo, Minister in the FHC Administrations and subsequently elected Mayor and Governor of the State of São Paulo. Serra took a Masters in economics in Chile, and subsequently a Ph.D. in economics at Cornell University and taught economics at a university in Chile and in Brazil (University of Campinas).

democracy in his country. Of course, he could not follow the prescriptions that might have been derived from the dependecy theory he had formulated in the 1960s, but that was due to world-changes and reprioritization of democracy as a goal and a prime value after the ordeal of dictatorship[33].

Summary and conclusion

One of the great windows of opportunity for social scientists (other than economists), or at any rate politically ambitious intellectuals, to come to the fore in politics, to reach the top offices of Stare, was provided by independence or liberation movements, but these have narrowed as the great empires, dynastic or colonial, have broken up, from 1918 to 1991 (in some cases, no doubt, a sense of national duty counted as much, if not more than political ambition or appetite for honours). Of course there are still "national liberation" movements in every continent, and if some of these were to be successful in securing independence, it may be that in a few cases they may still elevate social scientists, economists or not, to the Presidency or the Prime Ministership. Social scientists may become Ministers and Secretaries of State more often than ever before, throughout the Western world, but their chances of reaching the top are very unlike to increase thereby (as to the degree of influence they may be willing and able to exert on Presidents and Prime Ministers, as advisers, or indirectly through their teachings, or think tanks, that is another matter).

As we noted one of the three patterns we discerned was the election of economists as Prime Ministers after serving as Minis-

---

[33] This question has provoked a lot of commentary, often ill-informed. FHC has responded to it in carious writings, including his English-language book, *The Accidental President*. See also the interview and discussions in *Democracia, Crise, Reforma: estudos sobre a era Ferando Henrique Cardoso* [Democracy, crisis, reform: studies on the Fernando Herique Cardoso era], edited by Maria Ângela D'Incao and the present writer, São Paulo, 2010. In this book the anthropologist Roberto da Matta gives a very interesting account of the wider socio-cultural import of the "Plano Real".

ters of Finance, in democratic regimes. However, political elites practically everywhere, certainly in Western Europe, have become more and more professionalized, with the top offices becoming virtually the preserve of politicians who start their political lives from their teens, absorbed in party-political affairs of one sort or another almost continuously afterwards, holding local or national political office or in an advisory capacity, or at any rate serve in public administration or quasi-governmental bodies of one sort or another, national or international financial institutions or companies, charities, transnational organizations, etc. (sometimes this becomes a full-time occupation after ceasing to play a part in national politics).

Even when breaks occur in democracies with party systems and established political elites, as in the French Fifth Republic or the Second Republic in Italy, opening up political space, affording room for new entrants from outside politics, academics have not mostly been called upon, with a few exceptions (R. Barre, R. Prodi, respectively). There have been 14 Prime Ministers in the Fifth Republic of France, but only one of them was previously an academic, the economist Raymond Barre (as previously noted), even it they had all been to one or another of the *grandes écoles* (after which they entered government service or party politics at local, regional or national levels).

Even in the case of economists, those who could have pursued an academic career with distinction, may prefer or be seduced by, the prospects of a career in financial institutions, national or international, or advisory bodies and commissions of one sort or another, or occasionally bas CEOs of companies (especially State-owned ones), practically full-time and life-long, a structure of opportunity which has steadily widened in recent decades (mathematicians and physicists also flocked to Wall Street in the years preceding the Great Recession). The paradigmatic example here is M. Singh, who after a D. Phil. in economics at Oxford[34],

---

[34] The "D.Phil" is what is called elsewhere the Ph.D. He was a graduate student at Nuffield College, having been a brilliant undergraduate in Cambridge.

went straight into non-academic organizations, and mostly worked in international organizations, Ministries, and Sate Banks, although he also taught concurrently at the University of Delhi for a short period in the 1970s. He became Finance Minister (1991-1996), during which ministerial tenure he enjoyed great success, turning around the Indian economy, though oddly, no-one called him the Indian Erhard. Five years after he left office, the Congress Party chose him as their candidate for Prime Minister and subsequently he was elected Prime Minister of the Indian Union twice, in 2001 and 2007 (he is still the current incumbent) at a time when India is a rising economic power on the world stage[35]. That is likely to be the major pathway to the top political offices in future for economists (though it may not happen, of course).

Of course there is always the possibility of social scientists, or indeed scholars or intellectuals in general, being picked for Ministerial appointments by executive Presidents despite or because of their lack of party affiliations or political experience (and/or arranging for them to be elected to Parliament for safe seats). Where the Presidency in parliamentary systems is in normal times largely honorary, with little or no political power (though there has been a strong tendency towards the American-style presidentialization of the powers of Presidents and Prime Ministers in Europe since 1962), one might expect intellectual distinction in one of the major fields of the natural or social sciences, the humanities or in literature, to be an asset, but it has rarely happened, V. Havel in post-Communist Czechoslovakia being perhaps the outstanding case where it did happen[36].

---

[35] If José Serra, one of the two major candidates in the forthcoming Brazilian Presidential elections is elected President, then we might have the two BRIC powers which are democracies led by fomer academic economists (there are other similarities between the two countries with respect to the distribution of wealth and income, and in the trends thereof, perhaps more than between any of the pairs involved in this quadruplet).

[36] The philosopher Jan Patocka (1907-1977), beaten up and severely tortured under the Communist regime, might well have become the first

Besides economics, other social sciences also have become ever more closely associated with policy-formation organizations of one sort or another, national or international, quangos, and

president of post-Communist Czechoslovakia. There is at least one case of a philosopher becoming President in the twentieth century, S. Radakrishnan, the second President of the Indian Union (the President being elected by Parliament), who, among various professorial appointments, had held a Chair at Oxford University (the Spalding Chair in Religion and Ethics): as a leading authority on Hindu religion and philosophical thought and its interpretation in terms more familiar to Western traditions, he had commanded great prestige. A philosopher of distinction, and university professor, Julian Marias served as an adviser to the King of Spain and the Prime Minister during the difficult early years of the transition to democracy: few philosophers of twentieth century have played such a noble role. At least one philosopher, the Brazilian Robert Mangabeira Unger, a brilliant, wide-ranging, and prolific thinker, author of notable works in social, political and moral philosophy, a professor at Harvard Law School for many years, has publicly expressed a desire to become President of his country, though his chances are virtually nil (even if he does come from of great political families of Republican Brazil). He held briefly a post of Minister of long-term planning in the Lula Administration, a kind of Minister for the Future. During the twentieth century philosophers have been appointed (rather than elected) to Senates (the political philosopher Norberto Bobbio was appointed life-senator in Italy), or to Ministries (in various European countries), elected as executive Mayors of cities (Massimo Cacciari has been a notable Mayor of Venice), or, as I have already mentioned, as Prime Ministers (Balfour). Lakatos exerted considerable influence in the reform of the educational system in Communist Hungary after 1945 before being thrown into prison in one of the ipower struggles within the Party, from which he emerged, after leaving for the West after the Hungarian Revolution of 1956, as a notable philosopher of mathematics and of science. The apppetite for major national political influence in a dictatorship (what might be called"the Syracuse temptation") has not been lacking in outstanding philosophers, alas, Heidegger providing perhaps a salutary warning, or Carl Schmitt in political, consitutional and legal theory : still, in the German tradition, at least since Fichte, philosophers have thought of themselves as capable of forming national opinion. Some have led or been associated with terrorist movements (Sendero Luminoso) or signed execution orders in their ministerial capacity (Lukàcs). The role of neo-Confucian philosophers in contemporary China provides a particularly fascinating case-study in the relations between philosophy and politics.

the like, or at least involved in think tanks (which are now mushrooming outside the UK and the USA, where they have been remarkably influential for the last three decades or so, in Europe and some Latin American countries), research institutes, UN commissions, UNESCO, Foundations, agencies, charities, etc., a world which in part could be described as para-academia (in some cases this becomes a kind of extra-territorial career, especially suited, it seems, to those from small countries). This is perhaps how at least ministerial office within states may be reached in future, and the political influence that many covet (though in the past high civil servants could play a part in social reform, in the improvement and extension of the welfare state). With the constant pressures over the last three decades on universities to become an integral part of the market economy, knowledge factories, intellectual property generators, purveyors of services to cognitive capitalism in a regime of techno-economic acceleration, biotechnological power-houses, in sum, the hollowing out of the classical universiy ideals and academic or scientific ethos, the social sciences will become increasingly de-academicized, as far as the old sense of "academia" is concerned: we have entered the era of "post-academic science" in the nominal academia and outside[37]. Perhaps they will follow the template of economics in these respects, with social scientists increasingly outside academia. Nevertheless, within academia, "the storm breaking upon the university"[38], competition for jobs, promotion, funding, publication, ratings and rankings, etc., is possibly more intense than ever, the consequences of which would deserve careful study: after all, the cognitive implications of various modes of competition have been a classical topic in the sociology of knowledge. Economists

---

[37] The term was coined by the physicist John Ziman in his studies of contemporary science. On related issues see my article with José Luís Garcia "O ethos da ciênciae as suas transformações contemporâneas, com especial atenção à biotecnologia" *Scientiae Studia* vol. 7, 1,2009.

[38] The title of a very informative British blog about what is happening to the universities in Britain.

and other social scientists if and insofar as they follow the occupational pattern of economists will no longer serve as the research arm of the welfare-warfare state of the post-war consensus but of the new market-security-warfare state (if not real security, at any rate "surveillance", justified by an unending "war on terror" and the fear of the enemy within, and until recently at any rate rising levels of incarceration, within an overall culture of fear, in a polity which now defines virtual thought-crimes). De-academicized, morphed into policy scientists or knowledge-entrepreneurs, perhaps it won't matter very much any longer what political posts they do secure[39]. How can one speak of the "authority of reason" or the capacity "to speak truth to power", once a mark of intellectuals, under such circumstances?

Appendix

One case which I have not included is that of Teófilo Braga, President of the new Republic of Portugal for a few months in 1910-11[40]. Partly because he was not so much a social scientist as a polymath of the humanities with extensions to the territory of the social sciences: a Professor of Literature, as a disciple of Auguste Comte, he researched folklore and socio-cultural traditions in Portugal, so that he can in fact be counted as a precursor of academic anthropology and even to some extent of sociology. Partly because he never sought a political career, having accepted the short-term post purely out of civic duty. But he is certainly an interesting figure if "deviant" to some extent from the constructed type outlined.

---

[39] I am very grateful indeed to several colleagues who took the time to make numerous substantive suggestions, comments and criticisms, from which I have benefited: Dr David Doyle, Dr Rui Feijó, Dr David Goldey, Dr Charles Turner, Prof. Robin Cohen, Prof. Bridget Fowler, Prof. Ken Menzies and Prof. Roland Robertson.

[40] I am grateful to Dr Rui Feijó for suggesting this case to me.

A case regarding which I lack sufficient information is that of Rafael Caldera, twice President of Venezuela (1969-1974, 1994-1999). He taught sociology at a Venezuelan university for a number of years, but I have not had access to any his publications (several books on sociological topics). Also he was involved in government affairs from a very young age, it being claimed that at the age of 20 he helped to frame an early labour law[41]. It is not clear how far he was able to pursue an academic career and a political career at the same time without detriment to his academic scholarship: he was certainly a publicist and an essayist but whether he pursued systematic research projects of a theoretical or empirical kind is not clear. He is definitely very unusual in having being president of the national sociological association and President of his country (at different times)[42].

Communist rule in Eastern Europe between 1945 and 1989 did not favour social scientists or indeed intellectuals of any variety for even the honorific posts of President of the Republic (even though some perhaps entertained the ambition of becoming *éminences grises* of the leaders who counted or perhaps exerting influence through Party Summer Schools). Still, there was one unusual appointment, András Hegedüs, as Prime Minister in Hungary, the youngest Prime Minister in the history of the country, for a brief period, April 1955 to October 1956: replaced by Nagy in the course of the fast-moving process that led to the Hungarian revolution, he signed the formal request for Soviet intervention. He had not been a fully-fledged sociologist before his appointment as he had spent practically all his life from early adolescence in the Communist Party but subsequently he dedicated

---

[41] Rafael Duarte Villa"Rafael Caldera (1916-2009) e a democracia: memória política de um estadista latino-americano" Política Externa vol 18, no. 4, 2010.

[42] Other cases which I cannot determine for lack of information include that of Lionel Jospin Prime Minister of the Fifth Republic, who taught economics at a French university, but it is not clear to me whether this was more than a secondary activty rather an academic vocation, since even then he was heavily involved in electoral politics.

himself to sociological research and publication, as free as possible from political control, censorship or ideological contamination, maintaining international scholarly contacts as far as possible, publishing his books abroad, and was never tempted back into politics, even in more liberal times, though he did protest against the Soviet intervention in Czechoslovakia and was one of the best-known dissidents while Communist rule lasted (perhaps this counts as some sort of expiation for his action in 1956). This is a unique case in his post-political dedication to sociological inquiry, a second, longer and more productive scholarly career than the one he had prior to becoming Prime Minister. Most social scientists who have held the top political offices of State (as distinct from ministerial posts) do not return to scholarly inquiry on a full-time basis after they had held such offices, partly no doubt owing to age, and the sense of not being able to recover time lost, though some maintain a lively, acute, high-quality commentary on world affairs.

We started this paper with the assumption that the typical case of the dual career academic-political, at least in the case of those who became PMs or PRs would start with a career in academia. As the case of Hegedüs shows, the reverse sequence can occur, in exceptional circumstances. An interesting case of an intellectual in politics, a *normalien* who, after earning a doctorate in law pursued a career in politics for many years, holding seven ministerial posts, and only afterwards publishing most of his scholarly works in political science and social analysis, is that of Alain Peyrefitte (1925-1999). Again, a fairly exceptional case amongst those who have been full-time politicians for many years, even though they may publish memoirs of great interest and acuity in their post-political years. Holding ministerial office from 1962 to 1968, and then again from 1973 to 1978, as well as a deputy or senator, regional councillor and mayor, he managed to publish scholarly works in 1973 and his best-known work *Le mal français* in 1976, and a number of other works after leaving ministerial office for good in 1978, especially *La societé de confiance*.

The determinants of demand for lottery products: A panel data analysis

Horácio C. Faustino[*]
Maria João Kaizeler[**]
Rafael J. Marques[***]

I. Introduction

Humanity has always been fascinated by games of chance. For centuries lotteries have provided entertainment and public funds. Since the Second World War there has been a growing consumption of government-sponsored lotteries being that in the year 2006 at least 200 jurisdictions from all around the world had lotteries.

The study of the behaviour of lottery-players can teach us about our common aspirations, beliefs and emotions and give us some insights of how to deal and how to perfect the products and services offered to different consumers all trough the world.

Most studies conducted on lotteries make static comparisons, and few are the studies that analyze how the demand for lottery products changes in time.

---

[*] ISEG and SOCIUS; faustino@iseg.utl.pt
[**] Piaget Institute, ISEIT and SOCIUS
[***] ISEG and SOCIUS; rmarques@iseg.utl.pt

The main purpose of this study is to analyze the determinants of the expenditure on lottery products for consumers of different nationalities trough time. We identify the factors influencing people's enthusiasm for gambling across countries. The wealth status of the country, age and gender distribution and religion are some of the relevant factors examined. With a panel data analysis covering 13 years, this study uses macroeconomic data to explain the variation of a Country's per capita lottery sales.

Although much research has been conducted into lotteries, certain questions remain that need to be answered.

The following questions will be addressed in this paper: Are lotteries regressive? Is there a time in our lives that we consume more lottery products? Does education influences the demand for lottery tickets? Is gender important to an understanding of the consumer behaviour in respect of lotteries? Does religion influence the consumption of this type of product?

With a panel data analysis covering 13 years and 99 countries this study uses macroeconomic data to explain the variation of a country's per-capita lottery sales.

The paper is organized as follows. In the next section, the literature is reviewed. The third section presents the econometric model and describes the empirical estimation. The fourth section explains the empirical findings. The final section considers the study's implications and presents our concluding remarks.

II. Theoretical basis

A lottery is a game of chance in which people pay a small price for the opportunity to win huge prizes. Nowadays, lotteries can be found in most of the countries around the world.

The very little research conducted into the lottery-related behaviour motivated Miyazaki et al. (1999) to investigate the psychological motivations underlying lottery purchase behaviour. The study attempted to explore the motives both for playing and for not playing lottery games.

There is a diversity of household surveys that give information about the demographic characteristics of lottery players. These characteristics include income, education, age, gender, race, place of residence, religion and family status.

Balabanis' study (2002) about the relationship between lottery ticket and scratch card buying behaviour, personality, and other compulsive behaviours, made mention of the result of Camelot's study (1996) that 60 per cent of U.K.'s adult population plays lotto every week; while only 16 per cent never play; and 23 per cent occasionally play. Lottery's profound effect in U.K. was inflicted immediately after its first launch in 1994.

Prior academic research on lotteries can be divided in two major groups: (i) those making economical analysis to evaluate a country or region adoption of a lottery and (ii) those that evaluate the characteristics or determinants of demand for lottery products.

Most of the studies concerning the behavioural characteristics of lottery products consumers involved surveys conducted in the USA. Despite this, we can find some international papers that use community samples in order to explain a country or region gambling features. For example, Croups et al. (1998) used a community sample of 160 adults (101 females, 59 males) in the UK in order to understand the correlations and predictors of lottery play in that country. The most significant findings in their study relied on the positive correlations between the individual's lottery play and friends' lottery play. They also found that in the UK, lottery play is negatively correlated with education level and that the misunderstanding of lottery probability and lottery play are positively correlated.

Kitchen and Powells (1991) make an evaluation of the socio--economic and demographic variables on the level of the household lottery expenditures, in the six regions of Canada and explore the regressivity of lottery expenditures in this country. In order to do so they use information from the 1986 Survey of Family Expenditure micro set, Statistics Canada. They find that wealth, age, occupation, mother tongue and urban location differ among regions but tax household income, sex and education of the head of the household maintain consistency. They conclude that in Canada, lottery expenditures increase as incomes increase, lottery expenditures declines when female is the head of household and as education of the household increases. They find lottery expenditures in Canada to be less regressive than for lotteries in the United States.

Worthington, Brown, Crawford and Pickernell (2003) use a regression modelling in order to predict gambling patterns in Australia. They use data from the Australian Bureau of Statistics Household expenditure Survey of 6.892 households. Eight categories of gambling expenditure, from lottery tickets to casino gambles, are examined and the determining factors analysed include income, family composition, gender, age, race, ethnicity and geographic location. They conclude that, in Australia, participation in lotteries is strongly influenced by age, ethnicity and household composition.

In Taiwan, Lin and Lin (2007), apply a quantile regression method to the demand for lottery expenditure using data of the survey of Family Income and Expenditure to find the behaviour of lottery expenditures.

In this study, and given the objective of ascertain the determinants of the consumption of lottery products for consumers of different nationalities we focus on the last group of research.

III. The model specification

To better understand the determinants of lottery sales around the world we estimated a panel data model.

$$Y_{it} = \beta_0 + \beta_1 X_{it} + \eta_i + \delta_t + \varepsilon_{it}$$

where i is the country and t is the time period. The dependent variable, Y_{it} stands for total per-capita sales, with age over 15. Country characteristics included in the vector X_{it} consist of income, education, age, gender and religion; η_i is the unobserved time-invariant specific effects; δ_t captures a common deterministic trend; ε_{it} is a random disturbance assumed to be normal, and identically distributed (IID) with E (ε_{it}) = 0 and Var (ε_{it}) = σ^2 > 0.

The Explanatory Variables

Income has been identified as one of the most important factors explaining the demand for lottery products. According to several scholars as Friedman and Savage (1948), Brenner and Brenner (1990), Blalock, Just and Simon (2004), the idea of desperation has been suggested (the "desperation" hypothesis of gambling) in order to establish an antagonistic relation between wealth and gambling. The less people have, the higher are their aspirations to reach better conditions, gambling in lotteries in desperation as a solution when they cannot find another way to resolve their financial stress. Accordingly, the purchase of lottery tickets is motivated by a wish to escape poverty. As stated by Clotfelter and Cook (1989), "The relationship between income and lottery expenditures is of particular interest owing to the frequent charge that lotteries are played disproportionately by the poor". These authors did not find any consistent relationship between the estimated per capita expenditure on lotteries and the average income level when using data for Maryland and Massachusetts. The only exception found was lotto games with comparative large jackpots, for which expenditures tended to rise with income. There have been studies that found that low income households spend a greater proportion of their income on state lotteries than do middle or high income households (Clotfelter et al., 1999; Kearney, 2005).

Because we are interested in analysing if richer countries consume less lottery products we use per capita gross domestic product (in purchasing power parity terms in US dollars) from World Bank **(PCGDP)**.

In this paper we will also test the hypothesis that lottery sales increase together with increases in per capita GDP up to a point and then start to decrease. In order to analyze this relation and to discover what that GDP maximum level might be, we included in the model the square of per-capita gross domestic product in purchasing power parity terms in US dollars **(PCGDP²)**.

Clotfelter and Cook (1989) reached the conclusion that the potential lottery consumers had a maximum level of studies close to secondary education. Scott and Garen (1994) found an inverse relationship between education and lottery consumption. The same finding was supported by Rubenstein and Scafidi (2002) study of the distributional consequences of the Georgia lottery. Giacopassi et al. (2006) made an analysis of the Tennessee Education Lottery were it was reported a negative relationship between the proportion of residents with a college degree and the lottery sales that county has accounted. Ghent and Grant (2006) found that in South Carolina total sales depend positively on the percentage of a county's residents without a high school diploma.

The level of education in a country is measured by Education Index. This index is one of the three indices on which the Human Development index is constructed. It is based on the adult literacy rate and the combined gross enrolment ratio for primary, secondary and tertiary education levels and was obtained in Human Development Reports. By including the variable, Education **(EI)**, an attempt is made to infer the influence of education in the demand for lottery products

Jackson (1994) in his study of the Massachusetts state lottery found that in 1983, the proportion of the population in the over 65 age group was inversely related to per capita lottery sales and by 1990, this relationship had inverted itself. According to Clotfelter and Cook (1989), people aged between 25 and 64 are more likely to consume lottery products. In order to determine if this is correct internationally, 4 intervals of age were considered: **AGE1**–[15-29]; **AGE2** – [30-44]; **AGE 3** – [45-64]; **AGE 4** – [65+]. Population with ages between the intervals established as a percentage of total population. Source: U.S. Census Bureau, International Data Base.

Gambling studies have suggested that men gamble more than women and they are more likely to be problem gamblers than females when compared to the general population. Lottery studies have revealed that men play more than women (Clotfelter and Cook, 1989). There are some factors that intensify gambling behaviour in men. Men are more prone to be less risk averse and they are likely to be more overconfident (e.g., Barber and Odean (2001)). The variable **GenderRatio** – Total male population aged over 15 divided by total female population aged over 15 obtained from the U.S. Census Bureau, International Data Base is used in order to examine this belief.

Several studies revealed the existence of a relation between religion and gambling. Roberts et al. (1959) ascertain a relation between Gambling and Religion pointing out the existence of a common interest in establishing a contact with the unknown, the human capacity of having faith and the hope to achieve success with the help of the divine power. Lambert et al. (1959), based on an empirical study made with two small samples of non-Western cultures, found that there is more gambling in cultures were the Gods are considered to be good and benevolent in opposite to what happens in cultures were Gods and Spirits are considered more aggressive and hard to coerce. There are some contradictions in the various studies made by some authors considering this subject. For instance, while Rubenstein and Scafidi (2002) considered in their analysis that the individuals that consistently attend church are more adverse to gambling activities, Giacopassi et al. (2006) contradicted this finding and Ghent and Grant (2006) concluded the non existence of any relation between religion and lottery sales.

In order to analyze a Country's religion background we gathered information concerning the percentage of the population engaged in the different religions. **Christian** is the Percentage of Christian followers in a country's population. This was obtained by considering it to be the sum of the percentage of Catholics, Protestants and Orthodox Christians in each country obtained in CIA world factbooks.

IV. Regression Results

We specified three different models. In the first model (table 1), we were particularly interested in testing the hypothesis on a relation between per capita sales (PCS) and per capita GDP (PCGDP) that configures in an inverted U. In the second model (table 2), we sought to specify a model that included all the variables. In the third model (table 3) we applied the logarithm transformation to the second regression model in order to obtain the elasticity of demand for lottery products.

As expected, the F test rejects the use of the ordinary least square(OLS) estimator. So, the paper applies the Hausman test to decide between the random effects (RE) estimator (the null hypothesis) and the fixed effects (FE) estimator. The Hausman test indicates that the best estimator to apply for regression 1 is the Random Effects while for regression 2 and regression 3 is the Fixed Effects.

The tables below show the results for each of the models.

In order to find a maximum we opted to develop estimations with only two explanatory variables: per-capita GDP and the square of per-capita GDP. Table 1 displays the estimation results for each of the estimation models (OLS, RE and FE). The Hausman test indicates that the best model to use is the Random effects (the null hypothesis is not rejected). As we may see, both variables are very significant, (at 1%) meaning that income is very important to explain the consumption of lottery products. The coefficient of both variables is positive which invalidates our assumption of the existence of a maximum. The only conclusion that we can retrieve from the results is that the increase of income leads to an increase of nearly 0,043 USD of per capita sales.

For this second model (see table 2), the results of the fixed effects estimator show that the variables that better explain the lottery sales are the ones related with age.

The variables PCGDP, Gender Ratio, and Education Index are statistically insignificant. The variables related to age appear very significant in this model with the highest significance

TABLE 1 – **Lottery Demand Estimates**
Dependent Variable: Per Capita Sales 15 years and above

	OLS Estimator		Fixed Effects Estimator		Random Effects Estimator	
Constant	-29,27		-		9,74	
	(-3,96992)				(1,05594)	
PCGDP	1,05E-02		2,72E-03		4,29E-03	
	(6,12859)	***	(1,17264)		(5,98632)	***
PCGDP^2	-9,34E-08		6,36E-08		4,14E-08	
	(-2,19635)	**	(2,34916)	**	(3,17196)	***
N	95		95		95	
Adjusted R^2	0,513465		0,905865		0,473226	
F test of A,B = Ai,B			F(94,978) = 48,538 P-value = 0.0000			
Hausman Test (H0: RE vs FE)					CHISQ(2)=0,93727 P-value = 0.6259	

t-statistics (heterokedasticity corrected) are in parenthesis,

* significant at 10%; ** significant at 5%; *** significant at 1%

belonging to the variable comprising the interval of 15 until 29 (AGE1). According to the results, the pattern of demand for lottery products by age, is an inverted M, or a W, with people aged between 30 and 44 (AGE2) and the older (AGE4) consuming more than the younger (15-29) and the adults (45-64).

The estimations of the third model are presented in the table 3. Similar to what happened in model 2, the Hausman test indicates that the best estimator to use is the fixed effects estimator. The results show that the variables that better explain the lottery sales is PCGDP and the ones related with age.

TABLE 2 – **Lottery Demand Estimates**
Dependent Variable: Per Capita Sales 15 years and above

	OLS		Fixed Effects Estimator		Random Effects Estimator	
Constant	-383,15		-		-283,06	
	(-1,40034)				(-1,50403)	
PCGDP	1,08E-02		-1,99E-03		7,11E-04	
	(4,06500)	***	(-1,34419)		(0,67115)	
PCGDP^2	-1,08E-07		1,14E-07		8,39E-08	
	(-2,44035)	**	(5,10820)	***	(4,82541)	***
EI	-79,84		94,59		46,92	
	(-1,87385)	*	(0,92809)		(1,02313)	
AGE1	-321,33		-1145,06		-924,35	
	(-0,95870)		(-2,81454)	***	(-5,66207)	***
AGE2	5,34E-05		1,54E-04		4,81E-05	
	(0,66119)		(1,85366)	*	(0,78481)	
AGE3	-2,25E-07		-4,05E-07		-2,43E-07	
	(-0,90161)		(-2,46362)	**	(-1,42478)	
AGE4	0,11		2,77		0,70	
	(0,09044)		(2,54072)		(1,55037)	
GenderRatio	4,85		0,41		5,10	
	(2,31971)	**	(0,05521)		(2,76748)	***
Christian	38,06				-9,04	
	(1,77414)	*			(-0,38369)	
N	93		93		93	
Adjusted R^2	0,552554		0,909614		0,487004	

F test of A,B = Ai,B
$F(92,504) = 26,592$
P-value = 0,0000

Hausman Test (H0: RE vs FE)
CHISQ(6) = 23,684
P-value = 0,0006

t-statistics (heterokedasticity corrected) are in parenthesis.
* significant at 10%; ** significant at 5%; *** significant at 1%

TABLE 3 – **Lottery Demand Estimates**
Dependent Variable: Per Capita Sales 15 years and above

	OLS		Fixed Effects Estimator		Random Effects Estimator	
Constant	-23,94		-		-14,98	
	(-5,28918)				(-5,24481)	
PCGDP	1,83		0,33		0,74	
	(6,08752)	***	(1,98548)	**	(7,23645)	***
EI	-2,97		-0,95		-0,27	
	(-1,80123)	*	(-0,53739)		(-0,34309)	
AGE1	-7,69		-9,79		-10,38	
	(-1,02879)		(-2,22907)	**	(-4,67623)	***
AGE2	-1,22E-06		4,32E-06		-1,09E-06	
	(-1,30892)		(3,19771)	***	(-1,20827)	
AGE3	1,88E-09		-3,19E-09		2,56E-09	
	(0,66199)		(-1,52973)		(1,05138)	
AGE4	0,01		0,05		0,03	
	(0,48563)		(3,64391)	***	(4,91354)	***
GenderRatio	0,14		-0,05		0,12	
	(3,43178)	***	(-0,85659)		(4,31462)	***
Christian	0,82				0,82	
	(2,05952)	**			(2,12212)	**
N	93		93		93	
Adjusted R^2	0,741895		0,961972		0,671851	
F test of A,B = Ai,B			F(92,504) = 38,492 P-value = 0,0000			
Hausman Test (H0: RE vs FE)					CHISQ(6) =61,213 P-value = 0,0000	

t-statistics (heterokedasticity corrected) are in parenthesis.

* significant at 10%; ** significant at 5%; *** significant at 1%

The regression reveals that the global income elasticity of demand for lottery products is approximately 0,33. Any percentage change in income is met with a greater percentage change in lottery expenditure. The variables Education Index, Gender ratio and Christian are not statistically significant. The results obtained for the age variables, considering the logarithmic of per-capita lottery sales show the same trend as that observed in the previous regression. The increase of 1% in the percentage of population aged between 15 and 29 (AGE1) will imply a decrease of about 9,79% in a country's per-capita lottery sales. This variable shows significance at 5% in this regression. The same conclusion as the one taken in regression 2 can be obtained by the analysis of the other variables related to age. The variables AGE2 and AGE4 are significant at 1% in this regression while AGE 3 is not significant at all.

V. Conclusion

This study has identified the pattern of lottery products buying behaviour around the world. The findings are useful, since they provide constructive insights into a very little-researched area of consumer behaviour, i.e., worldwide lottery participation.

Most all of the studies that analyze lottery regressivity as a whole, find that, on average, lotteries are regressive. This means that the lottery is implicitly taxed since the cost of all lottery products is higher than its expected value. If lotteries are mainly consumed by the poor, then this tax is regressive. Our results reveal the contrary, namely, that the increase of a country's wealth (in absolute terms) leads to more gambling.

We questioned if there was a time in our lives that we consume more lottery products? According to our results, the pattern of lottery participation by age is an inverted M, or a W, with the second range (25-44) and the older (65 and above) playing more than the young (15-24) and the third range (45-64). To our questions: Does education influences the demand of lottery tickets?

Our results show that this variable is not statistically significant; is gender important to an understanding of the consumer behaviour in respect of lotteries? Although most gambling studies suggesting that man gamble more than women and are more likely to be problem gamblers than females when compared to the general population, the results of this variable are not statistically significant; does religion influence the consumption of this type of product? We did not find the existence of a significant relation between religion and gambling.

This study has incorporated a number of factors that affect lottery ticket-buying behaviour. However, numerous issues remain beyond the scope of the present study, but that still call for investigation. Other scholars have used surveys to discover the characteristics behind lottery gambling. Such surveys could reveal other features, as yet undiscovered by research.

References

BALABANIS, G. 2002. The Relationship between Lottery Ticket and Scratch-Card Buying Behavior, Personality and other Compulsive Behaviors. *Journal of Consumer Behavior* **2** (1) 7-22.

BARBER, B. M., O. TERRANCE. 2001. Boys will be Boys: Gender, Overconfidence, and Common Stock Investment. *Quarterly Journal of Economics* **116** (1) 261-292.

BLALOCK, G., D. JUST, D. SIMON. 2005. Hitting the Jackpot or Hitting the Skids: Entertainment, Poverty, and the Demand for State Lotteries. Working Paper, Department of Applied Economics and Management, Cornell University.

BRENNER, R., G. BRENNER. 1990. *Gambling and Speculation: A Theory, a History, and a Future of Some Human Decisions*. Cambridge University Press, Cambridge.

CLOTFELTER, C., P. COOK. 1989. The Demand for Lottery Products. NBER, Working Paper 2928.

CLOTFELTER, C., P. COOK, J. EDELL, M. MOORE. 1999. *State Lotteries at the Turn of the Century: Report to the National Gambling Impact Study Commission*. Duke University.

CROUPS, E., G. HADDOCK, P. Webley. 1998. Correlates and Predictors of Lottery Play in the United Kingdom. *Journal of Gambling Studies* **14** (3) 285-303.

FRIEDMAN, M., L. SAVAGE. 1948. The Utility Analysis of Choices Involving Risk. *Journal of Political Economy* **56** 279–304.

GHENT, L.S., A. Grant. 2006. Are Voting and Buying Behavior Consistent? An Examination of the South Carolina Education Lottery, unpublished manuscript.

GARRETT, T. 2001. An International Comparison and Analysis of Lotteries and the Distribution of Lottery Expenditures. *International Review of Applied Economics* **15** (2) 213-227.

GIACOPASSI, D., M. NICHOLS, B. STITT. 2006. Voting for a Lottery. *Public Finance Review* **34** (1) 80-100.

KEARNEY, M. 2005. State Lotteries and Consumer Behavior. *Journal of Public Economics* **89** 2269-2299.

KITCHEN, H., S. POWELLS. 1991. Lottery expenditures in Canada: a regional analysis of determinants and incidence. *Applied Economics* **23** (12) 1845--1852.

LA FLEUR'S *World Lottery Almanacs*. (http://www.lafleurs.com).

LAMBERT, W., L. TRIANDIS, M. Wolf. 1959. Some correlates of beliefs in the malevolence and benevolence of supernatural beings: a cross-societal study. *Journal of Abnormal and Social Psychology* **58**(2) 162–169.

LIN, K., C. LIN. 2007. The demand for lottery expenditure in Taiwan: a quantile regression approach. *Economics Bulletin* **4** (42) 1-11. (Available on: http://economicsbulletin.vanderbilt.edu/2007/volume4/EB-07D10010A.pdf).

MIYAZAKI, A., J. LANGERDERFER, D. SPROTT. 1999. Government-Sponsored Lotteries: Exploring Purchase and Nonpurchase Motivations. *Psychology & Marketing* **16** (1) 1-20.

ROBERTS, J., M. ARTH, R. BUSH. 1959. Games in Culture, *American Anthropologist* **61** (4), 597–605.

RUBENSTEIN, R., B. SCAFIDI. 2002. Who Pays and Who Benefits? Examining the Distributional Consequences of the Georgia Lottery for Education. *National Tax Journal* **55**(2) 223-238.

SCOTT, F., J. GAREN. 1994. Probability of Purchase, Amount of Purchase, and the Demographic Incidence of the Lottery Tax. *Journal of Public Economics* **54** (1) 121-143.

WORTHINGTON, A., K. Brown, M. Crawford, D. Pickernell. 2003. Socioeconomic and Demographic Determinants of Household Gambling in Australia. School of Economics and Finance Discussion Paper and Working Paper Series n.º 156. School of Economics and Finance, Queensland University of Technology. (Available on http://eprints.qut.edu.au/archive/00000329/01/Discussion_Paper_Worthington,_Brown,_Crawford,_Pickernell_-_No_156.pdf

O Atlântico Norte e os Ocidentes do Ocidente

*Ilídio do Amaral**

> "*Perderam-se os ideais e as ideias/pelos atalhos/
> da ilusão obstinada e do engano*".
>
> (ADELINO TORRES, "*Civilização virtual*",
> Uma fresta no tempo, 2008)

É com muito gosto que contribuo com algumas reflexões para o Livro de "Estudos em Homenagem a Adelino Torres", um Amigo que muito estimo, um Colega que muito respeito. Adelino Torres prestou (e continuará a prestar) à Universidade, e sobretudo à sua Escola, imensos serviços docentes e contribuições científicas notáveis. Personagem multifacetada de economista, sociólogo, ensaísta e poeta, deixa marcas indeléveis pela sua presença quotidiana nos claustros universitários, tantos são aqueles que beneficiaram dos seus ensinamentos, do seu humanismo, da preocupação em partilhar os seus conhecimentos e as experiências que foi adquirindo ao longo dos anos. Eu próprio lhe sou devedor disso, pelo que me tem transmitido quer em encontros esporádicos, quer através da correspondência que mantemos por correio

---

* Geógrafo. Professor Catedrático Jubilado da Universidade de Lisboa.
Académico Efectivo da Academia das Ciências de Lisboa, Académico de Mérito da Academia Portuguesa da História, Académico Correspondente da Academia Internacional da Cultura Portuguesa.

electrónico. Que o Adelino Torres veja neste texto que lhe dedico aspectos que enformam as nossas preocupações sobre algumas das incertezas dos tempos em que vivemos.

*

Procurar saber *hoje* o que é o Ocidente e, consequentemente, o que é a civilização Ocidental, é essencial, mas complicado. Essencial porque o Ocidente continua a ter lugar central nas reflexões contemporâneas e nas relações internacionais; e complicado porque o Ocidente nunca deixou de estar em revoluções paradigmáticas, porque sempre levantou dúvidas. Podendo haver um denominador comum, todavia, pelos tempos fora coexistiram vários Ocidentes, definidos em termos de princípios, de crenças, de ambições e de regiões diferentes

Sem descer às maiores profundezas do tempo, fico pelo século XX e recordo, por exemplo, algumas frases de André Malraux escritas em 1926 e em 1946: "O Ocidente é um território devorado pela geometria"; "a Europa é uma barbárie ordenada, em que as ideias de civilização e de ordem são cada dia confundidas"; "na hora actual, o que são os valores ocidentais?" E a esta questão ele próprio respondeu do seguinte modo: já "pudemos ver o bastante para saber que não são, certamente, nem o racionalismo, nem o progresso; o optimismo e a fé no progresso são valores americanos e russos, mais do que europeus. A herança da Europa é o humanismo trágico" (em *La tentation de l'Occident,* 1926, e em *La Politique et la culture",* 1996).

A história do Ocidente nunca foi linear nem transparente, nunca foi monolítica, ao contrário do que alguns autores deixam pensar. Marcada por mutações ideológicas, no tempo e no espaço, é uma história de revoluções, de avanços e recuos. Aos estudos históricos meramente descritivos podem-se juntar hoje, para a sua melhor compreensão, as tentativas de utilização de teorias formuladas por especialistas de outros ramos. Sejam, por exemplo, o conceito de "destruição criativa" e a teoria da inovação do economista e politólogo Joseph Schumpeter desde a sua obra *Capitalismo, Socialismo e Democracia*, de 1942. Em anos muito mais recentes J. Schumpeter foi recordado como "o profeta da inovação" por Thomas K. McGraw em *Prophet of Innovation: Joseph Schumpeter and Creative Destruction*, 2007, e por Alan Greenspan em *The Age of Turbulence. Adventures in a New World,* também de 2007, como o autor do "perene vendaval da destruição criativa".

É justo lembrar que tais conceitos são encontráveis em Friedrich Nietzsche, mas mais claramente em Werner Sombart, sociólogo, politólogo e economista, que cunhou a expressão "destruição criativa" no seu *Capitalismo moderno*, de 1887, e também em Nicolai Kondratieff, *As ondas longas na vida económica*, de 1925, definindo ciclos com períodos de ondulações de longa duração (as *ondas K* de Kondratieff) de expansão económica e outros mais curtos de menor crescimento. J. Schumpeter defendeu a ligação dos ciclos com os fenómenos de inovação.

Já existem tentativas de aplicação de tais teorias a outros domínios das ciências sociais como servem de exemplos os trabalhos do norte-americano Max Page, *A Destruição criativa de Manhattan de 1900-1940,* de 1999, do canadiano Thomas Homer-Dixon, *Upside of Down: Catástrofe, Criatividade e Renovação de Civilização,* de 2006, e dos espanhóis Óscar Crespo Argibay e Joán Evans Prim em "A teoria de ciclos no contexto cultural: uma aproximação antropológica", igualmente de 2006.

São propostas diferentes de muitas outras como, por exemplo, da que foi apresentada por Oswald Spengler na sua obra tão citada, *A Decadência do Ocidente*, de 1918, aliás inspirada numa anterior devida a Otto Seeck, *História da Decadência da Antiguidade*, de 1901, defensor do darwinismo social. O. Spengler, confrontando acontecimentos culturais, geralmente não contemporâneos, de civilizações diferentes, procurou preencher lacunas históricas e sugerir evoluções futuras, mas tudo isso em termos de generalizações muito amplas, com base nos conhecimentos existentes na sua época. Tomou as culturas e civilizações como organismos vivos, tais como as plantas, os animais e os seres humanos, embora de um nível mais elevado, e atribuiu a cada cultura a sua própria alma (ou espírito) expressa em formas artísticas, científicas, políticas, económicas e religiosas. Deste modo identificou nove "organismos" culturais, três dos quais desaparecidos há muito – os casos da Babilónia, do Egipto, da Grécia, de Roma –, com os seus territórios ocupados por outros organismos; três outros que, tendo atingido a velhice há muitos séculos, ainda sobrevivem – os casos da Índia, da China e do conjunto Arábico-Pérsico; um que, na sua fase de maturidade, foi interceptado e destruído por invasores europeus – o caso do complexo México, Guatemala e Peru; e dois que ainda não tinham completado o seu ciclo de vida – o Ocidental, bem na sua fase adulta adiantada (daí o título da obra, *A Decadência do Ocidente*), e o correspondente à Rússia, prejudicado pelas tentativas de absorção de ideias estranhas (pseudomorfismo) do organismo muito mais velho do Ocidente.

Num livrinho de 2004, intitulado interrogativamente *O que é o Ocidente?* (versão portuguesa em 2005), de Philippe Nemo, docente universitário e especialista de ciências sociais e políticas em Paris, a sua proposta (maniqueísta e perigosamente generalista) é a de que "apenas pertencerão à cultura ocidental" as sociedades modeladas "por todas as cinco" grandes revoluções ou etapas que o autor considerou como "fundadoras" (que a seguir reproduzo de forma sintética, sem comentários), e "por mais nenhum outro". Assim, 1. A emergência da *polis* grega, com a *àgora*, a soberania colectiva, a valorização da palavra e da razão, a igualdade perante a lei, a distinção *physis-nomos*, a ciência e a escola. 2. O contributo romano, com a invenção de um direito universal do Estado multi-étnico, o direito privado, a cidade como governo de iguais, o personalismo da literatura e da escultura latinas; 3. A ética e a escatologia cristã e mais largamente bíblica, a criação de um tempo histórico para a humanidade, o messianismo, o milenarismo e o utopismo; 4. As revoluções papais gregorianas dos séculos XI e XII, a cristianização do Mundo, a doutrina anselmiana da expiação e do purgatório, a salvação e o Cristo mediador, a santificação da razão, a re-introdução da Igreja no mundo temporal, a criação de Universidades (Bolonha, Paris, Oxford); 5. O aparecimento das democracias liberais, a introdução dos liberalismos intelectual, político e económico, novas formas de organização social, progresso das ideias, das ciências e das artes.

Posto isto e consoante o grau de cumprimento dos cinco "eventos fundadores", o mesmo autor arrumou os países, geograficamente, em quatro grupos: os do Ocidente, os próximos do Ocidente, os do mundo arábico-mulçumano, e os de outras civilizações. Aqui, como numa espécie de "estalagem espanhola", amalgamou "os mundos oceânico, africano, indiano, chinês e japonês".

Durante vários séculos, e até mesmo hoje, falar de Ocidente e de Civilização Ocidental significava falar da Europa ocidental e das suas culturas. Mas as Grandes Descobertas marítimas dos séculos XV em diante e a fixação de colonos europeus em lugares longínquos, ampliariam universalmente tais conceitos, sublinhando-se os aspectos raciais do "Mundo que o europeu" (leia-se "o branco") "criou". A ocidentalização ou europeização tenderia a fazer tábua rasa dos elementos autóctones da composição humana e cultural do Planeta, mantendo-se, todavia, a secular oposição entre o Ocidente e o Oriente. Nessa diáspora gigantesca do Ocidente, feita pelo mar adentro, o Atlântico, que fora um oceano mal conhecido, cenário de fábulas e temores, os europeus transformaram-no no *seu* mar, com um papel de relevo, pois por ele foram permutados, em escalas que jamais tinham sido atingidas, pessoas e ideias, plantas e animais, produtos minerais. Transformado num amplo laboratório de experiências de navegação, de colonização e de jogos estratégicos, como via quase única de passagens obrigatórias para outras terras e outros mares, por ele decorreriam as várias fases da mundialização, com intensos cruzamentos humanos e culturais.

No outro lado do Atlântico Norte viria a construir-se, desde o século XVII, a réplica mais consistente do Ocidente, esse fenómeno geopolítico chamado América do Norte, que foi a colónia cultural mais emblemática da Europa. Friedrich Hegel, nas suas lições sobre *A Razão na História*, publicadas, postumamente, em 1832, a propósito da evolução das civilizações escrevia que assim como o Sol (o astro exterior) nasce no oriente (nascente ou leste) e se põe no ocidente (poente ou ocaso), também a história universal, isto é, a das civilizações, tinha progredido no mesmo sentido, mas que fora na Europa que culminara "o sol (interior) da autoconsciência" (a razão e o espírito humanos), difusor de "um brilho mais intenso". Assim, para Hegel, a Europa conhecera a maior explosão civilizacional e, como bom alemão, o epicentro acabara por se localizar no espaço germânico.

Antes de Oswald Spengler e muitos outros já Friedrich Hegel assumira o paradigma da evolução cíclica, comparável à do Homem. Assim, a juventude fora a do mundo patriarcal do Oriente; a adolescência, a do mundo grego com a sua variedade de cidades-estados e a democracia; a maturidade, a do universalismo romano e do cristianismo; a maior maturidade, a do mundo germânico, caracterizado pela unidade total com o Espírito.

Friedrich Hegel, louvando a evolução do que se passava na América do Norte (entenda-se EUA) no sentido de se firmar como um estado nacional, reconhecendo que era "o país do futuro", acrescentava que, por um lado, a nova nação devia "separar-se do solo sobre o qual" tinha decorrido "até aí, a história universal"; e que, por outro lado, quanto a ele próprio, em relação aos aspectos culturais, preferia tomar uma posição reservada. Sobre esse "país do futuro" preferia não se manifestar, porquanto a "filosofia" não se ocupava de "profecias"; tratava-se de um problema da Razão, e com ele já tinha bastante trabalho.

Nessa altura, Hegel não podia imaginar que o país em formação, subsidiário do Ocidente, se iria dilatar, rapidamente, na cola do Sol, na direcção do *Far-West*, até ao extremo ocidental do Novo Mundo, onde se abre outro Oceano mais vasto, o Pacífico. Deste modo a Europa, cadinho da civilização dita Ocidental, ficava, definitivamente, entre um Extremo Oriente contíguo, com passagem pela Rússia, e um Extremo Ocidente separado dela pelo Atlântico. Estavam semeados os germes do que, cerca de dois séculos depois, "passadas muitas águas sob as pontes", constituiriam objectos de muita discussão. Ultrapassado o *annus mirabilis* de 1989, uma vez removida a separação dos espaços de ocidente e de leste no interior da própria Europa, entretanto dividida em dois blocos de ideologias políticas e culturais diferentes, onde se situará a fronteira oriental da União Europeia em crescimento dinâmico para oriente? Na sequência da transformação de um mundo com *duas Europas* e *um Ocidente* para um mundo com *uma Europa* mas *dois Ocidentes*, um Americano e um Europeu, como resolver as manifestas dificuldades de relacionamento transatlântico?

No início do século XX o foco da cultura ocidental ainda estava na Europa e a América do Norte constituía uma periferia distante No seguimento de duas Grandes Guerras iniciadas na Europa, cuja resolução se ficou a dever à presença de forças norte-americanas nas áreas de conflitos, as coisas mudaram radicalmente. As potências imperiais europeias perderam os seus domínios coloniais, restringindo-se de novo aos territórios metropolitanos. A Europa deixou de ser o chefe de orquestra universal. A liderança económica, política, militar, tecnológica e cultural passou para os Estados Unidos da América que, a seu tempo, se transformou na potência hegemónica, a hiper-potência messiânica e missionária, dotada de arrogância radical e um unilateralismo transbordante, como a qualificou Hubert Védrine que, durante cerca de sete anos, ocupou altos cargos no Eliseu e no Ministério dos Negócios Estrangeiros (H. Védrine, *Face à l'hyper-puissance*, 2003; e *Continuer l'histoire*, 2007), lembrando que já Raymond Aron falara de "República imperial".

Ainda segundo o testemunho de H. Védrine, em contrapartida, "a Europa evanescente, palavrosa e bem-intencionada, absorvida na metamorfose problemática para uma União política e económica, mantinha-se surda e cega às tempestades que se desencadeavam, persuadida de viver num mundo post-trágico regido pelo direito". Os europeus acreditaram, muito rapidamente, que tinham ganho a batalha da História e que os seus "valores" se iriam impor por toda a parte. Depois das grandes ilusões dos anos 90, os Americanos mostraram-se tomados pelo espírito de potência e os europeus pelo da ingenuidade. No lugar de uma "comunidade internacional" temos um mundo difícil, instável e inquietante, duma *Irrealpolitik* estéril.

Cumpria-se, de certo modo, o que Zbigniew Brzezinski já dissera antes, que os Estados Unidos da América seriam, no início do século XXI, a primeira, última e única super-potência global, a que alguém terá acrescentado "a primeira super-potência não imperialista". Mas, agindo como se o Mundo fosse unipolar, a hiper-potência arrisca-se a ficar isolada.

E o que sucede à cultura europeia? Na sua forma erudita de transmitir a complexidade de situações, Eduardo Lourenço em "Da Europa como cultura", texto de 1989, escreveu o seguinte: "a cultura europeia foi, sempre, objecto de conflito e de paixão. Nós, Europeus, somos os únicos humanos que, enquanto sujeitos históricos e culturais, *não temos identidade*. Literalmente falando, *não sabemos quem somos*. A essência da cultura ocidental cifra-se na vontade de nos dar um nome. Sem dúvida que houve momentos no nosso passado europeu em que, à semelhança de culturas que são *culturas de crença, de fé ou de alta coerência etno-sociológica* – o Celeste Império, o Japão, a Índia, o Império Otomano, o Islão – também nós tivemos uma espécie de *identidade* profunda estranha, ao menos simbolicamente, à dúvida sobre nós próprios, ao questionamento permanente da ordem do mundo como ordem divina ou do estatuto histórico como ordem política". E mais adiante acrescentou: "se esse espaço" (o Europeu) "não for o de uma cultura que mereça ainda ser chamada, vivida e desenvolvida como *cultura europeia*, isso significará que a Europa será um invólucro vazio, uma realidade sem alvo, nem memória".

Acerca da afirmação de Eduardo Lourenço, de que a "cultura europeia foi, sempre, objecto de conflito e de paixão", é interessante abordar, ainda que ligeiramente, alguns exemplos de situações contraditórias dentro do seu espaço geográfico e fora dele. Os nacionalistas alemães do princípio do século XX, na sua propaganda de heroicidade, exaltavam a Alemanha como o "país do meio", culturalmente diferente do Ocidente e atribuíam a derrota sofrida na chamada I.ª Guerra Mundial, que de mundial pouco ou nada teve pois que se passara no seio da própria Europa, aos efeitos corrosivos da ocidentalização. Logo no segundo ano de guerra, Werner Sombart, em *Comerciantes e Heróis*, 1915, abria o livro com a afirmação de que o conflito não era apenas entre nações mas, sobretudo, entre culturas e concepções diferentes do mundo; o espírito heróico alemão, de gente disposta a sacrificar-se por ideias nobres, e o espírito mercantilista inglês e o republicano francês, representantes da "civilização da Europa Ocidental" e dos "ideais revolucionários de 1789", que não faziam mais que manter os interesses individuais num estado de *konformismus*. Friedrich Georg Juenger (irmão de Ernst Juenger) em *Guerra e guerreiros*, 1930, escreveu que a derrota de 1918 fora devido ao facto da Alemanha se ter ocidentalizado, ao adoptar os valores ocidentais de "civilização, liberdade e paz".

O compositor Richard Wagner não escondia a sua aversão ao que fosse francês, sobretudo parisiense, que considerava como símbolos de frivolidade. Na sua ópera *Tannhauser*, ainda que baseada na síntese de duas lendas de finais do século XIII, é flagrante a oposição entre o Espírito (o tema dos Peregrinos, de comportamento tranquilo, de elevada dignidade, sublinhada por um coral heróico) e a Carne (o tema no Venusberg, com o Bacanal na versão parisiense, agitado, sensual, instável), alusões nítidas às diferenças de moralidades, a alemã e a francesa. Apresentada em Paris a 13 de Março de 1861, provocou um dos maiores escândalos da história da ópera. *Tannhauser* foi retirada de cena ao fim de três espectáculos interrompidos pelos apupos do público, de nobres e não nobres. A princesa de Metternich diria que em Viena nunca se veria um nobre a assobiar do seu camarote.

Para os pensadores e políticos alemães de antes da II.ª Grande Guerra (Mundial), a Alemanha estava fadada para organizar a Europa, entenda-se, a parte ocidental, porque carecida de organização, sobretudo de administração económica centralizada, porquanto os seus povos continuavam a viver sob o regime do individualismo. Oswald Spengler, no segundo volume da sua *Decadência do Ocidente*, fora muito claro ao afirmar que "as três (últimas) nações do Ocidente aspiravam a três formas de existência, representadas pelas famosas divisas de "Liberdade, Igualdade e Comunidade". Se as duas primeiras correspondiam ao liberalismo inglês e à democracia social francesa, a última pertencia ao socialismo autoritário alemão, ou melhor prussiano, desde o século XVIII, "essencialmente antiliberal e antidemocrático". Contudo, teve o cuidado de esclarecer que o socialismo alemão era diferente do marxismo.

Na Rússia, não obstante os esforços de ocidentalização feitos no século XVIII, sobretudo por Pedro I e por Catarina II, que pugnaram por incluir pelo menos uma boa parte do seu vasto reino na Europa, com a fronteira leste colocada nos Montes Urais, as modificações nos aspectos exteriores e materiais, que foram muito importantes, facilmente visíveis, não tiveram contrapartidas nos espíritos das pessoas, nas suas formas de pensar, nas tradições culturais. Leiam-se, por exemplo, os capítulos de *Os Irmãos Karamazov* (1879-1880), de Fyodor Dostoyevsky, sobre "A Lenda do Inquisidor-mor" (pela voz do irmão Ivan, centrado na luta cósmica do homem com Deus) e a "Biografia do *starets* Zózimas" (nas palavras do irmão Alexis ou Alyosha, identificado com o ideal Cristão).

No que é considerada uma das suas obras-primas, F. Dostoyevsky contrasta o racionalismo Ocidental, que considera árido, com o misticismo Russo, mais profundo; ataca o socialismo, o liberalismo, o materialismo e o ateísmo do Ocidente, e defende a fé no Cristo da igreja ortodoxa, o tradicionalismo eslávico e a redenção da humanidade pela "Santa Rússia". Antes de *Os Irmãos Karamazov* o mesmo autor publicara "Notas de Inverno sobre impressões de Verão", 1863, apontamentos da sua primeira viagem ao estrangeiro, a países da Europa ocidental, e concluiu que, pela observação dos males daquela civilização, se fortificara a sua fé no alto destino da Rússia, pudesse esta libertar-se do veneno Ocidental.

Lembro ainda os exemplos de Ivan Kireyevsky (1806-1856), um dos fundadores do movimento eslavófilo, que em "Sobre a possibilidade e necessidade de novos princípios filosóficos", de 1856, fazia a distinção entre o espírito ocidental, com raciocínio abstracto e fragmentado, sem qualquer relação com a unidade do Universo, e o espírito russo, com pensamento orgânico, guiado pela fé, sabendo abarcar o mundo ma sua totalidade; e de Konstantin Leontiev (1831-1891), considerado o Nietzsche russo, crítico severo da democracia ocidental e que concebia o Ocidente, com o seu igualitarismo liberal, numa fase de degenerescência última que, infelizmente, já começara a contaminar a Rússia. Receava a difusão da imagem do europeu racional médio, uma caricatura que até mesmo o espelho da arte não conseguia idealizar, do espírito pequeno-burguês detestável, mesquinho, cheio de ilusões, impressões registadas em "O Europeu médio como Ideal e Instrumento de destruição universal", 1884.

Totalmente fora da Europa, um dos exemplos mais notáveis é o do Japão, considerado o país oriental mais ocidentalizado e admitido na confraria do Ocidente durante o período Meiji (1868--1912). O Japão passou rapidamente de séculos de feudalismo estruturado sob a férula autoridade de inúmeros *shoguns* para a centralização num Estado-nação de modelo ocidental. Os políticos que prepararam essa transformação procuraram consenso relativamente ao melhor modelo, entre o anglo-americano (a obra de Alexis de Tocqueville, *Da democracia na América*, 1835-1840, foi uma das fontes de inspiração) e o germânico (do nacionalismo étnico, um *Volk* de patriotas heróicos governado por uma monarquia militar). Em resultado disso, a Constituição elaborada para o novo regime seguiu muito de perto a da Prússia, algumas Instituições decalcaram as Norte-americanas, a Marinha foi reorganizada como a *Royal Navy* Britânica, etc., e a monarquia respeitou as tradições *Shintô* na religião do Estado com o Imperador-Deus.

Os *kamizakes* do *Tokkotai*, isto é, membros das Forças Especiais de Assalto, que se metiam numa espécie de torpedos ejectados de submarinos contra barcos norte-americanos, eram, geralmente, jovens recrutados nas melhores Faculdades de Letras do país, leitores de Sócrates, de Friedrich Nietzesche, de Johann Fichte, de Immanuel Kant, de Soren Kierkergaard, de Karl Marx, de André Gide, de Romain Rollan, de Thomas Mann, de Friedrich Schiller, de Johann von Goethe, de Herman Hesse e tantos outros, mas o acumulo de tão variada ilustração ocidental assentava em base tradicional centenária e bem consolidada. Aceitavam que o morrer na flor da idade e em honra da sua Pátria e do seu Imperador os dignificava. Importava-lhes menos a ideia do afundamento de barcos norte-americano e da morte das suas tripulações. Viam-se, sobretudo, como intelectuais em luta contra a ameaça de corrupção do Japão pelo Ocidente, o egoísmo, a cupidez, a vacuidade moral do liberalismo e a superficialidade da cultura americana. Acreditavam que morriam puros como a flor de cerejeira que muitos levavam apertada numa das mãos (Ian Buruma e Avishai Margalit, *Ocidentalismo. Uma História Breve*, 2004).

E eis o paradoxo: os *kamizakes*, ocidentalizados, receptáculos de formas culturais do Ocidente, passariam a ser vistos, em tempos mais recentes, como dignos representantes do ocidentalismo. Ocidentalização e ocidentalismo, sendo faces da mesma moeda, todavia em tempos recentes, sobretudo depois da publicação de *Orientalismo. Representações ocidentais do Oriente* de Edward Said em 1997, houve uma deriva semântica relativamente ao segundo termo pois passou a ser cada vez mais utilizado pelos opositores da primeira para significar o repúdio da representação desumanizada do Oriente pelo Ocidente e a vontade de pôr fim a uma civilização materialista, cientista e hedonista, bem como aos seus efeitos corrosivos, degenerescentes.

O Ocidente está em crise: "A desvalorização do conceito de Ocidente" (Francis Fukuyama, "The West may be cracking", 2002; Robert Kagan, "Power and Weakness", 2004), "O universalismo da civilização do Ocidente, agora desprezada, está a ser substituído por uma série de particularismos" (Vasco Pulido Valente, 2008, *Público*, 18 de Janeiro), "Reinventar o Ocidente" (Dominique Moisi, "Reinventing the West", 2003), "O fim do Ocidente" (Charles Kupchan, "The End of the West", 2002), "O lento suicídio do Ocidente" (Jorge Majduf, "El lento suicídio del Ocidente", 2002), estas e outras expressões semelhantes têm surgido a cada passo e em vários tempos. Mas os de hoje são bem diferentes, entrecruzam-se muitas crises e não deixa e ser relevante aquela entre os dois grandes blocos do Ocidente. Com palavras muito claras, em revista idónea de 2002, Charles Kupchan, professor de ciência política na Universidade de Georgetown, especialista em relações internacionais, particularmente nas transatlânticas, membro de diversas comissões de reflexão e de aconselhamento do governo registou o seguinte: se Wahington e Bruxelas não derem maior atenção aos perigos de aprofundamento do golfo há muito cavado entre os Estados Unidos da América e a União Europeia, e não cuidarem melhor das relações instauradas após a *Pax Americana*, poderão ter a certeza que o vindouro choque de civilizações não será entre o Ocidente e o resto, mas no interior do próprio Ocidente dividido".

A estes pensamentos se contrapõem os de alguns optimistas e, mais do que isso, utopistas. Retomando o livrinho de Philippe Nemo, *O que é o Ocidente?*, perto do final o autor inscreve a ideia da criação de uma "União Ocidental" em substituição do que chama de "duas falsas boas ideias", como sejam "a União Europeia" e o "Império Americano". Tal União reuniria a "Europa Ocidental, a América do Norte e os outros países ocidentais" por ele qualificados em páginas anteriores, numa "confederação, quer dizer, num espaço institucionalizado de concertação e de coordenação, uma livre República de países iguais em direitos"! E quais os países desse Ocidente? Resposta de Ph. Nemo: a anterior Europa dos 15, excepto a Grécia (em certos aspectos), e ainda a Suíça, a Noruega e a Islândia; os EUA e o Canadá; também os territórios directamente administrados por países do Ocidente (departamentos franceses do ultramar, ilhas espanholas e portuguesas, Gronelândia, Hawai); e certos estados independentes saídos de países ocidentais, como as longínquas Austrália e a Nova Zelândia.

A crise do Ocidente é evidente, é palpável, no continente que deu berço à civilização ocidental: a Europa. Edmund Husserl, falecido um ano antes do começo da guerra de 1939-1945, na sua última obra dizia que o sentimento de crise estaria no estado de fadiga dos europeus, que somente um "heroísmo da razão" poderia vencer (E. Husserl, "A crise das Ciências europeias a a Fenomenologia transcendental", 1936).

Quando, no termo da Presidência luxemburguesa da União Europeia, em Dezembro de 2005, Jean-Claude Juncker declarava que a União Europeia não estava em crise, mas sim em **crise grave**, certamente que estaria influenciado pelo "não" de franceses e holandeses ao Tratado de Constituição, pelos egoísmos nacionais no debate orçamental na cimeira de Junho, pelas dificuldades da realização de reformas internas da União para progresso e aprofundamento dos processos de alargamento, etc. Considero que faltou uma referência fundamental: a crise civilizacional. E que, mesmo depois da assinatura do Tratado de Lisboa, ela se manterá. A crise da civilização europeia e a crise da União Europeia têm naturezas diferentes. A primeira está no cruzamento da história com a geografia, a segunda na decisão política, que não tem sido favorável à criação de "**o europeu**".

A Europa, que se quer "unida na diversidade", tem de afrontar as rupturas entre o nacional e o europeu. Naturalmente que não pode ficar de todo nas ideias expressas por Milan Kundera em *A Arte do Romance*, 1986, que "a cultura já cedeu o seu lugar", que "à imagem da identidade europeia afasta-se no passado" e que, assim, será "Europeu: aquele que tem a nostalgia da Europa". Ah! como é bom recordar o que Jean Monet defendia: "nous ne coalisons pas des États, nous unissons les hommes" (J. Monet, 1955), numa Europa que, acrescento eu, é fundamentalmente cosmopolita, parte de mundo multicultural com pólos múltiplos.

As crises aí estão, e sempre existiram. Em muitos momentos as civilizações beberam "do vinho do furor de Deus derramado sem mistura na taça da sua ira" (*Apocalipse*, 14.10). Estamos em tempos de tribulação. Fernando Pessoa, o nosso grande poeta visionário, servindo-se do seu Álvaro de Campos em *Ultimatum* (1917), depois da proposta de um "mandado de despejo aos Mandarins da Europa. Fora! Fora!" – reconhecida a "Falência geral de tudo por causa de todos!" / a "Falência geral de todos por causa de tudo!" / a "Falência dos povos e dos destinos – falência total!" / "De um modo completo, de um modo total, de um modo integral" –, lançou-se naquilo que eu chamo de exortação: "Merda! A Europa tem sede de que se crie, tem fome de Futuro! A Europa quer grandes Poetas, quer grandes Estadistas, quer grandes Generais! Quer o Político que construa conscientemente os destinos inconscientes do seu Povo!" ... "A Europa quer a Inteligência Nova que seja a Forma da sua Matéria caótica!" ... "A Europa está farta de não existir ainda! Está farta de ser apenas o arrabalde de si própria!".

Ramada, Dezembro de 2009

Economics teaching as mind framing: Evidence from a survey concerning the social building of trust in Portugal

João Carlos Lopes[*]
João Carlos Graça[**]

1. Introduction

The main purpose of this paper is to search whether or not studying economics has a relevant effect on molding the social and political values and attitudes characteristic of the building mechanism of trust in a democratic society.

Mainstream economics is based on the so-called ***self-interest model*** of rational, maximizing, individualistic (*homo economicus*) representative agents. It has implicitly obvious, and in most cases even explicitly, doctrinaire practices and effects. Take as an example, the active principle of *the economist as a preacher,* from Joseph Stigler (1984). For an interesting discussion about fairness and the assumptions of economics see Kahneman et al (1986). A cogitation on altruism and economics is produced by Simon (1993), and a discussion of the selfish and indoctrination effects (or not?) of economics and business studying is the main subject of Meier and Frey (2004) and Frey and Meyer (2005).

---

[*] ISEG/Technical University of Lisbon and UECE; jcflopes@iseg.utl.pt
[**] ISEG/Technical University of Lisbon and SOCIUS; jgraca@iseg.utl.pt

On balance, it appears to be reasonably well documented that economics students and professionals tend to show an above average self-interested behavior in free-rider experiments, ultimatum bargaining games, surveys on charitable giving and Prisoner's Dilemma contexts.

In this paper we intend to contribute to this literature with different empirical evidence, namely the results of a survey about the Social Building of Trust in Portugal, in which we confront the results obtained for a sample of 376 economics students (from ISEG/UTL) with those obtained for two other samples: 361 students from other disciplines (Architecture, Music, Health Technologies) and 325 commoners, inhabitants of an urban (Lisbon) and a rural county (Vila Verde dos Francos – Alenquer).

2. A brief review of previous studies

In a **Free-Rider Experiment**, first-year graduate students in economics contribute an average of less than half the amount donated to a public fund by students of other disciplines (see Marwell and Ames, 1981)

In an two-person **Ultimatum Bargaining Game,** in which one person (the Proposer) suggests a division of $10 between him/herself and a second person (the Responder), on average economics students propose, and also tend to accept, smaller amounts (see Carter and Irons, 1991).

In a **Prisoner's Dilema Experiment,** economics majors defect significantly more often (60 percent) than non-majors (30 percent), and the probability of an economist to defect is 0.17 higher than for a non-economist (see Frank et al., 1993).

In a **Real-World (Lost Letter) Experiment,** Yezer et al. (1996) contradict previous results, noticing that economics students return significantly more letters than other students. However, after conducting an **Experimental Solidarity Game,** Selten and Ockenfels (1998) conclude that economists give significantly less than non-economists. But Laband and O.Beil (1999), comparing the incidence of "cheating" on their Association dues, found that professional economists are significantly more honest/cooperative than professional political scientists and sociologists.

In an **Experiment on Corruption,** led by Frank and Schulze (2000), economics students are significantly more prone to corruption than others, but first-year students behave no differently than older students, and Meier and Frey (2004), observing the **Actual (Real Life) Behavior of students** with respect to anonymously **donating money to a charitable fund**, conclude that the willingness to behave pro-socially is lower for economics and business students.

So, on the whole we are left with a mixture of contradictory evidence, yet still pointing mainly to selfish behavior as a consequence of studying economics.

3. A survey about the social building of Trust in Portugal

Our contribution in this paper is supported by a different kind of empirical evidence, namely the results of a survey about the Social Building of Trust in Portugal. This survey consisted of a detailed questionnaire filled in by three groups: 312 inhabitants of two parishes (one urban; one rural), both mainly composed by old people (henceforth, we will call this group "Common citizens"); 376 students of economics and business, from ISEG (School of Economics and Management) – Technical University of Lisbon (henceforth named "Economics students") and 361 students from other scientific areas far away from economics (Architecture, Music and Health Technology), henceforth "Other students". This third group was indeed included in a second stage of our research, in order to check (and disentangle the effects of) the age disequilibrium between "economists" and non economist participants.

Personal interviews were made to all respondents, to explain and better control the answers to 50 questions about political, economic, social and cultural dimensions of trust and behavior in general. This is a much more detailed survey than the well known World Value Survey.

There is no gender bias in either of the groups, but a strong age bias is present, with very aged "non academics" and of course rather young "economists" and other students, and therefore an undesirable lack of middle-aged people.

4. The (potential) doctrinaire effects of teaching economics

We will now discuss the most important results as to comparing the potential doctrinaire effects of teaching economics on values, attitudes and social and political behavior at large, as far as these three groups are concerned.

Starting with two political variables, "Vote in Parliamentary Elections 2005" and "Self-image in political (left/right) terms" (Tables 1 and 2), we can conclude that economics students are more right-wing leaning (to the centre-right (PSD)[1] and right (CDS)[2] spectrum of the Portuguese political system), both in actual vote and self-image. Notice that both economics students and other students have a vote orientation less focused on the "Big Center" (PS + PSD), or rather more prone to "extreme", or "radi-

TABLE 1 – **Vote in Parliamentary Elections 2005**

	Commoners	Economics students	Other students
Left	8,7	18,3	**28,5**
Center-Left	**65,2**	**34,1**	21,4
Center-Right	21,3	32,3	10,7
Right	2,8	7,4	0,0
Abstention	14,6	11,6	15,2

[1] *Partido Social Democrata* – Social Democrat Party, which is a conservative party, despite the name.
[2] *Centro Democrático Social* – Social and Democratic Centre, which is clearly a conservative party.

TABLE 2 – **Self-image in political (left/right) terms**

	Left	Center	Right	Total
Commoners	20,6	**68,1**	11,3	100,0
Economics students	16,7	**56,3**	27,0	100,0
Other students	26,6	**63,3**	10,1	100,0

cal" options, but whereas economics students lean to the right, other students lean to the left (voting BE or CDU)[3] or choose not to answer.

The third variable treated in this study is the opinion about the desirable regulation of the economy (Table 3), and as one would very much expect, economics students are clearly much more pro-market. Interestingly enough, the other students are even more pro-state than commoners (relatively old people).

TABLE 3 – **Desirable regulation of the economy**

	Commoners	Economics students	Other students
More State	**52,3**	23,4	**60,2**
More Market	28,8	**66,1**	27,1
More 3rd Sector	18,9	9,3	12,7

The next variable indicates a significant age effect: young people (students) trust more on others in general while old people tend to overwhelmingly (80%) expect the worst. And contrary to their self-interest model indoctrination, economics students are even more "confident" than other students (see Table 4).

---

[3] BE (Bloco de esquerda) and CDU (Coligação Democrática Unitária), both of them political formations left of the Socialist Party, PS.

TABLE 4 – **Trust/Distrust on others in general**

	Commoners	Economics students	Other students
Trust	19,9	31,8	23,3
Expect the worst	79,2	53,5	59,0
No answer	0,9	14,4	17,7

However, there is strong empirical evidence of more selfish behavior by economics students that is consistent with most of previous literature results. In fact, their answers are more supportive of the legitimacy of: free-riding in social benefits (Table 5), tax avoidance (Table 6) and throwing garbage in the street (Table 7).

TABLE 5 – **Legitimacy of free-riding in social benefits**

	Commoners	Economics students	Other students
None	79,7	55,1	67,5
Low	10,5	31,4	21,1
Some	8,3	7,7	8,5
Full	0,6	2,7	2,9

TABLE 6 – **Legitimacy of tax avoidance**

	Commoners	Economics students	Other students
None	85,2	63,6	67,1
Low	5,8	19,7	24,2
Some	5,5	11,7	6,4
Full	2,5	2,7	2,3

TABLE 7 – **Anti-social behavior: legitimacy of throwing garbage in the street**

	Commoners	Economics students	Other students
None	96,3	70,5	82,0
Low	2,2	21,0	15,7
Some	0,6	4,0	1,4
Full	0,6	1,3	0,9

The last variable is again a very good indicator that age is important and in some cases clearly overwhelms the indoctrination effects: a significant proportion of both economics students and other students say that there is some legitimacy in free-riding in public transports, much probably a typically defiant attitude of youngsters, more than a selfish or anti-social behavior (Table 8).

TABLE 8 – **Legitimacy of free-riding in public transports**

	Commoners	Economics students	Other students
None	91,4	40,4	46,4
Low	3,4	33,5	34,6
Some	3,4	19,1	14,7
Full	1,2	4,0	4,3

5. Conclusions

The main purpose of this paper was to contribute to the large literature about the doctrinaire effects of economics teaching and learning, adding some empirical evidence from a survey about the social building of trust in Portugal.

Eight variables were used to assess political and social behavior of three samples with particular characteristics: 376 economics students, 361 students from other disciplines and 325 commoners, mostly old people.

We conclude that economics students (participating in this survey) are more right-wing leaning, both in actual vote and self-image, and have a more pro-market set of beliefs, as expected. In these cases, the age factor probably induces less "center" in general and bigger importance of political "extremes", but economics apparently induces right rather than left in choices. It also propitiates a pro-market attitude as opposed to what happens with strongly pro-statist "other students".

Economics students also show more trust on others in general, contrary to the self-interest model indoctrination, but tend to have a more selfish behavior, consistent with most of the previous literature results. This fact points out to a hypothesis for explanation of that officially "confident" attitude as indeed an expression of self-confidence: the kind of belief in the virtues of self-help that youth propitiates and economics, of course, very much reinforces.

Indeed, there is also in some cases probably a dominance of age as opposed to indoctrination effects, namely concerning the generalized conservative attitudes among elderly (expect the worst rather than trusting in others and do not brake the rules), versus a "radical", risk loving behavior among youngsters (trust in others "whatever comes", and legitimacy of free-riding in public transports: "we'll manage to escape"). So, we must acknowledge that a blend of free-riding and risk-love are entangled in most of these questions — notice the fact that other students systematically occupy an intermediate position between common citizens and economics students in all these last items: measurement of declared trust on others and of inclination to free-riding.

Finally, it is important to recognize the limitation of studies like this. First of all, the difficulty of testing the "self-selection" versus "indoctrination" hypotheses (self-selection: natural born "economists"; indoctrination: "economists" are made), or if you will, nature versus nurture. Secondarily, the usual problems of survey results in general are also present here: do people mean what they say? Do people do what they mean? To overcome these limitations, more research will be made in the near future.

Acknowledgment: The financial support of *Fundação para a Ciência e a Tecnologia* (FCT) – Portugal is greatly acknowledged.

References

CARTER, J. and M. IRONS (1991), Are economists different, and if so, why?, *Journal of Economic Perspectives*, 5: 171-7.
FRANK, B. and G. SCHULZE (2000), Does economics make citizens corrupt?, Journal of Economic Behavior and Organization, 43:101-13.
FRANK, R., T. GILOVICH and D. REGAN (1993), Does studying economics inhibit cooperation?, *Journal of Economic Perspectives*, 7: 159-71.
FRANK, R., T. GILOVICH and D. REGAN (1996), Do economists make bad citizens?, *Journal of Economic Perspectives*, 10: 187-92.
FREY, B. and S. MEIER (2004), Pro-social behavior in a natural setting, *Journal of Economic Behavior and Organization* 54:65-88.
FREY, B. and S. MEIER (2005), Selfish and Indoctrinated Economists?, *European Journal of Law and Economics*, 19: 165-71.
KAHNEMAN, D., J. KNETSCH and R. THALER (1986), Fairness and the assumptions of Economics, *Journal of Business*, 59: S286-S300.
LABAND, D. and R. O. BEIL (1999), Are Economists More Selfish Than Other 'Social' Scientists?, *Public Choice*, 100: 85-101.
MARWELL, G. and R. AMES (1981), Economists free ride, does anyone else?: Experiments on the provision of public goods, IV, *Journal of Public Economics*, 15: 295-310.
MEYER, S. and B. FREY (2004), Do business students make Good Citizens, *International Journal of the Economics of Business*, 11: 141-63.
SELTEN, R. and A. OCKENFELS (1998), An experimental solidarity game, *Journal of Economic Behavior & Organization*, 34: 517-39.
SIMON, H. (2003), Altruism and economics, *American Economic Review*, 83: 156-61.
STIGLER, G. (1984), Economics – the imperial science?, *Scandinavian Journal of Economics*, 86: 301-13.
YEZER, A., R. GOLDFARB and P. POPPEN (1996), Does Studying Economics Discourage Cooperation? Watch What We.

Demografia, migrações e desenvolvimento
Algumas reflexões sobre teorias e políticas da população [1]

*João Peixoto**

1. Introdução

Os modos de articulação entre demografia, migrações e desenvolvimento são vários. Tomando o desenvolvimento na sua vertente mais "económica", as variáveis populacionais mais comuns, como a estrutura etária ou o nível de natalidade, são muitas vezes utilizadas como elementos contextuais. Mas tentar articular directamente variáveis populacionais com as do foro económico, explicando de que modo umas podem ser causa e efeito

---

* ISEG-UTL e SOCIUS; jpeixoto@iseg.utl.pt

[1] Este texto é dedicado ao Prof. Adelino Torres, a quem devo muitas lições de pensamento interdisciplinar, rigor científico e gosto pela pesquisa. Devo-lhe também algumas das oportunidades que tive para ligar os meus interesses de investigação ao ensino, em particular no caso da disciplina de População e Desenvolvimento do Mestrado em Desenvolvimento e Cooperação Internacional do ISEG/UTL. O convite para coordenar e leccionar esta disciplina foi-me dirigido pelo Prof. Adelino Torres, então coordenador do mestrado, no ano lectivo de 1999/2000, na sequência de um trabalho que ele próprio iniciara (Torres, 1996). Este texto retoma alguns dos pontos abordados posteriormente num relatório apresentado para efeitos académicos (Peixoto, 2002).

das outras, não é habitualmente realizado. Tal é tanto mais pertinente quanto a primazia teórica pode, por vezes, recair nas variáveis demográficas – quando, por exemplo, um determinado nível de crescimento demográfico é um dos maiores obstáculos à expansão económica. A inter-relação entre demografia, migrações e desenvolvimento é ainda mais significativa se entendermos o desenvolvimento na sua acepção multidisciplinar. Neste caso, não são apenas as variáveis populacionais a relacionar-se com as económicas, mas com um universo completo de variáveis sociais, políticas e culturais. Por outras palavras, os fenómenos populacionais integram-se num contexto económico-social mais geral. Mais uma vez, as variáveis da população poderão ser causa e efeito de variáveis que sustentam o desenvolvimento. Por exemplo, a existência de elevados níveis de natalidade poderá estar relacionada com um estatuto subalterno da mulher, o qual, por sua vez, tende a inibir o desenvolvimento.

Este texto procura discutir alguns dos aspectos mais relevantes da relação entre demografia, migrações e desenvolvimento. Na primeira secção enumeram-se algumas das principais teorias sobre as componentes das dinâmicas populacionais – crescimento natural e migratório. No campo das dinâmicas naturais, são apresentadas teorias que contribuem para explicar determinados níveis de natalidade, nupcialidade e mortalidade e determinados tipos de estrutura demográfica. Algumas destas teorias são "exclusivas" da demografia – como sucede com a teoria da transição demográfica -, enquanto outras fazem apelo a ciências sociais mais amplas. No plano das teorias migratórias, são também apresentados os contributos que permitem explicar os tipos e as tendências das migrações ao longo do tempo, com relevo para os movimentos contemporâneos. Desta vez, as teorias em análise são escassamente "demográficas": as teorias sobre migrações têm sido desenvolvidas em sede de várias ciências sociais, sobretudo a economia, sociologia, ciência política e geografia.

Na segunda secção são discutidas algumas das principais formas de articulação entre as variáveis populacionais e o desenvolvimento. Por um lado, apresentam-se teorias que equacionam a relação entre um certo volume ou ritmo de crescimento demográfico e a disponibilidade de recursos. Esta discussão, iniciada há mais de dois séculos com Malthus, ainda hoje perdura. Por outro lado, são descritas teorias que examinam a relação entre migrações e desenvolvimento. Neste caso, depois de predominarem na investigação as avaliações negativas das saídas migratórias, passou-se a uma fase – igualmente exagerada –, onde se enfatizam os seus benefícios, sobretudo exemplificados pelos impactos resultantes das remessas financeiras.

Na terceira secção avaliam-se os principais modos de regulação política da demografia e das migrações. Estes são entendidos como um dos factores que influencia o comportamento das variáveis populacionais – entre um vasto conjunto de elementos de ordem económica e social. Dependendo dos contextos, a acção política tem apresentado alguma intensidade e um êxito diverso. As políticas com incidência na natalidade e mortalidade, bem como as relacionadas com as migrações, têm sido crescentemente aplicadas, muitas vezes com objectivos de desenvolvimento. O objectivo é discutir alguns dos modos de acção política disponíveis, bem como avaliar as possibilidades de realização dos objectivos expressos.

2. Teorias da população

2.1. *Crescimento populacional e transição demográfica*

Uma das teorias mais relevantes para explicar as dinâmicas populacionais da actualidade é a teoria da transição demográfica. Esta teoria é talvez a única reivindicada especificamente pelos demógrafos. Tal sucede porque encarou, como seu objecto de análise, exclusivamente algumas variáveis demográficas muito simples e porque foi institucionalmente desenvolvida no seio da comunidade de demógrafos. A teoria da transição demográfica –

ou, em rigor, os vários contributos que são habitualmente designados desta forma – explica de que modo todos os países passam de um período caracterizado por altas taxas brutas de natalidade e mortalidade para um outro caracterizado por baixas taxas brutas. Esta transição, que se processa por fases – primeiro o declínio da mortalidade, depois o declínio da natalidade –, ocorre, para a maioria dos autores que adoptam esta perspectiva, na sequência de um processo que podemos genericamente designar de desenvolvimento sócio-económico (cf. Bandeira, 1996; Nazareth, 2004). O período de transição dá origem a elevadas taxas de crescimento populacional, devido a uma dinâmica prolongada de crescimento natural (natalidade superior à mortalidade).

Apesar das múltiplas críticas que lhe têm sido dirigidas, a teoria da transição demográfica apresenta um largo horizonte de aplicação. A vantagem de observar apenas taxas brutas de natalidade e mortalidade é a de poder trabalhar com indicadores populacionais muito simples, que podem ser conhecidos (ou estimados) para muitas regiões do mundo em diversas épocas históricas. O acompanhamento da evolução dessas taxas permite concluir, de facto, por uma evolução genericamente semelhante à vaticinada pela teoria. Os períodos de "explosão demográfica" conhecidos pelos actuais países desenvolvidos, entre o século XIX e o início do século XX, e pelos actuais países em desenvolvimento, desde o segundo quartel do século XX, encontram um bom suporte empírico na descrição das dinâmicas naturais efectuada pela teoria.

O criticismo advém de várias razões. Antes de mais, a evolução quantitativa das taxas de natalidade e mortalidade é raramente tão simples quanto a descrita pela versão mais corrente da teoria. Os níveis de partida e de chegada das taxas brutas, a velocidade de declínio da natalidade e da mortalidade, o desfasamento entre a queda da mortalidade e a da natalidade, ou mesmo a sequência verificada (existem casos onde a natalidade declina primeiro do que a mortalidade) – revelam uma complexidade maior do que a postulada. A prioridade atribuída ao factor causal "desenvolvimento sócio-económico" também é discutível. Primeiro, porque se trata de um conceito de largo espectro, onde diferentes variáveis poderão ter um papel muito desigual consoante os contextos. Segundo, porque os actuais países em desenvolvimento viram iniciar a sua transição (queda da mortalidade), não por um processo claro de desenvolvimento, mas pela importação de tecnologias (pesticidas e vacinas). O desfasamento entre a queda precoce da mortalidade (provocada por factores exógenos) e uma queda tardia da natalidade (essa, sim, mais ligada a dinâmicas endógenas) explica, precisamente, o elevado volume do crescimento demográfico verificado naqueles países.

Mais recentemente, foi introduzida a noção de segunda transição demográfica (Kaa, 1987). A sua novidade é simultaneamente quantitativa e qualitativa. O primeiro argumento é o de que, após o final da primeira transição demográfica, onde a população tende a estabilizar, se assiste a um processo de declínio sustentado, devido a uma progressiva diminuição dos níveis de natalidade e a um aumento da mortalidade (decorrente do envelhecimento). O segundo argumento é o de que os factores básicos da mudança – no que se refere à variação da fecundidade – deixam de ser de ordem sócio-económica para se ligarem ao domínio cultural. São as transformações culturais e normativas verificadas nas sociedades contemporâneas mais desenvolvidas que vão conduzir a um novo processo de mudança, devido ao alastrar de um individualismo crescente. É o cálculo individual que leva a que a natalidade continue a baixar e que a relação conjugal se torne cada vez mais instável (o que contrasta com o período da primeira transição, onde o declínio da natalidade era realizado no seio de uma entidade colectiva sólida – a família nuclear).

2.2. Teorias de incidência demográfica

Um segundo conjunto de teorias relevantes para a análise demográfica é o das que contribuem para explicar o comportamento de variáveis específicas, como a natalidade, nupcialidade e mortalidade. Inclui-se, aqui, um conjunto muito numeroso de perspectivas, provenientes de vários campos disciplinares, que é impossível enumerar em detalhe. Salientemos, apenas, algumas das contribuições mais relevantes.

No que se refere à análise da natalidade, tem sido salientado tanto o papel dos determinantes próximos como o dos determinantes estruturais, de tipo social, económico e político (cf. Crook, 1997: 60). A análise dos determinantes próximos enumera algumas variáveis que incidem directamente, no curto prazo, sobre o nível de nascimentos. Entre elas contam-se os métodos de contracepção disponíveis (o surgimento de métodos "científicos" na segunda metade do século XX provocou uma verdadeira revolução neste campo), os níveis de aborto e infanticídio, a idade ao casamento e a fertilidade biológica da população. Os determinantes estruturais incluem as variáveis mais amplas que condicionam as opções reprodutivas dos indivíduos. Aqui contam-se, entre outros, a estrutura social e económica (incluindo a posição dos indivíduos na grelha de estratificação social e as suas opções diferenciadas em relação à fecundidade, baseadas em critérios sociais ou económicos), as condições de mobilidade social, o contexto territorial (incluindo a distinção entre meios urbanos e rurais), a conjuntura económica, os valores, o estatuto social da mulher e as políticas de população (cf. Bandeira, 1996).

No plano da nupcialidade, o que está em discussão são os níveis e tipos de comportamento conjugal de uma população e a sua incidência sobre o comportamento reprodutivo. O que está em causa é o tipo e predominância das relações conjugais existentes (casamento civil ou religioso, coabitação, etc.) e a sua incidência sobre a reprodução. Neste último campo, devemos avaliar, entre outros tópicos, o nível de associação (ou dissociação) existente entre sexualidade e reprodução. Em certos contextos sociais, o nível de relação entre casamento e procriação é elevado, pois a situação conjugal está directamente ligada ao comportamento reprodutivo. Noutros contextos, como sucede na sociedade ocidental moderna, casamento, sexualidade e procriação tendem a separar-se – deixando o nível de nupcialidade de ser um bom preditor do nível de fecundidade (cf. Bandeira, 1996).

No plano da mortalidade, são relevantes tanto as informações relativas a tecnologia e equipamentos de saúde, como as relativas a condições sociais, económicas e políticas nesta área – o que remete, de novo, para o tema dos determinantes próximos e estruturais. No que se refere a tecnologias e equipamentos de saúde, devem analisar-se os meios disponíveis, num dado contexto, para fazer face à doença e aumentar a longevidade das populações. Essa disponibilidade resulta de constrangimentos técnicos e de opções económicas e políticas. No que se refere a variáveis sociais, deve ser enfatizada a vulnerabilidade social face à doença e à morte. O cálculo de esperanças de vida por categorias profissionais ou por grupos sociais é um bom exemplo das desigualdades sociais a este nível. No que se refere a variáveis económicas e políticas analisam-se outro tipo de condicionantes. Falar de "economia política da saúde", como acontece em Crook (1997), é demonstrar que parte importante dos níveis de doença e mortalidade num dado contexto resultam de escolhas ou constrangimentos ligados a modelos económicos e políticos mais amplos – por exemplo, a posição de um dado país no contexto de um império colonial.

Em todos estes campos – natalidade, nupcialidade e mortalidade - devemos argumentar que uma leitura de tipo "individualista" (metodologicamente de tipo micro, próxima da economia neo-clássica e da sociologia das escolhas racionais) se pode opor a uma outra "estruturalista" (de tipo macro, próxima das sociologias estruturalistas). Por exemplo, é possível analisar o nível de fecundidade de uma população observando, em pormenor, o tipo de escolhas realizadas por cada agregado. A análise económica dos custos e benefícios da fecundidade revela os pressupostos racionais que estão na base de muitos comportamentos. Uma elevada fecundidade, por exemplo, pode ser inteiramente racional num contexto de economia agrícola familiar – quando, por vezes, nos pode parecer (erradamente) um comportamento "tradicional". As análises estruturalistas enfatizam, como é habitual, os factores condicionadores das escolhas: um padrão de localização social e um conjunto de normas sociais ou religiosas constituem preditores do nível de fecundidade agregada de muitas populações. Leituras semelhantes podem ser realizadas perante outros fenómenos demográficos.

2.3. Teorias explicativas das migrações

As teorias sobre migrações podem ser descritas utilizando uma dupla perspectiva (cf. Peixoto, 1998: 39-68). Em primeiro lugar, existem de novo teorias que utilizam um enfoque metodológico predominantemente individualista, isto é, se aproximam da perspectiva económica dominante ou das teorias da escolha racional; e teorias que utilizam um ângulo de análise sobretudo estruturalista, isto é, que enfatizam o papel das condicionantes estruturais à acção individual. Em segundo lugar, as teorias distinguem-se consoante se refiram a aspectos mais económicos (por exemplo, mercados de trabalho) ou mais sociais (por exemplo, redes familiares) das migrações. Encaradas desta forma, as teorias são capazes de explicar os movimentos migratórios em múltiplos contextos: nacionais (migrações internas) ou internacionais.

Com recurso a este modelo, podem ser enquadradas algumas das principais teorias explicativas das migrações: a teoria económica dominante das migrações (baseada no modelo de atracção-repulsão, ou modelo *push-pull*); a teoria do capital humano; a nova economia das migrações; as teorias do mercado de trabalho dual ou segmentado; as teorias do sistema-mundo; as teorias dos sistemas migratórios; as teorias baseadas no ciclo de vida individual; as teorias institucionais, incluindo as que destacam o papel das organizações (e a noção de mercado interno de trabalho) e as que sublinham o papel do Estado (estas últimas sobretudo adaptadas ao estudo das migrações internacionais); e as teorias baseadas nas redes migratórias (sobre a multiplicidade de teorias aplicáveis ao estudo das migrações, vejam-se ainda Massey *et al.*, 1993; Brettell e Hollifield, 2000).

Existem outros contributos relevantes para o estudo das migrações. A teoria da "transição para a mobilidade" de Zelinsky (1971) é particularmente interessante por o autor ter tentado alargar a lógica da transição demográfica aos fenómenos migratórios. O seu contributo antecipou algumas das mudanças recentes. Segundo ele, as sociedades passam, com o tempo, de uma fase em que predominavam os movimentos migratórios "clássicos" (migrações internacionais de povoamento, migrações rural-urbano), para uma outra de direccionalidades mais complexas (movimentos urbano-urbano) e uma fase final de movimentos de "circulação". Este último conceito retrata a tendência para o aumento generalizado de mobilidade dos agentes, com diversificação dos seus pólos territoriais de vida e fragmentação dos tempos de mobilidade. A figura dos indivíduos em deslocação permanente, no espaço nacional ou no internacional, tende a superar a de uma época em que os espaços de vida individuais se cingiam a limites geográficos estreitos. No limite, segundo Zelinsky, caminha-se para a "mobilidade virtual" (sem deslocação física).

Uma outra noção importante é a de comunidades transnacionais (cf. Portes, 1999; Vertovec e Cohen, 1999; Faist, 2000). Este conceito, introduzido há poucos anos nas teorias migratórias, pretende realçar quer a natureza transnacional de muitos dos fenómenos sociais contemporâneos, quer os limites das análises tradicionais da integração. Assim, em primeiro lugar, detecta-se um sintoma da fragilidade explicativa contemporânea dos Estados-nação: identificar sociedade, ou "vida social", a um Estado-nação, terá sido aceitável nas origens da sociologia, mas é hoje crescentemente desafiado pelas novas lógicas transnacionais dos agentes e das actividades económicas. Em segundo lugar, tende a ser abandonada a ilusão de que os migrantes se pretendem, generalizadamente, assimilar à sociedade de chegada, perdendo os vínculos sociais e culturais em relação à sociedade de origem. Muitos deles procuram manter uma dupla pertença, guardando propriedades ou laços económicos e sociais na sociedade de origem, e continuando a valorizar as suas identidades culturais.

3. Demografia e desenvolvimento

3.1. *População, recursos e desenvolvimento*

As teorias "clássicas" na área de população e desenvolvimento são de raiz malthusiana. Como se sabe, Malthus foi o autor do célebre "princípio da população". Por ele entendeu a dinâmica diferenciada da população e dos recursos alimentares (subsistências). Enquanto a primeira, se não fosse controlada, tinha tendência a crescer numa progressão geométrica, os segundos não poderiam fazer melhor do que crescer em progressão aritmética. Esta asserção era baseada em algumas observações empíricas – dados sobre o crescimento da população em contextos de abundância alimentar e sobre o crescimento dos recursos em condições económicas e tecnológicas favoráveis. O resultado destas dinâmicas comparadas seria, inevitavelmente, a escassez de recursos a prazo para uma população em crescimento. Resultava daqui a necessidade de limitar, de um modo ou de outro, essa tendência impossível da população – o crescimento geométrico dos seus números.

As soluções que Malthus propunha são conhecidas. Os obstáculos "preventivos" ao aumento da população eram a única solução moralmente aceitável. Entendia-se, neste ponto, a prática da "obrigação moral": o retardamento do casamento e dos nascimentos até ao momento em que uma família tivesse condições económicas favoráveis. Os obstáculos "positivos" eram igualmente eficazes, mas moralmente inaceitáveis: a fome, as guerras, as doenças ou, simplesmente, o "vício" (contracepção, aborto ou infanticídio). Eventuais aumentos, acima do esperado (superiores ao padrão aritmético), dos recursos eram uma panaceia meramente temporária. A prática do comércio internacional, por exemplo, aliviaria certos problemas no curto mas não no longo prazo.

A redistribuição dos recursos – como a preconizada na Lei dos Pobres – era uma falsa solução (cf. Malthus, s.d.; Torres, 1996; Nazareth, 2004).

Independentemente das limitações do pensamento do autor – de ordem metodológica, relacionadas com a debilidade empírica da sua teoria, ou de ordem epistemológica, devido ao seu normativismo evidente -, o certo é que não mais se deixou de falar de "malthusianismo". Se, num primeiro momento, a discussão sobre recursos se limitou ao plano das subsistências alimentares, mais tarde alargou-se a todos os recursos económicos e não económicos – bens alimentares, recursos minerais, recursos energéticos (renováveis e não renováveis) e, mais em geral, qualidade ambiental. Este alargamento da discussão teve lugar, sobretudo, durante o século XX.

Desde a época de Malthus que a discussão se dividiu entre, por um lado, os argumentos "malthusianos" e, posteriormente, "neo-malthusianos" e, por outro lado, os "não malthusianos". O malthusianismo e neo-malthusianismo afirmam, basicamente, que, devido a dinâmicas demográficas demasiado intensas, a pressão sobre os recursos é muito forte, não sendo possível melhorar a situação senão alterando a demografia – o que, na prática, se traduz por um apelo a uma menor população ou taxa de crescimento populacional, incluindo a necessidade de diminuição da fecundidade. Insiste-se na necessidade de limitação absoluta das dinâmicas demográficas, acusadas de serem a principal variável independente que acciona mecanismos de pobreza ou dificuldades económicas.

Durante o século XX, numerosas leituras da situação económica e social dos países em desenvolvimento têm estado próximas de um neo-malthusianismo simples. Ao se encarar o problema de alguns países asiáticos ou africanos, por exemplo, tem sido admitido, com frequência, que o problema demográfico é um dos mais sérios (quando não o mais sério) obstáculo ao crescimento e desenvolvimento económicos. Algumas posições da ONU, neste aspecto, quase encaixam no epíteto de neo-malthusianismo.

As Nações Unidas têm insistido muitas vezes na necessidade de controlo da natalidade como uma das pré-condições ao desenvolvimento destes países (cf. ONU/FNUAP, vários). Num sentido mais amplo, o relatório do Clube de Roma, divulgado em 1973, aproximou-se desta perspectiva. Neste caso, não foi apenas a variável populacional a acusada de possuir um crescimento insustentável a prazo – foi também o modelo de crescimento económico vigente. Do lado dos recursos, este relatório foi pioneiro na alusão aos problemas ambientais (Cassen *et al.*, 1994; Torres, 1996; Crook, 1997).

A crítica ao malthusianismo é tão antiga como Malthus, embora tenha numerosas vertentes modernas. Logo após Malthus (em rigor, imediatamente antes, com Godwin e Condorcet, contra quem aquele autor reagiu) se argumentou que o grande dilema social e económico não resultava da pressão demográfica, mas de problemas de distribuição ou de regulação social. A primeira crítica séria resultou das correntes socialistas que vigoraram na Europa do século XIX. Mais recentemente, a negação do peso da variável demográfica manteve-se – embora a perspectiva socialista (ou a teoria marxista) nunca tenham sido exclusivas da argumentação.

Os não malthusianismos simples consistem, por vezes, numa inversão do argumento neo-malthusiano. Aceita-se que a variável populacional não tem poder explicativo de maior sobre as dinâmicas económicas e sociais. Neste caso, ela não constitui a principal variável independente, como no neo-malthusianismo, mas uma mera variável dependente do modelo população-desenvolvimento. Mais em geral, a crítica recente ao malthusianismo tem assentado, sobretudo, em três vertentes: o argumento de que são os problemas de distribuição os causadores da pobreza (ideia já expressa por Godwin e Condorcet, e posteriormente divulgada pelos socialistas e marxistas); a noção de que Malthus subestimou fortemente as capacidades tecnológicas de multiplicação dos recursos (alimentares ou outros); e o argumento de que a pressão populacional pode mesmo constituir, por vezes, o melhor estímulo à inovação e ao desenvolvimento (tese inicialmente expressa por Boserup) (Cassen *et al.*, 1994; Torres, 1996; Crook, 1997).

Algumas posições recentes podem ser consideradas mais complexas, e não encaixar em argumentos extremos. A discussão reunida no livro de Cassen *et al.* (1994) e a realizada por Torres (1996) e Crook (1997) são disto um bom exemplo. Tomando como inspiração estes trabalhos, podemos estabelecer um conjunto de asserções. A principal tarefa de investigação parece ser enumerar as variáveis "intermédias" entre população e desenvolvimento. Mais do que uma relação linear, tudo depende das variáveis que contextualizam essa relação. A situação concreta dessas variáveis depende de país para país (ou de região para região), pelo que nada pode ser dito de universal acerca da relação população--desenvolvimento. Podemos configurar na forma de esquema uma relação complexa entre população, recursos e desenvolvimento (ver Figura 1).

FIGURA 1 – **População, recursos e desenvolvimento**

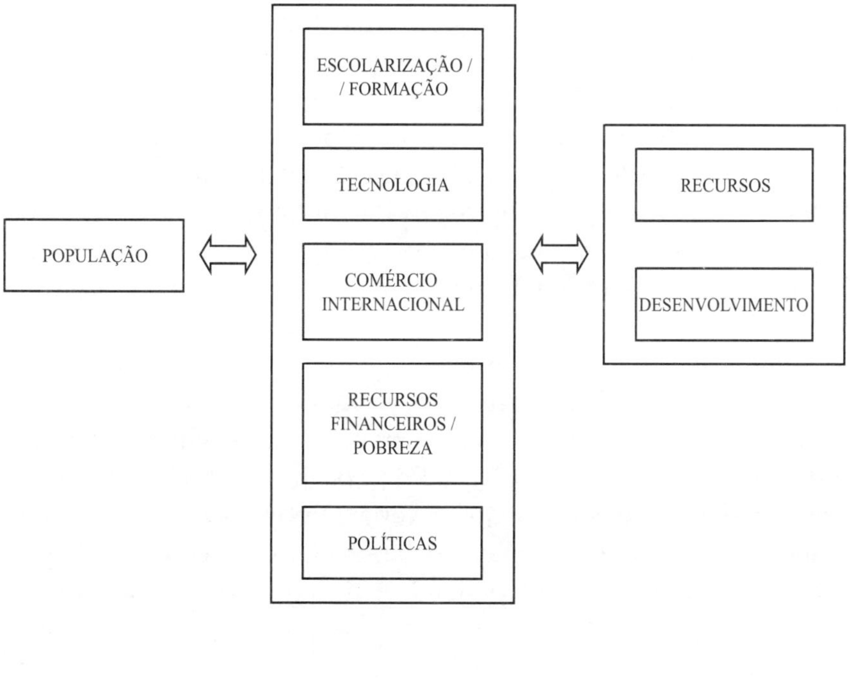

As principais variáveis "intermédias" entre população e desenvolvimento são, assim, o nível de escolarização ou formação de uma população; o tipo de tecnologia existente; a situação do comércio internacional; os recursos financeiros disponíveis no país ou região; e as políticas. A "população" de um país ou região pode apresentar-se como uma síntese de três indicadores: dimensão, estrutura demográfica (sexo e idade) e taxa de crescimento. Por "recursos" entendem-se os recursos naturais e económicos necessários à população; e por "desenvolvimento" o conjunto do crescimento económico e do bem-estar. Estas últimas noções, quando agregadas, aproximam-se da ideia de "desenvolvimento sustentável". A relação entre a população e o desenvolvimento surge, deste modo, mediada pelas variáveis referidas. Perante determinados níveis ou tipos de escolarização / formação, tecnologia, comércio internacional, recursos financeiros e políticas, o mesmo constrangimento populacional pode ter resultados completamente diversos sobre o nível de desenvolvimento.

Uma noção associada que nos obriga a relativizar os argumentos neo e não malthusianos simples é a de *carrying capacity*, ou quantidade de população que uma determinada área territorial pode continuamente suportar (cf. Crook, 1997: 86-87). Se criticarmos o sentido meramente estático desta noção (que muitas vezes ocorre) e introduzirmos uma perspectiva dinâmica, a "capacidade" dos territórios para sustentar uma determinada população não é fixa, antes dependendo da mudança tecnológica e do modelo de crescimento económico em vigor, incluindo a disponibilidade do comércio internacional. Por outras palavras, uma mesma dimensão de população pode ser "excessiva" ou "escassa", num mesmo local, em diferentes momentos do tempo.

Um esquema deste género permite compreender grande parte das perplexidades modernas acerca da relação entre população e desenvolvimento. A observação dos países em desenvolvimento pode, por vezes, fazer crer que a variável populacional é a grande responsável pelos problemas existentes. Ora crescimentos demográficos igualmente fortes podem ter tido (ou ter, na actualidade) efeitos completamente diversos noutros contextos – incluindo os países ocidentais durante o século XIX. Porém, na actual situação de alguns dos países menos desenvolvidos – fracos níveis de educação/formação, tecnologias pobres, comércio internacional desfavorável, recursos financeiros débeis e políticas inadequadas -, a variável populacional torna-se destrutiva.

Como refere Cassen, apenas uma condição demográfica muito particular (crescimento rápido da população) num contexto económico e social singular (pobreza generalizada) nos permite uma leitura claramente negativa dos impactos demográficos. Escreve o autor: "Os autores deste volume chegaram a conclusões que, na maior parte dos casos, suportam a perspectiva que o crescimento rápido da população em países pobres, em condições de fecundidade elevada, é adverso a muitos objectivos de desenvolvimento. (Notem-se os detalhes desta frase: *na maior parte dos casos* suportam a perspectiva; crescimento *rápido* da população, que podemos considerar como superior a 2% ao ano; países *pobres*; condições de *fecundidade elevada*; e *muitos objectivos de desenvolvimento*.) Isto não significa que o crescimento da população a todas as taxas, em todos os tempos, e independentemente da riqueza dos países e da dimensão da sua população tenha necessariamente consequências negativas para todos os aspectos do desenvolvimento" (Cassen *et al.*, 1994: 13-14).

Noutra perspectiva, a dinâmica populacional raramente pode ser acusada de ser a maior ou a única responsável por problemas endémicos de crescimento. Como também sugere Crook, "focarmos excessivamente a nossa atenção na dimensão e no crescimento populacional (...) quando tentamos explicar ou reverter tendências de pobreza, insuficiência alimentar ou destruição de recursos naturais, leva-nos a esquecer alguns factores essenciais. De facto, sem mudanças significativas na gestão dos recursos e nas tecnologias que usamos, o crescimento económico é insustentável mesmo com crescimento zero da população" (Crook, 1997: 88).

Apesar da força destas teorias "moderadas", em anos mais recentes verificou-se o retorno a uma perspectiva neo-malthusiana. Um dos exemplos desta mudança é o livro organizado por Birdsall *et al.* (2003), que se destinou a examinar o debate sobre a relação entre demografia e desenvolvimento na viragem do século. Os temas examinados nesse livro foram os efeitos da mudança demográfica (declínio da fecundidade e mortalidade, alteração da estrutura etária) sobre o crescimento económico, a pobreza e o uso sustentável de recursos naturais. As suas principais conclusões apontaram para que, "(...) em contraste com as afirmações das últimas décadas, o crescimento populacional rápido exerceu um impacto negativo quantitativamente importante no ritmo de crescimento económico agregado nos países em desenvolvimento; (...) o declínio rápido da fecundidade exerceu uma contribuição quantitativamente relevante para a redução da incidência e gravidade da pobreza; (...) e o impacto da mudança demográfica rápida no ambiente e desenvolvimento rural foi misto – um actor menor numa história mais ampla acerca das condições iniciais e efeitos das políticas" (id., ibid.: 6).

3.2. *Migrações e desenvolvimento*

O nexo entre migrações e desenvolvimento foi objecto de abundante investigação nos últimos anos (ver, entre outros, Haas, 2008). A evidência disponível aponta para impactos mútuos diversos (sendo as migrações e o desenvolvimento causa e consequência um do outro), tanto do ponto de vista dos países emissores como dos receptores. Tomando a perspectiva dos países em desenvolvimento emissores de migrantes – a mais habitual na investigação –, o pensamento dominante passou por duas etapas. Numa primeira fase foi considerado que a emigração era negativa. A saída de emigrantes implicava a perda de pessoas dinâmicas e empreendedoras (as saídas ocorrem sobretudo em idades adultas jovens), perda de capital humano e perda de investimento público na educação e na saúde. Numa fase mais recente, alguns ganhos tornaram-se claros: a emigração passou a ser vista como uma "válvula de segurança" contra as tensões no mercado de trabalho e contra o descontentamento social e político; foi realçado o papel das diásporas e do transnacionalismo, sublinhando-se a importância dos laços económicos (investimento e comércio) entre países emissores e receptores; e estudou-se o impacto das remessas financeiras.

A discussão sobre as remessas é exemplar do estado actual da investigação. O facto de apresentarem um volume crescente à escala mundial e de atingirem montantes frequentemente maiores do que a ajuda pública ao desenvolvimento e o investimento directo estrangeiro, levaram a uma atenção crescente. Um numeroso conjunto de contributos destacou os impactos positivos das remessas: constituem um activo financeiro importante, tanto na perspectiva micro (pessoas individuais e famílias) como macro (país); possuem um carácter não cíclico ou contra-cíclico, ao contrário do que se passa com outros fluxos financeiros; trazem benefícios directos para as famílias, porque apresentam um impacto directo na redução da pobreza e são muitas vezes investidas em saúde e educação (aumento de capital humano); e constituem um benefício directo para os países e governos, dada a entrada de moeda estrangeira que permitem.

Foram também destacados, porém, impactos neutrais ou negativos das remessas sobre o desenvolvimento: são um fluxo financeiro privado, que pode ter um objectivo não produtivo (podem, por exemplo, ser utilizadas apenas para consumo, incluindo de bens e serviços importados); podem ter impactos moderados quando se destinam a investimento, porque podem ser dirigidas somente para subsistência, habitação ou serviços de pequena dimensão (comércio e restauração); podem contribuir para o aumento (ou pelo menos não contribuir para a diminuição) da desigualdade social nos países emissores (muitas vezes, os emigrantes não são os mais pobres dos pobres); podem estimular um comportamento "rentista"; e podem permanecer fora do sistema financeiro formal, não criando efeitos multiplicadores.

Por outras palavras, deve ser concluído que, do ponto de vista dos países em desenvolvimento emissores de emigrantes, não existe qualquer relação directa ou linear entre migrações e desenvolvimento nem, em particular, entre remessas e desenvolvimento (Ghosh, 2006; Haas, 2008). Tudo depende de vários factores contextuais, incluindo o tipo de políticas públicas, o funcionamento das empresas privadas e o comportamento dos agentes. Nos últimos anos houve, provavelmente, uma ênfase exagerada nos benefícios da emigração e das remessas para o desenvolvimento. Mas foi gradualmente aceite uma perspectiva mais realista, que não esquece as razões estruturais que levaram (e podem continuar a levar) à emigração, nem o papel dos factores contextuais na maximização dos benefícios (Skeldon, 2008).

4. Políticas de população

4.1. *Dinâmicas naturais*

Face aos diversos constrangimentos exercidos sobre a evolução das variáveis populacionais, qual é o alcance das políticas de população? E em que medida as políticas podem contribuir para o desenvolvimento? Por políticas ou programas de população entendemos as medidas adoptadas pelos Estados nacionais – ou, eventualmente, outras entidades políticas, a nível regional ou supra-nacional - que, de forma directa ou indirecta, afectam as tendências da população. A observação da importância das políticas pode ser efectuada a nível histórico, tentando captar a correlação entre as medidas adoptadas e o andamento das variáveis demográficas, e a nível prospectivo. Neste último caso, o que se pretende é determinar até que ponto é possível aos Estados nacionais - ou outras entidades de cariz político - intervir sobre as variáveis demográficas, sempre que esta intervenção se justifique nos terrenos da política social ou económica.

A determinação do peso do Estado sobre a evolução das variáveis demográficas é difícil de realizar – antes de mais, porque depende fortemente de contexto para contexto. Em geral, é possível admitir que a acção do Estado é apenas uma entre outras variáveis que determinam o comportamento demográfico. Quer observemos as determinantes próximas da demografia, quer as determinantes de tipo estrutural, descortinamos que a explicação para uma dada situação demográfica é sempre complexa.

Considerando a evolução da fecundidade, podemos admitir que a intervenção do Estado é historicamente recente. Se observarmos o andamento da taxa de natalidade nas sociedades europeias reparamos que a industrialização, a urbanização, o aumento das classes médias e a diminuição das práticas religiosas tiveram um papel de relevo na transição demográfica que ocorreu no século XIX. A descida destes níveis ocorreu mesmo antes de estarem disponíveis os modernos meios de contracepção. A intervenção do Estado só foi suscitada, de modo directo, quando os receios de quebra excessiva da fecundidade ou de implosão demográfica se tornaram reais. O pioneiro, neste campo, foi o Estado francês, no período situado entre as duas guerras mundiais do século XX. O desejo de uma política "natalista" tem desde então acompanhado a sociedade francesa, o que parece resultar do facto de ter sido aí que o processo de descida dos níveis de natalidade primeiro (e mais substancialmente) ocorreu (cf. Sardon, 1990). Na segunda metade do século XX, as políticas "natalistas" foram mais comuns nos países então socialistas da Europa de Leste (cf. Kaa, 1987). A observação dos indicadores de fecundidade actuais em todos estes contextos europeus leva, facilmente, a concluir que o êxito das políticas oficiais foi, quando muito, moderado.

Nos actuais países em desenvolvimento, a acção do Estado tem sido mais relevante no controlo dos níveis de fecundidade. Segundo Crook (1997: 132), o que tem sido específico na transição de fecundidade no século XX é, precisamente, o papel do Estado naqueles países. As políticas, neste campo, foram sobretudo adoptadas nas últimas décadas desse século, no seguimento de algumas Conferências Mundiais sobre a População e da adopção, pelas agências das Nações Unidas, de uma perspectiva neo-malthusiana (cf. Cassen *et al.*, 1994). O que se procurou promover foram campanhas de divulgação dos modernos métodos de planeamento familiar ou mesmo, em alguns casos, medidas constrangedoras de limitação de nascimentos. A eficácia dos Estados nacionais na regulação da fecundidade foi variável. Não considerando casos pontuais de abuso dos direitos humanos (incluindo esterilizações sem consentimento prévio das mães), o seu papel oscilou largamente. Em alguns contextos, como o de vários países africanos, muitas campanhas não tiveram sucesso, a não ser quando estiveram ligadas a programas que agiam sobre determinantes mais gerais da fecundidade (incluindo educação e saúde) (cf. Locoh e Vallin, 1998). Noutros países, como a Índia, a intervenção do Estado teve um êxito escasso. A China é o caso mais conhecido de elevada eficácia da regulação política, por ter combinado uma acção bem coordenada dirigida à fecundidade (embora por vezes violentadora dos direitos humanos), com mecanismos de segurança social e uma atmosfera de confiança nas instituições (cf., sobre os casos da Índia e China, Crook, 1997; Attané, 2001; Dreze e Murthi, 2001).

A combinação de políticas "directas" com "indirectas" no domínio da fecundidade pode levar, porém, a aumentar a responsabilidade do Estado na mudança demográfica actual. Se considerarmos a vertente do desenvolvimento económico e social, a garantia dos direitos humanos e, em particular, a questão da educação, teremos razões para acreditar que se tem produzido uma mudança estrutural com implicações na descida sustentada da fecundidade. Tal reforça-se ainda mais se considerarmos, especificamente, a questão do estatuto e da educação das mulheres. Tem sido, cada vez mais, afirmado que o estatuto mais igualitário da mulher, em conjunto com as suas maiores possibilidades educativas, são responsáveis por descidas de fecundidade muito intensas em alguns países em desenvolvimento – mais do que acções isoladas de divulgação da contracepção. A descida muito rápida da fecundidade em alguns países do Norte de África nos últimos anos, por exemplo, parece ser indissociável daquelas variáveis (cf. Ouadah-Bedidi e Vallin, 2000).

A mudança de tónica de várias instituições mundiais, incluindo as Nações Unidas, organizações não governamentais e governos nacionais nas suas recomendações políticas e programas sobre a população, é também indiciadora desta viragem. Durante os anos 90, o vocabulário e as recomendações práticas respeitantes à necessidade de controle da fecundidade, expressos em vários encontros internacionais sobre população (como as Conferências Mundiais sobre a População) e programas de acção local, alteraram-se substancialmente. O acento prático é agora colocado sobre o estatuto da mulher e, mais em concreto, sobre o tema da saúde reprodutiva (cf., por exemplo, Sadik, 1995; ONU/FNUAP, vários anos).

A acção do Estado sobre os níveis de mortalidade tem sido sempre melhor sucedida. Se combinarmos a acção "directa" com a "indirecta" neste campo, as responsabilidades públicas pela descida generalizada dos níveis de mortalidade, tanto nos países desenvolvidos como em desenvolvimento, são elevadas. No caso das sociedades europeias (ou de influência europeia) no século XIX, a transição da mortalidade foi acompanhada pela melhoria das infra-estruturas urbanas, incluindo saneamento urbano, equipamentos de saúde, educação das populações e melhoria dos canais de distribuição económica. As políticas directamente accionadas para a saúde tiveram, e continuam e ter, importante papel explicativo. No caso dos actuais países em desenvolvimento, a situação é análoga. As políticas directa e indirectamente associadas com a saúde e melhoria das condições de vida são largamente responsáveis pelos (apesar de tudo) baixos níveis de mortalidade actuais. Se pensarmos que a descida da mortalidade se consegue, tanto ou mais, com a disseminação dos hábitos de higiene do que com a disponibilidade de medicamentos, teremos uma clara medida das possibilidades de acção pública neste domínio. A melhoria dos indicadores de saúde nos países em desenvolvimento foi iniciada ainda na época colonial, mas as maiores transformações surgiram após as independências (Crook, 1997: 109ss).

4.2. Políticas de migração

Tal como Zolberg (1981) afirmou, é o papel dos Estados-nação, e a sua soberania sobre o território, que diferencia as migrações internacionais das internas. As políticas migratórias levantam barreiras concretas no mercado de trabalho – mercado que, numa perspectiva puramente económica, se aproximaria de um espaço geométrico e abstracto. As políticas dirigidas à imigração actuam num conjunto diversificado de domínios. De forma directa, elas intervêm no controlo das fronteiras (entrada de estrangeiros), concessão do direito de estadia (permissões de residência e de trabalho) e concessão da cidadania plena (políticas de nacionalidade). De forma indirecta, intervêm na concessão de direitos específicos aos imigrantes, como resultado de políticas sectoriais em áreas como a habitação, emprego ou reconhecimento de diplomas. Neste último aspecto, por exemplo, mesmo se for atribuído a um estrangeiro o direito de residência, o processo de aceitação das suas qualificações é complexo; a natureza institucional das qualificações apresenta-se enraizada nos Estados nacionais e restringe a mobilidade do trabalho. Recentemente tem sido realçada a ligação entre as políticas migratórias nacionais e regulações supra-nacionais. Acordos multilaterais, entidades supra-nacionais como a União Europeia (UE) e princípios internacionais de direitos humanos – todos confrontam a acção política nacional e desempenham um papel crescente nas migrações (Cornelius *et al.*, 1994 e 2004; Sassen, 1998; Faist, 2000).

A eficácia das regulações políticas nacionais sobre a imigração tem sido objecto de muita investigação. É, de modo geral, aceite que os Estados-nação sempre dedicaram atenção ao assunto, devido a razões práticas envolvendo o mercado de trabalho ou porque o movimento de pessoas pode prejudicar a base administrativa e social sobre a qual estão construídos. Os imigrantes tendem a solicitar os direitos atribuídos no âmbito dos Estados de Bem-Estar e podem modificar as bases culturais e étnicas sobre as quais se edifica a identidade nacional (real ou imaginada). É significativo que as questões migratórias continuem a resistir às pressões para a regulação internacional, ao contrário do que tem ocorrido em domínios como o comércio ou as finanças. Não é também por acaso que as migrações são uma das áreas onde as entidades supra-nacionais, como a UE, têm deparado com maiores dificuldades para definir uma política comum. É também geralmente aceite que, depois de um período em que as políticas de imigração divergiram em vários aspectos, tenderam a aproximar-se, visando sempre maiores restrições. Considerando o período entre a Segunda Guerra Mundial e os anos 70, os países importadores de trabalho apresentaram uma larga variedade de regulações. O principal ponto comum era o de que os movimentos eram, em geral, tolerados, sob regimes temporários (trabalhadores convidados) ou permanentes. Mais tarde, a partir dos anos 70, um clima geralmente restritivo emergiu, seja nos clássicos países de imigração, seja nos novos anfitriões europeus (Cornelius *et al.*, 1994 e 2004).

A noção de uma "crise de controlo político" foi desenvolvida a partir dos anos 90. A existência de um desfasamento entre as políticas e os fluxos migratórios concretos foi sugerida por autores como Cornelius, Martin e Hollifield. Estes escreveram que "(...) o desfasamento entre os *objectivos* da política nacional de imigração (leis, regulações, procedimentos) e os resultados concretos das políticas nessa área (os *resultados* da política) é vasto e tende a aumentar em todas as maiores democracias industrializadas (...)" (1994: 3). A menor eficiência das medidas de controlo deve-se, segundo eles, à procura sistemática de trabalho migrante nos países de destino, aos mecanismos da oferta nos países de origem, à acção das redes sociais e à difusão de uma política baseada nos direitos. O papel desta última variável foi realçado por autores como Faist (2000). O seu argumento é o de que, depois de uma primeira fase em que os Estados são capazes de exercer um controlo significativo sobre os fluxos, a aquisição de estatuto legal – e direitos relacionados – pelos primeiros migrantes concede-lhes a possibilidade de originar novos movimentos que se tornam auto-sustentados. Família, casamento e migração irregular – para não mencionar o estatuto de refugiado – são mecanismos a que os novos migrantes recorrem, beneficiando da protecção dos direitos humanos, civis e sociais nos países democráticos de destino.

As limitações da política migratória podem também ser encaradas a partir da acção cruzada da globalização económica e do novo regime internacional de direitos humanos. De acordo com Sassen (1998), os novos "regimes transnacionais" – capital e direitos humanos – confrontam a acção política tradicional e obrigam os Estados a adaptar-se a um novo contexto de acção. Em síntese, a proeminência crescente de políticas nacionais restritivas nem sempre corresponde a uma redução efectiva dos fluxos internacionais. Tal como Cornelius *et al.* (1994: 10) escrevem, "é a confluência de *mercados* [os factores *push-pull* (...)] e *direitos* que explica muitas das dificuldades contemporâneas do controlo da imigração na Europa e nos Estados Unidos".

Uma vertente particular das políticas de imigração mais recentes dos países desenvolvidos é a aposta no desenvolvimento dos países de origem. Neste caso, admite-se que o melhor travão à migração não são as restrições à entrada, mas a criação de condições para a diminuição da repulsão. Neste sentido, as políticas de imigração aproximam-se das políticas de cooperação e desenvolvimento (cf. OCDE, 1994). As origens deste tipo de política remontam à experiência americana de deslocalização de actividades industriais para o território mexicano, junto à fronteira com os EUA. Porém, tal como Sassen-Koob (1984) descreveu, estas políticas possuem efeitos perversos que poderão fazer aumentar a emigração, pelo menos no curto prazo. Estes efeitos resultam da desestruturação dos tecidos sócio-económicos locais, da disseminação de projectos de mobilidade social e de "ideologias salariais". Mesmo se se aceita que, numa primeira fase, o apoio ao desenvolvimento pode gerar mais saídas, tem existido uma cooperação internacional crescente neste domínio. A colaboração entre países receptores e emissores passa, por exemplo, por criar mecanismos mais efectivos para envio de remessas, maximizar os canais de migração legal e combater a imigração irregular.

Finalmente, os países de origem também dispõem de capacidade de acção política sobre as migrações. Esta pode consistir na limitação, mais ou menos explícita, das saídas, ou – o que é mais frequente – no aproveitamento das suas vantagens potenciais. O estabelecimento de condições para o envio regular de remessas é um objectivo desde sempre prosseguido. O volume financeiro gerado pelos emigrantes é frequentemente muito significativo para as economias dos países menos desenvolvidos. A manutenção de laços com a diáspora ou, noutros termos, a sustentação política de comunidades transnacionais poderá ter outro tipo de vantagens, incluindo a possibilidade de negócios étnicos ou de investimentos provenientes da comunidade emigrada.

5. Conclusão

As teorias relevantes para explicar os factos da população são muito variadas. Em primeiro lugar, existem tanto teorias com um horizonte explicativo amplo como outras relacionadas com contextos específicos. Algumas procuram explicar um largo espectro de realidades: adoptando um conjunto de variáveis independentes relativamente reduzido, inter-relacionam fenómenos demográficos ou económico-sociais e explicam-nos em simultâneo. Outras teorias pretendem apenas explicar uma variável determinada, frequentemente num dado contexto espácio-temporal. A elaboração de hipóteses e uma permanente observação empírica sustentam este objectivo. Em segundo lugar, as teorias cobrem um largo espectro de paradigmas científicos e metodológicos. Estão representadas teorias que invocam uma perspectiva "individualista", apelando para a importância da agência individual, e outras que se baseiam num prisma "estruturalista", fazendo condicionar os comportamentos de factores de natureza mais ampla.

A vantagem desta amplitude teórica é que permite compreender, ao mesmo tempo, as tendências pesadas da demografia mundial, a sua permanente (e por vezes imprevisível) mudança e, também, a capacidade de acção política. Quando pretendem alterar os padrões de comportamento demográfico, as políticas podem escolher entre vários campos, mesmo admitindo a existência de múltiplas causalidades. Por um lado, podem tentar influenciar directamente os comportamentos individuais – por exemplo, melhorando a divulgação dos meios anti-concepcionais ou criando canais eficientes de migração legal. Por outro, podem tentar moldar os constrangimentos estruturais à acção – por exemplo, aumentando os níveis de educação feminina, no sentido de permitir melhor saúde reprodutiva e redução da fecundidade, ou melhorando os canais de redistribuição de rendimentos, no sentido de minorar a emigração.

Uma articulação favorável entre demografia, migrações e desenvolvimento pode, assim, ser atingida por vários meios. Deverá existir uma noção clara das dimensões populacionais do desenvolvimento. Apenas uma perspectiva ampla do desenvolvimento poderá ser capaz de contemplar as dinâmicas específicas da população e os seus constrangimentos económicos, sociais e culturais. Deverá ser, nesse sentido, prosseguida uma análise científica interdisciplinar, que permita compreender a complexidade dos factos demográficos e migratórios e o seu potencial de mudança. Finalmente, deverão ser prosseguidas políticas de população coerentes e bem informadas. Os limites da acção política são múltiplos, dado a variedade das causalidades existentes. Mas alguma moldagem da realidade parece possível, desde que sejam determinados objectivos coerentes e realizáveis.

Referências bibliográficas

ATTANÉ, Isabelle (2001), "Chinese fertility on the eve of the 21st century: fact and uncertainty", *Population: An English Selection*, Vol. 13, Nº 2, pp. 71-100.
BANDEIRA, Mário Leston (1996), *Demografia e Modernidade. Família e Transição Demográfica em Portugal*, Lisboa, Imprensa Nacional - Casa da Moeda.
BIRDSALL, Nancy, A. Kelley e S. SINDING (eds.) (2003), *Population Matters - Demographic Change, Economic Growth, and Poverty in the Developing World*, Oxford, Oxford University Press.
BRETTELL, Caroline B. e JAMES F. Hollifield (Ed.) (2000), *Migration Theory – Talking Across Disciplines*, Nova Iorque, Routledge.
CASSEN, Robert *et al.* (1994), *Population and Development: Old Debates, New Conclusions*, New Brunswick, Transaction Publishers.
CORNELIUS, Wayne A. *et al.* (1994), *Controlling Immigration – A Global Perspective*, Stanford, Stanford University Press (2ª ed.: 2004).
CROOK, Nigel (ed. by Ian M. Timæus) (1997), *Principles of Population and Development – With Illustrations from Asia and Africa*, Oxford, Oxford University Press.
DREZE, Jean e Mamta Murthi (2001), "Fertility, education and development: evidence from India", *Population and Development Review*, Vol. 27, Nº 1, pp. 33-63.
FAIST, Thomas (2000), *The Volume and Dynamics of International Migration and Transnational Social Spaces*, Oxford, Clarendon Press.
GHOSH, Bimal (2006), *Migrants' Remittances and Development: Myths, Rhetoric and Realities*, Genebra e Haia, IOM e The Hague Process on Refugees and Migration.
HAAS, Hein de (2008), "Migration and development: a theoretical perspective", *IMI Working Papers*, 9, International Migration Institute, University of Oxford.
KAA, Dirk van de (1987), "Europe's second demographic transition", *Population Bulletin*, Vol. 42, 1.
LOCOH, Thérèse e Jacques Vallin (1998), "Afrique noire: la baisse de la fecondité", *Population et Societés*, INED, Nº 338, septembre 1998.
MALTHUS, Thomas R. (s.d.), *Ensaio Sobre o Princípio da População*, Mem Martins, Publicações Europa-América.
MASSEY, Douglas S. *et al.* (1993), "Theories of international migration: a review and appraisal", *Population and Development Review*, Vol. 19, Nº 3, pp. 431-466.
NAZARETH, J. Manuel (2004), *Demografia – A Ciência da População*, Lisboa, Presença.
OCDE (1994), *Migration and Development. New Partnerships for Co-operation*, Paris, OCDE.

ONU/FNUAP (vários anos), *A Situação da População Mundial*, Nova Iorque, ONU/FNUAP.

OUADAH-BEDIDI, Zahia e Jacques Vallin (2000), "Maghreb: la chute irrésistible de la fécondité", *Population et Societés*, INED, Nº 359, juillet-août 2000.

PEIXOTO, João (1998), *As Migrações dos Quadros Altamente Qualificados em Portugal – Fluxos Migratórios Inter-Regionais e Internacionais e Mobilidade Intra-Organizacional*, Lisboa, Instituto Superior de Economia e Gestão / Universidade Técnica de Lisboa.

PEIXOTO, João (2002), *População e Desenvolvimento*, Relatório de Disciplina para Concurso para Professor Associado do Grupo IV (Ciências Sociais), Subgrupo B (Sociologia), Lisboa, Instituto Superior de Economia e Gestão / Universidade Técnica de Lisboa.

PORTES, Alejandro (1999), *Migrações Internacionais. Origens, Tipos e Modos de Incorporação*, Oeiras, Celta Editora.

SADIK, Nafis (1995), "Les femmes, la population et le développement", *Populations et Societés*, INED, Nº 308, décembre 1995.

SARDON, Jean-Paul (1990), "Le remplacement des générations en Europe depuis le début du siècle", *Population*, 6.

SASSEN, Saskia (1998), *Globalization and Its Discontents*, Nova Iorque, The New Press.

SASSEN-KOOB, Saskia (1984), "Direct foreign investment: a migration push-factor?", *Environment and Planning, C: Government and Policy*, Vol. 2, pp. 399-416.

SKELDON, Ronald (2008), "International migration as a tool in development policy: a passing phase?", *Population and Development Review*, Vol. 34, Nº 1, pp. 1-18.

TORRES, Adelino (1996), *Demografia e Desenvolvimento: Elementos Básicos*, Lisboa, Gradiva.

VERTOVEC, Steven e Robin Cohen (eds.) (1999), *Migration, Diasporas and Transnationalism*, Cheltenham, Edward Elgar.

ZELINSKY, Wilbur (1971), "The hypothesis of the mobility transition", *The Geographical Review*, Vol. 61, Nº 2, pp. 219-249.

ZOLBERG, Aristide R. (1981), "International migrations in political perspective", in M. M. Kritz *et al.* (Ed.), *Global Trends in Migration - Theory and Research on International Population Movements*, Nova Iorque, Center for Migration Studies, pp. 3-27.

Central tenets of economics as a moral science

*Joaquim Ramos Silva**

1. Introduction

Allusions to moral precepts are widely perceived as conceiting (usually coming from those who have an exaggerated view of their own importance, or are not truly involved in real processes). In a domain where what really matters are actions, rather than mere words, it is regarded as something that frequently does not correspond to the actions of those who invoke them, and who seek to gain prestige under false pretences, although there are always honorable, well-intentioned exceptions. Economics is not immune to the general negative environment that frames the usual moral discourse. Amartya Sen, one of the most important advocates of the introduction of moral criteria into economic rationality, told how Joan Robinson endeavored to move him away from the "ethical rubbish" (Klamer, 1989: 139). From another fairly widespread perspective among economists, Stigler, at the beginning of his lectures on the subject, pointed out that "Economists seldom address ethical questions as they impinge on economic theory or economic behavior. They (and I) find this subject complex and elusive in comparison with the relative precision and objectivity

---

* ISEG/Technical University of Lisbon and SOCIUS; jrsilva@iseg.utl.pt

of economic analysis" (1982: 3). Obviously, there is no unanimous position on the role of moral values in economics. Even as far as Adam Smith is concerned, many authors have debated the different nuances contained in his *Theory of Moral Sentiments* (1759) and *The Wealth of Nations* (1776), the former being more favorable to altruism and similar values rather than self-interest, which clearly seems to prevail in the latter (the so-called "Das Adam Smith problem"). Other authors, however, have argued that there is a substantial unity and continuity between the two works (Sen, 1987; Coase, 1994; V. L. Smith, 2008: 15-6).

The Smithian message that has echoed down through the times, particularly through the neoclassical mainstream approach, clearly separated the two fields, asserting that moral values ("complex", "elusive", "imprecise", and "subjective") were not truly within the realm of economics. Against this background, one of the most interesting positions was taken by Carl Menger, the founder of the Austrian school, insofar it deals with the treatment of moral values not only by economics but also by the state, whose role would be strongly increased during the last century (in tandem with the decline of religious moral influence in large parts of the Western world). According to Streissler and Streissler (1994), although Menger firmly adopted a free market rationale (with "a smaller agenda for the state in mind than even Adam Smith"; p. 14), he put forward different ideas to those of the classical authors with regard to the relation between moral values, economics and the state:

> "There is, however, one important aspect in which Menger differed from English classical liberals. To him, government is an agency with a moral duty.[1] The state is conceived of as

---

[1] Of course, this goes beyond his decisive contribution, with Jevons and Walras, to the rejection of the labor value theory (shared by Smith and Ricardo), and the recognition of the supremacy of the theory of subjective value in the explanation of the economic process. On the relevance of Menger's specific role in the development of economic thought, particularly his *Principles of Economics* (1871), see for example Stigler, 1937 and Schumpeter, 1952: 80-90.

a *moralische Anstalt* (the term is Friedrich Schiller's), a moral agency, institution, edifice or endeavour ... This notion is in contrast to the state as it is commonly used in England, where – from the Restoration onwards – moral exhortation had been the province of the Anglican church ... for Menger the subject matter of such admonition is ... to serve in stimulating the liberal virtues of initiative, self-help and thrift.[2] If and when government takes such a moral initiative, there is then all the more reason for a policy of laissez-faire." (Streissler and Streissler, 1994: 18).

Taking into account this entire context, in the present paper, we shall argue that the moral dimension remains an essential part of economics and must not be disconnected from the analyses. Nevertheless, we have to distinguish the characteristics of moral values in economics from those of other ethical approaches. Moreover, in exploring the relation between economics and moral values, we need to rid ourselves of prejudices and to embrace rationally the ambivalence and complex core of this science, with its profound social, political and human ramifications. In doing so, we will draw support for our arguments from classical and Austrian thinking, as well as from some heterodox and modern neoclassical authors. Indeed, in a time of so much distress, since the beginning of the global financial crisis in 2007, we should be obliged to examine the essentials of our science, which includes moral values.

So, after this brief introduction, in Section 2, we will focus on the specificities of moral values in economics and their differences with common ethical views. In Section 3, some major paradigms such as the Invisible Hand, Creative Destruction, and Free Trade are closely examined in the light of the moral

---

[2] According to Menger, the relationship between the state and the economy can be put in the following terms:"The state is greatly interested in individual economic performance, since its own wealth is rooted in that of the individuals", quoted in Streissler and Streissler, 1994: 107.

approach to economics; we will also add some remarks arising from this comparative point of view. Section 4 looks at the critical link between economics and politics with regard to values, particularly when economics is used for political purposes, and the need for independence of economics from the political process is underlined. Finally, in Section 5, we will draw our conclusion from the preceding analysis.

2. Moral values and economics

Economics does not deal with a simple problem of alternative uses of scarce resources. In economics, the *ultimate ends* that are subjectively chosen by the actors, individually or through organized cooperation, have a central place. In contrast to common ethical doctrines with their single standard of value, such ends may be freely evaluated by any standard of value, and the means, at a derivative level, are examined according to their ability to attain the desired end. In order to better clarify the specificities of moral values in economics, it is necessary to point out this demarcation between the two sets of moral values. Mises (1949), in a passage in *Human Action*, clearly established the difference between both moral perspectives:

> "*Ethical doctrines* are intent upon establishing scales of value according to which man should act but does not necessarily always act. They claim for themselves the vocation of telling right from wrong and of advising man concerning what he should aim at as the supreme good. They are normative disciplines aiming at the cognition of what ought to be. They are not neutral with regard to facts; they judge them from the point of view of freely adopted standards.
> *This is not the attitude of praxeology and economics.*[3] *They are fully aware of the fact that the ultimate ends of human action are*

---

[3] In Misesian language, praxeology is the science that studies the general principles that are behind all human action while economics has a more

open to examination from any absolute standard. Ultimate ends are ultimately given, they are purely subjective, they differ with various people and with the same people at various moments in their lives. Praxeology and economics deal with the means for the attainment of ends chosen by the acting individuals. They do not express any opinion with regard to such problems as whether or not sybaritism is better than asceticism ... *Value is the importance that acting man attaches to ultimate ends. Only to ultimate ends is primary and original value assigned. Means are valued derivatively according to their serviceableness in contributing to the attainment of ultimate ends."* (pp. 95-6; our italics)

If we take into account these differences, economists should not behave as typical moral preachers, and Demsetz correctly grasped the peculiarity of their position: "Capitalism and markets are not equivalent of a church or a moral code, or a school for terrorists" (2008: 19) with their moral certainties for every act. Moreover, economics is neutral with regard to facts (i.e., it is characterized by value-free judgments). However, if people subjectively choose as an ultimate end, for example, the improvement of its welfare (in all its aspects), economists are able to find the means in order to reach such an objective through their

---

restrictive focus studying the laws of human action in a system with private property of the means of production. However, according to Mises, in order to fully understand market phenomena, economics must go beyond them and, for this reason, there is not a rigorous and well established line between both sciences. Moreover, praxeology suitably serves economic analysis and purposes. All this is evident in the way he characterizes economics, which is also important to stress in our context:"Economics deals with the real actions of real men. Its theorems refer neither to ideal nor to perfect men, neither to the phantom of a fabulous economic man (homo œconomicus) nor to the statistical notion of an average man (homme moyen). Man with all his weaknesses and limitations, every man as he lives and acts, is the subject matter of catallactics" (Mises, 1949: 646-7). *Catallactics* is the science of exchanges in the market, a close substitute for economics.

knowledge of economic theory and its appropriate prescriptions. This was the underlying content of the *Wealth of Nations,* and many other economists, in the steps of Smith, have stressed this point, as in the following words by Knut Wicksell:

> "The science of economics, even in the backward state in which, through unfavourable circumstances, it finds itself at present, is possessed in spite of everything of resources capable of making the average material conditions of human happiness incomparably better than they are at present." (1904: 66)

It is necessary to note that the importance of such ultimate ends in economics makes the values less explicit and short-term minded if we look at every concrete action in the course of the economic process. This idea might be expressed through a suggestive formula: economists are moralists without knowing it (Hirschman, 1984: 108-9).

3. Review of basic paradigms in the light of the moral values of economics

Some of the main paradigms, on the basis of which economic theory has been developed, or have shown themselves to be more productive and with greater potential for theoretical advance, offer scant comfort from the perspective of a moral of a single standard. Indeed, they explain, for example, how great benefits and costs are not equally distributed between all those who participate in the economic process; on the contrary, they are often concentrated in certain social groups or sectors of activities. The inclusion of time into this economic rationale is likely to increase still more these inequalities of impact (industries, and similarly jobs, will gain importance, others will disappear, etc.). The long-term view allows a more realistic approach to the whole process in which the majority of the participants are likely to be better off (if many of them accept the effects of structural change, which is the first step to overcoming such effects). This usually being the case, economics should predominantly deal with these dynamic situations and processes, no matter their complexity, and not with linear and immediate results that almost never occur. This does not mean that economics has no soul concerning short-term or more direct consequences of changes (for example, with regard to the social damage caused, such as unemployment and low wages), that should also be firmly addressed, but that we must keep in mind the essential of the economic process if we want to attain the ultimate ends that were chosen by the people.

We feel that the analysis of some central paradigms will shed light on the way that economic theory effectively advances. Despite the at least passing familiarity of most economists with them, these paradigms have always been subject to much controversy, and, in fact, they have never been simply taken for granted as far as their practical consequences are concerned. Furthermore, often presented as paradoxes in which the outcomes are not so clear (except perhaps in the long term), their plasticity contributes to misunderstandings, and need to be thoroughly and continuously explained in all their fundamental aspects from a moral standpoint.

"The Invisible Hand – The harmony between self-interest and social interest"

We must stress first the metaphor of the invisible hand, as far as it may be translated into the harmony between individual self-interest and social interest. We will not address here other possible controversial topics of this Smithian approach, which have been the object of much debate over the years. For example, with regard to the belief in an automatic mechanism induced by the invisible hand, instead of admitting the key role of entrepreneurs earlier raised by Cantillon (and later by Jean-Baptiste Say), or to the issue of whether harmony or conflict rules the evolution of the economic process. Leaving that aside, let us first introduce Smith's words:

> "As every individual, therefore, endeavours ... to employ his capital ... and so to direct that industry that its produce may be of the greatest value; every individual necessarily labours to rend the annual revenue of the society as great as he can. He ... neither intends to promote the publick interest, nor knows how much he is promoting it ... he intends only his own gain, and he is in this ... led by an invisible hand to promote an end which was no part of his intention ... It is not from the benevolence of the butcher, the brewer, or the baker that we expect our dinner, but from their regard to their own interest."[4]

Of course, the pursuit of self-interest may in extreme cases lead to public damage; for example, to monopoly or to concentration of wealth and power, although as history has broadly shown, the existence of competitive markets is the best way to prevent such outcomes. However, the importance of the metaphor does not lie in the fact that it is a truth applied to all circumstances. After comparing the nature of man in the two major works of Adam Smith referred to, Coase (1994) emphasized:

> "It is wrong to believe, as is commonly done, that Adam Smith had as his view of man an abstraction, an 'economic man', rationally pursuing his self-interest in a single-minded way. Smith would not have thought it sensible to treat man as a rational utility-maximiser. He thinks of man as he actually is: dominated, it is true, by self-love but not without concern for others, able to reason but not necessarily in such a way as to reach the right conclusion, seeing the outcomes of his action but through a veil of self-delusion ... if one is willing to accept Adam Smith's view of man as containing, if not the whole truth, at least a large part of it, realization that

---

[4] Quotations taken from Smith (1776), book IV, chapter II, p. 456, and from the cover of *The Invisible Hand*, Penguin Books (Great Ideas), London, a selection from *The Wealth of Nations* published in 2008.

his thought has a much broader foundation than is commonly assumed makes his argument for economic freedom more powerful and his conclusions more persuasive." (p. 116)

The invisible hand that promotes a social end that "was no part of his (individual) intention", or better, the theory that to do well for yourself results in unintended social good, is a highly counter-intuitive idea. It stresses the role of individuals and their wants in the economic process, which is not easily or well accepted by many; moreover, it is a challenge to a conformist society. It would be much more "convenient" to express the opposite view, but obviously also misleading, as well as its being likely to put economics on the wrong track. It also appeared in an epoch (18th century) during which economics, through the emergence of its specific values, was emancipating itself from traditional moral values, particularly sentimental and medieval religious narrowness, that still strongly persisted at that time. Yet, it is evident that not all self-interest is morally valued equally or comparably by individuals (for example, the quest for power and wealth; even in those cases where individuals do not recognize openly their true desires). Moreover, some less noble values may emerge in the course of the process, such as avarice, ambition, vanity, etc., but these do not really account for economics. Under some rules and circumstances, we have to accept the behavior and values of the others in the light of the ultimate ends of society. Although he thought mainly of the consequences of luxury consumption, the 18th century philosopher, Bernard de Mandeville (1714), expressed rather clearly the complexity of such behavior, with its implications, when he considered that "private vice" and "public virtue" were both necessary for a nation to reach its "golden age".

"Creative Destruction"

In recent decades, with the acceleration of economic and social change, creative destruction has become a "catchphrase" that has reached a wide public, even though its implications are far from easily accepted or even perceived. Indeed, in spite of the fact that Schumpeter showed that "creative destruction was the essential fact about capitalism", many economists still act as if this was not true. Nonetheless, let us examine what Schumpeter actually asserted about creative destruction:

> "Capitalism, then, is by nature a form or method of economic change and not only never is, but never can be, stationary ... The fundamental impulse that sets and keeps the capitalist engine in motion comes from the new consumers' goods, the new methods of production or transportation, the new markets, the new forms of industrial organization that capitalist enterprise creates ... The opening up of new markets, foreign or domestic, and the organizational development from the craft shop and factory to such concerns as US Steel illustrate the same process of industrial mutation – if I may use that biological term – that incessantly revolutionizes the economic structure *from within*, incessantly destroying the old one, incessantly creating a new one. This process of Creative Destruction is the essential fact about capitalism. It is what capitalism consists in and what every capitalist concern has got to live in." (1942: 82-3; Schumpeter's italic)

It is obvious that creative destruction will "destroy" many jobs and outdated equipment used in the industries that are no longer competitive and that do not correspond to social demands, although simultaneously opening up space for new jobs and new equipment, generally, with better competences. As was widely shown in another great work of Schumpeter (1911), the new does not naturally emerge from the old; rather, it appears at its side, and leads it to ruin through competition. As bluntly put by Schumpeter's biographer: "Creative destruction under capitalism is an often brutal process ... ceaseless innovation in the form of creative destruction brings heavy social costs. Family fortunes are destroyed, whole communities are damaged, and an intellectual class becomes alienated from the very materialism that brought it the leisure to think deep thoughts" (McCraw in Schumpeter, 1942: xxvii-xxviii). In spite of these consequences that hurt many people (often the most socially vulnerable, as in the case of those kept in backwardness), if the process is stopped or slowed down, capitalism will not take place, or only in a distorted or incomplete way.

Schumpeterian creative destruction is basically due to the competitive edge of new products and technologies rather than to price as the model of perfect competition dominant at that time predicted. In these circumstances, "the real driving forces of economic growth are *inventions* and the *innovations* that are created when these inventions are brought to the market as new products or processes. Innovations create a demand for investment capital, and inject life and value into otherwise sterile capital ... Such a change in basic technology tends to change value chains in virtually all branches of industry, as the steam engine and the computer did" (Reinert, 2007: 125-6). This innovation process, with its technological implications, has also been strongly emphasized by Baumol (2002) as the machine that produced the "growth miracle of capitalism". In such a process, according to Schumpeter, the entrepreneur plays a pivotal role. Moreover, he is the "revolutionary" of the economy:

> "The function of entrepreneurs is to *reform* or *revolutionize* the pattern of production by exploiting an invention or, more generally, an untried technological possibility for producing a new commodity or producing an old one in a new way by opening up a new source of supply of materials or a new outlet for products, by reorganizing an industry and so on." (Schumpeter, 1942: 132, our italics)

Thus, creative destruction is not anything like a mere new technological device; it is also well-embedded in the competitive nature of the economic process. To be more exact, the effect of the successful entrepreneur does not occur by chance, or by simple adoption of a new and better technique through a combination of different resources. He is competing with others, and his vision of the future must be superior to those of his competitors:

"Entrepreneurial judgment is one of those things that cannot be bought in the market. The entrepreneurial idea that carries on and brings profit is precisely that idea which did not occur to the majority. It is not correct foresight as such that yields profits, but foresight better than that of the rest. *The prize goes only to those dissenters who do not let them be misled by the errors accepted by the multitude.* What makes profits emerge is the provision for future needs for which others have neglected to make adequate provision." (Mises, 1949: 867: our italics)

Creative destruction, emphasizing the roles of innovation and of the entrepreneur with its implications at first sight "contradictory", is not only a brilliant concept so well described long ago by Schumpeter in his works. As time passes, particularly with the globalization phenomenon of the last decades, its scope has been enlarged, for example, inducing profound changes in the structure of foreign trade of many countries, with the domestic consequences of such changes (a problem analyzed further on in the perspective of this paper). Hence, creative destruction with its effects in several directions has a strong global impact at the end of this first decade of the 21st century.[5]

---

[5] In a leader article about innovation in emerging markets, *The Economist* (April 17th 2010, p. 12) calls attention to the fact that developing countries are increasingly competing on creativity as well as cost, considering "that will change business everywhere":"Just as Henry Ford and Toyota both helped change other industries, entrepreneurs in the developing world are applying the classic principles of division of labour and economies of scale to surprising areas such as heart operations and cataract surgery, reducing costs without sacrificing quality. They are using new technologies such as mobile phones to bring sophisticated services, in everything from healthcare to banking, to rural communities ... *They are unleashing a wave of low-cost, disruptive innovations that will, as they spread to the rich world, shake many industries to their foundations.* All sorts of chief executives will scream for protection. *Change will indeed be painful for incumbents, as disruptive innovation always is.* But cheaper goods and services will be a blessing for Western consumers, who are likely to face years of slow growth ..." (our italics). The piece ends by recommending that rich countries also respond with further innovation, not protection, to innovative competition coming from developing countries.

"Free Trade"

The case of free trade is also highly illustrative of the same strand of central paradigms and it becomes even more striking if it is analyzed under the moral scrutiny of economics. Free trade is often seen as a doctrine almost universally accepted if not consensual among economists, although we will not discuss here the validity of such an assertion, nor the issue of its possible exceptions. Let us go directly to the argument as put long ago by David Ricardo in his *Principles of Political Economy and Taxation* (1817) on the basis of comparative costs theory:

> "Under a system of perfectly free commerce, each country naturally devotes its capital and labour to such employments as are most beneficial to each. This pursuit of individual advantage is admirably connected with the universal good of the whole. By stimulating industry, by rewarding ingenuity, and by using most efficaciously the peculiar powers bestowed by nature, it distributes labour most effectively and most economically: while, *by increasing the general mass of productions, it diffuses general benefit, and binds together by one common tie of interest and intercourse, the universal society of nations throughout the civilized world.* It is this principle which determines that wine shall be made in France and Portugal, that corn shall be grown in America and Poland, and that hardware and other goods shall be manufactured in England." (p. 114, our italics)

Ricardo takes here a more naïve position (in relation to Schumpeter's case for creative destruction), on the straightforward consequences of the free trade process[6], which are far from being quietly accepted. So, we must go beyond Ricardo's assumption on comparative costs, and look at the process triggered by free trade from a dynamic perspective. This can be well demonstrated in the following terms:

---

[6] Although Ricardo, in Chapter 19 of his *magnum opus*, examines the effects of sudden changes in the flows of trade, but he does so in a rather different context.

"The 'doctrine of comparative advantage' provides the intellectual framework against which specific issues can be placed ... *It is quite evident, therefore, that in a changing world we must expect changes in the pattern of the international division of labor and in the structure of international trade.* Yet allowances often fail to be made for these changes. Some argue as if the structure of imports and exports had to remain forever what it has been in some past period. They engage in elaborate calculations, based on past statistics, which are supposed to show what this or that country is likely to import or to export in the years to come, but ignore important *dynamic factors*, thus stultifying the conclusions reached." (Heilperin, 1952: 11: our italics)

This means that participation in the international process of exchanges as the corollary that countries must naturally accept changes in the structure of foreign trade, which, consequently, will also have an impact on their domestic firms and industries. This has costs, often high, implying the deep restructuring of industries to be transformed into competitive ones, for example, through better and more organized clustering. Nevertheless, and similarly to creative destruction, particular interests will try to stop, or at least decelerate, such processes of change, this being the case of uncompetitive producers who seek to influence policymakers in order to protect them from foreign competition (by so doing, they expect to gain rents at the expense of consumers). As analyzed below, experience has shown that this type of pressure is likely to be successful in many cases. As Ricardo correctly predicted, all participants in international exchange may have gains derived from specialization under free trade, although the route is complex, often complicated by undue political interferences, up to the final outcome and the issue of adjustment costs must also be specifically addressed.

Within the context of globalization, all this has become a highly sensitive issue. For some, like Allais (1999), the high adjustment costs that result from free trade (the destruction of jobs for example) are the main feature of globalization. However, the integration of China, India and other emerging countries into the world economy has been a fundamental step forward, and hundreds of millions of people are now better off (in comparison with the situation two decades ago). Even if world inequality has increased, there is much debate over the extent to which globalization, through freer trade, is the main cause. Obviously, there are immediate costs for many other countries which have to adapt to the new competitive conditions that are bringing more opportunities to developing countries. We still find a lack of understanding of this process of change at various levels, particularly as far as its social implications are concerned (Silva, 2006: 312-3).

A brief synthesis on economic paradigms

The study of these three paradigms shows that the search for a solution of economic problems is not a simple question of straightforward moral judgments, and still less if the focus is on derivative means to reach the ultimate ends. The processes deriving from these paradigms usually entail costs and social pain, sometimes quite high for the weaker participants, which have to be undergone as part of the solution. If we looked at these paradigms through the lens of common moral values, the science of economics would be placed into a difficult situation with respect to the concrete development of the derived processes, and could even be at risk of falling into paralysis. This is one of the reasons why we need to underline the specific moral values of economics.

In the first case, in which we have observed all the complexity of human action, the invisible hand demonstrates that economic outcomes are beyond primary moral judgments, and that self-interest, certainly not always an example of "high" values with regard to common moral thought, has a decisive role to play in the economic process in its entirety, because it is instrumental in the attainment of the ultimate ends.

The second and third paradigms raise straightforwardly another paramount question in economics: the global acceptance of change in the system which is induced by natural evolution of the economic process. Indeed, there is a strong aversion to change, even when it is well prepared and smoothly organized. However, as was once stressed by Hayek: "economic problems arise always and only in consequence of change ... the economic problem of society is mainly one of rapid adaptation in the particular circumstances of time and place" (1945: 523-4). Therefore, the solution of economic problems requires willingness to change, which is difficult to find; this unwillingness is often based on common moral grounds, as shown by the analysis of such paradigms as creative destruction and free trade in their practical and immediate effects. Moreover, if we take into due account the costs induced by the economic process and that its fruits do not come quickly, that costs and fruits are not evenly distributed, and so on, the economist rarely works in a favorable political and social background, which is why we must trust in the moral foundation of this science and must strive to explain it.

This leads us to the analysis of the following issue related to the critical link between economics and politics, particularly the use of economics by political apparatus that leads to an obscurity of moral values when translated into ultimate ends that, on the contrary, should be highlighted.

4. The political assault on economics

As is well known, one of the most important controversies, particularly in the first decades of the 20th century, was focused on the role of political judgments within economics. In an attempt to move away from the mainstream neoclassical line of thinking, Myrdal (1930), in a work that became a reference, argued that such political elements exist and should be made *explicit* (p. 199). However, as far as the market process is concerned, and if it is seen as a political choice, the question is obvious.[7] Possibly, explicit political views in economics should be of some advantage if they come from organized pressure groups and their supporters, when they try to impose their egoistic particular interests to the detriment of public interest; however, we must recognize that they are, generally, well specialized in veiling their true behavior and ends. So, in our view, it would be much more preferable to examine this link from a different perspective that shows much better what is really at stake. As we have just seen, market processes are complex and have heavy social consequences that are not easily palatable in political and common moral terms, and this is the crux of the matter. Furthermore, this puts economic theory in a vulnerable position, and the question was put by Mises in the following terms:

> *"The unpopularity of economics is the result of its analysis of the effects of privileges.* It is impossible to invalidate the economist's demonstration that all privileges hurt the interests of the rest of the nation or at least of a great part of it, that those victimized will tolerate the existence of such privileges only if privileges are granted to them too, and that then, when everybody is privileged, nobody wins but everybody loses on account of the resulting drop in the productivity of labor. However, the warnings of the economists are disregarded by the covetousness of people who are fully aware of their inability to succeed in a competitive market without the aid of special privileges. They are confident that they will get more valuable privileges than other groups or

---

[7] To everyone who prefers to put the question in terms of a dilemma between socialism and capitalism, it is useful to quote Mises again:"Our problem, the crucial and only problem of socialism, is a purely economic problem, and as such refers merely to means, not to ultimate ends" (1949: 693). We can thus infer that the values of socialism, as represented by ultimate ends, are as acceptable and valid as those of capitalism. Obviously, the option will depend on every individual.

that they will be in a position to prevent, at least for some time, any granting of compensatory privileges to other groups. *In their eyes the economist is simply a mischief-maker who wants to upset their plans"*. (1969: 17-8; our italics).

A representative point of view on this difficulty of economics and the dilemmas that economists face has also been well expressed by leading mainstream economists and it is highly significant insofar as they implicitly recognize the interventionist role of the state in the economy, highlighting Menger's point that was raised earlier in this paper:

> "Let me briefly sketch what economists would look at in a question of choice, social or individual ... He must choose from among the opportunities available to him that one which best achieves his values. The role of the economist here is sometimes unpleasant. It's probably not entirely accidental, though a little unfair, that Carlyle referred to us as the practitioners of the dismal science. We frequently have to point out the limits of our opportunities. We have to say, "This or that, not both. You can't do both." What's worse, we have to point out frequently that the economic system is complex in its nature. It can easily happen that a step which on the face of it is an obvious way of achieving certain desired values may in fact frequently lead to their opposites. I cite, for example, many proposals for drastic increases in minimum wages. Surely we want to redistribute income to the lower end of the wage scale. The most obvious thing is to raise the wages. An economist realizes that the situation is not that simple, that the system can react to that policy; it does not passively accept it. The end result may be an increase in the volume of unemployment, an outcome worse than low wages. Of course, the role of the economist in pointing out limitations is not unique to him. It is the general role of the expert, and indeed there are other fields in which the

obvious step is not necessarily the effective one. Recent research, for example, has suggested that when it comes to improving the quality of education, the obvious thing to do, simple pouring more resources into education along the current lines, is now expected to have very little effect." (Arrow, 1974: 17-8).

So, when such issues are at stake, governments should make the right choices in terms of the values of economics and to be less based on their particular preferences. However, in spite of its importance, this is a policy seldom put into practice, particularly in some areas such as public finances:

> "There are many incentives for a government to renege on its commitments. This is especially true for financial obligations, where the short-term financial gain to the state (or to a certain group of voters) will be seen as outweighing uncertain long-term consequences." (Drobak and North, 1999: 56)

As public spending without relation to receipts is a much more "popular" policy than reasonably sound finances, great imbalances often erupt, sometimes dramatically, with serious social consequences as a result of actions supported by "good intentions". Moreover, such practices open the door to bad public management, increased corruption, and so on, emphasizing again the relevance of Menger's warning on the need for a moral scrutiny of the state (and public institutions in general).[8]

In all these situations, the economist, if he intends to apply the essentials of his science's teachings, is also in a delicate situation. However, despite all costs, he must preserve his independence and free way of thinking in relation to powerful veiled interests. The specific moral values of economics are the foundations of this

---

[8] As stated by Douglass North (1998: 494):"the primary source of economic growth is the institutional/organizational structure that determines incentives".

attitude. Such a recommendation is particularly suitable for universities:

> "Universities should be the last bastions of independent thinking. But there too the candidates for appointments in semi-official and advisory bodies are numerous. Those appointments, however, are likewise reserved for the docile defenders of one or another special interest." (Meerhaeghe, 1986: 99).

Acting to use economics for strictly political uses (for example with the concern of being "popular"), or to say what pleases the "prince" of the day or special interests, as a significant proportion of economists do, is to put our science in the wrong direction, and the results of such behavior are necessarily bad and inappropriate advice. Hyman Minsky (1975), despite his being an ardent keynesian, impressively explained, in a way that is relevant in the context of this paper, how Keynes, led by his personal preferences, made wrong predictions on capitalism such as the abundance of capital (in relation to absolute needs), the euthanasia of the rentier and the like.[9] This example leads to highlight the breadth of vision in the following statement by Schumpeter: "Practically every nonsense that has ever been said about capitalism has been championed by some professed economist" (1942: 144), insofar as we need to study closely its complex inner characteristics (well shown in the case of our three paradigms), which are most relevant for economists to exercise their science successfully.

---

[9] Minsky observed: "Keynes' view about the ability to satiate those human needs that require capital resources involves a circular argument; his personal standards and philosophy intrude into his argument" (1975: 151). After acknowledging the social improvements laid down in the first postwar decades in the United States and Western Europe, he continued:"Nevertheless, in the presence of such present plenty with respect to 'absolute' needs, capital continues to be scarce. In spite of the rapid accumulation since World War II, the scarcity of capital does not seem to be easing. Capital continues to command large positive return, and the euthanasia of the rentier seems to be nowhere in sight." (id).

Of course, everyone has his political preferences, as is his right, but simply the two fields (economics and politics) should not be mixed. If economists really hold in high esteem the specific moral values of their science, and its ultimate ends, then we must not fall into the trap illustrated by the fable of Ulysses and the call of the sirens, as far as the political attraction is concerned.

Conclusion

The moral pillars on which economics has been developed, the ultimate ends of society, should continue to be part of our education and training. The presumption that this is a very secondary problem, alien to the practitioners of economics, is misleading and completely off the point and strongly contributes to the maintenance of economic stagnation. If economists are available to deal with human problems and needs, they should also be able to drink from the less tasteful, more unpleasant cup of the plain scientific truth, as represented by real economic processes in their dynamics. The escape to narrow political views, to wholesale positivism (Caldwell, 1982) or whatever to avoid the ethical issue is not a solution. Fighting in such adverse conditions as those that characterize some of the major economic processes in their living development, as in the case of the paradigms we have examined, requires necessarily a sense of duty that only the moral foundations of economics provide.

We may conclude with a statement on the relevance of economics teachings rightly understood and their consequences as far as derived policies are concerned. Indeed, as Ludwig von Mises explained long ago (1942):

> "Nobody will deny that the social sciences and especially economics are far from being perfect. Every economist knows how much remains to be done." He emphasized, however, that "the present unsatisfactory state of social and economic conditions has nothing to do with an alleged

inadequacy in economic theory. If people do not use the teachings of economics as a guide for their policies they cannot blame the discipline for their own failure." (quoted in Senn, 1999: 258).

References

ALLAIS, M. (1999). *La mondialisation, la destruction des emplois et de la croissance: L'évidence empirique*, Éditions Clément Juglar, Paris.

ARROW, K. J. (1974). *The Limits of Organization*, W. W. Norton & Company, New York.

BAUMOL, W. J. (2002). *The Free-Market Innovation Machine: analyzing the growth miracle of capitalism*, Princeton University Press, Princeton e Oxford.

CALDWELL, B. J. (1982). *Beyond Positivism*, Revised edition (1994), Routledge, London.

COASE, R. (1994). *Essays on Economics and Economists*, University of Chicago Press.

DEMSETZ, H. (2008). *From Economic Man to Economic System, Essays on Human Behavior and the Institutions of Capitalism*, Cambridge University Press, New York.

DROBAK, J. N. and NORTH, D. C. (1999), Legal Change in Economic Analysis, in J. G. Backhaus, ed., *The Elgar Companion to Law and Economics*, Edward Elgar.

HAYEK, F. von (1945). "The use of knowledge in society", *American Economic Review*, Vol. XXXV, n.º 4, September, pp. 519-530.

HEILPERIN, M. A. (1952). *The Trade of Nations*, 2nd edition, Alfred A. Knopf, New York.

HIRSCHMAN, A. O. (1984). *L'économie comme science morale et politique*, Hautes Études, Gallimard/Le Seuil, Paris.

KLAMER, A. (1989). "A conversation with Amartya Sen", *Journal of Economic Perspectives*, 3, 1, pp. 135-150.

MANDEVILLE, B. (1714). *La Fable des Abeilles (ou les vices privés font le bien public)*, Librairie Philosophique J. Vrin, (Edition 1985), Paris.

MCCRAW, T. K. (2007). *Prophet of Innovation: Joseph Schumpeter and Creative Destruction*, The Belknap Press of Harvard University Press, Cambridge, Massachusetts and London.

MEERHAEGHE, M. A. G. van (1986). *Economic Theory*, Kluwer Academic Publishers, 2nd edition, Dordrecht.

MINSKY, H. P. (1975). *John Maynard Keynes*, Edition of 2008, McGraw Hill, New York.

MISES, L. von (1949). *Human Action, A Treatise on Economics*, reprinted by Ludwig von Mises Institute (2008), Auburn/Alabama.
MISES, L. von (1969). *The Historical Setting of the Austrian School of Economics*, reprinted by Ludwig von Mises Institute (2007), Auburn/Alabama.
MYRDAL, G. (1930). *The Political Element in the Development of Economic Theory*, Transaction Publishers (1990 edition with a new introduction by Richard Swedberg), New Brunswick/USA and London.
NORTH, D. C. (1998). Where Have we Been and Where Are we Going?, in A. Ben-Ner and L. Puttermann, eds, *Economics, Values and Organization*, Cambridge University Press, paperback edition, Cambridge.
REINERT, E. S. (2007). *How Rich Countries Got Rich ... and Why Poor Countries Stay Poor*, Constable, London.
RICARDO, D. (1817). *Principles of Political Economy and Taxation*, Ed. Gonner (1911), London.
SCHUMPETER, J. A. (1911). *Théorie de l'Évolution Économique*, (French translation of the second edition, 1935), Librairie Dalloz, Paris.
SCHUMPETER, J. A. (1942). *Capitalism, Socialism and Democracy*, Harper Perennial Modern Thought, Edition with an introduction by Thomas K. McCraw, HarperCollins (2008), New York.
SCHUMPETER, J. A. (1952). *Ten Great Economists: From Marx to Keynes*, Routledge (edition 1997), London.
SEN, A. (1987). *On Ethics and Economics*, Blackwell, Oxford.
SENN, P. (1999). Social Science as a Source of the Law, in J. Backhaus, ed. *The Elgar Companion of Law and Economics*, Edward Elgar, Cheltenham, pp. 249-259.
SILVA, J. R. (2006). Another look at the Social Question, *Journal of Economic Studies*, Vol. 33, n.º 4, pp. 307-316.
SMITH, A. (1759). *Theory of Moral Sentiments*, Edition of 1971, Garland, New York.
SMITH, A. (1776). *An Inquiry into the Nature and Causes of the Wealth of Nations*, Edition of 1976 by R. H. Campbell, A. S. Skinner and W. b. Todd, Clarendon Press, Oxford.
SMITH, V. L. (2008). *Rationality in Economics: Constructivist and Ecological Forms*, Cambridge University Press, Cambridge.
STIGLER, G. (1937). "The Economics of Carl Menger", *The Journal of Political Economy*, Vol. 45, n.º 2, April, pp. 229-250.
STIGLER, G. (1982). *The Economist as Preacher*, Basil Blackwell, Oxford.
STREISSLER, E. W. and STREISSLER, M., Ed. (1994). *Carl Menger's Lectures to Crown Prince Rudolf of Austria*, Edward Elgar, Cheltenham/UK.
WICKSELL, K. (1904). *Selected Papers on Economic Theory*, Edited with an introduction by Erik Lindahl (1958). Harvard University Press, Cambridge//Mass.

Geografia: Convergência e interdisciplinaridade

Jorge Carvalho Arroteia[*]

Introdução

O desenvolvimento do pensamento científico como *"instrumento de progresso (...), instrumento de educação, uma força de Humanismo dos nossos dias"* (RIBEIRO, 1970b, p. 48), requer um trabalho consistente dos investigadores e docentes universitários que no exercício da sua actividade profissional devem entender a pesquisa individual e de grupo e a formação aprofundada e ao longo da vida, como uma das questões essenciais do seu mister. Trata-se de um esforço complexo, nem sempre fácil de cumprir, mas que deve acompanhar o exercício dos professores de todas as matérias, que não só as ciências sociais e humanas. Um exercício persistente, centrado na escola e incidindo sobre o seu meio e para o qual devem ser chamados a participar outros "actores" e, sobretudo, toda comunidade científica de forma a potenciar os recursos disponíveis. Este processo implica o aprofundamento de diferentes temas: uns, sugeridos pelos programas de ensino; outros, decorrentes da análise do quotidiano e da mudança social que experienciamos. Abordamos um tema que interessa à geografia,

---

[*] Universidade de Aveiro; jarroteia@gmail.com

sobretudo à geografia humana, e que obriga ao recurso a outras ciências que tomam como objecto de estudo o homem nas suas relações com o meio, com o património construído, e com o grupo ou grupos sociais com quem convive. Esta uma das questões fundamentais que importa à geografia humana, entendida por Ribeiro (1960, p. 65), como o *"ramo de saber que especialmente se ocupa da descrição e interpretação das formas visíveis da superfície terrestre"*.

Abrangência da geografia humana

Não se questiona a importância dos estudos geográficos no conhecimento das sociedades actuais e dos seus processos de desenvolvimento. Para tanto contribuíram geógrafos de diferentes formações e escolas entre os quais Ribeiro, para quem a geografia humana (1960, p. 65) tinha como *"alvo principal"* o homem, *"componente da paisagem, chamando paisagem à fisionomia exterior das regiões"*. De realçar que esta marca da acção humana sobre o meio, como resultado da marcha das civilizações, traduz etapas de um longo processo de evolução baseado na exploração dos recursos primários e na integração de diferentes tecnologias. Acentuou-se depois da revolução industrial com a utilização da máquina a vapor e a difusão da energia eléctrica, reduzindo substancialmente o esforço humano. Por isso as marcas sobre a paisagem atestam, no dizer do referido autor (Ribeiro, 1955, p. 194), na *"expressão das relações entre o homem e a terra"*, o resultado *"por um lado, das condições naturais e por outro, da forma de colonização, modos de vida, sistema de exploração (...)"*.

Tendo em conta que os estudos de natureza geográfica têm vindo a abarcar espaços cada vez mais alargados, que não só as unidades de paisagem que inicialmente chamaram a atenção dos geógrafos e naturalistas, outros autores têm reflectido sobre os fenómenos relacionados com a acção do homem sobre o território e os cenários mais específicos relativos às formas de povoamento humano que daí decorrem. Outras preocupações vão ao encontro das relações entre si e do espaço construído em torno dos factores naturais e humanos os quais evidenciam determinadas configura-ções territoriais e sociais decorrentes desta acção humana. Assim, Dollfus (1973, p. 6) fez notar que o *"l'espace géographique est un espace changeant et différencié dont l'apparence visible est le paysage»*, sendo que a sua construção *"se fait et évolue à partir d'ensembles de relations»* (Loc. cit.). Por sua vez Bailly e Ferras (1997, p. 120), assinalam que *"l'action essentielle de l'homme a pour effet immédiat et premier de se graver sur l'espace et donc de produire du territoire à travers une impression, des signes, des traces»*. Reconhecem ainda que esta questão *"passe par l'articulation sociétés humaines/territoires (le 'social' et le 'spatial')»* (Loc. cit.). Estas afirmações vão ao encontro do que Claval (1987, p. 81) descreveu como a nova geografia, a qual *"tira da sua curiosidade pelos factos sociais e económicos, um poder de explicação que faltava à do início do século"*. Esta nova forma de ler o meio tem a ver com proposta de Isnard (1982, 167), para quem *"o espaço geográfico responde à definição mais corrente do sistema que é incontestavelmente um conjunto de elementos em interacção"*.

Sendo certa a presença de um mosaico de situações que proporcionam uma leitura alargada do espaço, a geografia deve dar um contributo inovador, na linha do que defendeu Gurvitch (1979, p. 17) para a sociologia, concorrendo para o melhor conhecimento da *"crosta exterior da sociedade – a sua base morfológica (geográfica, demográfica, ecológica, instrumental, etc.) (...)"*. A análise geográfica permite uma leitura compósita e aprofundada, baseada na leitura das marcas da "civilização", no ordenamento do território, nos padrões de distribuição e densidade da população, nos seus movimentos e actividades. Tomando em consideração as transformações geográficas e sociais em curso, Claval (2001, p. 216) não se coibiu de fazer notar que" *Il est encore top tôt pour mesurer tous les aspects, mais on sent déjà tout ce qu'elles apportent à la compréhension d'un monde où les conflits ne laissent plus tant de la rareté des ressources que des sentiments d'identité, des images d'autre, et des sentiments de frustration qui les accompagnent»*. Por isso as preocupações da nova geografia vão cada vez mais ao encontro das questões societárias – *«réalité vécue que les géographes font leur»* (Op. cit., p. 230) – e com a identificação de *«cercles d'intersubjectivité»*, de identidades e de territorialidades.

Como em tempo escreveu Ribeiro (1970, p. 51), *"a Geografia é, ao mesmo tempo, uma ciência de base e de convergência, um ponto de partida e um lugar de encontro: como uma encruzilhada, portanto, onde se chega e donde se sai por vários caminhos"*. Esta reflexão permite-nos entender o desenvolvimento dos *"modelos estocásticos"*, não deterministas, de Hagget (1976, p. 38), relacionados com o comportamento humano e o movimento. Assinala este autor (Op. cit., p. 44) que *"a noção de movimento leva a considerar os campos naturais criados por ele, assim como os territórios 'não naturais' (...)"* e a difusão *"como prolongamento lógico do movimento no tempo e com o intuito de o relacionar com as suas diferentes aplicações"*. Ora, sendo a geografia um *"ciência do espaço"* (GEORGE, 1966, p. 18) – *"em função do que ele oferece ou fornece aos homens e como ciência da conjuntura e do resultado das sucessões de conjunturas"* (Loc. cit.) –, importa ter presente as situações que motivaram a evolução e os *"domínios de civilização"* (RIBEIRO, 1970, p. 80), as "formas materiais" e do "património humano" (Op. cit., p. 14) que as caracteriza e os movimentos da população que os determinam.

Tomamos como exemplo as civilizações agrárias que se afirmaram nas margens do Mediterrâneo (FERRO, 1986) e aqui frutificaram. Aliando actividades relacionadas com a exploração dos recursos naturais e o seu comércio, encontramos testemunhos vários que fazem transparecer as etapas de um longo processo civilizatório e dos sistemas sociais e políticos. Recordamos que um dos aspectos mais marcantes destas transformações teve lugar nos centros de atracção demográfica de natureza urbana gerando fenómenos complexos relacionados com o processo de urbanização, de ocupação e de diferenciação do espaço, de mobilidade humana e de relações sociais entre os habitantes. Neste como noutros exemplos, o tempo permite compreender a evolução dessas civilizações e as mudanças sociais operadas numa perspectiva que assenta numa análise histórica.

Não se pretende com este tipo de reflexão analisar as etapas da evolução humana ligadas aos processos de urbanização e de industrialização. Ao fazê-lo seguimos o pensamento deste autor

(Op. cit., p. 31), quando afirma que qualquer reflexão sobre as *"condições geográficas das épocas passadas não é possível sem a observação das condições actuais"* ou seja, sem o recurso à observação directa imprescindível à geografia, sobretudo à geografia histórica e às suas preocupações sobre os diferentes tipos de civilização. Como referiu Birou (1978, p. 66), "civilização" é *"o tipo de desenvolvimento material e espiritual característico de uma sociedade"* (Loc. cit.), conceito que anda associado ao progresso material, ao progresso intelectual e moral e implica *"um conjunto coerente de conhecimentos e de técnicas para dominar a natureza e organizar uma vida social complexa com divisão de trabalho social"*. Esta referência expressa diversas formas de organização do espaço, da sua apropriação e domínio sobre o território. Manifesta ainda diferentes tipos de organização social, que permitem à geografia alargar os seus domínios de investigação e de acção, aproximando o seu objecto de outros temas e domínios científicos.

A dimensão societária em geografia

A consideração destes aspectos remete-nos para a leitura de Hagget (1976, p. 74) e para os exemplos de movimento, difusão, inovação e das razões porque estes fenómenos interessam à geografia e à sociologia. No primeiro caso exemplos vários carreados da história das migrações humanas, da colonização dos grandes espaços, sobretudo no 'novo mundo', da evolução das técnicas agrícolas, da evolução mercantil ou da revolução dos transportes, conduzem-nos a um dos problemas actuais relacionado com *"a propagação das idéias dentro da sociedade e do papel dos dirigentes como catalizadores da inovação e do problema da resistência à mudança"*. (Op. cit., p. 76). De forma simples, Birou (1978, p. 207) definiu inovação como resultado *"de fazer algo de novo. Mudar por espírito de novidade"*. Este conceito leva-nos a perguntar, como se lê na obra de Chorley e Hagget (1975, p. 53), porque razão *"algumas sociedades são diferentes das outras nas formas pelos quais utilizam seus recursos e se distribuem no espaço e, ainda, dado um padrão particular de actividade relacionado a certos recursos, o que provoca a sua mudança?"*. Esta questão permite-nos várias respostas que nos obrigam a pensar na intervenção de "actores" e poderes sociais distintos que se apropriam do espaço e se tornam responsáveis pelo tipo de organização territorial que acompanha os processos de alteração do meio geográfico e social e das formas de ocupação daí decorrentes, objecto de estudo da geografia.

Assim pensa Claval (2001, p. 243) quando afirma que *"faire de la géographie aujourd'hui, c'est se pencher sur les défis auxquels l'humanité est ainsi confrontée, c'est explorer les changements d'attitude qu'elle doit effectuer, c'est imaginer les nouvelles normes dont elle doit se doter»*. Esta a nova postura da geografia que começou a evidenciar-se com a emergência de novas questões sociais e humanas relacionadas com as desigualdades do desenvolvimento sócio--económico e com outras visões do globo e do espaço fundamentadas em novas descrições baseadas na leitura e interpretação de imagens transmitidas pelos satélites artificiais e no conhecimento aprofundado da ecúmena. Esta informação permitiu uma análise mais detalhada dos contrastes naturais e das desigualdades sociais que as acompanham bem como a elaboração de novos modelos de interpretação. Desta forma as preocupações com o espaço geográfico ganharam outra dimensão uma vez que o mesmo se tornou mais circunscrito facilitando uma interpretação mais arrojada dos fenómenos sociais.

A dimensão espacio-temporal é hoje em dia uma dominante em estudos da geografia humana e social, agora com novos sentidos e interpretações. Destaca-se a valorização do factor tempo (cronológico) relacionando as formas de organização espacial com as facilidades de aquisição de bens e serviços exemplificados em teorias, leis e modelos de interpretação, bem sistematizadas por CHORLEY, HAGGET (1975, p. 4). Para estes autores (Op. cit., p. 5), um modelo é *"uma estruturação simplificada da realidade que apresenta supostamente características ou relações sob forma generalizada"*, desempenhando funções diversas e constituindo uma relação ou ponte *"entre os níveis da observação e o teórico"*. Mais ainda (Loc. cit.), "*tratam da simplificação, redução, concretização, experimentação, acção, extensão, globalização, explicação e formação da teoria*". Não admira por isso que a utilização de modelos – assentes numa teoria, numa hipótese ou apenas numa ideia estruturada (Op. cit., p. 3) –, tenham preenchido a atenção dos geógrafos, sobretudo depois da explosão da informação qualitativa, estatística e territorial, que hoje caracteriza os sistemas de informação geográfica. São exemplos as referências que estes autores apresentaram (Op. cit.) sobre as diversas concepções do espaço e a sua interpretação, traduzidas em modelos demográficos, sociológicos, de desenvolvimento económico, de geografia urbana, de localização de povoações, sobre a localização industrial e a actividade agrícola, de onde sobressai o modelo clássico de localização agrícola enunciado há quase dois séculos por Von Thunen (1826).

No seu conjunto os exemplos descritos assinalam as preocupações da nova geografia com determinados tipos de fenómenos sociais e humanos e valorizam as diferentes dimensões desta ciência, nomeadamente as que se prendem com os domínios social e cultural da geografia humana. A este respeito Dollfus (1973) aponta que esta interpretação permite uma leitura diacrónica do tempo e do espaço, bem como das relações sociais que se estabelecem entre os diversos actores e factores geográficos. Estas considerações são ainda reforçados por Claval (1987, p. 3), quando afirma que "*os factos não se encontram todos dispostos na realidade, são isolados, definidos e reconhecidos pelo investigador cuja opinião é tanto mais válida quanto mais sólidos forem os seus conhecimentos*". Daí a complementaridade de abordagens de natureza interdisciplinar que hoje se constituem imprescindíveis para a compreensão de determinados fenómenos societários, nomeadamente as questões relacionadas com o desenvolvimento das populações.

Mais uma vez o recurso aos ensinamentos de outras ciências torna-se necessário. Recordem-se as questões relacionadas com o conhecimento da sociedade e com a mudança social na sua relação com o número, o espaço e o tempo. Numa tentativa esclarecer os seus pontos de vista afirmou George (1972, p. 8) que, se o espaço *"é tema principal para a geografia»*, já o tempo *"que é, aparentemente um assunto mais directamente sociológico, mas que, na medida em que se torna difícil de separar da utilização do espaço, torna-se objecto de preocupação dos geógrafos"* (Loc. cit.). Finalmente o número *"que, no domínio do humano, é assunto de estudos demográficos, mas que interessa, igualmente, ainda que de forma diferente, à geografia e à sociologia"* (Loc. cit.). Estes aspectos facilitam uma leitura diacrónica da sociedade no sentido em que Fernandes (1983, p. 31) defendeu ou seja considerando a sociedade *"concebida como um sistema ou um todo integrado"*. Por isso (Loc. cit.) *"qualquer mudança de um elemento tende a provocar um processo de redefinição dos restantes elementos de forma a conseguir-se de novo o equilíbrio do sistema"*. Este interpretação permite entender como as decisões e as práticas no âmbito do sistema político são indissociáveis das tomadas de decisão relativas aos outros sistemas sociais. Esta perspectiva faz-nos evocar a análise da "vida social", sobretudo nos aspectos relacionados com os laços sociais, a sociabilidade e a coesão social, domínios aprofundados por diversos autores, nomeadamente por DURKHEIM (1977), MAUSS (1971) e GURVITCH (1979).

Retomando os aspectos de natureza geográfica relacionados com a população (distribuição e crescimento) e sobre a realidade portuguesa, Ribeiro (1970, p. 310-312) descreve os movimentos de população internos que se desenvolveram no território com o processo de Reconquista e se têm manifestado ao longo de séculos. Não nos vamos alongar nesta matéria. Contudo recordamos que o interesse pelo estudo da população, nomeadamente o estudo dos movimentos da população e não só os aspectos relacionados com a distribuição do homem ou o seu "habitat", continuam a ser considerados relevantes em diferentes estudos de natureza geográfica e de pendor demográfico e social. Uma das últimas obras conjuntas deste autor (RIBEIRO, 1987-1991) acentua estas preocupações. Outros exemplos pioneiros (GASPAR, 1972) assinalam a atenção dos geógrafos pelos aspectos relacionados com a percepção e a vivência do espaço, a distribuição e a difusão dos fenómenos materiais e sociais, deixando para a demografia a análise quantitativa e qualitativa dos fenómenos que acompanham essas manifestações (NAZARETH, 2004).

À geografia cabe, portanto, desempenhar uma função explicativa, de carácter compreensivo, debruçar-se sobre a realidade cultural e social dominante no território quer se tratem de espaços rurais ou de espaço urbanos onde os traços de unidade e de diversidade traduzem evidentes assimetrias espaciais e sociais. Estas desigualdades são geradoras de tipos de acessibilidade (física, sócio-económica e cultural) diferenciados, que acompanham as outras disparidades e que obrigam a geografia a uma postura de análise crítica e de acção nomeadamente no âmbito do planeamento territorial e social.

A relação da geografia com as demais ciências sociais

Como anteriormente fizemos notar a análise do espaço geográfico realça, nas diferentes fases da sua evolução, as marcas de um processo histórico traduzidas no povoamento, na evolução dos habitantes e das suas actividades e na intervenção dos actores responsáveis pela organização do espaço. Nos actores incluímos os indivíduos (que iniciaram ou apoiaram a ocupação do território) e as instituições responsáveis por essas iniciativas e como tal dotadas de autoridade para conduzirem a sua construção e organização. Assim aconteceu com a Igreja e com o Estado em diferentes momentos da nossa história. O entendimento destes fenómenos exige a utilização de metodologias apropriadas, com especial referência para o método geográfico e o contributo de outras ciências sociais. Assim o assinalou George (1977.I, p. 347), que deu especial relevo ao contributo da "geografia sociológica". De acordo com este autor (Op. cit., p. 348), esta deve conduzir-nos:

– num primeiro momento, a procurar entender *"os quadros da morfologia social"*;
– num segundo momento, conhecer a *"diversidade dos factos sociais e das combinações sociais no mundo"* (Loc. cit.), fazendo realçar as especificidades e os "tipos regionais".

Estas preocupações podem ser completadas com a leitura de Abler, Adams e Gould (1972, p. 53), que em tempo reconheceram: *"explanations are produced by applying the method of scientific investigation to the past, and predictions are produced by applying the same method to the future"*. Esta citação leva-nos a pensar no contributo que a geografia humana e a geografia social podem dar ao entendimento dos fenómenos humanos e sociais e a importância destes na construção do espaço geográfico. Evocamos mais uma vez Claval (1987, p. 393) quando afirma que o contributo da geografia social consiste no *"estudo da maneira como os grupos projectam a sua estrutura na superfície da terra"* e o seu contributo para a compreensão dos fenómenos humanos, sociais e políticos que decorrem do choque de civilizações: *"um empenhado na civilização da Segunda vaga, o outro na da Terceira Vaga"* como referiu Toffler (1984, p. 434). Os aspectos agora descritos realçam a necessidade de uma articulação entre a geografia e as demais ciências sociais sobre a metodologia a seguir no estudo dos aspectos humanos e culturais relacionados com a vida em sociedade e na ligação com o espaço que a rodeia. Este facto obriga-nos a repensar a geografia humana numa perspectiva de acção partilhada com as demais ciências do homem, incluindo temas estruturantes do universo de estudo de outras ciências sociais, tais como a demografia, a sociologia (GIRARD, 1982, p. 135) ou mesmo a economia e a análise regional.

Vejamos o entendimento de alguns autores sobre o contributo de cada uma destas ciências na sua ligação à ciência geográfica. Para Ribeiro (1970, p. 80) *"a história, isto é, o conjunto de vicissitudes deste património, condiciona, aclara, explica a geografia"*; por outro lado, a sociologia, *"mostrou todas as vantagens que se pode retirar das monografias das aldeias, baseadas em inquéritos aprofundados abarcando a maioria da população"*. Já a importância do planeamento regional decorre do contributo da geografia no *"estudo da personalidade das regiões, dos estímulos e restrições que a natureza traz à actividade humana, na maneira como esta se manifesta, da inventariação dos recursos e das potencialidades"* (Op. cit., p. 262). Quanto à relação desta ciência com a demografia, este autor dá particular relevância à sua relação com a geografia da população.

Estas considerações confirmam a aproximação desta ciência a outras ciências sociais, como realça o testemunho de alguns autores. Assim:

- Lefebvre (1978, p. 40) entende que *"a história é a memória do género humano, o que lhe dá consciência de si mesmo, isto é, da sua identidade no tempo, desde a sua origem; é por consequência o relato do que, no passado, deixou marca na recordação dos homens"*;
- Gurvitch (1979, p. 19) afirma que *"a sociologia é uma ciência que estuda os fenómenos sociais totais no conjunto dos seus aspectos e dos seus movimentos, captando-os nos tipos dialectizados microssociais, grupais e globais em vias de se fazer e de se desfazer"*.
- George (1972, p. 17) assinala que *"tal como a geografia, a sociologia é a ciência do movimento como do estado social"*, associado aos processos de desenvolvimento e ao poder.
- Pressat (1979, define a demografia como o *"estudo das populações humanas na sua relação com a renovação, através dos nascimentos, dos óbitos e dos movimentos migratórios»*. Complementarmente este autor define « população » como «*o conjunto de indivíduos que coexistem num determinado momento e delimitado de acordo com diversos critérios de identidade"* (Op. cit., p. 155).

Embora podendo recorrer a outras citações escolhemos as que se identificam com a perspectiva que defendemos baseados na observação, na descrição e na interpretação, como o recomendou Ribeiro (1970, XVI) e na aplicação de metodologia baseada no *"ordenamento de factos e reflexão acerca do modo como se encadeiam e podem compreender as suas correlações"* (Loc. cit.). Esta postura confirma o que Claval (1987, p. 38) escreveu mais tarde sobre a geografia humana, quando assinalou que esta *"não resolve os problemas que a descrição do mundo levanta senão com a condição de fazer um grande percurso pela abstracção"*. Ora, sendo a geografia uma das ciências que permite conhecer a *"crosta exterior da sociedade"* (GURVITCH, 1979, p. 17), concordamos com este autor quando afirma que todas as suas *"camadas em profundidade interpenetram-se, formam um conjunto indissociável – os 'fenómenos sociais totais'"* (Loc. cit.). Precisamos referindo que os *"fenómenos sociais totais"* são por ele entendidos (Op. cit., p. 27), como *"totalidades reais em marcha, em movimento permanente"*, sendo *"o elemento vulcânico da realidade social, a origem das erupções desta"*.

Das situações actuais mais representativas da diversidade geográfica e sócio-cultural referem-se as que resultam dos processos de desenvolvimento à escala mundial, tal como nos são descritas nos estudos e nos indicadores do PNUD. De facto não havendo um modelo global de desenvolvimento, mas sim condições locais que favorecem as "ondas" de mudança destacamos, mesmo assim, a acção individual e colectiva orientadas por "nós" específicos, tais como as cidades e as instituições universitárias, isoladamente ou na sua ligação em "rede" (HAGGET, 1976, p. 81–111), como facilitadoras da inovação e da difusão (Op. cit., p. 111-113). Para tanto têm contribuído as *"auto-estradas de informação"* que permitem a construção dos *"ambientes inteligentes"* (TOFFLER, 1982, p. 167), a partir da utilização do computador e da Web. Em nosso entender as questões que se relacionam com a análise geográfica destes fenómenos são hoje mais complexas do que nunca dada a ausência de fronteiras precisas, o agravamento dos fenómenos de mobilidade e a globalização e não podem ser apreciadas à luz de uma única corrente de pensamento. Por isso devemos atender às paisagens sociais (construtoras do espaço geográfico) e às novas concepções e percepções estéticas do espaço (CLAVAL, 1987, p. 378), carregadas de cultura mas variando de acordo com *"as sociedades e conforme os sistemas de valores e de socialização"*. Só assim podemos entender melhor os fenómenos complexos do desenvolvimento baseados no estudo dos "geosistemas" naturais e nas sociedades humanas.

Nota final

Como nota final referimos que o espaço geográfico ou território, expressando o resultado da acção humana e de diferentes formas de intervenção política, constitui um domínio privilegiado de análise interdisciplinar que reforça a sua natureza e essência. De facto analisar o povoamento, as formas de organização do espaço e as etapas do desenvolvimento das actividades humanas, traduzidas nas técnicas que o homem domina, nos produtos que fabrica e na tecnologia que utiliza, é um dos reflexos marcantes da acção humana sobre a natureza e uma oportunidade de defesa de uma postura compreensiva desses traços e da sua explicação geográfica. Como a ciência geográfica demonstra, o homem surge como um poderoso agente da fisionomia dos lugares, que Isnard (1982, p. 17) justifica como uma reacção da humanidade que *"tentou libertar-se das coacções do meio natural para organizar o espaço onde se desenrola a sua história. É esta análise do espaço que constitui o objecto da Geografia"*. Deixar de evocar esta realidade seria uma postura menos correcta uma vez que a análise geográfica implica o recurso a diferentes atitudes conceptuais e metodológicas, bem como o diálogo com outras ciências sociais no sentido de entender a realidade geográfica expressa na paisagem e na sua organização e na crosta exterior da sociedade traduzida nas diversas camadas e estratos, em profundidade.

Tal, a transversalidade de análise que se exige em geografia e que leva a encarar o seu contributo, o seu pensamento e acção, como indispensável para o estudo dos fenómenos sociais que afectam a sociedade no seu conjunto. Este o nosso contributo na homenagem ao Professor, colega e amigo Adelino Torres, no acto supremo da sua Jubilação.

Março de 2010.

Bibliografia

ABLER, ADAMS, GOULD, *Spatial organization: the geographer's view of the world*. London, Prentice-Hall International, 1972.

ARROTEIA, Jorge Carvalho, *Portugal: perfil geográfico e social*. Lisboa, Livros Horizonte, 1986.

ARROTEIA, Jorge Carvalho, *A população portuguesa: memória e contexto para a acção educativa*. Aveiro, Universidade de Aveiro, 2007.

BAILLY, A., FERRAS, R., *Éléments d'épistémologie de la géographie*. Paris, Armand Colin, 1997.

BIROU, A, *Dicionário das ciências sociais*. Lisboa, Publicações Dom Quixote (4ª Ed.), 1978.

CHORLEY, Richard HAGGET, Peter, *Modelos sócio-económicos em geografia*. São Paulo, Editora da Universidade de São Paulo, 1975.

CLAVAL, Paul, *Geografia do homem: cultura-economia-sociedade*. Coimbra, Livraria Almedina, 1987.

CLAVAL, Paul, *Épistémologie de la géographie*. Paris, Nathan Université, 2001.

DOLLFUS, Olivier, *L'espace géographique*. Paris, PUF (Que sais-je, 1390), 1973.

DURKHEIM, Émile, *A divisão do trabalho social*, Lisboa, Editorial Presença, 1977.

FERRO, Gaetano, *Sociedade humana e ambiente no tempo: temas e problemas de geografia histórica*. Lisboa, Fundação Calouste Gulbenkian, 1986.

GASPAR, Jorge, *A área de influência de Évora: sistema de funções e lugares centrais*. Lisboa, Centro de Estudos Geográficos, 1972.

GAZENEUVE, Jean, VITOROFF, David, *Dicionário de sociologia*. Lisboa, Verbo, 1982.

GEORGE, Pierre, *Sociologie et géographie*. Paris, Presses Universitaires de France, 1972.

GEORGE, Pierre, "Sociologia geográfica". in: GURVITCH, 1977, pp. 347-373.

GEORGE, P., GUGLIELMO, R., LACOSTE, Y, et al., *A Geografia Ativa*. São Paulo, Difusão Europeia do Livro/Editora da Universidade de São Paulo, 1966.

GIRARD, Alain, "A demografia". In: GAZENEUVE, VITOROFF, 1982, pp. 133-158.

GURVITCH, Georges, *Tratado de sociologia*. Lisboa, Iniciativas Editoriais, 1977 (II Vols).

GURVITCH, Georges, *A vocação actual da sociologia*. Lisboa, Edições Cosmos, 1979.

HAGGET, P., *Analisis locacional en la geografia humana*. Barcelona, Editorial Gustavo Gili, 1976.

ISNARD, Hildebert, *O espaço geográfico*. Coimbra, Livraria Almedina, 1982.

LEFEBVRE, Georges, *Réflexions sur l'histoire*. Paris, F. Maspero, 1978.

MAUSS, Marcel, *Essais de sociologie*. Paris, Ed. Seuil, 1971.

NAZARETH, J. Manuel Pantoja, *Demografia – a ciência da população*. Lisboa, Editorial Presença, 2004.

PRESSAT, Roland, *Dictionnaire de démographie*. Paris, Presses Universitaires de France, 1979.

RIBEIRO, Darcy, *O processo civilizatório: etapas da evolução sócio-cultural*. Petrópolis, Editora Vozes, 1983.

RIBEIRO, Orlando, *Portugal* – tomo V de: *Geografia de España y Portugal*. Barcelona, Montaner y Simon, 1955.

RIBEIRO, Orlando, *Atitude e explicação em geografia humana*. Porto, Galaica, 1960.

RIBEIRO, Orlando, *Ensaios de Geografia Humana e Regional*. Lisboa, Livraria Sá da Costa, 1970.

RIBEIRO, Orlando, *Variações sobre temas de ciência*. Lisboa, Livraria Sá da Costa, 1970b.

RIBEIRO, O. LAUTENSACH, H & DAVEAU, S. *Geografia de Portugal*. Lisboa; Edições João Sá da Costa, 1987-1991 (IV Vols).

TOFFLER, Alvin, *A terceira vaga*. Lisboa, Livros do Brasil, 1984.

Império e globalização:
Viagens entre o real e o imaginário

*José Filipe Pinto**

Na cerimónia de jubilação de Adelino Torres, um dos oradores da sessão – Manuel Ennes Ferreira – reconheceu, com a voz embargada pela emoção, a dificuldade quase impossibilidade de tratar por tu o seu Mestre. Senti-me tocado por essa demonstração de respeito feita perante um auditório quase repleto porque o mesmo se tinha passado comigo quando, há alguns anos, passei a ter o Adelino como colega num Curso de Mestrado na Universidade Lusófona de Humanidades e Tecnologias. De facto, se a sua simplicidade cordial convida à aproximação, não é menos verdade que a autoridade – não apenas científica – que lhe é reconhecida pode constituir-se como um elemento nem sempre facilitador para o uso dessa marca de familiaridade.

Afinal, talvez tudo não passe de reminiscências de um tempo que foi o nosso e no qual "o ensino era bastante dogmático e os professores eram rígidos na preservação dos usos e costumes" (Pinto, 2007, p. 61).

Ora, a habituação à regra, ou seja, a vida habitual faz-se sentir e gosta de marcar o seu terreno quando surge a novidade, a excepção que não se insere nos cânones e abre as portas de uma realidade diferente e, já agora, mais humanista.

---

* Professor Associado da ULHT; jofipinto@gmail.com

No entanto, tudo tem um começo e, por isso, como o povo afirma: *primeiro estranha-se e depois entranha-se*. Foi o meu caso que, acredito, será também o de Ennes Ferreira.

Feito este breve preâmbulo e como forma de entrar na abordagem da temática que escolhi para falar do Adelino, seja-me permitido traçar uma espécie de cronologia do nosso relacionamento, situação que aponta, desde logo, para um certo ar intimista que reconheço incapaz de ultrapassar neste artigo.

Por isso, a tentação é grande para plagiar o título escolhido por José Carlos Venâncio quando lhe solicitei um depoimento sobre Adriano Moreira, pois, face à complexidade do pensamento e da acção dessa personalidade, Venâncio não encontrou melhor maneira para a sintetizar do que atribuir-lhe o título *O que me apraz dizer sobre um amigo*[1].

De facto, nem sempre é fácil conjugar o coração e a razão, organizar as ideias e encontrar as palavras de forma a fazer justiça à qualidade do pensamento daqueles que nos são próximos.

O meu primeiro contacto com o homenageado foi indirecto. Aliás, para fazer jus ao rigor que o Adelino sempre manifesta e exige, devo reconhecer que foi duplamente indirecto. Na realidade, se é normal que o conhecimento de um autor nos chegue indirectamente através das suas obras, no caso presente, fiquei a saber da existência daquele que se viria a transformar numa referência e num amigo – sempre presente e atento – através de uma compilação que, juntamente com Laura Veloso, organizou para a Editora A Regra do Jogo em 1984, intitulada *Estudos da economia portuguesa*.

Não me quero deter neste ponto da sua vida porque sei que a saudade, longe de se desvanecer, se aviva com o tempo que se esquece de varrer as feridas da alma, mas não quero deixar de dizer que a utilidade que encontrei nos textos seleccionados para o percurso universitário que me preparava para encetar foi de tal ordem que, dentro de mim, nasceu uma admiração e uma simpa-

---

[1] Depoimento que consta em Pinto, J.F. (2007). *Adriano Moreira: uma intervenção humanista*. Coimbra: Almedina.

tia – certamente interesseiras – pelos coordenadores da obra. Na verdade, para além me ajudaram a perceber que a Economia não se destinava apenas a um grupo restrito de senhores de ar muito sério ou circunspecto, tinham procedido a um criterioso inventário de fontes que serviu, inequivocamente, os meus interesses.

Ora, este contacto inicial despertou em mim o desejo de me aproximar da obra de Adelino Torres e o primeiro livro de sua autoria que li foi *O império português entre o real e o imaginário*, editado em 1991 pela Escher e com prefácio de Alfredo Margarido, um indisciplinador de consciências que, certamente por incapacidade minha, não cheguei a compreender totalmente enquanto professor.

Confesso que para alguém que andava – e continua a andar – em busca de uma compreensão das diferentes fases do império português, se tratou de algo mais do que uma descoberta e constituiu uma queda no Mundo.

De facto, as obras que tinha lido até então pertenciam, quase exclusivamente, a duas linhas opostas, sendo que a utilização do advérbio "quase" se fica a dever às leituras que tinha feito do acervo publicado por Adriano Moreira, seguramente o mais lúcido cientista social e político no inventariar do activo e do passivo da presença portuguesa no Mundo.

Para além dele, só o destino, que se encarregou de trazer na mesma nau de regresso a Lisboa, mais exactamente a Cascais, o cantor desse activo e o denunciador do passivo.

Assim, uma posição, que à falta de melhor designação poderá ser considerada como revolucionária face à conjuntura portuguesa de então, colocava a tónica da acção portuguesa na crítica e falava de um colonialismo castrador e que se tinha limitado a explorar os povos colonizados, enquanto outra linha, de sentido contrário, justificava a construção portuguesa de um Império por razões totalmente diferentes e, por isso, recusava assumir o passivo dessa acção.

Talvez não seja abusivo concluir que nenhuma dessas linhas se dera ao incómodo de ler as palavras do marinheiro anónimo da armada de Gama à chegada a Calecut, como forma de perceberem as motivações do lado português para o movimento expansionista que, apesar dos lamentos dos primeiros europeístas simbolizados no Velho do Restelo, deitou um povo ao largo.

Ora, a leitura do livro *O império português entre o real e o imaginário* permitiu-me conhecer mais um exemplo daquilo que a obra de Adriano Moreira me ensinara a perceber, ou seja, que havia uma diferença entre a *verdade* oficial e a realidade dos factos.

Na verdade, o capítulo 4 da obra, aquele que aborda os conflitos nos tribunais coloniais, representa um testemunho valioso a partir de um estudo de caso – mais exactamente de casos – pois analisa 1392 acórdãos do Tribunal da Relação de Luanda de 1904 a 1913, numa fase em que ainda era detectável uma prática societal esclavagista ou semi-esclavagista.

De facto, 40 desses processos dizem respeito à prática de escravidão – compra e venda de pessoas – e 87 à existência de cárcere privado e/ou de cativeiro, com ofensas corporais graves.

Adelino Torres não pôs em causa a "vontade dos tribunais portugueses, sobretudo do Tribunal da Relação de Luanda, em punir exemplarmente os crimes [...] mais firmemente [...] a partir de 1907 ou 1908" (Torres, 1991a, p. 203). No entanto, não deixou de assinalar que "os processos dos três primeiros anos não resultaram necessariamente em condenações, alegadamente por falta de provas, vício de forma ou qualquer outra razão" (Torres, 1991a, p. 204), mesmo que os réus fossem presentes várias vezes a tribunal acusados da prática do mesmo tipo de crime.

Na fase actual em que Portugal – mesmo pela boca de magistrados – questiona a forma como a justiça (não) é aplicada, apesar de tanto se legislar, talvez convenha reler os citados acórdãos.

Em seguida, ao nível daquilo que provou ser o proto-capitalismo colonial, Adelino Torres, depois de mostrar – com a evidência e objectividade dos números – que a burguesia metropolitana impediu, de uma forma consciente e sistemática, o crescimento de uma verdadeira burguesia colonial, desmistificou velhos preconceitos como a ausência de capital por parte da burguesia metropolitana portuguesa, provando que, afinal, tudo se resumia ao desejo de não correr o mínimo risco.

Para finalizar a apreciação geral da obra, parece possível dizer que o título exige uma clarificação que me atrevo a considerar que corresponde à vontade do autor. Assim, o Império foi real para uns – poucos – e imaginário para muitos.

Entre os primeiros constam os que obtiveram grossos lucros a partir da administração e da exploração do Ultramar, muito especialmente a burguesia metropolitana de Lisboa e do Porto e aqueles que se movimentavam no seu centro de interesses. Quanto aos segundos, o nome colectivo "povo" parece o mais adequado, pois foi sempre ele o chamado na fase dos sacrifícios.

Por isso, a guerra colonial talvez justificasse, também, o seu soldado desconhecido, não necessariamente branco, pois, a exemplo daquilo que se passou no Tribunal da Relação de Luanda, onde "os réus eram na maioria brancos, mas também há muitos mestiços e negros" (Torres, 1991a, p. 204), a morte na guerra não escolhe a cor da pele.

Voltando ao acervo publicado por Adelino Torres, a boa experiência inicial aguçou o desejo e as suas obras passaram a fazer parte da minha biblioteca. No que se refere a essas obras, considero que as mesmas poderão ser objecto de uma dicotomia em função da temática.

Assim, num primeiro grupo, incluem-se livros como *Portugal-Palop: As relações económicas e financeiras*, projecto de que foi coordenador e co-autor, editado pela Escher, em 1991, *Horizontes do desenvolvimento do continente africano no limiar do século XXI*, reeditado pela Vega em 1999 e *Demografia e desenvolvimento*, publicado pela Gradiva em 1996.

Trata-se de obras nas quais a questão do desenvolvimento é central e a África constitui o campo privilegiado de estudo ou investigação e que se revestiram de uma enorme importância para as investigações que desenvolvi no Mestrado e no Doutoramento.

Ora, o meu primeiro contacto pessoal com o Adelino Torres ocorreu precisamente nas Provas de Doutoramento na Universidade da Beira Interior onde, por indicação do meu Orientador, José Carlos Venâncio, tive a felicidade de contar com um júri que incluía personalidades externas à UBI como Adriano Moreira, Adelino Torres, Onésimo da Silveira, Costa Dias, António Custódio Gonçalves e Monteiro d'Oliveira.

Este acto representou uma honra e uma responsabilidade que me esforço – nem sempre com êxito – por cumprir.

Retomando o fio à meada, é tempo de referir que a análise dos capítulos de *Horizontes do desenvolvimento do continente africano no limiar do século XXI*, permite constatar que Adelino Torres não se compraz a apontar os problemas de África, e só o faz porque acredita que existem saídas do labirinto. No entanto, face à crise das teorias, colocou na forma interrogativa os títulos de um capítulo e de um subcapítulo, situação que não representando uma dúvida ou incerteza ou de um receio de assumir uma posição – o Adelino é inflexível na assumpção das suas ideias – terá de ser interpretada como mais uma das habituais manifestações da sua modéstia, pois a leitura permite constatar que o autor sabe que a razão lhe assiste, ou seja, que encontrou ou sabe a resposta para a questão que coloca.

Por isso, agora que se ouve falar da necessidade de convocar os povos para a definição do próprio futuro, talvez seja tempo de reconhecer que, há muito, Adelino Torres defendia que "sobre o desenvolvimento africano devemos afastar à partida profecias finalistas que ignoram a capacidade dos homens em realizar o seu próprio destino" (Torres, 1991b, p. 137).

Da mesma forma, se hoje é habitual que as organizações do Mundo Ocidental façam depender a sua ajuda do cumprimento por parte dos governos africanos de um conjunto de reformas, visando o respeito pelos direitos humanos e a democracia, importa não esquecer que Adelino Torres, com uma década de avanço, preconizava "a urgência de reformas em todos os planos da actividade governativa africana" (Torres, 1991b, p. 137).

Finalmente, numa conjuntura de crise económica que começou por ser financeira e que levou os dirigentes dos países mais desenvolvidos a assumirem a culpa pela falta de controle do sistema bancário-financeiro e a sobrecarregarem os contribuintes para poderem salvar o sistema bancário, é, no mínimo, justo reconhecer que nos anos 90 do século passado, Adelino Torres advertia que "as leis económicas também precisam de legislador" (Torres, 1991b, p. 138).

Afinal, a História encarregou-se de provar que a conjuntura neo e depois ultra-liberal, ao dispensar a intervenção vigilante do Estado na Economia, estava a entregar a guarda do galinheiro à raposa, situação bem mais vantajosa para o transgressor do que aquela que exigira ao lobo o disfarce com pele de ovelha.

Nesta obra, a conclusão serve de ponte para um segundo conjunto de livros e de artigos nos quais a temática da globalização – ou mundialização para seguir a terminologia francesa de que homenageado faz questão – passa a ser dominante.

No entanto, mais uma vez a posição de Adelino Torres foge daquela que é habitual e que consiste em responsabilizar a globalização por tudo o que de mau surge à face da Terra.

De facto, Adelino Torres recusa atribuir à mundialização as responsabilidades pelo aumento das desigualdades e do desemprego, isto é, dos problemas com que uma parte – cada vez mais significativa – da Humanidade se defronta.

Para ele, a culpa não morre solteira e, mais do que culpabilizar no abstracto, "é sobretudo às políticas económicas e à política *tout court*, ou seja, às decisões dos Estados, que devem ser pedidas responsabilidades" (Torres, 1991b, p. 138).

Esta posição, a meu ver, encontra paralelo com a anteriormente referida sobre o Império, ou seja, Adelino Torres não é contra a globalização, mas contra esta globalização que é feita no proveito de poucos e põe em causa os interesses de todos.

Assim como o Império resultou de uma conjuntura histórica que deitou o Ocidente da Europa ao largo e foi responsável pela criação do paradigma eurocêntrico, também a globalização foi o resultado de uma nova conjuntura que o progresso – coisa diferente é o desenvolvimento – da tecnologia tornou possível.

Aliás, talvez faça sentido considerar que os dois fenómenos estão tão de tal forma intimamente ligados que a expansão europeia representou a primeira globalização.

Ora, o movimento expansionista europeu e a globalização, em si, nada têm de negativo, até porque hoje já parece consensual que todas as formas de isolacionismo são redutoras, como é o caso do desenvolvimento endógeno, uma falácia a que certos dirigentes recorreram para impedirem o real desenvolvimento dos seus países, talvez – não é bem este o advérbio mais adequado – para se perpetuarem no Poder.

O problema, num caso e noutro, reside no facto de, como Agostinho da Silva reconheceu, tudo ser obra de homens e não de anjos!

Na realidade, são alguns desses homens que se encarregam de actos condenáveis como o terrorismo, sendo que a análise que, por vezes, é feita desse fenómeno é quase tão condenável como o próprio acto e representa, nas palavras de Adelino Torres (2004, pp. 25-27) uma "verdadeira demissão de inteligência [que] foi bem ilustrada pelo compositor alemão Karlheinz Stokhausen", ao classificar o atentado do 11 de Setembro como "a maior obra de arte jamais realizada", ou por Jean Baudrillard, que, no *Le Monde*, manifestou admiração pelos terroristas "que tudo assimilaram da modernidade e da mundialidade sem mudar de rumo que é de a destruir", uma prova de que o autor desconhece o significado da palavra "modernidade".

No entanto, ao mesmo tempo que condena o terrorismo, essa manifestação da barbárie dita moderna, o Adelino alerta para o perigo de a reacção ao terrorismo conduzir a novos fundamentalismos até porque todo o "etnocentrismo é uma visão míope do diálogo entre os homens" (Torres, 2004, p. 34) e "o fanatismo exaltado é o último refúgio dos velhacos" (Torres, 2008, p. 135).

Sobre esta questão, Adriano Moreira já alertara que eram as culturas que tinham vocação de eternidade. Adelino Torres, na senda de Paul Valéry, não se esquece de referir que as civilizações, tal como os homens, são mortais.

É, por isso, que recusa – e denuncia – todas as formas de instrumentalização, quer se trate de usar a religião ou as diferenças étnicas para fins políticos, ou do canto da sereia de um ultraliberalismo económico que, segundo ele, se reduz a uma absurda "ideologia sem pensamento" (Torres, 2004, p. 38) e convoca para a necessidade feita urgência de transparência, só possível através de uma coordenação internacional que permita regular a Economia e que fuja das pretensas certezas porque "é sempre sob a forma de um saber que a ignorância vocifera" (Torres, 2008, p. 81).

Agostinho da Silva (2001, p. 14) defendia que "não há grandeza alguma que não arranque daqui, da afirmação de que nenhum homem verdadeiramente o é enquanto submetido à miséria, à ignorância e ao medo".

Numa conjuntura em que tudo – mesmo ou sobretudo a pessoa – parece contingente e a prazo, Adelino Torres não só corrobora a afirmação do filósofo do V Império como a generaliza ao colectivo, aos povos.

Ora, a realidade encarrega-se de colocar perante os nossos olhos as desigualdades entre o Norte e o Sul, entre países de um mesmo hemisfério e entre regiões de um mesmo país. Além disso, as Nações Unidas, desde 1994, que alertam para o facto de apenas um quarto da população mundial estar economicamente segura, situação que condiciona a segurança mundial pois "o mundo nunca estará seguro da guerra se homens e mulheres não tiverem segurança nos seus lares e empregos".

Adelino Torres conhece e sofre com essa realidade, mas não se fica pelos queixumes nem se refugia em imaginários utópicos, antes alcança um ponto de equilíbrio entre o realismo do Economista e o sonho do Poeta, embora um e outro visitados, de quando em vez, pela incerteza e pela angústia.

Como Economista, ele sabe que a mão invisível que, afinal, só surge duas ou três vezes na obra de Adão – respeite-se o gosto do homenageado – Smith, no fim de contas, é bem visível e sabe a que interesses obedece.

Depois de uma justiça com uma venda nos olhos e, por isso, sujeita a boas e más conotações, pois tanto pode ser cega por não ter em conta a condição daquele que está sobre a sua alçada como por não ver as injustiças que comete, só faltava à Humanidade uma mão que, apesar de invisível, provoca efeitos bem visíveis e sempre em benefício dos mesmos!

Por isso, para ele, uma vez identificadas as causas dos problemas só existe um caminho – a busca da sua resolução – que, no caso da globalização, representa encontrar resposta para as deslocalizações, para a precarização do mercado de trabalho e para a desresponsabilização dos políticos e dos grandes grupos económicos e dos jogos de interesses, que falam na necessidade de organizar o Mundo para trabalhar em vez de trabalharem para organizar o Mundo.

Ora, para poderem ajudar na organização do Mundo, os países lusófonos não poderão continuar a adiar a afirmação da sua comunidade – a CPLP.

A leitura do artigo que Adelino Torres, juntamente com Ennes Ferreira, escreveu para a obra *Comunidade dos países de língua portuguesa,* coordenada por Adriano Moreira, numa fase – 2001 – em que ainda havia quem questionasse a oportunidade de apostar na comunidade, representa uma resposta a essa dúvida.

De facto, o título do artigo "A comunidade dos países de língua portuguesa no contexto da globalização: problemas e perspectivas" não permite dúvidas sobre dois aspectos.

Primeiro, a comunidade ainda não ultrapassou as dificuldades que vêm desde o processo de formação e, por isso, tarda a sua afirmação no contexto internacional.

Segundo, a CPLP pode ter perspectivas, ou seja, não está condenada ao fracasso. Só que a globalização representa o contexto e não a responsável pelas dificuldades da CPLP. Por isso, a visão prospectiva da comunidade depende da vontade política dos Estados-membros.

Talvez seja tempo de colocar um ponto final naquilo que Adriano Moreira designa como uma *política furtiva* feita ao arrepio da opinião pública, pois, nas palavras do mesmo pensador, não pode continuar a haver povos mudos ou dispensáveis.

Ora, não parece abusivo fazer afirmação de sentido idêntico em relação a cada uma das pessoas que fazem parte desse colectivo.

É desta necessidade de ouvir o Outro que falam os artigos que Adelino Torres se encarrega, com uma cadência própria de mensageiro dos tempos modernos e que tem o Outro à distância de um clique, de fazer chegar às caixas de correio electrónico dos seus amigos espalhados pelos vários cantos – no século XXI o Mundo parece continuar a ter cantos e a ser habitado por homens que não são modernos, mesmo que residentes no Centro – dos vários continentes.

Aliás, como confesso adepto das novas tecnologias, Adelino Torres coloca o uso intensivo das mesmas como um dos dois vectores – o outro é a qualificação acelerada dos recursos humanos – da mundialização a que nenhuma região do planeta pode escapar, embora, no que a África diz respeito, "devido à diversidade de culturas e sociedades não é prudente a aplicação «mecanicista» do mesmo método a todas as situações" (Torres, 1991b, p. 33).

Por isso, talvez não seja desajustado recordar o fracasso dos planos traçados pelas organizações internacionais ao arrepio da vontade, dos interesses e das realidades africanas.

Para terminar esta viagem que empreendi sobre a obra e o pensamento de Adelino Torres, seja-me permitida uma confissão que irá incomodar a modéstia do homenageado, mas que, estou certo, a amizade acabará por desculpar.

De facto, na sequência das nossas habituais conversas, sempre animadas e muito proveitosas para a minha compreensão das questões pertinentes da actualidade, é normal o Adelino descobrir, na sua biblioteca pessoal, livros que abordam diferentes temáticas e, a pretexto de os possuir em duplicado, me fazer oferta dos mesmos.

Na verdade, desconheço se a duplicação resulta da existência de dois livros ou, o que me parece mais provável, do facto de, uma vez lido, o exemplar passar a fazer parte do outro tipo de acervo de Adelino Torres e, por isso, o papel se tornar desnecessário para o próprio e indispensável para quem – como é o meu caso – ainda necessita de percorrer muita estrada.

Um poeta – melhor, um fazedor de versos que aprecia a sonoridade da rima – talvez dissesse:

Não são livros, mas sementes/ Raízes de uma construção/ Frutos da amizade/ Da árvore da atenção.
Um amigo dirá:
É bom poder contar com esta amizade atenta!

Bibliografia

MOREIRA, A. (1999). *Estudos da conjuntura internacional.* Lisboa: Dom Quixote.
MOREIRA, A. (Coord.). (2001). *Comunidade dos países de língua portuguesa.* Coimbra: Almedina.
MOREIRA, A. (Coord.). (2004). *Terrorismo.* Coimbra: Almedina.
PINTO, J.F. (2007). *Adriano Moreira: uma intervenção humanista.* Coimbra: Almedina.
SILVA, A. (2001). *Ensaios sobre cultura e literatura portuguesa e brasileira,* Vol.II. Lisboa: Âncora Editora.
TORRES, A. & Veloso, L. (Coords.). (1984). *Estudos de economia portuguesa.* Lisboa: A Regra do Jogo.
TORRES, A. (1991a). *O império português entre o real e o imaginário* (Prefácio de Alfredo Margarido). Lisboa: Escher.
TORRES, A. (Coord.). (1991b). *Portugal-Palops: as relações económicas e financeiras.* Lisboa: Escher.
TORRES, A. (1998). *Horizontes do desenvolvimento africano no limiar do século XXI.* Lisboa: Vega.
TORRES, A. (2008). *Uma fresta no tempo seguida de ironias.* Lisboa: Edições Colibri.

Ciência económica: Entre a ordem espontânea e o intervencionismo

*José Manuel Moreira**

"O problema do nosso tempo é que o futuro já não é o que costumava ser"
"Um facto mal observado é mais pernicioso que um raciocínio errado"
"Os livros têm os mesmos inimigos das pessoas: o fogo, a humidade, os bichos, o tempo e o seu próprio conteúdo"

(PAUL VALÉRY, 1871-1945)

Qual a melhor forma de organizar a economia e qual é o papel do Estado nessa organização? Para dar resposta a esta pergunta, é usual partir-se de Adam Smith, para uma descrição da evolução da nossa ciência: desde a economia como mecanismo auto-regulador que tende para o pleno emprego dos factores (Smith e Hume) à sua crescente matematização, com passagem obrigatória pelas dificuldades do equilíbrio competitivo, do planeamento central e do keynesianismo. Depois costuma seguir-se, como aconteceu com Sérgio Rebelo[1], um apanhado das experiências e modelos de crescimento económico (da Europa à Ásia, sem esquecer a

---

* Universidade de Aveiro; jmoreira@ua.pt
[1] Numa comunicação (de que fui um dos comentadores) feita no Encontro dos Jerónimos dedicado ao tema"O Estado Garantia à Luz da Ciência Económica" (in *Nova Cidadania*, 33, Julho/Setembro de 2007, pp. 12-18).

América Latina) que nos conduz a nova pergunta: "O que aprendemos com todas as experiências económicas do século XX?" A que se responde com a necessidade de regresso a Adam Smith: "O sistema de mercado não é um sistema confortável. Ninguém gosta de ter de enfrentar a competição. As empresas por vezes vão à falência e os trabalhadores podem ter de passar por situações de desemprego [concluindo-se]: Há que olhar para as actividades do Estado e repensar o papel do sector público e do sector privado."[2]

Ora bem, o que nos propomos é lançar pistas para uma outra forma de olhar para um intervencionismo que explica o persistente peso da despesa pública (em parte devido à aceitação das ideias de Keynes) e se justifica com o sucessivo alargamento do leque de bens e serviços prestados pelo Estado. Uma dinâmica que fez com que a proporção de despesa pública no PIB aumentasse, nos EUA, de cerca de 10% em 1910 para 35%, em 1980, e em França de 10% para 50%.Uma tendência que, embora contrariada no fim do século XX em alguns países europeus está longe de ser invertida, como aconteceu entre nós, com a despesa a aproximar-se também dos 50% do PIB.[3]

Mesmo assim, os nossos males continuam a ser atribuídos ao chamado neoliberalismo.[4] Um discurso que, com a crise econó-

---

[2] Sérgio Rebelo, *Ibid.*, p. 18. Para uma leitura complementar, veja-se Christopher J. Coyne e Peter J. Boettke, "The Role of the Economist in Economic Development", *The Quarterly Journal of Austrian Economics*, 9(2), Summer 2006, pp. 47-68.

[3] Note-se que mesmo ao nível da despesa social pública total, em percentagem do PIB, passamos de 10,2% (1980) para 23,1% (2004). Em comparação, para os mesmos anos, a Espanha passou de 15,5% para 21,1%, e até a Grécia, que partiu do mesmo valor (10,2%), tinha, em 2004, uma percentagem mais baixa (19,8%). Fora da Europa, mesmo países ricos, com percentagem crescente deste tipo de despesa, tiveram subidas moderadas e muito aquém do nosso ritmo crescente, como são o casos da Austrália (de 10,6% para 17,6% e do Canadá de 13,6% para 16,5%.

[4] Veja-se André Azevedo Alves, "A crise e a cartilha antiliberal", *Público*, 6.XII. 2008, e José Manuel Moreira "Uma crise de respostas ou de verdadeiras perguntas?, em *Crise*, Bnomics, Lisboa, 2009, pp. 134-137.

mica e financeira, regressou com tal força que nem medidas forçadas (e vindas de fora), como acontece com o PEC, levam os adeptos do aumento de despesa e de mais investimento público a deixar de culpar, não as políticas que nos levaram à presente situação, mas os remédios a que nos querem obrigar para sair dela. Remédios que resultam, dizem, de um fundamentalismo neoliberal que "injustamente" quer impor limites à nossa histórica tendência para viver acima das nossas possibilidades.

Um discurso que continua a dar votos e a merecer aplausos, pese embora o nosso problema continuar a estar, ao contrário das teses próprias da ortodoxia keynesiana, no excesso de endividamento, tanto do Estado como das famílias e empresas.

Despesa pública, ilusão do gratuito e viabilidade da democracia?

Como se chegou à "multiplicação" e à contínua insistência em mais despesa e mais recursos para o sector público? Uma reivindicação que parece ainda mais incompreensível se se comparar os aumentos de gasto público com o fraco crescimento do PIB e do valor dos serviços prestados. Mesmo assim, este sobrepeso do Estado, em vez de incentivar os seus mentores à diminuição da despesa leva-os quase sempre a tentar descobrir novas razões para arrecadar mais receitas. Uma das formas de resolver o problema, ainda que conjuntural, tem sido a de fazer acompanhar a eficácia da máquina fiscal como justificação para um mais eficaz combate à fraude fiscal, de modo a que todos paguem. Um objectivo que, embora bem sucedido, graças em parte à ajuda das novas tecnologias, não se tem traduzido em diminuição das taxas de impostos, talvez porque a verdadeira e mais persistente razão para a sua subida (ou pelo menos não descida), tenha a ver com a pressão dos grupos de interesse que, atraídos pelo rico mel das rendas públicas, multiplicam "razões sociais" para justificar uma redistribuição do produto a seu favor.

A atenção ao sistema progressivo de tributação é aqui essencial para se perceber como o Estado, nascido da busca de bem-estar pela acção pública, acabou por se transformar – com a melhor das intenções – em devorador da sociedade.[5] Mesmo assim – como bem viu Anthony de Jasay na sua história filosófica *O Estado* (1985)[6] – este poder público omnipresente do Estado democrático ainda não parece inquietar os cidadãos, anestesiados como estão pela convicção de que são eles que exercem o poder sobre si mesmos e convencidos de que esse poder da comunidade sobre eles corresponde ao que escolheriam livremente por o considerarem benéfico.

Para tal, muito contribuiu a "ilusão do gratuito" que quase sempre corre a par da não distinção entre direitos positivos e negativos. O que nos tem levado ao engano de "pensar que qualquer coisa que alguém necessite ou inclusive deseje cria um direito". Um equívoco que acabou por agudizar a contradição entre a ânsia de intervenção crescente em todos os aspectos da vida e a impotência nascida da intenção de tudo fazer e tudo controlar.

Ilusões e contradições que nos reconduzem à questão-chave do redimensionamento das funções do Estado.

O que fazer face a uma evolução centralizadora e interventora do Estado que parece responder em larga medida à vontade política de uma grande maioria de cidadãos?

Aceitar politicamente as decisões dos eleitores e, ao mesmo tempo, insistir, no plano das ideias, na chamada de atenção para o perigo de nos deixarmos seduzir pelo canto das sereias? Pugnar por uma revisão da constituição de modo a que se aceitem novos limites constitucionais de auto-disciplina, semelhantes aos que Ulisses impôs aos seus marinheiros e a si mesmo – incluindo mecanismos constitucionais de contenção e limitação do poder político? Continuar a acreditar ser possível acrescentar barreiras espontâneas de carácter associativo à saga devoradora do Estado?

---

[5] Como mostra, a propósito da família, Patrícia Morgan em *The War between the State and the Family, How Government Divides and Impoverishes*, IEA, London, 2007.

[6] Anthony de Jasay, *El Estado, La lógica del poder político*, Alianza Editorial, Madrid, 1993.

Como se chegou à situação em que estamos? Ao Estado de meias-verdades e aos quase sete milhões de pessoas dependentes directa ou indirectamente do Estado.[7] Um Estado de coisas que entre nós o pessimismo de alguns diz poder vir a tornar inviável a democracia. Sabemos bem que ser optimista faz parte da natureza humana. Pigou costumava teimar na ideia de que era mais fácil saber como ganhar do que como gastar dinheiro, daí que o Estado devesse ficar com uma boa parte. Mas será que sabe? Será que devemos permanecer optimistas em relação à forma como os nossos governantes e burocratas gastam o nosso dinheiro?

Como é possível continuar a confiar nas mesmas políticas tão expansionistas e durante tanto tempo? Será que podemos continuar a pensar que taxas de juros baixas, incluindo negativas, são boas porque favorecem a prosperidade? Será legítimo teimar em resolver problemas atirando-lhes dinheiro que será pago pelas futuras gerações?

Vamos procurar enunciar algumas pistas explicativas para melhor enquadrar e compreender a origem e persistência dos nossos problemas, começando por explorar o confronto entre dois modos de olhar para a coisa pública

Duas atitudes públicas em relação à política e à herança clássica

Mesmo sem entrar em justificações ou apontar razões (veja-se Buchanan num famoso texto sobre os "Estados Benfeitores"[8]) podemos contrastar duas atitudes públicas em relação à política: no século XVIII e no século XX.

---

[7] Um universo onde se costumam contar mais de 2 milhões de reformados, 350 mil a receberem o chamado Rendimento Social de Inserção, 700 mil funcionários públicos e municipais, entre outros, num total que se aproxima de 4,5 milhões. Se admitirmos que cada um terá a seu cargo "meia pessoa", o número facilmente chegará aos tais 7 milhões.

[8] James Buchanan, "Pueden los 'Estados Benfactores' en democracia sobrevivir las crisis financieras?", *Libertas*, 32, Maio de 2000.

David Hume, Adam Smith e os pais fundadores da América (em especial James Madison), assim como muitas outras figuras importantes do Iluminismo, não pensavam em termos de como o Estado – a organização colectiva – podia promover o bem-estar dos indivíduos. A sua principal preocupação estava em saber como evitar que o Estado tiranizasse os indivíduos. A autoridade era necessária para afastar a anarquia (hobbesiana), mas o principal problema era saber como limitar o poder político. O que interessava a estes filósofos sociais era ver como o Estado deveria garantir um quadro dentro do qual as pessoas pudessem levar a cabo as suas actividades, e não – como hoje acontece – saber como pode o Estado promover activamente o bem-estar dos cidadãos.

Podemos dizer que a situação a que se chegou foi muito facilitada – como a teoria da *Public Choice* ajuda a explicar[9] – pelo funcionamento de uma democracia baseada num quadro constitucional que permitiu, por vontade da maioria, um crescendo de "direitos" (hoje questionados), que acabou por produzir um forte aumento nos programas de transferências, ainda que também aqui a retórica justificativa dos programas não coincida com a realidade.[10]

A este propósito Buchanan, que tão bem soube explorar as tensões entre o Estado como protector, produtor e redistribuidor, depois de identificar algumas fontes que intensificaram a pressão fiscal no final do século XX, aponta duas falsas ideias – a arrogância fatal da ilusão do socialismo e o keynesianismo – como estando na base do fracasso em visualizar apropriadamente as consequências a longo prazo das medidas adoptadas.[11] Consequências que foram muito facilitadas pela desvalorização da herança dos economistas "clássicos". Um processo que contou com a colabora-

---

[9] Para mais desenvolvimentos, veja-se André Azevedo Alves e José Manuel Moreira, *O que é a Escolha Pública*, Principia, Cascais, 2004.

[10] Veja-se, a este propósito, Johnny Munkhammar, *European Dawn, after the social model*, Timbro/The Stockholm Network, 2005.

[11] Veja-se, a propósito, James Bartholomew, *The Welfare State We're In*, Politico's, London, 2004.

ção de muitos historiadores do pensamento económico que, demasiado preocupados em assinalar os erros dos "clássicos", acabaram por esquecer o que Ludwig von Mises considerava o seu mérito fundamental: terem ensinado ao mundo que existem leis económicas que limitam o poder que o governante tem para modificar as coisas. A economia clássica ensinou ao governo que existem limites. A economia, como a física ou a biologia, também tem as suas leis e isso significa que existem limites para o que se pode fazer. Esta asserção foi e continua a ser a ideia central no ensino da economia. Foi essa a notável contribuição da escola clássica. Daí a nossa ênfase na ideia central de regresso a Adam Smith (e a Hume) de modo a – na esteira da escola austríaca – melhor compreender que a sociedade é um *organismo* e não uma *organização*. O que significa dizer que, em certo sentido, somos parte de um sistema organizado "superior" que, sem o nosso conhecimento, e muito antes de que tratássemos de o compreender, resolvia problemas cuja existência nem sequer admitíamos, mas que teríamos tido que resolver de maneira muito similar se tivéssemos tentado dirigi-lo de forma deliberada.[12] Ao dar conta desta realidade, Hayek foi levado a propor uma nova palavra – *cataláxia* ou *cataláctica* – para substituir *economia* e Buchanan sugeriu mesmo o termo *simbiótica*.

Compreender o que não é economia e o que não devem fazer os economistas[13]

A palavra *economia* – em si mesma – é, para Buchanan[14], parcialmente responsável pela confusão intelectual que se estabele-

---

[12] F. A. Hayek, *The Trend of Economic Thinking*, University of Chicago Press, Chicago, 1991, pp. 27-28.

[13] Um mais amplo desenvolvimento desta problemática poderá ser vista em José M. Moreira,"O Estado Providência e a Crise: sobre a natureza da economia e a tarefa dos economistas", em *Revista Portuguesa de Filosofia*, 65, 2009, pp. 321-348.

[14] James M. Buchanan, *What Should Economists Do?*, Liberty Press, Indianapolis, 1979, pp. 26-28.

ceu e tem vindo a consolidar. O processo de "economização" leva-nos a pensar directamente em função da teoria da escolha. Daí que Buchanan sugira que se deixe de falar de *economia* ou *economia política* (ainda que esta última designação seja superior à primeira) e adopte um termo totalmente diferente, tal como *cataláctica* ou *simbiótica* (inclinando-se mais para o segundo).

Definindo-se *simbiótica* como o estudo da associação entre organismos dissemelhantes, a conotação do termo é que a associação é reciprocamente benéfica para todas as partes. Ora, com maior ou menor grau de precisão, isto exprime uma ideia que deve ser fundamental para a nossa disciplina: focar a atenção no único tipo de relação que implica a associação cooperativa recíproca dos indivíduos, ainda que os seus interesses individuais sejam diferentes. É aqui que entra a "mão invisível" de Adam Smith que tão poucos não economistas interpretam correctamente.

É verdade que *Robinson Crusoe*, na sua ilha, antes da chegada de *Sexta-feira*, quando toma decisões, se depara com um problema económico tal como tem sido tradicionalmente definido. Contudo, para Buchanan, esta situação de escolha não é um ponto de partida adequado para a nossa disciplina, inclusive a um nível conceptual mais amplo, como há mais de um século Whately já se tinha dado conta.[15]

O problema de *Crusoe* é essencialmente calculacional e tudo o que deve fazer para resolvê-lo é programar o computador que a sua mente contém. Os aspectos especialmente simbióticos do comportamento, da escolha humana, surgem apenas quando *Sexta-feira* aparece na ilha e *Crusoe* se vê forçado a uma *associação* com outro ser humano. De facto, uma associação requer que se

---

[15] Richard Whately, *Introductory Lectures on Political Economy*, London, B. Fellows, 1831, p. 7. O mesmo tema aparece em Arthur Latham Perry, *Elements of Political Economy*, Charles Scribner, New York, 1868, p. 27. Para uma visão mais alargada desta problemática e o seu enquadramento na história das doutrinas económicas, ver Israel Kirzner, *The economic point of view*, New York, D. van Nostrand, 1960, em especial, cap. 4, pp. 71-90.

produza um tipo de conhecimento completamente distinto e totalmente novo.[16] *Crusoe* pode tratar *Sexta-feira* apenas como um meio para atingir os seus próprios fins, ou seja, como parte da natureza. Se o fizer, produzir-se-á uma luta e o vencedor levará o prémio. Percebe-se assim melhor como, em geral, o intervencionismo tende a encorajar o comportamento anti-social através da concepção dos mecanismos do Estado Providência. Em especial, quando trata de forma utilitarista os meios de produção, incluindo os próprios seres humanos, como bens móveis de uma classe dominante (ou do Estado), a usar para benefício de um "bem maior".[17]

Buchanan conta que em 1940, quando o conheceu como estudante, Frank Ward, da Universidade de Tennessee, tinha afixada uma frase na porta do seu gabinete que rezava assim: "O estudo da economia não o impedirá de passar fome mas, pelo menos, saberá porque isso se passa". Uma máxima que Buchanan aplica à metodologia: "concentrar-se na metodologia não resolverá nenhum dos seus problemas mas, pelo menos, saberá quais são esses problemas".

---

[16] Percebe-se assim que, entre grandes economistas liberais, se revele crucial a interpretação do estatuto do agente económico individual. Não por acaso, a economia, para Friedman, (*Capitalism and Freedom*, 1962), baseia-se no estudo de «um somatório de unidades familiares independentes, uma colecção de Robinsons Crusoes», enquanto para Hayek (*The Counter-Revolution of Science*, 1979 [1952]), «os indivíduos são apenas um foco na complexa rede de relações sociais». O primeiro vê os indivíduos como agregados de átomos isolados, o segundo como constituídos pelas suas mútuas relações.

Ora, considerando que o ponto de partida do liberalismo é uma interpretação individualista das instituições sociais – o individualismo metodológico – Friedman e Hayek estariam do mesmo lado. Mas se as instituições sociais forem consideradas como resultado, em grande parte involuntário e imprevisto, do modo como os agentes procuram subjectivamente melhorar a sua própria condição com os instrumentos de um conhecimento limitado e falível, Friedman e Hayek estarão em lados opostos, Veja-se a este propósito, José Manuel Moreira,"A Morte de um Ditador e o Renascimento de uma Tradição" em Revista *Atlântico*, 23, Fevereiro 2007, pp. 48-51.

[17] Dennis O'Keeffe (ed.) *Economy and Virtue: Essays on the Theme of Markets and Morality*, IEA, London, 2004, pp. 21-22.

Em suma, trata-se de colocar o enfoque básico da economia (ou economia política) na "teoria dos mercados" e não – como acontece com Lord Robbins e em grande medida com Frank Knight e Milton Friedman – na "teoria da afectação de recursos".[18]

Regresso a Adam Smith e ao realismo antropológico

Podemos dizer que, embora Buchanan defenda que a *teoria da escolha* deve deixar de ocupar uma posição de superioridade nos processos de pensamento do economista, o que se pretende não é tanto uma mudança no conteúdo básico do que estudamos, mas na forma como focamos o nosso material. Daí que, apesar destas matizações em relação a denominações alternativas ao uso do termo economia, o importante, como também deseja Buchanan, será que os economistas modifiquem os seus processos de pensamento e passem a observar os mesmos fenómenos de "outra janela", para utilizar uma apropriada metáfora de Nietzsche. Concentrando-se no *intercâmbio* mais do que na *escolha*.[19] Daí que por razões práticas continuemos a usar o termo *economia* ou mesmo *economia política*, ainda que com aquele sentido de realismo que caracteriza a tradição filosófica herdada de Adam Smith, com a sua ênfase no observador honrado e imparcial.[20]

Uma tradição enraizada numa antropologia realista do capitalismo[21] e, por isso, avessa a interpretações dualistas do comportamento humano, como as tendem a contrapor a *Teoria dos sentimentos morais,* de 1759, à *Riqueza das nações,* de 1776. Uma contraposição que Vernon Smith procurou desmontar no texto

---

[18] James M. Buchanan, *What Should Economists Do?*, p. 37.

[19] *Ibid.*, p. 26.

[20] Ver José Manuel Moreira, *Ética, Economia e Política*, Lello & Irmão, Porto, 1996, pp. 38-41.

[21] Rafael Termes, *Antropologia del Capitalismo*, Plaza y Janes, Madrid, 1994. Veja-se também José Manuel Moreira,"Antropomorfismo: `doença infantil` do capitalismo", em *O pensamento Luso-Galaico-Brasileiro (1580/2000)*, Imprensa Nacional – Casa da Moeda, Lisboa, 2009, pp. 347-367.

"As duas caras de Adam Smith"[22], ao colocar em paralelo o primeiro parágrafo da *Teoria:*

"Por mais egoísta que se possa supor o homem, existem evidentemente na sua natureza alguns princípios que o fazem interessar-se pela sorte dos outros, e fazem com que a felicidade destes lhe seja necessária, ainda que não derive dela mais que o prazer de a contemplar."[23]

Com uma passagem da *Riqueza* onde se encontra uma frase que se tornou famosa como expressão do "self-interest" dos seres humanos:

"Não é da benevolência do homem do talho, do cervejeiro ou do padeiro que esperamos a nossa refeição, mas da atenção ao seu próprio interesse, e nunca lhes falamos das nossas necessidades, mas das suas vantagens"[24]

Para Vernon Smith as duas caras, são dois tipos de comportamento coexistentes nos seres humanos. Duas caras que muitos transportaram para a abordagem económica do funcionamento dos governos ao dividir essa análise em dois ramos. Um que acentua o que o governo pode fazer no interesse público: salientando o conjunto de actividades que o governo pode empreender para melhorar a vida dos cidadãos, que deu origem à teoria moderna do Estado do ponto de vista da economia do bem-estar.[25] E outro que concebe o governo principalmente como centro de apetência para interesses privados. O governo como *focus* para

---

[22] Vernon Smith, "The Two Faces of Adam Smith", *Southern Economic Journal*, 65(1), 1998, pp. 1-19.

[23] Adam Smith, *The Theory of Moral Sentiments*, Liberty Press, Indianapolis, 1982, p. 9.

[24] Adam Smith, *An Inquiry into the Nature and Causes of the Wealth of Nations,*, Vol. I, Liberty Press, Indianapolis, 1981, pp. 26-27 (1976 I ii).

[25] A. B. Atkinson; J. E. Stiglitz, *Lectures on Public Economics*, McGraw Hill, New York, 1980.

busca de rendas (*rent-seeking*) em que o poder para fazer pagar impostos dá origem a improdutivos esforços privados para capturar o Estado que então recompensa os poderosos a expensas do conjunto dos cidadãos.

Mas também aqui, uma visão realista do funcionamento do governo (e das suas potencialidades) – como acentua Besley[26] – terá de ter em conta estes dois extremos. Por isso, mais que opor estas duas apetências, estas duas caras, uma abordagem realista depõe a favor da unidade do nosso ser. Quer ele actue no mercado económico ou no mercado político, há que ter em conta sempre estas duas tendências ou inclinações do ser humano, ainda que criando condições morais, jurídicas e institucionais – a tal *mão invisível* – que levem ao fortalecimento da civilização e ao aumento riqueza.

Dai que nunca seja demais insistir que para os liberais clássicos a ênfase do problema não se traduz tanto na ideia feita teoria de que a melhor ordem brotará "naturalmente" dos resultados das acções humanas individuais (*laissez faire*), mas mais na tentativa de resolver a questão económica e política de conciliar de forma realista a liberdade com a previsibilidade dos resultados das acções individuais.[27]

Foi assim que Adam Smith, em 1776, apresentou o dilema: "numa sociedade civilizada o homem necessita constantemente

---

[26] Timothy Besley, *Principled Agents? The Political Economy of Good Government*, Oxford, University Press, New York, 2006.

[27] Um problema que está no centro do livro de André Azevedo Alves, *Ordem, Liberdade e Estado: uma reflexão crítica sobre a filosofia política em Hayek e Buchanan* (Praedicare, 2006). Não por acaso o insuspeito Dunleavy avisou a esquerda de que a verdadeira ameaça ao seu domínio vinha da *public choice* e da escola austríaca. Querer constituir-se hoje em Portugal como uma alternativa liberal e conservadora ao pensamento dominante, sem conhecer bem a tradição em que se inserem Hayek e Buchanan, é uma tarefa destinada ao malogro. Ver também André Azevedo Alves, "A Análise Dinâmica dos Processos de Mercado: a Escola Austríaca face ao Paradigma Neoclássico." in *Revista Portuguesa de Filosofia* 65, 2009, pp. 303-319.

da ajuda e cooperação de uma imensidade de pessoas, e a sua vida mal chega para lhe permitir conquistar a amizade de um pequeno número".[28]

Das ordens cooperativas à ordem alargada da interacção humana

É essa cooperação entre actores anónimos que fornece o mistério central e se traduz num enigma de raiz clássica para os economistas de todos os tempos. Daí que a presunção a favor do "voluntarismo" (das ordens cooperantes ou das acções colectivas voluntárias) nunca tenha deixado de ser afirmada, como acontece mesmo com Elinor Ostrom. Uma boa ilustração deste enigma aparece no *Governing the Commons: The Evolution of Institutions for Collective Action*[29] desta politóloga e Nobel da Economia de 2009. Uma obra que dedica especial atenção ao "Tribunal de Águas", uma instituição criada na Idade Média por uma comunidade de regantes no Levante espanhol e que ainda hoje continua a intervir nos conflitos pelo uso da água. Para Ostrom, o "Tribunal", uma instituição criada pelos regantes, mostrou ser eficaz e robusta, enquanto instituições para o risco criadas pelos governos geram muitos conflitos e em certas situações não funcionam mesmo. O que nos pode levar a perguntar: Porquê? Por que não existem mais instituições "espontâneas"? Será que a acção do Estado ao procurar "regular" desnecessariamente e com pouca eficácia não estará a impedir o aparecimento de instituições mais eficazes?

---

[28] Adam Smith, *An Inquiry* ....p. 26. (p. 94, na. versão portuguesa: Adam Smith, *Riqueza das Nações*, vol. I, Fundação Calouste Gulbenkian, Lisboa, 1981)

[29] Elinor Ostrom *Governing the Commons: The Evolution of Institutions for Collective Action*, Cambridge University Press, New York, 1990. Sobre Elinor Ostrom, veja-se também o texto de André Azevedo Alves"Um Nobel para a economia da governação policêntrica", 17 de Fevereiro de 2010 [http://www.ordemlivre.org/node/893].

Interrogações que são, afinal, uma forma de reactualização da ideia de que o "direito natural"[30] implica uma restrição das funções do governo no interesse do indivíduo, bem presente na ênfase de A. Smith na "mão invisível", como doutrina da liberdade natural e da sabedoria de Deus (visível mesmo na loucura dos homens). Sem esquecer a sua crítica ao homem do sistema, ainda que tenha confiado também em argumento empírico, ao acusar o governo de ser *de facto* incompetente e os burocratas de abuso: há áreas em que conhecemos melhor os nossos interesses do que qualquer outra pessoa.

A. Smith ao assinalar a inconveniência do controle e o carácter desejável da liberdade natural, mostrou assim não ser um estrito racionalista nem um sonhador ocioso, mas antes um prático realista que assume a sociedade tal como é (e não tanto como deve ser), ainda que baseando a sua análise da sociedade numa natureza humana invariante

Um realismo que o faz herdeiro de uma grande tradição de presunção a favor do "voluntarismo" – interacção voluntária ou ordem alargada da cooperação – nos assuntos humanos. Uma "ordem espontânea" que tende a acentuar a *harmonia* de interesses e acções que caracteriza as sociedades humanas, ainda que para Smith não deva ser entendida como natural, nem necessária, nem pré-estabelecida.

Daí que na própria *Teoria dos sentimentos morais* Smith considere a benevolência como "menos essencial para a sociedade do que a justiça", sem a qual a sociedade "sem remédio se decompõe imediatamente em átomos". Daí que como conclui Sowell se possa dizer que é a manutenção artificial de algum sistema de justiça – indirectamente derivado da simpatia – e não uma "harmonia natural" entre os homens o que torna possível a existência da sociedade.[31]

---

[30] Ver André Azevedo Alves e José Manuel Moreira, *The Salamanca School*, Continuum, New York-London, 2010.

[31] Thomas Sowell, *On Classical Economics*, Yale University Press, 2006, pp. 10-11.

Daí a insistência de Hayek em situar a ordem "espontânea" entre o "natural" e o "artificial". Um "caminho do meio"[32] cujo realismo, apesar da presunção a favor da liberdade, nos incita ao reconhecimento de que a nossa natureza está dividida entre duas inclinações: a *cooperativa* e a *oportunista*. O que nos obriga a considerar os modos de restringir o nosso lado oportunista se pretendemos alcançar os frutos do nosso lado cooperativo. Assim se explica que a economia política tenha resolvido o enigma sugerindo que poderíamos sacrificar uma pequena parte do pressuposto do voluntarismo para criar um governo que restringiria o nosso lado oportunista, de modo a permitir o florescimento de uma ordem cada vez mais alargada de cooperação. Foi da crença na possibilidade desta ordem "espontânea" ou cooperativa que nasceu o argumento a favor de um governo realmente limitado. Um argumento que é, afinal, o coração do pensamento liberal clássico desde John Locke, David Hume e Adam Smith a autores mais contemporâneos como Frank Knight, Ludwig von Mises, F. A. Hayek, Milton Friedman e James Buchanan.

Saber como garantir um enquadramento favorável aos intercâmbios voluntários – uma ordem alargada da interacção (ou cooperação) humana – é um dos temas mais discutidos na economia desde os finais do século XIX. Infelizmente, a teoria dos bens públicos, do monopólio e das falhas do mercado, não só acabou por contribuir para expandir a aceitação da coerção como também para questionar a presunção a favor do voluntarismo entre os economistas da corrente principal. Uma tendência que grassa entre os neoclássicos cuja ênfase na concorrência perfeita acabaria por se revelar, afinal, como argumento favorável ao intervencionismo (a "imperfeição do mercado" acaba por exigir a "correcção" do governo) pela incapacidade em se perceber que os

---

[32] Veja o nosso texto "A transformação do capitalismo e os caminhos do meio", Cap. 8 de José Manuel Moreira, *A contas .com a ética empresarial*, Principia, Cascais, 1999, pp. 137-159.

mercados serão sempre imperfeitos porque trabalham com e para pessoas imperfeitas.[33]

Uma tendência que ajuda a explicar o porquê de, durante o século XX, a maioria dos economistas se ter mostrado incapaz de ver que os chamados bens públicos (da saúde à educação, sem esquecer a segurança social) podem, na verdade, ser fornecidos de forma privada e que o monopólio não é um efeito natural da troca voluntária, mas o resultado da intervenção governamental. Podendo até acrescentar-se que os fracassos do mercado são na sua origem mais causados por falhas legais do que uma consequência da troca sem restrições.

Garantir uma mudança de paradigma na forma de lidar com a crise dos Estados Providência[34] implica um novo olhar para a economia e para o papel dos economistas. Sem isso será difícil abrir caminho à compreensão da evolução das normas e ao modo de passar de jogos de conflito a jogos de cooperação.

É por isso que uma análise virada para a compreensão das ordens espontâneas ou cooperativas nunca poderá esquecer o essencial dos ensinamentos de Adam Smith, de que, na linha de Butler, destacamos três:

1 – As regulações que restringem o comércio são infundamentadas e contraproducentes. A prosperidade é ameaçada por impostos, taxas aduaneiras, subsídios de exportação e por políticas que dão tratamento preferencial às indústrias domésticas ou a investimentos externos politicamente favorecidos.

2 – A prosperidade cresce mais rapidamente quando há um mercado aberto e competitivo, com troca livre e sem coerção. Defesa, justiça e império da lei são necessários para manter essa abertura. A liberdade e a prossecução do interesse próprio num

---

[33] Arthur Seldon, *O dilema da democracia, a economia política do excesso de governo*, Instituto Liberal, Rio de Janeiro, 2000, p.55.

[34] André Azevedo Alves, *An Exploration of the Libertarian/Egalitarian Dimension of Welfare Systems*, tese de doutoramento apresentada no Department of Government da London School of Economics, 2009.

enquadramento adequado não conduzem ao caos, mas – como que conduzidos pela 'mão invisível' – produzem ordem e concórdia.

3 – Há um vasto conjunto de interesses particulares e sectoriais interessados em usar o poder governamental para distorcer o sistema de mercado em seu próprio benefício. Tanto empregadores como trabalhadores podem promover regulações que estrangulem a concorrência, tais como barreiras à entrada para impedir as pessoas de exercer determinadas profissões ou montar determinados negócios.[35]

Um crescendo de dependentes: será que podemos aprender com o passado?

Vale a pena dedicar redobrada atenção a um livro publicado em 1944, que nos dá conta de um tempo que estranhamente nos parece demasiado próximo. Um tempo de crise da democracia e também de crescimento do número de pessoas dependentes do erário público, nas suas diversas modalidades (reformas, benesses, subsídios e isenções), aumentando assim exponencialmente o número de pessoas que, na altura, Mises definiu como "burocratas":

> "O burocrata não é só um empregado do Estado, numa constituição democrática é ao mesmo tempo um eleitor e, enquanto tal, uma parte do soberano, seu empregador. Encontra-se numa posição singular: é ao mesmo tempo empregador e empregado. De modo que o seu interesse económico como empregado predomina sobre o seu interesse como empregador, dado que recebe do erário público muito mais do que para ele contribui."[36]

Um conflito (de interesses) que no nosso tempo não tem parado de crescer. O que explica que os mais preocupados com

---

[35] Eamonn Butler, *Adam Smith – A Primer*, IEA, London, 2007
[36] L. von Mises, *Burocracia*, Unión Editorial, Madrid, 1974 (1.ª edição em alemão, 1944), p. 110.

o futuro da democracia já admitam a criação de um "Partido dos Contribuintes". Uma preocupação que se fundamenta na percepção de que, tal como funciona, a democracia acabará sempre por potenciar o crescimento do número dos que usufruem desta dupla função: de empregados do Estado (ou dele dependentes) e votantes. Daí a tendência para o aumento do número dos que têm mais interesse no aumento dos gastos (desde investimentos aos subsídios e salários da função pública) do que no equilíbrio do orçamento. Percebe-se, por isso, que os governos vivam também nestes dois mundos, nesta dupla relação e vinculação a promessas contraditórias.

Contradições que nos fazem lembrar a necessidade, se se quer salvar a democracia, de reabilitar o ideal democrático e retomar, na linha de Hayek (e John. Stuart Mill), a necessidade de distinguir as funções de "governo" e de "legislação" em duas assembleias com composição e métodos de eleição distintos.[37] A este propósito vale a pena recordar o que Mises escreveu sobre a estrutura política da Alemanha e da França nos últimos anos que precederam a queda das constituições democráticas, e como ela estava condicionada – em grande medida e para uma parte considerável do eleitorado – pelo facto do Estado constituir a fonte dos seus rendimentos:

> "Não se trata só das hostes de empregados públicos e dos empregados nas empresas nacionalizadas (por exemplo, correios, telégrafos e telefones), mas também dos beneficiários de subsídios de desemprego e dos beneficiários da segurança social, assim como dos agricultores e alguns outros grupos a quem, directa ou indirectamente o Estado atribui rendimentos. O seu primordial afã consistia em conseguir mais do erá-

---

[37] Para mais completo desenvolvimento, veja-se o capítulo X da obra de José Manuel L.da S. Moreira, *Filosofia e Metodologia da Economia em F. A. Hayek, ou a redescoberta de um caminho 'terceiro' para a compreensão e melhoria da ordem alargada da interacção humana*, Publicações da Universidade do Porto, 1994, pp. 340-390.

rio público. Não se preocupando com grandes "ideais" como a liberdade, a justiça, a supremacia do direito e o bom governo. Pediam mais dinheiro e isso era tudo. Nenhum candidato ao Parlamento, às câmaras ou às assembleias municipais podia arriscar opor-se às exigências dos empregados públicos, também aqui os diferentes partidos procuravam superar-se entre si quanto à generosidade."[38]

Burocracia do espírito e aversão à poupança e à economia

Numa altura em que os mais radicais já se atrevem a acusar os defensores do *status quo* de estarem a destruir a actual geração[39] – por via da falta de flexibilidade laboral, salário mínimo, dependência do Estado, penalização da iniciativa privada e impostos elevados – vale a pena continuar com Mises a redescobrir paralelismos com outros tempos:

> "No século XIX, os parlamentares tentavam reduzir os gastos públicos tanto quanto fosse possível. Mas agora a poupança tornou-se desprezível. Gastar sem limites considera-se uma política acertada. Agora, tanto o partido no poder como a oposição esforçam-se por ganhar popularidade através da prodigalidade. Criar novos cargos com novos empregados considera-se uma política "positiva", por isso qualquer tentativa de impedir que gastem mal fundos públicos é desacreditada como "negativismo."

Será que os nossos actuais governantes andam a ler Mises, ou serão só os divulgadores de Keynes? Mas tem mais:

> "A democracia representativa não pode subsistir quando uma parte dos eleitores está na esfera do Estado. Se os membros

---

[38] Mises, *ob. cit.*, p. 111.
[39] A geração que está agora com 16-25 anos e que o jornal Público (de 10.I.2010), intitulou como "geração perdida".

do Parlamento não se consideram mandatários dos contribuintes, mas deputados de quem recebe salários, jornas, subsídios, pensões de desemprego e outros benefícios do erário público, a de democracia está morta."[40]

Será que ainda vamos a tempo de evitar a agonia – a que já se chama "a morte lenta" – e de inverter uma tendência que, como no tempo de Mises, pode levar cada vez mais pessoas a desesperar em relação ao futuro da democracia?

"Na medida em que se convencem de que se torna inevitável a tendência para uma maior interferência do Estado na vida económica, ao multiplicar os cargos e os empregados, ao aumentar as pensões e os subsídios, não pode deixar de haver perda de confiança no governo por parte do povo."[41]

Um processo que para Mises nunca se teria dado se não tivesse sido acompanhado pelo que chamou a burocratização do espírito:

"A trajectória moderna para a omnipotência do governo e o totalitarismo ter-se-iam esgotado na sua origem se os seus advogados não tivessem tido êxito no adoutrinamento da juventude com os seus dogmas, e impedido que se familiarizassem com os ensinamentos da economia."[42]

E com um traço comum: a aversão à poupança e à economia. Uma aversão que entre nós foi levada tão a peito que fez cair a nossa taxa bruta de poupança de 27% do PIB, em 1989, para 10%, em 2008. Um período em que a taxa média da OCDE desceu muito pouco, de 22,9% para 22%. Uma queda tão abrupta que fez com que da 4ª maior taxa da área a OCDE (em 1989), só ultrapassada pelo Japão, Correia do Sul e Holanda, conseguíssemos (em

---

[40] Mises, *ob. cit*, p. 111.
[41] *Ibid.*, p. 112
[42] *Ibidem.*

2008) ostentar já a 3ª mais baixa, só superada pela Islândia e Grécia. Países que, não por acaso, se tornaram (em 2009-2010) símbolos de falência, desespero e descrença no futuro. Mas talvez ainda mais significativa seja a queda na taxa de poupança líquida das famílias, que passou de 6,9% (em 1995) para -0,6% (em 2007), com a da OCDE a manter-se quase ao mesmo nível, de 4,7% para 4,6%.[43] Uma tendência que, talvez não estranhamente, está em linha com a nossa queda de natalidade, que passou de 24,1 (em 1960) para 10,8 (em 1995), atingindo 9,7 (em 2007)[44].

Uma luta contra a poupança que não pode, nem deve, ser dissociada da histórica luta contra a economia. Uma luta que, para Mises, ignora o que a coisa seja, e por isso desconhece que a economia é uma ciência teórica e, enquanto tal, não nos diz que valores devemos preferir nem a que fins tender. Não estabelece fins últimos. Esta não é tarefa do homem de pensamento, mas do homem de acção. A ciência é produto do pensamento, a acção é o da vontade. Neste sentido podemos dizer que a economia, como ciência, é neutra a respeito dos fins últimos da conduta humana.

Mas atenção: tal não acontece em relação aos meios que se devem empregar para alcançar determinados fins sociais. Aqui a economia é o único guia fiável para a acção. Se os homens querem realizar determinados fins sociais, têm que ajustar a sua conduta aos ditames do pensamento económico.

Com este cenário, percebe-se que se possa com bastante segurança afirmar que o facto mais saliente da história intelectual dos últimos 100 anos é a luta contra a economia. Os que advogam a omnipotência do Estado não aceitam discutir os problemas implicados. Riem-se dos economistas, ridicularizam-nos e pedem a todos que os maldigam. Neste contexto é fácil perceber porque

---

[43] Para mais completa fundamentação, veja-se Avelino de Jesus,"A vida para além do défice público (I)", *Jornal de Negócios*, 26. I. 2010, p. 37.

[44] Em termos de taxa fecundidade (índice sintético) os valores, também retirados dos"Indicadores Demográficos" do INE (http://www.ine.pt), passaram de 1,41 (em 1995) para 1,33 (em 2007).

entre nós a imprensa, incluindo a económica, convive tão bem com um crescendo de "profissionais" que dominam o negócio mediático sem saberem o que é a economia e muito menos o que significam os intercâmbios, proporções e os números, a não ser quando são seguidos pelos euros que perseguem.

O fim da ilusão e concepções de liberdade

Uma mais verdadeira compreensão das tensões que o intervencionismo governamental acarreta, será por certo melhor conseguida com um enquadramento histórico que nos permita entender essas tensões e os desafios que levantam à luz da luta entre duas concepções de liberdade. Não sem antes ter presente que a omnipotência do Estado é (e foi) querida por uma sociedade cada vez mais individualista, no mau sentido da palavra – a que Hayek chamava o falso individualismo.[45] A mesma sociedade que, ao mesmo tempo, tende a incorporar uma mentalidade colectiva que ambiciona uma liberdade sem limites, em que se possa fazer tudo o que se quer, desde que ninguém saia magoado.

Só que, como alguém sempre se magoa quando massas de indivíduos agem segundo os seus exclusivos interesses, há que fazer alguém pagar a factura de uma liberdade sem sacrifício e que se quer também "sem culpa, nem ofensa". Uma factura paga durante décadas pelo *Welfare State*, antes centrado no bem-estar, mas que agora, com a crise, se assume cada vez mais como Estado Terapeuta.[46] Mesmo assim, os mentores deste individualismo doentio, caro e inócuo, que nos deu a multidão de patetas dependentes, devotos de um Estado que lhes "vendeu" direitos, não se têm poupado a encontrar uma "solução milagrosa" que possa prolon-

---

[45] Veja-se José Manuel Moreira,"A propósito de Leonardo Coimbra e do 'seu' individualismo", em A.A.V.V., *Ciência e Filosofia na Obra de Leonardo Coimbra*, Fundação Eng. António de Almeida, Porto, 1994, pp. 223-244.

[46] Veja-se José Manuel Moreira, *Ética Democracia e Estado, Para uma nova cultura da Administração Pública*, Principia, Cascais, 2002, p. 147.

gar a ilusão. Uma ilusão que, em pleno século XX, Erhard considera a "ilusão dos tempos moderno": o futuro garantido pelo Estado.[47] Uma ilusão que com o tempo deu lugar ao direito a desfrutar de um tipo de vida assente numa "Liberdade sem culpa" – com todas as escolhas e nenhuma responsabilidade.

Um entendimento de liberdade que desconhece a verdadeira Liberdade, que é livre-escolha, mas mancomunada com a responsabilidade, no caminho de algo maior e mais do que si-mesmo. Uma liberdade altruísta. Uma liberdade com sacrifício. Um perseguir dos nossos sonhos com os olhos no bem comum.

Foi o desconhecimento deste tipo de liberdade (e do são individualismo) que consentiu o crescimento de um Estado, agora em agonia. Uma agonia que mesmo assim muitos (beneficiários) aspiram a prolongar a sua vida à custa de um populismo politicamente correcto, bem gerido e manipulado por uma imprensa cada vez menos independente que convive bem com uma sociedade cada vez mais governamentalizada e invertebrada. Um tipo de sociedade resultante do atrofiamento das virtudes humanas, graças ao sucesso, hoje cada vez mais visível, da substituição do "moral" pelo "social".[48]

Infelizmente, enquanto este discurso persistir no desconhecimento do verdadeiro individualismo, vamos continuar a ser vítimas de uma tendência que há mais de meio século um conhecido livro de ciência política nos deixou bem caracterizada:

> Uma das mais alarmantes tendências no individualismo contemporâneo é aquele ponto em que a mente do indivíduo é moldada actualmente pela massificação, jornais, colunistas, comentadores de rádio e televisão, e as forças exercidas pelas organizações de massas à quais as pessoas acham que lhes é útil pertencerem – sindicatos, associações patronais, partidos

---

[47] Veja José Manuel Moreira, *A contas com a ética empresarial*, pp. 128-130.

[48] José Manuel Moreira, *Ética, Economia e Política*, Lello & Irmão, Porto, 1996, pp. 271-273.

políticos e grupos de pressão, organizações fraternais e religiosas, e muitas outras. O "indivíduo", no sentido que foi formulado por Adam Smith, Thomas Paine, Ralph Waldo Emerson, ou John Stuart Mill, já não existe mais, em vez do destemido e auto-confiante intelectual e da sua independência moral, encontramos um crescente conformismo para tomarmos como nossas, em segunda mão, opiniões dos outros. Tal atitude é o extremo oposto do "individualismo" da mente e do espírito, e milita contra o tipo de cidadania responsável de que a democracia depende.[49]

Um tipo de cidadania que, se esta tendência não for invertida, nos continuará a ser estranha. E assim seguirá, enquanto perdurar um mundo, que já vem dos finais do século XIX, em perda de influência da antropologia partilhada pelos liberais clássicos.

Cidadania, sustentabilidade e natureza humana

Num tempo em que tanto se fala em sustentabilidade seria interessante descobrir quanto uma cidadania responsável depende tanto da sustentabilidade da economia como da democracia. Uma sustentabilidade que se poderá tornar inviável se não se der conta de que o verdadeiro perigo para o futuro da civilização resulta do crescimento de um mundo onde o aumento do conhecimento científico combinado com o decréscimo de conhecimento acerca da pessoa humana, não só ajudou, no século passado, a justificar a morte de centenas de milhões de seres humanos às mãos de regimes totalitários como no nosso século, nos continua a impedir de redescobrir o consenso e de reabilitar o entendimento sobre o que significa ser-se um ser humano.[50]

---

[49] Carlton Clymer Rodee; Totton Jmes Anderson; Carl Quimby Christol, *Introduction to Political Science*, McGraw-Hill, New York, 1957, p. 351.

[50] Alejandro A. Chafuen,"Personalismo vs Individualismo: o seu impacto na Política Pública", *Revista Portuguesa de Filosofia*, 65 (1-4), 2009, p. 249.

Não seria já tempo de passarmos a confiar mais em políticas que promovam a liberdade e a virtude, e consequentemente contribuam para a prosperidade de todos: *O bem-estar para todos* de Erhard? E de começarmos a perceber o verdadeiro e irónico alcance de perguntas como a do nosso primeiro-ministro[51]: "o que seria de nós sem o Estado?"

Sabemos bem quanto a nossa história, apesar de longa, se dá mal com a coragem de quem denuncia instrumentos compulsivos e nos confronta, como Alexandre Herculano,[52] com verdadeiras opções – entre a civilização *imposta* e a civilização *proposta*.

Quem sabe um tempo de crise, como o nosso, seja propício a redescobrir o poder criador do risco e o valor humano das acções colectivas voluntárias? Para tal, teremos que reaprender que todas as decisões humanas são feitas em condição de incerteza: do casar ao escolher a profissão.

Ou será que vamos querer continuar a não acreditar no futuro e a tão só querer saber como regressar ao passado, que era aonde estávamos, conhecíamos e, pelos vistos, gostávamos? Será que políticos sem coragem e cidadãos sem esperança, pelo menos nos próximos tempos vão continuar a consentir, como vítimas e cúmplices, políticas sem futuro.

Se fossemos mais dados à observação dos factos, acabaríamos por detectar a relação entre a situação de epidemia mundial que nos aflige e o sistema de incentivos que permitiu a tanta gente ganhar tanto dinheiro a curto prazo? Apostaríamos assim no longo prazo. E descobriríamos que um sistema baseado na lei, na justiça e na decência comum será sempre o melhor contexto para se desenrolar a aventura da vida, que nunca poderá ser de todo pou-

---

[51] Declarações em Paris, na sessão de abertura de um simpósio presidida por N. Sarkozy, *Público* de 7 de Janeiro de 2010.

[52] Ver referência em José Manuel Moreira, *Liberalismos: entre o conservadorismo e o socialismo*, Ed. Pedro Ferreira, Lisboa, 1996, p. 72.

pada ao risco. O único risco que não devemos querer correr é de desligar a natureza humana do melhor das nossas tradições e dos hábitos e costumes que nos fazem civilizados.[53] Tendo sempre presente que, também na vida social, a inflexibilidade leva à petrificação e à morte.

Pode parecer-nos estranho que hoje tantos progressistas sejam acérrimos defensores do *status quo*. Mas é prova de que não são verdadeiros, os verdadeiros progressistas não separam o risco da segurança, e por isso permanecem tão abertos ao futuro e tão respeitadores do passado como distantes dos "reformadores" descritos por Mises:

> "É muito significativo que a estabilidade e a segurança sejam os *slogans* mais queridos dos "reformadores" actuais. Se os homens primitivos tivessem adoptado o princípio da estabilidade, nunca teriam conseguido a segurança: há muito tempo teriam sido exterminados pelos animais de presa e pelos micróbios".

> Os marxistas alemães cunharam a frase: "Se o socialismo é contrário à natureza humana, então teremos de mudar a natureza humana.". Não se dando conta de que se se muda a natureza do homem, este deixa de ser um ser humano."[54]

Hoje felizmente há cada vez mais homens e mulheres a cuidar de respeitar e fazer respeitar a Natureza, mas são ainda muitos os que, ao desatender à ecologia humana, nos impedem de ver e potenciar a economia e a humanidade que na realidade há em todos e em toda a nossa natureza. Nunca esquecendo na

---

[53] Não chegando a perceber quanto a civilização, é um processo muito frágil e assediado por perigos constantes, não só pela incúria e desleixo dos bons princípios, mas também por aqueles que tudo querem tornar "racional", veja-se a este propósito José Manuel Moreira, *Ética Democracia e Estado*, pp. 94-95.

[54] L. von Mises, *ob. cit*, p. 137.

esteira de Adam Smith que a natureza humana é um melhor guia para a criação de uma sociedade harmoniosa do que o racionalismo construtivista dos visionários e adeptos da engenharia social, como é o caso de Rousseau, a quem Spaemann chamou um cidadão sem pátria, ao pretender entender a natureza humana fazendo abstracção das condições históricas e sociais.[55]

---

[55] Para mais completa elucidação e fundamentação, ver José Manuel Moreira, *Liberalismos*, p. 148.

TIC, aprendizagens e competências no ensino superior

*José Maria Carvalho Ferreira**

Tendo presente as actuais contingências das TIC (Tecnologias de Informação e Comunicação) nas sociedades contemporâneas, nem sempre é fácil discernir sobre os conteúdos e as formas pedagógicas que afectam sobremaneira o processo de aprendizagem que enformam o actual ensino e a fomação ministrado o ensino superior. A natureza complexa, abstracta e imaterial da informação, conhecimento e energia humana que integram as TIC e, por outro lado, as fronteiras e os limites do espaço-tempo confinado à acção individual e colectiva dos estudantes e dos professores é determinado por estruturas e funções normativas das instituições do ensino superior. É necessário, ainda, sublinhar o facto que todo esses factores são incrustados em relações sociais que se traduzem num processo de socialização e de sociabilidade envolvendo não somente estudantes e professores, mas também funcionários. Por fim, importa referir que pedagogia atravessa e estrutura, cada vez mais, dos factores cognitivos e emocionais dos estudantes, professores e funcionários no processo de aprendiza-

---

* Professor/Investigador do ISEG-UTL/SOCIUS; Departamento de Ciências Sociais-Secção de Sociologia; jmcf@iseg.utl.pt

gem no acesso à codificação e descodificação de linguagens que corporizam, a informação, o conhecimento e a energia dos bens e serviços científicos que são produzidos pelo ensino superior.

Pelo que acabo de referir, não podemos continuar a pensar que os problemas e os desafios que ensino superior enfrenta nas sociedades contemporâneas se resumem a uma mera eficiência e eficácia de empregabilidade no mercado em função da profusão de conhecimentos científicos ajustado a uma sistema de qualificações profisionais, mas isento de uma aprendizagem efectiva de competências por parte de estudantes, professores e alunos.

Perantes os dilemas epistemológicos e metodológicos que enfrentamos importa, em primeiro lugar, debruçarmo-nos sobre os tipos de ensino e formação que são dinamizados actualmente nas universidades no quadro da racioanlidade instrumental do capitalismo, tendo presente as actuais contingências das TIC. Assim, torna-se imperioso explicitar as tendências dos constrangimentos das TIC e da globalização, em termos da estruturação de um sistema de aprendizagem baseada em competências cognitivas e emocionais, quando na generalidade dos casos, esse processo é condicionado e é objecto de omissão por de um sistema transmissão de conhecimentos baseado no modelo das qualificações padrão das unidades curriculares dos cursos de graduação e de pós-graduação do ensino superior. Em segundo lugar, na medida em que a ciência e a técnica são cada vez mais integrados no sentido da produção, distribuição, troca e consumo de bens e serviços científicos, até que ponto, sem aprendizagem e sem competências estruturadas pelas TIC, os estudantes, professores e funcionários podem, efectivamente, tornarem-se em actores factores de produção trabalho num mercado mundial submergido pela concorrência e a competição.

1. O ensino superior no contexto do processo de industrialização e de urbanização das sociedades contemporâneas

O desenvoliemto das universidades esteve e está sempre associado às necessidades políticas, sociais, económicas, culturais e científicas das sociedades em que se inserem (Durkheim, 1982). Esta interdependência e complementaridade está bem patente no conjunto de actividades que são constrangidas a desenvolver ao nível do ensino, investigação e formação. No quadro da racionalidade instrumental o capitalismo a sua criação e disseminação foi directamente reportada às necessidades de um tipo-ideal de aprendizagem social do actor factor de produção trabalho no âmbito do processo histórico de industrialização e de urbanização iniciado no século XVIII na Inglaterra.

Quando o processo de industrialização e de urbanização das sociedades se solidificou na Europa e nos EUA, a substancialidade dos vários capitais e sobretudo a acção individual e colectiva do actor factor produção trabalho revelou-se crucial na consecução da maximização do lucro que estrutura e reproduz as bases do progresso e da razão e, por motivos óbvios, a essência da racionalidade instrumental do capitalismo. Em estreita interdependência e complementaridade com esse pressuposto básico, a crescente integração da ciência e da técnica permitiu o advento histórico do taylorismo e do fordismo que deu origem à sociedade automóvel, assim como à exploração de novos recursos naturais, a novas matérias primas e a novas energias. Por outro lado, o Estado--Nação racionalizou e institucionalizou esse processo histórico através do seu poder jurídico, legislativo e executivo. O mercado estruturou e socializou a oferta e a procura de bens e serviços que consubstanciam o processo de industrialização e urbanização das sociedades contemporâneas.

Todo este processo foi sistematicamente pautado por grandes desigualdades e exploração sobre a acção individual e colectiva do actor factor de produção trabalho nos sectores agrícola, industrial e comercial. No século XVIII a revolução industrial deu início à visibilidade social dessa realidade com salários de miséria, horários de trabalho extenuantes, escravatura de crianças e mulheres, inexistência de direitos sindicais, políticos, sociais e culturais. As situações de miséria, pobreza, decadência moral traduziu-se em sublevações, motins, greves e tentativas revolucionárias frustadas, todas elas mescladas pelo sangue e a morte dos que ousaram opor-se ao escravismo iniciático da racioanlidade instrumental do capitalismo (Thompson, 1989, 2008). Para superar esta realidade que punha em causa a sobrevivência histórica do capitalismo, é importante referir o papel do taylorismo no incremento da racionalização da acção individual e colectiva do actor factor produção trabalho no aumento gigantesco da produtividade do trabalho e no decréscimo acentuado dos tempos, pausas, movimentos gestos do actor factor de produção trabalho no processo de trabalho decorrentes da organização científica do trabalho (Taylor, 1925).

O papel das universidades revelou-se crucial para consolidar o desevolvimento da racionalidade instrumental do capitalismo, na estrita medida em que foi o espaço-tempo privilegiado da racionalização da organização do trabalho e da integração progressiva da ciência e da técnica nos seus desígnios. A formação o ensino das universidades tradicionais que estava polarizada à volta do direito, da filosofia e da teologia, a partir de então, generalizou-se a outras áreas científicas: engenharia, biologia, medicina, antropologia, economia, administração, matemática, física, psicologia, sociologia, geografia, história, linguística, etc... O incremento da formação e o ensino ministrado pelas universidades públicas e privadas estava directamente reportado aos ditames das necessidades do mercado de trabalho e, por outro lado, ao desenvolvimento do papel do Estado-Nação na política de educação que decorriam das reivindicações, conflitos e contradições políticas, económicas, sociais e culturais no âmbito da sociedade civil. No fundo, tratava-se de potenciar a formação e o ensino que permitisse estruturar o aumento da produtividade do actor factor de produção trabalho em bases científicas e racionais.

Em estreita correlação com esse pressuposto básico foi estrurado um leque alargado de cursos no ensino superior identificados com profissões e qualificações que obedeciam às necessidadades do aumento da racionalização científica das tarefas e funções inscritas nas estruturas formais da divisão do trabalho, da autoridade hierárquica formal, do processo de tomada de decisão e de processo de liderança da organização do trabalho das empresas, instituições e organizações da sociedade civil e do Estado. A educação e a formação dos «recursos humanos» funcionou como um factor estratégico em relação às políticas económicas do Estado--Nação, tomando para o efeito decisões políticas, culturais e sociais, por forma a privilegiar um tipo de aprendizagem social e cultural conducente à estruturação de um modelo de escolarização baseado nos padrões dos múltiplos perfis profissionais e qualificações requeridas pelas tarefas e funções do actor factor de produção trabalho nas empresas e no Estado. Em sintonia com esta evolução, o mercado pela via da oferta de cursos de graduação e de pós-graduação do ensino superior estimulou uma procura inaudita por parte do mercado, com especial incidência nos perfis sócio-profissioanis que desenvolviam as suas actividades económicas nos sectores industrial, agrícola e comercial. Por outro lado, a lógica reivindicativa da sociedade civil ao dinamizar um processo histórico de lutas dos grupos sociais mais desfavorecidos contra o Estado e o capitalismo, estes foram constrangidos a tomarem medidas tendentes à diminuação das desigualdades sociais, económicas, culturais e políticasn, ao mesmo tempo que pela via ideológica dos princípios da igualdade, da liberdade, da justiça e da solidariedade, potenciavam a mobilidade social dos trabalhadores assalariados na escala de estratificação social das sociedades contemporâneas (Boudon, 1973).

«Para uma parte substancial dos autores que se têm debruçado sobre a evolução da formação e educação dos «recursos humanos» (D'Iribarne , 1989; Maurice, et al., 1982; Bourdieu e Passeron, 1970; Savall, 1975), essas funções de escolarização e de aprendizagem cultural só começaram a assumir-se como actividades separadas da vida quotidiana dos trabalhadores, após termos assistido ao advento histórico do processo de industrialização e de urbanização das sociedades capitalistas desenvolvidas. O processo de aculturação dos indivíduos e grupos que até então era liderado pela família, pela igreja, pelas corporações e guildas, foi, desse modo, transferido para outras instituições privadas e públicas, com especial incidência na acção educacional do Estado, das universidades e escolas privadas (Ferreira, 1999: 186).

Tendo presente os designios históricos da racionalidade instrumental do capitalismo, a eficácia e a eficiência da formação e ensino de «recursos humanos» ministrado pelo ensino superior desenvolveu-se no sentido da produção, distribuição, troca e consumo de bens e serviços científicos circunscrito a perfis sócio-profissionais e a um sistema de qualificações polarizados à volta dos pressuspostos urbano-industriais. Tratou-se, no fundo, de transformar o actor factor de produção trabalho numa mercadorira intensiva e extensiva. As exigências do aperfeiçoamento sistemático da produtividade e eficiência do actor factor de produção trabalho generalizou-se a todo o ensino superior, uma vez que os seus objectivos essenciais do progresso científico e tecnológico eram coincidentes com os do mercado e do Estado. «Não admira, assim, que em vez de educar e formar os seres humanos numa perspectiva cultural global e integral, se tenha enveredado por uma aprendizagem sócio-cultural centrada no *saber-fazer* determinado pela especialização, pela qualificação e pelo perfil profissional de cada tarefa e função da divisão social do trabalho. Para cada qualificação, especialização e profissão passou a exigir-se um nível de ensino e formação adequado. Do mesmo modo que o ensino básico e secundário se limitou a escolarizar os alunos no sentido de uma cultura urbano-industrial obrigatória, nas escolas com características mais técnicas é dada uma formação adaptada às necessidades das empresas e às vicissitudes de regulação do mercado. No caso específico do ensino superior, se bem que inicialmente a sua função primacial fosse a de formar e educar as elites para gerir as empresas e as instituições do Estado, as universidades, paulatinamente, foram adquirindo uma função de educação e formação dos «recursos humanos» com vocação técnica e científica adaptada à necessidades de gestão, de planeamento e de controlo das empresas» (Ferreira, 1999:187-188).

Todavia, este processo histórico de interdependência e complementaridade entre os designios da racionalidade instrumental do capitalismo e o processo de industrialização e de urbanização das sociedades contemporâneas tem sido paulatinamente desestruturado pelas TIC, desde o início da década de setenta do século XX. "Para nos ajudar a discernir sobre este dilema crucial, não podemos prescindir da análise das empresas transnacionais reportadas às actividades de produção, distribuição, troca e consumo de bens e serviços analítico-simbólicos. Sobre a amplitude desta evolução, basta-nos reportar à dimensão da população activa que integra o sector terciário dos países capitalistas mais desenvolvidos (Boltanski e Chiapello, 1999; Kergoat, et al., 1998). A primeira correlação a deduzir entre a globalização, o mercado e a sociedade é, indelevelmente, circunscrito às causas e efeitos geográficos e temporais resultantes da acção das TIC. A latitude e a importância desta realidade é incontestável. São exemplos emblemáticos das contingências da globalização, quando discernimos na intensidade e extensão desse fenómeno de aculturação e de aprendizagem social à escala local, regional, nacional e mundial, pela via do audio-visual através dos "mass media" e da televisão em particular. Por outro lado, enquanto elementos crescentemente cruciais na aculturação e na aprendizagem social do factor de produção trabalho a um outro nível do espaço-tempo do consumo, saliente-se a força estruturante da "internet", ciberespaço, "web", "nanotecnologias", biotecnologias, inteligência artificial, robótica, biociência, telemática, informática, etc., (Gibson, 2004; Leary, 1990; Castells, 2002; 2003a; 2003b; 2004). Com base nesta evolução estruturante torna-se, hoje, quase impossível sobreviver de forma sustentável, como trabalhador assalariado, no quadro da racionalidade instrumental do capitalismo, caso as suas qualificações e competências não lhe permitirem atempada e adequadamente descodificar e codificar as linguagens das TIC. Na verdade, se pensarmos nas características da informação, conhecimento e energia que é possível socializar como "inputs" e "outups", quer em termos quantitativos ou qualitativos; se pensarmos, ainda, nos meios e formas que existem para os emitir, transmitir, apercebemo-nos facilmente das repercussões das TIC e da globalização traduzidas numa capacidade/possibilidade inaudita de produção, distribuição, troca e consumo de bens e serviços de carácter analítico-simbólico. Partindo deste pressuposto, a globalização é a configuração espacio-temporal da coincidência do espaço-tempo virtual com o espaço-tempo real, da força estruturante do espaço-tempo do presente assente na instantaneidade e simultaneidade de cada realidade humana biológica e social concreta inscrita em fluxos e redes de informação, conhecimento e energia de carácter abstracto e complexo. Este dilema do factor de produção trabalho não é circunscrito à esfera da produção, nem tampouco às qualificações e competências dos diferentes perfis profissionais. A instantaneidade do espaço-tempo obriga-o a adquirir competências e qualificações que lhe permitem intervir, simultaneamente, na esfera da distribuição, troca e consumo de bens e serviços analítico-simbólicos. Nestes domínios se não transformar-se num actor eficiente e eficaz, nunca poderá emergir à condição-função de factor de produção trabalho no quadro da racionalidade instrumental do capitalismo. Esta padronização espacio-temporal de bens e serviços é produto da acção das transnacionais que operam no mercado mundial e é vital para os ditames do desenvolvimento da economia formal e informal (Sennet, 2001). Estas, por outro lado, tornaram-se mais interdependentes e complementares. A instantaneidade e a simultaneidade cognitiva, emocional e física de cada indivíduo concreto como factor de produção trabalho é crucial para os ligar e integrar nos fluxos e redes de informação, energia e conhecimentos resultantes da acção desterritorializada das transnacionais. Quem não possui a informação, conhecimento e energia reportada a esses fluxos e redes é excluído da produção, distribuição, troca e consumo dos bens e serviços analítico-simbólicos. Esta tendência da globalização é estruturada pela crescente integração da ciência e técnica corporizada na inovação e mudanças das TIC. Como factor de adaptação e de reacção a essas inovações e mudanças, cada indivíduo concreto, independentemente do país, da cultura, do território e do perfil profissional que integre, é, antes demais, um actor-consumidor ((Bauman, 2001). No fundo, o tempo presente de cada individuo concreto face às contingências da modernidade analítico-simbólica da globalização é atravessado pelo consumo de informação, conhecimento e energia circunscrita à atomização e alienação da sua vida quotidiana, provocada pela abstracção e complexidade de estímulos provenientes da sociedade globalizada. Através da procura efectiva, esta, por outro lado, induz à oferta efectiva de produção de bens e serviços analítico-simbólicos e, logicamente, da distribuição e troca decorrente da acção das transnacionais no mercado mundial

Este modelo personificado pelas actividades das empresas transnacionais se bem que não seja o mais representativo em países cuja actividade económica incide no sectores agrícola e industrial – cereais, indústria agro-alimentar, automóveis, construção civil, química, metalurgia e têxteis – neste caso, as novas tecnologias reportam-se à informática, micro-electrónica, máquinas-ferramentas de comando numérico, biotecnologia e robótica. Em termos espacio-temporais, a produção, distribuição, troca e consumo destes bens e serviços são estruturados através de uma rede complexa e abstracta, tendo por base um imenso trabalho social automatizado e integrado nessas tecnologias. Para descodificar e codificar essas linguagens também são exigidas novas competências do factor produção trabalho e, logicamente, de todos os perfis profissionais que recorrem à informação, energia e conhecimento.

Não obstante o recurso à utilização massiva de matérias primas e energia de características materiais decorrentes do processo de industrialização e de urbanização de países capitalistas menos desenvolvidos, essa realidade não contraria, de modo algum, a evolução da necessidade imperativa de qualificações e competências do factor de produção trabalho de serem integrantes e restritas a causalidades e efeitos da natureza cognitiva e emocional, em detrimento de competências e qualificações baseados em gestos, movimentos e pausas de carácter energético do factor de produção trabalho. Esta tendência perde muita da sua importância, na medida em que parte substancial da matéria prima é redutível à informação, conhecimento e energia de características imateriais dos custos de produção que são transformados no processo de trabalho. Pela sua natureza analítico-simbólica, a intervenção das TIC são cruciais nesse processo. Por um lado, potenciam e viabilizam a coincidência do espaço-tempo virtual com o espaço--tempo real das actividades produtivas e das actividades de consumo. Por outro, padronizam, atempada e adequadamente, as modalidades de produção, troca, distribuição e consumo à escala universal, recorrendo para o efeito a uma estrutura de custos imateriais baseados em "inputs" de informação e de conhecimento adstritas às funções e tarefas do factor de produção trabalho (Goldfinger, 1998)" (Ferreira, 2009:86-89).

2. Contingências das TIC na aprendizagem de qualificações e competências no âmbito do ensino superior

Depreende-se de tudo o que analisei até agora que existem vários desfasamentos entre os conteúdos das contingências das TIC e o modelo de adaptação padrão que a generalidade das universidades desenvolvem nas sociedades contemporâneas. Desde logo, porque estando inseridas num mercado mundial de extrema competição e concorrência mundial, continuam na senda de produção, distribuição, troca e consumo de bens e serviços urbano--industriais em crise.

No entanto, continuar a ministrar cursos de graduação e de pós-graduação com base na estrita transmissão de conhecimentos reportados a qualificações e profissões padrão da civilização urbano--industrial revela-se contraproducente e ineficaz. Qualificar economistas, sociólogos, biólogos, matemáticos, físicos, antropólogos, gestores, engenheiros, médicos, etc, é continuar a difundir um tipo de ensino e formação que provoca frustação nos estudantes, funcionários e professores e, por outro lado, provoca o insucesso e o abandono escolar. A utilidade dessas qualificaçãoes são quase nulas porque não foram estruturadas com base numa aprendizagem e a aquisição de competências efectivas resultantes dos estímulos e das respostas exigidas pelas TIC que determinam uma codificação e descodificação atempada das linguagens analítico--simbólicas. Como resultado lógico dessa realidade, asssiste-se à diminuição drástica das hipóteses de empregabilidade dos estudantes que são certificados com cursos de graduação e pós-graduação das universidades contemporâneas e, por outro lado, enveredam pelo caminho do desemprego e da precariedade da vinculação contratual, devido à inexistência da procura desse tipo de qualificações no mercado mundial.

A coincidência do espaço-tempo virtual com o espaço-tempo real em termos dos estímulos e das respostas dinamizadas pelas TIC na vida quotidiana de professores, estudantes e funcionários não se coaduna mais com a omissão ou ignorância cognitiva e emocional dos referidos actores no que se refere à produção, distribuição, troca e consumo, atempada e adequada, de bens e serviços científicos. As estruturas e funções que enformam a divisão do trabalho, a estrutura hierárquica da autoridade formal, o processo de tomada de decisão e o processo de liderança que vigora nas instituições do ensino superior, por outro lado, inviabilizam o processo de aprendizagem eficiente, na medida em que o dispositivo normativo-estrutural condiciona e elimina o comportamento espontâneo e informal dos professores, estudantes e funcionários no processo de trabalho e da organização do trabalho. De facto, para que todos esses actores possam ser criativos e livres, e não meros actores de adaptação de reacção e adaptação normativa, precisam de se tornarem aprendentes de codificação e descodificação de informação, conhecimento e energia provenientes das contingências das TIC.

Perante estas contingências que emergem em todos os espaços e tempos da vida quotidiana no sistema do ensino superior, os professores num contexto-situação de omnisciência, omnipotência e omnipresença limitam-se a transmitir conhecimentos científicos aos estudantes no sentido da aquisição estrita de qualificações. O professor reproduz mecanicamente os paradigmas e autores considerados mais representativos à escala mundial, destruindo as hipóteses de ser um actor aprendente quando utiliza as TIC de formal livre e criativa. Ou seja, repete e ensina o que antes descoficou e codificou a partir de leituras de livros e artigos que não produziu. Não obstante, quando está no espaço-tempo de qualquer sala de aula, o seu discurso narrativo não é verbal escrito mas verbal oral. Neste aspecto a aprendizagem cognitiva e emocional do professor deve ser estruturada pela aquisição de competências comunicacionais e afectivas. A consecução deste objectivo só é conseguida quando o professor se torna um aprendente, desde que em termos intrapessoais liberte os seus orgãos sensoriais, com especial incidência para a visão e a audição, de forma criativa e espontânea, permitindo assim que as relações intrapessoais inerentes às suas capacidades cognitivas e emocionais possam emergir naturalmente e sejam, efectivamnete, passíveis de o tornar num comunicante e socializador de afectos inscritos na sua necessidade intrínseca de aquisição de competências quando aprende consigo próprio pela via verbal oral e responde aos estímulos veiculados plesa TIC na saula de aula.

Esta disjunção e contradição que presiste entre os pressupostos estruturantes das qualificações inerentes à transmissão de conhecimentos veiculada nas aulas teóricas e práticas dos cursos de graduação e de pós-graduação do ensino superior e os pressupostos estruturantes da aquisição efectiva de competências intrapessoais dos professores ocorre também com os estudantes e os funcionários. Sendo três subsistemas cruciais do processo de trabalho e da organização do trabalho, persiste a necessidade de uma efectiva interdependência e complementaridade entre os mesmos. Na verdade, esse pressuposto básico não existe, porque os constrangimentos funcionais e estruturais formais da divisão do trabalho, da autoridade hierárquica, dos processos de tomada de decisão e de liderança não o permitem. Por efeito das contingênciais das TIC, a socialização da comunicação e dos afectos dos actores factores de produção, trabalho que dispendem energia, informação e conhecimento no ensino superior é, seriamente, afectada. Não existindo relações sociais horizontais, livres e espontâneas entre os actores que integram os três subsistemas, não podem emergir relações que viabilizem uma aprendizagem conducente a uma produção, distribuição, troca e consumo de bens e serviços científicos.

No fundo a aquisição de competências implica uma aprendizagem generalizada e atempada de transformação de matéria prima-prima intangível que se consubstancia num processo criativo de informação, conhecimento e energia humana. No sentido contrário, a aquisição de qualificações consiste numa mera reacção e adaptação dos estudantes e dos funcionários ao poder dos professores, que se limitam a exercer um papel repetitivo de transmissão de conhecimentos na sala de aula e, por outro lado, quando exercem o poder limitam-se a exercer papéis de gestores. Estes pressupostos estruturais e funcionais atravesasam todas relações interpessoais, intragrupais, intergrupais e intra organizacionais que estruturam o comportamento padrão no processo de trabalho e da organização do trabalho das instituições do ensino superior.

Por último, um dos grandes desafios e problemas que as instituições do ensino superior, actualmente, enfrentam residem no desfasamento espácio-temporal entre a investigação fundamental e aplicada e o ensino e a formação, Estes últimos, ao estarem separados mecanicamente do primeiro, resume-se a uma transmissão de conhecimentos e a qualificar estudantes sem hipóteses de adquirirem as competências que só através de uma aprendizagem efectiva seriam conseguidas. A investigação, pelo seu lado, embora seja pautada por um processo de aprendizagem e de aquisição de competências, no entanto, a investigação fundamental devido ao de também estar separada mecanicamente da investigação aplicada produz os mesmos efeitos perversos, no que se reporta aos resultados e à eficiência no que se refere à produção, distribuição, troca e consumo de bens e serviços científicos que o ensino superior oferece ao mercado.

Tendo presente os efeitos e os dilemas estruturantes que as TIC e a globalização desenvolvem, não é mais possível separar, em termos espácio-temporais, a teoria da prática, todo o tipo de investigação do ensino e da formação. Para que haja eficiência e produtividade de bens e serviços científicos no ensino superior subsiste um imperativo comportamental crucial. Perante a concorrência e a competição emergente no mercado mundial, se os actores dos três subsistemas do ensino superior não evoluirem no sentido de integrarem de forma sistemática e aprofundada o que é objecto de disjunção e separação mecânica, no quadro da racionalidade instumental do capitalismo, facilmente, entrem no desemprego ou caminham a passos largos para precariedade da sua vinculação contratual. As instituições do ensino superior, pura e simplesmente, entrem na falência.

Esta disjunção e separção mecânica resulta numa série de problemas e desafios para o sistema universitário mundial. A proliferação de conceitos e de propostas epistemológicas e metodológicas para superar a actual crise do ensino superior e da educação em geral é sintomática do que acabo de referir: polivalência, flexibilidade, empregabilidade, empreendedorismo, inovação e conhecimento, criação de redes de transferência de conhecimento e tecnologia, etc....

A emissão, transmissão e recepção da informação directamente relacionada com a execução de tarefas e os processos de decisão e de liderança. A descentralização, a participação e a autonomia circunscrita à acção individual e colectiva do factor de produção trabalho impõem-se sobremaneira em todos os postos de trabalho que atravessam a divisão social do trabalho. Só nestas condições é possível uma maior rotatividade, flexibilidade e polivalência do factor de produção trabalho. Por outro lado, todas essas transformações exigem o desenvolvimento da margem de liberdade, da criatividade, da responsabilidade e da espontaneidade, por forma a estimular uma acção individual e colectiva consentânea com as exigências do aumento da produtividade do trabalho. Para que se possa prosseguir com êxito esse objectivo, revela-se imperioso abolir uma grande parte dos níveis hierárquicos de autoridade formal permitindo-se a emergência de uma autoridade e de um liderança assente em práticas informais.

3. Conclusões e cenários possíveis de superação da crise do ensino superior

Em jeito de conclusão e também de homenagem ao meu querido amigo Adelino Torres, enquanto professor e pedagogo de grande valor, junto deixo alguns cenários alternativos de mudança que propus, recentemente, ao conselho científico do ISEG-UTL.

As mudanças que estão, actualmente, em curso nas sociedades contemporâneas obrigam o ISEG a enfrentar e a resolver problemas e desafios de natureza científica. Em primeiro lugar, a tensão e a disjunção entre a investigação fundamental e a investigação aplicada deve ser extinta, permitindo que emirja uma relação de interdependência e de complementaridade entre a investigação e o ensino e, por outro lado, que o Processo de Bolonha seja, efectivamente, aplicado, tendo presente as exigências da coincidência do espaço-tempo da transmissão de conhecimentos e as necessidades simultâneas de aprendizagem no espaço-tempo da sala de aulas.

Em segundo lugar, as contingências das Tecnologias de Informação e Comunicação e da globalização estruturam e padronizam o espaço-tempo da acção individual e colectiva do investigador e do professor no sentido da produção, distribuição, troca e consumo de bens e serviços analítico-simbólicos. A singularidade das causalidades e efeitos provocadas por estas contingências, obriga que todos os "inputs e outputs" do ISEG sejam devidamente socializados em termos concretos e virtuais.

Finalmente, perante a crise de produtividade e de qualidade que o ensino e a formação do ISEG atravessam, persiste a necessidade de mudar os conteúdos científicos das unidades curriculares e os métodos pedagógicos que são ministrados no 1.º ciclo, no 2.º ciclo e no 3.º ciclo. Para uma socialização efectiva da mobilidade de estudantes e professores dos países que aderiram aos princípios fundadores do Processo de Bolonha, para qualquer estudante, investigador e professor, persiste uma necessidade imperativa: todos devem ser actores estruturantes da aquisição de competências. Deixando de ser um mero instrumento de transmissão e recepção de conhecimentos, são constrangidos a acabarem com um tipo de ensino e formação que só qualifica e gera diplomas de graduação e de pós-graduação, mas não lhe dá as competências que são cruciais para, efectivamente, poderem tornarem-se empreendedores nas áreas científicas da economia e da gestão e inclusive nas áreas da matemática, sociologia, história e direito.

Pelas razões sublinhadas, proponho as seguintes medidas de política científica de curto e médio prazo.

1) Criação de uma página virtual específica no ISEG com a totalidade dos produtos científicos resultantes das actividades das Unidades de Investigação avaliadas positivamente pela FCT. Todos os docentes que não estão nestas condições preencherão estes requisitos de forma individual. Assim, todos os Congressos, Colóquios, Conferências, Seminários, Workshops, Projectos de Investigação, livros, capítulos de livros, artigos publicados em revistas nacionais e revistas internacionais deverão constar na referida página em português e em inglês.

2) Por forma a que aprendizagem efectiva possa coexistir com a transmissão de conhecimento no espaço-tempo da sala de aula e, por outro lado, constituir-se como um factor estruturante e estrutural do Processo de Bolonha, toda investigação fundamental das Unidades de Investigação

que foram avaliadas positivamente pela FCT devem ser traduzidas em produtos de investigação aplicada (licenciaturas, mestrados doutoramentos e cursos de pós-graduação) nos vários níveis de ensino e cursos que são ministrados no ISEG. Deste modo, todo o ensino e a formação deve ser precedido de actividades de investigação fundamental e aplicada, que implicam uma interdependência e complementaridade sistemáticas entre a teoria e a prática, devendo, assim, extinguir-se as aulas teóricas separadas das aulas práticas. Cada turma não poderá ter mais de 30 alunos. Todas as unidades curriculares terão 50% do seu tempo dedicado ao desenvolvimento de uma pedagogia e de uma tutoria baseada num processo de aprendizagem efectiva de professores e alunos.

3) Todos os produtos que integram a transferência de conhecimentos para a sociedade que resultam de tarefas de extensão universitária, de divulgação científica e de valorização económica e social do conhecimento devem ser divulgados de uma forma atempada e adequada na página virtual do ISEG. Estas actividades de investigação aplicada que podemos denominar de indústria de serviços analítico-simbólicos, pela sua especificidade são de âmbito nacional e internacional, devendo para o efeito ser publicadas em português e inglês.

4) Tendo presente as contingências das Tecnologias de Informação e Comunicação e sua padronização comportamental pela via da globalização, todos os docentes deverão evoluir no sentido de integrar um processo de aprendizagem que lhes possibilite exercer funções de gestão no ISEG, adquirindo para o efeito competências comunicacionais e afectivas que são imprescindíveis para aumentar a eficácia e produtividade organizacional e administrativa do ISEG.

Referências Bibliográficas

BAUMAN, Zygmunt (2001), *Modernidade líquida*, Rio de Janeiro, Jorge Zahar Editor.
BOLTANSKI, Luc e CHIAPELLO, Ève (1999), *Le nouvel esprit du capitalisme*, Paris, Gallimard.
BOURDIEU, Pierre e PASSERON, Jean-Claude (1970), *La reproduction*, Paris, Minuit.
BOUDON, Raymond (1973), *L'inégalité des chances – la mobilité sociale dans les sociétés industrielles*, Paris, Armand Colin.
CASTELLS, Manuel (1998), *La société en réseaux*, Paris, Fayard.
CASTELLS, Manuel (2002), *A era da informação: economia, sociedade e cultura – A sociedade em rede* (vol.1), Lisboa, Fundação Calouste Gulbenkian.
CASTELLS, Manuel (2003a), *A era da informação: economia, sociedade e cultura – O poder da identidade* (vol.2), Lisboa, Fundação Calouste Gulbenkian.
CASTELLS, Manuel (2003b), *A era da informação: economia, sociedade e cultura: O fim do milénio* (vol.3), Lisboa, Fundação Calouste Gulbenkian.
CASTELLS, Manuel (2004), *A galáxia da internet*, Lisboa, Fundação Calouste Gulbenkian.
D'IRIBARNE, Alain (1989), «O futuro da educação – formação face às evoluções tecnológicas e organizativas: em direcção a novas estruturas e novas profissões», in *CEDEFOP*, n.º 1, pp. 15-23, Berlin.
DURKHEIM, Emile (1982), *Historia de la educación y las doctrinas pedagógicas*, Madrid, La Piqueta.
FERREIRA, J. Carvalho (1999) «Crise na Unversidade: problemas e tendências na formação e educação dos «recursos humanos», in *1.ªs Jornadas Primeiras Jornadas Pedagógicas do ISEG, Lisboa*, ISEG-UTL.
FERREIRA, J. Carvalho (2009), A Adaptação do processo de Bolonha em Portugal, in *Ponto-e-Vírgula*, n.º 5, PUC-SP, São Paulo, pp. 84-116.
GIBSON, William (2004), *Neuromante*, Lisboa, Gradiva.
GOLDFINGER, Charles (1998), *Travail et hors-travail – ver s une société fluide*, Paris, Editions Odile Jacob.
KERGOAT, Jacques, et ai. (1998), *Le monde du travail*, Paris, Editions La Découverte.
LEARY, Thimothy (1990), *Info-Psydiology*, Las Vegas, Falcom Press.
MAURICE, M, SILVESTRE, J.-J. e SELLER, F. (1982), *Politique d'education et organisation insdustrielle en France et en Alemagne*, Paris, PUF
SAVALL, Henri (1975), *Enrichir le travail humain: l'évolution économique*, Paris, Dunod.
SENNETT, Richard (2001), *A corrosão do carácter – consequências pessoais do trabalho no novo capitalismo*, Lisboa, Terramar.
TAYLOR. F. W. (1925), *La dirección de los talleres*, Barcelona, Talleres Gráficos Feliu y Susanna.
THOMPSON, E.P. (1989), *A formação da classe operária na Inglaterra*, (3 vol.), São Paulo, Paz e Terra.
THOMPSON, E.P. (2008), *A econmia mral da multidão na Inglaterra do Século XVIII*, Lisboa, Antígona.

A integração europeia hoje: Que agenda de investigação?

Luís Lobo-Fernandes[*]
Maria Helena Guimarães[**]

Introdução: o modelo europeu na encruzilhada

O presente contributo pretende suscitar uma agenda de investigação algo mais alargada em torno do espaço europeu de hoje, abrangendo três dimensões analíticas inter-relacionadas: a emergência da sociedade civil; a mutação do Estado marcada por um novo pluralismo regulador e o mercado interno; e a emergência de uma comunidade democrática trans-estadual.

O projecto europeu – tal como há mais de meio século – continua a configurar-se como a melhor forma de os Estados da Europa alcançarem crescentes patamares de segurança, democracia e prosperidade. Importa, não perder de vista o valor fundamental do processo de integração, a saber, a consolidação de um modelo de paz para a Europa numa fase de maior incerteza nas relações

---

[*] Universidade do Minho, Cátedra Jean Monnet de Integração Política Europeia e membro do Núcleo de Investigação em Ciência Política e Relações Internacionais. Calouste Gulbenkian Fellow, Johns Hopkins University (CTR-SAIS), Washington, DC.
[**] Universidade do Minho, Cátedra Jean Monnet de Integração Económica Europeia. Fulbright Visiting Scholar, American University (SIS), Washington, DC.

internacionais, e relembrar, porventura, que não se visualiza uma alternativa credível de prosperidade para as nações europeias fora da União Europeia. Os custos da não-integração seriam incomensuráveis.

A União Europeia patenteia um elevado nível de institucionalização e representa um dos mais importantes elementos de estabilidade no sistema internacional. A UE parece, não obstante, confrontrar-se com a necessidade de clarificar permanentemente os seus objectivos, como é sugerido pela imagem recorrente de "encruzilhada".

1. A sociedade civil no centro do discurso democrático

O conceito de sociedade civil encontra-se no centro dos processos que levaram à constituição da modernidade ocidental. Contemporaneamente, esta noção vem sendo cada vez mais usada para apontar o *locus* fundamental de uma nova fase de expansão da democracia.

Podemos considerar duas grandes correntes teóricas na história do conceito de sociedade civil. Uma, tributária das visões de Adam Smith (*The Theory of Moral Sentiments*, 1759) e de Adam Ferguson (*Essay on Civil Society*, 1767), que enfatizaram a vertente económica da sociedade civil, sustentando que os indivíduos podem autoregular-se no mercado com uma intervenção do governo tendencialmente limitada. A outra corrente inscrever-se-ia na visão anti-absolutista de pensadores como John Locke, Montesquieu, Rousseau e Tocqueville, que valorizaram as dinâmicas sociais e políticas estabelecidas por agentes autónomos.

O discurso sobre a sociedade civil ressurgiu no cenário teórico e político dos anos de 1980, graças sobretudo à influência de autores como John Keane (1988, 1998), James Wolfe (1997), Jean L. Cohen e Andrew Arato (1992), entre outros. Tal ressurgimento dever-se-ia principalmente a três factores: primeiro, o declínio das formas de organização política baseadas na tradição marxista, com a consequente reavaliação da proposta marxiana de "fusão" entre sociedade, Estado e mercado; segundo, o surgimento dos *novos movimentos sociais* que centram a sua estratégia não na exigência de acção estatal, mas na proposição de que o Estado respeite a autonomia de determinados sectores sociais; por último, a quarta vaga de democratizações no Leste europeu, na América Latina, e mesmo em África, onde muitos actores sociais e políticos identificaram a sua acção como parte da reacção das respectivas sociedades civis ao Estado (Avritzer, 1997, 1999). Charles Taylor (1995), por sua vez, distingue três tipos de sociedade civil. No sentido mínimo, ela existe quando houver associações livres fora da tutela do poder; num sentido mais forte, quando a sociedade como um *todo* se estrutura e coordena as suas acções através de associações livres da tutela estatal; por sua vez, a mais forte imagem de sociedade civil reportar-se-ia a processos onde o conjunto das associações determina ou influencia de forma significativa o curso das escolhas e políticas públicas.

O papel político da sociedade civil não está directamente relacionado com a conquista e controlo do poder; reporta-se, antes, à geração de influência na esfera pública. O papel mediador da sociedade política entre a sociedade civil e o Estado é indispensável. O conceito de sociedade civil implica, pois, o reconhecimento de instituições intermediárias entre os cidadãos e o Estado. Outro papel das instituições mediadoras é o de institucionalizar princípios éticos – no sentido de uma ética da responsabilidade democrática – que não são gerados nem pela acção estratégica do mercado, nem pelo exercício directo do poder do Estado.

A concepção de sociedade aqui enunciada refere-se, assim, a esferas de mediação através das quais a sociedade civil exerce influência sobre os processos político-administrativos e económicos. Ao invés, uma relação antagonista da sociedade civil, ou dos seus actores, com o Estado, surge quando fracassam essas mediações, ou quando as instituições políticas são usadas para isolar e contrariar a tomada de decisões por parte dessa mesma sociedade civil. Na primeira concepção, podem incluir-se as novas formas de governação designadas de governação em rede (*networked governance*) ou "comunidades epistémicas".

Porém, no plano internacional o modelo de governação que deriva das reivindicações de uma sociedade civil global não se auto-regula e patenteia uma insuficiente legitimação democrática, pois não existe um modelo disponível de democracia global. Em rigor, a democracia está historicamente ligada à experiência do estado-nação e a uma dada territorialidade. Torna-se aparente a necessidade de empreender processos de mudança democrática apoiados em quadros multilaterais ou seja, reconhecer o papel dos regimes internacionais nos processos de ajustamento político.

No que respeita à União Europeia, as provisões do Tratado de Lisboa, reafirmam o carácter *único* da construção comunitária, assente na dupla participação dos Estados e dos cidadãos, embora o Tratado estipule que a cidadania da União acresce à cidadania nacional, não a substituindo. Segundo o Tratado, as instituições europeias devem estabelecer um diálogo aberto, transparente e regular com as associações representativas e com a sociedade civil. Nesse sentido, a fim de assegurar a coerência e a transparência das acções da União, o Tratado prevê que a Comissão Europeia, em particular, proceda sempre que necessário a amplas consultas. Em todas as suas actividades, a União respeita o princípio da igualdade dos seus cidadãos, que beneficiam de igual atenção por parte das suas instituições. As instituições assegurarão, igualmente, aos cidadãos e às associações representativas, a possibilidade de expressarem e partilharem publicamente os seus pontos de vista sobre todos os domínios de acção da União. É, aliás, consagrado o princípio da petição popular através da qual, um milhão de cidadãos da União, nacionais de um número significativo de Estados-Membros, pode tomar a iniciativa de convidar a Comissão Europeia – no âmbito das suas atribuições – a apresentar uma proposta em matérias sobre as quais esses cidadãos considerem necessário um acto jurídico da União para aplicar os Tratados. Por último, o funcionamento da União baseia-se na democracia representativa, estando os cidadãos directamente representados no Parlamento Europeu. As suas decisões são tomadas de forma tão aberta e tão próxima dos cidadãos quanto possível. Por sua vez, os partidos políticos ao nível europeu deverão contribuir para a criação de uma consciência política europeia e para a expressão da vontade dos cidadãos da União.

2. A mutação do Estado: o novo pluralismo regulador e o mercado interno

A teorização tradicional sobre o poder do Estado deriva fundamentalmente da noção de soberania – o poder soberano refere-se a uma instância ou agência suprema. Esta concepção fundada na tradição hobbesiana procura legitimar pela soberania a ordem estabelecida. Contudo, ao contrário da noção clássica de soberania – que significa normalmente o exercício directo do poder – descortina-se nos processos de ajustamento político-económico em curso na UE uma mutação importante, no sentido de uma lógica re-reguladora. Esta lógica aponta para a emergência de modos de poder indirecto, nomeadamente aquilo que Michel Foucault (1977) classificou como poder *disciplinar*, pretendendo sugerir mecanismos internalizados de controlo social, e menos a acção de instituições pesadas ou do aparelho de Estado. Esta imagem de poder disciplinar abre novas linhas de intelecção para uma investigação sobre as políticas europeias associadas aos processos de regulação, re-regulação e des-regulação.

A imagem de poder disciplinar de Foucault possibilitou uma investigação diferenciada sobre as novas práticas políticas associadas aos processos de liberalização e de privatização (Lobo-Fernandes, 2006). De entre os sinais de mudança nos Estados demo-liberais está precisamente a transformação estrutural do Estado-providência do pós-II Guerra em novas formas de Estado regulador, no sentido de um novo pluralismo regulador. O novo modelo de ajustamento substitui, pelo menos em parte, a autoridade formal-legal (controlo directo) pelas práticas de mercado (controlo indirecto) ou seja, por dinâmicas que configuram uma redefinição profunda do papel do Estado. Neste novo quadro, a regulação, que tipicamente era assegurada pelas autoridades públicas, é hoje crescentemente exercida por organizações privadas que fornecem as regras de provisão dos bens públicos (Egan, 2010). As novas entidades reguladoras são a face mais visível desta metamorfose. A delegação de poderes reguladores em instituições independentes surge, em grande medida, como uma tentativa para resolver problemas de governabilidade. Também na UE, a integração dos mercados é cada vez mais marcada pelas agências de regulação privadas, tal como os organismos europeus de standardização que procuram a harmonização com base em interesses partilhados das indústrias neles representadas (CEN, CENELEC, por exemplo).

Numa linha de intelecção similar, Majone (1996), em particular, tem considerado que a União Europeia configura sobretudo um "estado regulador", sublinhando a importância da regulação transnacional para a compreensão da evolução da UE nas duas últimas décadas. A sua perspectiva parte do impulso re-regulador do mercado interno, e considera, em especial, que a União Europeia se distingue do modelo de estado-providência precisamente pela ênfase colocada na harmonização necessária ao funcionamento eficaz do mercado. A UE é, aliás, um modo de governação do mercado baseado na harmonização regulatória.

O mercado interno é um dos domínios da integração europeia em que a o controlo indirecto e a pluralidade reguladora é mais visível. Para além de ser um dos principais pilares da construção europeia, ele é uma das suas dimensões de maior sucesso. Como sustenta Sieberson (2008), o Mercado Interno permanece no âmbito do Tratado de Lisboa, o núcleo da nova UE. Ora, no do mercado interno, como na União Europeia em geral, a agenda de investigação alterou o seu foco de análise: do estudo da integração passou-se em grande medida para o estudo da governação.

Face às características do mercado interno no início do século XXI, é relevante reflectir sobre a pertinência analítica dos conceitos de integração negativa e da integração positiva como formas de governação. Na sua formulação clássica (Tinbergen, 1954), a integração negativa refere-se à eliminação das barreiras à integração e por integração positiva entende-se a adopção de políticas comuns cuja implementação pode suscitar a criação de novas instituições no espaço integrado. Na nossa perspectiva, os conceitos de integração negativa e de integração positiva mantêm pertinência analítica, mas necessitam reequacionados face à nova focalização da investigação na governação europeia. Se a UE, por um lado promove a liberalização dos mercados através de desregulação, similar à integração negativa, por outro tem procurado criar regras comuns e harmonizadas, adoptando uma função de re-regulação como estratégia de integração positiva, actualmente primordial para a integração dos mercados.

Embora relevantes, os conceitos convencionais de integração positiva e integração negativa não são suficientes para classificar as estratégias de governação no mercado interno de hoje nem para captar as referidas formas de controlo indirecto e a pluralidade reguladora da UE. Neste sentido, Young (2005, 102) opina que a *Nova Abordagem* à harmonização veio esbater as diferenças entre integração negativa e integração positiva. A *Nova Abordagem*, ao estabelecer apenas requisitos mínimos, não implica o grau elevado de comunalidade de políticas e de centralização que caracterizaram a harmonização total, detalhada e exaustiva, anterior ao Acto Único.

Scharpf (1996, 1999), retém os conceitos de integração negativa e positiva, mas considera que nem a integração negativa nem a integração positiva se referem a processos económicos – mas prendem-se, antes, com as políticas destinadas a alargar o espaço económico (1999). O autor mantém que a integração negativa ocorre quando se eliminam as restrições nacionais à liberdade de circulação de bens, serviços, capital e trabalho e as distorções à concorrência, com o intuito de liberalizar os mercados; a integração é positiva se se materializa na formulação de políticas europeias comuns que criam um sistema de regulação económica no espaço integrado e moldam as condições sob as quais o mercado opera. Scharpf considera que a introdução de dois novos conceitos – *market-making integration* e *market-correcting integration* – é útil para classificar algumas medidas de integração adoptadas pela UE. A integração *market-making* respeita à desregulação que permite evitar intervenções nacionais discriminatórias que distorcem o funcionamento do mercado. A integração *market--correcting* refere-se à re-regulação, necessária face aos efeitos colaterais não esperados da liberalização. Assim, a integração *market-correcting* – a re-regulação – é especialmente adequada em matérias de protecção do consumidor e de protecção do ambiente associadas aos efeitos da liberalização. Scharpf (1996) adverte, no entanto, que estes conceitos não são totalmente equivalentes aos de integração negativa e positiva. Para o autor, toda a integração negativa é *market-making*. Mas a integração positiva pode ser *market-making* se a política comum visar eliminar barreiras não-tarifárias, por exemplo, ou *market-correcting* quando visa harmonizar regulamentações orientadas para processos produtivos, como sejam as regulamentações relativas ao controlo da poluição.

Parece-nos que a distinção de todos estes conceitos e a sua combinação é útil para classificar algumas das iniciativas destinadas a aprofundar a integração no mercado interno, no quadro do seu pluralismo regulador de hoje e no âmbito do estudo da governação europeia. A diversidade e complexidade das estratégias de integração dos mercados não ficam compreendidas na conceptualização convencional de Tinbergen (Guimarães, 2009). Embora ela se mantenha útil, deve ser articulada com novas taxonomias dos modos de integração.

Para Majone (1996), a função reguladora da União Europeia é a mais presente das funções da UE, face às funções de redistribuição e estabilização mais presentes no modelo do estado-providência. Tal deve-se, *a fortiori*, à ênfase colocado na harmonização necessária ao funcionamento do mercado interno. Por outro lado, o seu impulso des-regulador e re-regulador foi determinante para este novo enfoque na agenda de investigação sobre UE.

3. A construção de uma comunidade democrática trans-estadual

Sabemos que a actual União Europeia *não* constitui ainda uma *comunidade política* tal como definida por Etzioni (2001), caracterizada no plano teórico por três elementos (Etzioni, 1990)[1] é o foco principal de lealdade política da grande maioria dos cidadãos; tem um centro de decisão capaz de influenciar de forma significativa a repartição de valores em toda a comunidade; e, por último, possui um poder coercivo suficiente para contrariar o poder de qualquer um dos seus membros ou de uma coligação destes.

Não obstante, sinais perceptíveis no processo de integração europeia apontam para a emergência de uma nova entidade – a macrorregião (*lato sensu*), que suplanta parcialmente a clássica soberania vestefaliana como fórmula hiperterritorial nas relações internacionais. Na óptica do modelo de governação multi-nível ou multi-sistémico, a macrorregião emergente poderia ser descrita como uma formação intermédia de comunidade política entre o estado-nação e o sistema internacional considerado como um todo, consistindo em unidades múltiplas de decisão que em parte se sobrepõem. Por sua vez, a macrorregião considerada numa escala de integração, poderá constituir-se em comunidade política propriamente dita se, para além de uma comunidade de valores, se verificar a existência de uma comunidade de poder com regras formais e instituições próprias. Segundo Whiting, Jr. (1993), esta unidade analítica, relevante para as dinâmicas transnacionais contemporâneas, pode ainda ser apreciada segundo três significados distintos: como *unidade geopolítica* centrada à volta de uma entidade geográfica que serve de base à acção; como *cooperação política organizada* dentro de um dado agrupamento de Estados; e, como *comunidade macrorregional*, isto é, um actor político consolidado no sistema internacional, o que, nesse caso, implica o preenchimento de algumas pré-condições, nomeadamente valores partilhados, propósitos comuns, e identidade suficiente de modo a

---

[1] Neste trabalho ver, em especial, a "escala de integração".

"ceder" à entidade macrorregional a expansão do conceito de cidadania, requerendo ainda uma moeda única e um sistema de defesa integrado.

Ora, a comunidade transestadual emergente – a União Europeia – constitui já uma verdadeira *comunidade pluralística de segurança*, conceito introduzido de forma precursora por Deutsch (1957), a saber, um esquema de integração plena onde existe uma garantia real de não-recurso à guerra entre os seus membros. A macrorregião, como expressão significativa de *interesses adquiridos* implica, porém, uma identidade mais acentuada da cidadania europeia, uma moeda única (o euro, já consagrado), e um sistema de defesa integrado (ainda incompleto). Por isso, para caber dentro da noção de macrorregião proposta (Camisão e Lobo-Fernandes, 2005), a UE tem de melhorar decisivamente a sua coordenação, accionando, no novo quadro densamente transnacionalizado, a implementação das políticas comuns e racionalizando as áreas contempladas no processo de integração. O objectivo de uma União mais forte, solidária e com maior legitimidade democrática tem de ser estruturada no princípio do interesse comunitário; só assim poderá, com crescente eficácia, aumentar o grau de acomodação. A complexidade da macrorregião parece sugerir, porém, que a estabilização deste novo tipo de actor de dimensão é necessariamente longa.

Elfriede Regelsberger (1993) antecipava modelos possíveis de evolução da UE: um cenário "pragmático evolutivo" que pressupunha uma estratégia de aprofundamento mais incrementalista (neste caso a configuração institucional mudaria de acordo com as necessidades de cada novo alargamento), e um cenário de cariz "federal/constitutional" que implicava uma transformação mais profunda do sistema comunitário. Neste último cenário, com o aumento do número de membros aumentaria também a necessidade de maior eficácia; por outro lado, a expansão das áreas de intervenção da União ditaria a necessidade de maior *accountability*. Muito embora o Tratado Constitucional tenha sido abandonado em 2005, na sequência do voto negativo em referendo de franceses e holandeses, podemos falar de uma constitucionalização parcial do processo de integração, definida pela verticalização de um regime de obrigações comuns para os Estados. Segundo Stone Sweet e Caporaso (1998, 102), constitucionalização referir-se-ia precisamente ao processo através do qual "the European treaties were transformed from interstate compacts 'into a vertically integrated legal regime conferring judicially enforceable rights and obligations on all legal persons and entities, public and private within EC territory'".

Conclusão: A ironia de um sucesso

Afigura-se-nos excessivo o pessimismo daqueles que vêem o projecto europeu mergulhado numa crise irremediável. Pelo contrário, estamos convictos que os problemas da UE são, na verdade, o resultado do seu sucesso, senão mesmo, a prova dele. É aparente que alguns dos dilemas que visualizamos hoje na Europa decorrem do próprio êxito do processo de integração, já materializado na moeda única, no mercado interno, numa maior partilha de prosperidade e numa cidadania comum. É imprescindível reconhecer que os sucessivos alargamentos são a principal medida – no sentido mesmo da epistemologia da ciência social – do seu êxito. A União Europeia evidencia um poder de atracção notável e é, hoje, um projecto de solidariedade à escala do continente europeu. Mesmo a controvérsia sobre o chamado défice democrático da União poderá encontrar justificação no progresso do empreendimento europeu.

Como referia Caporaso (2000), quanto mais a UE se afasta da classificação de mera organização internacional (se é que alguma vez o foi) mais central se torna a questão da democracia; trata-se, julgamos, de uma natural transposição das exigências de legitimidade do nível nacional para o supranacional. O progressivo assumir pela União Europeia de algumas das funções anteriormente da competência geral dos Estados – não tendo sido secundado por um proporcional aumento da participação política dos cidadãos na vida comunitária – leva estes últimos a esperar das instituições um nível similar de responsabilização e de controlo democrático exigido aos governos nacionais. É neste sentido que interpretamos a controvérsia sobre o modelo e o alcance da governação europeia, que não deverá ser confundida com os atributos clássicos do estados territoriais.

A noção de governação europeia deve ser alicerçada numa estrutura institucional capaz de ir ao encontro da natureza dualista da União – união de Estados e comunidade de cidadãos. Tal é seguramente um dos mais importantes elementos da União Europeia. É aquilo que se pode designar de excepcionalismo comunitário. No entanto, qualquer reforma do modo de actuação comunitário deverá ter como objectivo principal o reforço da legitimidade democrática, a qual só será conseguida com um aumento da participação dos cidadãos no processo de integração.

As dinâmicas contemporâneas, aparentemente mais presentes no processo de integração europeia, sugerem que o modelo europeu continua numa encruzilhada. E a agenda de investigação sobre a UE tem nela inesgotável fonte de interrogações.

Referências

AVRITZER, Leonardo. 1997. "Civil Society: the meaning and the employment of the concept". *Constellations*. Vol. 3, n.º 2.

_____. 1999. *Modelos de Sociedad Civil*. In Alberto Olvera. *La Sociedad Civil*. Ciudad de Mexico: El Colegio de Mexico.

CAMISÃO, Isabel e Luís LOBO-FERNANDES. 2005. *Construir a Europa: O Processo de Integração entre a Teoria e a História*. Cascais: Principia.

CAPORASO, James A. 2000. *The European Union: Dilemmas of Regional Integration*. Colorado: Westview Press.

COHEN, Jean L. e Andrew Arato. 1994. *Civil Society and Political Theory Studies in Contemporary German Social Thought)*. Cambridge, MA: The MIT Press.

DEUTSCH, Karl W., et al. 1957. *Political Community and the North Atlantic Area*. Princeton, N.J.: Princeton University Press.

EGAN M., 2010 (no prelo). "Promoting Transatlantic Market Governance". In *Product market integration: a multifaceted approach*, Maria Helena Guimarães e A. P. Faria, eds., (International, Business Management Series, Vol.26), Bingley: Emerald.

ETZIONI, Amitai. 2001. *Political Unification Revisited*. London and New York: Routledge.
_____1990. "As Três Dimensões da Integração Política". In *Teorias das Relações Internacionais*. Philippe Braillard, ed. Lisboa: Fundação Calouste Gulbenkian, 358-362.
FOUCAULT, Michel. 1977. *Discipline and Punish: The Birth of the Prison*. New York: Vintage Books.
GUIMARÃES, Maria Helena. 2009, O Mercado Interno: Dicotomias Conceptuais e Empíricas. *Boletim de Ciências Económicas*, Vol. LII, pp. 55-76.
KEANE, John. 1998. *Civil Society: Old Images, New Visions*.
_____. 1988. *Democracy and Civil Society*. Verso Books.
LOBO-FERNANDES, Luís. 2006. "El Nexo *Político* de la Integración: Europeización, Portugal y los Modelos de Poder". *Revista de Estudios Europeos*, n. 44, Sep/Dic 2006, pp. 67-74.
_____. 1996. *Regulating Europe*. London: Routledge.
REGELSBERGER Elfriede. 1993. "Whither Europe". In *The Challenge of Integration: Europe and the Americas*, ed. Peter H. Smith. New Brunswick: Transaction, p. 87-90.
SCHARPF, Fritz W. 1996. "Negative and Positive Integration in the Political Economy of European Welfare States". In *Governance in the European Union*, Gary Marks, Fritz W. Scharpf, Philippe C. Schmitter and Wolfgang Streeck, eds., London: Sage, pp. 15-39.
_____1999. *Governing in Europe: Effective and Democratic?* Oxford: Oxford University Press.
SIEBERSON, Stephen C. 2008. *Dividing Lines between the European Union And Its Member States: The Impact of the Treaty of Lisbon*. The Hague, The Netherlands: T.M.C. Asser Press.
STONE SWEET, Alec e James A. CAPORASO (1998), "From Free Trade to Supranational Polity: The European Court and Integration". In *Supranational Governance: The Institutionalization of the European Union*, edited by Wayne Sandholtz and Alec Stone Sweet. Oxford: Oxford University Press.
TINBERGEN, J. 1954. *International Economic Integration*, Amsterdam: North-Holland.
WHITING Jr., Van R. 1993. "The Dynamics of Regionalization: Road Map to an Open Future?". In *The Challenge of Integration: Europe and the Americas*, ed. Peter H. Smith. New Brunswick: Transaction.
WOLFE, James. 1997. "On Civil Society and the Virtuous Citizen", *The Carleton University Student Journal of Philosophy*, Vol. 17, N.º 1, Fall 1997.
YOUNG, Alasdir R. 2005. "The Single Market. A New Approach to Policy". In *Policy-Making in the European Union*, H. Wallace, W. Wallace e Mark Pollack, eds.,. Oxford: Oxford University Press.

Economics against the human right to work

Manuel Couret Branco[*]

Introduction

In Article 2 of the International Covenant on Economic, Social and Cultural Rights (ICESCR), approved by the General Assembly of the United Nations in December 1966 it is said that each State Party is expected to take steps with a view to achieving progressively the full realization of the rights recognized in the above mentioned covenant. Being the right to work one of the rights registered in the ICESCR why has unemployment not been successfully tackled since then, in other words why does it seem that society is stepping away from ensuring the right of everyone to the opportunity to gain his living by work which he freely chooses or accepts when compared to the situation world's major economies were facing in the 1960s? Contrary to what one would legitimately expect in a world where human rights have been tacitly accepted as international consuetudinary legislation, it seems as if economic, social and cultural rights are not taken as anything more than legal ornaments.

In an interview to the French monthly Le Monde Diplomatique, Noam Chomsky, declared that there is a growing democratic

---

[*] Universidade de Évora; Departamento de Economia; e-mail: mbranco@uevora.pt

deficit within the Western world today. According to him, this deficit is not imposed through any violent totalitarian subjection but through a much more subtle mechanism that he calls *brainwashing in freedom* (Chomsky 2007). This mechanism would instill in people the directing line they are supposed to follow as imperceptibly as the air they breathe through the production of a justificatory ideology which altruistically proclaims that it is all being done for their sake and that there is no alternative, to recall Margaret Thatcher's famous statement. Furthermore, the powerlessness of the masses that ensues from this discourse is accompanied by another key sensation which the system needs to install in people's minds as part of the production process for its justificatory ideology, namely fear.

In the following pages it will be argued that, nowadays, economics' discourse is clearly one of the most substantial contributors to the production of the above mentioned justificatory ideology. It will be argued, then, that economics' discourse regards human rights as competing rather than completing, and that in doing so this discourse is one of the major obstacles standing before the promotion of a human right such as the right to work. If one wishes to take human rights seriously, one should then start by taking a critical look at economics discourse and the way it is produced. This same critical approach will not look as deeply at the human right to work, though. This may seem reductive and partial as human rights principles are as disputable as economics postulates. The purpose of this essay, nevertheless, is not to engage in a paradigmatic discussion about the human right to work, a task well beyond the skills of its author, but to explore the paradigmatic implications for economics of the tacit acceptance of human rights in general, and of the right to work in particular, as international consuetudinary legislation.

First of all, what are we talking about when we talk about economics? A rapid overview can identify at least twenty schools of economic thought, from neoclassic to evolutionary, from Marxist to Keynesian. If one had to be accurate, a paper on the impact of economics on the right to work would, then, have to be divided in at least twenty chapters. The sort of economics I will be referring to in this article results from a considerably narrower point of view, though. Economics, here, will be mainstream economics, the school of thought which dominates not only within the academia, but also within offices of government and the media. Although one could easily mistake mainstream with neoclassicism, and therefore call this article "neoclassical economics against human rights", one should not succumb to such a hasty amalgamation. What characterizes mainstream economics, in other words "economics", then?

Mainstream economics, as in the case of any other school of thought, is characterized by its particular methodology, its particular rationality and its particular analytical weaponry. Mainstream economics is therefore individualistic, utilitarian and equilibrium driven and, ultimately, obsessed with mathematical formalization. Being individualistic, mainstream economics defines its goals in terms of the pursuit of isolated individual's personal interest, social welfare, for instance, being the arithmetic sum of each individual's welfare. Being utilitarian and equilibrium driven, mainstream economics is oriented towards the maximization of the individual's utility, that is to say monetary income, and the social equilibrium of supply and demand; the market, with its automatic paraphernalia, being the right institution called upon to regulate this process. Being obsessed with mathematical formalization, mainstream economics privileges quantitative cause and effect analysis, and unrealistically reduces society's complexity in order to discover scientific laws similar to those governing the realm of nature.

The right to work

It is in the French Constitution of 1793 that the existence of such a thing as a human right to work, namely the right of an individual to a job that is freely chosen and allowing a dignified existence, is explicitly recognized (see Harvey 2002; Tanghe 1989). Half a century later the discussions that accompanied the drafting of the French Constitution of 1848 are probably amongst the best documented debates on this matter, displaying passionate speeches of both the defenders and the detractors of the existence of a constitutional right to work (see Garnier 1848; Proudhon 1938). Before that, rather than a human right, work would most probably have been considered an outrage.

Indeed, for the ancient Greeks as well as for the Romans, labor, even paid labor, was considered un-freedom (Godelier 1986; Heilbronner 1988; Méda 1995), and therefore the idea of ensuring every individual access to a paying job would seem senseless in the least. In the Middle Ages and until the Industrial Revolution, this association of work and deprivation of freedom is not as explicit, but the depreciating character of work persists. In the fifteenth century, to be enrolled in public works was a legal punishment (Tanghe 1989: 109) and in the seventeenth century, in order to oblige some of the poor people to work, the State was forced to intern them in concentration factories (Polanyi 1983). For a very long period of time, therefore, it seems that society demanded people to work more than people demanded a job from society.

Although there are several references to the right to work from 1848 onwards (see Harvey 2002), such as the US Employment Act of 1946, for example, which established full employment as being a right guaranteed to the American people and gave the federal government a mandate to do everything in its authority to achieve it, it was not until 1948, when the discussion about universal human rights arose in the recently created United Nations Organization (UN), that the right to work achieved explicit general recognition as a human right. In article 23 of the Universal Declaration of Human Rights (UDHR) it is proclaimed that:

> 1. Everyone has the right to work, to free choice of employment, to just and favorable conditions of work and to protection against unemployment.

(...)
3. Everyone who works has the right to just and favorable remuneration ensuring himself and his family an existence worthy of human dignity, and supplemented if necessary by other means of social protection.

This proclamation clearly states not only that people have the right to a job but also to a decent job, and therefore ensuring the right to work and favoring any kind of job are not synonymous. Furthermore, people have the right to protection against unemployment, which should be understood as a set of mechanisms protecting an individual from becoming unemployed and not simply from the consequences of being unemployed. In other words, not only should one have the right to financial compensation for being out of a job, for example, but one should also be entitled to some kind of job security.

As seen in the first chapter, and despite the legal weight that it has assumed over the years, the Universal Declaration of Human Rights did not impose binding obligations on the governments of the signatory states. In order to allow individual countries to assume such obligations concerning the right to work, the international community designed the International Covenant on Economic, Social and Cultural Rights (ICESCR), which came into force in 1976, ten years after having been approved by the General Assembly of the United Nations.

Concerning the right to work, the ICESCR proclaims the following:

Article 6
1. The States Parties to the present Covenant recognize the right to work, which includes the right of everyone to the opportunity to gain his living by work which he freely chooses or accepts, and will take appropriate steps to safeguard this right.
2. The steps to be taken by a State Party to the present Covenant to achieve the full realization of this right shall include

technical and vocational guidance and training programs, policies and techniques to achieve steady economic, social and cultural development and full and productive employment under conditions safeguarding fundamental political and economic freedoms to the individual.

Article 7
The State Parties to the present Covenant recognize the right of everyone to the enjoyment of just and favorable conditions of work which ensure, in particular:
(a) Remuneration which provides all workers, as a minimum, with:
(...)
(ii) A decent living for themselves and their families in accordance with the provisions of the present Covenant.

There are two main dimensions to the right to work in both the UDHR and the ICESCR. The first one is quantitative and sustains that the right to work means the existence of sufficient jobs for everyone, not only the right to compete on terms of equality for scarce employment opportunities (Harvey 2005: 9; Canotilho 1984: 35). It is not by accident that The United Nations Charter, drafted in 1945, proclaims in Article 55 that the United Nations shall promote 'Higher standards of living, full employment and conditions of economic and social progress and development'. The second dimension of the right to work is qualitative and regards those criteria that determine whether a particular job qualifies as decent work. These criteria sum up what could also be called the rights of an individual at work, and concern wages, working hours, working conditions, the right to join and form unions to protect one's interests, and so on. Different policies are usually demanded to secure each of these dimensions, and although trade-offs between them could be expected, ensuring the right to work should not tolerate them. That is why some public action aimed at just creating jobs may not qualify as a right-to-work securing policy if, for instance, it disregards rights at work.

The Conflicting Languages of Economics and the Right to Work

Some years ago John Kenneth Galbraith declared that if the affluent society could live with relatively high levels of involuntary unemployment, the good society could not (Galbraith [1958] 1998 and 1996). According to him it is not only of people's interest that a job for each person fit and willing to work is guaranteed, it is also of society's interest. In a debate on unemployment, Maurice Allais, awarded with the generally called Nobel of Economics in 1988, stated that employment was his main struggle because, according to him, high levels of joblessness should be taken as a threat to the liberal society (Allais 1996: 14).

Indeed, one could find in liberal economic thought many arguments sustaining the right to work. These arguments stem from the right to live, a right without which all other rights seem meaningless. In a primitive society where there were no property rights and no division of labor, to have the right to live, that is to say to have access to the means necessary to support life, would mean the same as to have the right to hunt, to fish or to gather. Once social division of labor made its appearance, and therefore, the subsistence mode of production was substituted by the first merchant mode of production, the access to the means necessary to support life implied earning an income. In this situation it is of the utmost importance that one should have access to means of production, namely land. History followed its course and the means of production were progressively subjected to private appropriation and accumulation in the hands of a few, leaving the great majority of the population with no other alternative to obtain an income than to sell their labor power. Therefore, in a society characterized by the wage relation, to live means to work.

The 1891 encyclical *Rerum Novarum*, in which Pope Leo XIII expresses his concern about the living conditions of the working classes, but also about the need to protect private property and to reject socialism, sets forth this argument in a claim for a right to work:

The Preservation of life is the bounden duty of each and all, and to fail therein is a crime. It follows that each one has a right to procure what is required in order to live; and the poor can procure it in no other way than by work and wages.

Along with the recognition of the right to work as an interpretation of the right to live in an economy dominated by the capitalist mode of production, this citation also reflects the general view of the Catholic Church as far as the role of work is concerned. Work has always been glorified in the Christian tradition regardless of the Catholic versus Protestant fracture partly because work fitted perfectly in the church's philosophy of submission regarding the poor, the humble attitude of the worker symbolizing the appropriate attitude for the servant of God (Heilbronner 1988: 88).

In this sense the right to work would be nothing but the metamorphosis of the primitive rights of hunting, fishing and gathering (Tanghe 1989: 166) resulting from the advent of capitalism, the fatal and necessary consequence of property (Proudhon 1938: 422). In this view the right to work is sustained, not on some kind of absolute and universal legitimacy to which human rights cannot aspire (Bobbio 1992: 19), but on the historical conditions that characterize the capitalist mode of production, and namely the intrinsic inequality before the right to live of the individuals involved in the wage relation.

The wage relation, in theory, confronts two individuals that stand as equals, one expressing supply and the other, demand, in a market where labor is exchanged. In this commercial relation each of the parties is supposed to have the same need for the other in terms of asserting their right to live, each one being free to contract with the other. In reality, more than just a theoretical hypothesis, this is a myth. It is not difficult to understand that, as far as the struggle for life is concerned, one of the parties is strongly disadvantaged. Adam Smith, himself, recognizes this fact in the "Wealth of Nations":

A landlord, a farmer, a master manufacturer, a merchant, though they did not employ a single workman, could generally live a year or two upon the stocks which they have already acquired. Many workman could not subsist a week, few could subsist a month, and scarce any a year without employment. In the long run the workman may be as necessary to his master as his master is to him; but the necessity is not so immediate (Smith 1776).

In the eighteenth century, in many European countries, the main concern of the unemployed was not so much the shortness of jobs, though, as the role of corporations that limited the access to a job. Therefore, the first claims for a right to work meant a demand for freedom to compete for jobs, and not so much a demand for the availability of jobs for all. Although they differ in substance, it seems to me that some of the arguments set forth legitimize both conceptions of the right to work. A liberal economist like Turgot, for example, criticizing the corporative labor market, states that:

> We owe to all our subjects the assurance of the full enjoyment of their rights; we owe this protection above all to this class of men who, having no property besides their work and their industry, are all the more in need and in right of a work (...) since it is the only resource they have in order to subsist (in Tanghe 1989).

The differences in the origins of unemployment cannot hide the fact that the problem for the worker is exactly the same, he cannot find a job. That it happens as a consequence of a shortness of jobs or as a consequence of overregulated job markets is of little importance for him in his quest of subsistence. Therefore, on account of the inequality established within the capitalist system between the two contractors in the labor market, freedom to work, in other words freedom to engage in contract, appeared somewhat meaningless without a right to work. In this sense, the right to work stems not only from the natural right to live, but also from the particularities of historic development, in other words from the surge and consolidation of the capitalist system.

However, the dogmatic injunction according to which economics should separate ethics from efficiency, the latter meaning that the economy strictly aims at the production of the maximum wealth using the smallest amount of resources possible, has been so successfully rooted in mainstream economic thought that, in times of severe unemployment, one should not be surprised if the economy doesn't seem too eager to aim at creating jobs. Indeed, work being a resource among others it is quite natural that the economy should try to save as much work as it can. In some way, this is what efficiency is about within the mainstream economic paradigm. Cars spend less petrol, home appliances spend less electricity, communications take less time, and a particular economic activity requires fewer people. It seems, then, that there is not much room in economics' discourse for such a thing as a human right to work in a world relentlessly pursuing economic perfection.

A recent study perfectly illustrates this contradiction. This study compared the behaviors of two farming communities in Illinois, USA. The allegedly poorer economic performing farmers, descended from German Catholic immigrants, seldom sold their land and used labor intensive technologies in order to employ all members of the family. On the other hand, the better performing Protestant farmers, originally from other states of the Union, sold their land more often and used less labor intensive technologies (Guizo et al. 2006: 25). Thus, while trying to show that culture matters in economic performance, what these researchers ended up doing was mainly asserting that, for mainstream economics, providing jobs to the community is not that valuable a goal as far as economic performance goes.

Nevertheless, the essential opposition to the right to work stems from the presupposition that guaranteeing jobs for all would mean an unbearable amputation of the right to property, an inviolable principle of mainstream economics. This position is actually extended to all economic, social and cultural rights. In

Hillel Steiner's view, for instance, the only rational theory of rights is the one that avoids conflict (Steiner 1994); consequently he only recognizes the right to property as all economic, social and cultural rights would conflict with property. Friedrich von Hayek in turn claims that freedom is threatened every time the State arrogates to itself the power to exclusively supply certain services, such as social security, because this would imply a redistribution of income and therefore an undue expropriation of the individual (Hayek 1960: 289-290).

As a matter of fact, on the occasion of the discussion on the French Constitution of 1848 liberals had already sustained that because the State should have to be responsible for the eventual implementation of the right to work, its enforcement would have to be done through taxation which would end up charging the proprietors (Tanghe 1989: 167). In this view the right to work could be considered an amputation of the entrepreneur's income, and the unclassifiable Pierre Joseph Proudhon himself says that, if profit becomes null, proprietors lose their interest in property, and if property is discouraged, property vanishes (Proudhon 1938: 431).

This contradiction between the right to work and the right to property can be above all understood in the light of the conflict between capital and labor, consubstantiated in the role unemployment has been called upon to play in order to regulate microeconomic and macroeconomic variables. The microeconomic aspect of this conflict concerns the fact that, for firms, unemployment is useful in attaining certain objectives. For a long time, unemployment and the spectrum of hunger have been seen as an explicit threat to workers in order to make them work harder and stay in line (see Linhart 2006; Méda 1995; Kalecki 1971). In this respect the recent model that attempts to explain unemployment as a result of what has been called efficiency wages is nothing but a modern version of unemployment as an instrument to promote worker discipline.

According to this theory, firms keep wages above market level because this would grant them cooperation from their employees and thus higher levels of productivity. In such circumstances unemployment would not only strengthen their employees' loyalty (the difference between being employed and unemployed in terms of income being much wider than if the employee were earning a competitive wage), but would also allow firms to lower their efficiency wages. Indeed, it appears that according to empirical studies wages tend to be lower in regions where the unemployment rate is high and vice versa, giving unemployment another important role in containing firms' costs (Borjas 2005: 504). In this case, if involuntary unemployment might appear to be a nuisance for workers, for firms, on the contrary, it can be considered a very productive device.

In a sort of extrapolation of this last role, from the micro level to the macro level, the famous Philips curve contended that there was a long term trade-off between inflation and unemployment. Some economists like Milton Friedman and Edmund Phelps contested the nature of that relationship, but not its principle, and considered that in the long run there seems to be an equilibrium unemployment rate, called Natural Rate of Unemployment (NRU), which persists regardless of the rate of inflation (Borjas 2005). The more modern version of the NRU takes a slightly different stand, considering the NRU an economic equilibrium that, if reached by the economy, allows inflation to remain constant (Devine 2004), or in other words a rate of unemployment where inflation does not accelerate, this being called the Non-Accelerating Inflation Rate of Unemployment (NAIRU).

In either version the principle is the same. Unemployment appears to be an instrument in controlling inflation and full employment is no longer a goal. The trade-off between unemployment and inflation embodies, therefore, a conflict between labor and capital. Workers are interested in the lowest rate of unemployment possible and capitalists, on the other hand, are especially interested in the lowest rate of inflation possible. The Philips curve and the natural rate theory of unemployment, in either of its versions, therefore, become a clear theoretical and practical manifestation of the capital-versus-labor goal conflict, and more precisely the conflict between labor and financial capital, as inflation is primarily supposed to affect financial interests (see Kalecki 1971).

Stability of prices may be a strong preference, revealed eventually by a major part of the population, but it cannot aspire, in any respect, to the same status as a recognized human right. In this case it seems clear that within mainstream economics and public policy intervention, the preference for stable prices outweighs the human right to work. Take a very recent study by Samuel Bentolila, Juan Dolado and Juan Jimeno. These authors sustain that the striking decrease in unemployment without inflation that Spain has witnessed during the last decade is due to the immigration boom (Bentolila et al. 2007). In other words, the flattening of the Philips curve was essentially due to the fact that the bargaining power of immigrants is considerably lower than that of their Spanish colleagues for relieving the pressure that falling unemployment usually puts on wages. The flexible observance of the right to work becomes, then, a tool for reaching more highly ranked goals such as low inflation.

Writing about the foundation of human rights, Norberto Bobbio says that the origins of the right to work and the right to property are historically determined by the nature of the power relationships that characterized the societies in the midst of which these claims were made. In a society where only proprietors had active citizenship, it seemed obvious that the right to property should be taken as a fundamental right, and in the same way, as industrialization developed and workers' movements made their appearance, it became obvious that the right to work should be considered a fundamental right (Bobbio 1992: 77).

If, on the one hand, the fact that after the Great Depression of the 1930s and up until the 1980s priority was given to fighting unemployment and this could in part be the manifestation of a shift in democracy, namely from a proprietor's democracy towards a worker's democracy (see Pinilla 1989: 61), on the other hand, the fact that fighting inflation appears nowadays to be more important in public policy suggests that the weights on the scales have been reversed. Incidentally, the fact that economic literature has never talked about such a thing as a Non-Accelerating Unemployment Rate of Inflation (NAURI) is quite revealing as to which of the conflicting sides has captivated the most interest from economic research. Not only has capital, and especially financial capital, recovered its supremacy, but economic orthodoxy has also produced a discourse conveying the idea that labor rights clash with what has generally been called economic freedom and that, by outstripping its status as a mere clause for the efficiency of a particular regulatory system, freedom of the market has been upgraded to a fundamental right in the language produced by this same orthodoxy (see Cunha 1998).

Policy issues

Despite the many technical definitions one could find, securing the quantitative aspect of the right to work essentially means ensuring full employment, in other words satisfying the "jobs for all" purpose. Nevertheless, as we have warned in the beginning of this article, not all job-creation mechanisms qualify for right-to-work securing policies. Indeed, in order to qualify to right-to-work ensuring instruments, policies must not jeopardize the qualitative demands of the right to work, namely the rights at work. In the light of these demands let us examine current employment policies, most especially labor market deregulation policies, active policies of job creation and policies reshaping the work load.

This review will start by scrutinizing labor market deregulation policies. As there is no consensus on the empirical findings concerning the quantitative demands of the right to work, the main purpose of this subheading concerns the qualitative demands of this same right to work. Under the designation of labor market deregulation many policies can be found. Amongst the most important of them, the reduction of trade union influence, the introduction of wage flexibility, in most cases questioning the existence of minimum wages, and the reduction of job-protection mechanisms should be highlighted.

Excessive job protection allegedly discourages job creation based on the assumption that creating a job in a relatively warm period of the economy can become a liability as the firm will not be able to suppress it when, on the contrary, the economy cools off. Wage rigidity, in turn, is considered an obstacle to the adjustment of demand for labor, preventing firms from creating jobs at a lower wage than the legal minimum. Trade unions, finally, are supposed to be responsible for both wage rigidity and excessive job protection.

Now, in the light of right-to-work policies, these measures are strikingly menacing to its qualitative aspects, and therefore, cannot qualify as right-to-work securing policies. Wage flexibility has been accused of being partly responsible for the significance of the working poor phenomenon (European Commission 1994: 153), which is to say people that, despite being employed, do not manage to enjoy a decent standard of living. This status concerns about 6 to 8% of the workers in the European Union of 15 members, and 10% in the United States (Lefresne, 2006). In turn, job protection softening is responsible for what has been called job precariousness (see Lefresne, 2006; Boltanski and Chiapello, 1999), which prevents many workers from enjoying regular working rights and benefits, such as the right to go on strike or to get paid vacations (see articles 7 d) and 8 d) of the ICESCR).

The progressive irrelevancy of the modern work contract is particularly alarming in this sense. Before the existence of a work contract, it was the task rather than work that was being paid, which placed the worker in a weaker position in the bargaining process. The work contract, on the contrary, introduced two fundamental elements in a rights-at-work securing vision; it introduced rights and duties, and thus promoted equality of the intervenient parts in the labor transaction, and brought true recognition of the worker's entity, acknowledging, therefore, workers as central characters in modern society (Méda 1999). At last, reducing trade union influence is clearly contrary to the text of the ICESCR that specifically recognizes the "right to form trade unions and join the trade union of his choice". In conclusion, to create jobs under these circumstances can hardly qualify to right to work securing policies.

Attached to labor market deregulation policies one can very often find reforms in the unemployment benefits system as a set of measures supposed to favor employment. It is said that overgenerous benefits, like high replacement ratios and long duration of the benefits, can reduce both the intensity of job search and geographical mobility, and, thus, be a cause of unemployment (Borjas 2005; Shakleton 1998). Reducing these benefits would, then, stimulate unemployed workers to accept more easily jobs that they would otherwise refuse. The first comment that these policies suggest is that it seems very clear that they do not aim to fill the job gap. These measures tend to push unemployed workers to accept the jobs that are available, but do not to stimulate the availability of more jobs. In response, the heralds of benefit tightening argue that overgenerous benefits happen to push up real wages as, in order to retrieve jobless workers from the delights of unemployment, real wages in the job market have to be substantially higher than benefits (OECD 2006). Consequently, overgenerous benefits restrain demand for work, that is to say job creation. By being argued in such a manner, benefit tightening policies fall into the same group as wage flexibility receiving, thus, the same criticism.

The second comment concerns the philosophy underlying these measures. By concentrating the efforts on reducing unemployment benefits what society is telling the unemployed is that, on the one hand, they are the ones mainly responsible for their situation (see Forrester 1996) and that, on the other hand, the only solution to force them to work is by threatening them with misery, a pre-industrial workfare scheme revisited. Now, this is precisely what was intended to be avoided in the right-to-work proclamations when stating "the right of everyone to the opportunity to gain his living by work which he freely chooses or accepts". Is someone acting freely when taking an unwanted job because his unemployment benefits have been withdrawn?

Regarding active policies of job creation different contradictions arise. Active policies of job creation can be divided in two large groups, the first consisting of direct job creation by the State, and the second of indirect job creation by this same State by the means of public incentives aimed at boosting the private sector's demand for work. If one excepts those jobs that naturally result from State's activity, the first kind of job creation falls into the group of the so-called State as the employer of last resort (Méda 1995; Tanghe 1989; Harvey 1999), in other words into the philosophy of the State being directly responsible for closing the job gap.

Despite the presumable effectiveness of this policy, one cannot deduce that it is a right to work securing policy. Indeed, if these jobs are created in order to deliver public goods, one should ask why they haven't been supplied before based on the need for these goods, and not just on the need to create jobs. If these jobs are located out of the public goods sphere and are supposed to meet the needs of the consumers of private goods, one should question the reasons for not having seen them supplied by private economic agents, and therefore, should also question the nature of an economic system that leaves unsatisfied an important fraction of the population's needs. If these jobs do not correspond to any of the profiles, if they do not add utility, then one should ask why people should waste any time doing useless work. Let's remember, if needed, that in the right-to-work proclamations it is stated that in order to ensure the right to work the State Parties should "achieve steady economic, social and cultural development and full and productive employment," not considering, therefore, what could be called occupational jobs.

Another set of active job creation policies often proposed, although only implemented in a sort of positive discriminative fashion, as alternatives or complements, is the use of wage subsidies and tax cuts to reward each new job created. Once again what seems to be a good idea might not be so. On the one hand, there are some doubts concerning the effectiveness of these measures on account of the frequent substitution effects that have been noticed – in other words, some firms, in order to benefit from those subsidies or tax cuts, hire workers in substitution of other workers previously laid off (Le Goff 1996). On the other hand, it is a step towards a social cost externalization by firms, in the sense that they may benefit from subsidies or tax cuts for jobs that they had to create anyway, thus receiving an unjustified bonus. Indeed, this set of policies can produce a windfall effect allowing firms to transform social costs into private benefits and thus, unduly overcharge the public treasury.

In France, for example, the amount of subsidies distributed to firms in the name of joblessness has amounted to 24.5 billion Euros (some 31.7 billion US dollars) in 2004, meaning a multiplication by 40 since 1973 (Lefresne 2006). In France, again, in 2004, some 8.5 million workers saw their wages complemented by state subsidies, and far from reducing the unemployment rate, this measure has above all allowed firms to exempt themselves from paying decent wages (Lefresne 2006). The famous Speenhamland edict of 1795 (see Polanyi [1944] 1983) also granted English rural workers a wage complement that was justified by the need to secure the right to live of the poor by the State.

This intervention had the same perverse effect seen above. Land owners seized the opportunity to reduce wages making undue profit as these cuts largely compensated the taxes they had to pay in order for the State to finance the grants (Tanghe 1989: 191) In addition, the small farmers that didn't hire workers also had to pay the tax but, unlike large farmers, could not find a compensation to higher costs on lower wages. Furthermore, very small farmers that used to work on wages for the large farmers to complement their income also had to pay the tax, but could not benefit from the grant because they owned land (Tanghe 1989:

191). Thus, with the Speenhamland edict the bottom of the social scale in rural areas was charged more than the top and collected fewer benefits. This is a very good example of how the poor frequently end up paying for policies that are supposed to benefit them, and into the bargain contribute to raising the profits of the rich. Incidentally, Robert Prasch also believes that nowadays this policy is detrimental for both low wages and the State's fiscal position, eroding the already tenuous bargaining power of low wage labor (Prasch, 2002: 362).

We could be facing, then, an unfair socialization of prejudice and a privatization of profit as an excuse to fight against the lack of work. The externalization of social costs by the private sector promoted by these active policies of job creation is all the more intolerable as the tax burden weighs mainly on labor income (see Branco, 1998; Gorz, 1997), thus, implying growing inequality of the income distribution between labor and capital. The largest share of responsibility in fighting the persisting high levels of joblessness would, therefore, be imputable to those that have a job, a policy consistent with another mainstream economics idea sustaining that the fiercest enemies of the unemployed would be the employed themselves, a theory also known as the insider/outsider conflict.

Let us finally scrutinize employment policies concerning the reshaping of the work load. Under the designation of reshaping the work load two substantially different sets of measures can be detected. The first one concerns reducing labor supply, in other words the permanent or temporary early retirement of workers from the labor market, and the second refers to work sharing, or better said, to work-time redistribution. None of these policies intend to create more jobs in the sense that they would increase the total amount of work demanded by the economy. They operate the other way around. Reducing the labor supply is one very obvious way of filling the job gap even if it does not mean more jobs available but just fewer people willing to work. Indeed, it is quite simple to understand that if labor supply is reduced, all things remaining equal, unemployment will decrease. Sharing the work time, in turn, is supposed to create more jobs because the already demanded amount of work would end up being shared by more people, that is to say by more jobs.

At first view distributing subsidies to convince people to withdraw from the job market either temporarily or definitively does not seem to undermine the right to work ideal, and, furthermore, appears to have many positive aspects. It allows people to concentrate on activities they would not otherwise have been able to engage in and to which they attach great value, such as bringing up children or taking care of the elderly, for example. One should be cautious of eventual perverse effects that may surge, though. Early retirement incentives may put excessive pressure on eligible workers that nevertheless prefer to remain in the labor market, and contributes to the development of an age stigma. Temporary retirement with the intention of favoring families that have young children, for example, can also be transformed in an instrument of gender discrimination, as it may especially push women out of the labor market.

The starting point, regarding work sharing as a means to fill the job gap and secure the right to work, is the observation that for quite some time now it seems that there are not enough jobs available to satisfy everyone's right to work. Economic growth could theoretically expand the demand for work, however not only are there doubts about the sustainability of economic growth in the long run (see Daly 1997; Goodland 1997), but also the ability of this same growth to increase the amount of work to be done, in other words to create new jobs, cannot be unequivocally demonstrated. The fact that in France, between 1970 and 1992, there was a 70% increase in total output and only 6% in employment (European Commission, 1994: 149) is a good example of the existence of a divorce between growth and jobs. Redistributing work time by reducing work hours could, then, seem the only instrument available to reduce the job gap.

What can be said, now, about job sharing in the light of right-to work policies? Usually job sharing has meant that two workers, somehow, have shared the same job, each one working in part time for example. This particular way of sharing the work load consists in a mechanism within which employed workers come to share their meager wage with the unemployed through the implementation of involuntary part-time jobs, a softer version of technical unemployment as a matter of fact, frequently used by several firms in order to reduce the global wage burden. Consequently, work sharing experiences that have been implemented within this philosophy resulted mainly in lower wages and job precariousness (Collin 1997: 96-98), not qualifying, though, as right-to-work securing policies even if the job gap has apparently been reduced.

Conclusion

Despite the factual disrespect for the right to work, none of the signatory states of human rights proclamations dare to set aside the rambling discourse on the struggle against unemployment. As a result, one is constantly confronted with new and imaginative instruments designed by policy makers in order to fight joblessness. Why then are we experiencing this feeling of powerlessness? The purpose of this paper was not to discover new policies aimed at the creation of jobs, but to compare and contrast employment and human rights discourses. Nevertheless, being conscious that a paradigmatic analysis without any policy--oriented reflection might be considered intellectually vain, the following concluding remarks will focus on the general attributes of new right-to-work enforcement policies.

First of all it seems quite natural that an economy which does not aim at full employment can only expect to reach it through the art of magic, in other words by some sort of supernatural trickle-down effect which takes full employment as the by-product of the attainment of higher ranked goals, such as perfect markets. But magic is no longer what it used to be, and therefore it seems also quite clear that, in fighting unemployment, mainstream economics happens to be not only shooting in the wrong direction but also causing excessive collateral damage. Indeed, we have seen that under the cover of employment policies, in other words wannabe right-to-work policies, one can frequently end up facing as many attacks on this same right to work. Misstatements are countless.

The first misstatement concerns the fact that promoting the right to work is not a synonym for fighting the unemployment rate. It is quite noticeable that, in this past decade, many countries have substantially reduced their unemployment rate, but one can count on one's fingers those that have done so without seriously questioning the qualitative aspects of the right to work, either by reducing the standard of living of the working classes or by depriving them of many of the universally proclaimed rights at work. Labor market flexibility, that is to say lower wages; involuntary part time jobs; erosion of unemployment benefits; trade union irrelevancy, are some of the many schemes that, regardless of their effectiveness in reducing the unemployment rate, can hardly qualify as right-to-work policies.

Secondly, promoting the right to work is not so much about work as about people. Now, by taking humans as a resource like any other, economics can only rationally aim at saving work, in other words involving the fewest people possible in the process of producing wealth. In rights language, individuals are not resources holding productive specifications, but citizens holding rights. Therefore, there seems to be a contradiction between the purposes of providing everyone with work and effectively managing the human resource according to mainstream postulates.

The third misstatement concerns the fact that the State is traditionally supposed to hold exclusive responsibility for implementing economic rights-promoting policies. In the wake of the progressive irrelevancy of the State in economic affairs, the main consequence of this equivoque is the progressive irrelevancy of economic rights, and therefore of the right to work. Under these conditions, if one should have few expectations about the State's ability to secure the right to work, clearly one should expect the right to work to be even less secure under decentralized decisions made by the market alone. Economic rights, unlike rights of freedom, require centralized intervention which in today's global world demands global responsibility. In other words, right-to--work enforcement policies should be designed neither for nor against the market, but with the market and for the people.

The last misstatement addressed here concerns the fact that economics does not seem to be at the service of the people anymore, but on the contrary, people seem to be at the service of economics. By insisting on labor market deregulation policies that have impoverished many workers throughout the world, such as constricting unemployment benefits, despite its efficacy not having been empirically demonstrated (see Altman 2004), policy makers do not seem to be aiming to create employment but simply to obtain labor market deregulation. Thus, instead of merely being an instrument in procuring economic efficiency, labor market deregulation has patently been upgraded to a goal of economic and social policy.

Finally, the question one should ask about human rights and the economy is not so much whether human rights, like the right to work, are good or bad for the economy, but what are the necessary arrangements the economy should make as a consequence of choosing to pursue the goal of human rights. Evidently, promoting human rights has a cost, but is that not a constant of every choice? Therefore, if it is impossible to respect the human right to work in a given set of economic rules, one should not necessarily give up on human rights, but rather enrich the system and change its rules.

References

ALLAIS, Maurice. (1996) Discours d'Ouverture au Forum d'Epinal. In *Priorité Emploi, Actes du Forum d'Epinal*, 14-16 (Paris: Le Monde Editions).
ALTMAN, Morris. (2004) Why Unemployment Insurance Might Not Only Be Good for the Soul, it Might Also Be Good for the Economy. *Review of Social Economy* 62, 4: 517-541.
BENTOLILA, Samuel, DOLADO, Juan José, and JIMENO, Juan. (2007) Does Immigration affect the Phillips Curve: Some Evidence for Spain, CEsifo Working Paper 2166, December. Online. Available HTTP: <http://www.SSRN.com/abstract=1077071> (accessed 10 January 2008).
BOBBIO, Norberto. (1992) *A Era dos Direitos* (Rio de Janeiro: Editora Campus).
BOLTANSKI, Luc, and CHIAPELLO Ève. (1999) *Le Nouvel Esprit du Capitalisme* (Paris: Gallimard).
BORJAS, George. (2005) *Labor Economics* (New York: McGraw-Hill, 3rd edition).
BRANCO, Manuel. (1998) Desemprego Persistente e Dualização Social: Contribuição para a Definição dum Conceito de Desenvolvimento Socialmente Sustentável. *Estudos de Economia* 18: 307-329.
CANOTILHO, Joaquim G. (1984) Tomemos a Sério os Direitos Económicos, Sociais e Culturais. Special Issue of the *Boletim da Faculdade de Direito de Coimbra, Estudos em Homenagem ao Prof. António de Arruda Ferrer Correia*.
CHOMSKY, Noam. (2007) Le Lavage de Cerveaux en Liberté. *Le Monde Diplomatique*, August.
COLLIN, Denis. (1997) *La Fin du Travail et la Mondialisation* (Paris: L'Harmattan).
CUNHA, Silvério R. (1998) Sobre os Direitos Humanos: Questões e contra-questões em torno de uma promessa desencantada. *Economia e Sociologia*, 66: 59-107.
DALY, Herman. (1997) Sustainable Growth No Thank You. In *The Case Against the Global Economy* edited by Jerry Mander and Edward Goldsmith, 192-197 (San Francisco: Sierra Club Books).
DEVINE, James G. (2004) The Natural Rate of Unemployment. In *A Guide to What's Wrong with Economics*, edited by Edward Fulbrook, 126-132 (London: Anthem Press).
EUROPEAN COMMISSION. (1994) *White Paper on Growth, Competitiveness and Employment* (Luxemburg: Office for Official Publications of the European Communities).
FORRESTER, Viviane. (1996) *L'Horreur Économique* (Paris: Fayard).
GALBRAITH, John Kenneth. ([1958] 1998) *The Affluent Society* (New York: Mariner Books, 40th Anniversary edition).
GALBRAITH, John Kenneth. (1996) *The Good Society* (New York: Mariner Books).

GARNIER, Joseph. (1848) *Le Droit au Travail à l'Assemblée Nationale: Recueil complet de tous les discours prononcés dans cette mémorable discussion* (Paris: Guillaumin).

GODELIER, Maurice. (1986) O Trabalho. In *Enciclopédia, vol. 7 (Modo de Produção, Desenvolvimento/Subdesenvolvimento)*, edited by Ruggiero Romano, 11-63 (Lisbon: Enaudi; Imprensa Nacional Casa da Moeda).

GOODLAND, Robert. (1997) Growth has Reached its Limits. In *The Case Against the Global Economy* edited by Jerry Mander and Edward Goldsmith, 207-218 (San Francisco: Sierra Club Books).

GORZ, André. (1997) *Misères du Présent, Richesses du Possible* (Paris: Galilée).

GUIZO, Luigi, Paola Sapienza, and Luigi Zingales. (2006) Does Culture Affect Economic Outcomes? CEPR Discussion Papers Series, n.º 5505,). www.cepr.org/pubs/dps/DP5505.asp (accessed February 20, 2007).

HARVEY, Phillip. (2005) The Right to Work and Basic Income Guarantees: Competing or Complementary Goals? *Rutgers Journal of Law and Urban Policy* 2, 1: 8-59.

HARVEY, Phillip. (2002) Human Rights and Economic Policy Discourse: Taking Economic and Social Rights Seriously. *Columbia Human Rights Law Review* 33: 363-471.

HARVEY, Phillip. (1999) Joblessness and the Law Before the New Deal. *Georgetown Journal of Poverty Law and Policy* 6: 1-41.

HAYEK, F. (1960) *The Constitution of Liberty* (Chicago: University of Chicago Press).

HEILBRONNER, Robert. (1988) *Behind the Veil of Economics* (New York: Norton).

KALECKI, Michal. (1971) Political Aspects of Full Employment. In *Selected Essays on the Dynamics of the Capitalist Economy*, edited by Michal Kalecki, 138-145 (Cambridge UK: Cambridge University Press).

LAFRESNE, Florence. (2006) Précarité Pour Tous, la Norme du Futur. *Le Monde Diplomatique*, Mars: 18-19.

LE GOFF, Jacques. (1996) Une Politique de l'Emploi à la Dérive. *Le Monde Diplomatique*, Mai.

LINHART, Danièle. (2006) Hier Solidaires, Désormais Concurrents. *Le Monde Diplomatique*, Mars: 16-17.

MÉDA, Dominique. (1999) *Qu'est-ce que la Richesse?* (Paris: Aubier).

MÉDA, Dominique. (1995) *Le Travail, une Valeur en voie de Disparition* (Paris: Aubier).

OECD. (2006) *OECD Employment Outlook 2006 – Boosting Jobs and Incomes* (Paris: OECD).

PINILLA, Ignazio A. (1989) Los Derechos Humanos de la Tercera Generación en la Dinámica de la Legitimidad Democrática. In *El Fundamento de los Derechos Humanos*, edited by Gregorio Peces-Barba, 57-66 (Madrid: Editorial Debate).

POLANYI, Karl. ([1944] 1983) *La Grande Transformation, aux Origines Politiques et Économiques de Notre Temps* (Paris: Gallimard).

PRASCH, Robert. (2002) What is Wrong with Wage Subsidies? *Journal of Economic Issues*, 36, 2: 357-364.

PROUDHON, Pierre Joseph. (1938) *Ouvres Complètes* (Paris: Marcel Rivière et Cie).

SHAKLETON, J. R. (1998) Alternative ways to Tackle European Joblessness. In *Unemployment in Theory and Practice*, edited by Thomas Lange, 44-63 (Cheltenham UK: Edward Elgar).

SMITH, Adam. (1776) *An Inquiry into the Nature and Causes of the Wealth of Nations*. On-line at http://socserv2.socsci.mcmaster.ca/~econ/ugcm/3113/smith/wealth/wealbk01 (accessed June 5, 2006).

STEINER, Hillel. (1994) *An Essay on Rights* (Oxford: Basil Blackwell).

TANGHE, Fernand. (1989) *Le Droit au Travail entre Histoire et Utopie 1789-1848-1989: de la répression de la mendicité à l'allocation universelle* (Bruxelles: Facultés Saint Louis; Florence: Institut Universitaire Européen).

The Economics of Conflict Resolution in a Two-Sided Grievance and Quasi-Greed Model of Civil War

Manuel Ennes Ferreira[*]

Introduction

Rivalry between two groups, based on an economic cost/benefit calculation or just having a political nature, is at the root of civil wars. Grossman (1999), for instance, develops an economic theory of revolutions with kleptocracy rivalry manifestations, where "the protagonists (the incumbent kleptocratic ruler and the potential leader of a revolution) are engaged in the historical rival kleptocrats struggle for the authority to exploit the productive members of society"[1]. David (1997: 562-567) underlines the role of bad leaders in both sides seeking wealth or status.

Thus, the consideration of the rent-seeking analysis is a meaningful path which helps to cast light on the economic motivation of the exercising of power. When reproduced in time this desire may ultimately lead to the existence of a greed motivation. Tullo-

---

[*] SOCIUS-ISEG/UTL, Department of Economics; mfereira@iseg.utl.pt
[1] For Grossman (1999: 269) applied to this "the value of being a kleptocratic ruler depends positively on both the stream of income that a ruler can extract from producers and the capitalization factor applied to this income stream".

ck (1980) has introduced a game-theoretic model of a contest in which two players compete for a monopoly rent, where both players attach the same valuation to the rent. It does not necessarily have to be so, as various authors have already proposed. In brief, as Neary (1997) stresses, the rent-seeking models and the economic models of conflict, are complements within the broader class of models of rivalry[2].

In the case of a country in a civil war, which is rich in natural resources, the increase in the importance of the rent-seeking activities developed by the politically dominant group, besides being able to bring about lower economic growth and increased corruption may also cause a quasi-greed motive in staying in power to stand out. Leite and Weidmann (1999), for instance, show that the wealth of natural resources creates added opportunities for rent seeking behaviour. At the same time, on the rebel side, opposite to the traditional economic models of civil war assuming that the rebel group as only a greed motivation, one should consider the hypothesis that grievance motivation might be the main factor that justifies its military engagement, while access to natural resources rents is instrumental as to support the guerrilla. Eventually this might cause a deviation concerning the 'purity' of the initial purpose. This is like a quasi-greed motivation.

Thus, the aim of this paper is to highlight some insights that have not been sufficiently explored yet, especially considering that can exist both greed/quasi-greed and grievance motivations at the same time in both sides of a civil war, overcoming the limitation of considering such motivations only on the side of the rebel group. For sure, the analysis becomes more complex, but possibly closer to reality in some cases. Finding solutions in a two-sided grievance and greed/quasi-greed model of civil war,

---

[2] This author stresses that "recent models of economic conflict have complemented the rent-seeking paradigm by endogenizing both the prize and the cost of effort in a general equilibrium framework" (p. 373).

where each party tries to maximize its utility function (function of the economic benefits and political influence), is described in the context of Nash equilibrium. The paper concludes presenting some policy recommendations.

Greed and grievance motivations in civil wars

Although it is not a specific feature of the post Cold War period, civil wars have continued to break out somewhat everywhere (Wallensteen and Sollenberg, 1999)[3]. However one particularly interesting aspect concerns the importance that access to income/rent from the exploitation of natural resources may have for any of the opposing sides. As stressed by Sandler (2001: 724--725), "disputes over territories and *resources* already represent the leading cause of civil war and interstate conflicts". For the government, the purpose is to exclude the opponent from these benefits; for the opponent, on laying hands on the illegal exploitation of these resources (which is more likely in weak states), either to fund its political activity or, as some authors claim, as an end in itself (Collier and Hoeffler, 2000; Collier, 2001), becoming difficult to distinct the latter from looting or bandit-like behaviour

Examples of civil wars based on the existence of natural resources may be found in Cambodia, Thailand, Columbia, Angola, the Democratic Congo or Sierra Leon. It seems to trace a painful path to face in the XXIst century. It may even degenerate into regional conflicts, where motivation triggered off by access to natural resources is clear. Consider, in this connection, the involvement of Angola and Zimbabwe in the civil war of the Democra-

---

[3] If we consider as a close representative of civil war the emergence of intrastate armed conflict, according to those authors, 43 intrastate armed conflicts occurred in 1989, 52 during the year 1992, falling to 34 in 1995 and to 32 events in 1998.

tic Congo, as well as that of Uganda, Burundi and Rwanda, or else the links between Sierra Leon and Liberia.

One is therefore faced with an approach to civil wars that tends to highlight the economic motivation of such conflicts. As emphasised by Lamb (2000:6), "the existence of economic agendas in an armed conflict situation are based on the premise that there are financial benefits that can be derived from the war, either though seizing control of the state or a territory and/or resorting to criminal activities". This means that one may consider the real possibility of *both parties* employing the most different forms of deriving economic benefits: looting and pillaging, protection money, trade, labour exploitation, land and natural resources, theft of aid supplies, and benefits for the military (Keen, 1998).

However, every civil war has its own history, which may be more or less long, more or less violent, with a greater or lesser popular engagement or international support. Therefore, one should not reduce the interpretation as to the why of civil wars and its maintenance and difficult resolution to purely economic motivations. It is hard to believe that the existence of economic pure greed motivation is the rule for the explanation of a civil war outbreak and maintenance[4]. On the contrary, there is an array of multifaceted internal factors that cannot be ignored (David, 1997), and which therefore demand that "more qualitative in-depth studies on civil wars are required before quantitative models can be further developed" (Lamb, 2000:18). An appropriate identity-based collective action may, for instances, explain the conflict in natural resources areas (Aspinall, 2007).

---

[4] We agree with Zahar (2000: 5) when she claims: "I use the label civil war to refer only to grievance-based conflicts. This is not meant to deny the existence of greed-based wars but it denotes a belief that there are few purely greed-based conflicts".

Most of the literature that draws attention to the economic aspect of the civil wars stress the economic and financial interests that may have been developed and which foster the behaviour of both opposing parties (for instance, Keen, 1998; Berdal and Malone, 2000). The pure greed motivation in civil war is, however, virtually reduced to the rebellion-standpoint analysis, namely when it has the chance of gaining access to natural resources (Collier and Hoeffler, 1998, 2000). However, it does not necessarily have to be so.

Just as the grievance motivation does not have to exist from the rebellion-side alone, but may also be found on the side of the one that wields power (see, for example the reciprocal grievance between Hutus and Tutsis in Burundi and Rwanda), the greed (or quasi-greed) motivation should not be exclusively imputed to the rebellion either.

A case by case analysis should be made to determine if, in a civil war, begun for reasons of grievance, the rebel group finances itself exclusively to sustain its struggle or becomes a group with purely economic vested interests, thus using grievance as an excuse for its armed activity. On the contrary, that of a rebel group which embarks on its activities with the sole aim of greed it will be hard to accept its transformation into a grievance-motivated rebellion as being an honest one. The fact that one starts from a greed motivation usually implies the need of masking it with a grievance excuse, as some authors point out (Collier and Hoeffler, 2000).

In short, it is clear that several reasons can explain the renewed attention to civil wars or internal wars, as David (1997: 552) points out[5]. And as we have mentioned above, the accessing to natural resources seems to be an important explanation

---

[5] This author define "internal war as a violent dispute whose origins can be traced primarily to domestic rather than to systemic factors, and one in which armed violence occurs primarily within the borders of a single state". Thus he used with the same meaning internal war, civil war, and domestic conflict.

to start or to maintain a civil war. In this case, as Sandler (2001: 725) underlines "given the prevalence of conflict and its influence on resource allocations and income distribution, it is surprising that it has taken this long for economists to show an interest in its study".

Redistributive policy and civil war

One of the solutions to guarantee that the dominant group remains in power is to try to redistribute some income so as to ensure the population's support. Otherwise, conditions are produced to foster the appearance of discontent which may generate civil wars (see Grossman, 1995 and Azam, 1995). Although our main concern deals with internal conflict, it should be underline that the redistribution of resources as a way to forestalling the outbreak of war can also be applied to an inter-state context (Brito and Intriligator, 1985).

Azam (1995), for instance, tries to show how to deal with that problem through a model based in game theory. If a government is faced with a trade-off of increasing defence expenditure to fight the opponent or divert resources to it, i.e., by redistributing economic benefits, the outcome (a peace-keeping policy) will depend on government strategy. If the government is a Cournot-Nash type player then there is no attribution of resources in equilibrium. However, if the government acts as a Stackelber-leader, then it will use this redistribution in a more efficient manner so as to ensure it remains in power.

In the case of developing countries, the inability to deal with the trade-off between security expenditure and distribution of economic benefits among the different social groups leads to a more and more contestation and its transformation into armed confrontation, this type of analysis is very accurate. The search for social and political support with a view to remaining in power is imperative and, at times, difficult to handle (Frey and Eichenberger, 1992). Recently, using a simple game theoretic model to focus the importance of the redistributing role of resources, namely of public expenditure, Azam shows that "a strong government will use less repressive actions, or even will simply give them up, and will rely more on redistribution" (Azam, 2000: 12). This will enable it to "take due account of the needs to purchase popular support for the state, and avoid the eruption of insurgencies".

A graphical representation of conflict resolution in a two-sided pure greed or grievance model of civil war

The importance of being politically dominant

The literature on the causes of civil wars is extensive and involves extremely different disciplinary approaches. They highlight namely political, economic, ethnic and religious exclusion that one of the sides considers itself as a victim. In endeavouring to concentrate our attention more on the strictly economic field, unequal access to the economic benefits by one of the groups, may cause discontent which may assume the violent form of a *civil conflict* (Gershenson and Grossman, 2001: 808)[6] or a civil war (Collier and Hoeffler, 2000). This means that armed violence between two groups, in which one of them claims a greater share of the economic benefits, does not necessarily have to be reduced to a mere looting conflict. To be politically dominant is in itself a generator of economic benefits, besides the non-economic ones (Gershenson and Grossman, 2001:810): "political dominance can enable a group to appropriate economic rents, with resulting higher income or wealth. (…) Control over social or religious policy

---

[6] According to these authors *civil conflict* is used to "denote an armed confrontation between groups that are contesting political dominance".

can have intrinsic value, or it can be valuable because it allows the politically dominant group to obtain ultimate economic benefits". This means that the aim to take over the power and remain in it is a fundamental aspect in the conflict opposing the two sides. But when a negotiated settlement begins, "the government stands to relinquish authority, whereas the rebels stand to gain opportunities – legitimacy, time and access to official structures – that can be exploited in the post-agreement future" (Svensson, 2007).

The model

The different interests that two groups represent when they face each other, implies a notion of present and future utility. The concept of power-sharing (or consociationalism) should consider a set of possibilities (see Schneckener, 2002) mapping out them). The politically dominant group that has the power will be called group A and the opposition group B. We shall assume that: 1) a civil war is already taking place; 2) there is no sharing instituted political power; 3) there is a group A that exercises power and a group B that is contesting it resorting to force, which does not exclude the fact that both enjoy a given political influence; 4) both the politically dominant group and the opposing group will be motivated by either the consumption of economic resources alone (which we shall call the pure greed approach, and refer to as Gd^A and Gd^B) or simply by some form of grievance (the pure grievance approach, here referred to as Gv^A and Gv^B); 5) although this does necessarily have to always be the case, both groups base their access to economic benefits on incomes/rents arising from the exploitation of natural resources.

The utility functions for both groups will be:

$$U^A = U(EB^A, PI^A) \quad e \quad U^B = U(EB^B, PI^B) \tag{1}$$

where EB^A e EB^B stands for the economic benefits to which groups A and B respectively have access and PI^A e PI^B represent the political influence of each group, which implies that $PI^A + PI^B = 1$[7].

At moment t_0

$$EB^A \geq \text{ or } < \text{ than } EB^B \qquad (2)$$
and
$$PI^A \geq \text{ or } < \text{ than } PI^B, \qquad (3)$$

with group A being *politically dominant*, i.e, it exercises power

On the other hand,

$$dU^A/dEB^A > 0 \quad \text{and} \quad dU^A/dPI^A > 0 \qquad (4)$$
and
$$dU^B/dEB^B > 0 \quad \text{and} \quad dU^B/PI^B > 0 \qquad (5)$$

Although group B neither holds nor, in any way, shares the instituted political power (at central, regional or local level), it is not regarded that it is excluded from wielding any political influence. If this were so, then $PI^A = 1$ and $PI^B = 0$. The fact that group B has a territory, exercises its authority there and has a population for which it is responsible (irrespective of its motives), grants it a political influence and available political power which, albeit not legitimate, is real.

On the other hand, both *max* U^A and *max* U^B are subject to a *budget constraint* in terms of the level of military and security expenditure (DE^A and DE^B) and this constitutes the possibility of

---

[7] It should be noted that, though very close, the notions of political influence and ruling power do not have to coincide, that is, for $SP^A = 1$ and $SP^B = 0$, this does not mean that $PI^A = 1$ and $PI^B = 0$. Ruling power means that the group is politically dominant.

each group not being defeated, in military terms, by the opponent. Schoonbeek and Koorman (1997), for instance, extend the analysis in which both players dispute a monopoly rent *à la* Tullock when competing for economic benefits, while introducing the need for a minimum of expenditures from both players, irrespective of the fact that each group attaches a different value to the monopoly rent.

Finally, total utility as an absolute value does not need to be equal for both groups (in graphs 1-3, $OA_0^1 \neq OB_0$). The fact that in these graphic representations OA_0 is equal to OB_0 is a simplification which in no way alters the fundamental arguments of the explanations and conclusions given below. For instance, let's assume that the frontier of utility possibilities is a straight line:

GRAPH 1

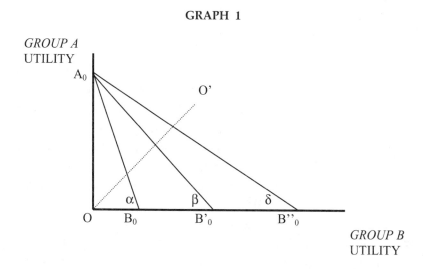

There are three alternatives if we consider OA_0 constant (the same reasoning applies if OB_0 is constant): the straight line with slope $\alpha > 45º$ implies that $OA_0 > OB_0$; the straight line with slope $\beta = 45º$ implies that $OA_0 = OB'_0$ and, finally, that for $\delta < 45º$, $OA_0 < OB''_0$. For any starting point E_0 located on any one of the utility possibility frontiers but situated above the diagonal OO' (which means a politically dominant position of A over B) it implies that a_0 is always greater than b_0, where a_0 and b_0 represent the respective utility of each group at the same moment t_0.

On the other hand, even if the maximum of utility they can and wish to attain is equal, it does not imply that both sides have to value to the same extent the utility they derive from access to the economic benefits and to political influence or, if an agreement is reached, to power sharing[8] from t_o to t_f. The total utility that each group attributes to itself at each moment results from the simultaneous combination of those two variables which have different valuations for each group. However, as A is politically dominant insofar as it excludes group B from instituted and legal power, irrespective of the value that each group attributes to EB (condition 2) or PI (condition 3), the situation from the starting point is always favourable to A.

It is thus assumed (see Graph 2) that in t_o any non-cooperative equilibrium point on curve A_0X_0, that is, to the left of the diagonal OO', will always represent a ratio $a_0/b_0 > 1$ and that the *trade-off* between consumption of economic resources and security expenditures that both face is, in relative terms, favourable to group A.

Finally, it is difficulty to accept that the marginal utilities for both groups are constant, in view of the complexity of the interaction of economic and political interests represented by and within both groups that certainly are in no way homogeneous in their composition. It is thus assumed that the marginal utility for both groups is decreasing. By considering a frontier of utility possibilities that is concave relative to the origin we may meet this assumption.

---

[8] See, in this respect Gershenson and Grossman (2001).

A graphic representation

Starting by considering a utility possibilities curve, in moment t_0, we have the following graphical presentation (graph 2):

GRAPH 2

GROUP A SUPPORTER'S UTILITY

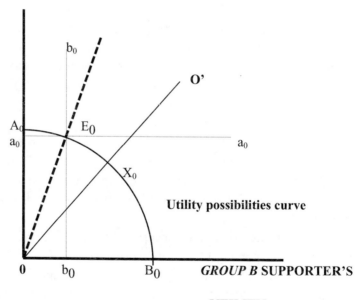

GROUP B SUPPORTER'S UTILITY

The situation of Eo, denoting that U^A in relative and absolute terms is greater than U^B, does not allow us to conclude as to whether appropriation of the absolute amounts of economic benefits derived by A are greater, equal to or smaller than those appropriated by B (see condition (2)). However, the fact that A is politically dominant, that is, it is the ruling group, places it in an advantageous position with regard to B.

This situation, which corresponds to a non-cooperative equilibrium, will always be advantageous for A provided this equilibrium lies on curve A_0X_0. However, the challenge that arises is that of ascertaining how to resolve the conflict that has led to civil war, which leads us to introduce a dynamic analysis. To do so, let us now consider Graph 3:

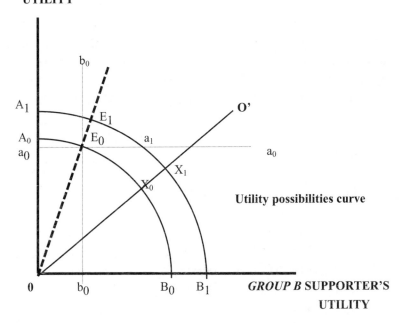

If we assume that both parties agree in bargaining in order to achieve a peace agreement, by either an internal self-commitment or by an external enforcement (Fearon, 1998), this means the two sides are expecting an individual utility in time t_1 greater than in t_0. That depends on the strategies pursued by both parties, as we will see.

Thus, the inclusion of a new utility possibilities curve A_1B_1 means that, in view of the existence of a peace agreement, new growth prospects emerge, either because one expects the growth of the economy to be greater or because a part of economic resources that had previously been spent by both sides on security expenses will diminish. This will bring about a higher level of economic benefits to share in t_1 as compared to t_0 and a new scenario to dispute political influence. Note, however, that an improvement in the rate of growth of the economy may not necessarily occur, as Collier and Hoeffler (1998) show through a study on the economic consequences of civil war on economic growth or, as Masi and Lorie (1989) enlighten with regard to the resilience of military expenditure on the government budget. The latter could also be applied to the rebellion side if there remains some kind of suspicion over the peace agreement which is not, one should recognize, an easy task (Licklider, 1993; Zartman, 1995; Walter, 1999).

We therefore have the following hypotheses, on the assumption that transaction costs are zero:

Pure greed actors ($Gd^A = Gd^B$)

Let us consider that both groups A and B act through greed alone, in other words a kind of greedy spoiler (Stedman, 1997)[9], which is closed to a rent-seeking contest *à la Tullock* (1980) where both parties compete for a monopoly rent.

a) *Hipothesis 1 ($b_1 > b_0$)*: from the standpoint of *rebel group B* it is considered that the fundamental factor which explains the behaviour and motivation of rebel group B is that of pure greed, which we shall call *Gd*. This is its only reason to exist. Here we are facing an extreme case, one of pure looting, where whatever its institutional representation,

---

[9] Quoted in Zahar (2000: 2).

the share of political power does not interest the rebel group. For group B, to increase access to the economic benefits satisfies it. In this case, any E_1 point to be found on the new utility possibilities curve lies between b_1 and B_1 is accepted by the rebel group, even if it involves the loss of relative position in relation to A, which occurs between b_1 and E_1.

But the possibility of a mutually agreed solution depends on the *strategy of group A*:

b) Hypothesis 2 $(a_1 > a_0)$. If A's principal motivation is also that of looting resources and access to the economic benefits, in which it is helped by the fact that it wields power in the country, then it will try to move to any point on the new curve lying between A_1a_1, so as to guarantee an absolute improvement of its utility.

However, there may be two further solutions:

b1) Hypothesis 3 $(a_1 > a_0$ and $a_1/b_1 > a_0/b_0)$: group A is also interested in improving its relative position with regard to B (between point A_1 and E_1). The solution will therefore be given by a point between b_1 and E_1

b2) Hypothesis 4 $(a_1 > a_0$ and $a_1/b_1 < a_0/b_0)$: group A does not care about getting worse its relative position. The solution will lie between E_1a_1.

Pure grievance actors ($Gr^A = Gr^B$)

Let it now be considered that both the dominating group (A) and the rebel group (B) act in accordance with a grievance-based history, so that "the protagonists want to achieve a set of political objectives" (Zahar, 2000:5). Here the focus switches to the value that each group attributes to becoming or continuing to be politically dominant (Gershenson and Grossman, 2001), behaving as total or limited spoilers according to their goals and circumstances (see Stedman, 1977)[10]:

> a) *Hypothesis 5* ($\forall\ b_1/a_1$): the ultimate *raison d'être* of the rebel group is that of pure grievance (given as Gv) and its reparation, leading to a share of political power, justifies the end of the war that opposes it to A.

Two hypotheses emerge:

> a1) *Hypothesis 6* ($b_1/a_1 > 1$): if this reparation is interpreted as a politically dominant stand, then the solution has to lie to the right of diagonal OO', that is, between B_1X_1
>
> a2) *Hypothesis 7* ($b_1/a_1 < 1$, including $b_1/a_1 < b_0/a_0$) : should this not be the case, then any point between A_1X_1 is also acceptable from its perspective.

Just as before, the solution arises from the *strategy that is used by group A:*

> b) *Hypothesis 8* ($\forall\ a_1/b_1$): the politically dominant group agrees in sharing power with B. As happened with the rebel group, now the following may occur:
>
>> b1) *Hypothesis 9* ($a_1/b_1 < 1$): group A agrees to cease to be politically dominant. The solution is between B_1X_1. Although, theoretically, we may accept this solution, in practice, it is difficult to imagine and reveals a 'patriotic spirit' in search of stability for the country, which would imply virtually a voluntary departure.
>>
>> b2) *Hypothesis 10* ($a_1/b_1 > 1$, including $a_1/b_1 < a_0/b_0$): politically dominant group A does not forego its majority position in power although it recognises that it may lose some power, by sharing it with the rebel group. Between A_1X_1 any point matches this perspective.

---

[10] Quoted in Zahar (2000: 2)

Ending or never-ending civil wars?

The various hypotheses given in the two previous points outline a Nash co-operative solution-finding path.

If none of the parties insist on trying to improve its relative position, this is, none is committed in simultaneously bargain over aggressively (Walter, 1999: 132), but only to induce improvement of its absolute utility as a pure greed actor, then the co-operative compromise situation equates to an extended range of alternatives to be found between b_1 and a_1, the position of the new point E_1 will depend on the fact that the two sides attribute the same valuation to the rent (Tullock, 1980) or moderate this condition (Hillman and Riley, 1989; Ellingsen, 1991; Leininger, 1993). On the other hand, if one of the parties at least does not regard becoming politically dominant as being its final goal, then it is possible to find a point E'_1 that is a co-operative solution. However, there are cases in which the strategies of both contenders may not bring about solutions for the civil war.

If each of the parties strive for a simultaneous improvement of their utility in absolute and relative terms, when they perform as pure greed actors, no solution is possible; it is a never-ending civil war (Gershenson and Grossman, 2001). In this last case, the maintenance of the *status quo* situation conveyed by E_1 could possibly be considered by both parties as a *second-best* solution: a relative situation equal to that of the previous period, with improvements for both sides, in absolute terms.

In the same sense, if both parties prove at the same time to be unshakeable regarding the desire to continue to be or become politically dominant, then a situation of never-ending civil war will arise.

From those two extreme hypotheses, other solutions should be sought, by considering the possibility of simultaneously one of the actors behaving as a pure greed actor and the other as a pure grievance actor. But what seems more plausible is to consider that both motivations co-exist in each group, even though the weight of one of the motivations compared to the other may be different. As Gershenson and Grossman (2001:820) mention "the never-ending African conflicts clearly result from the economic benefits of political dominance".

Thus, it seems more likely to achieve an equilibrium point if group A, the politically dominant group who is interested in staying in power, acts as a Stackelber-leader (Azam, 1995). In this sense it can give up of part of their relative utility position, so that any point to the left of X_1, in time t_1, is acceptable for it and improves the relative and absolute utility of group B.

Transactions costs

The reasoning developed in the previous point overlooks an important problem, this is, how to deal with transaction costs. In acting in this way, we consider that the transaction costs are zero. This means that one considers there is no room for economic inefficiencies derived from these costs, which are zero by assumption. Consequently, it is also implicit that, in the negotiation process, that there are complete and perfect information and it considers the two contenders equally. Uncertainty is absent.

However, it is also acknowledged that, in bargaining between two parties involved in a civil war information is most likely to be incomplete and asymmetrical. In this way, whether it be information costs, the different communication costs between both or even the costs associated with the design and maintenance of institutional structures, either national or international (Sandler, 1992: 60-61; 126-128), of negotiation and implementation of the agreement can hardly be considered as null. Each party has necessarily to spend its own resources, including time. All this involves a certain transaction technology associated with the resources spent by both parties. And although they should be regarded as an effort to reduce uncertainty, consideration of these resources may alter both sides' behaviour differently, thus altering the value of their expected utility in the future, either in absolute or relative terms.

Conclusion and policy implications

How to end civil war and bring peace: by negotiating settlements (Licklider, 1995) or by military victory? Are negotiated settlements of civil wars more likely to break down than settlements based on military victories? Looking at the past, some authors draw the conclusion that the long-term casualties of negotiated settlements are likely to be greater than those of military victory (Licklider, 1995: 685, referring to Wagner (1993) analysis). Even if in average history shows this is the case, the environment of each civil war is quite different involving not only an economic dimension but political, social, and other factors as well. And worst, if one considers that every civil war in a country abundant in natural resources is a purely greed-based motivation, there is quite difficult to find a solution, either institutional or political (Ascher, 1999). In this context, the two-side grievance and quasi-greed model is more likely to allow the achieving of an agreement even in a natural resources rich country (Humphreys, 2005). The ultimate goal is to turn opponents into partners (Schneckener, 2002) and the consideration of internal factors is then crucial. This article highlights that there is a range of solutions where each side might be better off. And the role of international community, namely in the peace-building process, appeals to the need that "strategies should address the local roots of hostility, the local capacities for change, and the (net) specific degree of international commitment available to assist sustainable peace" (Doyle and Sambanis, 2000: 779; Hoddie and Hartzell, 2003). But one important and somehow neglected question remains when negotiations occur between the two competitors: what role for the other political parties and for civil society?[11] Are the latter interested in a positive outcome even if it has to pay for it? (Ferreira and Barros, 1998). The considerati-

---

[11] See Orjuela (2003) when analyzing the role for civil society in the peace building process in Sri Lanka.

on of this scenario seems to lead to the conclusion that a Stackelberg-leader framework is more likely to work than a Nash framework.

References

ASCHER, W. (1999), *Why Governments Waste Resources: Policy Failures in Developing Countries*, Johns Hopkins University Press, Baltimore

ASPINALL, E. (2007), "The Construction of Grievance: Natural Resources and Identity in a Separatist Conflict", *Journal of Conflict Resolution*, Vol. 51, No. 6, 950-972

AZAM, J-P. (1995), "How to Pay for the Peace? A Theoretical Framework with References to African Countries", *Public Choice*, 83, pp.173-184

BERDAL, M. and MALONE, D. (eds.) (2000), *Greed and Grievances: Economic Agendas in Civil Wars*, Lynne Rienner, Boulder

BRITO, D. and Intriligator, M. (1985), "Conflict, War and Redistribution", *The American Political Science Review*, vol.79, pp. 943-957

BUCHANAN, J.; TOLLISON, R. and TULLOCK, G. (eds) (1980), *Toward a Theory of the Rent-Seeking Society*, College Station: Texas A&M University Press, Series 4

COLLIER, P. (2001), "Rebellion as a Quasi-Criminal Activity", *The Journal of Conflict Resolution*, vol.44, nº6, December, pp. 839-853

COLLIER, P. and Hoeffler, A. (1998), "On Economic Causes of Civil War", *Oxford Economic Papers*, 50, pp. 563-573

COLLIER, P. and Hoeffler, A. (2000), *Greed and Grievance in Civil War*, paper presented at the II Lisbon International Conference on Defence and Peace Economics, held at ISEG, 23-24 June, Lisbon, Portugal

DAVID, S. (1997), "Internal war: causes and Cures", *World Politics*, 49, July, pp.552-576

DOYLE, M. and Sambanis, N. (2000), "International Peacebuilding: A Theoretical and Quantitative Analysis", *American Political Science Review*, vol. 94, nº 4, December, pp.779-801

ELLINGSEN, 1991

FEARON, J. (1998), "Bargaining, Enforcement, and International Cooperation", *International Organization*, vol.52, nº2, Spring, pp.269-305

FERREIRA, M. Ennes and BARROS, C. (1998), "From War to Economic Recovery: Peace as a Public Good in Angola", *Defence and Peace Economics*, vol. 9, nº 3, pp.283-297

FREY, B. and Eichenberger, R. (1992), *The Political Economy of Stabilization Programmes in Developing Countries*, Technical Papers, nº 59, OECD, Paris

GERSHENSON, D. and GROSSMAN, H.I. (2001), "Civil Conflict: Ended or Never Ending", *The Journal of Conflict Resolution*, vol. 44, nº 6, December, pp. 808-822

GROSSMAN, H.I. (1995), "Insurrections", *in* Hartley, K. and Sandler, K. (eds.) (1995)

GROSSMAN, H.I. (1999), "Kleptocracy and Revolution", *Oxford Economic Papers*, 51, pp. 267-283

HODDIE, M. and Hartzell, C. (2003), "Civil War Settlements and the Implementation of Military Power-Sharing Arrangements", *Journal of Peace Research*, vol.40, nº 3, pp. 303-320

HUMPHREYS, M. (2005), "Natural Resources, Conflict, and Conflict Resolution: Uncovering the Mechanisms", *Journal of Conflict Resolution*, vol. 49, nº 4, pp. 508-537

KEEN, D. (1998), *The Economic Functions of Violence in Civil Wars*, Adelphi Paper 320, Oxford University Press, Oxford

LAMB, G. (2000), *War and Economic Agendas in Africa: The State of Research and Way Forward*, paper presented at the II Lisbon International Conference on Defence and Peace Economics, held at ISEG, 23-24 June, Lisbon, Portugal

LEININGER, 1993

LEITE, C. and Weidmann, J. (1999), *Does Mother Nature Corrupt? Natural Resources, Corruption, and Economic Growth*, IMF Working Paper, African and research Departments, June

LICKLIDER, R. (ed.) (1993), *Stopping the Killing: How Civil Wars End*, NYU Press, New York

LICKLIDER, R. (1995), "The Consequences of Negotiated Settlements in Civil Wars, 1945-1993", *American Political Science Review*, vol. 89, nº3, September, pp. 681-690

MASI and LORIE (1989)

NEARY, H.M. (1997), "A Comparison of Rent-Seeking Models and Economic Models of Conflict", *Public Choice*, 93, pp. 373-388

ORJUELA, C. (2003), "Building Peace in Sri Lanka: a Role for Civil Society?", *Journal of Peace Research*, vol.40, nº 2, pp. 195-212

SANDLER, T. (1992), *Collective Action: Theory and Applications*, The University of Michigan Press, USA

SANDLER, T. (2001), "Economic Analysis of Conflict", *The Journal of Conflict Resolution*, vol. 44, nº 6, December, pp.723-729

SCHNECKENER, U. (2002), "Making Power-sharing Work: Lessons from Successes and Failures in Ethnic Conflict Regulation", *Journal of Peace Research*, vol. 39, nº 2, pp. 203-228

SCHOONBEEK, L. and Kooreman, P. (1997), "Tullock's Rent-Seeking Contest with a Minimum Expenditure Requirement", *Public Choice*, 93, pp. 477-486

STEDMAN, S. 1997), "Spoiler Problems in Peace Processes", *International Security*, vol. 22, nº 2

SVENSSON, I. (2007), "Bargaining, Bias and Peace Brokers: How Rebels Commit to Peace", *Journal of Peace Research*, vol. 44, nº 2, pp. 177-194

TULLOCK, G. (1980), "Efficient Rent-Seeking," *in* Buchanan, J.; Tollison, R. and Tullock, G. (eds), pp. 97-112.

WAGNER, R.H. (1993), "The Causes of Peace", *in* Licklider, R. (ed.), NYU Press, New York, pp. 235-268

Wallensteen, P. and Sollenberg, M. (1999), "Armed Conflict, 1989-1998", *Journal of Peace Research*, vol. 36, nº 5, September, pp. 593-506

WALTER, B. (1999), "Demobilization, Democratization, and Commitment to Peace", *International Security*, vol. 24, nº 2, Summer, pp. 127-155

ZAHAR, M-J. (2000), *The Problem of Commitment to Peace: Actors, Incentives, and Choice in Peace Implementation*, paper presented at the 2000 Annual Meeting of the American Political Science Association, August31-September 2, Wsahington, DC, (provisional paper)

ZARTMAN, W. (ed.) (1995), *Elusive Peace: Negotiating an End to Civil War*, The Brookings Institution, Washington

Geografia da inovação em mudança: a explosão de uso de marcas e patentes na China, Índia e Brasil

Manuel Mira Godinho[*]
Vítor Ferreira[**]

1. Introdução

A China, a Índia e o Brasil têm vindo a registar um aumento muito significativo na utilização de direitos de propriedade intelectual (DPI). A China detinha já em 2008 a liderança mundial em pedidos de registo de marca, vindo a Índia logo a seguir aos EUA, Japão e Coreia do Sul e encontrando-se o Brasil numa quase paridade com a Índia. No respeitante a pedidos de patentes, a China ocupa a 3ª posição mundial, a Índia a 9ª e o Brasil a 10ª.

As tendências de utilização de DPI nestas três economias emergentes são analisadas em detalhe neste trabalho, com destaque para a observação da estrutura da procura de patentes e marcas nas duas décadas desde 1990. Especificamente, as séries estatísticas disponíveis são discriminadas e observadas de acordo com: (i) origem nacional *versus* não nacional dos pedidos de marcas e patentes; (ii) especialização em termos das classificações de patentes (IPC) e marcas (Nice); e (iii) principais utilizadores individuais de marcas e patentes nos três países. Os dados utilizados

---

[*] UECE e ISEG/UTL; mgodinho@iseg.utl.pt
[**] IPL e ISEG/UTL; vitorhf@estg.iplei.pt

referem-se a pedidos nos Institutos Nacionais de Marcas e Patentes (INMPs) da China, Índia e Brasil, mas também se avalia a procura de residentes nestes países noutras vias nacionais e internacionais.

Além da análise da dinâmica existente na utilização de DPI nestas economias e da discussão acerca da capacidade de a manter num futuro próximo, abordam-se questões práticas sobre as estratégias, motivos e benefícios subjacentes às actuais tendências. Ou seja, o trabalho debruça-se sobre a capacidade Sistemas Nacionais de Inovação destes países capturarem os benefícios decorrentes desta procura crescente por patentes e marcas. Um aspecto que está implícito à discussão realizada é se as tendências registadas em matéria de DPI na China, Índia e Brasil, poderão permitir a determinados segmentos destas economias eliminar a desvantagem face às economias mais avançadas, num período de tempo relativamente curto.

No que se segue, o trabalho reparte-se em 7 secções. A secção 2 trata do crescimento económico da China, Índia e Brasil e discute vários aspectos que podem afectar a sua sustentabilidade. A secção 3 aborda a "explosão de patentes" que ocorreu nas economias mais avançadas desde os anos 1980 e levanta a questão de saber se o actual aumento da utilização de patentes na China, Índia e Brasil poderá ter causas semelhantes. A secção 4 apresenta diversas considerações metodológicas sobre os dados utilizados e sobre as análises a realizar. De seguida, as secções 5, 6 e 7 são dedicadas à exploração empírica, apresentando, respectivamente, dados sobre pedidos de DPI da Índia, China e Brasil em diferentes sistemas, as questões relacionadas com a especialização de marcas e de patentes nestes países e a presença de empresas chinesas, indianas e brasileiras no *ranking* internacional dos maiores utilizadores de patentes. Finalmente, a secção 8 apresenta as conclusões.

2. Da expansão económica à explosão de inovação

Brasil, China e Índia têm-se distinguido na última década e meia como algumas das mais dinâmicas economias do Mundo. China e Índia são os países mais populosos do planeta, com cerca de 20% e 17% da população mundial, enquanto que o Brasil é o quinto país com mais habitantes, com quase 2% do total da população mundial. Estes países têm registado dinâmicas de crescimento económico historicamente singulares, com a China a destacar-se entre os três. Partindo em 1980 de uma base inferior em termos de Produto Nacional Bruto (PNB), a China tinha em 2006 um PNB mais de três vezes superior ao do Brasil ou ao da Índia (Dahlman, 2009). Em termos de dimensão puramente económica, medida em termos de PIB em ppc,[1] em 2009, a China era a segunda maior economia do mundo, a Índia a quarta e o Brasil a nona. Todavia, uma análise do mesmo agregado por habitante revela-nos que a China é apenas o 127.º país do mundo com um PIB *per capita* de $6700, o Brasil o 103.º com $10200 e a Índia o 165.º, com $3100.

A figura 1 e a tabela 1 sintetizam alguma da informação económica relevante, para a compreensão das características destes 3 países.

FIGURA 1 – **Taxas de crescimento reais do PIB**

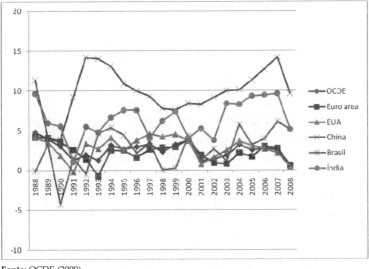

Fonte: OCDE (2009)

---

[1] Ppc significa em "paridades de poder de compra".

A China distingue-se dos outros países pelo seu elevadíssimo crescimento, mas também pela sua rápida inserção no comércio mundial, como o maior exportador do mundo. Em 2007, as suas exportações representavam já mais de 10% do total mundial, sendo superiores às dos EUA e mais de 8 vezes o montante de exportações da Índia ou Brasil. Note-se ainda que, em 2006, cerca de 30% das exportações chinesas eram já de produtos considerados como de alta ou média tecnologia. Por outro lado, a Índia destaca-se na exportação de serviços, cujo valor é quase três vezes superior às exportações de bens e idêntico aos das exportações chinesas de serviços. Como Baldwin (2006) refere, a China beneficiou da deslocalização da produção mundial, enquanto a Índia beneficiou da disseminação das TIC que permitiu a deslocalização de certos serviços e tarefas para o seu território. O Brasil, embora mantendo-se maioritariamente como exportador de bens primários, com progressos técnicos significativos na produtividade agrícola, tem desenvolvido de forma sustentada algumas ilhas de excelência em produtos de tecnologia elevada, como a aeronáutica ou a aplicação de bio-combustíveis.

O investimento em I&D tem progredido com o crescimento económico. Verifica-se que em termos de gastos em I&D como percentagem do PIB, a China aproxima-se da média da UE a 27, registando um rácio de 1,5% em 2007. Apesar de tudo, estes valores são menos de metade do investimento dos concorrentes asiáticos mais desenvolvidos, o Japão e a Coreia. No entanto, é notória a evolução deste indicador, já que no espaço de 11 anos ele aumentou quase 200%. Índia e Brasil registam dinâmicas de crescimento interessantes, mas mais uma vez ficam aquém do desempenho da China.

QUADRO 1 – **Dados gerais sobre comércio e crescimento, 1980 a 2009**

		Brasil	China	Área do Euro	Índia	Japão	EUA	Mundo
Crescimento anual do PIB (%)								
	Média 1980 a 1990	3,0	9,8	2,3	5,7	3,7	3,1	3,0
	Média 1990 a 2000	1,7	10,0	2,2	5,6	1,5	3,1	2,7
	Média 2000 a 2009	3,5	10,0	2,0	7,0	1,5	2,4	3,0
Exportações de Bens e serviços (em % do PIB)								
	Média 1980 a 1990	26,6	10,1	12,9	6,0	12,8	8,5	18,5
	Média 1990 a 2000	29,3	8,5	21,6	10,0	10,0	10,6	20,7
	Média 2000 a 2009	36,7	13,4	31,1	17,1	12,3	10,4	24,9
IDE, fluxos líquidos (em milhões US$)								
	Média 1980 a 1990	1743,4	1508,1	18031,5	104,8	181,5	32971,0	
	Média 1990 a 2000	10471	28308	104099	1506	2587	90737	
	Média 2000 a 2009	19893	61989	390857	8151	6527	162806	
Exportações de alta tecnologia (em % das exp. de bens)								
	Média 1980 a 1990	6,5		11,7	2,6	23,9	32,7	17,9
	Média 1990 a 2000	6,8	10,9	14,7	3,5	25,0	32,3	18,9
	Média 2000 a 2009	13,7	24,5	16,7	4,8	23,9	30,9	20,8
Exportações de Bens como % do mundo (2009)		1.23	8.89		1.1	4.87	8.01	
Exportações de Serviços como % do mundo (2009)		0.76	3.88		2.72	3.88	13.80	

Fonte: Worldbank (2010)

Um aspecto marcante destes países é o seu desempenho em termos de DPI. Se o foco for a procura dirigida aos institutos nacionais de patentes e marcas (INPM) verificamos que a nível global a China é hoje o país com mais pedidos de marcas e o 3.º em pedidos de patentes, imediatamente atrás de EUA e Japão. A Índia ocupa hoje em marcas e patentes, respectivamente, o 5.º e 9.º lu-

QUADRO 2 – **I&D, 1995 a 2007**

	Investigadores por mil habitantes											
	1995	1996	1997	1998	1999	2000	2001	2002	2003	2004	2005	2006
Japão	8.3	9.2	9.3	9.8	10	9.9	10.4	10.1	10.6	10.6	11	11.1
Coreia do Sul	4.9	4.8	4.8	4.7	4.9	5.1	6.3	6.4	6.8	6.9	7.9	8.7
EUA	8.1	..	8.8	..	9.3	9.3	9.5	9.7	10.2	9.8	9.6	..
EU27	4.8	4.9	4.9	5	5.1	5.2	5.3	5.5	5.6	5.8	6	6.1
China	0.8	0.8	0.8	0.7	0.7	1.0	1	1.1	1.2	1.2	1.5	1.6
Índia	..	..	..	..	..	0.3	0.4	0.5	..	..	..	..
Brasil	0,7	..	..	..	..	0,8	0,9	0,9	1	1	1,3	1,3

	Gastos em I&D como % do PIB												
	1995	1996	1997	1998	1999	2000	2001	2002	2003	2004	2005	2006	2007
Japão	2.71	2.81	2.87	3	3.02	3.04	3.12	3.17	3.2	3.17	3.32	3.39	..
Coreia do Sul	2.37	2.42	2.48	2.34	2.25	2.39	2.59	2.53	2.63	2.85	2.98	3.22	..
EUA	2.51	2.55	2.58	2.61	2.66	2.75	2.76	2.66	2.66	2.59	2.62	2.66	2.68
EU27	1.67	1.66	1.67	1.67	1.72	1.74	1.76	1.77	1.76	1.73	1.74	1.77	..
China	0.57	0.57	0.64	0.65	0.76	0.90	0.95	1.07	1.13	1.23	1.33	1.42	1.49
Índia	0.63	0.65	0.72	0.73	0.76	0.78	0.76	0.75	0.74	0.71	..	..	..
Brasil	0,8	0,72	..	..	..	0,94	0,96	0,91	0,88	0,83	0,97	1,02	..

Fonte: OCDE (2010)

gar. A dinâmica de evolução está ilustrada nas figuras 2 e 3 que fornecem informação para patentes de 1883 a 2008 e de marcas de 1964 a 2008.

Note-se que a China entrou, conjuntamente com a Coreia, na lista das 5 regiões que mais pedidos de patentes nacionais realizam a nível mundial. O que é visível a partir destes dados, e que será analisado em detalhe nas secções que se seguem, é a mudança na geografia de inovação à escala global.

A figura 2, apresentando informação para um período de 124 anos, de 1883 a 2008, mostra que actualmente os principais INPMs à escala mundial, em termos de recepção de pedidos de patentes, são o norte-americano e o japonês, ambos com mais de 400 mil pedidos/ano em 2008. Os outros grandes institutos são, neste momento, e por esta ordem, em termos de volume de pedidos processados em 2008, o chinês, o sul coreano e o europeu (EPO).

Geografia da inovação em mudança | 547

FIGURA 2 – **Pedidos de patentes nos principais institutos de patentes: 1883-2008**

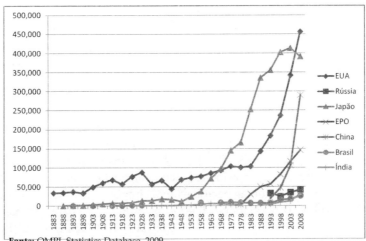

Fonte: OMPI, Statistics Database, 2009

FIGURA 3 – **Pedidos de marcas nos principais institutos de patentes e marcas: 1964-2008**

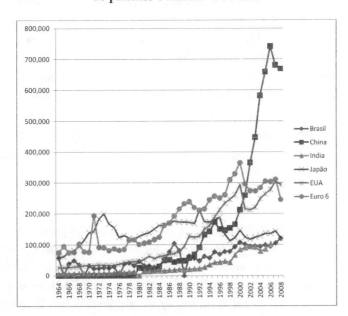

Fonte: OMPI, Statistics Database, 2009

Há a notar que os dados constantes dos gráficos das figuras 2 e 3, relativos aos principais países em termos de patentes e marcas, dizem respeito ao somatório de pedidos de entidades residentes com os de entidades não-residentes. Por outro lado, existem diferentes sistemas de registo de patentes e marcas, que necessitam de ser analisados em paralelo. Iremos analisar a procura de DPI nos diferentes sistemas nacionais destes países (BIC), bem como a procura nos designados sistemas internacionais.

> Existem dois sistemas "internacionais" de DPI. O primeiro diz respeito às patentes internacionais (PCT) (reguladas pelo Patent Cooperation Treaty) e as "marcas internacionais" (reguladas pelos acordos de Madrid sobre Marcas). Os sistemas nacionais mais importantes são o dos EUA, (gerido pelo USPTO), o Japonês (gerido pelo JPO). O sistema da patente Europeia (gerido pelo EPO) e o sistema da Marca Comunitária Europeia (gerido pela OHMI) partilham algumas características dos sistemas nacionais e internacionais.

Independentemente da análise diferenciar utilizadores nacionais e estrangeiros de marcas e patentes, o que será constatado é que a utilização de DPI tem crescido muito rapidamente nos países em análise. Estas tendências sugerem que os países estão numa trajectória de convergência, não só em termos de PIB *per capita*, mas, eventualmente, também na capacidade de inovação.

No início da década de 2000, a Goldman Sachs projectou que em menos de 30 anos o PIB combinado das economias BRICS seria colectivamente superior ao do G6 (GS, 2003). Há algumas indicações de que, devido à sua dimensão e dinâmica de crescimento, pelo menos a China e a Índia podem avançar mais rapidamente que outras economias do grupo BRICS (Altenburg et al., 2008). As altas taxas de poupança e consequentes taxas de crescimento permitem a estes países investir fortemente em infra-estruturas e I&D, concentrar trabalhadores altamente qualificados em determinadas regiões ou comprar licenças tecnológicas e promover a educação em geral (Altenburg et al., 2008). Na sequência do esforço endógeno, a natureza cada vez mais codificada do conhecimento em actividades económicas relacionadas com sistemas de informação, logística, gestão de cadeias de abastecimento tornam mais fácil a sua transferência. Os dois países também beneficiam de investimentos externos em de I&D, com a China ser hoje o primeiro destino para terciarizar I&D (UNCTAD, 2005).

No caso da China, uma combinação de factores tem sido bem sucedida ao colocar o país numa trajectória de *catching up* (convergência rápida). Antes da liberalização do comércio ser implementada, a China assegurou que as suas indústrias eram orientadas para a aprendizagem tecnológica e estavam prontas para inovar, tornando-se parceiros naturais para as empresas estrangeiras (Chandra et al., 2009). Isto foi conseguido através de políticas de apoio ao investimento em I&D em associação com subsídios financeiros para apoiar selectivamente algumas indústrias, nomeadamente em áreas de alta tecnologia, em paralelo com uma estratégia de crescimento das exportações (Chandra et al., 2009). A partir do momento que a liberalização do comércio foi implementada, a China não hesitou em tirar vantagem de preços competitivos para alcançar ganhos de eficiência adicional.

Em relação à Índia, é evidente que as diferentes estratégias que foram adoptadas não revelam a mesma coerência ao longo do tempo que no caso chinês (Dahlman, 2009). A política anti-exportação baseada em estratégias de substituição de importações e a falta de coerência das políticas de reforço de inovação, não foram úteis na promoção da competitividade internacional da produção indiana (Chandra *et al.*, 2009). No entanto, o foco na qualidade do ensino em determinadas áreas mais uma abertura selectiva da economia indiana tem ajudado o país a desenvolver algumas indústrias de qualidade a nível mundial (Chandra *et al.*, 2009), nomeadamente no domínio das TIC e áreas de software.

O Brasil não conseguiu atrair tanto investimento já que o seu mercado era algo protegido (Dahlman, 2009). Ao contrário da China, as empresas produziam para o mercado interno, com uma menor intensidade tecnológica (Dahlman, 2009). No entanto, os investimentos em capital humano de alto nível foram críticos para as ilhas de excelência do Brasil.

A explosão no registo de patentes no Brasil, Índia e particularmente na China, em combinação com um uso muito intenso de marcas, pode sinalizar um ponto de viragem no desenvolvimento destes países. As tendências que observamos podem constituir um forte indício de uma possível sustentabilidade do crescimento económico, proporcionando finalmente um efectivo *catch-up*. Como Fagerberg e Godinho (2005) observam, outros processos de *catching-up* de sucesso que ocorreram desde que a Grã-Bretanha assumiu a liderança económica com a Revolução Industrial no início do século XIX foram marcados pelo facto dos países que conseguiram fazer este processo adoptarem, em conjunto com a absorção de *know-how* tecnológico proveniente do estrangeiro, importantes inovações institucionais. O aumento da utilização de DPI na China e Índia pode ser indicativo de tal tipo de mudança institucional.

3. A "explosão de patentes"

Desde os anos 80 que houve um aumento significativo dos pedidos de patentes à escala global. Por detrás desta "explosão de patentes" (Hall, 2004) está o surgimento de novas tecnologias mais baseadas em ciência bem como o uso intensivo e estratégico de patentes por parte de empresas. Conjuntamente com o uso de marcas e outras formas de DPI, o interesse reforçado pelas patentes tem conduzido as economias mais avançadas a um estádio referido como "capitalismo intelectual"(Grandstrand, 2000).

Diversos estudos, que analisaram o crescimento de patentes nas economias avançadas, associam essa mudança ao surgimento, desde a década de 1980, de sectores intensivos em I&D, tais como microelectrónica, as TIC e as indústrias de biotecnologia (Kim e Marschke, 2004). O crescimento em I&D levou a um aumento da inovação e de patentes (Kortum e Lerner, 1995). No entanto, muitos outros estudos ligam a explosão das patentes a uma sua maior utilização estratégica por parte das empresas. Referindo-se ao caso dos EUA, Hall (2005) aponta que o patenteamento é importante para as novas empresas como forma de sinalizar a sua capacidade inovadora, enquanto que as empresas maduras tendem a usar mais patentes de forma defensiva, para construir carteiras de DPI de grande dimensão. Resultados semelhantes foram destacados para outras economias avançadas. Harabi (1995), num estudo com empresas suíças, já havia salientado que as empresas usam patentes como um instrumento de negociação. Blind *et al.* (2006), referindo-se a dados da Alemanha, mostraram que além de usar patentes para evitar a imitação, as empresas também as usam para manter os concorrentes fora desses seus mercados e para melhorar sua imagem tecnológica. Duguet e Kabla (1998) apontam que, apesar de geralmente citarem o uso de patentes para evitar a imitação, 60% das empresas francesas no seu estudo, indicaram usá-las para evitar litígios e como alavanca para negociações tecnológicas.

Apesar do crescente interesse que tem sido observado no uso de patentes ao longo das duas décadas mais recentes, existem vários problemas decorrentes da situação actual, que merecem ser mencionados. Primeiro de tudo, o que é conhecido desde o estudo pioneiro de Levin et al. (1987) é que a intensidade de uso de patentes varia consideravelmente entre sectores. Além disso, sabe-se que a intensidade de patentes não é estritamente associada à I&D, com sectores intensivos em I&D, como o farmacêutico a serem fortíssimos utilizadores de patentes, enquanto outros sectores intensivos em I&D, como o aeroespacial, a utilizarem proporcionalmente muito menos patentes (Godinho e Rebelo, 2007).

Levin *et al.* (1987) e Cohen *et al.* (2000) também demonstraram que diversas empresas de diferentes sectores valorizam diferentemente os mecanismos de apropriabilidade na protecção da inovação, com as patentes a serem apenas um entre vários mecanismos. Além disso Cohen *et al.* (2002) referem que o uso de patentes também depende das leis nacionais. Mais recentemente, foi alegado que os benefícios relativos das patentes também variam muito entre sectores. Bessen e Meurer (2008), analisando dados de empresas inscritas na bolsa dos EUA, argumentam que em muitos sectores os custos de utilização de patentes são agora muito maiores que os benefícios, dado os custos de processos litigiosos estar a aumentar exponencialmente.

Poucos estudos têm sido produzidos sobre o aumento do uso de DPI na China e na Índia. Em relação à China, e referindo-se a uma amostra de médias/grandes empresas, Hu e Jefferson (2009) demonstraram que o aumento no registo de patentes está ligado a um aumento da I&D, mas também a fluxos de IDE e um quadro de mudança legal que favorece os detentores de patentes.

Na Índia, a Lei de Patentes promulgada em 1970 eliminou patentes de produtos farmacêuticos e alimentares, enquanto as patentes de processo foram reduzidos para um período de 5 a 7 anos. Esta medida tornou o mercado interno pouco atractivo para as grandes multinacionais estrangeiras, permitindo a chamada engenharia inversa e o desenvolvimento de competências importantes nestes sectores. Quando mais recentemente se começou a adaptar às regras do acordo TRIPS, a Índia já tinha uma indústria farmacêutica estabelecida, produzindo medicamentos genéricos a um custo muito baixo. Processos semelhantes de engenharia inversa têm sido seguidos por empresas chinesas que operam em diferentes sectores (Dahlman, 2009). Apesar de imitação não levar directamente à inovação, muitas vezes é um passo necessário para a aprendizagem e aquisição de capacidade (Katz, 1985).

Uma questão que foi levantada em relação às patentes concedidas pela China, Brasil e pela Índia é a sua qualidade. O uso de índices de citações de patentes é uma medida importante para avaliar a qualidade das patentes (Bloom e Reenen, 2002). O indicador "rácio de citação" é definido como a média do número de patentes de um país citadas por patentes posteriores. O pressuposto subjacente no uso de citações de patentes para medir a qualidade das patentes é que patentes citadas envolvem provavelmente significativos avanços tecnológicos (Tseng, 2009). Com base nesse indicador, Tseng (2009) aponta que a qualidade das patentes é extremamente heterogénea na China, Índia e Brasil, com algumas patentes sendo de alta qualidade e a maioria a ser de baixa qualidade, com a mesma citação média de 3,6 para China e Índia e de 4,7 para o Brasil.

Uma questão de investigação relevante é saber se o envolvimento crescente do Brasil, China e Índia no uso de DPI tem as mesmas razões subjacentes do verificado nas economias avançadas. Este trabalho aborda esta questão avaliando se o aumento do uso de DPI nesses países ocorre através de diferentes classes de patentes e de marcas (nas classificações IPC e Nice) com a mesma intensidade que nas economias avançadas.

A maioria dos estudos que têm sido realizados sobre DPI em economias emergentes têm-se concentrado nas patentes, mas não tem sido dada muita atenção ao uso de marcas. Neste trabalho tanto as marcas como as patentes são utilizadas para inferir sobre o potencial de inovação destas economias.

A utilização conjunta de dados de patentes e marcas tem a vantagem adicional de fornecer uma perspectiva mais fiável sobre o potencial de inovação. Foi anteriormente observada a diversidade de finalidades para que são usadas as patentes nas economias avançadas, que vão muito para além do seu papel tradicional como meio para proteger a inovação. Neste contexto, muitos estudos têm afirmado a necessidade de indicadores complementares que, juntamente com as patentes, possam fornecer uma visão mais realista e abrangente da capacidade de inovação.

O chamado Manual de Oslo (OECD, 2005) foi escrito sob o pressuposto principal de que as patentes não reflectem as diferentes fontes e formas pelas quais a inovação ocorre, nomeadamente no sector dos serviços, onde a mudança organizacional e co-criação de novas soluções com os clientes acontece muitas vezes fora das fronteiras dos laboratórios de I&D.

A insatisfação com uma visão de inovação como sendo sempre necessariamente tecnológica e suportada pela I&D, levou à sugestão de abordagens alternativas. Vários estudos empíricos têm sugerido como alternativa possível a consideração do peso de novos produtos nas vendas totais (Liu e White, 1997), indicadores de mudanças organizacionais dentro das empresas (Pakes, 1985), as contagens de inovações (Acs et al., 1993), o número de novos produtos (Fritsch, 2002) e a utilização e citação de informações de patentes (Trajtenberg, 1990). Obviamente, estas medidas alternativas partilham alguns dos problemas que têm sido apontados às patentes como indicadores de inovação, sendo esta uma das razões pelas quais as patentes continuam a ser aceites como uma boa *proxy* de inovação (Li, 2008).

Neste contexto, tem havido um interesse crescente na utilização de marcas como um indicador de inovação. Estudos estatísticos sobre marcas foram realizados para obter informações relativas a questões como as diferenças na participação do comércio internacional (Baroncelli et al., 2004), especialização em comércio (Fink et al., 2003) ou a utilização de marcas comerciais como instrumento de protecção (Baroncelli et al., 2004).

Os pedidos de novas marcas estão relacionados com estratégias mais amplas de marketing, onde as empresas solicitam uma marca para reforçar a diferenciação dos seus produtos. Na maioria dos casos esta diferenciação pode envolver mudanças incrementais em relação a outros bens ou serviços dentro das linhas de produtos existentes, mas em alguns casos, a utilização de novas marcas também pode estar relacionada com alterações mais radicais nos produtos. Normalmente novas marcas envolvem uma diversidade de medidas, tais como mudanças de embalagem e rotulagem e comunicação com o mercado potencial por meio de relações públicas, publicidade e promoção (Elliott e Percy, 2006) que, no total podem envolver mudanças importantes no comportamento da empresa. O que pode ser argumentado é que as marcas estão mais relacionadas com o lançamento de novos produtos, e não tanto com a actividade inventiva, como acontece com as patentes.

Vários estudos têm mostrado que as marcas são mais intensamente utilizadas nos sectores de bens de consumo (Greenhalgh et al., 2001; Mainwaring et al., 2004), e outros estudos realçaram que as marcas relacionadas com os novos serviços têm crescido constantemente nos últimos anos (Schmoch, 2003; Greenhalgh *et al.*, 2001). Outros estudos ainda salientam, através da utilização de dados empíricos, que existe uma correlação entre o uso de marcas e actividades inovadoras. Estes estudos têm encontrado uma relação positiva e significativa nos diferentes sectores entre pedidos de marcas e vários indicadores de inovação, tais como patentes, I&D e novos produtos lançados (Millot, 2009). Esta correlação parece ser mais intensa nos sectores de serviços (Schmoch, 2003; Mendonça *et al.*, 2004) e em sectores de alta tecnologia (Mendonça *et al.*, 2004), nomeadamente em sectores como a indústria farmacêutica (Malmberg, 2005; Millot, 2009).

Tendo em conta os padrões de especialização da Índia, China e Brasil e sua crescente participação na actividade do comércio internacional, torna-se importante a análise da capacidade de inovação através da utilização simultânea de marcas e patentes.

4. Metodologia e dados

Vários estudos têm apontado que, ao realizar-se comparações internacionais de dados de patentes, se deve evitar o uso de patentes pedidas ou concedidas pelos institutos nacionais de patentes e marcas (INPM), já que estes dados poderão ser enviesados em consequência de uma utilização mais que proporcional do sistema nacional por parte de utilizadores residentes (o designado "enviesamento nacional" ou *home-bias*). Patel e Vega (1999) mencionam este problema em relação por parte dos utilizadores residentes nos EUA de patentes do sistema USPTO. Esta situação decorre do facto de que normalmente as empresas nacionais se tendem a proteger com maior intensidade nos seus mercados internos. Muitos estudos têm, porém, usado patentes USPTO sob a suposição de que, se uma inovação tem um potencial de mercado muito significativo então, independentemente da sua origem geográfica, irá procurar protecção nos EUA, o mercado tecnológico mais dinâmico do mundo. A recomendação, nesse caso, é que ao usar, por exemplo, patentes do USPTO se deve controlar o possível "enviesamento nacional", não comparando directamente patentes pedidas ou concedidas a residentes dos EUA com as pedidas ou concedidas a residentes noutros países.

O sistema PCT foi criado em 1970. A sua extensão geográfica ampliou-se de 43 países inicialmente, para os 142 estados contratantes em Setembro de 2009. O facto de uma única apresentação de um pedido no âmbito do sistema PCT fornecer cobertura em vários países, tornou este sistema verdadeiramente global, com uma taxa de crescimento anual acima de 16% nas últimas duas décadas. Muitos estudos também têm utilizado as patentes europeias concedidas pelo EPO. No caso particular em que se pretende comparar diferentes países europeus não há razão para ter medo de um "enviesamento nacional" (Criscuolo, 2008). Como alternativa ao uso de estatísticas dos sistemas PCT ou EPO, há a possibilidade de utilizar simultaneamente dados de vários PTOs nacionais.

Os mesmos comentários que foram apresentados para os sistemas de patentes nacionais e internacionais também se aplicam na análise de marcas, já que o "enviesamento nacional" pode ocorrer de forma semelhante. Neste caso, a melhor opção seria utilizar o equivalente das patentes PCT, que são as marcas "internacionais", registadas sob o Acordo de Madrid gerido pela OMPI. Além disso, existe a possibilidade de analisar as marcas comunitárias, que são geridas pela OHIM (*Office of Harmonization for the Internal Market*), uma organização da União Europeia. A desvantagem das marcas internacionais e comunitárias, em relação às patentes PCT e EPO, é que estes dois sistemas são muito mais jovens que os sistemas equivalentes de patentes, proporcionando séries estatísticas muito mais curtas. O sistema da OMPI-Madrid foi criado em 2003 e tem actualmente 84 países membros, enquanto o sistema da marca comunitário iniciou-se em 1996, tendo hoje em dia como membros os 27 países da UE. Como o Brasil e a Índia ainda não são signatários do Acordo de Madrid, este trabalho não lidará com "marcas internacionais".

Nas secções que se seguem serão utilizados dados para o Brasil, China e Índia, provenientes dos respectivos INPM, do sistema de patentes internacional PCT, do EPO e OHIM europeus e do JPO e USPTO. A intenção é comparar, na medida do possível, as tendências ao longo das duas décadas mais recentes (1990-1999 e 2000-2009). No entanto, devido às variações na disponibilidade dos dados, facilidade de acesso ou diversos períodos de existência de sistemas alternativos, o comprimento das diferentes séries não será exactamente o mesmo. Os dados para os residentes na Índia, China e Brasil serão comparados com os dados equivalentes para os residentes norte-americanos (EUA) japoneses e europeus. Como a adesão à União Europeia tem vindo a aumentar ao longo do tempo, os dados da UE referem-se a um grupo – EU6/EU5 que inclui os membros da UE com maior volume de procura de patentes e marcas. EU5 refere-se à Alemanha, França, Reino Unido, Holanda e Suécia, enquanto EU6 também contabiliza a Itália.

No que diz respeito às análises de especialização, serão realizadas somente com os dados dos dois sistemas internacionais (PCT e OMPI-Madrid) e do sistema europeu (EPO e OIMH). Estas análises de especialização serão baseadas nos dois sistemas de classificação internacionalmente reconhecidos, respectivamente, a Classificação Internacional de Patentes (IPC) e de classificação de marcas Nice.

O índice de especialização tecnológica (TSI) empregue neste trabalho calcula a percentagem de patentes do sector s no país i face à mesma medida para todos os países do mundo. P aqui representa o número de patentes.

$$TSI = \frac{\frac{P_{is}}{P_i}}{\frac{P_s}{P}}$$

onde P_{is} representa as patentes de um sector, num país, P_i o total de patentes do país, P_s o total do sector s no mundo e sendo P a soma de todas as patentes do mundo. Para as marcas será utilizado o mesmo índice.

Por outro lado, para calcular se um país é especializado será determinado o Chi-quadrado da especialização sectorial utilizado por Anderson e Ejermo (2006) e Archibugi e Pianta (1992).

Este coeficiente é tanto maior quanto mais especializado for o país. É dado por:

$$\chi_i^2 = \sum_s \left(\left(X_{si}/\sum_s X_{si}\right) - \left(\sum_i X_{si}/\sum_s \sum_i X_{si}\right)\right)^2 / \left(\sum_i X_{si}/\sum_s \sum_i X_{si}\right)$$

ou seja, a diferença entre a percentagem relativa de uma classe num país e a mesma medida para o mundo, elevada ao quadrado e dividida pela percentagem dessa classe no mundo, somando este valor para todos as classes. O mesmo índice será calculado para patentes e marcas.

Antes de se iniciar a exploração dos dados nas secções subsequentes são ainda necessários dois esclarecimentos metodológicos. O primeiro, é que os dados que serão analisados se referem a pedidos e não a DPI efectivamente concedidos. Porém, isto não deve afectar significativamente as conclusões, já que a literatura sobre o tema mostrou que existe, normalmente, uma forte correlação entre pedidos e concessões. A vantagem de utilizar os dados de pedidos é que eles permitem uma avaliação mais actualizada de tendências recentes, já que normalmente há um intervalo de tempo entre pedidos e concessões, que para que as patentes pode ir até 3 anos. O segundo esclarecimento tem a ver com o facto de que quando se compara dados de diferentes sistemas de patentes nacionais e internacionais, a qualidade das patentes emitidas e as exigências formais dos exames realizados previamente variam consideravelmente, o que afecta diferentemente a propensão à procura de patentes em diferentes sistemas. No entanto, como a opção foi precisamente a de analisar os dados relativos a diferentes sistemas, a perspectiva transversal poderá permitir o controlo dessa fonte de variação na procura de patentes.

5. Análise estatística do uso de patentes e marcas
Análise de patentes

O primeiro aspecto a observar é a procura de pedidos de patentes junto dos INMPs de diferentes países. Na figura 4 verificamos que desde o início da década de 80 que os países em estudo têm verificado assinaláveis dinâmicas de crescimento, com a China a transformar-se no terceiro maior país em termos de procura de patentes, junto do seu INMP. Devemos ainda realçar a relativa estagnação da procura de patentes no Japão e no grupo EURO5 e ainda o crescimento elevado dos EUA desde o início da década de 80 (o que corresponde ao período que designámos como "*patent boom*"). A estagnação do grupo europeu está relacionada com o recurso desses países ao alternativo sistema europeu de patentes (EPO).

FIGURA 4 – **Procura total de patentes nos INPM, 1978 a 2009 (log)**

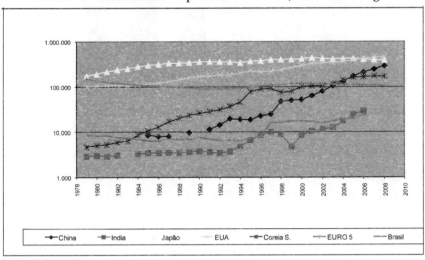

Fonte: OMPI (2010)

A significativa diferença entre as décadas de 1990 e 2000 é evidente na figura 5, com a China a aproximar-se dos valores dos maiores países do mundo. O Japão era, em ambas as décadas, o país com maior procura acumulada de patentes, sendo porém o aumento entre as duas décadas relativamente baixo, face ao dos outros países. Também a Coreia do Sul e Brasil registaram um impressionante aumento neste período temporal. Apenas a Índia permanece num patamar relativamente baixo (cerca de 27 mil pedidos acumulados na última década face aos 175 mil do Brasil), registando, contudo, um elevado crescimento nos anos mais recentes, bem visível na figura anterior.

FIGURA 5 – **Procura total de patentes nos INPM, – 1989-1998** *vs.* **1999-2008**

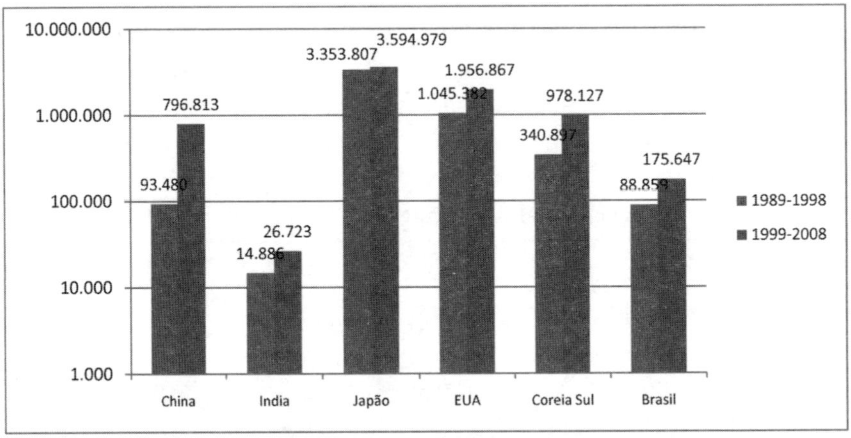

País	1989-1998	1999-2008
China	93.480	796.813
Índia	14.886	26.723
Japão	3.353.807	3.594.979
EUA	1.045.382	1.956.867
Coreia Sul	340.897	978.127
Brasil	88.859	175.647

Fonte: OMPI (2010)

A observação das patentes internacionais PCT mostra uma convergência das três regiões triádicas, cada uma com cerca de 100 mil pedidos de patentes por ano, e China, com cerca de 10 mil pedidos, a Índia com um pouco mais de mil e o Brasil com um pouco menos de mil. No entanto, apesar dos significativos diferenciais ainda registados, a observação das tendências do crescimento chinês, indiano e brasileiro sugere que o *catching up* com as regiões triádicas poderá ocorrer num intervalo de tempo de uma a duas décadas.

FIGURA 6 – **Procura total de patentes PCT, 1984 a 2009 (log)**

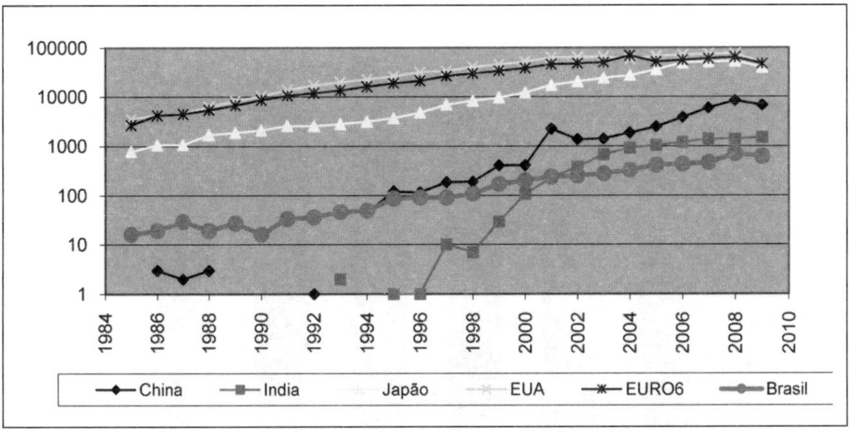

Fonte: OMPI (2010)

Se confrontarmos as duas décadas de 1990-1999 e 2000-2009, em termos de pedidos PCT acumulados, verificamos que China, Índia e Brasil se encontram ainda muito longe das economias mais desenvolvidas, que são lideradas pelos EUA com mais de 640 mil pedidos, seguidos do grupo EURO6 com mais de 533 mil e do Japão com mais de 330 mil. A uma distância significativa das economias triáticas vêm os valores de 34 mil, 8 mil e quase 4 mil de, respectivamente, China, Índia e Brasil. Contudo, o que é marcante na figura seguinte é a diferença abissal entre as duas décadas, com as três economias emergentes a registarem crescimentos elevadíssimos. Na verdade a China multiplicou o número de pedidos de patentes 31 vezes, a Índia 176 vezes e o Brasil quase 7 vezes.

FIGURA 7 – **Procura acumulada de patentes PCT, 1990-1999** vs. **2000-2009 (log)**

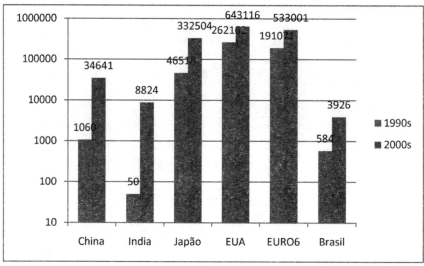

Fonte: OMPI (2010)

Os dados da figura seguinte, relativos a pedidos no sistema europeu de patentes (EPO), parecem confirmar as tendências anteriores. A China consegue chegar aos mil pedidos anuais, sendo este valor ainda muito distante dos quase 40 mil do grupo EURO6 e dos EUA. China, Índia e Brasil, apesar do número absoluto baixo, registam de novo um crescimento muito elevado. De notar que nos últimos anos disponíveis para observação se registou para todos os países uma diminuição do número de pedidos de patentes EPO, admitindo-se tal ocorrer devido a um *lag* de contabilização do próprio EPO.

FIGURA 8 – **Procura total de patentes EPO, 1984 a 2007 (log)**

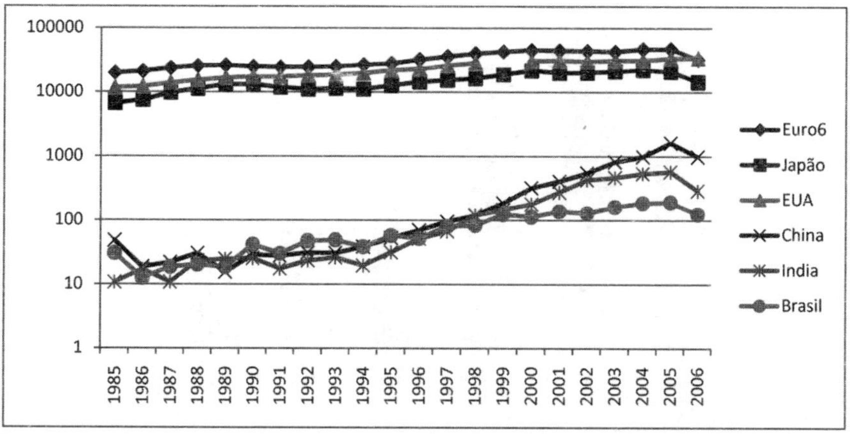

Fonte: EPO (2010)

Mais uma vez, ao confrontarmos as duas décadas visíveis na figura 9, verificamos que China, Índia e Brasil se encontram ainda muito longe das economias mais desenvolvidas, que são lideradas pelos 6 países da Europa com mais patentes (EURO6), com mais de 400 mil pedidos,[2] seguidos dos EUA e Japão. China, Índia e Brasil aparecem muito distantes. Contudo, mais uma vez, projectando as tendências de crescimento para o futuro, também aqui podemos ser tentados a identificar um possível *catching-up*, com a China a multiplicar o número de pedidos 16 vezes, a Índia 11 e o Brasil 3,5 vezes.

---

[2] Estes pedidos são bastante mais significativos do que os dos outros países desenvolvidos apontando para um possível"enviesamento nacional"

FIGURA 9 – **Procura acumulada de patentes EPO, 1987-1996 *vs*. 1997-2006 (log)**

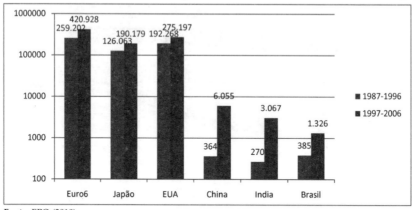

Fonte: EPO (2010)

Quanto aos dados para o USPTO, apresentados na figura 10, de novo verificamos uma tendência bem evidente de crescimento da China e Índia, embora o Brasil apareça aqui um pouco menos dinâmico. A China aproxima-se no USPTO dos 10 mil pedidos anuais, o que sendo um desempenho muito bom é, todavia, ainda distante dos 231 mil dos EUA, dos 82 mil do Japão e dos cerca de 50 mil dos EURO6.

FIGURA 10 – **Procura total de patentes no USPTO, 1989 a 2008 (log)**

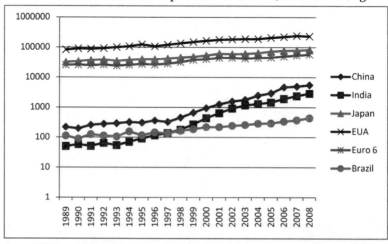

Fonte: USPTO (2010)

Na figura 11 constatamos que a diferença em termos de procura acumulada entre as duas décadas é ainda mais marcante, com os três países em análise a ficarem muito distantes dos quase 2 milhões de pedidos provenientes dos EUA no próprio USPTO (obviamente aqui estamos perante um caso claro de "enviesamento nacional", já que a procura acumulada de Japão e EURO6 são muito inferiores). Como referimos para a figura anterior, o Brasil parece registar neste INPM um desempenho em termos do crescimento aquém do registado nos sistemas analisados anteriormente.

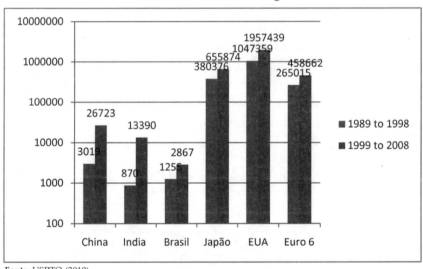

FIGURA 11 – **Procura acumulada de patentes no USPTO, 1989-1998 *vs.* 1999-2008 (log)**

Fonte: USPTO (2010)

No INPM do Japão, mais uma vez encontramos a mesma dinâmica, embora também aqui exista um elevado "enviesamento nacional". De notar que China e Índia multiplicaram por 10 o número de pedidos anuais neste INPM, contudo ainda estando muito distantes dos EUA e EURO6. De notar igualmente um pior desempenho do Brasil, que parece constante fora da Europa e dos sistemas internacionais.

FIGURA 12 – **Procura total de patentes no INPM do Japão, 1989 a 2008 (log)**

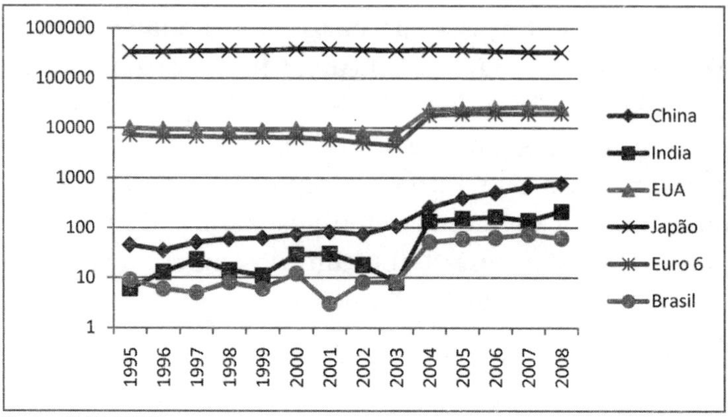

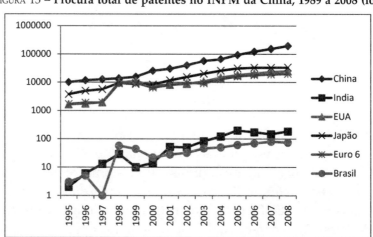

Fonte: OMPI (2010)

Na figura 13, em relação aos pedidos no INPM chinês, verificamos que a China ocupa a primeira posição com mais de 100 mil pedidos anuais, mas aqui os países desenvolvidos, especialmente o Japão, registaram crescimentos elevados no decorrer da última década e meia, denotando as lógicas industriais de investimento neste país. Brasil e Índia registam valores bastante baixos, apesar de um crescimento elevado.

FIGURA 13 – **Procura total de patentes no INPM da China, 1989 a 2008 (log)**

Fonte: OMPI (2010)

No caso do INPM indiano, os pedidos de residentes eram ultrapassados em meados da década de 90 pelos dos EUA e da Europa, sendo que, porém, nos últimos anos os pedidos de residentes aumentaram significativamente, ocupando estes agora o primeiro lugar. Por outro lado, este será talvez o INPM onde a procura chinesa de patentes registou uma pior dinâmica. Várias razões poderão explicar este facto, desde a maior afinidade da Europa e EUA com o mercado Indiano, ao facto da China e Índia serem duas potências concorrentes.

FIGURA 14 – **Procura total de patentes INPM da Índia, 1989 a 2008 (log)**

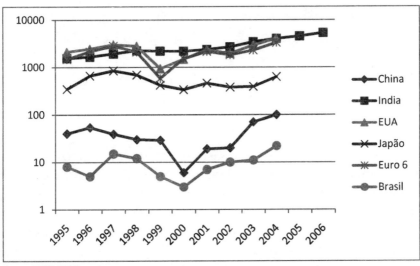

Fonte: OMPI (2010)

Finalmente, no caso do INPM do Brasil verificamos que os EUA e os EURO6 registam uma procura de patentes superior aos residentes, sendo que o crescimento de pedidos por parte destes parece crescer relativamente pouco. Já a Índia e China registaram neste INPM crescimentos elevadíssimos na última década, indo de encontro à dinâmica de *catching up* que evidenciámos anteriormente.

FIGURA 15 – **Procura total de patentes no INPM do Brasil, 1989 a 2008 (log)**

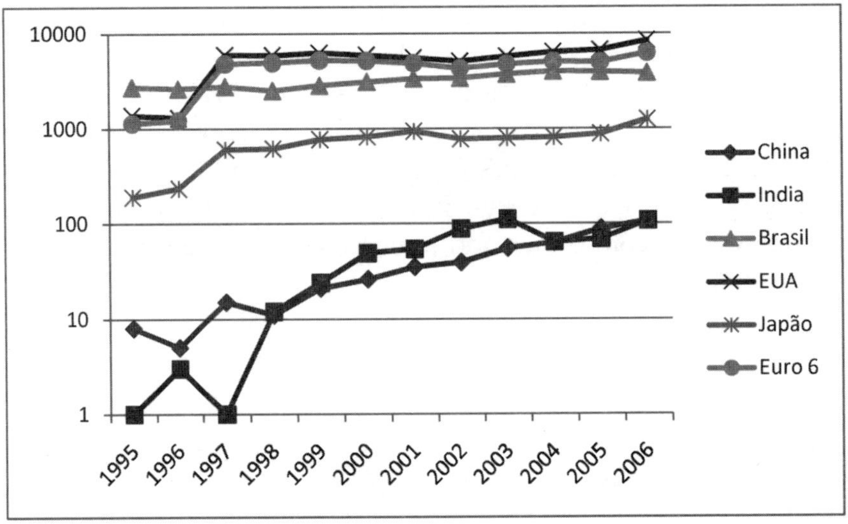

[gráfico com séries: China, India, Brasil, EUA, Japão, Euro 6, anos 1995–2006]

Fonte: OMPI (2010)

Análise de Marcas

Quanto aos pedidos de registo de marcas, podemos verificar que a dinâmica é um pouco diferente. Este tipo de DPI está mais ligado à introdução de produtos e serviços no mercado, logo existindo uma relação mais directa entre os pedidos e os ciclos de actividade económica, tanto mais que é de mais fácil acesso por parte dos agentes económicos.

No nosso âmbito de análise, podemos constatar que a China é o país do mundo com mais pedidos de marca anualmente. Para além deste facto é de assinalar o crescimento impressionante quer da China, quer da Índia.[3]

---

[3] Não podemos esquecer que, ao contrário das patentes, as marcas estão muito mais ligadas ao volume do mercado. Desta forma talvez uma análise mais cuidadosa passasse pela leitura de dados numa base *per capita*.

Geografia da inovação em mudança | 569

FIGURA 16 – **Procura total de marcas nos diferentes INPM, 1964 a 2008 (log)**

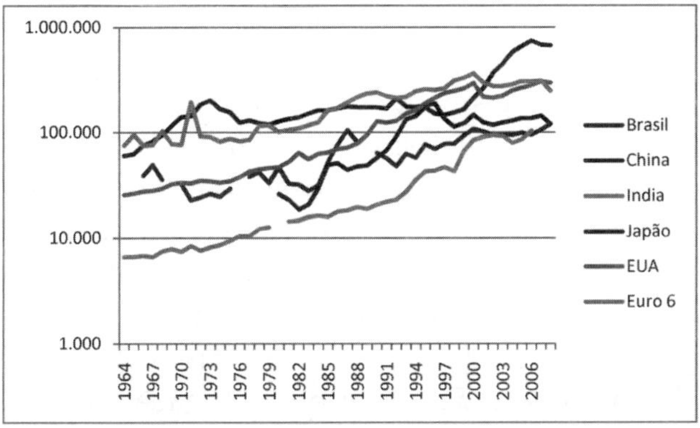

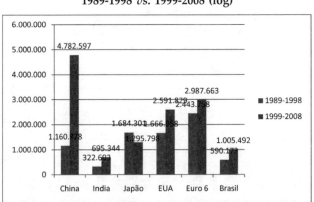

Fonte: OMPI (2010)

Na figura 17 comparamos as duas décadas de 1989-1998 e 1999-2008, encontrando-se uma situação curiosa que reflecte os problemas do Japão durante a década de 2000: o Japão é a única região onde os pedidos acumulados de marca diminuíram de um período para outro. O crescimento da Índia e do Brasil é relevante, já que praticamente duplicaram o número de pedidos de uma década para outra, enquanto que, por outro lado, a China quadruplicou esse número de pedidos. Em relação aos pedidos de marcas o grupo EURO6 surge à frente dos EUA.

FIGURA 17 – **Procura total acumulada de marcas nos INPM, 1989-1998 *vs.* 1999-2008 (log)**

Fonte: OMPI (2010)

Se dividirmos a evolução da procura de registo de novas marcas por residentes e não-residentes em dois gráficos (figuras 18 e 19), verificamos que tanto na China como na Índia e no Brasil, os principais agentes de crescimento de pedidos foram nacionais e não os não-residentes, embora ambos os grupos tenham registado dinâmicas de crescimento elevadas. Por outro lado, quer na Europa, quer no Japão, a procura de não-residentes diminuiu, o que poderá indiciar o afastamento de algumas empresas não nacionais destes mercados e talvez a sua aproximação aos mercados emergentes em estudo; porém, se no caso do Japão tal poderá ter ocorrido em virtude da recessão prolongada, no caso europeu tal quebra poderá estar relacionado com o facto dos não-residentes terem passado a recorrer mais ao sistema Comunitário gerido pela OHIM.

Quanto à evolução da procura das marcas pelo sistema OMPI-Madrid, e tendo em conta a mais tardia adesão dos EUA e Japão, verificamos que os países EURO6 ocupam a primeira posi-

FIGURA 18 – **Procura de marcas nos INPM por residentes, 1968 a 2008 (log)**

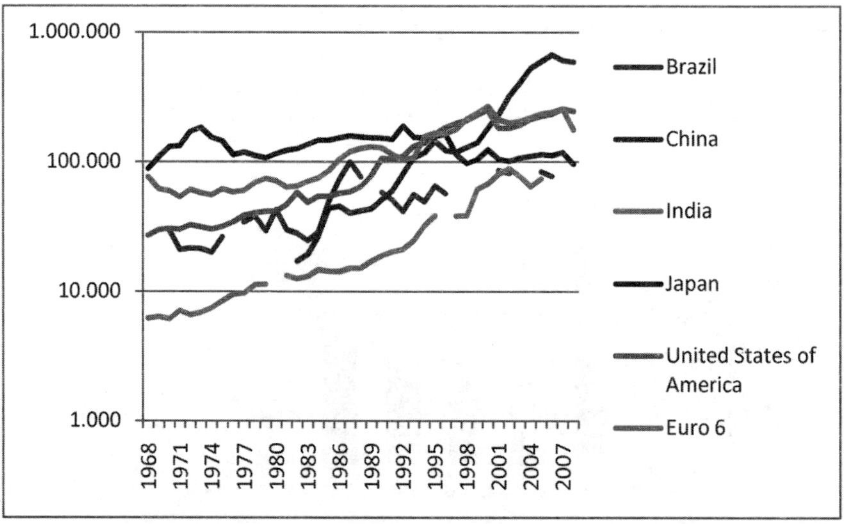

Fonte: OMPI (2010)

FIGURA 19 – **Procura de marcas nos INPM por não-residentes, 1968 a 2008 (log)**

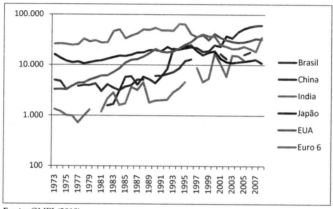

Fonte: OMPI (2010)

ção, secundados pela China que, mais uma vez, regista um crescimento elevado desde a sua adesão ao sistema em 1989. Quanto aos EUA e Japão, verificamos que houve uma adesão rápida após a sua entrada no sistema, alcançando ambos valores de pedidos próximos dos da China no último ano considerado.

FIGURA 20 – **Procura de marcas pelo sistema OMPI-Madrid, 1998 a 2008 (log)**

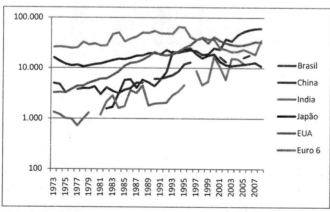

Fonte: OMPI (2010)

Na figura 21 separamos as duas décadas mais recentes em termos de procura acumulada de marcas por residentes de cada país junto do seu respectivo INMP. Verificamos que a China se destaca entre todas as outras regiões, com mais de 4 milhões de pedidos, multiplicando por mais de 4 o valor acumulado na década de 1989 a 1998. A Índia duplica o número de pedidos, enquanto que o Brasil também aumenta significativamente o número de pedidos. Quanto ao Japão, como referimos anteriormente, o número de pedidos diminui, reflectindo a recessão do país ao longo da década de 2000. EUA e Europa que ocupam a terceira e segunda posição respectivamente, também aumentam considera-velmente o número de pedidos na década mais recente.

FIGURA 21 – **Procura acumulada de marcas nos INPM por residentes – 1990s *vs.* 2000s (log)**

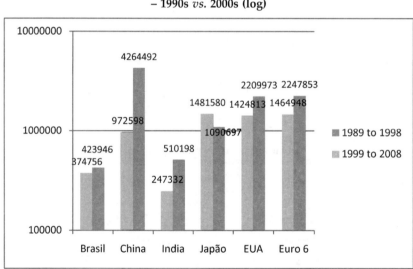

Fonte: OMPI (2010)

Na figura 22 observamos de novo os pedidos acumulados nas duas ultimas décadas, mas agora realizados por não-residen-tes junto dos INPM de cada país. As tendências são semelhantes às anteriores, mas devemos destacar o declínio da procura nos

EURO6, certamente em correlação com um maior uso do sistema OHIM como já anteriormente salientado. De realçar que no caso de Brasil, Índia e China, a procura acompanha a dos residentes, embora no caso chinês essa dinâmica seja inferior, com o aumento a ficar-se pelos 276%.

FIGURA 22 – **Procura acumulada de marcas nos INPM por não-residentes, 1989-1998 *vs.* 1999-2008 (log)**

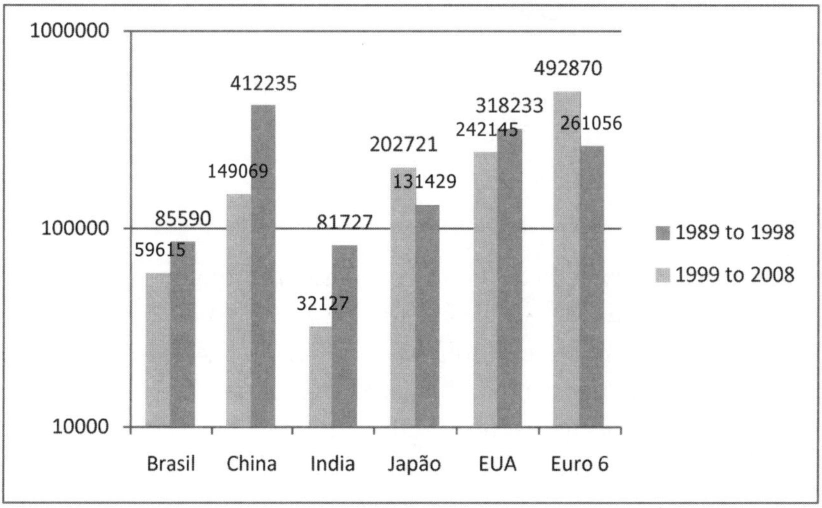

País	1989 to 1998	1999 to 2008
Brasil	59615	85590
China	149069	412235
India	32127	81727
Japão	131429	202721
EUA	242145	318233
Euro 6	492870	261056

Fonte: OMPI (2010)

Na figura 23 analisamos a procura das chamadas Marcas Comunitárias (OHIM). Obviamente, e tendo em conta o potencial "enviesamento nacional", os EURO6 surgem em primeiro lugar, seguidos dos EUA e a maior distância pelo Japão. O Brasil surge neste sistema OHIM com uma posição que era até recentemente superior à da China e Índia, sendo apenas ultrapassado pela China em 2007. Note-se que enquanto os 3 países emergentes registam uma dinâmica de crescimento, os outros países referenciados praticamente estagnaram.

Quanto à procura de marcas OHIM acumulada nas duas décadas, constatamos o crescimento elevado de China, Brasil e Índia,

FIGURA 23 – **Procura de marcas OHIM, 1996 a 2008 (log)**

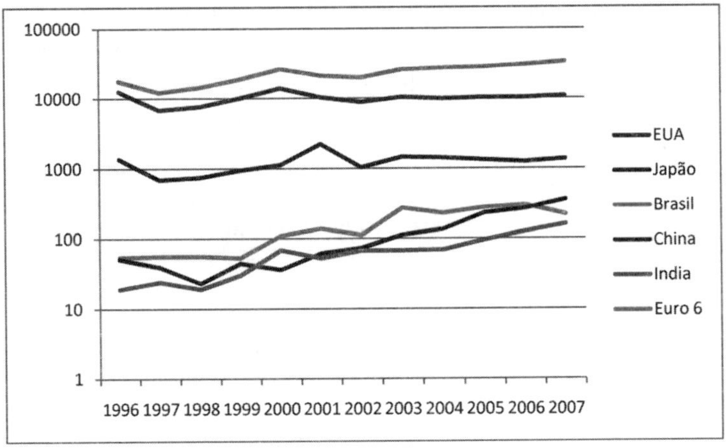

[Gráfico: linhas para EUA, Japão, Brasil, China, India, Euro 6, anos 1996-2007]

Fonte: OHIM (2010)

com o Brasil a ser, em termos acumulados, o maior país em progressão. Mais uma vez, a evolução deixou ainda estes países algo distantes dos pedidos acumulados de EUA e Japão (prejudicados pelo "enviesamento nacional"). Uma vez mais será de realçar a relativa estagnação do Japão (e também dos EUA) neste mercado.

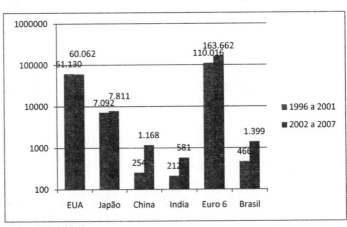

FIGURA 24 – **Procura acumulada de marcas OHIM, 1996-2001 *vs.* 2002-2007 (log)**

Fonte: OHIM (2010)

Em termos de marcas pelo sistema de Madrid, a China alcança os EUA nos últimos anos, registando um crescimento constante que contrasta com a relativa estagnação do Japão nos últimos anos e o declínio dos pedidos na região europeia em estudo.

FIGURA 25 – **Procura de marcas pelo sistema OMPI-Madrid, 1996 a 2008 (log)**

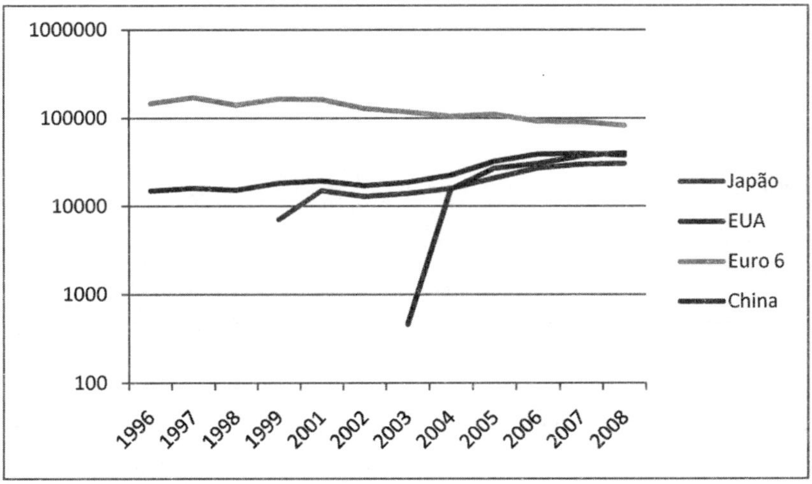

Fonte: OMPI (2010)

6. Principais utilizadores de patentes PCT

O quadro 3 mostra o número de empresas que solicitaram pelo menos 6 patentes PCT em cada um dos anos de 2002 e 2008. Este quadro é congruente com outros dados já analisados. Brasil, China e Índia têm ainda um longo caminho para chegar a níveis de intensidade de utilização de patentes PCT semelhantes aos dos países mais avançados. Porém, pelo menos China e Índia exibem um crescimento muito rápido, multiplicando mais de seis vezes entre 2002 e 2008 o número de empresas utilizadoras intensivas de patentes PCT. Em contraste, as economias avançadas tiveram um progresso muito mais lento, com nenhuma deles a chegar a uma duplicação do número de empresas neste *ranking* neste período.

QUADRO 3 – **Patentes PCT solicitados por empresas, 2002 e 2008**

	Número de empresas com 6 ou mais patentes PCT publicadas, por nacionalidade		Número de patentes obtidas pelas maiores empresas patenteadoras		Número médio de patentes publicadas por empresa patenteadora	
	2008	2002	2008	2002	2008	2002
EUA	1269	1030	35420	24090	27,91	23,38
China	75	11	3016	343	40,21	31,18
Brasil	10	4	95	40	9,5	10
Índia	32	5	469	119	14,65	23,8
Japão	528	281	23891	9479	45,24	33,73
Euro 6	807	590	26498	19059	32,83	32,30

Fonte: OMPI.

Outro aspecto relevante na tabela 3 é que as empresas chinesas têm solicitado muitas patentes, em média mais que as empresas indianas também pertencentes ao grupo de utilizadores intensivos de patentes PCT, sugerindo a presença de, pelo menos, alguns grandes utilizadores de patentes PCT entre as empresas chinesas. Isto é confirmado pelo facto do líder mundial no *ranking* de 2008 dos requerentes de patentes PCT ter sido, pela primeira vez, uma empresa chinesa (Huawei Technologies Co., LTD.). Esta mesma empresa, entretanto, caiu para número 2 do *ranking* de 2009, mas mesmo assim este é evidentemente um desempenho notável (ver quadro 4).

QUADRO 4 – *Top* 10 de requerentes de patentes PCT

2009 Rank	Mudança de 2008	Nome	País de origem	Pedidos PCT publicados em 2009
1	1	PANASONIC CORPORATION	JP	1,891
2	-1	HUAWEI TECHNOLOGIES CO., LTD.	CN	1,847
3	2	ROBERT BOSCH GMBH	DE	1,586
4	-1	KONINKLIJKE PHILIPS ELECTRONICS N.V.	NL	1,295
5	6	QUALCOMM INCORPORATED	US	1,280
6	3	TELEFONAKTIEBOLAGET LM ERICSSON (PUBL)	SE	1,240
7	1	LG ELECTRONICS INC.	KR	1,090
8	4	NEC CORPORATION	JP	1,069
9	-5	TOYOTA JIDOSHA KABUSHIKI KAISHA	JP	1,068
10	3	SHARP KABUSHIKI KAISHA	JP	997

Fonte: OMPI.

7. Especialização tecnológica

No que diz respeito aos coeficientes Chi-quadrado de especialização, verificamos que em termos de dados PCT o Japão é a nação desenvolvida mais especializada, enquanto os EUA e o grupo EURO6 surgem menos especializados (figura 26). Quanto aos países menos desenvolvidos, podemos observar uma tendência para a diminuição da especialização, bastante notória no caso da Índia. Note-se que uma elevada especialização é característica de economias menos desenvolvidas, que se tentam especializar em alguns sectores, realizando pedidos de patentes em menos áreas. Neste caso a China aproxima-se dos valores dos países desenvolvidos, indiciando que a sua actividade tecnológica é hoje bem diversificada. Já o Brasil é ultrapassado na década de 2000 por China e Índia, tornando-se o país mais especializado entre aqueles considerados.

Na verdade os valores de especialização da China aproximam-se dos do Japão. O valor mais baixo da China (0,14) em 2004 é muito próximo dos valores registados pelo Japão (que se situam entre os 0,10 e os 0,15 nos últimos 10 anos), embora este último continue numa trajectória descendente, enquanto a China aumentou o seu índice nos últimos anos.

FIGURA 26 – **Especialização tecnológica de acordo com patentes PCT, 1989-1998 vs. 1999-2008**

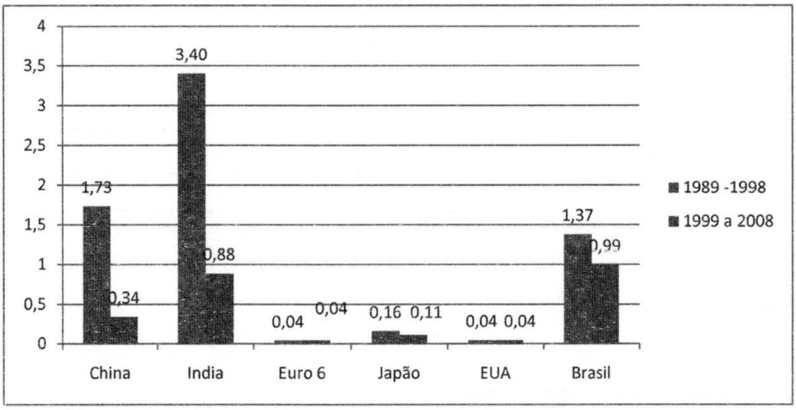

Fonte: elaboração própria

No que diz respeito a dados de especialização em termos de Patentes Europeias (EPO), é visível através da figura 27 que o Japão é a nação desenvolvida mais especializada, enquanto os EUA surgem em segundo. Os países do EURO6 são os menos especializados, embora nos últimos anos se tenha assistido a um ligeiro aumento da respectiva especialização, ao mesmo tempo que o Japão parece ter diversificado. Em termos de dados EPO, China e Índia parecem ter diversificado, registando valores decrescentes, ainda que acima dos valores de países mais diversificados. Note-se que no caso dos maiores países Europeus, será de esperar uma especialização muito baixa, já que as patentes EPO são como que uma extensão do mercado nacional, levando, mais uma vez, ao "enviesamento nacional", logo é natural que se tenha muitas empresas a patentear em muitas áreas.

FIGURA 27 – **Especialização tecnológica de acordo com patentes EPO, 1988-1998 vs. 1999-2006**

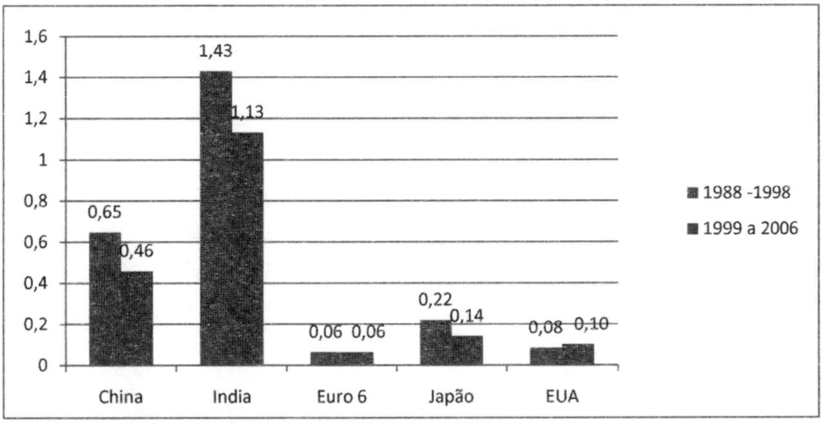

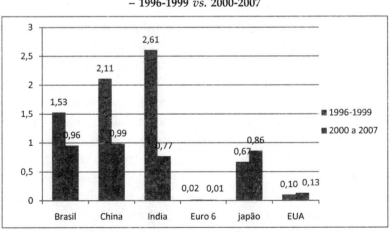

Fonte: elaboração própria

Finalmente, na figura 28 analisamos a especialização em marcas OHIM. Como seria de esperar, dado que se trata da Marca Comunitária europeia, a especialização dos países EURO6 é muito baixa. No período em análise a especialização do Japão aumentou, colocando-o acima da Índia. Os EUA também aumentaram a especialização, enquanto todos os países em desenvolvimento a diminuíram.

FIGURA 28 – **Especialização de marcas no sistema OHIM – 1996-1999 vs. 2000-2007**

Fonte: elaboração própria

No fundo, constatamos mais uma vez que os países em estudo evoluíram num sentido positivo, demonstrando progressivamente capacidades tecnológicas em áreas mais abrangentes e diminuindo a sua especialização. Na verdade, se decompusermos esta especialização por classes industriais correspondentes com classes PCT (seguindo Schmoch *et al.*, 2003) e por classes de marcas, verificamos que o padrão de especialização destes países se alterou, com os sectores que aparecem nas primeiras posições a serem hoje bem mais semelhantes aos dos países desenvolvidos.

8. Considerações finais

Este trabalho evidencia uma rápida mudança da geografia mundial da inovação. Durante a maior parte da segunda metade do século XX, os *rankings* mundiais de marcas e patentes foram dominados pela chamada tríade (EUA, Japão e países da UE). A partir dos anos 1970 verificou-se uma rápida convergência da Coreia do Sul com esses países. Mais recentemente, desde meados da década de 1980, a China e a Índia e, em menor escala, também o Brasil, têm vindo a seguir a mesma trajectória de convergência.

No que diz respeito à procura de patentes em institutos nacionais de patentes e marcas, a China já superou a Coreia do Sul e, provavelmente, vai eliminar o diferencial face aos EUA e Japão em breve. Quanto à Índia e Brasil, a diferença ainda é significativa, mas estes países estão a crescer de forma rápida, com a Índia em 2006 a ocupar uma posição similar à que a China detinha no início da década de 1990.

A observação das designadas patentes internacionais (PCT) indica uma convergência das três regiões triádicas, cada uma com cerca de 100 mil pedidos de patentes por ano, enquanto que a China tem cerca de 10 mil pedidos, a Índia um pouco mais de mil e o Brasil um pouco menos de mil. No entanto, a observação das tendências de crescimento chinês, indiano e brasileiro sugere que o *catching up* com as regiões triádicas poderá ocorrer num intervalo de tempo de uma a duas décadas, pelo menos para a China e Índia.

A relevância da análise de outros sistemas de patentes e marcas (EPO, USPTO e JPO) é que os pedidos PCT também podem ser afectados por efeitos de "enviesamento nacional ", já que os requisitos da chamada "fase nacional" das patentes PCT podem ser diversos nos diferentes países. Apesar da procura chinesa originada noutros sistemas (EPO, USPTO e JPO) estar abaixo de 10 mil por ano (na verdade, está mais perto de mil por ano, tanto no EPO como no JPO), a simples extrapolação das tendências das duas últimas décadas indica uma convergência possível em termos de pedidos no EPO e USPTO em cerca de 10-15 anos e no JPO em cerca de 3 décadas. No que se refere à Índia e Brasil, as tendências de aproximação são igualmente fortes.

Em relação ao uso de marcas registadas, os dados disponíveis não são tão abundantes quanto para as patentes. No entanto, tendências semelhantes de crescimento rápido têm sido observadas, acrescendo o facto de o volume da procura de marcas nas economias emergentes ser muito maior que para as patentes, tornando assim o desfasamento face às economias triádicas muito menor. Além disso, nas marcas a Índia encontra-se muito mais próxima da China que nas patentes, indicando um padrão diferente de uso de DPI em ambos os países. Este padrão estará associado à vantagem relativa da Índia no sector dos serviços. Poderia ser também interessante, num outro estudo, analisar a posição dos dois países em termos de utilização de direitos de autor, já que as indústrias culturais parecem ser muito mais desenvolvidas na Índia.

Uma questão que foi levantada neste trabalho diz respeito à sustentabilidade do crescimento económico no Brasil, China e Índia, designadamente quanto à possibilidade de eliminar o diferencial face às economias mais avançadas num período temporal relativamente pequeno. Os dados analisados permitem inferir que a inovação ocupa cada vez mais um primeiro plano nas preocupações destas três economias, especialmente na China, sugerindo que estes países parecem estar a reunir os ingredientes necessários para competir durante as próximas décadas e impulsionar ainda mais os seus níveis de rendimento. No que respeita ao uso de DPI, assumindo-se a extrapolação linear de tendências, obtém-se uma paridade que varia de alguns anos nos sistemas nacionais, até duas décadas nos sistemas EPO e USPTO. Esta seria, porém, ainda assim, uma paridade apenas em termos de volume e não em termos *per capita*. No entanto, tendo estes três países enormes populações, e tendo os respectivos desequilíbrios regionais vindo a crescer ao longo das décadas mais recentes, é possível inferir que algumas das suas regiões mais dinâmicas (Xangai, Delta do Rio das Pérolas, Bengalore, Mumbai, São Paulo, etc.) vão crescer muito mais rapidamente que outras, podendo vir a alcançar níveis de desenvolvimento idênticos aos das economias mais avançadas no espaço de poucas décadas.

Outra questão que foi levantada diz respeito aos aspectos subjacentes ao *boom* de procura de patentes (e marcas) no Brasil, China e Índia, designadamente se eles seriam semelhantes aos subjacentes à explosão de patentes verificada nas economias mais avançadas desde início da década de 1980. A análise dos padrões de especialização em marcas e patentes nos três países referenciados revela, por um lado, uma especialização muito maior que nas economias mais avançadas e, por outro lado, especializações em termos tecnológicos e de classes de marcas que não coincidem com os padrões dominantes nessas economias. Além disso, os motivos estratégicos que estão subjacentes à procura de patentes nos EUA e em outras economias de rendimento elevado, apesar de estarem em certa medida provavelmente presentes na China, Índia e Brasil, não desempenham exactamente o mesmo papel, designadamente em termos da procura de DPI para proporcionar ganhos de notoriedade conducentes à obtenção de valorizações em bolsa. O que parece ser importante no caso destes países é que o acesso a patentes e marcas poderá representar uma efectiva melhoria da vantagem competitiva.

Há pelo menos dois aspectos que merecem ser mais aprofundados na sequência deste trabalho. Um tem a ver com a análise da especialização que deverá ser muito mais detalhada em termos das classificações IPC e Nice. O outro tem ver com a necessidade de estabelecer e investigar as relações causais entre o uso de DPI, capacidade inovadora, competitividade e desenvolvimento futuro destas economias.

8. Bibliografia

ACS, Z. J. and AUDRETSCH, D. B., (1993), "Analysing innovation output counts: The US experience", in New Concepts in Innovation Output Measurement, Eds. Kleinknecht, A. and Bain, D., St Martin's Press, Houndmills, Basingstoke and London, pp. 10-41.

ALTENBURG, T., SCHMITZ, H. and STAMM, A., (2006), Building knowledge-based competitive advantages in China and India: Lessons and consequences for other developing countries, Paper presented at the Workshop "Asian and other drivers of global change", Global Development Network Annual Conference, St. Petersburg.

ANDERSSON, Martin and EJERMO, Olof, (2006), *"Technology and Trade – an analysis of technology specialization and export flows", Working Paper Series in Economics and Institutions of Innovation* 65, Royal Institute of Technology, CESIS – Centre of Excellence for Science and Innovation Studies.

ARCHIBUGI, D. and M. PIANTA, (1992), "Specialization and size of technological activities in industrial countries: the analysis of patent data", Research Policy, 21, pp. 79-93.

BALASSA, B., (1965), "Trade liberalization and 'revealed comparative advantage'", The Manchester School, Vol. 33, pp. 99-123.

BALDWIN, Richard. (2006), "Globalization: the Great Unbundling(s)". Paper contributed to event on *Globalization Challenges to Europe and Finland organized* by the Secretariat of the Economic Council, Prime Minister's Office (June).

BARONCELLI, E., FINK, C., SMARZYNSKA JAVORCIK, B., (2004a), "The Global Distribution of Trademarks: Some Sylized Facts", World Bank Policy Research Working Paper 3270, April 2004.

COHEN, W., NELSON, R. and WALSH, J., (2000), Protecting their intellectual assets: Appropriability conditions e why US manufacturing firms patent (or not). Working paper no. w7552, National Bureau of Economic Research, Cambridge, MA.

COHEN, W., NELSON, R. and WALSH, (2002), Links e Impacts: Survey Results on the Influence of Public Research on Industrial R&D, Management Science 48:1-23.

CRISCUOLO, P., (2006), "The 'home advantage' effect and patent families. A comparison of OECD triadic patents, the USPTO and the EPO," Scientometrics, 66(1), pp. 23-41.

DAHLMAN, C., (2008), Innovation Strategies of the BRICKS (Brazil, Russia, India, China and Korea): Different Strategies, Different Results, Paper prepared for the OECD-World Bank Conference Innovation and Sustainable Growth in a Globalized World, mimeo.

ELLIOTT, R. and L. PERCY, (2006), Strategic Brand Management, Oxford University Press.

EMMANUEL D. and I. KABLA, (1998), "*Appropriation Strategy and the Motivations to Use the Patent System: An Econometric Analysis at the Firm Level in French Manufacturing*", Annales d'Economie et de Statistique, ADRES, issue 49-50.

EUROPEAN PATENT OFFICE (2010), EPO database.

FAGERBERG and GODINHO, (2005), "Catching up and Innovation", with Jan Fagerberg, in J. Fagerberg, D. Mowery and R. Nelson (eds.), Oxford Handbook of Innovation. Oxford: Oxford Univ. Press, 2005

FINK, C., SMARZYNSKA JAVORCIK, B., SPATAREANU M., (2003), "Income-Related Biases in International Trade", World Bank Policy Research Paper 3150.

FRITSCH, M., (2000), International differences in R&D activities: An empirical investigation, European Planning Studies 8: 409–42.

GODINHO, M. M. e G. REBELO, (2007), Avaliação da Procura de Patentes em Portugal, in Sociedade e Trabalho, 32: 75-94.

GOLDMAN SACHS, (2003), "Dreaming with BRICs: The Path to 2050". Global Economics Paper n.º 99. Goldman Sachs.

GRANDSTRAND, Ove, (1999), The Economics and Management of Intellectual Property: Towards Intellectual Capitalism, Londres, Edward Elgar Publishing Limited.

GREENHALGH, C., LONGLAND, M., BOSWORTH, D., (2001), "Protecting Intellectual Property: British, European and American Patents and Trademarks of Selected UK Companies 1986-95", OIPRC Working Paper 01/01.

HALL, B. and ZIEDONIS, R. H., (2001), "The Determinants of Patenting in the U. S. Semiconductor Industry, 1980-1994", Rand Journal of Economics 32: 101-28.

HALL, B., A. JAFFE, and M. TRAJTENBERG, (2002), "The NBER Patent Citations DataFile: Lessons, Insights and Methodological Tools", in A. Jaffe and M. Trajtenberg (eds), Patents, Citations and Innovations, Cambridge, MA: The MIT Press.

HALL, B. H., A. JAFFE, and M. TRAJTENBERG, (2004), "Market Value and Patent Citations", Rand Journal of Economics.

HALL, B., (2005). "Exploring the Patent Explosion", The Journal of Technology Transfer, Springer, Vol. 30(2_2), pp. 35-48, 01.

Harabi, N., (1995), "Appropriability of technical innovations: an empirical analysis", Research Policy 24, pp. 981–992.

Hu, A. and Jefferson, Gary H., (2009), *"A great wall of patents: What is behind China's recent patent explosion?"*, Journal of Development Economics, Elsevier, vol. 90(1), pp. 57-68.

Kim, J. and G. Marschke, (2004), "Accounting for the recent surge in U.S. patenting: Changes in R&D expenditures, patent yields, and the high tech sector", Economics of Innovation and New Technology 13 (6): 543-558.

Blind K., Edler J., Frietsch R. and Schmoch, U., (2006), "Motives to patent: Empirical evidence from Germany", Research Policy, Volume 35, Issue 5, pp. 655-672.

Kortum, S. and Lerner J., (2003), "Unraveling the Patent Paradox", AEA Annual Meeting, Washington DC, 2003.

Levin R. C., Klevorick A. K., Nelson R. R. and Winter S., (1987), "Appropriating the returns from industrial research and development", in Brooking Papers on Economic Activity, 3, pp. 783-831.

Li, X., (2009), "China's regional innovation capacity in transition: An empirical approach", Research Policy 38; pp. 338–357.

Liu, X. and S. White, (1997), "The Relative Contributions of Foreign Technologyand Domestic Inputs to Innovation in Chinese Manufacturing Industries," Technovation, Vol. 17, pp. 119-125.

Liu, X. and S. White, (2000), 'Comparing Innovation Systems: A Framework andApplication to China's Transitional Context', Mimeo, Beijing and Hong Kong, (Forthcomingin Research Policy during 2001).

Mainwaring, L., Moore, N., Murphy, P., (2004), "Trademark holdings of production firms in Britain and Ireland", Working paper Department of Economics, University of Wales (Swansea), 2005-08-01.

Malmberg, C., (2005), "Trademarks Statistics as Innovation Indicator? – A Micro Study, Center for Innovation", Research and Competence in the Learning, Lund.

Mendonça, S., T. S. Pereira and M. M. Godinho, (2004), "Trademarks as an Indicator of Innovation and Industrial Change", Research Policy, Vol. 33(9), pp. 1385-1404.

Meurer, M. J. and J. Bessen, (2008), "Do Patents Perform Like Property?", Boston Univ. School of Law Working Paper N.º 08-08.

Millot, V., (2009), Trademarks as an indicator of product and marketing innovations, STI Working Paper, published by OCDE.

Nicholas Bloom and John Van Reenen, (2002), *"Patents, Real Options and Firm Performance"*, Economic Journal, Royal Economic Society, vol. 112(478), pp. C97-C116.

OCDE (Organization of Economic Cooperation e Development), (2005), Frascati Manual. Proposed Steard Practice for Surveys on Research e Experimental Development. Paris, OECD.

PAKES, A. and Z. GRILICHES, (1984), "Patents and R&D at the Firm Level: A First Look", in Zvi Griliches, ed., NBER Conference Report, D, University of Chicago Press, p. 55.

PATEL, P. and M. VEGA, (1999), "Patterns of internationalisation of corporate technology: location vs. home country advantages", Research Policy 28 (2-3), pp. 145-155.

SCHANKERMAN, M. and PAKES, A., (1986), "Estimates of the Value of Patent Rights in European Countries During the Post 1950 Period", Economic Journal, Vol. 96, pp. 1052-76.

SCHMOCH, U., (2003), "Services marks as novel innovation indicator", Research Evaluation, Vol.12, N.º 2, pp.149-156.

SCHMOCH, U.; LAVILLE, F.; PATEL, P.; FRIETSCH, R. (2003): Linking Technology Areas to Industrial Sectors, Final Report to the European Commission, DG Research, Karlsruhe: Fraunhofer ISI.

TRAJTENBERG, M., (1990), Economic Analysis of Product Innovation: The Case of CT Scanners, Harvard University Press: Cambridge, Massachusetts.

TSENG, C., (2009), "*Technological Innovation in BRIC Economies: a Comparative Study Based on Patent Citation Data*", Research-Technology Management, Vol. 52, N.º 2, pp. 29-35.

UNCTAD, (2006), World Investment Report, Geneva, UNCTAD.

USPTO (2010), Patent Statistics Reports em http://www.uspto.gov/web/offices/ac/ido/oeip/taf/reports.htm

V. CHANDRA, Osorio, RODARTE, I. and BRAGA, C, (2009), "*Korea and the BICs (Brazil, India and China): catching up experiences*", Policy Research Working Paper Series 5101, The World Bank.

OMPI (2010), OMPI Statistics Data and indicators em: http://www.OMPI.int/ipstats/en/statistics/

WORLD BANK (2010): World Development Indicators. Washington, D.C.: The World Bank. http://ddp.worldbank.org.

WORLD BANK, (2007), "Brazil: Knowledge and Innovation for Competitiveness", Report No. 40011-BR, Brazil Country Management Unit, Human Development Unit, Latin America and the Caribbean Region.

On commons, anticommons and tragedies

Manuel Pacheco Coelho[*]
José António Filipe[**]
Manuel Alberto Ferreira[***]

Introduction

In the literature on Natural Resources it would be difficult to find a concept as misunderstood as commons and common property (Coelho, (2003, 1999)).

"Political economists' understanding of property rights and the rules used to create and enforce property rights shape perceptions of resource degradation problems and the prescriptions recommended to solve such problems. Ambiguous terms blur analytical and prescriptive clarity. The term "common property" resource is a glaring example (...)" Schlager & Ostrom (1992).

According to Bromley (1991), important researchers in the field of Natural Resource Economics do not distinguish between the concepts of common property and nonproperty. But, that distinction is simply crucial for the design of Natural Resources Management Policy.

---

[*] SOCIUS/ISEG; coelho@iseg.utl.pt
[**] UNIDE/ISCTE; jose.filipe@iscte.pt
[***] UNIDE/ISCTE; manuel.ferreira@iscte.pt

The aim of our paper is to rectify this confusion and establish an adequate conceptualisation. So, a typology of property-rights regimes relevant to common property resources is presented. The reflex of this distinction between regimes on the design of the natural resources policy is discussed.

Recently, a new concept, "anticommons", has been developed to put in evidence some problems one can see as the mirror image of traditional "Tragedy of the commons". These problems include the under-use of resources and may come from several sources, including bureaucracy. This paper also discusses this concept and its use.

Finally, this paper discusses the legacy of recently Nobel prized researcher Elinor Ostrom. Her work is fundamental in the substitution of the "Tragedy of the Commons" metaphor to the more interesting "Drama of the Commons". Ostrom stresses that a commons can be well-governed and that most people, when presented with a resource problem, can cooperate and act for the common good.

1. On commons and tragedies

"Therein the tragedy (...). Ruin is the destination toward which all men rush, each pursuing his own best interest in a society that believes in the freedom of the commons. Freedom in a commons brings ruin to all" Hardin (1968).

The term *commons* and *common property* is repeatedly used to refer different situations, including:

- property owned by a government;
- property owned by no one;
- property owned and defended by a community of resource users;
- any common-pool used by multiple individuals independently of the type of property rights involved (Schlager and Ostrom (1992)).

This perpetuates the "unfortunate tradition" of failing to recognise the critical distinction between common property (res communes) and nonproperty/open access (res nullius) (Bromley (1991)).

The problem started five decades ago with the article of Gordon (1954), on fisheries, and the confusion persisted in the papers of recognised authors in the Property Rights Theory (Demsetz,(1967)). It was reinforced with Hardin (1968) in its much-cited allegory of the "Tragedy of the Commons" (See Filipe, Coelho and Ferreira, (2007)). Some academics use the term common property and open access interchangeably. But we must recognise that *ambiguous terms blur analytical and prescriptive clarity*.

The current situation derives from the fact that none of the cited authors offer a coherent discussion on the meaning of property, rights and property rights, before presenting the problems inherent in common property.

First of all, if we want to rectify the confusion, we must recognise that the term property refers not to an object or a natural resource but rather to the benefit stream that arises from the use of that object or resource.

When economists think about property they are perhaps inclined to think of an object, and when they think in common property they accept the idea of common use of that object. This leads to the acceptance of the aphorism that "everybody property is nobody's property". The truth is that is only correct to say that "everybody's access is nobody's property".

At the same time, we must recognise that, in the essence of the concept of property, there is a social relation.

Property rights do not refer to relations between men and things but rather to the sanctioned behavioural relations among men that arise from the existence of things and pertain to their use (Furubotn and Pejovich (1972)).

The prevailing system of property rights in a community can be described as a set of economic and social relations defining the position of each individual with respect to the utilisation of scarce resources. So, there is nothing inherent in the resource itself that determines absolutely the nature of the property rights. The property nature and the specification of resource use rights are determined by the society members and by the rules and conventions that they choose and establish between them, about the use of the resources. Not by the resource, itself (Gibbs and Bromley (1989)).

One solution to the impasse over the use of the term "common property" is to distinguish the resource and the regime. This distinction, between the resource itself and the property-rights regime under which it is held, is critically important. In fact, the same resource can be used under more than one regime.

There are different proposals for this definition.

Bromley (1991) suggests 4 possible regimes in the case of natural resources. These regimes are defined by the structure of the rights and duties that characterise individual domains of choice. This definition includes: State property; Common property; Open Access and Private property.

In the case of private property, the individuals have the right to undertake the socially acceptable uses (and only those, which means they have the duty to conserve the resources) and to prevent the use from non-owners.

The state property is a regime where individuals have rules of access and duties to observe about the resource use face to a management agency, which has the right to determine these access/use rules.

The common property is the case where the management group of "co-owners" has the right to exclude non-members and those have a duty to abide this exclusion. In this sense, the "co-owners" manage effectively the resource so they have also rights and duties with respect to the use and conservation of the resources.

In an open access regime, no defined group of users is set. The benefit stream from the resource is available to anyone. The individuals have, at the same time, a privilege and no duties with respect to resource use and conservation.

Surveying several contributions, we can now propose this typology:

Idealised types of property-rights regimes relevant to common property resources[1,2]

Open Access (res nullius)	Free– for-all; use rights are neither exclusive nor transferable; rights to access are common but open access to everyone (therefore no one property).
State Property (res publica)	Ownership, management and control held by a government agency; public resources to which access rights have not been specified
Communal Property (res communes)	Resource use rights are controlled by an identifiable group of co-owners; there exist rules concerning access, who should be excluded and how should the resource be used and conserved; community-based resource management system; "true" common-property.

1) The fourth property-rights regime is private property.
2) Based on (Berkes and Farvar (1989)):

This typology leads to a clear distinction between the "true" common property (res communes) and the open access regime (res nullius).

It is important to recognise that, in the first case, the group of "co-owners" is well defined and that a management regime for determining use rates has been established. In this sense, the common property reminds something like "a private property of a group of co-owners". But, of course, the autonomy of decisions, especially in what refers to the transferability of rights, is much more limited than in the case of private property.

The fundamental issue now turns:

The property rights (his common absence or vague stance) are in the core of the problem of natural resources management.

Since the seminal paper of Gordon (1954), the central idea is that, in conditions of free access and competition, the market leads to non-optimal solutions in the use of the resources. The open access nature of many natural resources and the presence of externalities in the capture/use lead to market equilibrium solutions that implicate an overexploitation of the resources – "The Tragedy of the Commons", in the words of Hardin – and industries' overcapacity.

Then, the identification of the property regimes is not only a question of describing the attributes of the resource. It's a matter of putting in evidence the institutional structure and the process of decision over resource use (Seabright (1993)). In this sense, the problems of common property resources (res-communes) are much more complex because they involve the contractual relations between the co-owners, but more solvable than the problems carried by open access, at least because of the permanent risk of new– entrants, in this last case.

For the "entrepreneur" and for the public authorities these different situations are critical when thinking about possible projects of investment and the design of natural resources policy.

What is important to retain is that open access regime presupposes the non-existence of property-rights over the resources, perfectly defined and controlled. By the contrary, the "true" common property is defined by the impossibility of access by non-owners and the clear definition of use rights among members. This resource-use regime (there are a lot of examples in the world) has been successful in managing the resources over centuries, contrary to the idea of "the tragedy of the commons".

It's the open access that "creates" tragedies.

So, despite the usual, undifferentiated use of the term common property, it is useful to clarify the concept. If some resources are identified as common property when there is no institutional basis for regulation, the misunderstood designation can be a barrier to understand public action.

2. The emergence of "anticommons"

Last decades of the 20th century have shown many problems of commons mismanagement arisen from under-defined property rights.

In the 80s, Michelman introduced another problem, this time, about the excessive fragmentation of property rights. A new concept, "anticommons", was introduced to put in evidence some problems one can see as the mirror image of traditional "Tragedy of the Commons". These problems include the under-use of resources and may come from several sources, including bureaucracy.

With this new concept of anti-commons, Michelman's purpose was to explain "a type of property in which everyone always has rights respecting the objects in the regime, and no one, consequently, is ever privileged to use any of them except as particularly authorized by others". In this sense, "anticommons" can be seen as a property regime in which multiple owners hold effective rights of exclusion in a scarce resource.

The problem stands in this: coexistence of multiple exclusion rights creates conditions for sub-optimal use of the common resource. The undefined limits for property rights generate several problems that are expressed by the under-use of the resources and loss of value. So, we can become aware of anticommons as producing tragedies seen as the mirror effect of the tragedy of the commons.

When multiple agents have the right to exclude others from the use of a scarce resource and no one of them has an effective privilege to use it, we are in presence of a "tragedy of the anticommons".

When several agents may take decisions about how to use a specific resource, jointly hold by all of them, and when one of them may impose his/her own decision to the others, imposing his/her veto power, we are in presence of this kind of anticommons problem. In this situation, all the agents have to agree about the utilization that they have to give to the resource they hold together. If not, the resource simply may be not used or may be underused.

The *"Tragedy of the Anti-commons"* happens when resources remain idle even in the economic region of positive marginal productivity. Acting under conditions of individualistic competition, exclusion rights will be exercised even when the use of the common resource by one party could yield net social benefits.

Buchanan and Yoon (2000) suggested a special view of this problem. The authors stated that the anti-commons construction offers an analytical tool for isolating a central feature of "sometimes disparate institutional structures". This means that the inefficiencies introduced by overlapping and intrusive regulatory bureaucracies may be studied with the help of this conceptualization.

When an entrepreneur seeks to invest in a project and the action is inhibited by the necessity of getting permits from several national and regional agencies, each one holding exclusion rights to the project, we may face the "Tragedy of the Anticommons".

In this context, the possible emergence of a situation of anti-commons can create a lot of problems in the development of local initiatives of entrepreneurship, affecting the potential of local/regional development.

There are only a few empirical studies on anticommons tragedies in the real world, most of them focusing on pharmaceutics industry.

One interesting research proposal is to use this conceptualization to study the design and execution of aquaculture policy in Portugal and to introduce the possible emergence of an "anti-commons tragedy" when one approaches the difficult process of approval and execution of projects of aquaculture in the Portuguese coastal areas. See, for example, Coelho, Filipe and Ferreira (2009 a, b). Their results are consistent with the suggestion of Buchanan and Yoon that the problems of under-use of resources, in the case of an Anti-Commons Tragedy, may come from bureaucracy.

3. "The drama of the commons" – the legacy of Elinor Ostrom

In 2009, Elinor Ostrom won the Nobel Prize for "her analysis of economic governance, especially the commons" (from the Press Release of the Royal Swedish Academy of Sciences announce of Economics Nobel Prize).

One of her research topics is the issue of commons conceptualization and its importance for natural resources policy design.

The fundamental originality of her work is the substitution of the "tragedy" metaphor by the idea of *the opportunity of the commons*. In fact, Ostrom stresses that, when we speak about commons management, we're facing not a tragedy but something like the real "Drama of The Commons" (Filipe, Coelho and Ferreira (2007)). We'll have tragedies, of course; but, sometimes, we'll have also many reasons to laugh.

This idea highlights:

- That a commons can be well-governed and that most people, when presented with a resource problem, can cooperate and act for the common good;
- That the rules, which help to provide efficiency in resource use, are also those that foster community and engagement.

Ostrom has challenged the conventional wisdom that common property is poorly managed and should be either regulated by central authorities or privatized (Ostrom, (1990)).

These central ideas came from the empirical work she made in the four corners of the world. Combining data from diverse sources (For example, she conducted several field studies on the management of pasture by locals in Africa and irrigation systems management in villages of western Nepal), she has uncovered numerous principles that govern successful sustainability and that defy conventional beliefs on "tragedies".

What is interesting in this view is that these results came after a special task of defining the concepts:

Common pool resources are resources to which more than one individual has access, but where each person's consumption reduces availability of the resources to others.

Ostrom has noticed that a large number of these common pool resources (CPR) are governed by common property regimes. These are special kind of arrangements, different from private property or state administration, and based on self-management by a local community.

In these property regimes, access to the resource is not free, and the commons are not perceived as public goods.

What is important is that, while there is relatively free but controlled access to the resource system for community members, there are mechanisms in place which allow the community to exclude outsiders from using its resource.

So, in such a common property regime, the common pool resource appears as a private good to an outsider and as a common good to an insider of the community.

The resource units withdrawn from the system are typically owned individually by the appropriators (A common property good is, in this context, rival in consumption) but the common property regime typically protect the core resource and allocate the fringe through complex community norms of consensus decision-making.

This kind of property regime arise in situations where appropriators acting independently would obtain a lower total net benefit of resource use than what is achieved when they co-ordinate their strategies in some way, maintaining the resource system as common property instead of dividing it up into bits of private property (Augusto, 2010).

Trying to demonstrate this, Professor Ostrom has studied how self-organization and local-level management works and keeps common pool resources viable, whether natural (e.g. forests) or man-made (e.g. police forces).

In this sense, Ostrom's research explores how, between the atomized individual and the heavy-hand of father-government, there is a range of voluntary, collective associations that, over time, can evolve efficient and equitable rules for the use of common resources. In particular, Ostrom's work emphasizes how humans interact with ecosystems to maintain long-term sustainable resource yields, such as many forests, fisheries, oil fields, grazing lands, and irrigation systems.

At the same time she tries to understand the conditions that allow for the most productive tenure arrangements and she stresses that no single governance policy can control overexploitation in all settings.

Of course, the management problems of this type of property regime are also enormous: Common resource management has to face the difficult task of devising rules that limit the amount, timing, and technology used to withdraw various resource units from the resource system.

But, switching the idea that res-communes can not be confounded with open access, E. Ostrom demonstrates how societies have developed diverse institutional arrangements for managing natural resources and avoiding ecosystem collapse in many cases (even though some arrangements have failed to prevent resource exhaustion).

In terms of policy design and regulation, she stresses that the main lesson is that common property is often managed on the basis of rules and procedures that have evolved over long periods of time. As a result they are more adequate and subtle than outsiders (including politicians and social scientists) have tended to realize. In fact, self-governance can be feasible and successful.

E. Ostrom elucidates the key features of successful governance:

- Active participation of users in creating/enforcing rules is crucial.
- Rules that are imposed from the outside or unilaterally dictated by powerful insiders have less legitimacy and are more likely to be violated.
- Monitoring and enforcement work better when conducted by insiders than by outsiders.

These principles are in contrast to the common view that monitoring and sanctioning are the responsibility of the state and should be conducted by public employees.

Based on numerous studies of user-managed fish stocks, pastures, woods, lakes, and groundwater basins, Ostrom concludes that the outcomes are often better than predicted by standard theories. She observes that resource users frequently develop sophisticated mechanisms for decision-making and rule enforcement to handle conflicts of interest. These management rules promote successful outcomes.

Finally, analysing the design of long-enduring common property resources, Elinor Ostrom identified eight design principles which are prerequisites for a stable management of these resources:

Eight design principles for stable management of common pool resources[1]:

- Clearly defined boundaries (effective exclusion of external un-entitled parties);
- Rules regarding the appropriation and provision of common resources adapted to local conditions;
- Collective-choice arrangements allowing most resource appropriators to participate in the decision-making process;
- Effective monitoring by monitors who are part of or accountable to the appropriators;
- Existence of a scale of graduated sanctions for resource appropriators who violate community rules;
- Mechanisms of conflict resolution cheaper and of easy access;
- Self-determination of the community recognized by higher-level authorities;
- In the case of larger Common Pool Resources, organization in the form of multiple layers of nested enterprises; with small local CPRs, at the base level.

Conclusions

The property rights are in the core of the problem of natural resources management. The central idea is that, in conditions of free access and competition, the market leads to non-optimal solutions in the use of the resources. Open access and the pre-

---

[1] Adapted from http:// en.wikipedia.org/w/index.php?title=Elinor_Ostrom&action=edit&section=3

sence of externalities lead to market equilibrium solutions that implicate an overexploitation of the resources[2].

This idea of "Tragedy of the Commons" is fundamental but, at the same time, is the root of a lot of confusions. In the literature, it would be difficult to find a concept as misunderstood as commons.

Ambiguous concepts blur analytical and policy prescription clarity. So, to rectify this confusion we must establish an adequate conceptualisation.

There is nothing inherent in the resource itself that determines absolutely the nature of the property rights. The property nature and the specification of resource use rights are determined by the society members and by the rules they choose and establish between them, about the use of the resources. Not by the resource, itself.

The distinction, between the resource itself and the property--rights regime under which it is held, is critically important for the design of natural resources public policy.

As Elinor Ostrom has been demonstrating, the conventional wisdom that common property is poorly managed and should be either regulated by central authorities or privatized is far from being correct. In fact, there are a lot of examples of "true" common property (res communes) regimes that are efficient and promote the conservation of the resources. Self–Governance and Cooperation can be the key-factors for a proper Commons Management.

References

AUGUSTO, F. (2010), "The Opportunity of the Commons...", Presentation in Economics of Natural Resources and the Environment", MIT Doctoral Program in "Sustainable Energy Systems", ISEG/UTL.

BERKES, F. & FARVAR, M. (1989), "Introduction and Overview", in BERKES, F. (ed.), *Common Property Resources, Ecology and Community – Based Development*, Belhaven Press, London.

BROMLEY, D. (1991), "Testing for Common Versus Private Property: Comment", *Journal of Environmental Economics and Management*, Vol. 21, N.º 1, pp. 92-96.

---

[2] Or under-use, in the mirror effect case of the "anti-commons".

BUCHANAN & YOON (2000), "Symmetric Tragedies: Commons and Anticommons", *Journal of Law and Economics*, Vol. 43, n.º 1, pp. 1-13.
COELHO, M. (2003), "Sobre Comuns e Tragédias – Recursos Naturais e Direitos de Propriedade", *Proceedings do V Encontro de Economistas de Língua Portuguesa*, Recife, www.decon.ufpe.br/veelp.
COELHO, M. (1999); *A Tragédia dos Comuns Revisitada. A Pesca do Bacalhau na Terra Nova: Consequências do Regime das 200 Milhas*, ISEG/UTL, Lisboa.
COELHO, M., FILIPE, J. & FERREIRA, M. (2009 a), "Tragedies on Natural Resources: A Commons and Anticommons Approach", Working Paper, Departamento de Economia; ISEG/UTL, N.º 21/2009/DE/SOCIUS.
COELHO, M., FILIPE, J. & FERREIRA, M. (2009 b), "Coastal Development and Bureaucracy: Aquaculture in Portugal – the possible emergence of an Anticommons Tragedy"; *Proceedings do 15.º Congresso da APDR (Associação Portuguesa de Desenvolvimento Regional)*, Cidade da Praia, Cabo Verde.
DEMSETZ, H. (1967), "Toward a Theory of Property Rights", *American Economic Review*, Vol57, pp. 347-359.
FILIPE, J., COELHO. M. & FERREIRA, M. (2007), *O Drama dos Recursos Comuns*, Ed. Sílabo, Lisboa
FURUBOTN, E. & PEJOVICH, S. (1972), "Property Rights and Economic Theory: A Survey of Recent Literature", *Journal of Economic Literature*, Vol. 10, N.º 4, pp. 1137-1162.
GIBBS, J. & BROMLEY, D. (1989), "Institutional Arrangements for Management of Rural Resources: Common-Property Regimes" in Berkes (ed.), *Common Property Resources, Ecology and Community-Based Sustainable Development*, Belhaven Press.
GORDON, H. S. (1954), "The Economic Theory of a Common Property Resource: The Fishery", *Journal of Political Economy*, Vol. 62, pp. 124-142.
HARDIN, G. (1968), "The Tragedy of the Commons", *Science*, Vol. 162, pp. 1243--1247.
MICHELMAN, F. (1982), "Ethics, economics and the law of property", in Pennock and Chapman, (eds.), *Nomos XXIV: Ethics, Economics and the Law*, New York University Press, New York.
OSTROM, E. (1990), *Governing the Commons. The Evolution of Institutions for Collective Action*, Cambridge University Press.
ROYAL SWEDISH ACADEMY OF SCIENCES (2009), Scientific Background on the Sveriges Riksbank Prize in Economic Sciences in Memory of Alfred Nobel 2009; "Economic Governance", compiled by the Economic Sciences Prize Committee.
SCHLAGER, E. & OSTROM, E. (1992), "Property-Rights Regimes and Natural Resources: A Conceptual Analysis", *Land Economics*, Vol. 68, N.º 3, pp. 249-262.
SEABRIGHT, P. (1993), "Managing Local Commons: Theoretical Issues in Incentive Design", *Journal of Economic Perspectives*, Vol. 7, N.º 4, pp. 113-134.

Mozambique : Une impossible alternative dans la culture politique ?

Michel Cahen[*]

Contrairement à de nombreux pays africains dans lesquels les partis politiques pullulent, le Mozambique, pays de plus de 750 000 km² et formé uniquement de minorités ethniques (le principal groupe ne dépasse pas le quart environ de la population), n'en a jamais eu plus d'une petite vingtaine, seuls deux ou trois réussissant à faire élire des députés. Même si l'on ajoute les divers groupements éphémères apparus lors des élections municipales de 1998 que l'opposition boycottait, cela exprime un paysage étrangement bipolarisé, comme si le pays était si divers qu'il ne parvenait pas à exprimer cette diversité sur le plan politique. En effet, s'il y a bien bipolarisation *partisane* entre le Frelimo (*Frente de libertação de Moçambioque*, l'ancien parti unique « marxiste », toujours au pouvoir) et la Renamo (*Resistência nacional de Moçambique*, l'ancienne guérilla soutenue par l'apartheid), il n'y a pas même bipolarisation *politique* : l'opposition, dans le cadre obligé du paradigme néolibéral, ne parvient en rien à défendre quelques idées originales et son programme est identique à celui du pouvoir, à l'exception de la question des *personnes* (et des milieux dont elles sont issues) devant « habiter » ce pouvoir. Le

---

[*] CNRS, Centre d'étude d'Afrique Noire ; Université de Bordeaux, Institut d'études politiques de Bordeaux ; m.cahen@sciencespobordeaux.fr

MDM *(Movimento democrático de Moçambique)* apparu, en scission de la Renamo, en mars 2009 et qui a modestement concouru aux élections du 28 octobre 2009, n'a pas semblé pour l'instant capable de remettre en cause cette absence de diversité politique[1]. L'ancien parti unique est devenu le parti hégémonique, ce qui n'est pas original en Afrique. Ce qui l'est plus est que cette hégémonie n'est ni seulement partisane ni même politique, mais largement idéologique et, pour ainsi dire, « mentale » : la nation mozambicaine est-elle *imaginable* sans le Frelimo ?

Au-delà de cette constatation, il faudra en chercher les raisons dans l'histoire coloniale du pays, comprise comme incluant non seulement la phase capitaliste, mais aussi la phase mercantile parfois qualifiée de « précoloniale ». On pourra, enfin, se demander si cette « pauvreté » politique peut évoluer à moyen terme.

* * *

Bien que le Mozambique ait sans doute été, avec l'Algérie et la Tanzanie, l'un des pays africains qui ont attiré la plus grande sympathie dans les milieux intellectuels engagés, son projet émancipateur pouvant plaire tant à des « marxistes-léninistes » qu'à des prêtres, le pays, si prometteur, allait connaître une terrible guerre civile (1977-1992) qui aura fait, directement et indirectement, plus d'un million de morts (sur quatorze à seize millions d'habitants).

Mais la politique de déstabilisation sud-africaine produisit aussi des effets légitimants pour le Frelimo, qui n'ont pas encore

---

[1] Sur la crise de la Renamo, voir mon étude, « *Resistência Nacional Moçambicana*, de la victoire à la déroute ? Pluripartisme sans pluralisme et hégémonie sans stabilité », *Sociétés politiques comparées. Revues européennes d'analyse des sociétés politiques* (Paris, Fonds d'analyse des sociétés politiques), sept. 2009, n.º 17, 82 p., <www.fasopo.org>; paru, en version réduite actualisée, dans *Politique Africaine* (Paris, Karthala), 117, mars 2010 : 23-43. Dans ce numéro, voir l'introduction au dossier de Luís de Brito, « Le difficile chemin de la démocratisation ». Sur le MDM, *cf.* Sérgio Chichava, « Movimento democrático de Moçambique (MDM) : uma nova força política na democracia moçambicana ? » Maputo. Cadernos IESE, 2, aôut 2010, 32 p..

disparu : l'agression de l'apartheid surdétermina l'analyse du conflit dont la nature civile fut refusée durant très longtemps. Cela n'aurait été qu'une guerre d'origine externe ; la Renamo n'aurait eu aucune base sociale, ceux qui prétendaient le contraire faisaient le jeu de l'apartheid. Déjà porteur de la légitimité des armes en raison de son rôle moteur dans la guerre de libération anticoloniale, le Frelimo engrangea, durant quinze années supplémentaires, une légitimité de même type en raison, cette fois, de son conflit avec l'apartheid. Mais ce qu'il est important de souligner ici est que cette légitimité fut ainsi avérée non seulement sur le plan international – voir le contraste saisissant des attitudes américaines envers l'Angola et le Mozambique – mais aussi interne. Il ne s'agit pas, ici, d'une légitimité auprès de la masse rurale de la population, pour qui la guerre fut largement une bataille privée entre deux groupes *(cf. infra)*, mais auprès de la stratégique élite urbaine.

Car s'il est une chose de constater que la direction politique du Frelimo s'est historiquement construite notamment parmi les milieux « créoles »[2] de la capitale coloniale, issus des groupes ethniques du Sud, c'en est une toute autre que de cerner les valeurs politiques de cette élite-là : elle était majoritairement conservatrice, très « portugaise », fortement marquée par le désir assimilationniste et la revendication d'être reconnue comme « vraiment portugaise » par le colonisateur. Jusqu'aux années 1950 mais souvent bien plus tardivement, l'anticolonialisme de cette élite – à Quelimane, Tete et Ilha de Moçambique bien sûr, lieux de vieilles créolités, mais aussi à Beira et Maputo, villes produites par le XXe siècle colonial – est *assimilationniste* : elle exprime le mécontentement que le Portugal ne la considère pas vraiment

---

[2] J'appelle « créolité(s) » les milieux sociaux, quelles que soient les couleurs de peau des individus, qui sont de culture lusophone et historiquement produits de l'appareil d'État colonial ou de ses marges immédiates. Ces milieux sociaux sont, du nord au sud du Mozambique, extrêmement divers.

comme portugaise, elle veut que le Mozambique soit vraiment le Portugal et non plus une colonie[3]. Seulement plus tard, et partiellement, y apparaît l'anticolonialisme *séparatiste*.

Seule une minorité en son sein participa à la lutte de libération, mais en même temps l'anticolonialisme moderniste ne pouvait guère émerger que d'elle. Le Frelimo, même marxiste, était porteur d'un discours *imaginable* pour cette élite, tout comme celui du MPLA l'était pour l'élite de Luanda. Inversement, la revendication d'« authenticité africaine » portée par l'Unita et le FNLA[4] qui voulaient « chasser les fils de colon » (c'est-à-dire les métis), relevait d'un autre monde, de même que, plus tard, les valeurs véhiculées, au moins en négatif, par la Renamo voulant soustraire la population à l'atteinte de l'État moderne. On ne peut donc pas douter de la légitimité urbaine du Frelimo en 1975-1977 : elle ne signifie pas cependant une adhésion politique à ce « marxisme », mais plus à une idée de nation pas tellement différente de celle que les Portugais véhiculaient (homogénéité ethnique et linguistique, rôle moteur de l'État, etc.).

Cet accord global sur l'idée nationale dans les élites créoles aurait cependant pu céder la place à un rapide désenchantement politique devenant ensuite opposition. Certes, la structure de parti unique ne l'autorisait pas, mais il ne fait aucun doute que la rébellion armée, menée non point tant par des « pro-capitalistes » ou « pro-sud-africains » que par des gens totalement étrangers aux milieux sociaux urbains et à l'univers créole, explique qu'un divorce n'ait pas rapidement eu lieu. Or la guerre de la Renamo

---

[3] Sur l'anticolonialisme assimilationniste des vieux milieux créoles, voir Sérgio CHICHAVA, *Le « Vieux Mozambique »* : *l'identité politique de la Zambézie*, thèse de science politique, Université de Bordeaux, 2007, 563 p. multigr.

[4] Unita : *União nacional para a independência total de Angola*, qui a mené, avec le soutien de l'Afrique du Sud jusqu'en 1994, la lutte armée contre le MPLA jusqu'en février 2002, date à laquelle son leader fut tué – elle est aujourd'hui un parti d'opposition ; FNLA, *Frente nacional de libertação de Angola*, notamment basé au Zaïre, vaincu militairement dès 1977 mais qui subsiste comme petit parti politique civil.

s'attaquait à ces milieux (ce qui ne veut pas dire qu'elle ne s'attaquait qu'à eux, loin de là). Par ailleurs, la Renamo, venue initialement de groupes ethniques du centre du pays, provoquait aussi une répulsion dans la population du Sud, voire des interprétations religieuses – la Renamo exprimant les esprits vengeurs des guerriers ndaus morts sans sépulture sous Ngungunhana[5]. L'élite urbaine de la capitale était donc confortée par l'atmosphère ethnique et religieuse au sud dans une attitude d'allégeance globale, même si non enthousiaste, au Frelimo.

De ce fait, l'hégémonie politique et idéologique a été totalement insérée dans la question de la « construction de la nation », ce qui implique d'y revenir[6]. Les Portugais disaient : « *Moçambique só é Moçambique porque é Portugal* » (« le Mozambique n'est le Mozambique que parce qu'il est le Portugal »), et on s'est trouvé dans une situation où, pour bien des gens instruits « *Moçambique só é Moçambique porque é Frelimo* » (« le Mozambique n'est le Mozambique que parce qu'il est le Frelimo). La forte identification mentale entre un pays et un parti ne laisse pas facilement apparaître une alternative...

---

[5] Empereur nguni de la fin du XIXe siècle, Ngungunhana avait enrôlé de force dans son armée des dizaines de milliers de Vandau et les avaient entraînés au Sud du pays lorsqu'il recentra son empire autour de Gaza. Les soldats vandau n'ont ainsi pas pu être enterrés à proximité des esprits de leurs ancêtres, voire, lors des défaites successives de Ngungunha jusqu'en 1895, n'ont pas eu de sépultures du tout : leurs esprits errent ainsi éternellement, se vengeant sur les vivants de leur tourment éternel. La direction de la Renamo étant principalement d'origine ndau, les gens du Sud interprètent ainsi parfois la guerre civile comme une vengeance de ces soldats perdus de Ngungunhana.

[6] Sur cette question, voir aussi M. Cahen, « Nationalisms and Ethnicities. Lessons from Mozambique », p. 163-187, *in* E. Braathen, M. Bøås & G. Sæther, *Ethnicity Kills ? The Politics of War, Peace and Ethnicity in Subsaharian Africa*, Basingstoke, Macmillan/New York, St. Martin's Press, 2000, 223 p., bibl., index. ; Jason Sumich, « Construir uma nação : ideologias de modernidade da elite moçambicana », *Análise Social* (Lisbonne, ICS), XLIII (2-187), 2008 : 319-345.

La nation Frelimo

Cela mène très vite au débat sur le nationalisme. Ce que l'on a appelé « nation » dans le Mozambique contemporain n'était en réalité qu'un projet de nation, c'est-à-dire un « nationalisme » d'État et non un État-nation, un « nationalisme » dressé contre les nations précoloniales (aujourd'hui appelées « ethnicités »). Il ne s'agissait point de l'expression politique d'une nation préexistante, mais d'une guerre de libération *anticoloniale* faite synonyme, en une légitimation fonctionnelle, de guerre de libération *nationale*. Une fois de plus, cela n'est pas, en soi, original en Afrique : la particularité du Mozambique tient sans doute au degré de radicalisme et de volonté politique avec lequel le modèle fut appliqué. En effet, sous le discours d'un certain marxisme, il devait justifier l'édification d'un État « nationaliste » oppresseur des nations (ou ethnies) existantes par le biais d'un paradigme de modernisation autoritaire et rapide dans un espace de pertinence purement coloniale dont les frontières coupent en plein milieu la majorité des peuples concernés[7].

Il est de coutume de dire que le Frelimo, fondé en juin 1962 à Dar Es-Salaam, a unifié des organisations « ethno-nationalistes » préexistantes : la Manu maconde *(Mozambique African National Union)* et les réseaux coopérativistes du Nord-Est, l'Unami zam-

---

[7] Il m'est impossible de fouiller ici plus profondément cette question. Cependant, dans le souci de cesser de confondre État, État-nation et nation, et de confondre « lutte de libération anticoloniale » et « lutte de libération nationale » (quand il n'y a pas de nation à l'échelle de l'espace que l'on veut libérer), j'ai récemment proposé de ne plus utiliser le concept de « nationalisme » pour exprimer les projets de nations, mais celui de *nationisme* – un projet élitaire dressé contre les nations précoloniales existantes, quand le « nationalisme » doit être réservé à l'expression politique des nations existantes. *Cf.* M. CAHEN, « Luta de emancipação anti-colonial ou movimento de libertação nacional ? Processo histórico e discurso ideológico – o caso das colónias portuguesas e de Moçambique em particular », *Africana Studia* (Porto, Faculdade de Letras, Centro de estudos africanos), VIII, 2005, 339 p., dossier « Os Estados Lusófonos em África – 1975-2005 » : 39-67.

bézienne *(União nacional africana de Moçambique independente)* et l'Udenamo du centre et sud du pays *(União democrática nacional de Moçambique)*. La fusion de trois mouvements « régionaux » aurait donc permis le passage au nationalisme moderniste à l'échelle de tout le pays, rendant dès lors les expressions ethniques maintenues divisionnistes et réactionnaires. Cette lecture des conflits politiques au sein du nation(al)isme mozambicain a été maintenue sans discontinuer jusqu'à nos jours au sein du Frelimo et dans les milieux internationaux sympathisants.

On ne décrira pas ici cette histoire mais la réalité est tout autre. Ce n'est pas l'appellation d'ethno-nationalisme qui fait problème. Mais le Frelimo est en réalité une *nouvelle* organisation, qui, sous forte pression tanzanienne, ne fusionne qu'une partie des membres et dirigeants des organisations existantes. La plupart de leurs cadres soit refusent la fusion (Manu, Udenamo, *Kilimane Freedom Party, Mozambique African National Congress*, etc.), soit l'acceptent mais maintiennent leur propre organisation (Unami), soit, enfin, quittent plus (Manu, Udenamo) ou moins (Unami) rapidement le mouvement « unifié »[8]. Il n'en reste pas moins que le Frelimo réussit à se développer plus que toutes les organisations précédentes. Sa différence ne tient cependant pas tant à la définition plus élaborée et « moderne » du programme anticolonialiste qu'il aurait présenté – l'Udenamo lui est parfaitement comparable de ce point de vue –, mais aux *identités et trajectoires sociales dont il est porteur*.

En effet, le processus manqué d'unification de 1962-1965 qui, cependant, permet l'émergence d'une organisation hégémonique, n'exprime ni l'unification de l'*anticolonialisme* mozambicain ni l'émergence massive du *nationalisme*.

L'échec d'un vrai processus d'unification traduit à l'inverse la très grande dissymétrie des noyaux d'élite du pays. Toute l'évolution

---

[8] M. CAHEN, « The Mueda Case and Maconde Political Ethnicity. Some notes on a work in progress », *Africana Studia* (Porto), nov. 1999, n.º 2 : 29-46.

du XXe siècle a tellement marginalisé les vieux noyaux de la vallée du Zambèze, de Zambézie et du Nord-Est, que ceux-ci sont si faibles qu'ils ne réussissent pas à s'intégrer véritablement dans le nouveau mouvement dominé, au niveau de ses cadres politiques, par la nouvelle élite, urbaine, moderne et socialement bureaucratique de l'extrême Sud[9]. Ils s'y sentent pour ainsi dire à l'étranger, et développent vite des dissidences qualifiées de « bourgeoises », « tribalistes » ou « réactionnaires ». L'histoire du Frelimo reproduit ainsi sans modification les phénomènes de marginalisation de la colonisation contemporaine. Il n'est pas étonnant qu'une partie de ces « lumpen-élites » se soient retrouvées plus tard dans, ou sympathisantes de, la Renamo.

Cependant, il y a une rupture qualitative entre les mouvements apparus entre 1958 et 1962, et le Frelimo. Les premiers exprimaient non point un « nation(al)isme », mais la volonté de libérer la terre : chasser les Portugais pour être maîtres chez soi. La limite d'un tel projet paraît évidente, *mais du moins ces mouvements exprimaient-ils des sentiments massivement préexistants*. Pourquoi auraient-ils milité pour un « Mozambique » – territoire de pertinence purement coloniale – qui ne faisait tout simplement aucun sens pour eux ? Le Frelimo apparaît non point comme la fusion de ces sentiments *mais comme leur négation :* « un seul peuple, une seule nation, un seul parti, du Rovuma au Maputo ». La négation des identités ethniques et régionales s'opèrent très tôt dans le discours, et par paliers successifs dans la pratique politico-militaire, parallèle à la négation des valeurs et structures traditionnelles (chefferies, religions, etc.) : elle est complète à la mort d'Eduardo Mondlane[10]. La « nation » n'est dès lors plus seulement un projet, c'est une imposition dirigée contre les

---

[9] Pour une discussion détaillée de cette trajectoire historique, *cf.* mon article « Mozambique : histoire géopolitique d'un pays sans nation », *Lusotopie* (Paris, L'Harmattan), 1994, I : 213-266 (dossier « Géopolitiques des mondes lusophones »).

[10] Premier président du Frelimo, proche des Américains, victime d'un colis piégé en février 1969.

ethnies-nations existantes. Le nation(al)isme est *induit* dans le mouvement social anticolonial, il n'est pas le *produit* de ce dernier. À l'indépendance, il confond complètement nation(al)isme d'État et État-nation : le projet de nation *est* la nation, proclamée, imposée, identifiée au parti. Le Frelimo n'est pas principalement un parti unique, il est le parti-nation. Cette approche politique a très fortement pénétré au sein même de la population qui, par ses mots, expriment sa « marginalisation automatique ». Ainsi le *povo* (peuple) n'est-il nullement, dans le vocabulaire politique du Frelimo, la totalité de la population, mais c'est la population organisée, donc membre du parti. Les sociétés africaines ne sont pas nommément désignées par ce vocabulaire officiel, car elles ne sont pas pertinentes au regard de l'Homme Nouveau qui doit peupler la Nation moderne : elles ne sont que des *elementos da população* (éléments de la population). Ainsi, au cours de mes enquêtes de terrain, je comprenais, lors d'entrevues, que lorsqu'un Mozambicain me disait « *Eu sou população* » (« Je suis [un élément de la] population »), cela voulait dire qu'il n'était pas membre du parti, pas membre du peuple. D'autres (ou le même) parlaient de tel ou tel responsable venu de Maputo en désignant le « *camarada chefe vindo da Nação* » (« le camarade-chef venu de la Nation »), c'est-à-dire de Maputo ou de la capitale provinciale, bref de l'État qui s'imaginait être la totalité.

On l'a dit, le mimétisme envers l'État-nation européen et plus ou moins homogène est fréquent en Afrique. Mais il est ici très radical. Il correspond bien au vécu, à l'habitus de la très petite élite sudiste, *assimilada*, produite par et dans l'appareil d'État colonial dans ses caractéristiques particulières du XXe siècle.

Or cet État colonial, c'est le Portugal. Il s'agit du plus vieil État-nation d'Europe, pratiquement inchangé dans ses frontières depuis le XIIIe siècle, particulièrement homogène en son sein, en particulier sur les plans linguistique et religieux, au sein duquel le catholicisme a développé un fort universalisme. Si le *modèle politique « soviétique »* se fait très éloquent, le *modèle social portugais* reste discret mais tout-puissant dans l'imaginaire de l'élite de l'ancienne Lourenço-Marques (Maputo) : elle imagine le Mozambique futur à l'aune de ce qu'elle a connu. Il faut noter, du reste, que les deux ne sont point antagoniques. Le discours marxiste dans sa version stalinienne correspond bien au nation(al)isme (projet de nation) de l'élite sudiste : parti unique creuset de la nation, nation homogène, langue nationale unique, État principal acteur de l'économie et lieu de reproduction de l'élite, corporatisme syndical, paternalisme autoritaire, etc.

L'antiracisme et l'antitribalisme du Frelimo sont incompréhensibles si l'on ne les replace pas dans ce cadre. En effet, l'un des motifs de la sympathie nourrie en Occident pour le Frelimo fut sans aucun doute son antiracisme et son antitribalisme affichés. Au sortir de la colonisation portugaise et face à la Rhodésie et à l'Afrique du Sud en plein apartheid, de telles vertus avaient en effet de quoi plaire. Elles ouvraient une possibilité de survie pour les Mozambicains blancs et métis, laissaient penser qu'il n'y aurait pas de discrimination ethnique ou religieuse. La réalité fut tout autre, *non point parce que ces principes furent trahis, à l'inverse parce qu'ils furent appliqués.*

En effet, on ne remarqua pas assez dès l'origine que cet antitribalisme et cet antiracisme recouvraient avant tout l'hostilité envers les structures sociales originales au sein de la paysannerie, assimilées au « féodalisme » et à l'« obscurantisme » et envers toute diversité culturelle, ethnique ou régionale. Ainsi dès l'origine l'antiracisme et l'antitribalisme ont une double nature : la dimension classique et sympathique hostile aux discriminations raciales et ethniques, mais dans le même temps la négation farouche de la pertinence, voire de l'existence même, de toutes les communautés.

Or cela est très concret. En même temps que Samora Machel[11] clamait : « Il n'y a plus de Blancs, plus de Noirs, plus d'Indiens, plus de métis, seulement des Mozambicains », il interdisait les associations communautaires européennes (les *Associações dos Naturais* des Blancs mozambicains et les diverses

---

[11] Deuxième président du Frelimo, à partir de 1970, et premier président de la République indépendante.

Casas régionalistes – de Madère, du Tras-Os-Montes, etc. – des petits colons, etc.) et africaines (les nombreuses *lutuosas* régionalistes interdites sous couvert de nationalisation des pompes funèbres, le *Centro associativo dos Negros*, les *Associações africanas métisses*). Il combattait les anciens colons non seulement en tant que classe (petite bourgeoisie luso-coloniale et luso-mozambicaine) mais en tant que communauté. L'imposition précoce du parti unique – alors pourtant que le Frelimo ne courait en 1975 guère de risque à organiser des élections – eut pour fonction d'empêcher toute expression de la diversité des identités et des trajectoires sociales régionales – sous couvert de dénoncer des groupes « néocoloniaux » voire « policiers » –, pendant que la progressiste *Associação académica* (syndicat étudiant) était dissoute au profit des Jeunesses du parti.

Le Festival national de danse, vu par certains comme preuve du respect pour les cultures populaires cassa complètement l'enracinement social de ces manifestations culturelles et les folklorisa. Les chefferies (*regulados*) furent supprimées dès le 26 juin 1975 et les persécutions religieuses se multiplièrent, pendant que des administrateurs ne parlant aux citoyens que le portugais étaient envoyés construire l'appareil d'État en brousse. La terre, arable autant que spirituelle, des grandes compagnies étrangères ne fut pas rendue aux paysans mais passa aux fermes d'État ou parfois aux villages communaux. Il s'agissait de passer directement de la colonisation à un certain socialisme où chacun serait peu ou prou intégré à un État symbole de modernité. Il ne s'est point agi – comme on a pu l'écrire ici ou là – d'une dérive « gauchiste »[12] ou « exclusiviste »[13], mais d'une orientation paternaliste

---

[12] La thèse de la dérive gauchiste a notamment été défendue par John S. SAUL (ed.), *A Difficult Road : The Transition to Socialism in Mozambique* New York, Monthly Review Press, 1985, 320 p. ; John S. SAUL, *Socialist Ideology and the Struggle for Southern Africa*, Africa World Press (Trenton (NJ), 1988 ; ———, *Recolonization and Resistance : Southern Africa in the 1990s*, Africa World Press (Trenton, NJ), 1993, 195 p.

[13] Colin DARCH & Daivd HEDGES, « Não temos a possibilidade de herdar nada de Portugal » : as raízes do exclusivismo político em Moçambique, 1969-1977 »,

profondément technocratique, typique de l'idéal petit-bourgeois de certains secteurs *assimilados* rêvant de fonder leur propre Portugal.

L'antiracisme et l'antitribalisme furent ainsi indissociablement liés à l'hostilité envers la société mozambicaine elle-même. L'objectif était la production rapide de la nation européenne par un processus de modernisation autoritaire. Naturellement, ce processus profita avant tout aux groupes sociaux ayant su saisir l'État, principalement situés à Maputo. Comme ils s'exprimaient uniquement par le biais du discours « national » sans jamais rendre publique leur identité propre, la négation ethnique couvrit classiquement, au moins jusqu'en 2004, la forte ethnicité des groupes du Sud et en particulier celle des Changanes[14].

Peut-on, alors, dire que l'État du Frelimo est un État tribal ? Cette analyse a été systématiquement faite par la Renamo. Retournant mimétiquement les accusations que le Frelimo lui adressait, elle a toujours critiqué le « tribalisme » de ce dernier[15]. Si l'on n'assimile pas, comme trop souvent, le tribalisme à toute expression ethnique, mais si on le comprend comme tentative d'un segment d'ethnie (souvent une élite) d'assurer sa mainmise

---

in Glaucia Villas Bôas (ed.), *Territórios da língua portuguesa – culturas, sociedades, políticas : anais do IV Congresso Luso-Afro-Brasileiro, 1 a 5 de setembro de 1996,* Rio de Janeiro, IFCS, 1999 : 135-149.

[14] Les Changanes sont une production ethnique récente, issue de la « ngunisation » partielle d'une partie des Rongas-Tsongas lors des migrations et États ngunis du XIXe siècle. Il faut noter une inflexion dans la pratique du Frelimo à partir de l'élection d'Armando Guebuza à la présidence de la République. Lui même né de parents rongas (et non changanes), mais dans le nord du pays (Murrupula, province de Nampula), il a démontré une attention plus grande à la promotion de cadres politiques issus du centre et du nord du pays – tout en renforçant considérablement la volonté hégémonique du Frelimo.

[15] Sur le mimétisme de la Renamo envers le Frelimo, *cf.* M. CAHEN, « Entrons dans la nation. Notes pour une étude du discours politique de la marginalité. Le cas de la Renamo du Mozambique », *Politique africaine* (Paris, Karthala), 67, 1997 : 70-88.

sur une structure politique (un parti, une région, un État), l'accusation mérite d'être discutée[16]. Mais une chose est de dire que le *nation(al)isme* « pan-mozambicain » a couvert l'ethnicité changane, ronga ou tsua, autre chose est de dire que l'État mozambicain a une nature ethnique donnée. Cela est faux parce que cela simplifie outrancièrement la réalité. Même si l'ensemble des élites du pays n'ont pu se retrouver de manière équilibrée à la direction du Frelimo (y compris dans les gouvernements formés par le président Armando Guebuza suite à ses victoires de 2004 et 2009), ce dernier n'a jamais été uniquement sudiste et, partout, des cadres de toutes origines ethniques ont été formés par lui, pendant la lutte armée comme après l'indépendance. Il y a un groupe social de pouvoir agglutiné autour du Frelimo qui s'est formé sous hégémonie ethnique sudiste, mais il ne se réduit pas à celle-ci. Ce serait du reste tout à fait inefficace pour la gestion de l'État : le Frelimo avait besoin de réussir à construire de véritables relais locaux.

La propagande de la Renamo simplifie ainsi tant la situation qu'elle finit par l'obscurcir, même dans les éléments qui pourraient la servir. En effet si, sur les plans conceptuel et historique, l'État du Frelimo ne saurait être qualifié historiquement d'État tribal ou ethnique, il n'en reste pas moins que son fonctionnement quotidien a reproduit les processus de marginalisation venus de la colonisation du XXe siècle. Il n'y a pas rupture, il y a continuité. Le positionnement de l'État à l'extrême Sud du pays, dans une capitale branchée sur l'économie sud-africaine et vue comme le prototype de la nation, l'alphabétisation tout en portugais adaptée aux groupes les plus urbanisés, la politique autoritaire de construction de l'appareil d'État en brousse, la politique des prix favorable aux villes, etc., ont continué à marginaliser souvent les

---

[16] Un cas récent flagrant fut l'*Inkatha Freedom Party* de G. Buthelezi : représentatif d'une partie seulement de la nation zouloue, il chercha à s'en assurer la complète hégémonie et à imposer l'IFP comme parti unique ethnique de l'État régional du Kwazoulou. Il fallut toute l'habileté de Nelson Mandela pour éviter, de justesse, la guerre civile.

mêmes groupes (religieux, sociaux, régionaux, ethniques) que ceux qui l'étaient déjà largement auparavant.

Il y eut ainsi reproduction d'une constellation de marginalités, aux intérêts et imaginaires différents ou même contradictoires. Ce cycle centrifuge, provoqué ou continué par le modèle politico-social du Frelimo, fut évidemment aggravé par la situation d'effondrement de l'administration et des services engendrée dès l'indépendance par le départ de l'immense majorité des cadres blancs et par les agressions rhodésienne et sud-africaine. Naturellement, il restera à discuter ce que deviennent ces processus au sortir du parti unique et sous le néolibéralisme (cf. infra).

La « non-nation » Renamo

Outre que, selon le Frelimo, les « bandits armés » étaient *uniquement* à la solde de l'apartheid[17], elle fut accusée d'être tribaliste et par conséquent antinationale. Cette accusation provint non point tant de l'appartenance en elle-même de plusieurs de ses dirigeants à l'ethnie Ndau, mais surtout de sa critique de la prédominance sudiste dans l'appareil d'État et de sa défense des chefferies (*regulados*). Or on touche là à deux choses très différentes.

Relativement au premier point, il est indéniable que le Frelimo a considéré comme « tribaliste » quiconque remarquait que la majorité des membres de l'appareil d'État étaient du Sud. Puisque que tout le monde était « mozambicain », le simple fait de pointer l'origine ethnique était suspect. Le tribalisme, c'était les Autres. Le « *Abaixo o tribalismo* » (« À bas le tribalisme ») couvrit la tranquille assurance changane, exaspérant d'autant plus les « Autres ».

Relativement au second point, si la Renamo a bel et bien instrumentalisé politiquement les chefferies, cela ne saurait signifier

---

[17] « *South-African Backed MNR Bandits* » fut l'expression consacrée dans la prose sympathisante anglo-saxonne. Sur l'histoire de la Renamo, voir mon ouvrage *Os outros. Um historiador em Moçambique, 1994*, Bâle (Suisse), P. Schlettwein Publishing Foundation, 2003, 230 p.

en soi ni un meilleur respect des ethnicités ni une indication que la Renamo serait le produit du ressentiment d'ethnies en tant que telles et porterait en elle un projet d'hégémonie ethnique.

L'histoire de la Renamo reste à faire, mais c'est avant tout l'histoire d'un phénomène *sui generis* : ce qui s'est produit n'est pas ce qu'avaient prévu les sponsors rhodésiens puis sud-africains[18]. La dynamique militaire provoquée par l'introduction depuis l'extérieur d'une structure de guérilla a permis de polariser, au moins partiellement, l'hétérogène constellation des marginalités (*cf. supra*). Ce corps social guerrier réussit à s'immiscer dans la crise de la société et, d'une certaine manière, à en représenter une fraction. Afonso Dhlakama[19] n'a pas tort quand il proclame que la Renamo est une création du Frelimo. S'il y a indéniablement au début une petite réalité ndau, la direction de la Renamo s'est rapidement ouverte à des non-Ndaus, y compris à des postes de commandement militaire. Quant aux cadres intermédiaires et à la base, ils sont complètement pluriethniques. Du reste l'examen des zones dominées par la Renamo en 1992 (dernière année de guerre) montre une guerre en peau de léopard. S'il y a indéniablement un point fort zambézien – mais plus régional qu'ethnique – on ne peut pas dire qu'une seule ethnie, pas même ndau, ait, en tant que telle, soutenu la Renamo. Par ailleurs, les zones Renamo ne sont pas spécifiquement proches des frontières de la Rhodésie ou de l'Afrique du Sud comme celles du Frelimo à l'époque de la guerre anticoloniale pouvaient l'être de la Tanzanie ou de la Zambie. Enfin, même si Dhlakama est fils d'un petit chef (tout comme Eduardo Mondlane), il n'y a aucune expression politique directe de chefferies derrière la Renamo, qui pourrait la rendre comparable, par exemple, au FNLA lié à une partie de la famille royale kongo. La Renamo utilisa pendant la guerre les chefferies et leur délégua la gestion des populations locales, elle ne les représenta pas. Cette organisation militaire fut bien un « produit moderne »,

---

[18] Voir le classique C. Geffray, *A causa das armas. Antropologia da guerra contemporânea em Moçambique*, Porto, Afrontamento, 1991, 188 p.

[19] Président de la Renamo.

effet différé de la rencontre des politiques de déstabilisation rhodésienne et sud-africaine et de la profonde crise sociale mozambicaine provoquée par la politique du Frelimo. Elle acquit ainsi sa propre dynamique et réussit remarquablement son adaptation à la situation nouvelle ouverte par l'Accord général de paix de Rome (4 octobre 1992).

Il faut cependant se demander ce que la Renamo a socialement représenté pendant la guerre civile : par exemple, cette guerre a-t-elle été une révolte paysanne ? C'est la thèse défendue alors par le Britannique David Hoile, dirigeant du lobby pro-Renamo du parti conservateur britannique[20]. En réalité, ces questions sont très différentes. On ne peut que constater que la Renamo a rencontré parfois un bon accueil, a réussi à organiser cet accueil et à s'immiscer dans la grave crise de la société mozambicaine, à l'exprimer d'une certaine manière, et est parvenue à recruter des milliers de soldats dont une bonne partie étaient volontaires. Une fraction de la société mozambicaine s'est associée à une guerre déjà menée par la Renamo, venue de l'extérieur. Par ailleurs, dans une révolte paysanne, ou même dans un mouvement politico-militaire classique, il n'y a pas un fort cloisonnement entre la guérilla et la population : or la Renamo maintient une étanchéité totale entre son appareil militaire et les populations laissées aux *régulos*. Il ne s'agit donc pas d'une révolte paysanne produite sur place par des sociétés agressées. Il n'y a nulle contradiction à affirmer que la guerre a été civile et, en même temps qu'il ne s'agit pas d'une révolte paysanne. Il n'y aurait pas eu militarisation de la dissidence paysanne sans l'introduction d'une guérilla extérieure, seuls de classiques phénomènes de résistance passive se seraient produits. Mais sans réponse de la société mozambicaine, la Renamo serait restée le petit groupe guerrier imaginé par ses sponsors.

Cela mène à la question en suspens, celle de l'ethnicisation du conflit. Outre que la carte du conflit nous donne une indication contraire, le fait que des processus de marginalisation aient

---

[20] David Hoile, *Mozambique : A Nation in Crisis*, Claridge Press, 1989, 144 p. ; ——, *Mozambique, Resistance and Freedom : A Case for Reassessment*, Londres, Mozambique Institute, 1994, 222 p.

provoqué des rancœurs de type ethnique chez nombre de Mozambicains ne signifie pas que certains groupes ethniques soient, en tant que tels, passé à la guérilla comme les Karens de Malaisie ou certains groupes érythréens et tigréens de l'ex--Éthiopie impériale. Des sociétés paysannes ont pu passer à la rébellion[21], mais il s'est agi de fractionnements au sein de groupes ethniques ou de clans, renvoyant toujours à une histoire plus ancienne. Par ailleurs, le point fort de Zambézie et de Nampula a un aspect régional qui dépasse un groupe ethnique particulier.

Cela indique que, si les tensions ethniques ont indubitablement été l'un des facteurs de la guerre, celle-ci ne saurait être considérée comme un conflit interethnique. Ici, la situation mozambicaine est bien différente de la yougoslave.

Les élections de 1994 : clivages ethniques, clivages politiques ?

J'ai analysé ailleurs la première campagne électorale pluraliste du Mozambique[22]. Ces élections ont ouvert une nouvelle période dans la vie politique mozambicaine et elles restent les seules qui peuvent être analysées finement, les résultats locaux ayant été publiés[23]. Les deux principaux partis ont utilisé des arguments de type ethnique. La Renamo stigmatisa la domination

---

[21] Cas de la Macuana étudié par C. GEFFRAY, *A causa das armas...*, op. cit.

[22] Voir M. CAHEN, *Os Outros...*, op. cit., ainsi qu'un article antérieur : « "Dhlakama é maningue nice !". Une guérilla atypique dans la campagne électorale au Mozambique », *L'Année africaine 1995*, Bordeaux, CEAN/Paris, Karthala, 1995 : 119-161. Pour une analyse globale du processus électoral, cf. B. MAZULA (ed.), *Moçambique. Eleições, democracia e desenvolvimento*, Maputo, 1995, s.e., 672 p. (et notamment l'article de Luís de BRITO qui aborde – trop brièvement – la question ethnique : « O comportamento eleitoral nas primeiras eleições multipartidárias em Moçambique » : 473-499). Pour une cartographie électorale, voir L. de BRITO, *Cartografia eleitoral de Moçambique*, 1994, Maputo, Livraria universitária, Maputo, Livraria Universitária, 2000, 64 p.

[23] Pour les élections de 1999, seuls les résultats provinciaux ont été publiés, et jamais les résultats de districts. Elles ont été entachées de nombreuses accusations de fraude, que l'absence de publications de résultats complets semblent accréditer.

du Sud et promit un meilleur partage du pouvoir entre les groupes ethniques nommément désignés. En particulier, dans ses discours, Dhlakama ne parla jamais des « Mozambicains », mais appela toujours les gens, en brousse par leur désignation ethnique (« *Macuas, bom dia !* » – « Macuas, bonjour ! ») et en ville par leur désignation locale *(« Nampulenses, bom dia ! »).* Ces désignations en tant que telles ne sauraient cependant être qualifiées de « tribalistes », Dhlakama lui-même intervenant pour dire que ce n'était pas « les gens du Sud » qui confisquaient les richesses, mais « les gens du Frelimo ». Le Frelimo attaqua le langage ethnique de la Renamo ; au moins une fois, il eut recours à un stratagème ouvertement tribaliste, pour provoquer au sud la peur d'une revanche du Nord[24]. Mais cela ne saurait qualifier la totalité de sa campagne. Chissano se déclara ouvert à une discussion sur la domination des gens du Sud, bien qu'il ne l'ait « lui-même jamais remarquée ».

Ces élections se sont soldées par la victoire des deux partis. Le Frelimo a remporté les élections législatives et présidentielles au cours d'un scrutin reconnu par la communauté internationale. La Renamo, « vaincue », a remporté une éclatante victoire de légitimation : les « bandits » faisaient la démonstration qu'ils représentaient près de quatre Mozambicains sur dix, et la majorité dans les provinces les plus peuplées.

Libérés de la guerre, les citoyens ont-ils alors voté par ethnie ? On avait des raisons de le craindre. J'ai analysé en détail cette question dans mon article « Nationalisms and Ethnicities »[25] et j'en rappellerai seulement les conclusions.

La première remarque était relative à l'écrasante victoire du Frelimo dans les quatre provinces du Sud. La Renamo n'y exista

---

[24] Une magnifique campagne de désinformation a réussi, à quelques jours du scrutin, à faire croire que Dhlakama avait promis de refouler les Changanes en Afrique du Sud... Pour les détails de cet épisode *cf.* M. Cahen, *Os Outros...*, *op. cit.*

[25] M. Cahen, « Nationalisms and Ethnicities. Lessons from Mozambique », in E. Braathen, M. Bøås & G. Sæther, *Ethnicity Kills ?..., op. cit.*

pour ainsi dire pas, et même dans les rares localités où elle eut une expression, elle n'y arriva jamais en tête (à une seule exception près). La situation est particulièrement impressionnante à Gaza, caractéristiques qui s'accentuent encore plus dans les villes de cette province. Une analyse encore plus fine au sein des districts, dans les localités, montre que des sociétés entières la rejetèrent. Un vote aussi massif signifie qu'il n'y a pas vraiment de courants politiques, *c'est la communauté en tant que telle qui réagit*. De ce fait, alors que les provinces du Sud, sauf la capitale, sont d'un poids démographique modeste, le Frelimo y réalisa environ 45% de la totalité de son score national.

La deuxième remarque portait sur la forte victoire de la Renamo dans la province centrale de Sofala, sa majorité absolue dans celles, également du centre, de Manica et Zambézia, et sa majorité relative dans les provinces de Tete (Ouest) et Nampula (Nord). La Renamo remportait la victoire dans les provinces les plus peuplées. Néanmoins, seule la province de Sofala rappelait, en l'inversant, le paysage politique du Sud, avec, dans les districts, des pourcentages écrasants. Mais dans cette province, ces caractéristiques étaient amoindries en ville (Beira) où dans les zones traditionnelles de grandes plantations (Marromeu). Les pourcentages écrasants étaient déjà plus rares dans les autres provinces où la Renamo arriva en tête – la pointe du petit district de Macossa, au Manica – ou inexistants. Les deux provinces, démographiquement déterminantes, qui assurèrent à la Renamo son poids politique national, la Zambézie et Nampula, ne lui accordèrent le plus souvent dans les districts que des majorités relatives, ou des majorités absolues atteignant rarement les 75% de l'électorat. Cela signifie que partout, au niveau des districts mais aussi, le plus souvent, des localités, les communautés furent divisées et ne répondirent pas en tant que telles. Même dans les districts du Centre et du Nord où elle gagna, la Renamo n'eut pas, en moyenne, des scores comparables à ceux du Frelimo dans les districts du Sud où il gagna.

La troisième remarque concernait les trois provinces où la lutte armée anticoloniale fut particulièrement intense. Tete (Ouest) donna la victoire à la Renamo qui y frôla la majorité absolue tandis que dans l'extrême Nord, Cabo Delgado et Niassa donnèrent une victoire nette, mais non écrasante, au Frelimo. La victoire du Frelimo dans l'extrême Nord ressembla à celle de la Renamo dans le centre : les communautés furent divisées, à la seule exception de l'ethnie Maconde (massivement pro-Frelimo). Il ne semble donc pas que la guerre de libération se soit maintenue comme un facteur électoral, au moins au niveau des provinces : ce ne sont pas les Macondes qui suffirent à donner la victoire au Frelimo au Cabo-Delgado.

D'une manière générale, émergeait une caractéristique très importante : la Renamo était bien plus faible, là où elle perdait, que le Frelimo, là où il perdait. La Renamo était véritablement expulsée de certaines zones, le Frelimo y demeurait presque toujours.

Sur le plan ethnique, la conclusion pouvait peut-être surprendre : *le Frelimo profita beaucoup plus du vote ethnique que la Renamo.* On peut dire que l'ethnie changane, l'ethnie ronga, l'ethnie tsua, votèrent pour le Frelimo en tant que communautés : les pourcentages de ce dernier là où il domine vont de 78 à 82 %, soit toujours au-delà des 75 % dans ces zones ethniques. À l'autre bout du pays, l'ethnie Maconde lui est également massivement restée fidèle dans la rivalité avec les autres groupes ethniques pour l'hégémonie au sein de la province du Cabo Delgado.

La Renamo, même dans les districts où elle gagna, n'atteignait que rarement de tels scores : de 54 à 77 %, soit le plus souvent en-deçà de 75 %. Si le groupe ndau, numériquement modeste, semble avoir voté massivement en sa faveur, il serait complètement faux de dire que les Macuas, en tant que tels, votèrent Renamo : or il s'agit du groupe ethnique démographiquement le plus important du pays. Inversement les Senas, réputés anti-Ndaus et « donc » pro-Frelimo, donnèrent en réalité la majorité à l'ancienne rébellion : c'est le facteur régional, et non ethnique, qui joua en faveur de la Renamo du fait du ressentiment de tout le centre du pays envers l'État du Sud. Des clivages intra-ethniques, claniques, jouèrent ainsi que des différenciations sociales et dans le rapport à l'État, venant de l'histoire coloniale : on peut les discerner dans le vote pro-Frelimo de la ville de Tete – la cité du vieux métissage –, dans l'attitude différente des Macuas de Nampula ou du Cabo-Delgado (et entre ceux de la côte et de l'intérieur), dans les « poches » Frelimo en région Renamo (comme en Zambézie à Ribáuè et à Gurué, etc., zones d'agriculture « moderne » où la présence étatique ou entrepreneuriale a toujours été plus forte, etc.). Le phénomène des sociétés côtières a pesé : il semble bien que, dans l'est côtier de la province de Nampula, les héritiers des légendaires « Namarrais » (qui avaient vaincu Mouzinho de Albuquerque), de Mogincual à Memba, et les Naharras de Mossuril et de l'Île de Moçambique (à l'inverse pro-portugais, mais d'avant le temps du capitalisme colonial), votèrent massivement Renamo : n'avaient-ils pas été marginalisés par l'État colonial, l'État moderne, suite à l'écrasement de la résistance de leurs sultanats esclavagistes en 1911-1913 et au déménagement de la capitale dans l'extrême Sud du pays ?

Globalement, la question ethnique a pesé lourd dans le vote. Des Macuas ont certainement voté en tant que Macuas (pas simplement en tant que Mozambicains). Mais, en tant que Macuas, ils se sont divisés entre deux partis. Les élections n'ont donc pas, à l'échelle du pays, suivi des alignements ethniques complets. Cependant, l'alerte était chaude pour le Frelimo : du « parti de tout le peuple » à l'époque du parti unique, il était largement devenu un parti du Sud. Les élections exprimèrent ce qui existait déjà mais n'avait jamais pu être traduit politiquement. Du Sud, le Frelimo devait sauter par-delà les immenses et peuplés centre et nord du pays, pour se retrouver majoritaire dans l'extrême Nord : c'était un tremblement de terre pour le mythe de l'homogénéité nationale.

La guerre civile, puis les élections, ont indubitablement fait de l'ethnicité un enjeu politique, c'est-à-dire qu'on a sans aucun doute assisté à un processus de politisation de l'ethnicité. Mais la politisation de l'ethnicité n'est pas synonyme de la politisation de l'ethnie au sens où elle n'a pas produit une « ethnie politique » dans laquelle la communauté, devenue totalitaire, se surimposerait complètement à l'individu-citoyen. Si des tendances en ce sens ont existé, notamment dans le Sud en faveur du Frelimo, même dans ces régions aucun groupe ethnique n'a voté à 100% ni à 95% pour un seul parti. Cela signifie que des tendances au tribalisme (ethnie politique) ont bel et bien existé mais sans, loin de là, avoir la force d'une traînée de poudre : seize ans de guerre civile et des élections générales fortement bipolarisées n'étaient pas parvenues à les faire aboutir.

Le paysage « national » fut donc bien complexe et paradoxal : grande diversité des situations provinciales et locales, mais seulement deux expressions partisanes. Pourquoi de nombreuses trajectoires sociales, culturelles et économiques ne trouvèrent-elles que deux expressions partisanes ? Pour 1994, soit seulement deux ans après la fin de la guerre (4 octobre 1992), on peut l'expliquer de deux manières : l'héritage historique et la dynamique militaire.

Premièrement, on l'a vu, toute l'histoire coloniale de la fin du XIXe et du XXe siècle a été celle de la marginalisation économique, sociale et culturelle du « vieux Mozambique colonial », celui du premier âge colonial d'avant le capitalisme, au temps du mercantilisme, des *prazos*[26], du trafic servile et des créolités de l'océan Indien. La nouvelle élite créole du XXe siècle surgit principalement

---

[26] Les *prazos* étaient des genres de fiefs accordés par la couronne portugaise pour le délai (*prazo*) de trois générations, mais l'institution s'africanisa profondément. Les *prazeiros* souvent métis, voire noirs se considéraient comme des Portugais, mais étaient à la tête de véritables États secondaires, intermédiaires entre le Portugal et les chefferies traditionnelles. Allen F. Isaacman, *Mozambique : Africanization of a European Institution, the Zambezi Prazos, 1750-1902*, Madison, University of Wisconsin Press, 1972, 304 p. ; Malyn Newitt, *Portuguese Settlement on the Zambesi*, Londres, Longman, 1973, 434 p. ; René Pélissier, *História de Moçambique. Formação e oposição 1854-1918*, Lisbonne, Editorial Estampa, 1994, 2 vol., 506+607 p. (« Histórias de Portugal », 10 et 11) ; Malyn Newitt, *A History of Mozambique*, Johannesbourg, Wits University Press, 1995, 704 p. ; Allen F. Isaacman & Barbara S. Isaacman, *Slavery and Beyond : The Making of Men and Chikunda Ethnic Identities in the Unstable World of South-Central Africa, 1750-1920*, Portsmouth (NH), Heinemann, 2004, 384 p. (Social History of Africa Series). Sur l'héritage contemporain des *prazos*, voir notamment Sérgio Chichava, Le « Vieux Mozambique » : l'identité politique de la Zambézie, thèse de science politique, Université de Bordeaux, 2007, 563 p. multigr.

à Lourenço Marques (Maputo), entièrement façonnée par les caractéristiques du colonialisme portugais contemporain, sans racines sociales et culturelles anciennes. Les vieux noyaux ne disparaissent pourtant pas totalement, certains migrent à Beira (centre) puis Lourenço Marques, mais ne réussiront plus jamais à avoir d'expressions propres. Ce sont donc des segments « atomisés » de ces anciennes élites qui, parfois, rejoignirent, ou se rallièrent après 1992, à la Renamo plutôt que de rejoindre tels ou tels groupuscules qui en étaient pourtant plus directement issus[27]. Il faut donc le répéter : l'unicité du nationalisme mozambicain n'exprima pas une unité de ses composantes sociales, mais releva de l'incapacité des composantes marginalisées de s'exprimer.

Deuxièmement, la dynamique militaire elle-même explique la faiblesse d'expressions politiques différenciées.Le Frelimo réprima violemment les rares cas de dissidences guérilleras pendant la guerre de libération, la Renamo absorba un petit groupe zambézien pendant la guerre civile, et la guerre elle-même, évidemment, ne dessina que deux camps. En 1994, il est logique de penser que ce passé encore proche (jusqu'en 1992) ait encore pu dominer : cependant, des zones restées sous contrôle gouvernemental ont massivement voté Renamo, infirmant l'hypothèse d'électorats captifs. Comme pendant la guerre civile, la Renamo a exprimé en 1994 une coalition des marginalités, base sociale par définition hétéroclite.

1994-1999 : le succès du vide ?

Logiquement, cette bipolarisation largement expliquée par l'héritage portugais, la phase radicale du Frelimo (1975-1990) et surtout la dynamique militaire de la guerre civile (1977-1992) aurait dû rapidement se déconstruire. La paix revenue, le capitalisme libéral incontesté, le pluralisme banalisé, auraient dû produire des aspirations et mécontentements sociaux et régionaux s'exprimant

---

[27] Même une tentative de parti islamique échoua largement.

de manières différenciées en ce pays hétérogène. Or, il n'en a rien été, au moins jusqu'à présent – tant que le MDM n'aura pas réellement « mordu » sur l'électorat des deux autres partis.

L'explication que j'en ai donnée[28] part de la constatation que le Frelimo, capable des plus grands renversements *politiques* (d'un « marxisme » sourcilleux de saveur protestante à un néolibéralisme sans âme) a été totalement incapable d'« ouvrir » *socialement* jusqu'en 2004 (et fort modérément depuis cette date) : le groupe social de pouvoir, sous hégémonie ethnique sudiste, est resté inchangé. Les directeurs d'usines nationalisées sont devenus les patrons des entreprises privatisées. L'ancien « parti marxiste-léniniste de l'alliance ouvriers-paysans » est devenu l'expression des secteurs les plus modernes du capitalisme mozambicain. Mais cela signifie que, pour de nombreux laissés pour compte, la propagande « anticommuniste » resta un temps opératoire en plein capitalisme, puisque c'étaient toujours les mêmes « communistes » qui étaient au pouvoir. La fermeture de l'État, à une époque où le clientélisme à la fois fleurissait mais de façon fort restrictive, permit de la sorte le maintien de la coalition des marginalités en faveur de la Renamo.

Pourtant, dans la période 1994-1998, on ne peut pas dire que la Renamo ait brillé par son habileté politique. Tous ses défauts structurels mentionnés en 1994 (mentalité militaire, absence d'initiatives à la base, insigne faiblesse politique et en cadres) se sont maintenus. La Renamo a boycotté les élections municipales de 1998, prétextant de fraudes possibles en préparation, alors que ces élections, qui immanquablement allaient faire tomber dans son escarcelle des villes très importantes (Beira, Nampula, Quelimane), lui auraient amené des ressources non négligeables et auraient permis de former des cadres moyens. Elle n'a pas réussi à attirer à elle d'autres petits partis, très faibles électoralement,

---

[28] Voir mes articles « Entrons dans la nation. Notes pour une étude du discours politique de la marginalité. Le cas de la Renamo du Mozambique », *Politique africaine*, 67, 1997 : 70-88 ; et « Mozambique : l'instabilité comme gouvernance ? », *Politique africaine*, 80, 2000 : 111-135.

mais qui pouvaient lui donner quelques cadres, elle n'a produit aucun programme politique cohérent, elle n'a pas créé de presse, pas de radio régulière, plus de site Internet. Elle s'est trouvée confrontée à la contre-offensive de charme du Frelimo auprès des chefs traditionnels et d'un dédain de l'essentiel de la communauté internationale et des ambassades[29].

En 1999, sa campagne a été bien moins active qu'en 1994, et a souffert de problèmes financiers considérables (plus de « subsides » de l'ONU !). Et pourtant, elle a considérablement accru ses résultats..., passant globalement de 35% à 48%, avec, *grosso modo*, les mêmes caractéristiques régionales[30]. Il est donc clair que la coalition des marginalités et un mécontentement à la fois social et régional massif se sont exprimés non point tant *en faveur de*, mais *en se servant de* la Renamo pour résister à un État ressenti comme largement étranger et non promoteur de progrès social, malgré les bons indices macro-économiques régulièrement vantés par le FMI. Cela créa une situation potentiellement dangereuse : en 1999-2000, une victoire de la Renamo en 2004 apparaissait désormais comme plausible, bien qu'elle ne semblât pas plus préparée qu'en 1994 pour assumer les charges de l'État. La « grande peur » des cadres du Frelimo en 1999 scella le sort de Joaquim Chissano qui ne put se représenter, délaissé au profit d'un homme dont on connaissait la poigne et la qualité d'organisateur, Armando Guebuza[31], un homme du Sud, mais point changane.

---

[29] La Renamo est membre de l'Internationale chrétienne-démocrate. Ce rattachement est, cependant, purement fonctionnel, mimétique de l'appartenance du Frelimo à l'Internationale socialiste, et n'a guère de signification interne.

[30] Étant donné que les résultats locaux des élections législatives et présidentielles de 1999 n'ont jamais été publiés et que des suspicions de fraude existent, il ne m'apparaît pas possible de fonder une analyse fine sur les nuances numériques « officiellement » apparentes selon les chiffres provinciaux.

[31] Armando Guebuza, membre du Frelimo depuis 1963, commissaire politique national à l'indépendance, fut responsable des expulsions de Portugais et d'Africains selon le fameux « 20/24 » (quitter le territoire avec vingt kilos de bagage sous vingt-quatre heures) en 1974-75, puis de la villagisation forcée des paysans du Limpopo en 1977-1978. Ministre de l'Intérieur, il fut ensuite le princi-

Cependant, avant de revenir sur la situation politique postérieure à 1999, il convient de se demander si le néolibéralisme modifia en profondeur l'hégémonie de la culture politique du Frelimo sur le pays.

Persistance nation(al)iste et néolibéralisme

L'introduction du pluralisme partisan, puis syndical et associatif dans la vie politique mozambicaine à partir de 1990 a, de toute évidence, permis des débats plus ouverts sur des questions auparavant taboues, comme les chefferies « traditionnelles ». Le Frelimo rivalisa dès lors avec la Renamo pour la capture de ces institutions, et des propositions existèrent d'un État à deux niveaux, « moderne » en ville et « traditionnel » en brousse[32].

---

pal responsable de l'« Opération Production » d'évacuation massive de la plèbe urbaine en 1983 – des milliers d'« improductifs » étant envoyés en brousse sans la préparation minimale sur place et qui, pour beaucoup, y moururent de faim (ou rejoignirent la Renamo). Devenu ministre des Transports lors du tournant libéral, il devait rapidement faire fortune grâce, selon la version officielle, à l'élevage des… canards et est aujourd'hui l'un des hommes les plus riches du pays – d'où le sobriquet de *Guebuziness*. Il était lié aux courants dits des « Anciens Combattants », souvent négrophiles et hostiles aux métis, Indiens ou Blancs. Face à un Joaquim Chissano accusé de mollesse, il a conquis l'appareil interne du Frelimo grâce à cette réputation d'être un homme à la poigne suffisante pour remporter la victoire en 2004, à l'image du despote zimbabwéen Robert Mugabe. Voir notamment : « Lettre des Anciens Combattants », *Politique Africaine* (Paris, Karthala) 29, mars 1988 : 115-130 ; Marcelo Mosse, « O Império de Armando Guebuza, provável sucessor de Chissano », *Público* (Lisbonne), 23 novembre 2004 ; « Les Guebuza sur tous les coups (os negócios do Chefe) », *La Lettre de l'Océan Indien* (Paris, Indigo Publication), 11 juin 2008.

[32] Le Frelimo avait-il lu Mahmood Mamdani, *Citizen and Subjects*, Princeton University Press, 1996 344 p. ? Des torrents d'encre ont coulé sur la « retraditionnalisation » et le « retour des chefs » au Mozambique. On peut consulter notamment : Gunilla Åkesson, & Nilsson Anders, *National governance and local chieftaincy'. A multi-level power assessment of Mozambique from a Niassa perspective. (Power assessment report carried out at the request of Sida and the Swedish Embassy in*

Cependant, cette agitation ne saurait signifier en elle-même une meilleure écoute des sociétés paysannes : il s'agit avant tout de poursuivre par d'autres moyens la construction de l'appareil d'État en brousse, et de créer des clientèles ethno-régionales.

Maputo), Maputo, SIDA, 2006, 121 p. ; Bjørn Enge BERTELSEN, « "The traditional lion is dead." The ambivalent presence of tradition and the relation between politics and violence in Mozambique », *in* Camille Goirand (ed. du dossier), « Violence et contrôle de la violence au Brésil, en Afrique et à Goa », *Lusotopie* (Paris, Karthala), 2003 : 263-281 ; Lars BUUR & Helene Maria KYED, *State recognition of traditional authority in Mozambique. The nexus of community representation and state assistance*, 2005, Uppsala, Nordiska Afrikainstitutet, Discussion paper 28 : 30 ; ———,« Contested sources of authority. Re-claiming state sovereignty by formalizing traditional authority in Mozambique », *Development and change* (Oxford, Institute of Social Studies), XXXVII (4), 2006 : 847-869 ; José Fernando FLORÊNCIO, *Ao Encontro dos Mambos. Autoridades Tradicionais vaNdau e Estado em Moçambique*, Lisbonne, Instituto de Ciências Sociais da universidade de Lisboa, 2005, 298 p. ; ———, « Autoridades tradicionais vaNdau de Moçambique : o regresso do indirect rule ou uma espécie de neo-indirect rule ? », *Análise Social* (Lisbonne, ICS), XLIII (2-187), 2008 : 369-391 ; Salvador Cadete FORQUILHA, *Des"autoridades gentílicas" aux"autoridades comunitárias". Le processus de mobilisation de la chefferie comme ressource politique : État, chefferie et démocratisation au Mozambique : le cas du district de Cheringoma*, thèse de science politique, Université de Bordeaux, 2006, 547 p. ; Euclides GONÇALVES, « Local powers and decentralisation. Recognition of community leaders in Mocumbi, Southern Mozambique », *Journal of Contemporary African Studies* (Londres), 2006, XXIV (1) : 29-52 ; Graham HARRISON, « Traditional power and its absence in Mecúfi, Mozambique », *Journal of Contemporary African Studies* (Londres), 2002 XX (1) : 107-130 ; Helene Maria KYED, « Traditional authority and localization of state law. The intricacies of boundary marking in policing rural Mozambique » *in* A. Jefferson & S. Jensen (eds), *State violence and human rights. State officials in the South*, Oxon et New York, Routledge-Cavendish, 2009 : 41-59 ; Aslak ORRE, « Integration of traditional authorities in local governance in Mozambique and Angola. The context of decentralisation and democratisation », *in* Armando Marques Guedes & Maria José Lopes (eds), *State and traditional law in Angola and Mozambique*, Coimbra, Edições Almedina, 2007 : 139-199 ; Harry George WEST, « From socialist chiefs to postsocialist cadres. Neotraditional authority in neoliberal Mozambique », *in* H.G. West & P. Raman (eds), *Enduring socialism. Explorations of revolution and transformation, restoration and continuation*, New York et Oxford, Berghahn Books, 2009 : 29-43.

On manque énormément d'études quantitatives sur la réalité des « autorités communautaires » reconnues par le décret 15/2000 : cette loi a confondu, à la grande fureur de la Renamo, les chefs traditionnels et les « leaders communautaires » qui peuvent être des dignitaires religieux ou des... secrétaires de quartier. Non seulement, tous les chefs traditionnels ne sont nullement pris en compte (ils sont reconnus au cas par cas par l'État du Frelimo qui tient évidemment compte de leur inclination politique), mais il semble bien qu'une très large majorité des « leaders communautaires » reconnus soient des secrétaires de quartier, c'est-à-dire des militants du Frelimo. En 2006, à la question « Avez-vous été élu ? », l'un d'entre eux, dans la presqu'île du Mossuril qui donnait encore à ce moment-là une large majorité à la Renamo, me répondit joliment : « Oui, j'ai été élu ! J'ai été élu par le gouvernement parce qu'auparavant j'étais déjà le secrétaire de la cellule du Parti [Frelimo] ». Ce qui est parfois présenté comme le « retour des rois » ou l'« hybridité » de la vie politique mozambicaine[33] n'est probablement rien d'autre que la poursuite du processus de modernisation autoritaire commencé en 1975...

Par ailleurs le débat politique est largement paralysé par le dogme libéral : comment penser rééquilibrer le pays alors que les investisseurs étrangers « indispensables » ne rêvent que de l'hinterland anglophone et sud-africain ? Quels que soient les éventuelles préoccupations ou efforts d'un État mozambicain dépendant[34], la concentration des capitaux dans les seuls « corridors », et principalement celui de Maputo (illustré par l'archétypique « autoroute à péage » vers l'Afrique du Sud)

---

[33] María Paula Gutierrez MENESES, *et al.*, « As autoridades tradicionais no contexto do pluralismo jurídico », *in* Boaventura de Sousa Santos & José Carlos Trindade (eds), *Conflito e transformação social. Uma paisagem das justiças em Moçambique,* Vol. 2, Porto, Afrontamento. 2003 : 341-425.

[34] Rappelons que la proportion de l'aide internationale directe au budget de l'État (hors investissement) est toujours supérieure à 50%. En 2009, l'aide de l'Union européenne représentait 53% du budget de l'État.

aggrave les inégalités régionales et au sein même des régions. Des ressentiments économiques et sociaux pourraient alors, classiquement et vite, s'exprimer selon des lignes ethniques.

Le Frelimo, on l'a vu, a beaucoup changé – son hymne ne vante plus « *a luta contra a burguesia* » (« la lutte contre la bourgeoisie »), mais « *a luta pelo progresso* » (« la lutte pour le progrès ») – en termes de politique économique, de morale (polygames et hommes d'affaires peuvent être membres du parti), de modèle de développement. Y a-t-il, alors, des persistances qui, au-delà du parti comme entreprise clientéliste, peuvent expliquer sa survie avec si peu de changements à la direction ? Il vaut la peine, de ce point de vue, de citer un long passage des thèses du huitième congrès du Frelimo (10-17 juin 2002). Le moment est important, puisque c'est celui de la décision de promouvoir la candidature d'Armando Guebuza (Joaquim Chissano restant président de la République jusqu'en 2004)[35].

---

[35] La direction politique du Frelimo a été extrêmement stable de 1969 à… 2002, créant un authentique esprit de « famille » dans les hautes sphères du parti. Cela ne signifie pas qu'il n'y ait pas eu de changements parmi les membres (ne serait-ce qu'en raison de décès, etc.), mais qu'il n'y a pas eu de tensions politiques perceptibles au point de mettre en cause l'unité du parti à l'occasion de modifications à la direction. Même les changements importants en 2002, lors de l'ascension d'Armando Guebuza à la direction du parti, dans la perspective de l'élection présidentielle de 2004, n'ont pas provoqué l'émergence de courants politiques formalisés, ou même informels mais publics. Il faut remarquer que les dirigeants les plus connotés avec l'ancienne ligne « marxiste-léniniste » du parti (Marcelino dos Santos, Jorge Rebelo…) ont alors soutenu Armando Guebuza, au nom de la continuité générationnelle du leadership, tout en sachant parfaitement que Guebuza était un « pro-capitaliste ». Lors de ce congrès de 2002, c'est la Commission politique qui a connu la plus grande modification, avec le changement de 40% des membres au profit des proches d'A. Guebuza. L'aile « chissaniste » a en revanche gardé une forte influence au Comité central. Enfin, à l'inverse de la période ouverte par les élections de 1994, le président du parti redevint automatiquement le candidat à la présidence de la République, assurant ainsi au plus haut niveau la fusion parti-État.

Significativement, ces thèses s'ouvrent (chapitre 1) sur le thème de *l'unité nationale,* ce qui ne peut en aucun cas être le fruit du hasard [tous les soulignés sont de moi] :

> « L'unité nationale est *la conquête la plus importante du peuple mozambicain* [...] *pour la promotion de la démocratie et pour la consolidation de la paix* au Mozambique.
>
> C'est en vertu de ce principe que le Frelimo et son gouvernement ont promu le dialogue afin que le climat interpartisan ne soit pas interprété comme relevant de la division entre les Mozambicains. Pendant les cinq ans qui séparent le VIIe du VIIIe Congrès, nous avons à nouveau confirmé que le Peuple est uni autour des idéaux du Frelimo. La victoire lors des élections présidentielles et législatives de 1994 a constitué une preuve de plus que *le peuple croit que le Frelimo est le Parti ayant la responsabilité historique de conduire les destins du Pays.*
>
> [...] Le parti Frelimo assume l'Unité nationale comme un processus de construction permanente, qui intègre les sphères culturelle, sociale, politique et économique. Ainsi, le parti Frelimo défend que l'Unité Nationale nourrit l'interaction de notre économie et que la diversité socioculturelle, qui caractérise notre pays, fournit les éléments les plus nobles constitutifs de l'unité dans la diversité.
>
> *Le Mozambique est un et indivisible* [...]. En tant que parti, nous sommes engagés dans le combat aux asymétries et aux déséquilibres économiques, par le biais du développement de projets privilégiant une interaction active entre le tout et les parties. [...]
>
> *Le retard auquel nous avons été soumis et les politiques divisionnistes que le Portugal a promues pour mieux nous dominer, constituent une référence permanente de notre lutte pour l'éradication de la pauvreté.*
>
> [...] Le fait que le capital minier sud-africain ait imprimé un développement des systèmes ferroviaires et portuaires de Lourenço Marques et des autres services d'appui, a déplacé le centre du pouvoir de l'Île de Moçambique vers le Sud.

La décision de développer la ville de Lourenço Marques et d'en faire la capitale de la colonie, a été déterminé par les nécessités mêmes du développement, impulsé par l'Afrique du Sud voisine. Tant que l'Île de Moçambique était importante du point de vue économique et politique, elle a rempli la fonction de capitale du Mozambique, jusqu'à la fin du XIXe siècle. L'élévation de Lourenço Marques à la fonction de capitale du Mozambique a été décrétée seulement pour *formaliser un fait consommé.*
[...] Le Parti Frelimo n'est pas l'otage du passé dans sa lutte pour la transformation globale de l'économie du Mozambique, au profit du bien être social de tous les Mozambicains.
[...] Pendant les premières années de notre Indépendance, l'État pouvait prendre les décisions politiques et orienter, totalement, les investissements.
[...] Aujourd'hui, l'État n'a plus l'exclusivité de l'action d'orienter et de monopoliser les initiatives et les entreprises du développement économique du pays.
Cependant, dans le but de garantir l'équilibre dans le développement et dans la distribution des opportunités d'investissement, *le Parti Frelimo défend l'idée que l'État doit donner la priorité aux investissements se dirigeant vers les aires géographiques, économiques et sociales non attractives pour le secteur privé.* [...] Le parti Frelimo poursuit une politique d'élimination des déséquilibres et asymétries, dans la perspective de faire en sorte que toutes les zones du pays soient attractives pour des investisseurs nationaux et étrangers, d'où la création du Bureau de développement de la vallée du Zambèze qui surgit comme levier impulsant le développement de la région Centre.
[...] Maputo est la capitale du Mozambique. [...] *Maputo est le principal centre urbain du pays et est l'expression la plus haute de la convivialité entre Mozambicains de tous les groupes ethno-linguistiques et culturels, étant par là même une ville cosmopolite.*
[...] Le Parti Frelimo promeut [les] recherches historiques, sociologiques, anthropologiques et ethno-linguistiques [qui]

font de notre Parti un profond connaisseur de la mosaïque socioculturelle qui caractérise le peuple mozambicain. [...] Les sportifs, les écrivains et les artistes contribuent de manière éminente à la promotion de l'Unité nationale et de l'image du Mozambique à l'extérieur.

L'Unité nationale, que nous consolidons, se reflète dans les efforts que nous soutenons pour permettre une facilité croissante de circulation des personnes et des biens dans tout le pays. [...] Ce sont ces routes, ces ponts, ces ports et ces communications qui promeuvent la croissance économique et, dans les moments de crise, donnent son expression à la solidarité croissante qui existe entre les Mozambicains.

[...] *Le Frelimo considère comme une manipulation politique inacceptable et un attentat à l'Unité nationale, le fait de considérer le développement économique et humain de Maputo comme incluant les trois provinces du sud du Mozambique.*

En effet, l'indice de pauvreté dans les provinces de Maputo (65,6%), Gaza (64,7%) et Inhambane (82,6%) est, par exemple, supérieur à celui de Cabo Delgado (57,4%) et Manica (62,6%)[36].

---

[36] Les pourcentages cités par ce rapport du Frelimo concernent l'indice de pauvreté absolue calculé par le PNUD en 1997. La capitale y obtient un indice de pauvreté de 47,8 (le plus bas du pays) pendant que les deux provinces les plus proches de la capitale (Maputo-province et Gaza) ont toutes deux environ 65%. Inhambane a effectivement un très mauvais score (82,6%) pendant que Manica, déjà au « Nord » a « seulement » 62,6%. Mais Manica bénéficie, du fait de la proximité du Zimbabwe, de certains des avantages des provinces du Sud. Toutes les autres provinces du Centre et du Nord ont des « scores » très mauvais (plus de 68%), sauf Cabo Delgado (57,4%). Cependant cette province a, justement, un peu profité de la place éminente de la petite ethnie maconde au sein du pouvoir, en raison de son rôle pendant la lutte antiportugaise.

L'indice de pauvreté absolue cité par le Frelimo n'est, cependant, pas le seul publié par le PNUD, ni celui qui représente le mieux la complexité de la vie sociale. Sur ce plan, on cite en général l'IDH (indice de développement humain),

[Les provinces] ne divisent pas les Mozambicains. Elles apportent une organisation qui facilite la prestation des services. Même ici, a été confirmée à nouveau la lecture que fait le parti sur les spécificités et diversités ethno-linguistiques et culturelles comme facteurs de cohésion et non de faiblesse et de division.
[...] Les politiques qui promeuvent l'exclusion de segments de la société fondée sur la race, les croyances et les groupes ethniques, contrarient les principes basiques de l'Unité nationale. [...] *Le parti est attentif au danger que ces partis représentent. Incapable de développer un activisme politique sain, de tels partis cherchent à capitaliser des émotions ethno-régionales comme forme de contrer ce qui est l'esprit et la culture du Frelimo.*
Depuis sa genèse, le Frelimo a toujours donné la priorité à l'Unité nationale, à la valorisation de l'Homme et au combat rigoureux et systématique à la pauvreté absolue ».

Ce « chapitre 1 » est sans nul doute le chapitre principal des *Thèses*. Le Frelimo y reconnaît, à demi-mot, que, face à la loi implacable du marché, l'État devrait avoir une action de rééquilibrage du développement économique régional. Mais en même temps, il s'y insurge contre toute attaque à l'hyper-développement de la capitale véritablement présentée comme le prototype de la nation future, en un véritable cri d'amour : « Maputo est le principal centre urbain du pays et est l'expression la plus haute de la convivialité entre Mozambicains de tous les groupes ethno-

---

par définition composite. Or, selon cet indice-là, même les provinces du Nord qui ont un indice de pauvreté pas trop mauvais, ont un IDH extrêmement bas : la Zambézie et Nampula ont des IDH régionaux de 0,173 et 0,198 alors que les provinces du Sud (même rurales) sont systématiquement supérieures : Inhambane a 0,304, Gaza 0,301, Maputo-province 0,407 et Maputo-ville 0,602. PNUD, Maputo, 5 juillet 2000 ; MOZAMBIQUE, MINISTÉRIO DO PLANO E FINANÇAS, *Understanding Poverty and Well-being in Mozambique : The First National Assessment 1996-97*, Maputo, Ministério do Plano e Finanças, 1997.

linguistiques et culturels, étant par là même une ville cosmopolite ». Ainsi l'exode rural vers la capitale due à la ruine de l'économie paysanne et aux déséquilibres régionaux est-il fait synonyme de convivialité et de melting-pot national. La ville de Maputo en devient presque « extra-territoriale », comme le montre le fait que le Frelimo la soustrait à l'analyse des déséquilibres régionaux. Il se sert même de la pauvreté des régions du Sud (hors capitale) comme preuve que le « Sud » n'est pas plus développé que le reste du pays. Il dénonce aussi les partis qui, pointant ces déséquilibres, sont accusés de faire le jeu de l'« ethno-régionalisme ». Le tribaliste, c'est toujours celui qui ose parler du tribalisme du pouvoir...

Tout cela n'a rien d'étonnant, si ce n'est le contexte : après l'abandon, en juillet 1989 lors du cinquième congrès, du marxisme-léninisme[37], puis suite au tournant pluraliste (1990-1994), le Frelimo présente l'unité nationale *comme sa spécificité envers les autres partis*. Le Frelimo est le parti de l'unité nationale, c'est-à-dire le parti de la construction de la nation. Les autres partis peuvent exister, mais ils ne sont pas considérés comme porteurs de projet national alternatif ni même comme pouvant être intégrés à ce projet national du Frelimo : ils sont « hors imaginaire national », ils ne sont cités que lorsque mention est faite de dérives ethno-régionales... Or ce « monopole national » n'est rien d'autre qu'une forte continuité venue de 1962, de l'affirmation du Frelimo contre les partis préexistants et accusés de ne représenter que des « régions ».

Il faut remarquer que l'unité nationale n'apparaît pas seulement comme un imaginaire identitaire : elle est présentée comme une question-clef de l'ordre social. Les revendications économiques issues des déséquilibres régionaux sont associées à l'idée de

---

[37] Il faut remarquer que, lors du congrès qui abandonne le marxisme-léninisme, *pas un mot* n'est dit sur l'abandon du parti unique, qui aura pourtant lieu six mois après... L'histoire interne de la prise de décision vers le pluralisme, prise aux plus hauts niveaux de la direction politique du Frelimo, reste à faire.

« divisionnisme ». L'« imaginaire homogène » porte tant sur l'identité que sur l'acceptation de l'ordre établi : les mécontents ne sont plus accusés d'être des « contre-révolutionnaires », mais de porter atteinte à l'unité, ils sont des « contre-nationaux ». Cela souligne une caractéristique fondamentale du Frelimo, qui me semble souvent sous-estimée : ce fut certes un parti unique et un État-parti, mais tout autant un parti-nation. Or cet aspect n'a pas changé avec le néolibéralisme économique et le tournant pluraliste. La proclamation de la nation était la nation, et le « peuple organisé » de la nation était le parti. Le « marxisme-léninisme » ne fut qu'un instrument contextuel pour exprimer ce projet moderniste de nation. Le fil conducteur de l'histoire du Frelimo n'a pas été, ainsi, le passage du nationalisme (1962-1968) au nationalisme révolutionnaire (1969-1977) puis au marxisme (1997-1989), avant d'en revenir au national-libéralisme. Ces phases distinctes ne sont en fait que des *expressions successives contextuelles* du projet de nation (nationisme), qui permet de maintenir la « famille Frelimo » au sein d'un imaginaire et d'une cohésion qui va au-delà de la défense des intérêts matériels, au demeurant très réels, des dirigeants : il leur est *inimaginable* de perdre le pouvoir, parce que ce pays n'aurait pas de sens sans le Frelimo.

On voit donc que, si le projet nation(al)iste est certes affaibli par le néolibéralisme, il est en tout cas ce qui survit le mieux parce qu'il s'agit du seul discours socialement opératoire, capable d'unifier des segments d'élite aux trajectoires désormais assez diversifiées. Il est aussi celui qui permet de s'opposer le plus efficacement à l'Autre, principalement la Renamo, cet étranger dans le même pays.

Mimétisme asphyxiant

Dans de nombreux pays africains, les partis politiques existant répètent de manière dissonante des programmes à 99,99% semblables. Les nuances viennent de leurs origines ethniques ou religieuses diverses, etc. Le public saisit de suite des différences que n'expriment pourtant pas le discours – du moins quand il est exprimé dans la langue du colonisateur. Cela est partiellement vrai dans le cas du Mozambique. La différence est cependant double : d'une part, seuls le Frelimo et la Renamo ont eu sans interruption des députés depuis 1994[38] et le discours des petits partis est quasi inaudible – à l'exception de groupements citoyens indépendants s'étant formés lors des municipales de 1998. D'autre part, la Renamo, dans tous ses actes, même dans les mots qu'elle emploie, dans le style de ses discours, s'applique à copier le Frelimo : l'ennemi reste le modèle[39].

Cela est largement explicable par son histoire pour ainsi dire psychologique : la Renamo n'exprime pas un milieu social rival de celui du Frelimo et qui le conteste pour prendre sa place, comme cela arriva en Angola. Dans ce dernier pays, on l'a vu, il existait des trajectoires socio-ethniques distinctes et chacune suffisamment puissantes pour pouvoir imaginer de prendre chacune la « nation entière »[40].

La faiblesse de la Renamo ne vient pas, cependant, d'une incapacité foncière à la tâche, même si elle est loin de posséder des cadres de la qualité et du nombre de ceux du Frelimo et souffre énormément du militarisme maintenu de sa présidence qui asphyxie toute initiative de la base et des échelons intermédiaires. Elle vient largement de son histoire psychologique, une histoire

---

[38] Grâce au vote par erreur, un groupuscule avait réussi à avoir des députés en 1994. Aux élections du 28 octobre 2009, le MDM a réussi à avoir huit députés – insuffisamment pour avoir un groupe parlementaire (onze députés sont nécessaires).

[39] J'ai développé cette analyse du discours renamiste dans mon article « "Entrons dans la nation !"... », *op. cit.* Voir aussi Sérgio CHICHAVA, « "O inímigo é o modelo !" Breve leitura do discurso político da Renamo », *Ideias* (Maputo, IESE), 19, 20 août 2009.

[40] Il est intéressant de constater que, malgré une guerre civile atroce et infiniment longue, FNLA et Unita n'ont jamais été porteurs de projets séparatiste : ils voulaient le pouvoir *à Luanda*. Un tel projet n'existe plus ou moins que dans la nébuleuse des divers FLEC (Front de libération de l'enclave de Cabinda).

de « lumpen-élites » et de segments sociaux marginalisés, de gens qui ont été expulsés de la « ville » ou de la sphère de l'État moderne à tel ou tel moment de leur vie personnelle ou de la trajectoire de leurs familles, de la fin du XIXe siècle à la période du parti unique. Ces marges n'ont pas pour objectif de prendre la place du Frelimo, elles ne le pensent même pas, elles veulent entrer dans la cité par la grande porte, et, au fond, développent sur le plan politique un comportement assimilationniste alors pourtant que leur base sociale va exactement dans le sens inverse, aspirant à se protéger de l'État[41]. En ce sens, la Renamo est l'expression directe de la totalité des déséquilibres historiques de la société mozambicaine déstructurée par le tournant de 1897-1903 qui vit la capitale, alors située dans le « vieux Mozambique », à l'Île de Moçambique, être transférée à Lourenço Marques, capitale d'un nouveau Mozambique branché sur la seule Afrique du Sud. Le Frelimo au pouvoir, lui-même produit de cette histoire-là, *mais du dedans*, n'a pas même imaginé modifier ces déséquilibres. On l'a vu, lors de son congrès de... 2002, il redit même que cette situation existait... avant lui, comme explication semble-t-il suffisante pour justifier qu'on n'y puisse rien en raison du « développement économique ».

De ce fait, malgré ses succès électoraux jusqu'en 1999, la Renamo n'a acquis aucune autonomie politique. Sa dénonciation de la fraude lors des élections de 1999 n'a pas été menée de manière durable et conséquente : de la non-reconnaissance de la légitimité du nouveau gouvernement fondée sur la revendication du recomptage des bulletins – seule revendication démocratique –, elle s'est rapidement laissée bercée par une vague promesse de

---

[41] Il faut remarquer, sans retomber dans la thèse « externiste » qui explique la guerre au Mozambique seulement par l'agression rhodésienne et sud-africaine en sous-estimant la base sociale interne de la Renamo, que les projets de déstabilisation nourris par l'apartheid furent différents relativement à l'Angola et au Mozambique : Prétoria voulut vraiment vaincre militairement le MPLA tant que celui-ci était aidé par les soldats cubains, alors qu'il ne voulut que faire pression sur le Frelimo sans jamais le chasser de Maputo.

distribution des postes de gouverneurs, la nomination de ceux-ci étant opportunément retardée jusqu'en juillet 2000. À cette date, le Frelimo nomma uniquement des membres du parti... La Renamo se perdit alors en conversations semi-confidentielles sur une meilleure intégration dans la « vie économique », à la suite de quoi le Frelimo la dénonça comme uniquement intéressée par les « dollars ». Cela mena aux tragiques manifestations de novembre 2000 : face à une base de plus en plus révoltée, la direction de la Renamo, n'ayant strictement rien obtenu par la négociation, ne put qu'appeler à des manifestations réprimées avec une grande violence[42].

La Renamo n'a plus jamais, depuis novembre 2000, récupéré l'initiative politique, connaissant une forte instabilité souvent nourrie par sa propre direction (expulsions successives de plusieurs dirigeants). Elle a, certes, réuni un congrès en septembre 2002, qui a confirmé la présidence de Dhlakama, mais n'a pas stabilisé une direction capable d'imprimer un cours politique cohérent. Au parlement, à l'exception de sa participation à la rédaction du nouvel hymne national, elle s'est perdu en batailles incompréhensibles pour l'homme de la rue autour des législations relatives aux élections municipales de 2003. Sa dénonciation, bien plus cohérente, de la nomination d'un proche du Frelimo à la tête de la nouvelle Commission nationale électorale – un évêque protestant congrégationaliste, proche de la « Mission suisse »[43] – s'en est trouvée affaiblie. Au moment où, pour succéder à Joaquim Chissano lors des élections de 2004, le Frelimo a désigné comme

---

[42] « Mozambique : l'instabilité comme gouvernance ? », *op. cit.*

[43] La « Mission suisse », expression du Département missionnaire de Suisse romande, a été le vecteur de formation de la plupart des hauts dirigeants du Frelimo. Les « Suisses » gardent une forte influence au sein de l'État (un Premier ministre, Pascal Mocumbi, est l'un des leurs, etc.). Teresa Cruz e SILVA, (1998), « Identity and political consciousness in Southern Mozambique, 1930-1974 ; two Presbyterian biographies contextualised », *Journal of Southern African Studies* (Oxford), 24 (1), 1998 : 223-236 ; ———, *Protestant Churches and the Formation of Political Consciousness in Southern Mozambique (1930-1974)*, Bâle (Suisse), P. Schlettwein Publishing.

candidat présidentiel Armando Guebuza, connu pour sa propension à la manière forte et qui pouvait faire craindre une « mugabisation » du Mozambique[44], la bataille pour une CNE vraiment indépendante était pourtant capitale.

Enfin, la Renamo ne fonctionnait tout simplement pas quotidiennement comme un parti politique : son activité ne se réveillait que pour les campagnes électorales, de surcroît dans un beau chaos. À la base, elle n'agissait pas pour défendre les gens contre tel ou tel abus du pouvoir, ne se construisait pas par de patientes campagnes[45]. Chaque dissidence y fut traitée comme la preuve d'une infiltration du Frelimo et jamais comme la manifestation d'un besoin de discussion démocratique.

Mais, plus généralement, on ne peut que constater que la Renamo elle-même ne rompit jamais avec le paradigme « néojacobin » du Frelimo. Plus exactement, elle en dénonça les effets, mais s'avéra incapable de proposer des mesures alternatives, même au sein du cadre désormais néolibéral. Elle ne proposa jamais le choix d'une nouvelle capitale pour le pays, mieux située et plus représentative. Elle ne mena pas bataille pour l'alphabétisation en langues bantoues, quittant le « tout-portugais » de la politique éducative traditionnelle du Frelimo, et la proposition finalement vint de certains secteurs de ce dernier parti liés à des ONG[46]. Elle

---

[44] Voir note 31 *supra*.

[45] Voir divers exemples de cette « incapacité politique quotidienne » dans mon étude « *Resistência Nacional Moçambicana,* de la victoire à la déroute ?... », *op. cit.*

[46] Cette mesure, dont le vote fut longtemps repoussé « pour des raisons techniques », est de portée fort limitée (et souvent pas appliquée) : il ne s'agit pas d'apprendre la langue africaine comme instrument de culture et de promotion, mais uniquement comme d'un outil pour, ensuite, mieux apprendre le portugais, « langue de l'unité nationale » ; c'est seulement lors de la première année de l'école primaire que la langue africaine est utilisée comme langue d'enseignement – dès la seconde, elle devient une discipline déclinante alors que c'est le portugais qui est la langue d'enseignement. Il n'y a donc aucune problématique de bilinguisme scolaire. Durant les retards successifs du vote de cette loi, la Renamo n'a fait nulle pression pour en accélérer le processus, puis l'application, alors pourtant que cette loi est populaire.

n'a pas fait de propositions audacieuses pour l'intégration des chefs traditionnels dans le fonctionnement de l'État moderne[47]. Elle n'a pas proposé la construction d'un chemin de fer Nord-Sud, alors que toute l'orientation des voies reste marquée par la fonctionnalité Est-Ouest (de l'océan Indien vers l'hinterland britannique, pour en écouler les matières premières). Elle n'a pas proposé une réforme des provinces (dont les limites coloniales sont restées inchangées), afin de mieux faire correspondre leurs limites territoriales aux réalités sociales, culturelles et ethniques des populations concernées. Elle n'a pas développé de programme social, alors que le mécontentement est immense face à l'extension de la pauvreté côtoyant les fortunes rapides du néolibéralisme. Elle n'a aucun programme anti-corruption. Alors que la nomination d'Armando Guebuza comme candidat du Frelimo aux présidentielles de 2004 lui donnait une opportunité unique de déstabiliser l'ancien parti unique dans le Sud en attaquant ledit candidat précisément sur ce qu'il y avait fait[48], elle s'est abstenue de toute attaque contre la trajectoire politico-personnelle de ce dernier. Au cours du long procès de l'affaire Carlos Cardoso – journaliste assassiné qui enquêtait sur la corruption – qui mettait en cause jusqu'au fils du président Chissano, la Renamo est restée muette, alors que tant l'élite que la plèbe urbaines de Maputo suivaient le procès, jour après jour, avec passion, permettant de toute évidence une action habile en faveur de l'éthique en politique opposée à la « pourriture » des hautes sphères politiques. Lors du long conflit à l'université, à partir du 15 mars 2000 (certains départements s'opposant au Rectorat lourdement soupçonné de corruption et de prépotence), la Renamo est encore restée muette alors qu'elle aurait pu décisivement modifier son image auprès des universitaires à cette occasion.

La Renamo a ensuite hésité à maintenir la coalition *União eleitoral* qu'elle avait mise sur pied en 1999 : elle a d'abord

---

[47] Voir *supra* pour la politique du Frelimo en ce domaine.
[48] *Cf.* note 31.

annoncé qu'elle la dissolvait pour les municipales de 2003, puis, peut-être face à la difficulté de trouver des cadres moyens suffisants pour mener la batailles des municipales, puis gérer les villes éventuellement conquises, elle l'a reconduite. Certes, cette coalition ne lui avait pas amené un électorat supplémentaire substantiel en 1999, mais pouvait évoluer vers une plus grande unification et amener quelques cadres, évitant aussi un brouillage politique qui pouvait toujours coûter quelques points aux législatives et présidentielles de 2004.

Certes, il faut ici mentionner une circonstance qui peut fausser le jugement. Même si les journalistes mozambicains étaient loin d'être tous inféodés au *parti* Frelimo, il n'en reste pas moins qu'ils faisaient partie de son *monde* : ils en avaient été membres[49] et avaient vécu dans les cadres conceptuels de la ville dominée par le Frelimo. Ils faisaient partie de ce monde de l'écrit, de cet État moderne, dont la Renamo était structurellement absente. La Renamo leur restait grandement étrangère. Le déséquilibre dans la manière dont fut « traitée » la Renamo, même dans les journaux indépendants, fut ainsi gigantesque : la moindre nomination au sein du Frelimo valait des commentaires permanents, pendant que le congrès de la Renamo, ou le changement de son secrétaire général, n'attiraient qu'indifférence ou distraite attention. Il est donc fort possible que ce qui se « vit » de la Renamo était bien inférieur à ce qu'elle réalisait, en particulier loin de la capitale. Il y a même tout lieu de penser qu'il en fut ainsi, sans quoi on ne peut pas comprendre ses progrès électoraux de 1999. Néanmoins, l'intervention partisane se mesure aussi à la capacité sur la scène politique centrale : force est de constater qu'elle fut faible, incohérente, désorganisée. Cela n'avait pas empêché la population de se servir d'elle en 1999, en faveur du changement. Mais on ne remarqua pas assez, alors (et

---

[49] Claudio JONE, « Les"gauchistes orphelins". Presse et pouvoir dans le Mozambique post-colonial, 1975-1990, *Lusotopie* (Paris, Karthala), XI, 2004 : 281-194.

la remarque vaut pour moi-même), l'importance du changement provoqué par l'accession d'Armando Guebuza au sein du parti en 2002.

En effet, la période « démocratique » (pour ne pas remonter au parti unique) du Frelimo sous Joaquim Chissano avait été celle de la prééminence de l'État, d'une relativisation de l'importance du parti, et de l'affaiblissement considérable de ses échelons intermédiaires et à la base. Guebuza s'attela immédiatement à la remobilisation du parti à tous les niveaux, s'aidant d'un discours de saveur « macheliste » presque surréaliste au temps du capitalisme sauvage – où le discours de la fierté se combinait cependant à une amnésie de la plupart des thèmes révolutionnaires[50] – mais redonnant fierté et arrogance aux militants : bref, il reconstruisit la « machine », à la fois politiquement et comme famille clientéliste.

Le chemin de croix de la Renamo et l'affirmation ultra-hégémonique du parti-nation Frelimo.

Contrairement à son boycott de 1998, la Renamo participa aux élections locales de 2003. On n'en fera pas ici l'histoire[51]. La Renamo y remporta un nombre réduit de municipalités, quoique certaines soient très significatives : Beira, la seconde ville du pays, Angoche, le vieux sultanat swahili, Ilha de Moçambique, la ville de vieille créolité, Nacala-Porto, le grand port septentrional et, d'extrême justesse, Marromeu, bourgade du centre. Elle ne l'emporta pas à Quelimane, qui lui avait donné la majorité à tou-

---

[50] Voir notamment l'article d'Alice Dinerman, qui examine comment le Frelimo a mis en scène la rétrocession du barrage de Cahora Bassa à la pleine propriété mozambicaine – il était auparavant portugais –, pour « remplacer la mémoire de la révolution et de la défaite révolutionnaire ». A. Dinerman, « Independence Redux in Postsocialist Mozambique », *Revista Relações Internacionais* (Lisbonne), n° 15, septembre 2007.

[51] Je me permets de renvoyer à mon étude « *Resistência Nacional Moçambicana*, de la victoire à la déroute ?... », *op. cit.*

tes les élections précédentes, en raison de choix locaux désastreux, pas à Nampula, pas à Pemba, ni à Chimoio ou encore Tete – et la fraude est loin de pouvoir expliquer cela.

À l'exception de Beira, la politique suivie dans les municipalités gagnées ne se distingua pas fortement de celle du Frelimo : la Renamo tenta d'y développer son propre clientélisme, attitude à l'avance condamnée à l'échec. En effet, le « clientélisme pauvre » de la Renamo se heurta au « clientélisme riche » du Frelimo qui organisa méthodiquement le siège des municipalités renamistes en transférant l'essentiel de leurs compétences et de leurs budgets aux gouvernements de district. Pour y répondre, la Renamo aurait alors dû développer des schémas de mobilisation populaire et de démocratie participative, de contrôle des fonds publics – bref, l'exact contraire de sa culture politique[52].

Les élections de 2004 furent ensuite désastreuses pour la Renamo, sans qu'elles ne soient néanmoins triomphales pour le Frelimo[53]. Le contexte en fut très complexe. En effet, si le Frelimo, apparemment, obtint un très bon score en pourcentages des suffrages exprimés, il perdit en réalité en valeurs absolues une partie de son électorat de 1999. La Renamo en revanche perdit la moitié de son électorat, qui, persuadé que de toute manière on ne pouvait pas gagner par la voie électorale, resta à la maison[54] ; ou qui fut empêché de voter par les transferts subits des bureaux de vote dans des lieux non indiqués à l'avance et placés à une journée de marche... La victoire du Frelimo ne fut donc pas encore fondée sur un renouveau d'influence, mais, notamment, sur un abstentionnisme considérable de l'électorat d'opposition.

---

[52] Sur les motivations économiques du vote, voir notamment João C. Graziani PEREIRA, « Antes o"diabo" conhecido do que um"anjo" desconhecido » : as limitações do voto económico na reeleição do partido Frelimo », *Análise Social* (Lisbonne, ICS), XLIII (2-187), 2008 : 419-442.

[53] Se reporter également à l'article « *Resistência Nacional Moçambicana...* » cité *supra*.

[54] Afonso Dhlakama lui-même renforça (involontairement ?) cette certitude en martelant que le Frelimo ne pourrait gagner que par la fraude.

Cela ne signifiait pas un amoindrissement de son mécontentement, mais à l'inverse la radicalisation de celui-ci : il n'empêche que, dans l'immédiat, il affaiblit une fois de plus la Renamo.

Comme il était prévisible, la Renamo fut expulsée de toutes ses municipalités lors des élections locales de 2008 – à la demi-exception de Beira, sauvée par Daviz Mbepo Simango, mais élu comme candidat indépendant puisque, entre temps, il avait été exclu de la Renamo et avait créé son propre parti, le MDM en mars 2009.

Les élections générales (présidentielles, législatives et provinciales) du 28 octobre 2009 étaient les premières que le Frelimo et Guebuza affrontaient en pleine possession de l'appareil d'État (en 2004, l'aile « guebuziste » du Frelimo venait de s'en emparer), et avec cinq années de pratique efficace du clientélisme[55] et de reconquête des chefs traditionnels – chaque fois plus nombreux à recevoir uniformes et salaires. La Renamo fut terrassée face à un parti Frelimo cette fois-ci ouvertement « refusionné » avec l'appareil d'État et maîtrisant parfaitement tous les rouages clientélistes, y compris par la manipulation des ONG étrangères[56]. Si l'abstention fut encore forte (55,4 %), le nombre absolu des votants amorça une reprise qui profita exclusivement au Frelimo : la seule « victoire » du parti d'Afonso Dhlakama fut, avec 16,6 % des suffrages exprimés, d'être largement devant son nouveau rival David Mbepo Simango (8,6 %), mais très loin des 75 % de Armando Guebuza. Même compte tenu de la fraude, la victoire de ce

---

[55] Sur l'usage, notamment dans les districts, des fonds publics dans l'optique de la construction du parti-Frelimo, en lien avec la décentralisation, voir notamment Salvador Cadete Forquilha, « Governação distrital no contexto das reformas de descentralização administrativa em Moçambique. Lôgicas, dinâmicas e desafios », in Luís de Brito et al., Desafios para Moçambique 2010, Maputo, IESE, 2009 : 31-50. Sur la même problématique d'ensemble, d'autres articles de cet ouvrage important seront également lus avec profit.

[56] Se reporter également à l'article « Resistência Nacional Moçambicana... » cité *supra*.

dernier fut éclatante[57]. Soumis à la double opposition de ce que d'aucuns appellent désormais la Frenamo (pour Frelimo/Renamo), le score du MDM fut décevant, et ce dernier ne se montra pas non plus capable d'inventer ne serait-ce que les prémices d'une nouvelle culture politique – même si un *fait social nouveau* doit être signalé : bien que le MDM n'ait pas mordu sur la base sociale, notamment paysanne, de la Renamo autant qu'il pouvait l'espérer, en revanche il a fait d'excellents scores dans les quartiers de centre-ville où vit l'intelligentsia du pays, qui n'aurait jamais voté en faveur de la Renamo. Cela pourrait se révéler prometteur à l'avenir, mais dans l'immédiat le Frelimo est plus hégémonique que jamais. Il possède en particulier plus de la majorité des deux tiers au parlement, ce qui lui permet de modifier la Constitution à sa guise.

Il est donc intéressant d'étudier quelles sont les valeurs politiques les plus récentes que véhiculent le Frelimo et son puissant président, ce pour quoi on peut prendre l'exemple du discours d'investiture du président Armando Guebuza.

L'auto-estime du parti hégémonique

Quelques études commencent à être publiées sur le discours politique d'Armando Guebuza qui, pour être évidemment fidèle à la tonalité générale de son parti, n'en a pas moins certaines inflexions spécifiques[58]. Son discours d'investiture, le 14 janvier 2010, sous le titre « Décentralisation : par la promotion de la citoyenneté, de la bonne gouvernance et de la lutte contre la

---

[57] Un observateur de longue date des pratiques du Frelimo chiffra le « score réel » d'A. Guebuza à 65% des voix, soit de toute manière plus qu'en 2004.

[58] Sérgio Chichava,"*Por quê Moçambique é pobre ?" Uma análise do discurso de Armando Guebuza sobre a pobreza*, Maputo, Communication présentée à la 2e Conférence de l'IESE, 2009, 15 p. multigr., non publié. S. Chichava, « Armando Guebuza e a pobreza em Moçambique », *Ideias* (Maputo, IESE), 12 mai 2009, 2 p.

pauvreté »[59], mérite, tout comme on l'a fait pour les *Thèses* du IXe congrès du Frelimo *(cf. supra)*, qu'on en cite de longs extraits (tous les soulignés sont de moi) :

> « ... Par cet acte solennel d'investiture, nous complétons l'engagement d'honneur à diriger de nouveau les destins de l'héroïque Peuple mozambicain. Nous voulons profiter de cette opportunité pour, une fois de plus, saluer *notre merveilleux Peuple* pour son haut niveau de civisme, de maturité politique et d'engagement renouvelé pour la démocratie multipartisane et l'État de droit qu'il a démontré tout au long de la campagne électorale et le jour du vote.
> Nous nous enorgueillissons d'appartenir à *un Peuple doté de ces qualités spéciales*, un peuple d'une sagesse affinée et d'une vision pénétrante [...] Nous portons à l'électorat le message de notre disponibilité à continuer à diriger *le merveilleux Peuple Mozambicain* dans la lutte qu'il mène contre la pauvreté [...] [Ou bien] nous nous résignons, assumant que la pauvreté est un mal invincible, ou bien, *nous nous armons de notre auto-estime* et nous luttons pour le faire reculer à en devenir un simple épisode de l'Histoire [...]
> *Les résultats électoraux démontrent que, dans notre Mozambique, la volonté de lutter contre la pauvreté dépasse les couleurs politico-partisanes* [...]
> Le quinquennat qui se clôt avec cette cérémonie d'investiture a été significatif en terme de réalisations. *L'auto-estime du Mozambicain, son orgueil pour son histoire, sa culture et caractères, se sont cristallisés. Tissant les mailles de ces vertus, le Mozambicain a fait croître son auto-confiance et a généré plus d'énergies qui ont démultiplié ses capacités de réalisation, innées mais endormies.*

---

[59] Armando *Gubeza*, « Descentralização : Promovendo a cidadania, a boa governação e a luta contra a pobreza », Maputo, 14 janvier 2010, <http://armandoguebuza.blogspot.com/2010/01/discurso-de-investidura-de-armando.html>, blog visité les 5-7 mars 2010.

L'Unité nationale s'est consolidée au long de ce quinquennat et un plus grand nombre de nos compatriotes se sont sentis encouragés à s'insérer, politiquement, socialement et économiquement dans tous les espaces du sol de notre patrie. L'unité nationale a accru le sentiment de la Patrie, l'amour pour nos symboles et les valeurs de la mozambicanité. [...]
Le Mozambique a marché à pas accélérés. La pauvreté, elle, a reculé considérablement[60].
[...] Nous allons accomplir nos promesses électorales. Nous réitérons cet engagement, galvanisé par la sublime certitude que, derrière nous, *nous avons les millions de bras mozambicains et des amis du Mozambique, tous poussant dans la même direction,* formant une unique et imparable force, capable de réussir des choses à la mesure de la grandeur de cette Patrie de Héros. [...] nous allons continuer à consolider l'Unité nationale entre les Mozambicains, du Rovuma au Maputo et de l'océan Indien au Zumbo. Pour nous, l'Unité nationale est le sang qui court dans toutes les artères de notre société, portant l'oxygène de l'espoir et de notre inéludable volonté de vaincre les obstacles. *L'Unité nationale est, surtout, le sang qui transporte les immunités nécessaires à ce que, avec un Peuple, avec une Nation, nous ne défaillons point devant les obstacles.*
[...] *la lutte contre la pauvreté et pour la culture du travail* sera assumée comme un aspect transversal, à l'épicentre de notre action gouvernementale [...] Nous chercherons ainsi à encourager nos compatriotes à s'organiser en associations ou entreprises, à s'engager dans la formation, quelle qu'en soit la durée et la spécialité, *et à croire que l'amélioration de leurs vies, de leur hygiène et de leur sécurité sur les lieux de travail et de résidence est à leur portée, d'eux-mêmes. Qu'il suffit qu'ils parient sur leur auto-estime et leur auto-dépassement.*
[...] Nous allons stimuler l'innovation, la pro-activité, l'entreprenariat, l'excellence, la rigueur et la qualité, assis sur

---

[60] Cette affirmation est fortement contestée par les économistes non libéraux.

l'esprit de l'auto-estime et de l'auto-dépassement. Nous voulons assurer que la talent est choyé, récompensé, exalté, stimulé. Dans cette croisade, nous allons intensifier les actions tendant à décourager la pratique de la main tendue, cette attitude dégradante de vouloir dépendre de tiers alors que nous pouvons, nous-mêmes, convevoir et produire, et chercher auprès de ces tiers le complément ou l'enrichissement de nos actions... »

On le voit, des thèmes anciens comme celui des « Héros », et les thèmes de l'Unité nationale restent toujours présents, et sont étroitement liés à la force du parti vainqueur, bien que celui-ci ne soit jamais directement nommé. Mais les « résultats électoraux démontrent que, [au] Mozambique, la volonté de lutter contre la pauvreté dépasse les couleurs politico-partisanes », c'est-à-dire que la victoire triomphale du Frelimo (autour de 75 % des suffrages) est un vote qui va au-delà des partis puisque le Frelimo est la nation lui-même. Néanmoins, la ville n'est plus citée comme modèle national autant que dans les *Thèses* du IXe congrès. C'est la lutte contre la pauvreté qui est le vecteur de l'unification des Mozambicains ruraux et urbains. Rien n'est dit, dans le discours d'investiture, sur les causes de la pauvreté, ni l'héritage de la colonisation ou les séquelles de la guerre civile que l'on se serait attendu à trouver. En revanche, on discerne en creux la cause de la pauvreté : le manque d'orgueil, d'amour propre des Mozambicains, alors que leur « auto-estime », « auto-dépassement », « auto-confiance » sont les clés de leur promotion sociale. Ceux qui sont pauvres – en tout cas ceux qui stagnent dans la même pauvreté – sont les responsables de leur propre situation car ils n'ont pas ces qualités « innées mais endormies » du peuple mozambicain.

D'une certaine manière, le discours d'Armando Guebuza est parfaitement lisible selon une grille weberienne d'esprit de capitalisme : la « culture du travail » doit remplacer l'attitude dégradante de la main-tendue, l'enrichissement est un modèle pour tous, la richesse est la récompense du mérite individuel.

Cette attitude est paradoxale lorsque l'on sait qu'Armando Guebuza a convoqué tous les ambassadeurs occidentaux, lors de l'éclatement de la nouvelle crise du capitalisme[61], pour s'assurer que cette circonstance n'allait en rien diminuer leur appui financier. Mais ce discours est un discours partiellement nouveau pour la nation et de la nation : son nation(al)isme – l'auto-estime permet la réussite qui permet l'amour de la Patrie et l'essor du sentiment national – peut s'adresser à toutes les classes sociales même s'il est imbu d'un paternalisme évident envers les déshérités devenus incapables ; il est une légitimation du cours néolibéral et peut même faire de l'enrichissement personnel du Président un modèle pour la nation ; il subsume la volonté d'hégémonie (« des millions de bras poussant tous dans la même direction ») dans une geste productiviste dont on attend la promotion sociale.

Dans le même temps, à tous les niveaux mais en particulier à celui des districts (au nom de la « décentralisation »), le parti-État a renforcé son clientélisme, démontrant que c'est grâce à la faveur du Parti et du Président que ceux qui veulent entreprendre peuvent réussir[62]. Il accroît ainsi sa base sociale et renforce l'« unité nationale ».

L'opposition est totalement désarmée face à la forte volonté ainsi exprimée. Il lui faudrait réussir, quotidiennement, à contester l'arbitraire – car le néopatrimonialisme est forcément arbitraire –, en dressant la lutte pour les droits de tous contre l'octroi de la faveur à quelques-uns. Jusqu'à présent, elle est très loin d'être parvenue à devenir ce « syndicat des gens » qui, politisé, pourrait ensuite permettre l'émergence d'une nouvelle culture politique.

---

[61] Discussion personnelle avec le premier secrétaire de l'Ambassade de France, novembre 2009.

[62] Sur le renforcement du néopatrimonialisme au Mozambique, voir S. Cadete FORQUILHA, « Governação distrital... », *op. cit.*, et M. CAHEN, « *Resistência Nacional de Moçambiue...* », *op. cit.*

Le livre arabe, ou l'univers occulté en Occident

Nizar Tajditi[*]

> « *Quelques gouvernements européens commen-cent à s'occuper du soin de sauver ces débris du savoir oriental; le gouvernement français a envoyé De Slane en Algérie et à Constantinople pour y visiter les bibliothèques et acheter des ouvrages qui manquent à Paris.* »[**]

J'ai connu le professeur Adelino Torres en 2007, à Algarbe, au sud du Portugal. Ce fut à l'occasion d'un colloque international sur les états-nations arabes, organisé par l'Université de Porto. J'avais visité et admiré, l'été auparavant, à la fois la ville des « sept collines » où il travaille, Lisboa, et Cascais, la voisine de la ville de Parede où il réside. Après mon intervention, à la pause-café, nous avons échangé quelques mots sur nos intérêts respectifs et, tout de suite, le courant a vite passé entre nous. En plus de son immense culture, l'homme – je ne connaissais pas encore le poète – m'est apparu naturellement sympathique. Il m'a évoqué son enfance en Afrique noire, ses combats politiques et ses années d'exil en France. Je lui fais remarquer alors que son nom de famille, Torres, est porté, à Tétouan, par d'illustres familles marocaines

---

[*] Université de Tétouan; ntajditi@yahoo.fr
[**] Jules Mohl, Rapport annuel, *Journal Asiatique*, Juillet 1846, p. 6.

d'origine andalousienne. N'est-ce pas là la trace d'une fraternité occultée? Ou le signe indéfectible d'un héritage rejeté?

Puis, nous sommes venus à son vieux désir d'apprendre l'arabe.

Ce désir sincère m'a frappé. Certes, l'arabe attire aujourd'hui toutes les attentions du monde. Il a fallu cependant un choc terrible, comme celui du 11 septembre 2001, pour éveiller l'intérêt de centaines d'européens à son égard. Auparavant, elle était confinée, comme un *objet de scandale*, dans les cercles fermés de quelques spécialistes de langues et littératures orientales.

Je voudrais, dans les pages qui suivent, réexaminer, tant soi peu, pour mon ami Adelino Torres, quelques images, modernes et contemporaines, relatives à l'islam en Europe en particulier et en Occident en général. Chemin faisant, j'essayerai de relever, autour de ce qu'on appelle, en économie classique, un *objet de valeur*, en l'occurrence ici le *livre arabe*, les postures de fascination et rejet à l'égard de la culture arabe en Occident.

Ma démarche critique, bien qu'elle vise ici la culture occidentale, peut s'appliquer à d'autres cultures humaines à l'heure de leur hégémonie politico-militaire[1]. Je l'ai moi-même pratiquée, dans un précédent travail publié[2], sur le rapport trop éclectique qu'entretenait la culture arabe avec les autres cultures pendant l'âge classique.

I

Dans les sociétés européennes modernes, héritières d'une longue tradition coloniale, la langue arabe demeurait jusqu'à une époque récente synonyme d'*Un crépuscule d'islam*[3]. Autrement dit,

---

[1] Voir, à ce propos, Toni Morrison, *Playing in The Dark. Whintness and literary imagination*, Massachusetts, Harvard University Press, 1993.

[2] Voir N. Tajditi, Quelques aspects de l'interaction de la culture arabe avec les autres cultures humaines à partir du discours arabe ancien sur la traduction, dans *Les Annales de l'Université Tunisienne*, n.º 50 (Culture arabe et interférences culturelles – Colloque International à l'occasion du Quarantième Anniversaire de la Revue), 2006, p. 41-82.

[3] Titre d'un récit de voyage publié, en 1906, par l'écrivain voyageur français André Chevrillon (1864-1957) sur le Maroc précolonial du jeune sultan

étrangère à toute action civilisatrice. Attitude dédaigneuse, qui ne connaît (ou, plutôt, ne reconnaît) pas le « miracle arabe »[4].

L'arabe a certes connu une longue période de léthargie, qui coïncide avec la Renaissance européenne du XVIe siècle. Elle n'est cependant pas une langue morte comme le latin. Utilisée par des millions de locuteurs à travers un espace continu, elle est l'une des langues vivantes les mieux dotées dans l'histoire des civilisations.

Mais les clichés sont aveugles et surtout aveuglants.

On peut rappeler, à titre d'exemple, la boutade énorme d'André Gide (1869-1951) à l'écrivain et penseur égyptien Taha Hussein (1889-1973), quand ce dernier, par admiration et amour de la littérature française, demanda au premier une préface à la traduction arabe qu'il fit faire de son récit *La porte étroite* (1909) :

> « Une traduction de mes livres en votre langue... s'exclama l'auteur des *Faux-monnayeurs* (1925). À quels lecteurs, pourra-t-elle s'adresser ? À quelle curiosité peut-elle répondre ? *Car (et c'est, m'a-t-il paru, une des particularités essentielles du monde musulman) l'Islam à l'esprit humain apporte beaucoup plus de réponses qu'il ne soulève de questions*. Me trompé-je ? Il

---

Abdelaziz, affaibli. Voir, à ce propos, N. Tajditi, *L'enchantement mauresque. L'ère précoloniale : Eurocentrisme & Orientalisme*, Tétouan, Al-Choubbac, Éditions de la Revue *SémiotiqueS*, 2009, 121 p.

[4] Cf. Anouar Louca, 'Naissance de la littérature arabe', texte d'une Conférence donnée à Genève en mars 1966, repris dans *SémiotiqueS. Revue Méditerranéenne des Formes de Civilisation*, Tétouan, n.º 3-4 ('Sciences arabes et épistémologie contemporaine'), 2009-2010, p. 35 : « Est-il permis de parler d'un miracle arabe, comme on parle du miracle grec ? Vous avez tous fait votre prière sur l'Acropole, avec Renan au moins, mais de la littérature arabe, quel texte connaissez-vous ? À peine les *Mille et Une Nuits*. Et vous avez raison, à condition de prendre le chiffre de *mille un* comme un pur symbole, le symbole d'une nombreuse galerie d'auteurs sans visages et d'œuvres inaccessibles. Le même symbole implique heureusement une autre vérité : celle de la continuité que la littérature arabe a gardée depuis sa naissance au VIIe siècle jusqu'à nos jours. Les *Mille et Une Nuits* se succèdent. De ce point de vue la littérature arabe présente un intérêt extraordinaire dans l'histoire de la littérature mondiale. »

se peut. Mais je ne sens point grande inquiétude chez ceux qu'a formés et éduqués le Coran. *C'est une école d'assurance qui n'invite guère à la recherche;* et c'est par quoi cet enseignement me semble limité ! »[5]

Cette réaction hautaine est inséparable d'un certain contexte culturel et politique européen. Celui, d'après-guerre, dominé par les dernières résistances coloniales au mouvement planétaire de décolonisation. Ce à quoi la protestation de Taha Hussein à André Gide ne manqua pas de faire allusion :

« Vous avez été amené à croire que l'islam donne plus qu'il ne reçoit, et ce n'est pas exact : il a beaucoup donné parce qu'il a beaucoup reçu. *Il a commencé par recevoir Judaïsme et Christianisme; puis l'Hellénisme, les civilisations iranienne et hindoue.* Tout cela il l'a assimilé, en a fait une chose arabe, lui a fait donner ce qu'il pouvait donner et l'a transmis à l'Occident bien avant le XVe siècle. Quand on est arrivé à accomplir une telle tâche, on peut recevoir la culture de l'Europe moderne, et on la reçoit bien. »[6]

L'élève d'Émile Durkheim, qui avait soutenu à la Sorbonne une brillante thèse sur Ibn Khaldûn[7], n'avait pas tout à fait tort. Loin de là. Depuis à peu près un siècle et demi, le monde arabe, surtout à travers l'Egypte de R. Tahtâwî et de ses nombreux dis-

---

[5] 'Lettre d'André Gide au Traducteur, Paris, le 5 juillet 1945', dans *al-Bâb al-Dayyiq*, traduction arabe de *La porte étroite* faite par Nazîh al-Hakîm, Le Caire, Dâr al-Kitâb al-misrî, 1946 (c'est nous qui soulignons).

[6] 'Réponse de Taha Hussein à André Gide, Le Caire, le 5 janvier 1946', dans *al-Bâb al-Dayyiq, ibid.* (c'est nous qui soulignons). À propos de cette controverse, voir également le récit qu'en donna T. Hussein dans son article d'hommage à A. Gide: 'Ce grand don de conversation et d'amitié', paru dans *La Nouvelle Revue Française, Hommage à André Gide*, 1951, p. 56.

[7] Voir Taha Hussein, *La philosophie sociale d'Ibn Khaldoun*, Paris, A. Pédone, 1918.

ciples, se revivifiait et réapprenait la modernité intellectuelle, au contact d'une jeune Europe savante et conquérante[8].

II

À vrai dire, le stéréotype de Gide remonte à Ernest Renan (1823-1892). Dans sa conférence, intitulée 'L'islam et la science', donnée à la Sorbonne le 29 mars 1883, ce philologue, anticlérical, définissait ainsi l'essence du musulman :

> « *Ce qui distingue essentiellement le musulman*, dit-il, *c'est la haine de la science, c'est la persuasion que la recherche est inutile, frivole, presque impie*; la science de la nature, parce qu'elle est une concurrence à Dieu; la science historique, parce que s'appliquant à des temps antérieurs à l'islam, elle pourrait raviver d'anciennes erreurs. »[9] (C'est nous qui soulignons)

On comprendra que ce jugement trop dévalorisant touche, dans l'énoncé fort catégorique du théoricien positiviste de la nation et de la science modernes, aussi bien l'islam que le christianisme et le judaïsme. Sur le christianisme, les griefs de Renan sont largement connus. Ses théories généralistes sur les deux autres religions monothéistes se distinguent par leur accent purement racial. Comme l'a noté si bien Edward W. Saïd (1935-2003), autant son *Histoire générale et Système comparé des langues sémitiques* (1855) que *L'Avenir de la science* (1890) sont apprendre, avant tout, comme une « encyclopédie des préjugés raciaux à l'encontre des Sémites (c'est-à-dire les musulmans et les juifs) »[10].

---

[8] Voir l'excellente synthèse posthume d'A. Louca, *L'Autre Égypte, de Bonaparte à Taha Hussein*, Le Caire, Institut français d'archéologie orientale, Cahier des Annales islamologiques, n.º 26, 2006, 223 p.

[9] Cité d'après l'article d'Anouar Louca, Rifâa al-Tahtâwî (1801-1873) et la science occidentale, paru dans *D'un Orient l'autre*, vol. II – Identifications, Paris, CNRS, 1991, p. 201-217.

[10] E. W. Saïd, *L'Orienalisme. L'Orient créé par l'Occident*, Paris, Seuil, Préface de Tzvetan Todorov, traduit de l'américain par Catherine Malamoud, 1980, p. 368, note 26.

Plus surprenant encore, au milieu du vingtième siècle, le parti pris de l'ethnologue contemporain Claude Lévi-Strauss (1908-2009). Fondé apparemment sur le cas – limité et tardif – de l'islam pakistanais, il tient ses principaux motifs dans la décadence et l'échec du modèle politique et socioculturel français :

> « Ce malaise ressenti au voisinage de l'Islam, je n'en connais que trop les raisons : *je retrouve en lui l'univers d'où je viens; l'Islam, c'est l'Occident de l'Orient*. Plus précisément encore, il m'a fallu rencontrer l'Islam pour mesurer le péril qui menace aujourd'hui la pensée française. *Je pardonne mal au premier de me présenter notre image, de m'obliger à constater combien la France est en train de devenir musulmane. Chez les musulmans comme chez nous, j'observe la même attitude livresque, le même esprit utopique, et cette conviction obstinée qu'il suffit de trancher les problèmes sur le papier pour en être débarrassé aussitôt.* À l'abri d'un rationalisme juridique et formaliste, nous nous construisons pareillement une image du monde et de la société où toutes les difficultés sont justiciables d'une logique artificieuse, et nous ne nous rendons pas compte que l'univers ne se compose plus des objets dont nous parlons. »[11]

Sans doute, une des passions qui relient la France à l'Islam, l'Occident à l'Orient est l'amour du livre. Deux visions du monde fortement marquées par l'empreinte du livre écrit. Mais comment la France révolutionnaire et laïque aurait contracté, au voisinage de l'Islam superstitieux et vaincu, le défaut de la culture livresque ? Étrange conclusion.

Un peu plus loin, Lévi-Strauss décline mieux ses reproches. Il rend, en effet, l'islam responsable de la discorde entre « Occident » et « Orient ». L'unité de culture et civilisation qui raccordait les peuples méditerranéens n'a été rompue, selon lui, qu'avec l'arrivée des prêcheurs de cette religion sur les bords du grand lac :

---

[11] *Tristes tropiques*, Paris, Plon, collection 'Terre humaine – poche', 1955, p. 485. C'est nous qui soulignons.

« [...] L'islam interdit [« un autre destin... possible » de l'Occident] en dressant sa barrière entre un Occident et un Orient qui, sans lui, n'auraient peut-être pas perdu leur attachement au sol commun où plongent leurs racines. » (p. 487)

Ce raccourci historique est poignant, mais il n'est point original. Avec la même certitude, presque avec le même vocabulaire aussi, l'auteur de *Race et Histoire* (1952) et *La pensée sauvage* (1962), reprend ici la vieille thèse d'Henri Pirenne (1862-1935). Défendue dans son ouvrage posthume, *Mahomet et Charlemagne* (1935), l'idée maîtresse de cette hypothèse retentissante fut initialement étalée par l'historien belge dans un court article de 1922 :

« *La poussée soudaine de l'Islam a détruit l'Europe antique*, écrit Pirenne. *C'en est fait de la communauté méditerranéenne qui avait survécu à l'Empire romain. La mère familière et quasi familiale autour de laquelle elle se groupait devient subitement étrangère et hostile.* Depuis des siècles, l'existence sociale, dans ses caractères fondamentaux, était la même sur tous ses rivages; la religion, la même; les mœurs et les idées, les mêmes ou tout proches de l'être. L'invasion des barbares du nord n'avait rien modifié d'essentiel à cette situation. Et voilà que tout à coup les pays mêmes où notre civilisation était née, lui sont arrachés, que le culte du prophète s'y substitue à la foi chrétienne, le droit musulman au droit romain, la langue arabe à la langue grecque et à la langue latine. *La Méditerranée avait été un lac romain : elle devient un lac musulman* [...]

Ainsi, pour la première fois depuis son entrée dans l'Empire romain, l'Europe occidentale se trouve placée dans des conditions toutes nouvelles. *La Méditerranée, qui l'avait jusqu'alors mise en contact avec le monde extérieur, n'est plus qu'une barrière qui l'isole.* »[12]

---

[12] H. Pirenne, Mahomet et Charlemagne, dans *Revue Belge de Philologie et d'Histoire*, t. I, n.º 1, 1922, p. 85.

Cette conclusion ethnocentriste est lourde de présupposés idéologiques. Elle signifie, en clair, que la civilisation européenne s'est uniquement faite sur la récupération du vieil héritage gréco-romain. C'est une vieille idée reçue. En totale rupture avec le moyen âge[13], la Renaissance italienne aussi bien que les Lumières françaises et allemandes n'ont pu restituer, au nord de la Méditerranée, l'humanisme de l'antiquité qu'en faisant table rase de huit siècles de culture arabo-berbère et juive en Espagne musulmane.

III

C'est aussi le point de vue, implicite, du plus grand philosophe européen du XXᵉ siècle, l'allemand Martin Heidegger (1889--1976). Dans sa conférence d'ouverture, *Was ist das-die Philosophie?* (Qu'est-ce que la philosophie?), donnée en août 1955 à Cerisy-la--Salle en Normandie, ce dernier prend appui sur la philologie du mot grecque 'Philosophie' pour poser deux assertions conséquentes : *primo*, le lien de la philosophie avec l'univers grec est existentiel parce qu'il est *linguistiquement* matriciel et, *secundo*, parce qu'ils sont *historiquement* les vrais héritiers de la Grèce antique, l'Occident et l'Europe sont les seuls authentiquement philosophiques et scientifiques :

> « Das Wort φιλοσοφία a sagt uns, daß die Philosophie etwas ist, was erstmals die Existenz des Griechentums bestimmt. Nicht nur das – die φιλοσοφία a bestimmt auch den innersten Grundzug unserer abendländisch-europäischen Geschichte. *Die oft gehörte Redeweise von der "abendländisch-europäischen Philosophie" ist in Wahrheit eine Tautologie.* Warum? Weil die "Philosophie" in ihrem Wesen griechisch ist –, griechisch heißt hier : die Philosophie ist im Ursprung ihres Wesens von der Art, daß sie zuerst das Griechentum, und nur dieses, in Anspruch genommen hat, um sich zu entfalten [...].

---

[13] Voir l'article important d'Alain de Libera, L'Europe et la culture arabe. Histoire d'une rupture, paru dans *Vision*, Rabat, n.º 33, 1993, p. 36-43.

Der Satz : die Philosophie ist in ihrem Wesen griechisch, sagt nichts anderes als : das Abendland und Europa, und nur sie, sind in ihrem innersten Geschichtsgang ursprünglich "philosophisch". Das wird durch die Entstehung und Herrschaft der Wissenschaften bezeugt. Weil sie dem innersten abendländisch-europäischen Geschichtsgang, nämlich dem philosophischen entstammen, deshalb sind sie heute imstande, der Geschichte des Menschen auf der ganzem Erde die spezifische Prägung zu geben. »[14]

Aucune allusion n'est faite, dans ces deux paragraphes, aux philosophes arabes. Aucune référence non plus au manuscrit arabe. Suivant la règle d'or de l'italien Vico (1668-1744)[15], Heidegger allie, dans cette argumentation, philosophie et philologie (ou l'autorité du témoignage *linguistique*). Le résultat est un vol d'oiseau à la fois *héroïque* et *exclusif*. Rejoignant l'antiquité par un pas de géant, l'auteur du *Sein und Zeit* (1927) déduit une image anhistorique des sciences : de par leur origine philosophique grecque, ces sciences et arts sont le propre de la « marche historique » continue de l'Occident et de l'Europe.

La mémoire du philosophe germanique semble amnésique. Puisque cette philosophie-là fut d'abord *le langage d'une élite disparue*, comme le soulignait à juste titre al-Jâhiz (m. 868-69 J.C.). Ensuite, les signes et les sens de ce langage d'excellence, totalement abandonné à Byzance après l'adoption du christia-

---

[14] M. Heidegger, *Was ist das-die Philosophie ?*, Tübingen, Günther Neske Pfullingen, 1956¹, 3. Auflage 1963, S. 12-14.

[15] Giambattista Vico, *La science nouvelle* (1725), traduit de l'italien par Christina Trivulzio, Préface de Philippe Raynaud, Paris, Gallimard, col. 'Tel', 1993, p. 69-70 : « La *philosophie* considère la *raison* et médite sur elle : c'est de cette contemplation que naît la science du vrai. La *philologie* est fondée sur l'*autorité du témoignage*, et elle produit la *conscience de qui est certain* [...] Cette proposition nous montre aussi, d'une part, l'erreur des *philosophes* qui ont négligé de donner à leur *raison l'autorité des philologues*, et d'autre part, l'erreur des *philologues* qui ne sont pas souciés d'appuyer *leur autorité à la raison des philosophes*. »

nisme comme religion d'état, ne furent sauvés au IXe siècle, transmis et déchiffrés à Damas et Bagdad que grâce à l'amour particulier que vouait le calife arabe Abdallah al-Ma'mûn (m. 833 J. C.) à la « sagesse » humaine.

Bref, ce genre d'affirmations révèle une civilisation habituée, depuis trois ou quatre siècles au dire de Jean-Jacques Rousseau dans son *Discours sur l'origine et les fondements de l'inégalité* (1774), à *réécrire* l'histoire universelle et à y *juger* l'autre, en l'occurrence ici l'arabe ou le musulman, en fonction de ses propres mythes, goûts et hantises[16].

Renan, Chevrillon et Gide, qui n'appartiennent pourtant pas à la même génération intellectuelle, ont en commun une vision européocentriste de l'aire arabo-musulmane en particulier et du monde en général. Cette représentation, alimentée aujourd'hui en partie par la condition difficile des immigrés maghrébins – les descendants des paysans déshérités de la colonisation- en Europe occidentale, fut curieusement partagée et par Lévi-Strauss et par Heidegger en pleine décolonisation.

Traité parfois d'immobilisme juridique d'autres fois d'intolérance religieuse, c'est pourtant l'islam – réformé, il est vrai, au XIXe siècle – qui a joué un rôle prépondérant dans le soulèvement puis l'indépendance des pays arabes et musulmans colonisés.

IV

D'où vient cette arabophobie, si inhérente, tant en Europe qu'en Occident, à l'islamophobie?

Si curieuse que cela puisse paraître, elle découle de ce que représentait, pendant tout le moyen âge chrétien, le *livre arabe*. Ou le savoir arabe. Surtout, comme source de pensée libre, créée par les penseurs arabo-musulmans à partir de l'humanisme antique des indous, des égyptiens, des perses et des grecs. Abû l-Walîd

---

[16] Voir Claude Liauzu, *Race et civilisation. L'autre dans la culture occidentale. Anthologie critique*, Paris, Syros – Alternatives, 1992.

Ibn Ruchd, ou Averroès (1126-1198), à qui on réduit à tort la philosophie arabe, n'est que le palmier qui cache la dense palmeraie de « l'Arabie savante ».

Est-il nécessaire de rappeler ici que le livre arabe ne véhiculait pas, en Europe du moyen âge, que la *hikma* (sagesse des anciens). Ou la philosophie, qui prône le libre arbitrage de la raison. Mais toutes les autres sciences du cosmos, de la nature et de l'homme : de l'astronomie et l'algèbre à la médecine et l'architecture, en passant par la géographie descriptive, l'agriculture et la littérature narrative.

Ainsi, l'Église n'avait de cesse de pourchasser, dans les territoires de la chrétienté, l'enseignement rationnel dans lequel elle percevait une menace pour l'orthodoxie. Tandis qu'une poignée de lettrés latins, installés à Cordoue ou à Padoue, traduisaient et commentaient incessamment les œuvres d'al-Rhâzî (865-923) ou d'Ibn Sîna, plus connu sous le nom d'Avicenne (980-1037).

Certes, en 1312, et à des fins d'évangélisation, le Concile de Vienne décréta la création d'une série de chaires de langues « arabe, grecque, hébraïque et syriaque à Paris, Oxford, Bologne, Avignon et Salamanque ». Le pape ne tarda cependant pas à réagir à la défensive. Contre la mauvaise influence des sciences orientales, et plus précisément les sciences arabes, il mit en garde les docteurs de la foi. Dès 1325, il ordonna même que « les maîtres, chargés du nouvel enseignement soient l'objet d'une surveillance sévère, afin qu'ils n'introduisent pas dans les écoles, à la faveur d'explications grammaticales, des doctrines particulières funestes pour la piété. »[17]

---

[17] Charles Jourdain, *Recherches critiques sur l'âge et l'origine des traductions latines d'Aristote et sur les commentaires grecs ou arabes employés par les docteurs scholastiques*, p. 2-3, cité d'après Gustave Dugat, *Histoire des orientalistes de l'Europe du XIIe au XIXe siècle*, précédé d'une *Esquisse historique des études orientales*, Paris, Maisonneuve et Cie, t. I, 1868, p. VIII-IX.

Par « doctrines particulières funestes », on entendait, du XIIIe au XIVe siècle, le *Cogito* d'Avicenne démontré par la métaphore de l'*homme volant*, *L'intellect* d'al-Kindî (801-873), la *Série des Causalités* d'al-Ghazâlî (1058-1111) ou encore la brillante *Classification des sciences* d'al-Farâbî (872-950)[18]. En somme, le *Kalâm* (= ontothéologie rationnelle) et la *Falsafa* (= philosophie) des sectateurs de Mahomet[19].

Les réactions ecclésiastiques très hostiles à ce mouvement de pensée, si rayonnant au moyen âge, ne tardèrent pas longtemps. On peut citer, par exemple, *Le poignard de la foi contre les juifs et les sarrasins* (vers 1260), titre d'un livre polémique rédigé par Raimond Martín, alias Ramón Martí. Un frère dominicain, d'origine catalane (probablement un « chrétien nouveau », c'est-à-dire, un juif converti), né à Subirats près de la ville de Barcelone en 1220 et mort après 1284[20].

À cet égard, on a trop souvent tendance à insister sur le rôle des arabes dans la transmission de la philosophie gréco-romaine à l'Occident chrétien. Or, le moyen âge n'avait pas d'accès direct aux sources de la philosophie grecque, lesquelles avaient trouvé, à *Bayt al-Hikma* (Maison de la Sagesse), fondée par le calife al-Ma'mûn, une institution spécialement conçue pour les recueillir, classer, cataloguer et traduire en arabe à prix d'or.

Ce que les lettrés curieux du moyen âge connaissaient plus ou moins bien, et ce que l'Église craignait davantage, c'était plutôt la philosophie arabe. C'est-à-dire, celle développée à Bagdad et passée à Cordoue et Tolède.

---

[18] Al-Farâbî, *Énumération des sciences ou classification des sciences*, Beyrouth, Marqaz al-Inmâ' al-Qawmî, 1991.

[19] Voir M. Bouyges, Notes sur les philosophes arabes connus des Latins au Moyen-Âge, *Mélanges de l'Université St-Joseph*, t. IX, fasc. 2, 1923, p. 43-94.

[20] Livre édité par Joseph de Voisin (m. 1685), professeur à la Sorbonne, sous le titre de *Pugio Fidei Raymundi Martini Ordinis Prædicatorum Adversus Mauros et Judæos* (Paris, 1651).

On lisait, au moyen âge par exemple, non pas la *Métaphysique* d'Aristote, mais plutôt les *Métaphysiques* d'Avicenne, de Ghazâli et d'al-Kindî[21] ; non pas *La Cité juste* de Platon, mais *al-Madîna al-fâdila* (La Cité vertueuse) d'al-Farâbî ; non pas les *Dialogues* de Socrate, mais les *Réflexions politiques* d'Ibn Bâja ou Avempace (1085-1138). En fondant l'ontologie de l'être humain, ces œuvres philosophiques importantes affirmaient l'action de l'individu face à la nature et au divin. Elles mettaient en lumière son rôle capital dans les affaires de la cité.

D'autres œuvres, telles les *Épîtres* de Jâhiz ou *Les Sources de l'information* d'Ibn Qutayba (828-889), marquaient l'avènement de l'*intellectuel*, élevé par sa culture générale et sa façon d'être dans le monde (*adab*) à la dignité de l'homme le plus estimé de la *khâssa* (élite sociale).

D'autres œuvres encore, comme le *Kitâb al-Akhlâq wa-s-Siyar* (Épître morale) d'Ibn Hazm (994-1064) ou le roman d'initiation, *Hayy Ibn Yaqzân* (Vivant fils d'un vigilant)[22], du médecin et philosophe Abû Bakr Ibn Tofayl (1110-1185), permettaient une conception totalement nouvelle de l'homme, parvenu à la connaissance du soi-même et du cosmos par sa propre vertu :

« L'utilité de la science [du bien] dans la pratique de la vertu est considérable, affirme Ibn Hazm : l'homme qui connaît la beauté de la vertu la pratiquera, ne serait-ce que rarement.

---

[21] Voir Al-Kindî, *al-Kindî's Metaphysics, a Translation of Yaqûb ibn Ishâq al-Kindî's Treatise on First Philosophy*, Albany, State University of New York Press, 1974.

[22] Livre traduit et commenté en hébreu par Moïse de Narbonne, dès 1349. Grâce à une traduction latine, publiée à Oxford en 1671, Edward Pococke le fait connaître dans toute l'Europe, sous le titre *Philosophus autodidacticus*. Il fut traduit en français par Léon Ghautier et publié à Alger en 1900, intitulé *Hayy ben Yaqdhân, roman philosophique d'Ibn Thofail*. Traduction reprise et revue, sous le titre *Le philosophe autodidacte*, par Séverine Auffret et Ghassan Ferzli, avec une Postface de S. Auffret: Paris, Éditions des Mille et une Nuits, 1999, 159 p. Voir, à ce sujet, Antonio José Romera Valverde, Ibn Tufail e o filósofo autodidacta, *Margem*, São Paulo, n.º 16, 2002, p. 119-128.

Connaissant la laideur des vices, il les évitera, ne serait-ce que rarement. Il écoute l'éloge bien fondé et il en souhaite un semblable. Il écoute la louange de mauvais aloi et la fui. De ces prémisses, il découle donc nécessairement que la science a une part dans chaque vertu et que l'ignorance en a une dans chaque vice. »[23]

Cet élan humaniste gagna tellement la vie intellectuelle arabe qu'il devint sa marque caractéristique pendant des siècles, à l'intérieur comme à l'extérieur des terres d'Islam. Il est un peu réducteur d'en citer ici les figures les plus connues et d'en négliger celles qui ont fondé des domaines de savoir aussi importants que l'anthropologie comparée comme al-Bayrûnî (973--1048), auteur de l'enquête de voyage célèbre : *Vérification du discours des indous selon qu'il est accepté ou rejeté par la raison*. De son côté, le regretté A. Badawi (1917-2002) a fait le choix de mentionner celles qui, d'après lui, en représentent les grandes tendances :

« Humanisme poussé à l'extrême chez Muhammad Ibn Zakariyyâ, al-Râzî, explique-t-il, modéré et conciliant chez Miskawaih, plus attaché aux sources gréco-musulmanes comme Abû Sulaymân al-Sijistânî, plus tendu et envoûté comme chez Ibn Arabî et ses émules mystiques, le fond est partout le même. »[24]

À travers les passerelles de civilisation que constituaient le Portugal, l'Espagne et l'Italie, l'Europe en profita largement. Même après 1492, date de la chute du dernier royaume arabe nasride de Grenade.

---

[23] Ibn Hazm, *Épître morale*, Introduction et texte établi, traduit, annoté, avec lexique et index par Nada Tomiche, Beyrouth, Collection Unesco d'Oeuvres Représentatives – Série Arabe, 1961, p. 24.

[24] A. Badawi, L'Humanisme dans la pensée arabe, dans *Quelques figures et thèmes de la philosophie islamique*, Paris, Maisonneuve & Larose, 1979, p. VII.

Mais très vite la reconquête de cette Grenade cédée aux Rois Catholiques par un traité de paix longuement négocié signifia, en Espagne réunifiée, la victoire du parti inquisitoire radical. Celui-ci, rejeta, hors de l'espace européen féodal, toute forme de culture arabe. Y compris le *livre*.

V

Dans son fameux récit d'ambassade en France et en Hollande (1611-1614), *Kitâb Nâsir al-dîn 'alâ l-qawmi l-kâfirîn* (The Supporter of Religion against the Infidels), Ahmed ibn Qâsim al-Hajarî (né en 1569/70 et mort après 1640) peint le portrait très douloureux des andalousiens de Grenade, terrorisés par les autodafés de l'Inquisition. Il y décrit aussi un univers de menaces et contraintes de toutes sortes dans lequel les hommes et leurs livres arabes sont captifs.

Pire encore, même l'usage de la langue arabe et la lecture du livre arabe étaient formellement interdits aux andalousiens par l'Inquisition, qui torturait et brûlait les derniers savants musulmans et juifs détenteurs en Espagne et au Portugal de la tradition de la science arabe :

> « He [the priests] took me to his house, relate al-Hajarî. He had books of every art and language. He brought me books in Arabic. I read and translated for him some words which he was unable to read. Then he met me anothes day and told me: "The archbishop has ordered me to bring you with me to his presence". I said to myself: *"How shall I save myself, as the Christians kill and burn everyone on whom they find and Arabic book or about whom they know he reads Arabic?"* As for the two afore-mentioned Andalusian interpreters, they were old men and had the excuse that they had learnt Arabic in their youth, close to the Islamic period. »[25]

---

[25] Historical study, critical edition and annotated translation by P. S. Van Koningsveld, Q. Al-Samarrai and G. A. Wiegers, Madrid, CSIC, 1997, p. 72-73.

Ces conditions de vie insupportables ont finalement poussé al-Hajarî en 1597 à fuir son pays natal, al-Andalus, douze ans avant la proclamation par Philippe III en 1609 du décret d'expulsion contre les andalousiens musulmans (dits 'morisques').

La machine inquisitoire fonctionnait tellement à l'aveuglette que les puissantes autorités religieuses portugaises et espagnoles, détentrice des bibliothèques entières de manuscrits arabes et hébraïques, ne trouvèrent, au début du XVIIe siècle, que très peu de traducteurs andalousiens qui lisaient l'arabe, autour de Silves et Grenade.

C'est ainsi que l'arabe, langue de science jusqu'alors en Europe et dans le monde entier, disparut subitement de l'Espagne (et beaucoup bien avant du Portugal) vers la fin du XVIe siècle et le début du XVIIe siècle.

Sauvés du feu, certains livres arabes garderont, dans la presqu'île ibérique, une certaine utilité, du moins jusqu'à la première moitié du XVIIe siècle, comme en témoigne le grand drogman et voyageur al-Hajarî. Surtout dans les domaines très pratiques, tels que l'agriculture, la médecine ou la navigation. Ne connaissant pas toutefois toujours l'arabe et alimentant à son égard une animosité féroce, les inquisiteurs fanatiques finirent par rendre le manuscrit arabe un *mauvais objet*, sinon un objet maudit, pratiquement invisible de la scène socioculturelle ibérique[26].

Où sont-ils donc partis ces milliers de manuscrits andalousiens, écrits et divulgués dans toute la péninsule ibérique pendant huit siècles d'intense activité intellectuelle et culturelle ? Bien évidemment, beaucoup de ces livres ont suivi la route tortueuse des exilés andalousiens vers les pays d'accueil, à savoir le Maroc,

---

[26] Cf. A. de Libéra, L'Europe et la culture arabe, *op. cit.*, p. 36 : « L'occultation des éléments arabo-musulmans de la culture européenne a préparé 1492, et elle lui a survécu, lui donnant son sens rétrospectif. En fait, l'occultation proprement dite est un phénomène très contemporain, et ce qui l'a précédée historiquement n'est pas un oubli, mais un rejet conscient et décidé. »

l'Algérie, la Tunisie, la Libye, l'Égypte et la Turquie ottomanes. On les trouva même au cœur du grand sahara africain, dans les précieuses bibliothèques de Timbuktu, au Niger.

Ce n'est qu'à partir du XVIIIe et XIXe siècle que l'orientalisme européen savant tenta avec plus ou moins de tact et succès de récupérer les trésors universels de la bibliothèque arabe[27]. Avec, toutefois, une vision idéologique très particulière qu'analysa en profondeur E. Saïd :

> « *Il est temps de prévenir des pertes irréparables*, soulignait le fameux secrétaire général de la Société Asiatique de Paris Jules Mohl (1800-1875), *et, dans quelques siècles, les Orientaux viendront peut-être en Europe pour y étudier leurs anciennes littératures.* »[28]

En affichant ce genre d'intérêt pour le livre arabe, qui est une sorte de protectorat des œuvres et mémoires, le projet orientaliste savant du XIXe siècle délimitait soigneusement le champ extrêmement restreint réservé à la culture arabe classique en Occident : celui d'une curiosité archéologique, somme toute, propre aux experts des musées ethnographiques.

Pour sortir du cadre trop étroit de cette imagerie orientaliste néfaste, laquelle empiète aujourd'hui encore sur le dialogue entre « Occident » et « Orient », il nous faut, au moins dans les deux rives de la Méditerranée, démystifier autant que possible les préjugés intrinsèques à nos amnésies respectives.

Je crois que mon ami, Adelino Torres, serait entièrement d'accord avec moi pour penser que c'est le premier pas vers un humanisme sans frontières.

---

[27] Cf. N. Tajditi, De la science occidentale en général et de l'orientalisme en particulier, *Revue de la Faculté des Lettres de Tétouan*, n.º 9, 1999, p. 123-143.

[28] J. Mohl, Rapport annuel, *Journal Asiatique*, Août 1850, pp. 15-17.

Civil war and nation formation in Angola

*Nuno Valério**

PLAN: 1. Recent wars in Angola: a summary. 2. The internal roots of the conflicts. 3. The international background of the conflicts. 4. The financial basis of the conflicts. 5. Civil war and nation formation in Angola: some conclusions.

1. Recent wars in Angola: a summary

Between the 1960s and the early 21st century, Angola lived for around 40 years in almost continuous war.

From 1961 till 1975 there was the independence war against Portuguese rule. This was led by three different independence movements:

a) The MPLA – Movimento Popular de Libertação de Angola (People's Movement for the Liberation of Angola).
b) The UPA – União dos Povos de Angola (Union of the Peoples of Angola), later FNLA – Frente Nacional de Libertação de Angola (National Front for the Liberation of Angola).
c) The UNITA – União Nacional para a Independência Total de Angola (National Union for the Total Independence of Angola).

---

* ISEG-UTL; valerio@iseg.utl.pt

The first event of the war was an attack to prison buildings in Luanda on February 4, 1961, claimed by the MPLA, and rebuffed by the Portuguese authorities. On March 15, 1961, the UPA organized a rural rebellion in the coffee producing regions of the north-west. For a while the region slipped out of control of the Portuguese authorities, but by the end of the year that control was restored. There followed almost fourteen years of inconclusive guerrilla operations, of which the most important event was the attack to Teixeira de Sousa/Dilolo, on the eastern border, on December 25, 1966, that marked the beginning of UNITA's war.

Regarding the military and political evolution during the period of the independence war, some aspects should be stressed:

(i) The Portuguese authorities were able to maintain the control of all the main towns, communication lines, and economic activities throughout the war. The independence movements were only able to control some marginal, mainly border regions, in Cabinda, the northwest and the east, and to harass the Portuguese garrisons and communication lines, hardly affecting any vital structure.

(ii) The independence movements received external support, mainly under the form of sanctuary from neighbor countries (Congo, Congo Democratic Republic and Zambia) and financial and military help from great powers (mainly the Soviet Union in the case of MPLA) and non-government organizations (especially from the United States of America in the case of FNLA).

(iii) The independence movements were unable to work together and even fell out into mutual conflict.

(iv) Portugal received support from South Africa (and after 1965 Rhodesia), as the apartheid states regarded the Portuguese control of Angola (and Mozambique) as a shield against anti-apartheid movements, and informal (sometimes secret) help, although no formal support, from its NATO allies.[1]

---

[1] On the independence war of Angola see *Pélissier, 1979*.

The collapse of the Portuguese determination to hold Angola against the independence movements and widespread international condemnation was mainly the result of two factors:

(i) The negative evolution of the war against independence movements in other Portuguese African territories – Mozambique, and especially Guinea-Bissau.

(ii) The economic difficulties triggered by the first oil shock.

On January 15, 1975, a peace agreement was signed at Alvor (Portugal) between the Portuguese government and the three independence movements. A provisional government with the participation of the four contracting parties was formed, provisions for the election of a Constitutional Assembly were agreed upon and the independence of Angola was scheduled for November 11, 1975. However, in March 1975 a civil war broke out between the independence movements. It proved impossible to restore peace and on November 11, 1975, the independence of Angola was separately proclaimed by two governments: a MPLA government established in Luanda and a FNLA-UNITA government established in Huambo.[2]

The first civil war between these two groups[3] went on until a peace agreement was signed in Bicesse (Portugal) on May 31, 1991.

Regarding the military and political evolution during the period of the first civil war, two aspects should be stressed:

(i) Converging attacks on Luanda by the FNLA from the north and the UNITA from the south were rebuffed by the MPLA government in late 1975. During the following years, the MPLA government was able to gain control of

---

[2] On the origins of the first civil war in Angola see *Guimarães, 1992*.

[3] Along the war, the FNLA gradually faded out as a significant separate military element, leaving UNITA as the only military enemy of the Luanda government.

most of the territory, including the UNITA stronghold of Huambo. From then on, only the southeast was permanently held by the UNITA. As a consequence, the MPLA government came gradually to be accepted, even if not officially recognized, as the only Angolan government, while UNITA became a mere rebel side of the conflict. To complicate the picture, an autonomist movement, the FLEC – Frente de Libertação do Enclave de Cabinda (Liberation Front of the Enclave of Cabinda), began to fight for the independence of the enclave of Cabinda.

(ii) Both sides got significant foreign help. The Soviet Union went on supporting the MPLA, and Cuban forces were sent to Angola to intervene on the MPLA side. South African forces also intervened in Angola on the UNITA side since 1975, and, after some hesitations, the United States of America began to support UNITA as well during the 1980s. Moreover, the Namibian guerrilla of SWAPO and even the South-African movement of ANC received sanctuary from the MPLA government, and fought on its side. Thus, the Angolan civil war became intermingled with the broader political conflicts of Southern Africa. The settlement of the Namibian question according to the agreement signed by Angola, Cuba and South Africa on December 13, 1988, leading to the withdrawal of South African forces from Namibia (1989) and of Cuban forces from Angola (1989-1991) was crucial to force the 1991 internal peace agreement in Angola[4].

According to the Bicesse agreement, elections were held on September 29 and 30, 1992, in Angola. In the parliamentary ballot, the MPLA came first with 54% of the votes and 129 sieges,

---

[4] A lived testimony of this process may be found in *Crocker, 1992*.

followed by the UNITA with 34% of the votes and 70 sieges, while other parties got 12% of the votes and 21 sieges. In the presidential ballot, the MPLA candidate, José Eduardo dos Santos, and the UNITA candidate, Jonas Savimbi, were selected for a second turn, with, respectively, 49.6% and 40.1% of the votes, while other candidates received only 10.3% of the votes.

These results were endorsed by the United Nations. However, the UNITA leaders did not accept them, and it became impossible to hold the second turn of the presidential election.

The dismantling of the separate armies and organizing of a single Angolan army was scheduled in the Bicesse agreement, but steps towards this goal had been almost nil until the 1992 elections. Thus, resuming the civil war in October 1992 was clearly inevitable. During the following years, the MPLA Luanda government managed to expel the UNITA forces from Luanda and most of the towns and to control a significant part of the territory, but was unable to destroy the UNITA bases in the central plateau and to control a significant part of rural areas. Negotiations to obtain a new peace agreement were held under the auspices of the United Nations and led to the protocol of Lusaka, signed on November 15, 1994, but it was not respected. A United Nations Verification Mission (UNAVEM) remained in Angola from 1993 till 1997 without much practical effect. In 1999, an offensive of the MPLA Luanda government reduced the area under the UNITA control to a few small guerrilla pockets. Meanwhile, the Angolan civil war became intermingled with the civil conflicts of some neighbour countries, especially the Congo and the Zaire (now Congo Democratic Republic). Meanwhile, Zambia and Namibia, and even Rwanda and Burundi, also became involved in the process. Attempts at a global solution of these conflicts did not lead to success. Only in 2002 did the UNITA forces finally collapse against a final offensive of the national Angolan army.

Such protracted conflicts must have some deep roots. The ethnic diversity of Angola and foreign influences are usually blamed as the main causes of the Angolan wars[5]. Section 2 of this paper deals with the internal roots of the conflicts. These include not only the ethnic component, but also some cultural and social aspects. Section 3 deals with the international background of the conflicts. However important, it must be acknowledged that it was not an actual cause, but only a facilitating element of the conflicts. Section 4 elaborates on the question of the financing of the war. To conclude, section 5 tries to relate the roots of the Angolan civil war to the perspectives of the process of nation formation in the country.

2. The internal roots of the conflicts

A historical and ethnic sketch

Until some 2000 years ago, the population of Angola (very likely some 100 thousand people) was formed (perhaps in roughly similar proportions) by Pygmies and San (Bushmen). During the first millennium of the Christian era, Angola shared the evolution of most Southern and Eastern Africa: it was occupied by Bantu peoples. The Pygmies disappeared altogether; the Bushmen were restricted to the desert region of the Cunene valley and number nowadays only a few thousand.[6]

The Bantu inhabitants of Angola (which may be estimated as 1.5 million around 1500, 3 million around 1900, 6 million around 1975, 12 million around the turn of the century and 16 million today) are divided into some twelve main tribes:[7]

---

[5] See, for instance, *Guimarães, 1992*.

[6] *Wheeler, Pélissier, 2009* provides a good synthesis of the history of Angola. *McEvedy, 1995* provides a useful integration of Angolan history into the framework of African history.

[7] *Lima, 1979* provides a useful introduction to the ethnic framework of the Angolan society.

(a) The Ovimbundo, which occupy the center of the country, from Benguela on the coast, to the plateaus of Huambo and Bié, include today around 1/3 of the population.
(b) The Kimbundo, which occupy the low Kwanza, the region of Luanda, and the plateau of Malange, include today around 1/4 of the population.
(c) The Bakongo, which occupy the northwest of the country (and also neighbour regions of the Congo and the Congo Democratic Republic), from the region of Cabinda to the plateau of Uíge, include today around 1/8 of the population.
(d) The Lunda and the Chokwe, which occupy the northeast of the country (and also neighbour regions of the Congo Democratic Republic), include today around 1/10 of the population.
(e) The Nganguela, which occupy the east of the country (and also neighbour regions of Zambia), include today around 1/12 of the population.
(f) The Nyaneka and the Humbe, which occupy the plateau of Huíla in the center of the country, include today around 1/12 of the population.
(g) The Herero, the Ovambo and the Chindonga, which occupy the south of the country (and also neighbour regions of Namibia), include today around 1/20 of the population.
(h) The small group of the Jaga, which occupies the valley of the Kuango in the northwest (and also neighbour regions of the Congo Democratic Republic), include today a very small proportion of the population.

Conflicts between the tribes of what became later Angola were not unknown before the arrival of the first Portuguese navigators in the late 15th century, but need not concern us here. During the late 15th and early 16th centuries the Portuguese attempted to establish a protectorate over the Bakongo Kingdom of Kongo, which occupied the region of the lower Zaire. The process aborted, partly because of the internal conflicts of the Kingdom of Kongo triggered by the conversion of the king and nobility to the Christian religion, partly because of the wish of Portuguese settlers in Brazil to get slaves from the regions of the lower Zaire (inhabited by the Bakongo) and Kuanza (inhabited by the Kimbundo). The foundation of Luanda (1575) may be considered the definitive turning point to the slave era. The first half of the 17th century saw the defeat of the Bakongo Kingdom of Kongo and the Kimbundo Kingdom of Ngola in wars against the Portuguese, and also the defeat of Dutch attempts to take over Angola, which included a temporary occupation of Luanda from 1640 till 1648. These victories left the Portuguese in control of a colony of about 100 thousand square kilometers between the mid-17th and the late 19th century. Attempts to spread the Portuguese control further south to the Ovimbundo lands began already in the 17th century, with the foundation of Benguela in 1617, but met with little success, because there was no easy access to the interior (there are no significant river valleys to the interior in central Angola). As a matter of fact, Ovimbundo traders even began to specialize as slave and ivory providers, spreading the trade networks of the Portuguese colony to the interior. Of course, this did not improve their relations with the tribes further north and east, negatively affected by these trade activities.[8]

The end of the slave trade (legally forbidden in 1837, actually extinguished during the 1850s) brought a period of economic and political lethargy, which ended when Portugal decided to participate in the 'scramble for Africa' during the 1880s and 1890s. A series of treaties with King Leopold of Belgium, France, Germany and the United Kingdom defined the borders of a new and much more extended Angola (around 1.25 million square

---

[8] *Boxer, 1969* provides a useful integration of the evolution of Angola during its first colonial period into the evolution of the first, second and third Portuguese colonial empires. A general analysis of the first colonial period of the history of Angola (1492-1850) may be found in a dissertation, *Reis, 1982*, unfortunately unpublished.

kilometers). A series of military campaigns brought the whole of the territory under effective Portuguese administration by the end of the First World War. A more or less skilful mix of bribing traditional chieftains, fostering tribal rivalries and repressing nationalist uprisings was enough to maintain peace until the 1950s and even to ensure a large measure of Portuguese control until 1975. However, this did little to foster a united nationalist feeling among the various ethnic groups of the country.[9]

The nationalist movements

The first nationalist movement of Angola was the MPLA, which developed during the late 1950s among the assimilated African groups of Luanda. These were literate black or mestizo people, with jobs in the public or private modern economic sectors. As a consequence, the MPLA became firmly rooted among the Angolan urban social groups familiar to European culture. At the same time, another nationalist movement, the UPA, later the FNLA, developed with a strong ethnic basis among the Bakongo, fostered by the drive towards independence in the former Belgian Congo.

The refusal of the Portuguese government to negotiate with these nationalist movements, together with some spontaneous uprisings against perceived repression from the colonialist authorities and landowners of European origin, led to the outbreak of the independence war in 1961. As explained above, early nationalist successes were soon controlled by the Portuguese authorities, and the war entered a phase of inconclusive guerrilla operations.

---

[9] *Clarence-Smith, 1985* provides a useful integration of the evolution of Angola during its second colonial period into the evolution of the fourth Portuguese colonial empire (according to him the third Portuguese colonial empire). A general analysis of the second colonial period of the history of Angola (1875--1975) may be found in *Fontoura, Valério, 1994 (b)*.

As it is well known, successful guerrilla operations need two main conditions: external sanctuary and internal support. External sanctuary was provided by the Congo Democratic Republic (first both to the MPLA and the FNLA, later only to the FNLA), the Congo (to the MPLA), and later by Zambia (especially to the MPLA). Internal support was provided by the Bakongo ethnic basis in the case of FNLA. In the case of MPLA, urban support was clearly not enough, because towns were the strongholds of the Portuguese authorities. Thus, efforts to spread influence to rural areas were made, and met with rapid success among the Kimbundo people. This allowed both movements to conduct guerrilla operations in the northwest, while the support of Congo allowed the MPLA to conduct guerrilla operations also in the territory of Cabinda, in spite of the absence of significant support from local population.[10]

Nationalist movements among the Ovimbundo were slower to develop. Anyway, during the mid-1960s there were two important developments: FNLA dissidents formed a third nationalist movement with an ethnic basis among the Ovimbundo, UNITA; and the MPLA began to spread its influence among the same tribe (and among the smaller tribes). Together with Zambian sanctuary, this allowed the opening of the so-called eastern front of the independence war by these two movements, but had also negative consequences. On one hand, the MPLA and the UNITA began to quarrel, something that was actively promoted by the Portuguese authorities, who made an informal alliance with UNITA to fight the MPLA. On the other hand the Kimbundo and Ovimbundo branches of the MPLA began to quarrel for the

---

[10] Notice that Cabinda is a territory of some 50 thousand square kilometers, which is separated from the bulk of Angola by the coast strip of the Congo Democratic Republic. In spite of its Bakongo population, Cabinda did not support the FNLA, and began to develop autonomist feelings, which would lead to the formation of the local independence movement already mentioned above, the FLEC.

control of the movement, eventually leading to internal problems that shake the MPLA during the early 1970s.

The two sides of the civil wars

The Portuguese decision to abandon Angola did nothing to reconcile the various independence movements and factions. As a matter of fact, it may even be said that it deepened their divisions, because all sectors of the Angolan society, even those that had hitherto remained neutral (or linked to the Portuguese rule), had to choose one side or another when the civil war broke out.

This led to the formation of two social coalitions. From the ethnic point of view, the Kimbundo, the Nganguela, the Nyaneka, the Humbe, the Herero, the Ovambo and the Khoisan (Bushmen) were usually supposed to support the MPLA Luanda government, while the Ovimbundo, the Bakongo, the Lunda, the Chokwe and the Chindonga were usually supposed to support the FNLA-UNITA Huambo government, and later the UNITA rebellion against the MPLA Luanda government. From a social and cultural point of view, urban strata of European culture were usually supposed to support the MPLA Luanda government, while rural strata of African culture were usually supposed to support the FNLA-UNITA Huambo government, and later the UNITA rebellion against the MPLA Luanda government. These rough alignments[11] may be inferred from the evolution of military operations during the civil wars and were confirmed by the regional results of the 1992 elections (source: http://africanelections.tripod.com): (a) MPLA won clear victories in the provinces of Bengo, Luanda, North Kwanza, South Kwanza and Malange (the Kimbundo heartland), Huíla (the Nyanyeka and Humbe heartland), Namibe (the Herero heartland), Cunene (the Ovambo heartland), Moxico (the Nganguela heartland), and (perhaps

---

[11] Of course, it must be kept in mind that they are not binding when dealing with personal situations.

somewhat surprisingly) Cabinda; (b) UNITA won clear victories in the provinces of Benguela, Huambo and Bié (the Ovimbundo heartland) and Kuando Kubango (the Chindonga heartland); (c) MPLA won marginal victories in the provinces of Uíge and Zaire (the Bakongo heartland), where FNLA had its best results; (d) MPLA won marginal victories in the provinces of South Lunda and North Lunda (the Lunda and Chokwe heartland), which became the main basis of an emerging party, PRS – Partido Renovador Social (Social Renewal Party).

3. The international background of the conflicts

During the independence war, both sides (meaning the Portuguese and the independence movements) claimed that the conflict was imposed on the country from outside. The Portuguese propaganda presented the nationalist movements as instruments of great powers that wanted to expel them to control the riches of Angola. The independence movements presented their fight as a nationalist revolt against foreign rule over the Angolan people.

In a certain sense, neither the Portuguese propaganda, nor the independence movements were completely right. Portuguese rule was, of course, a foreign one, as claimed by the independence movements, but it is fair to say that most of the population of Angola lacked a genuine nationalist feeling. In other words, the average Angolan was against Portuguese rule because it was a foreign one, but his or her allegiance was not primarily to the Angolan nation (whatever that might mean), but to more local societies. These societies are usually called tribal, but this may be misleading. Before the Portuguese rule was imposed upon them (at different epochs as seen above in section 2), they were true national societies, although of very different sizes. After the establishment of the colonial rule, they lost political significance (and were even sometimes divided among different colonial political units), but remained culturally relevant. At the same time, however, a new social group (often described as detribalized) began to develop as a consequence of the colonial imprint. It may be said that this (at any event small) group was the only one that presented truly nationalist feelings.

Moreover, although the overwhelming majority of the inhabitants of European origin recognized that the links with Portugal were the only scheme that ensured their future in the country, some kind of Angolan nationalist feelings also began to develop among them. Some favored some kind of 'white independence' of the South African apartheid type, something clearly out of question considering that only less than 10% of the population of Angola was of European origin. Some joined the independence movements, especially the MPLA. Anyway, only a tiny fraction of these inhabitants of European origin remained in the country after the beginning of the first civil war.

Curiously enough, during the first civil war both sides also claimed that the conflict was imposed on Angola from outside. The MPLA government blamed South Africa (and sometimes the United States of America imperialism) as the cause of the war. The FNLA-UNITA government (later the UNITA rebels) presented the Cuban – Soviet alliance with the communist clique that ruled the country from Luanda as their true enemy.

This time, it is fair to say that these claims were clearly false. Not that foreign influence did not play an important role in the conflict, and often presented decisive barriers to any kind of possible internal agreement. Of course, both the global superpowers and regional powers profited from the occasion to try to control Angola, both to exploit its riches and to benefit from its geostrategic position. However, it may be argued that Angolans began to fight among themselves in 1975 before any significant impulse came from outside, and that they were unable to stop (except for a while – between May 1991 and October 1992) even when foreign influence almost disappeared (from 1991 on).[12]

---

[12] On these matters, see *Crocker, 1992* and *Guimarães, 1992*.

As a matter of fact, nobody can conceivably claim that the second civil war (from 1992 on) was somehow imposed from abroad. Even the official propaganda of the MPLA government and the UNITA rebels gave up the foreign explanation of the conflict, and began to present the other side as the true enemy. Of course, the social roots explained above could not be explicitly recognized. Thus, the desire for power and madness of the UNITA leader (Jonas Savimbi) and the desire for power and corruption of the (no longer communist) Luanda clique (headed by president Eduardo dos Santos) became the main themes of the government and rebels propaganda, respectively.

4. The financial basis of the conflicts

Money is the nerve of war, and financing a civil war in low income countries may be a very difficult task. Mozambique, another large ex-Portuguese colony of Southern Africa, provides a striking example of this. Being one of the poorest countries in the world, it was able to sustain a civil war between the late 1970s and the early 1990s thanks to the external help of Rhodesian and South African governments to the rebel movement, RENAMO – Resistência Nacional Moçambicana (National Mozambican Resistence), that fought the government of the nationalist movement which had obtained independence from Portugal in 1975, FRELIMO – Frente de Libertação de Moçambique (Liberation Front of Mozambique). However, as soon as these external sources dried up, war ceased, in spite of all internal factors that might have propelled it.[13]

Angola is a very different case, because it has two riches (one may prefer curses), that allowed easy financing of the civil war: oil and diamonds.

---

[13] On the comparison of the political evolution of ex-Portuguese African colonies during the 1990s, see *Cahen, 1995*.

Oil is a newcomer of the late 1960s into Angolan economy. It is explored mainly in the north-western part of the country (including Cabinda), and its wells were always controlled by the MPLA Luanda government, except in a few cases for brief periods. Since the civil war destroyed the agricultural sector (and diamonds fell mainly under the control of UNITA), it became the main, sometimes overwhelming, legal export of the country, and the main basis to finance the war for the MPLA Luanda government.

Diamonds are an old export of Angola. Together with coffee, they dominated the export-oriented sector of the Angolan economy between the 1920s and the 1970s (that is to say during most of the second colonial period). They are explored mainly in the northeast of the country (the Lunda region), and their control was fiercely disputed by the MPLA government and the UNITA rebels during the whole civil war periods. At least part of the production was always controlled by the UNITA rebels, and this was the main basis of their war finance.

Of course, the Angolan economy is traditionally something more than oil and diamonds. Subsistence crops (mainly maize) were largely produced in the central plateaus and sold to the plantation and mining regions of Angola and to the Belgian Congo, later Congo Democratic Republic, later Zaire. Plantation crops (mainly coffee, but also cotton and sugar) were largely produced in the north and exported. Cattle, fishing and iron and copper ore were the main economic assets of the south. However, most of these activities were disturbed or even swept out by the war and did not count heavily on Angolan national accounts of the last quarter of the 20th century.[14]

---

[14] For a survey of the economic situation of Angola at the end of the first period of civil war, see *World Bank, 1991*. For an analysis of its perspectives at the mid-1990s, see also *Fontoura, Valério, 1994 (a)*.

5. Civil war and nation formation in Angola: some conclusions

Which were the consequences of a long lasting civil war with deep roots in the social fabric supported by foreign interference and more or less easily financed by the use of Angolan mineral resources to the formation of an Angolan nation? Somewhat surprisingly, the answer may be ambivalent. On one side, the civil war certainly magnified the ethnic, social and cultural divisions that were at its roots. On the other side, however, it worked as a catalyzer of the main mechanism of nation building in contemporary Africa: gathering in the slums of big cities of a heterogeneous population coming from different regional origins within the political borders of the country. Such a process helps linguistic and religious homogenization, in the case of Angola around the Portuguese language and the Roman Catholic religion. Before the first civil war, Luanda had around one tenth of the population of Angola; nowadays it has around one fourth of the country's inhabitants. Moreover, concentration among the main cities of Angola increased, because no other city received a similar inflow of refugees. Thus, the tragedies of the civil war may have given an impulse to the building of an Angolan nation.

It may be added that short term evolution since the end of the civil war has been quite favourable. From a political point of view, no challenge to the authority of the Luanda government remains in the main territory of Angola, and even the separatist forces in Cabinda almost stopped their military activity. Moreover, the overwhelming triumph of MPLA in 2008 elections, with more than 82% of the votes and 191 sieges, while UNITA was reduced to 10% of the votes and 16 sieges and other parties to 8% of the votes and 13 sieges, seems to suggest that there is a social consensus about the direction of the country's future. However, it is possible to argue that such an overwhelming triumph was only the consequence of the absence of any viable alternative and does not prove that that deeper elements of division disappeared[15].

---

[15] In spite of the overwhelming victory of the MPLA, which received the absolute majority of votes in all provinces, it should be noticed that: (a) the best

From an economic point of view, Angola was one the fastest growing economies of the world during the first decade of the 21st century. During the first civil war, the economy of Angola tended to be reduced to: (i) the mining sector, which fed the state, and especially the army, in both sides of the conflict; (ii) a small productive sector of state property; (iii) huge illegal market activities; (iv) significant self-consumption activities. The period of the second civil war saw two changes in this picture: (i) there was a privatization process; and (ii) a legalization of illegal market activities. The end of the war fostered two other important changes: (i) a re-orientation of the resources provided by the mining sector to civilian investment; and (ii) the re-linking of isolated self-consumption activities to the market. Such changes triggered a true economic boom. Of course, economic growth does not mean necessarily economic development, and the framework of a national economy is still defective, but the basis for a positive evolution in this domain is created.

The combined effect of the structural changes associated with the increased predominance of Luanda in the life of Angola, and the opportunities and resources afforded by the short term favourable situation in the political and economic fields, may provide a significant impulse to the process of nation formation in Angola. A sensible policy of deep national reconciliation after the divisions of the civil war will be needed to consolidate such a process. Let us hope the Angolan people and the Angolan elites will be able to pursue such a policy.

---

results of UNITA were achieved in the provinces of Benguela, Huambo, Bié and Kuando Kubango as in 1992, and (perhaps somewhat surprisingly) in the provinces of Cabinda and Luanda; (b) the best result of FNLA was achieved in the province of Zaire as in 1992; (c) the PRS almost challenged the MPLA victory in the province of South Lunda and had also a very good result in North Lunda (source: http://www.cne.ao). Another significant point: in 1992 the province of Luanda cast 14 % of the votes; in 2008 the proportion rose to 28 %.

References

Boxer, Charles – *The Portuguese Seaborne Empire* – London: Hutchinson, 1969.
Cahen, Michel – *Transitions libérales en Afrique lusophone* – Paris: Karthala, 1995.
Clarence-Smith, Gervase – *The Third Portuguese Empire 1825-1975. A Study in Economic Imperialism* – Manchester: Manchester University Press, 1985.
Crocker, Chester – *High Noon in Southern Africa: Making Peace in a Rough Neighbourhood* – New York: W. W. Norton, 1992.
Fontoura, Paula; Valério, Nuno – "From self-sufficiency and planning towards a market economy in Angola: a case study on Africa" – in Berend, Ivan (editor), *Übergang zur Marktwirtschaft am Ende des 20. Jahrhunderts* – München: Südosteuropa-Gesellschaft, 1994 (a).
Fontoura, Paula; Valério, Nuno – "A evolução económica de Angola durante o segundo período colonial" – *Análise Social*, n.º 129, vol. XXIX, 1994 (b).
Guimarães, Fernando – "The origins of the Angolan civil war" – Ph. D. thesis presented at the University of London, mimeographed, 1992.
Lima, Mesquitela – "L'anthropologie africaniste et la traite négrière" – *Revista de História Económica e Social*, no. 3, 1979.
McEvedy, Colin – *The Penguin Atlas of African History* – Harmondsworth: Penguin, 1995.
Pélissier, René – *Le naufrage des caravelles: études sur la fin de l'empire portugais, 1961-1975* – Orgeval: Pélissier, 1979.
Reis, Sérgio – "L'expansion portugaise et le sous-developpement en Angola à l'époque du capital marchand 1482-1850" – M. A. thesis presented at the Université Mohammed V, Rabat, 1981--1982 (mimeographed).
Wheeler, Douglas; Pélissier, René – *História de Angola* – Lisboa: Tinta-da-China, 2009.
World Bank – *Angola. An introductory economic review* – Washington: The World Bank, 1991.

Estratégias de sobrevivência dos deficientes físicos de Luanda

*Paulo de Carvalho**

O presente artigo, que aborda as estratégias de sobrevivência na cidade de Luanda, com destaque para um dos grupos mais marginalizados (os deficientes físicos), resulta de um estudo mais amplo relacionado com as condições de vida e a exclusão social dos deficientes físicos da cidade de Luanda. Os resultados desse estudo foram apresentados pelo autor, na sua tese de doutoramento[1], posteriormente publicada em dois volumes independentes pela editora Kilombelombe [Carvalho 2007 e 2008].

O estudo incluiu a utilização de três técnicas de investigação pertencentes ao método qualitativo e ao método quantitativo de investigação sociológica[2], a saber:

- Grupos de discussão, realizados no dia 27 de Maio de 1999, para contacto preliminar com a problemática objecto de estudo;

---

* Sociólogo. Reitor da Universidade Katyavala Bwila (Benguela, Angola); paulodecarvalho@sociologist.com

[1] Trata-se da tese intitulada *Exclusão Social em Angola. O caso dos deficientes físicos de Luanda*, (512 p.) apresentada em 2004 no Instituto Superior de Ciências do Trabalho e da Empresa – Instituto Universitário de Lisboa (ISCTE–IUL), em Lisboa (Portugal).

[2] O estudo foi co-financiado pela GTZ–Cooperação Técnica Alemã e pelo autor. O autor agradece à GTZ, toda a colaboração prestada.

- Inquérito por questionário, feito em Julho de 1999, junto de 500 deficientes físicos, para caracterizar quantitativamente as suas condições de vida[3];
- Entrevistas aprofundadas junto de 18 portadores de deficiência física, realizadas em Novembro de 2000, para compreensão das estratégias de sobrevivência e dos modos de vida da deficiência física.

A hipótese de partida do estudo dava conta de os deficientes físicos se encontrarem em pior situação do que o comum dos marginalizados angolanos, exactamente devido à deficiência física. Para comprovar essa hipótese, foi intenção do autor verificar até que ponto os portadores de deficiência física adoptam estratégias de sobrevivência idênticas às dos cidadãos comuns, ou se, também a este nível, se encontram de alguma forma marginalizados.

Para se entenderem os valores dos rendimentos apresentados pelos entrevistados, adianta-se que por altura da realização do inquérito, a 1 dólar americano equivalia a quantia de 3 milhões de kwanzas[4].

1. Mercado informal em Luanda

O Estado angolano estima que a taxa de desemprego urbano em Angola varie entre 35% e 40%[5]. Na cidade de Luanda, estimava-se há quinze anos que somente 44,2% da população economicamente activa estava empregada no sector formal da economia [Sousa 1998: 17]. Mas devido aos baixos salários praticados no

---

[3] Neste caso, foi utilizado o método de amostragem em bola de neve, tal como está descrito em Carvalho 2008.

[4] No dia de realização dos grupos de discussão, 1 dólar americano correspondia a 1,9 milhão de kwanzas. Já em Novembro de 2000, quando se fizeram as entrevistas aprofundadas, era o valor de 16 mil kwanzas que correspondia a 1 dólar americano.

[5] Na cidade capital (Luanda), a taxa de desemprego era de 32,4% no primeiro trimestre de 1995 [Sousa 1998: 15].

sector formal e devido ao elevado índice de subemprego[6], boa parte das pessoas enquadradas no mercado formal de trabalho sobrevive graças a actividades informais. O subemprego e as migrações são responsáveis pelo crescimento, em larga escala, do sector informal.

Tal como ilustra o gráfico 1, 59,2% da força de trabalho em Angola (dentre as pessoas com idade a partir dos 10 anos), ou trabalha por conta própria, ou trabalha para familiares, sem remuneração. Grande parte destas pessoas exerce actividade informal, ao passo que a maioria das demais (que trabalham na administração pública ou em empresas públicas ou privadas) recorre ao mercado informal como fonte de sobrevivência, devido aos baixos salários que aufere no exercício formal da sua profissão.

O que é o mercado informal de trabalho? Até à década de 1970, considerava-se que as actividades informais pertenciam ao denominado "sector tradicional" da economia, atribuindo-se-lhes relativamente pouca importância (em termos demográficos, económicos, sociológicos e políticos). O termo *sector informal* foi introduzido em 1971 por Keit Hart, que diferenciou as oportunidades de rendimento informal das formais, ou seja, daquelas que se apresentam sob forma de trabalho assalariado ou de investimento de capital. Em 1972, a Organização Internacional do Trabalho analisou o papel do sector informal no quadro do processo de desenvolvimento, atribuindo-lhe importância e sugerindo inclusiva-

---

[6] Existe subemprego quando o emprego é insuficiente. Esta insuficiência tem a ver com uma curta duração do tempo de trabalho, com baixa remuneração, com a utilização parcial da qualificação profissional ou com baixa produtividade. Existem duas formas distintas de subemprego, nomeadamente: subemprego visível (quando a duração do trabalho é inferior à normal e o trabalhador gostaria de trabalhar durante mais tempo) e subemprego invisível (quando a remuneração se situa abaixo do normal). No caso do subemprego invisível, existem duas hipóteses: a primeira tem a ver com baixa remuneração por não aproveitamento das capacidades do trabalhador (subemprego invisível oculto), enquanto que a segunda se relaciona com baixa remuneração devido à fraca produtividade da empresa (subemprego invisível potencial).

mente a adopção de políticas tendentes à sua promoção. Começava assim uma nova atitude face à economia informal, que prevê a sua integração.

O sector informal caracteriza-se fundamentalmente pela facilidade de acesso e pela ausência de burocracia. O trabalho informal não necessita de grandes investimentos, nem em termos de qualificação reconhecida por um diploma, nem em termos financeiros. Utiliza os recursos existentes, a produção faz-se em escala restrita, existe uma forte componente de mão-de-obra e opera-se sobre os mercados com grande liberdade de acção. Contrariamente à percepção comum, segundo a qual não existem aí regras, o sector informal rege-se segundo regras próprias. Apesar de assentarem em noções diferentes das da economia Ocidental, os sectores informais urbanos nos países em desenvolvimento possuem regras, graças ao que perduram e se desenvolvem.

Podemos considerar o mercado informal, o "conjunto de actividades praticadas em meio urbanizado, com a finalidade de superar a incapacidade da economia formal, de responder às solicitações de emprego e de cobrir as necessidades de sobrevivência" [Rocha 1998: 4][7].

Várias são as causas para o aumento acentuado da importância do mercado informal em Angola. Podem citar-se as seguintes [PNUD 1997: 76; cf. Torres 1990 e 1999, Ferreira 1992 e 1999, Ferreira & Barros 1996, Carvalho 1997 e 2002]:

- O conflito armado, que reduziu a possibilidade de desenvolvimento económico,
- Políticas de gestão macroeconómica ineficientes,
- Transição para um sistema de economia de mercado, em contexto de guerra,
- Destruição e funcionamento deficiente de mecanismos redistributivos de riqueza, devido às reduzidas fatias orçamentais destinadas aos sectores da educação, saúde e assistência social,

---

[7] Acerca do conceito de informalidade, ver Queiroz 1998 e Lopes 2001: 25-27. Para o caso angolano, ver também Fernandes 1999.

- Hiper-inflação, baixos salários e elevadas taxas de subemprego,
- Desenvolvimento assente na dependência da importação de produtos acabados, com ausência de investimento na criação de emprego,
- Desestruturação e informalização do próprio aparelho de Estado.

Em relação à cidade de Luanda (e, em geral, a Angola), pode dizer-se que predominam os rendimentos que advêm do sector informal. A maioria dos angolanos vive do recurso ao mercado informal. Há inclusivamente crianças que são forçadas a trabalhar informalmente, para garantirem a sua subsistência e a dos seus familiares. Há grupos populacionais com mais dificuldade de acesso ao mercado de trabalho em meio urbano, como sejam os deslocados de guerra, deficientes físicos e desmobilizados das forças armadas, assim como crianças que vivem na rua, doentes crónicos e famílias monoparentais.

GRÁFICO 1

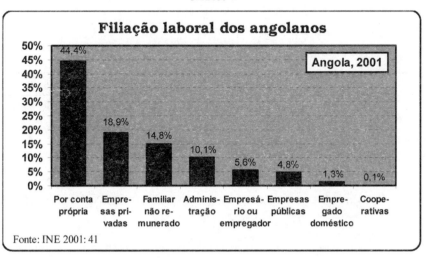

GRÁFICO 2

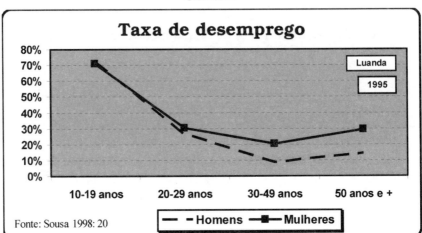

Fonte: Sousa 1998: 20

TABELA 1 – **Estrutura do emprego na cidade de Luanda (1995)**

Sector	% de trabalhadores	Idade média	Média de escolarid.	% de mulheres	Antigui-dade (anos)
Administração pública	22,0	34	7,6	32,4	8,0
Empresariado público	6,2	36	6,8	22,7	8,3
Empresariado privado formal	13,7	34	6,4	22,8	6,5
Empresar. privado informal [a]	58,1	33	4,0	63,9	6,7
Total	100,0	33	5,5	48,8	7,0

[a] Não se considera aqui o facto de um número considerável de indivíduos enquadrados no sector formal da economia, trabalhar simultaneamente no sector informal.

Fonte: Sousa 1998: 22

O mercado informal de Luanda é dominado por mão-de--obra feminina[8], pessoas com baixo grau de instrução académica e

---

[8] Apesar de representarem a mais numerosa força de trabalho, as mulheres engrossam o mercado informal de trabalho, devido à sua baixa qualificação profissional e por razões de natureza cultural [cf. Grassi 1997 e 1999, Ducados 1999]. Em Luanda, o desemprego é maior dentre as mulheres, somente a partir dos 25

pessoas jovens (veja-se a tabela 1). A maioria dos agentes económicos enquadrada no mercado informal age de forma independente (não assalariada, portanto) e dedica-se fundamentalmente ao comércio [vide Sousa 1998].

2. Estratégias de sobrevivência em Luanda

Perante um quadro de baixa oferta de emprego no mercado formal de trabalho e diante de um elevado índice de subemprego, não seria de esperar outra coisa senão a necessidade de as pessoas engendrarem alternativas que lhes permitam a sobrevivência. Há uma série de factores que determinam a estratégia a adoptar, nomeadamente:

- Oportunidades que o meio oferece, em termos de procura e oferta de bens e serviços,
- Capital social de que o indivíduo dispõe[9],
- Meios financeiros disponíveis para montar um negócio,
- Grau de instrução e qualificação profissional do indivíduo, que dependem da proveniência social e do meio em que o indivíduo cresceu,
- Aptidão física,
- Disponibilidade de tempo.

O facto de a pessoa trabalhar ou não no mercado formal exerce influência sobre o capital social, a disponibilidade de tempo

---

anos (gráfico 2). Pode adiantar-se que dois terços do volume de negócios do mercado informal luandense são da responsabilidade de mulheres [Ceita 1999].

[9] Por capital social, Pierre Bourdieu entende o"agregado dos recursos efectivos ou potenciais ligados à posse de uma rede durável de relações mais ou menos institucionalizadas de conhecimento ou reconhecimento mútuo" [*apud* Portes 2000: 134]. Através do capital social, as pessoas conseguem aceder directamente aos recursos económicos e ao capital cultural (incorporado ou institucionalizado). Num país como Angola, com elevado índice de pobreza e de exclusão social, a importância do capital social é tal, que dele pode depender inclusivamente a sobrevivência.

e (eventualmente, também) os meios financeiros de que dispõe para montar um negócio. Este último aspecto é fundamental, uma vez que é preciso algum investimento financeiro para montar qualquer negócio.

O esquema 1 procura responder à pergunta a respeito da forma como se estruturam as estratégias que os angolanos engendram para sobreviver. O género de estratégia depende das dinâmicas de mercado e do meio social (que actuam sobre o indivíduo), assim como do sexo, do grau de instrução, da posição social e das redes de influência. A um maior grau de instrução e ao sexo masculino estão associadas em maior grau opções formais, como sejam um segundo emprego (ou outros empregos) em regime de colaboração e a criação de negócio próprio, para além de complementos salariais e comissões, em dependência do cargo ocupado no primeiro emprego. Pelo contrário, a um mais baixo grau de instrução e ao sexo feminino estão fundamentalmente associadas opções informais e o crédito solidário entre grupos de pessoas. Um terceiro grupo de opções são aquelas que se consideram marginais, como sejam os casos da delinquência, prostituição, desvio ilegal de bens e de capital e a instituição conhecida pelo nome de "gasosa"[10].

De um modo geral, o que se pode dizer é que um maior capital social, uma melhor posição social, um maior grau de instrução e o sexo masculino estão associados a um maior volume de rendimentos, no quadro das estratégias de sobrevivência. Em

---

[10] A "gasosa" consiste na recepção de dinheiro, bens ou influências, pela prestação de algum serviço ou pelo acesso a algum bem social. A "gasosa" vai desde o pagamento a um agente da polícia ou fiscal (ao invés do pagamento de uma multa), até à sobrefacturação para obtenção de comissões complementares, passando pelo pagamento por um serviço (por exemplo) de assistência médica que deveria ser gratuito, ou pelo acesso a determinado nível de ensino em escolas públicas. A "gasosa", que é uma prática generalizada na Angola de hoje, beneficia pessoas singulares, em prejuízo do Estado e da sociedade. O termo advém da designação atribuída a refrigerantes, tendo inicialmente sido utilizado com esse objectivo ("Aqui tem, para comprar uma gasosa."), para rapidamente passar a designar suborno de qualquer dimensão ou espécie.

contrapartida, um maior índice de pobreza, uma posição mais baixa na escala social e o sexo feminino, a que se associa um menos vasto capital social, ocasionam um relativamente menor volume de rendimentos.

Que alternativas de sobrevivência os angolanos encontram? Para responder a esta pergunta, temos de começar por reconhecer que poucas são as pessoas que conseguem encontrar alternativas complementares de sobrevivência no mercado formal. Quem exerça função de chefia no aparelho de Estado ou empresas públicas tem acesso a diversas regalias, como sejam o facto de terem quem trabalhe para si a expensas do Estado, assim como complementos salariais considerados legais – desde a utilização de viaturas do Estado (com gasolina e manutenção pagas pelo Estado), até viagens ao estrangeiro também a expensas do Estado[11]. Para além disso, a pertença à elite política ou à elite militar conduz a uma maior e mais sofisticada rede de influências, conduzindo por isso a um maior leque de possibilidades em termos de rendimentos.

Alguns quadros técnicos com competência provada ou com influência junto das elites política, económica ou militar conseguem também alternativas de trabalho no mercado formal. Para isso, ou montam escritório ou empresa, ou conseguem trabalho em regime de colaboração, em serviços ou empresas públicas ou privadas. O exercício liberal de uma profissão é propício a este tipo de opção, mas tudo depende fundamentalmente das redes de influência em que o indivíduo se consegue movimentar[12].

Como já se disse, o leque de alternativas é muito mais variado no mercado informal de trabalho. Neste mercado, as actividades

---

[11] Quer as viagens em serviço ao estrangeiro, quer as viagens em território angolano, dão direito a ajudas de custo, para além de um subsídio para despesas de alojamento e alimentação e (nalguns casos) despesas de representação.

[12] Há nomeadamente casos de pessoas com competência provada que, mesmo tendo empresa ou escritório, não conseguem trabalho por não se enquadrarem no sistema de privilégios que vigora em Angola, ou somente por não estarem inseridos nos grupos de influência clientelista que dominam o mercado formal.

económicas mais comuns são as ligadas ao comércio de bens alimentares, bebidas e vestuário, bem como serviços diversos. Eis as actividades mais comuns, por sexo [PNUD 1999: 74]:

- Mulheres: beleza feminina, cambista de rua, confecção de refeições, guarda de mercadoria, guarda de valores (actividade de suporte a cambistas), venda de água, venda de bebidas e petiscos, venda de bens alimentares, venda de gás butano, venda de materiais de construção e venda de roupa e calçado.
- Homens: motorista de táxi, cantor de tasca, operário de construção, corrector de imóveis, guarda de viaturas, lavagem de viaturas, recauchutagem, transporte de cargas, venda de água em cisternas, venda de areia e cascalho, venda de sacos de plástico.

Tal como já se disse, a solução informal mais comum é a dos pequenos negócios. Realmente, não está ainda generalizada a possibilidade de auxílio para montagem de pequenos negócios[13]. Para se montar um pequeno negócio, as pessoas recorrem normalmente a quem lhes é próximo (familiar, vizinho, amigo ou colega).

Mas sucede que não basta montar um negócio, porque nem sempre os rendimentos que daí advêm permitem às pessoas superar as dificuldades que enfrentam.

---

[13] Destaca-se, contudo, o facto de algumas organizações não-governamentais e o próprio Estado (mais concretamente, o Ministério da Família e Promoção da Mulher) facultarem crédito com este objectivo, normalmente no valor equivalente a 100 dólares americanos [vide PNUD 1999: 77-78, Carvalho 2000].

Esquema 1 – **Como se processam as estratégias de sobrevivência em meio urbano**

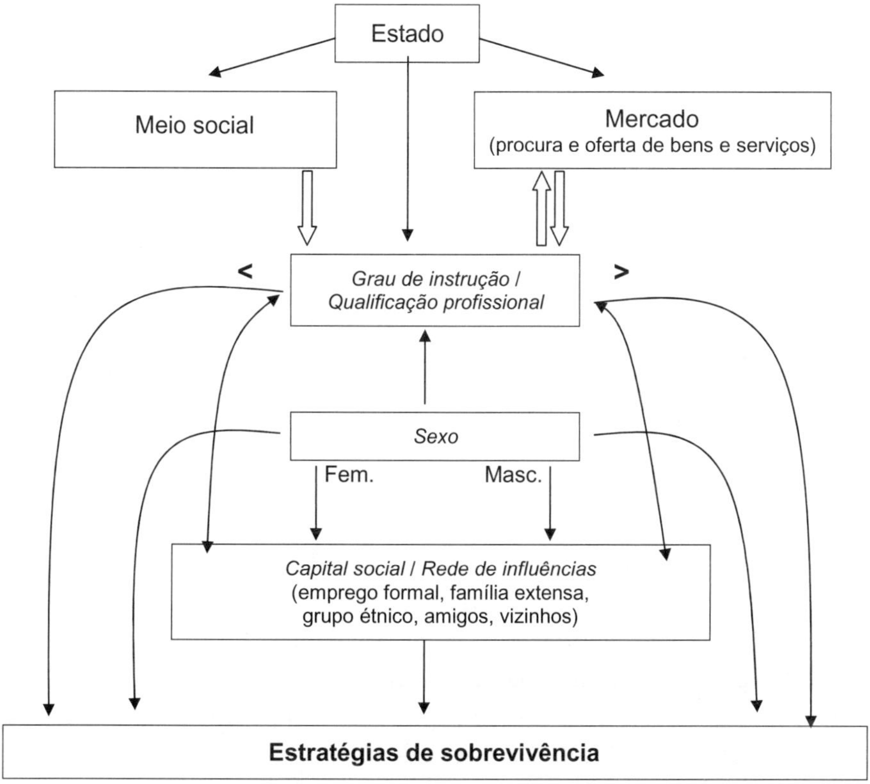

```
                        ┌─────────┐
                        │  Estado │
                        └─────────┘
                ↙            ↓            ↘
    ┌──────────────┐                ┌──────────────────────────────┐
    │ Meio social  │                │          Mercado             │
    │              │                │ (procura e oferta de bens    │
    │              │                │         e serviços)          │
    └──────────────┘                └──────────────────────────────┘
             ⇓              ↓              ⇕
         ┌─────────────────────────────────┐
      <  │     Grau de instrução /         │  >
         │    Qualificação profissional    │
         └─────────────────────────────────┘
                           ↑
                     ┌───────────┐
                     │   Sexo    │
                     │ Fem. Masc.│
                     └───────────┘
         ┌─────────────────────────────────┐
         │ Capital social / Rede de influências │
         │ (emprego formal, família extensa,    │
         │  grupo étnico, amigos, vizinhos)     │
         └─────────────────────────────────┘
                           ↓
         ┌─────────────────────────────────┐
         │   Estratégias de sobrevivência  │
         └─────────────────────────────────┘
```

Mercado informal

. Negócio próprio no mercado informal (comércio, mercado imobiliário, etc.)
. Prestação informal de serviços
. Trabalho assalariado no mercado informal
. Kixikila

| Marginalidade

. *Gasosa*
. Desvio de bens
. Comércio ilegal
. Prostituição
. Delinquência activa

| Mercado formal

. Emprego
. Segundo emprego
. Comissões
. Complementos salariais (carro, viagens, empregados pagos)
. Negócio próprio

Dependência de outrem

. Redes de transferência
. Auxílio institucional
. Empréstimos
. Mendicidade

• Negócio próprio no mercado informal (comércio, mercado imobiliário, etc.)	• *Gasosa*	• Emprego
	• Desvio de bens	• Segundo emprego
• Prestação informal de serviços	• Comércio ilegal	• Comissões
• Trabalho assalariado no mercado informal	• Prostituição • Delinquência activa	• Complementos salariais (carro, viagens, empregados pagos)
• Kixikila		• Negócio próprio

Dependência de outrem.
- Redes de transferência
- Auxílio institucional
- Empréstimos
- Mendicidade

Devido a isso e porque não é possível aos pobres fazer poupança, está a generalizar-se uma forma de associação solidária de pessoas, que se designa por *kixikila* ou *kituku*[14]. O que se passa é que os pobres interagem criando reciprocidades com o objectivo de ultrapassarem os problemas do dia-a-dia, no quadro do seu espaço de vida defensável e das redes sociais que coexistem [Friedman 1996: 72-73; cf. Van-Dúnem 2003, Rodrigues 2004]. Não sendo possível superar sozinhas as dificuldades do dia-a-dia nem fazer poupança individualmente durante bastante tempo, as pessoas juntam-se em pequenos grupos (normalmente, com afinidade familiar, de amizade ou laboral – solidariedade por semelhança), onde cada uma contribui periodicamente com uma quantia pré-definida. O somatório dessa contribuição periódica vai rotativamente beneficiando cada um dos integrantes do grupo,

---

[14] São os nomes atribuídos a essa prática, em kimbundu e kikongo, respectivamente. Acerca desta instituição, vide Ducados & Ferreira 1998 e PNUD 1999: 80-82.

possibilitando assim a cada um a aquisição de bens indispensáveis ou um maior investimento no seu negócio. Para além de possibilitar uma real poupança[15], este tipo de associação proporciona a união de esforços para resolução dos problemas que as famílias do grupo enfrentam, permitindo em última instância uma relativa melhoria das condições de vida dos seus integrantes. Este tipo de associação solidária por semelhança [cf. Durkheim 1984] tem as suas regras próprias, que devem ser cumpridas por quem nele se decide incluir.

Há, contudo, pessoas às quais não resta alternativa, senão sobreviver da dependência de outrem, quer através de apoio institucional em alimentos e vestuário ou instrumentos de trabalho, quer através da caridade individual. Aqui se incluem, acima de tudo, recentes deslocados de guerra, crianças afastadas das suas famílias, deficientes físicos e pessoas sem-abrigo.

3. Estratégias de sobrevivência dos deficientes físicos

Vejamos seguidamente o que se pode dizer em relação às estratégias adoptadas pelos deficientes físicos de Luanda para garantia da sobrevivência – sua e dos seus dependentes.

Começamos por recordar que os rendimentos declarados pelos deficientes físicos são bastante baixos, não lhes permitindo sobreviver sequer ao nível do mínimo socialmente aceite. Na amostra, não houve um só caso cujos rendimentos se situassem acima do nível de pobreza absoluta (de um dólar americano por dia, por pessoa). Por essa razão e tendo em conta a margem de erro da amostra utilizada, concluímos que os rendimentos de

---

[15] Em caso de poupança individual, o pobre tem a tendência de retirar parte do dinheiro poupado, mal surja a primeira contrariedade. Em contrapartida, não estando consigo o dinheiro da sua poupança e havendo regras a seguir em relação à sua utilização, esse dinheiro não pode ser utilizado por qualquer dos componentes do grupo, em qualquer altura. Cada um deles sabe quanto e quando receberá a sua fatia.

mais de 95% dos deficientes físicos de Luanda os colocam abaixo da linha de pobreza absoluta. Portanto, se considerarmos somente as declarações dos respondentes, a conclusão é de a esmagadora maioria dos deficientes físicos de Luanda se encontrar em situação de pobreza extrema.

Portanto, a esmagadora maioria dos deficientes físicos vive com poucos recursos, quer devido ao baixo grau de instrução e de qualificação profissional, quer devido ao difícil acesso ao mercado de trabalho (em relação ao qual existe dupla dificuldade, devido à deficiência física), quer ainda em consequência do reduzido grau de assistência de que são alvo [cf. Carvalho 2008]. Quais são, portanto, as estratégias que os deficientes físicos engendram para sobrevivência? Estarão eles, também a este respeito, diminuídos em relação aos demais (incluindo pobres, mas sem deficiência física)?

Uma vez que os deficientes físicos são dos grupos de pessoas com menor grau de instrução, é-lhes praticamente vedado o acesso a uma segunda fonte de rendimentos no mercado formal de trabalho. Se têm dificuldade acrescida em relação a um primeiro emprego formal, mais ainda terão em relação a um segundo emprego no mercado de trabalho formal.

O recurso ao mercado informal é-lhes também dificultado, ou somente pela deficiência física, ou também pela insuficiente rede de relações em que se encontram envolvidos aqueles deficientes físicos que se viram forçados a migrar para a cidade de Luanda. É preciso ter presente que a deficiência física, por si só, ocasiona a redução das possibilidades de trabalho informal, ou seja, ocasiona marginalização complementar, também no acesso à actividade informal. Os portadores de deficiência física não podem nomeadamente praticar actividades que exijam força física com deslocação (estiva ou venda de cerveja ou refrigerantes, por exemplo). Tendo baixos rendimentos, a maioria não dispõe também de recursos para montar um negócio:

> *O dinheiro já qué pra fazer negócio acabou, já não tem. (...) [Pra voltar a fazer negócio] preciso... mais ou menos de 500 kwanza...* {deficiente motor, homem, 30 anos, 5ª classe}

Trabalhar como bobinador? Assim... principalmente, coisa de... 1 milhão e 200, 1 milhão e 300[16]*...* {deficiente motor, homem, 30 anos, 5ª classe}

O recurso mais comum, para garantia da sobrevivência, é a caridade de outrem. Ao contrário do que acontece com quantos não têm qualquer deficiência física ou (genericamente) incapacidade, que recorrem preferencialmente ao comércio informal[17], os deficientes físicos são forçados a viver da caridade de outras pessoas e instituições. O facto de a estratégia de sobrevivência mais utilizada pelos deficientes físicos de Luanda ser a dependência do auxílio de outrem (tal como se ilustra a seguir) demonstra que se comprova a hipótese segundo a qual os deficientes físicos encontram dificuldade no acesso ao mercado informal de trabalho, estando por isso em desvantagem em relação aos demais pobres. Para além de recorrerem a pessoas remediadas e a instituições de caridade, os deficientes físicos recorrem também a outros pobres, que os auxiliam – financeiramente ou em bens de consumo.

A principal conclusão a que a pesquisa permite chegar dá conta que os deficientes físicos sobrevivem graças à solidariedade de outras pessoas e instituições[18]. A quem eles recorrem em caso de necessidade? A tabela 2 apresenta as fontes de recurso enumeradas pelos respondentes. Resulta daí que a forma mais frequente de ultrapassar dificuldades financeiras é o recurso a familiares, utilizado com frequência por 54,2% dos inquiridos. Segue-se o recurso a pessoas anónimas, vulgarmente conhecido pela designação

---

[16] 1.200 ou 1.300 kwanzas, na altura de realização das entrevistas aprofundadas.

[17] É o caso de familiares de deficientes físicos, que não têm qualquer deficiência.

[18] Tal como afirma Alejandro Portes [2000: 145],"a sobrevivência quotidiana em comunidades urbanas pobres depende frequentemente da estreita interacção com familiares e amigos em situações semelhantes". Cf. Rodrigues 2003.

TABELA 2 – **A quem os deficientes recorrem em caso de dificuldade financeira (%)**

Fontes de recurso	Mulheres	Homens	Total
Familiares	62,3	50,2	54,2
Pessoas anónimas [a]	35,3	43,2	40,6
Amigos	15,0	26,4	22,6
Igrejas	13,8	13,5	13,6
Outras instituições de caridade	7,8	10,8	9,8
Outros deficientes físicos	8,4	6,3	7,0
Órgãos estatais de assistência social	0,6	4,5	3,2
Local de trabalho	1,2	1,5	1,4
Vizinhos	0,0	0,3	0,2

[a] Neste caso, trata-se de recurso não apenas em caso de dificuldade financeira, mas no dia-a-dia.

de "esmola", com uma frequência de 40,6%[19]. Vêm a seguir, por ordem de importância, o recurso a amigos (22,6%), a Igrejas (13,6%), outras instituições não-governamentais de caridade (9,8%), outros deficientes físicos (7,0%), órgãos estatais de assistência social (3,2%) e ao seu empregador (1,4%).

Para sobrevivência (ou seja, com relativa periodicidade), há quem recorra ao apoio de vários locais. Há quem recorra simultaneamente, por exemplo, a instituições estatais de assistência social ou a organizações não-governamentais e a pessoas singulares. Mas há quem se limite ao recurso a pessoas singulares, mais propriamente ao pedido de auxílio financeiro a pessoas que não conhece:

---

[19] Neste caso, trata-se de recurso não apenas em caso de dificuldade financeira, mas no dia-a-dia. Enquanto nos demais casos se pediu informação acerca do recurso em caso de necessidade premente, em relação a pessoas anónimas a pergunta referia-se concretamente a "pedido de esmola" no dia-a-dia.

Por acaso, eu nunca fui buscar apoio a nenhum sítio. O apoio que eu costumo vir buscar, é só vir pedir aqui na rua {deficiente motor, homem, 31 anos, 3ª classe}

A conclusão é, pois, de a maioria dos deficientes físicos viver da caridade alheia – da solidariedade, portanto. Há solidariedades verticais [Rodrigues 2004: 274-275], mas existem também solidariedades horizontais. É em familiares, pessoas anónimas e amigos que assenta basicamente o recurso à solidariedade: é a pessoas anónimas que mais se recorre no dia-a-dia, sendo a familiares e amigos que mais se recorre em momentos de aflição. Enquanto apenas 24,2% dos deficientes físicos recorrem a instituições (estatais ou não governamentais) de assistência social[20], 78,2% recorrem a pessoas singulares[21]. Pode, portanto, dizer-se que enquanto a sociedade garante a sobrevivência dos portadores de deficiência física, os familiares e amigos funcionam como reserva que é utilizada em situações de emergência.

No que respeita a instituições, as igrejas são as que mais apoiam os nossos respondentes. As igrejas são fonte de auxílio para dois em cada quinze deficientes físicos. Neste caso, o apoio faz-se normalmente em alimentação e vestuário. Mas o auxílio destas instituições não é feito com a frequência que os entrevistados gostariam, tal como se pode depreender das seguintes declarações:

As igrejas têm ajudado de vez em quando. Têm ajudado alguns quilitos de arroz, 15 em 15 dias... Mas isso não chega pra nada... {deficiente motor, 31 anos, 3ª classe}

A Igreja da Nazaré... Também andam entregar um pouco de fuba e arroz... Só por mês. {deficiente motor, 33 anos, 3ª classe}

---

[20] Trata-se de 20,4% das mulheres e 26,1% dos homens, o que comprova que os homens recorrem mais facilmente a instituições que as mulheres.

[21] A pessoas singulares recorrem 83,8% das mulheres e 75,4% dos homens.

Igreja Universal do Reino de Deus... Arroz, às vezes nos dão roupa... É só um quilo de arroz, mais um pouco de óleo. Chega. (...) É só quarta a quarta[22]. {deficiente motor e sensorial, 28 anos, 4ª classe}

Mas a Igreja não serve apenas para auxílio material, mas também para auxílio espiritual, tal como dá conta um dos entrevistados:

O que está a me ajudar, a me acalmar muito bem, é só a igreja que estou com ele na minha vida. A igreja é que está a reabilitar mais o meu juízo. {deficiente motor, 32 anos, 7ª classe}

O pedido de esmola é a mais frequente fonte de sobrevivência, dentre os deficientes físicos de Luanda. Para sobreviver, quatro em cada dez deficientes físicos recorrem a pessoas que não conhecem. Se excluirmos da análise os 25,6% de deficientes físicos que não declaram qualquer rendimento, o número daqueles que pedem esmola para sobreviver é de 54,6%. Pode, por isso, dizer-se que pouco mais de metade dos portadores de deficiência física que possuem rendimentos obtém-nos a partir do recurso à mendicidade. Trata-se de um número bastante elevado, que atesta as deficientes condições de vida dos deficientes físicos da capital angolana. Não é por acaso que quem se vê a pedir esmola nas ruas de Luanda são fundamentalmente deficientes físicos, havendo também (em menor número) sem-abrigo e crianças de rua. Quanto aos deficientes físicos, quem mais pede esmola para sobreviver são deslocados e outros que não têm contacto com familiares, deficientes com vínculo militar, mais velhos e com baixo grau de instrução académica.

Tal como acontece com a prótese, a bengala, a cadeira de rodas ou o guia, a mendicidade funciona como *símbolo de estigma*[23].

---

[22] Semanalmente, às quartas-feiras.

[23] O símbolo de estigma contrapõe-se aos símbolos de prestígio. Trata-se de" signos que são especialmente efectivos para despertar a atenção sobre uma

O pedido de esmola é o último recurso de um número bastante elevado de deficientes físicos. Tratando-se normalmente de pessoas que estavam anteriormente habituadas a trabalhar para o seu sustento, há quem se envergonhe desta alternativa de sobrevivência, mas o mais comum é a necessidade fazer com que a vergonha se ultrapasse com o decorrer do tempo. Os portadores de deficiência física, já habituados ao facto, comum, de inferência de "uma série de imperfeições a partir da imperfeição original" [Goffman 1982: 15], são forçados a ultrapassar o desconforto e o embaraço da situação de mendicidade, vergando-se à situação de dependência, para garantia da sobrevivência. É significativo o facto de num dos grupos de discussão, um deficiente motor, antigo oficial das Forças Armadas, ter afirmado que no dia-a-dia se vê forçado a "despir-se do seu orgulho de oficial", estendendo a mão à caridade alheia, para sobreviver. As seguintes declarações atestam os dois estados de espírito, podendo adiantar-se a tese segundo a qual os efeitos materiais são tão positivos para a pessoa e seus dependentes que, com o decorrer do tempo, o deficiente físico deixa de se envergonhar por viver da caridade alheia:

Sim, sentia vergonha. Memo até agora, sinto ... Mesmo assim, peço, sim ... [devido] à falta de dinheiro, fome. Essa miséria, já sabe, a pessoa é obrigado a pedir. Depois, eu sou mutilado, não adianta roubar... {deficiente motor, 31 anos, 3ª classe}

Nas primeiras partes, como não estava habituado... 'tava tentando sentir vergonha... {deficiente motor, 30 anos, 5ª classe}

Primeiros momento mesmo, tinha mesmo vergonha, oh pai... Mas após de ver mesmo assim, que não, eh pá, onde 'tá conseguir mesmo bocado para conseguir comprar um quilo de fuba, ou bocado peixe, pronto, a vergonha acabou mesmo, oh chefe. Acabou mesmo.

---

degradante discrepância de identidade que quebra o que poderia ... ser um retrato global coerente, com uma redução consequente na nossa valorização do indivíduo" [Goffman 1982: 53].

Com a deficiência mesmo, também, já não tem mais vergonha, oh pai. Nada mesmo, oh chefe[24]. {deficiente motor, 30 anos, 6ª classe}

Outra semana mais, fome mais. Assim mesmo, criou aquela coragem, oh pai, não é vergonha, não é mais nada, não tem mais, oh pai. Só tem fome, que obriga só a pessoa para vir procurar mesmo, pelo menos só metade de pão, para comer ... Então, a pessoa agora, vou fazer então como? Vou matar as crianças? Roubar também não pode, oh pai. A vergonha, tira mesmo pra fora... {deficiente motor, 30 anos, 6ª classe}

Sentir vergonha pra quê, papá? Se não tenho família...? Não tenho família aqui... não tenho quem vai me dar... {deficiente motor e sensorial, 50 anos, 3ª classe}

Onde se pede esmola? Se olharmos para o gráfico 3 podemos concluir que os deficientes físicos de Luanda pedem esmola, fundamentalmente, na rua. Apenas 20,1% dos pedintes se dirigem a empresas e 6,3% dirigem-se a locais de residência, enquanto que 88,4% optam por um maior anonimato. O que se passa é que, no caso de locais de residência ou de trabalho, a relação é menos impessoal, podendo daí resultar desconfiança em relação à eventualidade de o pedinte poder vir a fazer algum mal (roubar, por exemplo), tal como demonstra a seguinte declaração:

Nas casas, nada. Nas casas dá coisa, dá vergonha, nas casas ... Nas casas também eu já não entro mais, porque vai ficar com desconfiança, que esse que está vir na minha casa, às vezes é bandido. Yá. {deficiente motor, 34 anos, analfabeto}

Mas é preciso referir que o recurso à mendicidade se encontra territorializado. Existem inclusivamente regras (que cada um deve cumprir), que estabelecem a não intromissão nas áreas sob

---

[24] Em Angola, é comum o tratamento por "pai" ou "chefe", quando nos estamos a dirigir a um mais velho ou a alguém que consideramos acima de nós na hierarquia social,

GRÁFICO 3

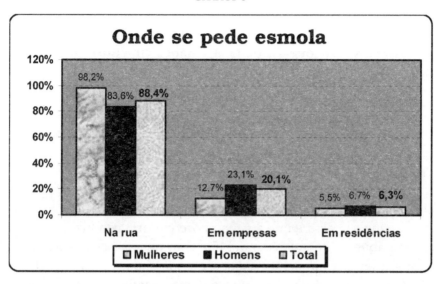

domínio (mesmo temporário) de outrem. Trata-se de um pormenor que se pode enquadrar no amplo contexto da ordem social própria de quem recorre à mendicidade.

Para pedir ajuda no dia-a-dia opta-se preferencialmente, portanto, pelas relações impessoais. Cada deficiente físico que pede esmola tem normalmente locais onde fica à espera de auxílio (sobretudo cruzamentos ou entroncamentos, optando-se preferencialmente por semáforos em ruas movimentadas, onde os carros têm de parar), dando-se o caso de haver pessoas que auxiliam normalmente os mesmos portadores de deficiência física. De outras pesquisas [p. ex., Carvalho 1994 e 2002] resulta que a prática religiosa conduz a uma maior predisposição para auxílio a pessoas carenciadas. Independentemente disso, um outro pormenor [González 1999: 57] que não deve ser descurado é o facto de haver pessoas que manifestam solidariedade para com deficientes físicos por entenderem a sua situação ou por terem presente o perigo de se verem futuramente em semelhante situação de incapacidade e dependência.

O recurso a lojas e empresas é menos comum. A análise de correlação permite concluir serem os deficientes físicos mais novos e do sexo masculino quem recorre com maior frequência a estes locais. No que respeita a estabelecimentos comerciais, fazem-no em dias próprios, dirigindo-se normalmente àqueles estabelecimentos onde já são conhecidos:

> *Tem o dia que passa nas lojas. Como sexta-feira, no fim da semana. Porque nas lojas falaram que só tem que ir mesmo lá sexta-feira, fim da semana.* {deficiente motor, 34 anos, analfabeto}

Há um aspecto de natureza cultural, que surge na sequência do elevado grau de indigência em que vivem os deficientes físicos. O que se passa é que a situação de penúria conduz à mudança de hábitos alimentares, o que faz com que as pessoas não possam sequer por momentos esquecer a sua situação material débil. As duas declarações que se apresentam a seguir justificam quanto acaba de ser dito:

> *Nós agora 'tamos alimentar a fuba de milho; agora se comprarmos a fuba de bombó, que é a nossa comida memo do kimbundu, nos leva muito dinheiro... com a família toda em casa, não chega...* {deficiente motor, homem, 31 anos, 3ª classe}

> *A minha preferência? Com dinheiro, posso comer fungi... de milho ... [Mas] como massa... a massa é 5, o fungi é 8... aí vai depender do dinheiro...* {deficiente motor, homem, 25 anos, 5ª classe}

Voltando às diversas fontes de auxílio, a tabela 3 apresenta as características dos inquiridos que recorrem a cada uma delas. Vistas as coisas segundo outro prisma, pode dizer-se que cada um dos grupos indicados a seguir age *fundamentalmente*[25] da seguinte maneira, em caso de dificuldade financeira:

---

[25] Uma vez que os dados dizem respeito a correlações (e não a médias), ao ler as constatações que se seguem deve ter-se em conta que se indicam as fontes de recurso que *diferenciam* os grupos. Por exemplo, o facto de não se mencionar o

Quanto ao sexo:
- Deficientes físicos do sexo feminino: recorrem em maior grau ao auxílio de familiares;
- Deficientes físicos do sexo masculino: recorrem ao auxílio de amigos ou de órgãos de assistência social do Estado.

Quanto à idade:
- Deficientes físicos jovens: recorrem a familiares;
- Deficientes físicos mais velhos: recorrem ao auxílio de Igrejas, de outras instituições de caridade e de pessoas anónimas.

Quanto ao grau de instrução:
- Deficientes físicos com baixo grau de instrução: recorrem a pessoas anónimas e a Igrejas;
- Deficientes físicos com mais elevado grau de instrução: recorrem a órgãos estatais de assistência social.

Quanto ao número de filhos menores:
- Deficientes físicos com poucos filhos: recorrem a Igrejas;
- Deficientes físicos com muitos filhos: recorrem a órgãos estatais de assistência social e a pessoas anónimas.

Quanto ao género de deficiência:
- Deficientes motores: recorrem a amigos e a órgãos estatais de assistência social;
- Deficientes sensoriais: recorrem a instituições de caridade (ONGs) e familiares.

---

recurso a pessoas anónimas tanto no caso de homens quanto no de mulheres significa somente que o sexo não diferencia este tipo de opção. Ademais, é preciso ter presente que as indicações dadas a seguir são genéricas, não se aplicando por isso a cada caso.

Quanto ao vínculo militar:
- Deficientes físicos sem vínculo militar: recorrem a familiares;
- Deficientes físicos com vínculo militar: recorrem a pessoas anónimas, a órgãos de assistência social do Estado, a Igrejas e a amigos.

Quanto à distância em relação a familiares[26]:
- Deficientes físicos que não mantêm contacto com familiares: recorrem a pessoas anónimas, outros deficientes físicos, amigos, Igrejas e outras organizações não-governamentais de caridade;
- Deficientes físicos que mantêm contacto com familiares: recorrem a familiares e a órgãos estatais de assistência social.

É preciso adiantar algumas palavras acerca do recurso a pessoas anónimas, em caso de dificuldade financeira. Já vimos que quem mais pede *esmola* para sobreviver são deficientes físicos que não têm contacto com familiares (sobretudo deslocados), deficientes com vínculo militar, mais velhos e com baixo grau de instrução académica. Podemos acrescentar que dentre os deficientes que têm profissão, aqueles que a não exercem são também quem mais se vê forçado a sobreviver graças à caridade de pessoas desconhecidas.

A análise de correlação múltipla permite concluir que existem quatro factores que mantêm a sua importância no esclarecimento da variância do facto de se pedir esmola. São eles (por grau de importância) o exercício da sua profissão, o contacto com familiares, o vínculo com órgãos de defesa ou segurança e o grau de instrução académica. Estas quatro variáveis, em conjunto, che-

---

[26] É esta a variável que mais nitidamente diferencia as fontes de recurso dos deficientes físicos, em caso de dificuldade financeira.

TABELA 3 – **Características de quem recorre a cada fonte de auxílio financeiro***

Fontes de recurso	Características
Familiares	Deficientes que mantêm contacto com familiares, civis, deficientes sensoriais, mulheres
Pessoas anónimas	Deficientes sem contacto com familiares, com vínculo militar, mais velhos, com baixo grau de instrução
Amigos	Deficientes sem contacto com familiares, deficientes motores, homens
Igrejas	Deficientes mais velhos, sem contacto com familiares
Outras instituições não-governamentais de caridade	Deficientes sem contacto com familiares, deficientes sensoriais, mais velhos
Outros deficientes físicos	Deficientes sem contacto com familiares
Órgãos estataisde assistência social	Deficientes com vínculo militar, que mantêm con-tacto com familiares, deficientes motores, homens

* As características apresentadas são as que se obtiveram a partir de correlações estatisticamente significativas. As características são apresentadas por ordem de importância no esclarecimento da variância do recurso à respectiva fonte.

gam a esclarecer 21,4% da variância do facto de o deficiente físico não ter outro recurso, senão pedir esmola[27]. O esquema 2 demonstra que são o não exercício da profissão e a ausência de contactos com familiares que condicionam em maior grau o recurso a este tipo de estratégia de sobrevivência por parte dos deficientes físicos da cidade de Luanda. O vínculo militar e um grau de

---

[27] Coeficiente de correlação múltipla R= 0,463 (quando ajustado, assume o valor 0,449).

ESQUEMA 2 – **Factores que exercem influência na opção de pedir esmola***

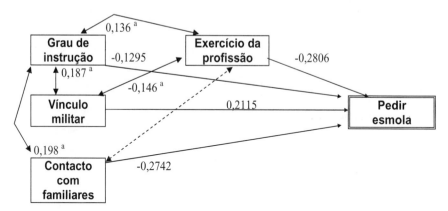

* São indicados no esquema, os valores dos coeficientes de correlação parcial.
[a] Coeficiente de correlação de Pearson.

instrução abaixo da média assumem relativamente menor importância no esclarecimento da opção pelo pedido regular de esmola.

É a seguinte, a equação de regressão linear múltipla entre essas variáveis[28]:

$$Y = 0{,}6141 - 0{,}2902\, X_1 - 0{,}2769\, X_2 + 0{,}1980\, X_3 - 0{,}0720\, X_4$$

Isso significa que se estima que a probabilidade de um deficiente físico que não trabalhe na sua profissão, não tenha contacto com familiares, seja analfabeto e não possua vínculo com qualquer órgão militar ou paramilitar, viver do recurso à esmola, seja de 81,2%. O facto de o deficiente físico exercer a sua profissão

---

[28] A decisão acerca da necessidade de pedir esmola (Y) é determinada pelo exercício de uma profissão (X_1), contacto com familiares (X_2), vínculo com órgãos de defesa (X_3) e grau de instrução académica (X_4).

reduz em 29% a probabilidade de viver da caridade de pessoas anónimas. Já o facto de manter contacto com familiares reduz essa mesma probabilidade em cerca de 28%. Por seu turno, estar (ou ter estado) vinculado às forças armadas ou à Polícia faz com que aumente em cerca de 20% a probabilidade de pedir esmola. Finalmente, cada nível de ensino concluído ocasiona a diminuição em 7,2%, da probabilidade de o deficiente físico recorrer à caridade de pessoas anónimas.

Em relação ao bastante comum pedido de auxílio a desconhecidos, diferentes deficientes físicos optam por diferentes formas de actuação. Mas nota-se haver tendência para não pensar em termos de longo prazo. Como pobres que são, os deficientes físicos que vivem da caridade alheia pensam normalmente na sobrevivência imediata – no próprio dia ou, quando muito, nos dias seguintes. Há quem tenha de pedir esmola todos os dias, mas há quem o faça somente em dias preestabelecidos, alternando essa actividade com outras:

> [Pedir esmola] não, não é todos os dias, não ... Assim, só tinha que ser o fim da semana. Assim numa sexta, ou um sábado, ou um domingo assim como hoje ... Nos outros dias, fica aí a engraxar um bocadinho de sapatos ... Só que aquele instrumento, é sócio. O outro também tem dia dele. São três dias... três dias. Então, o outro também faz. {deficiente motor, homem, 31 anos, analfabeto}

> Se levar 20 kwanzas, o 10 vou comer hoje, o outro 10 vou guardar, vou comer amanhã, já não vou pedir mais. Agora, quando aquele vai acabar, é assim que vou passar lá mais. {deficiente motor, homem, 34 anos, analfabeto}

Apesar de os recursos financeiros serem modestos, há quem pense em amealhar para montar um negócio:

> Sábado é mais ou menos, que às vezes consegue de fazer assim uns 100. Pronto, aqueles 100, tira lá uns 50, compra qualquer coisa em casa, pra comer. Os 50 já fica contigo, pra fazer... porque às vezes... sim, pra guardar... pra ver se consigo um bom dinheiro, pronto!,

começo assim a fazer como de negócio... sim. {deficiente motor, homem, 30 anos, 5ª classe}

Eu, se conseguir 50 [kwanzas], eu vou comprar cigarro, vou iniciar vender. Já não vou vir mais aqui, vou começar vender os meus cigarros. {deficiente motor, homem, 34 anos, analfabeto}

Os rendimentos que advêm da caridade alheia variam de acordo com aquilo que se designa por "sorte de cada um". Das entrevistas resulta que os rendimentos advindos desta fonte variam normalmente entre 0,50 e 2 dólares americanos por dia, mas há dias em que se fica aquém do valor mínimo acabado de indicar. Isso significa que, mesmo recorrendo à esmola, os deficientes físicos de Luanda têm de ter algum dinheiro guardado, para se alimentarem nos dias em que recebem pouco (ou nenhum) auxílio. Além do mais, como não se sabe o que nos reserva o dia de amanhã, há quem se previna, guardando um pouco de dinheiro para situações de emergência:

Um homem, desde que 'tá viver, nunca pode faltar pelo menos 1 kwanza no bolso, pra comprar os medicamentos. {deficiente motor, homem, 31 anos, analfabeto}

Há dois outros pontos que interessa referir. O primeiro deles tem a ver com o facto de, para alguns dos deficientes físicos, a deslocação para o local onde vão pedir esmola ter de ser paga. Alguns dos deficientes (sensoriais ou motores) não conseguem deslocar-se pelos seus próprios meios, tendo de pagar a um guia ou a quem lhes empurre a cadeira de rodas até ao local onde vão pedir esmola. Estes estão em situação de desvantagem em relação aos demais portadores de deficiência, uma vez que são obrigados a destinar parte dos rendimentos para custear a sua deslocação para aquilo que eles mesmos designam por "local de trabalho". Outros têm de se endividar, para adquirirem um meio de locomoção que lhes permita a deslocação para os locais onde pedem esmola. As duas declarações que se apresentam a seguir demonstram o que acabámos de dizer:

> *[Para vir aqui pedir esmola] pago, até, 10 kwanzas.* {deficiente sensorial, homem, 57 anos, 4ª classe}
>
> *Essa cadeira comprei do meu dinheiro. 50 dólar...* {deficiente motor, homem, 61 anos, analfabeto}

O segundo aspecto tem a ver com a ideia segundo a qual os deslocados devem regressar às suas áreas de origem, terminada que está a guerra. No que diz respeito aos deslocados com deficiência física, a conclusão é de haver essa vontade por parte dos próprios, mas faltam-lhes recursos para financiar a viagem:

> *'Tou memo aqui a viver... mas com o tempo, penso regressar na minha província... agora, hoje, os kandongueiro[29]... dinheiro é que tá difícil... só daqui, do quê, pra Malanje, 'tão 400 e tal milhões... Eu não vou aguentar, 450...* {deficiente motor e sensorial, homem, 50 anos, 3ª classe}

Só a deslocação, de Luanda para uma das sedes de província mais próximas, pode custar o equivalente a 30 dólares americanos, que é um valor bastante elevado para quem vive em situação de penúria. Para se entender quão elevado é esse valor, pode acrescentar-se que se trata do montante que pode receber, no espaço de mais de um mês, um deficiente físico que peça esmola diariamente; trata-se exactamente do rendimento mensal de uma só pessoa que viva no limiar de pobreza absoluta e corresponde a 5,5 vezes o rendimento médio mensal declarado pelos nossos respondentes.

Acabámos de descrever o recurso diário a pessoas anónimas, como principal meio de sobrevivência dos deficientes físicos em Luanda. Uma vez que se trata de um rendimento incerto, é

---

[29] Taxistas.

importante referirmos em pormenor, a terminar, as demais fontes de recurso. Já vimos que, em caso de aflição, os deficientes físicos recorrem preferencialmente a familiares e amigos. É importante destacar que, de um modo geral, 91,4% dos inquiridos recorrerem a pessoas singulares (para além de pessoas anónimas, também familiares e amigos), em caso de necessidade[30]. Por outras palavras, pode dizer-se que nove em cada dez portadores de deficiência física optam pelo recurso a pessoas singulares, em caso de necessidade premente. Trata-se de um dado que atesta a importância do capital social para a sobrevivência dos deficientes físicos e seus dependentes. Para além disso, confirma-se a todos os títulos a hipótese saída dos grupos de discussão, segundo a qual, em caso de necessidade, os portadores de deficiência física recorrem preferencialmente a pessoas singulares; só depois recorrem a organizações não-governamentais e, em última instância, a organismos do Estado angolano. Depreende-se daqui que o espírito altruísta de solidariedade está mais presente em pessoas; as instituições estatais são mais estáticas, funcionando como "coligações de egoísmos" [Alberoni 2000: 96].

Que factores determinam o recurso a pessoas singulares, em caso de necessidade? A análise de correlação permite concluir que tais factores são o sexo, grau de instrução, vínculo militar e o facto de haver contacto com familiares. É importante sublinhar que a idade, o tamanho do agregado familiar e o género de deficiência não diferenciam a opção pelo recurso a pessoas singulares ou colectivas. Quem, em maior grau, recorre a apoio de pessoas singulares são as mulheres deficientes físicas, os portadores de deficiência com grau de instrução abaixo da média, os deficientes físicos sem vínculo militar e quantos têm contacto com familiares. É o contacto com familiares que mais importância tem no esclarecimento da variância do recurso ao apoio de pessoas singulares[31]

---

[30] Seja para alimentação, seja em caso de doença ou de qualquer outra necessidade urgente.

[31] Coeficiente de correlação de Pearson r= 0,109.

(tabela 4). Isso quer dizer que é fundamentalmente o facto de haver familiares por perto que faz com que haja a quem mais facilmente recorrer em caso de necessidade premente. Trata-se de uma correlação previsível, já que o recurso se faz preferencialmente a familiares. Por outro lado, é significativo constatar haver forte correlação entre o recurso a pessoas singulares em caso de aflição e a mendicidade[32]; quer isso dizer que são os deficientes físicos que recorrem à esmola para sobreviver quem em maior grau recorre também ao auxílio de familiares e amigos em caso de força maior.

Finalmente, o facto de haver a quem recorrer em caso de necessidade premente ocasiona um ligeiro aumento no número de refeições diárias dos portadores de deficiência física. Pode-se acrescentar que o facto de haver contacto com familiares e haver a quem recorrer em caso de necessidade esclarecem, em conjunto, 5,2% da variância do número de refeições[33]. A conclusão aponta, pois, para um ligeiro aumento do número de refeições, em função do facto de haver a quem recorrer em caso de necessidade (familiares ou outras pessoas) – o que pode significar que o recurso a pessoas singulares se faz não apenas em caso de doença, mas também como fonte de alimentação.

TABELA 4 – **Apoio de pessoas singulares, em função de haver contacto com familiares (%)**

Recurso a pessoas singulares	Contacto com familiares		Total
	Não	Sim	
Não	12,6	7,1	8,6
Sim	87,4	92,9	91,4
Total	100,0	100,0	100,0
Nº	(135)	(365)	(500)

---

[32] r = 0,254.
[33] R = 0,229 (quando ajustado, assume o valor 0,219).

Referidas que estão as estratégias de sobrevivência mais utilizadas pelos deficientes físicos da cidade de Luanda, resta solucionar os rendimentos declarados pelos inquiridos, iniciada no capítulo anterior. A realização de entrevistas aprofundadas permitiu concluir que os rendimentos declarados no inquérito se situam abaixo do valor real. Tal como chamamos à atenção noutro local [Carvalho 2008], a simples utilização do método quantitativo, em sociedades como a angolana, pode causar distorções em declarações de rendimentos. Uma vez que, no nosso caso, lidamos fundamentalmente com pessoas pobres que vivem da solidariedade de outrem, as entrevistas aprofundadas permitiram comprovar a tendência para diminuir os rendimentos, na resposta ao inquérito quantitativo.

O rendimento médio declarado de um deficiente físico de Luanda corresponde a 19,46 cêntimos do dólar americano por dia[34]. Podemos acrescentar que dentre aqueles que pedem esmola para sobreviver, esse valor é de 29,43 cêntimos do dólar americano. Mas as entrevistas aprofundadas apontam para um rendimento de 1,43 dólares americanos por dia, por deficiente físico que pede esmola. Isso quer dizer que as entrevistas aprofundadas apontam para um valor 4,86 vezes superior ao declarado no inquérito, o que faria corresponder a uma média de 94,65 cêntimos do dólar, por deficiente físico na amostra (ainda assim, abaixo de um dólar americano por dia, o que é agravado pelo facto de boa parte dos deficientes físicos ter dependentes).

Prosseguindo a análise estatística, pode dizer-se que o recurso à esmola é factor que diferencia fortemente (de forma proporcional) o volume de rendimentos. Também o facto de o portador de deficiência física exercer a sua profissão diferencia (neste caso, de forma inversamente proporcional) o volume de rendimentos. Por-

---

[34] Perante uma margem de ausência de resposta, de 25,6%. Como se sabe, as ausências de resposta não podem ser contabilizadas. Dando-se o caso de não terem respondido sobretudo aqueles que têm mais rendimentos, é bastante grande o enviesamento que a ausência de resposta provoca.

tanto, enquanto que quem exerce apenas a sua profissão ganha menos, quem pede esmola lucra mais[35]. A conclusão é, pois, de o trabalho e (eventualmente) o vexame de pedir esmola serem genericamente mais lucrativos que o exercício de uma profissão (já que os salários são bastante baixos) – daí o frequente recurso a esta fonte de rendimento. Mesmo para quem trabalha, o recurso à esmola é uma fonte de rendimento considerável.

A comparação de médias confirma essa conclusão: o volume médio semanal de rendimentos declarados por quem pede esmola era (à data de realização do inquérito) de 10,128 milhões de kwanzas, valor em 5,0% superior ao volume médio de rendimentos de quem exerce a sua profissão (9,644 milhões de kwanzas). Podemos ir mais longe, afirmando que no seio de quem exerce uma profissão, pedir esmola aumenta o volume médio de rendimentos em 21,6%[36]. É preciso, pois, dizer à guisa de conclusão que normalmente não basta exercer uma profissão remunerada para o deficiente físico auferir um rendimento que lhe permita sobreviver com a sua família. Os inquiridos (mesmo aqueles que têm emprego no mercado formal) são forçados a recorrer ao auxílio de pessoas caridosas (e, em menor grau, de familiares e instituições), para sobreviverem com as suas famílias.

Considerando agora as variáveis independentes com as quais trabalhámos nesta pesquisa, a conclusão é de o vínculo com órgãos de defesa e segurança, o sexo, o género de deficiência, o grau de instrução e a relação com familiares exercerem, isoladamente, influência sobre quanto os inquiridos conseguem arrecadar ao longo de uma semana. Para além daqueles que pedem esmola, quem possui maior volume de rendimentos são deficientes físicos

---

[35] Esta análise diz apenas respeito aos rendimentos materiais. É preciso, entretanto, considerar que o exercício de uma profissão ocasiona outro tipo de ganhos, como sejam o prestígio social, a integração social e um menor grau de estigmatização.

[36] Nesses dois grupos, a média do volume de rendimentos é respectivamente de 9,644 e 11,731 milhões de kwanzas.

do sexo masculino, com vínculo militar, sem contacto com familiares, deficientes motores e pessoas com maior grau de instrução. A análise de correlação conjunta permite concluir que apenas o sexo, o vínculo com órgãos de defesa e segurança e a relação próxima com familiares, em conjunto, esclarecem 15,0% da variância do volume de rendimentos declarados[37]. Se considerarmos na análise o facto de o portador de deficiência física pedir esmola, a ausência de contactos com familiares perde a importância que tinha, o que significa que essa ausência é financeiramente compensada como auxílio por parte de pessoas anónimas[38]. Já o esclarecimento da variância dos rendimentos aumenta para 20,6%[39].

É a seguinte, a equação de regressão linear múltipla entre essas variáveis[40]:

$$Y = 2{,}064 + 1{,}975\, X_1 + 3{,}950\, X_2 + 4{,}782\, X_3$$

Isso significa que se estima que o rendimento semanal de um deficiente físico do sexo feminino, sem vínculo militar e que não peça esmola para sobreviver, seja de 2,064 milhões de kwanzas[41]. O facto de o deficiente físico ser do sexo masculino ocasiona o aumento do rendimento semanal em 1,975 milhões de kwanzas. O vínculo militar, por seu turno, provoca o aumento dos rendimentos semanais em 3,950 milhões de kwanzas. Já o portador de deficiência física que pede esmola vê o seu rendimento semanal

---

[37] R = 0,387 (quando ajustado, assume o valor 0,378).

[38] O esquema 3 ilustra convenientemente este facto, demonstrando que a influência nos rendimentos, do facto de se manter ou não contacto com familiares, se faz através do pedido de auxílio financeiro a pessoas anónimas.

[39] R= 0,454 (quando ajustado, assume o valor 0,447).

[40] O volume de rendimentos declarados (Y) é determinado pelo sexo (X_1), vínculo com órgãos de defesa (X_2) e pelo facto de o deficiente físico pedir esmola (X_3).

[41] À data de realização do inquérito, a um dólar americano equivalia a quantia de 3 milhões de kwanzas.

aumentar optimamente em 4,782 milhões de kwanzas. Portanto, é de prever que o rendimento semanal de um deficiente físico do sexo masculino, com vínculo militar e que pede esmola seja de 12,771 milhões de kwanzas (por conseguinte, em 546,6% superior ao rendimento estimado de um deficiente físico do sexo feminino, sem vínculo militar e que não peça esmola).

Finalmente, é preciso acrescentar que o volume de rendimentos está correlacionado com o número de filhos menores. O que sucede é que, por um lado, quem tem mais filhos se vê forçado a recorrer a fontes de rendimento mais lucrativas, para sobreviver – aumentando assim a sua renda; por outro lado, o facto de conseguir maior volume de rendimentos (aliado ao baixo grau de instrução académica) provoca o aumento do número de filhos.

Além disso, constata-se que um maior volume de rendimentos conduz a uma maior predisposição para pedir apoio a amigos e a uma menor predisposição para pedir auxílio a familiares, em caso de aflição[42]. Portanto, são os portadores de deficiência física com rendimentos mais baixos quem em maior grau recorre a familiares para apoio em situações de emergência, enquanto aqueles que têm maiores rendimentos (conseguidos fundamentalmente pela mendicidade) recorrem em maior grau a pessoas amigas.

Em relação às pensões, vejamos o que os pensionistas dizem acerca do valor desse subsídio. Tal como se previa, a conclusão é de não ter havido um único caso em que o inquirido tenha considerado que a pensão que recebe do Estado lhe permite sobreviver. Em contrapartida, a esmagadora maioria (92,9%) está peremptoriamente convencida que a pensão que recebe não lhe permite sobreviver, sequer ao nível do mínimo socialmente aceitável. Apenas 7,1% consideraram constituir essa pensão, um auxílio (ainda que modesto) à sua sobrevivência. Nenhuma das variáveis independentes consideradas (incluindo o recurso à esmola) diferencia estatisticamente este tipo de opinião.

---

[42] r = 0,262 e r= -0,238, respectivamente.

O esquema 3 ilustra quanto se pode, em última instância, dizer a respeito dos factores que exercem influência nos rendimentos dos deficientes físicos da cidade de Luanda. Tal como se pode aí verificar, ter vínculo militar, ser do sexo masculino e pedir auxílio financeiro a pessoas anónimas conduz ao aumento do volume de rendimentos dos portadores de deficiência física. É fundamentalmente a estratégia de sobrevivência mais comum no seio dos deficientes físicos (o recurso à solidariedade de outrem) que condiciona o aumento dos rendimentos dos portadores de deficiência física. Se não recebessem periodicamente auxílio de pessoas anónimas, os deficientes físicos da cidade de Luanda não sobreviveriam, sequer ao baixo nível em que actualmente sobrevivem.

Esquema 3 – **Factores que exercem influência no volume de rendimentos***

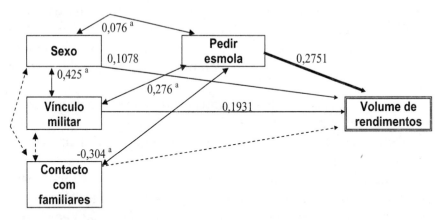

* São indicados no esquema, os valores dos coeficientes de correlação parcial.
[a] Coeficiente de correlação de Pearson.

Bibliografia

ALBERONI, Francesco
    2000: *Público e Privado*, 8ª edição, Venda Nova: Bertrand
CARVALHO, Paulo de
    1994: "Valores e aspirações de duas turmas de jovens do ensino médio de Luanda", in *Paix, Progrès et Démocratie en Angola*, Paris: Éditions du Centre Culturel Angolais, pp. 63-75
    1997: "Política cambial selectiva", *Ngola – Revista de Estudos Sociais*, nº 1, pp. 217-247
    2000: *Projecto «Geração de renda»* Luanda: Acord (draft)
    2002: *Angola. Quanto Tempo Falta para Amanhã? Reflexões sobre as crises política, económica e social*, Oeiras: Celta
    2007: *«Até você já não és nada!...»*, Luanda: Editorial Kilombelombe
    2008: *Exclusão social em Angola. O caso dos deficientes físicos de Luanda*, Luanda: Editorial Kilombelombe
CEITA, Camilo
    1999: *O papel da mulher na sociedade angolana*, Luanda (draft)
DUCADOS, Henda
    1999: "A Feminização da Pobreza: Estão as mulheres chefes de agregados familiares sempre em situação de desvantagem?" *Anais da III Jornada Técnico-Científica da FESA*, Luanda: Fundação Eduardo dos Santos, pp. 255-259
DUCADOS Henda & Manuel Ennes FERREIRA
    1998: *O financiamento informal e as estratégias de sobrevivência económica das mulheres em Angola: a kixikila no município do Sambizanga*, Lisboa: CESA (comunicação apresentada ao 5º Congresso Luso-Afro-Brasileiro de Ciências Sociais, Maputo)
DURKHEIM, Émile
    1984: *A Divisão do Trabalho Social*, 2ª edição, Lisboa: Presença (2 volumes)
FERNANDES, Emília Dias
    1999: "O Sector Informal como Estratégia de Redução da Pobreza" *Anais da III Jornada Técnico-Científica da FESA*, Luanda: Fundação Eduardo dos Santos, pp. 245-254
FERREIRA, Manuel Ennes
    1992: "Despesas militares e ambiente condicionador na política económica angolana (1975-1992)", *Estudos de Economia*, vol. 12, nº 4, pp. 419-438
    1999: *A Indústria em Tempo de Guerra (Angola, 1975-1991)*, Lisboa: Cosmos + Instituto de Defesa Nacional
FERREIRA, Manuel Ennes & Carlos BARROS
    1996: *Peace as a Public Good: Angola in a post-war environment*, Lisboa: CEsA

FRIEDMANN, John
   1996: *Empowerment. Uma política de desenvolvimento alternativo*, Oeiras: Celta
GOFFMAN, Erving
   1982: *Estigma. Notas sobre a Manipulação da Identidade Deteriorada*, 4ª edição, Rio de Janeiro: Zahar
GONZÁLEZ, Norberto Álvarez
   1999: *Hacia una Teoría Crítica de le Dignidad Humana*, Alcalá: Universidad de Alcalá
GRASSI, Marzia
   1997: *O papel da mulher empresária angolana: contributo para uma reflexão*, Lisboa: ISCTE (dissertação de mestrado)
   1999: "Identidades Estratégicas para o Desenvolvimento na África Subsariana: o Género", comunicação apresentada no *I Congresso Portugal-China*, Vila Real: Universidade de Trás-os-Montes e Alto Douro
INE – Instituto Nacional de Estatística
   2001: *Resultados dos Inquéritos aos Agregados Familiares sobre Despesas e Receitas (IDR) e sobre Indicadores Múltiplos (MICS 2). Rascunho dos principais resultados*, Luanda: Instituto Nacional de Estatística
LOPES, Carlos M.
   2001: "Luanda, cidade informal? Estudo de caso sobre o bairro Rocha Pinto", in J. Oppenheimer et al. *Urbanização acelerada em Luanda e Maputo. Impacto da guerra e das transformações sócio-económicas (décadas de '80 e '90)*, Lisboa: CESA, pp. 23-40
Pnud
   1997: *Relatório do Desenvolvimento Humano. Angola. 1997*, Luanda: Programa das Nações Unidas para o Desenvolvimento
   1999: *Relatório do Desenvolvimento Humano. Angola. 1999*, Luanda: Programa das Nações Unidas para o Desenvolvimento
PORTES, Alejandro
   2000: "Capital Social: Origens e aplicações na sociologia contemporânea", *Sociologia – Problemas e Práticas*, nº 33, pp. 133-158
QUEIROZ, Francisco
   1998: "A economia tradicional e a transição para a economia de mercado", comunicação apresentada às *1ªs Jornadas sobre Economia de Angola*, Luanda (Setembro)
ROCHA, Alves da
   1998: "Prefacio" a M. A. Sousa *Sector Informal de Luanda. Contribuição para um melhor conhecimento*, Luanda: s.e., pp. 4-8
RODRIGUES, Cristina Udelsmann
   2003: *Recomposição Social e Urbanização em Luanda*, Lisboa: Centro de Estudos Africanos do ISCTE (Occasional Paper nº 9)

2004: *Trabalho Assalariado e Estratégias de Sobrevivência e Reprodução de Famílias em Luanda*, Lisboa: ISCTE (tese de doutoramento em estudos africanos)

SOUSA, Mário Adauta de

1998: *Sector Informal de Luanda. Contribuição para um melhor conhecimento*, Luanda: s.e.

TORRES, Adelino

1990: "Angola e Moçambique: Estratégias de desenvolvimento", *Estratégia*, nº 7, pp. 105-128

1999: "Prefácio" a *A Indústria em Tempo de Guerra (Angola, 1975-1991)*, Lisboa: Cosmos + Instituto de Defesa Nacional, pp. XXIX-XXXVIII

VAN-DÚNEM, José Octávio Serra

2003: *Fundos Sociais: Um* colírio *no Combate à pobreza? Um estudo de caso do Fundo de Apoio Social no município de Viana (Angola)*, Rio de Janeiro: Instituto Universitário de Pesquisas do Rio de Janeiro (tese de doutoramento em sociologia)

O microcrédito como instrumento de inclusão social

Pedro Verga Matos[*]
Berta Silva[**]
Rute Correia[***]

1. Introdução

Segundo a definição da Associação Nacional do Direito ao Crédito, o Microcrédito "é um pequeno empréstimo bancário destinado a apoiar pessoas que não têm acesso ao crédito bancário", e que pretendem desenvolver uma actividade por conta própria economicamente viável e sustentável. Distingue-se por isso das denominadas "micro-finanças", conceito mais vasto, que engloba toda uma prestação de serviços financeiros em operações de reduzida e média dimensão, que podem incluir não apenas o crédito bancário mas também seguros, garantias, aplicações de poupança, cartões, etc.

---

[*] Departamento de Gestão do ISEG-UTL (pvmatos@iseg.utl.pt)
[**] Mestranda em Contabilidade, Fiscalidade e Finanças Empresariais no ISEG-UTL e economista na Fundação Aga Khan Portugal
[***] Mestranda em Ciências Empresariais no ISEG-UTL

O microcrédito pelo tipo de operações e beneficiários envolvidos, pode ser caracterizado com base em três grandes dimensões[1]:

1. Inclusão Activa: o empréstimo vai permitir que todos os agentes envolvidos participem na inclusão dos mais desfavorecidos na sociedade;
2. Promoção do Desenvolvimento: através da criação de emprego, de iniciativa empresarial de pequena dimensão e da geração de rendimento;
3. Animação das Economias Locais: aumento do tecido económico local com o incremento e diversificação da oferta de bens e serviços no mercado.

Constitui assim um instrumento ao serviço da política de coesão social e de combate ao desemprego, aumentando as oportunidades para os mais desfavorecidos e, aumentando a capacitação humana e o desenvolvimento económico-social, com impacto no emprego, na produtividade e na economia. É por isso também um instrumento de combate à pobreza e à exclusão social.

Do ponto de vista operacional, o microcrédito é normalmente realizado através de um conjunto de operadores, que tanto podem ser entidades singulares como colectivas (cooperativas, associações, bancos, etc.) que se dedicam, com carácter habitual e profissional, à actividade de microcrédito. O seu papel passa não só por apoiar as pessoas na preparação do projecto de investimento, na obtenção do crédito, e no acompanhamento do desenvolvimento do negócio (esclarecendo o micro empresário sobre questões técnicas e outras não técnicas) mas, especialmente por depositar confiança na pessoa a quem se concede o empréstimo.

---

[1] Boletim da ANDC N.º 36 (Separata - 07-08).

2. As origens do Microcrédito

A primeira expressão prática do micro crédito foi em 1976 quando Muhammad Yunus (economista, galardoado com o Prémio Nobel da Paz em 2006) emprestou 27 dólares a um conjunto de 42 mulheres das mais pobres da aldeia de Jobra no Bangladesh, para a aquisição de matérias-primas. Aquelas mulheres costumavam pedir emprestado aos credores locais (*paikars* ou intermediários), e depois de venderem o seu produto destinavam para o pagamento de juros uma parte substancial dos ganhos, mantendo por isso, uma relação de grande dependência com os seus credores. O pequeno empréstimo proporcionado por Yunus permitiu-lhes comprarem matérias-primas onde quisessem e venderem os seus produtos a quem lhes pagasse melhor. Ao dar esta oportunidade àquelas pessoas, fez com que elas se tornassem independentes das instituições financeiras a quem tinham recorrido anteriormente e deu-lhes a possibilidade de criarem riqueza, quer para sustentar o negócio quer para suportar as próprias famílias (Yunus, 2006a). No entanto, o próprio Yunus reconhece o que organizou uma prática já antiga, sobretudo em comunidades rurais: "A prática de concessão de crédito, material ou financeiro, a pessoas que, na sequência de circunstâncias diversas, se encontram em situações de dificuldade e impossibilitadas de prestar quaisquer garantias reais, é antiga. Concretiza uma convicção no ser humano de que as pessoas "sérias", mesmo quando se encontram em situações de carência devem ser merecedoras de crédito."[2]

---

[2] Nos finais do século XIX e inícios do século XX assistiu-se a manifestações pontuais de concessão de empréstimos de pequena dimensão. A primeira, da qual se tem registo, data do ano de 1846, na Alemanha, onde o pastor Raiffeinsen constituiu a Associação do Pão para ajudar os fazendeiros locais que ficaram endividados após um Inverno rigoroso. Ao longo do tempo esta associação foi-se desenvolvendo, acabando por se transformar numa cooperativa de crédito para a população pobre (Morduch, 1999). À semelhança da Associação do Pão, foram criadas, em diversos países, associações e cooperativas que visavam ajudar as pessoas mais desfavorecidas, como por exemplo, as Caisses Populaires

No início, Yunus era o fiador dos aldeões junto da banca, mas com a expansão deste programa sentiu necessidade de constituir efectivamente um banco orientado para as microfinanças. Deste modo, em 1983 é criado o Banco Grameen, especializado em microfinanças e cujos accionistas eram os próprios clientes, frequentemente pessoas com escassos recursos[3]. A filosofia deste banco era distinta das outras instituições de crédito[4], porque (Grameen Bank, 2009; Yunus, 2006a):

(1) Acreditava que a pobreza não era criada pelos pobres mas pelas instituições e políticas em que estas pessoas estavam inseridas[5], pelo que, para eliminar a pobreza eram necessárias alterações nas instituições e/ou nas políticas;

---

no Canadá e os Fundos de Ajuda ou Liga de Crédito nos Estados Unidos da América (Silveira Filho, 2005). A difusão das cooperativas de crédito intensificou-se com o passar dos anos e em 1946, na Índia, mais de 9 milhões de pessoas pertenciam a estas instituições (Morduch, 1999).

[3] Yunus (2006a:2): "The Grameen Bank is owned by poor borrowers and works exclusively for them".

[4] Daley-Harris (2005:7): "Instead of business as usual, what is required is a revolution in the way we fight poverty. Grameen Bank Managing Director Muhammad Yunus gave an example of the revolutionary action required when he was asked about his strategy for creating the Grameen Bank. 'I didn't have a strategy, I just kept doing what was next. But when I look back, my strategy was, whatever banks did, I did the opposite. If banks lent to the rich, I lent to the poor. If banks required collateral, my loans were collateral free. If banks required a lot of paperwork, my loans were illiterate friendly. If you had to go to the bank, my bank went to the village. Yes, that was my strategy. Whatever banks did, I did the opposite.'".

[5] "A pobreza existe porque construímos um enquadramento teórico baseado em premissas que desvalorizam as capacidades do ser humano, criamos conceitos que são demasiado limitados (como os conceitos de negócio, solvência, empreendedorismo, emprego) e instituições incompletas (como instituições financeiras que deixam os pobres de fora). A pobreza é causada mais por uma falha a nível conceptual do que por incapacidade das pessoas" (Yunus, 2006b:11).

(2) Via a caridade/donativos[6] não como uma forma de eliminar a pobreza, mas como meio de geração de dependência, tirando aos indivíduos a livre iniciativa e perpectuando a sua situação de carência;
(3) Acreditava que não existiam diferenças entre as capacidades dos pobres e as de qualquer outra pessoa. A diferença entre os dois residia simplesmente no facto de os pobres não terem tido a oportunidade de explorar o seu potencial e as suas capacidades[7];
(4) Assentava no princípio de que quanto menos uma pessoa tivesse, maior seria a sua necessidade de acesso ao crédito[8], e por isso, maior a sua vontade de reembolsar esse crédito;
(5) Defendia também que o acesso ao crédito deveria ser considerado um direito humano[9], e um meio para eliminar situações de pobreza.

---

[6] A diferença entre ajuda através de donativos e microcrédito nem sempre é percepcionada, mas que é importante referir, que (Santos:2006:12) "a primeira é geralmente levada a cabo por organizações sem fins lucrativos – nomeadamente ONG's ou instituições de caridade – e procura melhorar os níveis de desenvolvimento ou recuperar regiões afectadas por guerras ou catástrofes. A ajuda não espera qualquer retorno directo. Já o microcrédito baseia-se numa lógica de risco-retorno. Embora os objectivos finais sejam próximos – apoio às camadas sociais e regiões desfavorecidas – este mecanismo é diferente da ajuda porque é mais exigente no que se refere à avaliação do risco e à viabilidade das iniciativas financiadas".

[7] Para Yunus (2006b:12), "Os pobres são como bonsais. Não existe nada de errado com as suas sementes. A sociedade é que não lhes proporcionou as bases para crescerem. Tudo o que é preciso para tirar os pobres da pobreza é criarmos um ambiente que lhes seja favorável. Uma vez que eles consigam libertar a sua energia e criatividade a pobreza desaparecerá muito rapidamente".

[8] Isto aparentemente contraria a filosofia das instituições de crédito convencionais que, pelo contrário, acreditam que quanto mais património e garantias o cliente tiver maior a probabilidade de cumprimento do empréstimo.

[9] Para Yunus o direito ao acesso ao crédito é visto como um direito moral, e como todos os outros direitos morais, não é um direito no sentido estrito da palavra mas sim um apelo moral que poderá ou não ser assimilado pelas legisla-

Em 2006, os projectos de microcrédito encontravam-se presentes em todos os continentes através de 3.316 instituições, ajudando aproximadamente 133 milhões de pessoas excluídas financeira e socialmente, de entre as quais aproximadamente 93 milhões viviam com menos de $1 por dia (Daley-Harris, 2007). Entre 2004 e 2007, o número de pessoas abrangidas pelo microcrédito aumentou cerca de 40%, embora o microcrédito abrangesse apenas uma parcela reduzida (7,56%) da população que em todo o mundo vivia abaixo do limiar da pobreza (Daley--Harris, 2005 e 2007).

3. O impacto do microcrédito nas economias

Os instrumentos de microfinança, nomeadamente o microcrédito e outros serviços de apoio ao negócio, proporcionam o acesso dos mais desfavorecidos, especialmente dos mais pobres e em particular das mulheres, ao capital essencial para o início de uma actividade económica. São por isso meios de capacitação e *empowerment* dos beneficiários por fomentarem o acesso dos pobres à propriedade, e ao trabalho digno, e por lhes permitirem condições de intervenção nas decisões sociais e políticas. Ao promoverem a equidade e igualdade de oportunidades, são também vertentes essenciais do processo de desenvolvimento social e humano em muitas economias. Como ferramenta essencial de luta contra a pobreza o microcrédito é um instrumento dos Objectivos do Milénio[10], especialmente no que respeita ao primeiro objectivo – o de erradicar a pobreza extrema e a fome. De facto, diversos

---

ções nacional e internacional. Yunus entende que o estabelecimento do direito ao crédito seria um factor crítico para a redução da pobreza e para o alcance de outros direitos básicos (Hudon, 2009).

[10] Em Setembro de 2000, representantes de 189 países assinaram a Declaração do Milénio, comprometendo-se a lutar contra a pobreza, a fome, a desigualdade de género, a degradação ambiental e o vírus da sida, assim como a melhorar o acesso à educação, aos cuidados de saúde e à água potável. Foram estabelecidos 8 Objectivos de Desenvolvimento do Milénio, a alcançar até 2015, a

estudos (Morduch, 1998; Morduch, 1999; Amin *et al*, 2001; Mahmud, 2003) elaborados demonstram o impacto positivo que os programas de microcrédito têm, na vida das populações, nomeadamente ao possibilitar a saída de situações de pobreza[11], ao potenciar melhorias ao nível da alimentação, da higiene e habitação, e ao aumentar o papel e poder da mulher nas esferas económica, social e política[12].

Nos países mais desenvolvidos, o papel do microcrédito insere-se essencialmente, em estratégias de combate ao desemprego. Muitos defendem que, a criação de emprego por conta própria é mais fácil, rápida, eficaz e menos dispendiosa para os governos do que a criação de empregos por conta de outrem (porque implicam a atribuição de maiores subsídios e outros benefícios às empresas)[13,14].

---

saber: redução para metade da pobreza extrema e da fome, generalização do ensino primário universal, promoção da igualdade do género, redução em 2/3 da mortalidade infantil e em ¾ da mortalidade materna, combate à sida, à malária e a outras doenças graves, garantir a sustentabilidade ambiental e fortalecer a parceria global para o desenvolvimento, na Declaração do Milénio.

[11] Khandker(2003:21) demonstra o impacto positivo dos programas de microcrédito nos participantes, nos não participantes e na própria economia – "The welfare impact of micro-finance is also positive for all households, including non-participants, indicating that micro-finance programs are helping the poor beyond income redistribution with contribution to local income growth. (...) In particular, we find that micro-finance helps reduce extreme poverty more than reduce the moderate poverty at the village level".

[12] Os mesmos estudos evidenciam ainda que os créditos concedidos às mulheres criam maiores benefícios para as famílias, uma vez que os filhos são beneficiários imediatos dos resultados provenientes da actividade "subsidiada" pelo microcrédito (Yunus, 2006a).

[13] Veja-se os Capítulos 28 e 31 de Yunus (1997) e Karnani (2008).

[14] Como afirmou o Presidente da República Portuguesa, Prof. Cavaco Silva, em 2008, o microcrédito "sendo uma solução de elevado potencial de inclusão é também uma via que permite encontrar respostas mais ágeis e mais eficazes para as situações de desemprego, de dificuldade de integração no mercado de trabalho, de dignificação do contributo dos socialmente excluídos, de promoção de uma cultura de iniciativa e de empreendedorismo que tanto falta na sociedade portuguesa".

Concretamente no contexto europeu, o microcrédito é um instrumento importante na realização da Estratégia de Lisboa, contribuindo para o crescimento, para o emprego, e, para a promoção da inclusão social. Com efeito, a Comissão Europeia, na comunicação de 2006 sobre o financiamento das PME, declarou que: "Os empréstimos deste tipo constituem um importante meio de fomento da actividade empresarial através da actividade independente ou de microempresas, em especial para as mulheres e minorias étnicas. Este instrumento favorece não só a competitividade e o espírito empresarial, como também a inclusão social"[15]

Simultaneamente, a concessão de microcrédito vai ao encontro do conceito de «flexisegurança», ou seja, uma combinação de flexibilidade e segurança/protecção social[16] adequada. A flexisegurança visa garantir aos cidadãos da UE um elevado nível de segurança profissional num ambiente económico em rápida mutação, pelo que, conceptualmente haverá possibilidade de se encontrar facilmente um emprego em qualquer altura da vida activa, aproveitando plenamente as oportunidades da globalização Comissão Europeia (2007).

Apesar da partilha de princípios comuns, pode-se então considerar que existem, efectivamente, algumas diferenças nos modelos de microcrédito entre os diversos países, nomeadamente ao nível: (a) da definição da população alvo, (b) da estrutura institucional e legal das organizações e (c) das condições de crédito (Morduch, 1999; Yunus, 2006a; Comissão Europeia, 2007a; Alves, 2008).

Relativamente à população alvo, nos países em desenvolvimento, de um modo geral, os beneficiários são pessoas que se encontram à margem do sistema económico-financeiro, mas não necessariamente excluídas a nível social, uma vez que vivem em comunidades muito inclusivas. Por outro lado, nos países desen-

---

[15] COM (2006) 349 – 29/06/2006 – p.7 – Aplicar o Programa Comunitário de Lisboa: Financiar o crescimento das PME – Promover a mais-valia europeia.

[16] Veja-se Comissão Europeia (2007b).

volvidos, devido à elevada urbanização e anonimato nas relações interpessoais acresce, por vezes, à situação de pobreza[17] e exclusão financeira a exclusão social (Alves, 2008). A Comissão Europeia (2007a) alarga ainda, o conceito do microcrédito, a «microempresas» (empresas que empregam menos de 10 pessoas), assim como a empresas de cariz social e a pessoas que trabalham na economia informal.

Quanto à estrutura legal das actividades de microcrédito, elas têm assumido diferentes formas (ONG's, bancos, cooperativas etc.), determinadas pelos enquadramentos definidos em cada país, assim como pelas suas origens e tradições[18].

Por último, as condições de crédito diferem de país para país, de acordo com a sua base económica, estrutura sócio-cultural e

---

[17] Existem três níveis diferentes de pobreza (Mapa 1): a) a pobreza extrema, em que as famílias não conseguem satisfazer as suas necessidades básicas como a alimentação, habitação, higiene e cuidados de saúde; b) a pobreza moderada, onde as condições de vida asseguram no limiar a satisfação das necessidades básicas; c) e a pobreza relativa, em que o rendimento familiar se situa abaixo do rendimento nacional médio, impossibilitando por exemplo o acesso a bens culturais, educação e cuidados de saúde privados. A pobreza extrema é característica dos países em desenvolvimento, enquanto a pobreza relativa ocorre nos países dito ricos (Sachs, 2006).

Mapa 1: Repartição mundial dos diferentes níveis de pobreza

Fonte: World Bank

[18] Com a criação de um quadro legal mais arrojado, estas instituições podem alcançar um maior número de pessoas desfavorecidas, nomeadamente através da possibilidade de receber depósitos, usando-os para "financiar" a sua actividade (Yunus, 2007).

quadro legal e institucional. Os elementos onde se verificam maiores diferenças entre os países e mesmo entre instituições de microcrédito são: (1) o montante máximo de crédito concedido, que é sempre reduzido (Belo e Centeio, 2004); (2) as taxas de juro, associadas às condições macro-económicas de cada país, regulamentação, características dos clientes e nível de concorrência do sector (Eversole, 2003); (3) a duração do crédito, relacionado com o tipo de projecto ou negócio predominantes (Schreiner, 2001); (4) as garantias creditícias (como por exemplo a constituição de grupos de crédito nos países menos desenvolvidos e existência de fundos de garantia nos países mais desenvolvidos) (Morduch, 1999; Aghion e Gollier, 2000; Chowdhury, 2003; Becchetti e Pisani, 2008) e (5) os métodos de pagamento (prestações semanais, comum nos países em desenvolvimento, e as prestações mensais nos mais desenvolvidos).

4. Microcrédito em Portugal

Nos finais do século XX os governos e os bancos de microcrédito começaram a constatar que conceder crédito aos pobres não só era uma iniciativa de consubstanciação da responsabilidade social das instituições envolvidas, como também era uma actividade financeiramente sustentável (Brill, 1999). No entanto, em Portugal, à semelhança de outros países desenvolvidos, não havia uma atitude muito receptiva à promoção do microcrédito de forma autónoma[19] por parte das instituições bancárias tradicionais. Em resultado da não atractividade dos micro empréstimos,

---

[19] Os principais motivos pelos quais os bancos não se mostravam muito interessados neste produto eram os seguintes: (1) os montantes envolvidos não conseguiam compensar os custos de tramitação; (2) os candidatos não apresentavam garantias reais pelo montante concedido; (3) os custos na obtenção da informação necessária ao processo de selecção dos candidatos eram elevados; (4) os

foi criada em 1998, a Associação Nacional de Direito ao Crédito (ANDC), que através da intermediação entre o beneficiário e a instituição financeira, funcionava como garantia da qualidade dos projectos candidatos (Alves, 2005).

Assim, em Portugal, o microcrédito assume um papel importante como instrumento complementar dos mecanismos públicos e do terceiro sector para resolver problemas de pobreza e exclusão social, que tem como objectivo não só o combate à desigualdade de acesso ao capital, como também, a inserção na actividade económica do micro empresário, através do financiamento de actividades económicas independentes com potencial gerador de rendimentos.

A arquitectura fundamental do sistema de microcrédito português, no período compreendido entre 1999 a meados de 2006, assentou na parceria entre três entidades: o Estado, através do Instituto de Emprego e Formação Profissional (IEFP), a ANDC e uma instituição financeira – o Banco Millennium BCP[20] (Mendes et al., 2007). Em Maio de 2006, juntaram-se a esta parceria mais dois bancos comerciais, a Caixa Geral de Depósitos e o Banco Espírito Santo e o Montepio Geral.

---

custos associados à avaliação e monitorização do uso dos empréstimos eram significativos; (5) problemas de informação assimétrica (Coleman, 1999; Mendes et al., 2007).

[20] "Com a projecção dada ao fenómeno do microcrédito e com o conhecimento adquirido no contexto da parceria mantida com a ANDC, colocou o Millennium BCP em condições de levar a cabo uma iniciativa com a qual pretende enfatizar a vertente mais social desta instituição bancária, sem nunca descorar, no entanto, a componente comercial desta oportunidade de negócio, concretizada em Novembro de 2005 na implementação de um produto próprio. Nascia, assim, a Rede Autónoma de Microcrédito do Millennium BCP" (Ribeiro, Pinto e Tavares, 2009). Esta rede autónoma de microcrédito para além de conceder os micro empréstimos, presta um serviço semelhante ao da ANDC na análise e acompanhamento dos clientes e dos seus negócios.

Actualmente, um empreendedor pode candidatar-se directamente a um financiamento de microcrédito através de uma instituição bancárias, as quais concedem empréstimos de forma autónoma, ou por intermédio de outras instituições como a já referida Associação Nacional de Direito ao Crédito (ANDC), a Santa Casa da Misericórdia (através do seu Gabinete de Apoio ao Microcrédito), a Região Autónoma dos Açores e algumas Associações de Imigração (que celebraram protocolos de intermediação com instituições bancárias tradicionais e com a associação mutualista Montepio). As redes de parcerias e protocolos são sintetizadas no Quadro 1.

Quadro 1 – **Instituições Bancárias e Parceiros (Portugal)**

Instituições Bancárias e Ass. Mutualista	Parceiros
Millennium BCP	ANDC
	RAA
	Cruz Vermelha
Banco Espírito Santo (BES)	Associações de Imigração
	ANDC
Caixa Geral de Depósitos	ANDC
Montepio	SCML
	Adere-Minho

Desde a criação da ANDC (e da Rede Autónoma do MilleniumBCP) até Novembro de 2009, o crédito concedido por estas duas instituições, apoiando cerca de 2250 projectos, ultrapassou os 16,8 milhões de euros (Quadro 2).

As condições de crédito oferecidas pelas instituições bancárias a operar no mercado em Novembro de 2009 são as apresentadas no Quadro 3.

QUADRO 2 – **Valores Acumulados (ANDC e MillenniumBCP)**

	ANDC	Millennium BCP-Rede Autónoma
Valor do crédito concedido	6.223.085 €	10.624.848 €
Valor médio dos empréstimos concedidos	5.010 €	10.396 €
Número de projectos aprovados	1242	1022
Número de postos de trabalho projectados	1753	1681

Fonte: ANDC e MillenniumBCP

QUADRO 3 – **Principais Condições de Crédito (Nov.2009)**

	BES	CGD	Millennium bcp-Rede Autónoma	Montepio
Montante Mínimo	n.d.			
Montante Máximo	12,000 €	12,500 €	17,500 €	15,000 €
Prazo	até 48 meses			
Tipo de Prestação	Mensais e constantes			
Taxa de Juro	Euribor (3 meses) + 3% p.p. de spread	Euribor (3 meses) + 2% p.p. de spread	Variavel por cliente	Euribor (3 meses) + 2% p.p. de spread
Período de Carência	6 meses (capital e juros)	n.d.	6 meses (capital)	6 meses
Outras Condições	Não exigência de garantias reais ao candidato; exigência de apresentação de um fiador, responsável por uma percentagem do capital emprestado; garantia da instituição parceira até ao limite de uma percentagem do financiamento utilizado e não pago, prevista nos protocolos celebrados			

Fonte: *Sites* das Instituições Bancárias

Importa mencionar que, as taxas de juro do microcrédito são, tendencialmente e em todo o mundo, mais elevadas do que as dos restantes créditos tradicionais[21], devido às particularidades deste tipo de operação, que acarreta acréscimos:

1. Nos custos de estrutura/operacionais porque tradicionalmente existe uma oferta de um serviço personalizado de acompanhamento e assessoria pelos gestores de projecto

---

[21] Veja-se Helms e Reille (2004) para uma análise mais detalhada das causas.

(ou técnicos), e custos médios de tramitação de pequenas transacções mais elevados (em termos percentuais, face aos custos de um maior empréstimo);

2. No risco de crédito, uma vez que os projectos financiados são maioritariamente *start-ups*, tendo os seus promotores necessidade de reforçar qualificações.

5. Reflexões Finais

No contexto actual de maior integração económica europeia e internacional em que alguns países, e nomeadamente Portugal, têm perdido competitividade, tem-se verificado um substancial agravamento da taxa de desemprego[22] e das condições de vida da população. Esta situação, aliada a cenários de crescimento muito reduzido do produto, conjugados com o envelhecimento da população nos países desenvolvidos coloca em risco a viabilidade futura dos seus sistemas de protecção social.

Ora, presentemente o rendimento *per capita* de Portugal corresponde a pouco mais de 70% da média comunitária (UE 25), sendo um dos países europeus que apresenta maior desigualdade na distribuição de rendimento e taxas mais elevadas de risco de pobreza monetária. Com efeito:

– cerca de 19% das pessoas (aproximadamente 2 milhões de portugueses) detinham, em 2005, um rendimento disponível familiar abaixo dos 60 % da mediana nacional (segundo dados do Eurostat);

– no mesmo ano, a parcela auferida pela faixa dos 20 % da população com rendimentos mais elevados era de aproximadamente 6,5 vezes superior à auferida pelos 20 % da população com rendimentos mais baixos (quando a média comunitária para a UE 25 é de 4,9).

---

[22] De acordo com os últimos dados divulgados pelo INE, o número de desempregados actualmente em Portugal é de 548 mil, o que representa 9,8 % da população activa do país.

É então evidente um agravamento das desigualdades de rendimento e de disparidades entre trabalhadores especializados e não especializados, assim como entre regiões (muitas das quais a sofrer o problema do despovoamento). Assim sendo, nas condições actuais (onde a dívida pública atingiu níveis excessivos) o microcrédito pode ser um instrumento eficaz não só na luta contra a pobreza e exclusão social (através do impacto nos rendimentos dos beneficiários e noutras dimensões da exclusão como a igualdade de oportunidade e de acesso a determinados serviços), como, também, um meio para a criação de empregos e dinamização da actividade económica e regional do país. Pode ser também um instrumento importante na responsabilização de cada um pela sua reentrada no mercado de trabalho, fazendo com que as pessoas que nele se envolvam deixem de ser consumidores de recursos (através da assistência social) para passarem a ser também agentes geradores de riqueza e de receita fiscal[23].

Mas, para que o microcrédito beneficie o máximo de pessoas e vá ao encontro das suas necessidades é fundamental a criação de uma rede mais vasta e estável de parcerias a nível local, principalmente com instituições de cariz social (mais próximas dos beneficiários). Estas parcerias poderiam permitir aumentar a eficiência económica do microcrédito, através da diminuição de custos de avaliação e acompanhamento dos empreendedores, nomeadamente proporcionando-lhes formação técnica e administrativa.

Todavia o microcrédito tem limitações efectivamente, embora, grande parte dos estudos realizados destaque o microcrédito como um instrumento fundamental no combate à pobreza e

---

[23] Uma boa rede de microcrédito diminui a tendência para uma atitude passiva e de dependência de fundos públicos de desempregados e/ou excluídos, tornando-os geradores dos seus próprios rendimentos. Em países como a Suécia considera-se que os apoios financeiros dispendidos pelo Estado em projectos de microcrédito, correspondem a recursos posteriormente "poupados" com a menor necessidade de acções na luta contra a criminalidade, racismo, e outros problemas sociais.

exclusão social, outros há que refutam a ideia destes programas serem soluções adequadas e completas (por exemplo, Aguilar, 1999). Karnani (2008) refere que muitos dos clientes de microcrédito desenvolvem actividades de subsistência sem qualquer potencial de criação de vantagens competitivas (uma vez que actuam em sectores de actividade muito competitivos e com baixas barreiras à entrada, não lhes permitindo usufruir das vantagens de economias de escala, como também, devido às baixas qualificações, apresentam baixos níveis de produtividade[24]). Coleman (1999) partilha da mesma ideia referindo que muitas vezes os pobres se encontram num ciclo vicioso – produzem apenas para a sua subsistência, o que torna difícil gerar ganhos e poupanças, impossibilitando, por isso, (novos) investimentos em recursos produtivos, reflectindo-se depois em baixos níveis de produtividade e perpetuando a sua condição de pobreza.

Estes trabalhos identificam então como um dos obstáculos ao sucesso de programas de microcrédito a falta de competências e qualificações dos empreendedores (necessárias ao desenvolvimento e sustentabilidade dos negócios[25]), pelo que é importante que este tipo de iniciativas proporcione aos clientes, para além dos meios financeiros, acções de formação e acompanhamento especializado (Snow e Buss, 2001; Khandler, 2003; Rallens *et al*, 2006). Paralelamente, uma solução próxima da desenvolvida pelo

---

[24] Também nos sectores escolhidos há distinções entre os países: Couto e Ponte (2009:4) lembram que "As áreas de actividade a explorar são necessariamente diferentes, sendo que em países menos desenvolvidos, devido às suas carências, há mais microempreendedores a enveredar pelas actividades primárias, de produção de bens, nomeadamente alimentares, ao contrário do que sucede em países com maior índice de desenvolvimento, onde é praticamente impossível rivalizar com as economias de escala adoptadas pelas maiores empresas, o que empurra os empreendedores para o sector dos serviços".

[25] Copestake, Bhalotra e Johnson (2001), num estudo sobre o impacto do microcrédito na Zâmbia, concluem que a rentabilidade e sustentabilidade dos negócios encontram-se correlacionadas com a formação e escolaridade dos microempresários.

capital de risco, com um acompanhamento efectivo dos projectos, dando apoio técnico nas áreas funcionais mais relevantes, poderia também majorar o sucesso das iniciativas dos microempresários.

Simultaneamente, seria relevante para Portugal uma adaptação do sistema de regulamentação bancário e financeiro às especificidades das operações de microcrédito, assim como facilitar uma transição faseada entre os apoios sociais e a criação da própria empresa, promover a criação de um seguro para o caso de falência do negócio, e conceder benefícios fiscais para os primeiros anos do negócio (assim como simplificando as obrigações para com o Estado e a Segurança Social).

Em suma, o microcrédito em Portugal é ainda relativamente recente mas já deu provas de ser um instrumento de intervenção social e um meio importante na transformação da estrutura económica dos países. As características que a sociedade portuguesa moderna apresenta, com elevado nível de desemprego, níveis de qualificação da mão-de-obra relativamente baixos, grande disparidade dos níveis de rendimento e a presença significativa de comunidades imigrantes, são condições favoráveis ao desenvolvimento de programas de microcrédito como instrumento de combate à pobreza e de inserção social dos (mais) desfavorecidos.

6. Bibliografia

AGHION, B., GOLLIER, C. 2000. Peer group formation in an adverse selection model. *Economic Journal*, 110: 632-643.

AGHION, B. E MORDUCH, J. 2005. *The economics of microfinance*. Massachusetts Institute of Technology.

AGUILAR, V. 1999. *Is micro-finance reaching the poor? An overview of poverty targeting methods*. http://www.globenet.org/archives/web/2006/www.globenet.org/horizon-local/ada/c18.html, 18 de Fevereiro (2010).

ALVES, M. 2005. Entrevista revista Solidariedade. www.solidariedade.pt/seccao/index.php?x=5&rsPOS=10, 22 de Dezembro (2009).

ALVES, M. 2006. O microcrédito: Mais uma panaceia? *Revista Portuguesa de Estudos Regionais*, 13: 45-54.

ALVES, M. 2008. Com o microcrédito, devolver mais dignidade às pessoas. *Migrações*, 3.

Amin, S., Rai, A., e Topa, G. 2001. *Does microcredit reach the poor and vulnerable? Evidence from Northern Bangladesh*. Center for International Development Working Paper 28, Harvard University.

ANDC, N.º 36 – Separata – 07-08; N.º 36 – 01-08;

Becchetti, L., e Pisani, F. 2008. Microfinance, subsidies and local externalities. *Small Business Economics*.

Belo, F., e Centeio, J. 2004. Financiamentos alternativos: Microfinanciamentos, projecto Equal "Dinamização empresarial de Loures".

Brill, B. 1999. A little credit, a huge success. *San Francisco Examiner*, May 2.

Chowdhury, P. 2003. *Group-lending: Sequencial financing, lender monitoring and joint liability*. Discussion Papers in Economics, Indian Statistical Institute, Delhi, India.

Coleman, B. 1999. The impact of group lending in Northeast Thailand. *Journal of Development Economics*, 60: 105-142.

Comissão Europeia. 2007a. Uma iniciativa europeia para o desenvolvimento do microcrédito em prol do crescimento e do emprego. Comunicação da Comissão ao Conselho, ao Parlamento Europeu, ao Comité Económico e Social Europeu e ao Comité das Regiões, Bruxelas (13.11.2007 COM (2007))

Comissão Europeia. 2007b. Para a definição de princípios comuns de flexigurança: Mais e melhores empregos mediante flexibilidade e segurança. Comunicação da Comissão ao Conselho, ao Parlamento Europeu, ao Comité Económico e Social Europeu e ao Comité das Regiões, Bruxelas 27.06.2007 COM (2007)

Couto, G., e Ponte, J. C. 2009. *Dinâmicas de empreendedorismo e microcrédito nos Açores*. Universidade dos Açores, Centro de Estudos de Economia Aplicada do Atlântico, *Working Paper* 07/2009.

Daley-Harris, S. 2005. State of the Microcredit Summit Campaign Report 2005.

Daley-Harris, S. 2007. State of the Microcredit Summit Campaign Report 2007. http://microcreditsummit.org/pubs/reports/socr/EngSOCR2007.pdf, 14 de Dezembro (2009).

Eversole, R. 2003. Help, risk and deceit: Microentrepreneurs talk about microfinance. *Journal of International Development*, 15: 179-188.

Grameen Bank. 2009. *What is microcredit?* http://www.grameen-info.org/index.php?option=com_content&task=view&id=28&Itemid=108, 19 de Fevereiro (2010).

Helms, B., Reille, X. 2004. Tetos aos Juros nas Microfinanças: Um Olhar sobre a Questão. Consultant Group to Assist The Poor.

Hudon, M. 2009. Should access to credit be a right? *Journal of Business Ethics*, 84: 17-28.

INE, 2009. Estatística do Emprego 2008.

INE, 2009. Rendimento e Condições de Vida 2008 (dados provisórios).

Karnani, A. 2008. Employment, not microcredit, is the solution. *Journal of Corporate Citizenship*: 23-28.

Khandker, S. 2003. *Micro-finance and poverty: Evidence using panel data from Bangladesh*. World Bank Policy Research Working Paper 2945.

LITTLEFIELD, E.; Helms, B.; Porteous, D., 2006 Financial Inclusion 2015: Four Scenarios For The Future Of Microfinance. Consultant Group to Assist The Poor.
MAHMUD, S. 2003. Actually how empowering is microcredit? *Development and Change*, 34(4): 577-605.
MENDES, A., FIGUEIREDO, A., Ferreira, M., SANTOS, C., CARVALHO, M., TAVARES, T., RODRIGUES, M., LOPES, S., E MIRANDA, S. 2007. *Estudo de avaliação do sistema do microcrédito em Portugal*. Centro de Estudos de Gestão e Economia Aplicada, Faculdade de Economia e Gestão, Universidade Católica Portuguesa.
MORDUCH, J. 1998. *Does microfinance really help the poor? New evidence from flagship programs in Bangladesh*. Working Paper New York University.
MORDUCH, J. 1999. The microfinance promise. *Journal of Economic Literature*, 37(4): 1569-1614.
RALLENS, T., e GHAZANFAR, S. M. 2006. Microfinance: Recent experience, future possibilities. *Journal of Social, Political and Economic Studies*, 31(2): 197-212.
RIBEIRO, I., PINTO, J. e TAVARES, M. 2009. *A realidade do microcrédito em Portugal: ANDC versus Rede Autónoma do Millennium BCP*. Seminário de Economia unpublised. Instituto Superior de Economia e Gestão.
SACHS, J. 2006. *O fim da pobreza: Como consegui-lo na nossa geração*. 2ª ed., Casa da Letras, Lisboa.
SANTOS, F. 2006. Microcrédito: Passado e futuro – Certezas e desafios. Conferência Internacional do Microcrédito, Fórum Tecnológico, Lisboa.
SCHREINER, M. 2001. Seven aspects of loan size. *Journal of Microfinance*, 3(2): 27-47.
SILVEIRA FILHO, J. 2005. *Microcrédito na região metropolitana do Recife: Experiência empreendedora do CEAPE*. Universidade Federal de Pernambuco.
SNOW, D., e BUSS, T. 2001. Development and the role of microcredit. *Policy Studies Journal*, 29(2): 296-307.
VAN MAANEN, G. 2004. *Microcredit: Sound business or development instrument*. Oikocredit.
YUNUS, M.1997. O Banqueiro dos Pobres. Difel
YUNUS, M. 2006a. *Grameen Bank, microcredit and millennium development goals*. http://vecam.org/ijumelage/IMG/pdf/Grameenbank.pdf, 19 de Fevereiro (2010).
YUNUS, M. 2006b. *Discurso da cerimónia de entrega do Prémio Nobel da Paz*. http://www.permear.org.br/pastas/documentos/permacultor4/Banco-Grameen.pdf, 14 de Dezembro (2009).

Le despotisme oriental revisité: la nature des relations entre l'Etat et l'économie en Chine et dans le monde arabe

*Philippe Béraud**

Préambule

Le Professeur Adelino Torres n'a jamais cédé aux facilités des grilles de lecture déterministes, héritées notamment du courant *mainstream* en économie, dans ses différents travaux sur les questions du développement. Les dimensions démographiques, politiques, géopolitiques et culturelles ont entouré de manière constante ses analyses des économies et des sociétés du Sud, notamment en Afrique. Ses exigences intellectuelles l'ont amené à privilégier la connaissance approfondie des sociétés dont il a fait la matière de son travail, mais aussi l'approche comparatiste dont il a su exploiter la fertilité, contre tout enfermement aporétique dans des raisonnements européo-centrés. L'approche méthodologique du professeur Torres s'inscrit, en ce sens, dans la continuité de la démarche initiée par des théoriciens comme Myrdal, Hirschman, Bairoch, Perroux ou Balandier. Le Professeur Torres fait incontestablement partie de ce creuset fertile de l'histoire de la pensée qui fait du développement une problématique plurielle d'économie humaine.

---

* TELECOM-Bretagne, ISMEA, CRESS; philippe-beraud@wanadoo.fr

S'il fallait donc exposer ce qui constitue pour moi la grande originalité de ses recherches sur le développement, il me semble que je retiendrais les dimensions culturelle et pluridisciplinaire. En effet, elles apparaissent comme les fils conducteurs de ses travaux, depuis les recherches sur la colonisation et l'empire portugais (Torres, 1991a), sur l'évolution contemporaine des pays africains (Torres, 1999), sur l'influence économique de la communauté des Etats lusophones (Torres, 1991b), jusqu'aux analyses sur les effets induits par la mondialisation. Mais ces deux dimensions s'affirment aussi de manière précise dans ses travaux récents et en cours sur les rapports complexes entre les dynamiques des sociétés et les profonds mouvements idéologiques qui les parcourent (Torres, 2004).

Je souhaiterais rendre hommage à cette partie importante du travail de mon collègue et ami, le Professeur Adelino Torres, que j'ai eu le plaisir de publier en France dans un ouvrage collectif, dont la problématique faisait également appel à des croisements disciplinaires (Torres, 1998). Je me propose donc d'illustrer la dimension comparatiste et pluridisciplinaire des processus de développement, en m'autorisant à approfondir quelques propos extraits des échanges que j'ai pu avoir, tout au long de ces vingt dernières années de complicité intellectuelle, avec Adelino Torres, sur le rôle de l'État dans le développement. Fidèle à nos discussions et à nos objets d'études communs, je reprendrai cette problématique en l'inscrivant dans l'évolution comparée de la Chine et du monde arabe.

Introduction

Comme l'a montré Braudel (1979), les expériences comparées des formations sociales, marquées par des régimes d'appropriation différenciés, indiquent que la nature des droits de propriété et l'aptitude à les exercer peuvent constituer des facteurs importants de convergence ou de divergence dans les évolutions nationales. Dans le cas de la Chine et des pays arabes, l'administration des droits de propriété et la nature des rapports entre l'État et l'économie renvoient à une histoire de la longue durée. Le support du pouvoir et les conditions de possibilité du despotisme oriental demeurent l'existence d'un État centralisateur, entrepreneur de grands travaux. Un État que l'on peut qualifier à la fois de bâtisseur et bureaucrate, dont l'intervention s'accompagne d'une subordination des droits de propriété aux objectifs de la formation publique, comme nous le verrons dans la première partie.

Dans la Chine d'après 1949, l'État planificateur s'impose, mais la transformation radicale des principes idéologiques ne fait qu'actualiser la domination de la propriété indivise des moyens de production. Les variables de commande du plan, la centralisation de la définition des objectifs et la nature des rapports de propriété reconduisent le poids de l'intervention publique dans l'organisation économique. Dans le monde arabe, les modèles de développement d'inspiration nationaliste mis en œuvre après les indépendances joueront un rôle identique, en faisant de l'influence du politique le facteur déterminant de la régulation économique. Mais le véritable instrument d'administration de l'économie va apparaître plus tard, avec l'appropriation et la redistribution des revenus issus d'une marchandise internationale inégalement répartie, les hydrocarbures. Le prix du brut et les rapports de forces entre les compagnies pétrolières étrangères et les Etats-hôtes, dont dépendent les mécanismes de captation de la rente, les modalités de redistribution régionale d'une partie de la manne pétrolière pour les pays arabes non producteurs, constitueront les variables d'ajustement des politiques économiques. Du point de vue des rapports entre l'État et l'économie, nous observerons dans la seconde partie que le dispositif rentier dans le monde arabe remplit une fonction de même nature que la planification et les rapports de propriété en Chine.

Les réformes engagées en Chine, à partir de 1978, contribuent à modifier de manière inégale le régime des droits de propriété dans les campagnes et les entreprises chinoises. Dans le même temps, et il s'agit là d'un facteur plus déterminant que le précédent, le renforcement de la position occupée par l'économie chinoise dans le système industriel mondial se traduit par la convergence de forces centrifuges qui altèrent le principe de la propriété sociale. Cependant, l'Etat-parti s'appuie sur ces transformations pour continuer à dominer l'économie et la société chinoises. Dans le monde arabe, le processus d'évolution reste problématique. Les alternatives économiques tardent à se dégager des dépendances de sentier induites par l'économie de rente. Ce phénomène est visible dans les choix économiques et dans la place laissée à l'économie non pétrolière, mais il est également perceptible dans la stratification sociale et dans les comportements individuels et collectifs liés à l'influence dominante de l'économie d'allocation. Au total, comme nous le montrerons dans la troisième partie, l'évolution des rapports entre l'État et l'économie en Chine et dans le monde arabe contribue à façonner une nouvelle forme de despotisme oriental, à l'intérieur de laquelle le processus décisionnel demeure largement marqué par les conditions de l'intervention publique.

1. État, bureaucraties et rapports tributaires

En Chine, la permanence d'un État fort, concentrant les grandes fonctions inhérentes à son statut d'architecte des rapports sociaux, se traduit par une intervention publique qui ne laisse aucun espace pour l'expression de forces économiques et politiques susceptibles de se constituer comme vecteurs du changement. Cette absence d'autonomie sociale, face à un État hégémonique, s'affirme comme un trait qui marque l'organisation de la Chine impériale, mais aussi l'architecture institutionnelle édifiée depuis 1949 autour de l'État-parti. Dans l'Empire, au travers des dynasties, la société civile est absorbée à l'intérieur de l'appareil d'État, phénomène explicable notamment par le rôle des lettrés dans l'administration des fonctions régaliennes et par la négation de la ville et des classes urbaines en tant que pôles et réseaux d'influence. Braudel parle, à propos de la force d'inscription de l'État impérial dans la société chinoise, de «la cohérence de sa bureaucratie», de «ses mandarins de tous grades, au service du bien commun», mais également de l'adéquation fonctionnelle entre culture, idéologie et religion (1979, T2, p. 524). Dans la Chine communiste, les institutions de la société civile, à l'image du Parti, des syndicats et associations, des organes d'information, etc. constituent des appendices du pouvoir d'État, qui se déploie lui-même par cercles concentriques, de l'Etat central aux autorités régionales et locales.

Dans le monde arabe, l'influence de l'État est liée pour partie, comme en Chine, à son rôle d'entrepreneur des grands travaux, et pour partie, à l'existence d'une «féodalité de commandement» qui fait fonctionner à son profit les rapports de propriété (Gallissot, CERM, 1974). Les activités urbaines sont alimentées à la fois par les profits tirés du commerce lointain et par le tribut prélevé sur les communautés villageoises et sur les populations soumises. Les prélèvements de l'État se conjuguent ici aux prélèvements des aristocraties tribales et des commerçants-usuriers. L'emprise de l'État et des féodalités de commandement sur l'organisation économique et sur l'espace urbain contribue à expliquer les difficultés de voir se former une classe marchande émancipée des relations de dépendance politique et apte à favoriser la monétarisation des relations sociales et l'accumulation primitive du capital.

Ces interprétations sur les causes de la stagnation séculaire des sociétés orientales procèdent d'une tradition intellectuelle, dont il convient de rappeler la généalogie. Les grilles de lecture à propos du rôle de l'État en Asie s'inscrivent, à l'origine, dans l'histoire de la *camera obscura* occidentale, dans les rapports de représentation par différenciation avec les formations sociales extra-européennes. De Montesquieu à Adam Smith, de Hegel à James Mill, de Richard Jones à John Stuart Mill, s'édifie par niveaux successifs de complexité le concept de despotisme oriental (Anderson, 1978). Marx se saisit des définitions du despotisme oriental pour intégrer les formations sociales non européennes dans une matrice historique déterminée qui permettrait d'expliquer leur retard de développement : le mode de production asiatique. Marx reprend pour l'essentiel les caractéristiques mises en avant par les auteurs qui l'ont précédé, pour souligner le caractère stationnaire des sociétés orientales, face à des sociétés européennes évolutives et novatrices, toutes entières façonnées par l'héritage du «miracle grec, du droit romain et du siècle des Lumières» (Gallissot et Badia, 1976).

Repris et actualisés au cours de la seconde moitié du XXème siècle, les questionnements sur le mode de régulation étatique propre aux sociétés orientales font l'objet de vives controverses, avec l'apport des recherches issues du comparatisme historique et de l'anthropologie économique. De l'essai très discuté de Wittfogel (1964), notamment par Vidal-Naquet dont la critique est exposée dans l'avant-propos du *Despotisme oriental*, aux travaux ultérieurs de Godelier, Chesneaux, Suret-Canale, Boiteau et Parain (CERM, 1974a), et, pour le monde arabe, de Rodinson (1966) et de Amin (1976), le concept de mode de production asiatique ou tributaire est également réintroduit dans sa portée critique (Mandel, 1972), et soumis à des interrogations sur sa pertinence à l'égard du féodalisme (CERM, 1974b) et vis-à-vis de l'expérience des sociétés concrètes (Lefebvre, 1972 ; Anderson, 1978).

De même, les hypothèses sur le mode de production asiatique, comme les interprétations sur les fondements des catégories historiques, qu'Engels initie dans *Les origines de la propriété privée, de la famille et de l'État*, ouvrent sur des conceptions évolutives et continuistes de l'État, qui font à la fois l'objet de questionnements critiques (Lefebvre, 1976a, 1976b, 1977 et 1978) et, chez Deleuze et Guattari, dans *L'Anti-Œdipe* et dans *Mille plateaux*, d'une reproblématisation autour de l'hypothèse d'un «*Ustaat*» originel.

La figure de l'État hégémonique, qui soumet les organisations rurales et urbaines à une intervention publique saturant l'espace des relations économiques et politiques, s'accompagne de différentes caractéristiques qui ne sont pas vraies dans toutes les formations sociales simultanément ou avec la même ampleur. Ainsi en est-il de la nature des droits de propriété, des fondements du pouvoir de l'État, de la complexité de la stratification sociale, du statut accordé au droit, ou encore, des conditions d'organisation de la production dans les campagnes et dans les villes. Loin d'être homogènes et identiques, ces éléments diffèrent fortement selon que l'on considère, par exemple, le cas de la Chine impériale, celui de l'Inde, ou encore, celui de l'Empire ottoman et du monde arabe.

Anderson précise quelques-unes de ces différences dans son essai critique sur le mode de production asiatique, en comparant la civilisation chinoise et la civilisation islamique sur des aspects essentiels comme la nature du personnel politique, les caractéristiques de la stratification sociale, ou encore, la conception de la ville. Il souligne ainsi : «On pourrait presque les opposer terme à terme. Les gardes militaires d'esclaves qui formaient si fréquemment la clé de voûte des systèmes politiques islamiques étaient l'antithèse de la noblesse de civils lettrés qui dominait l'État impérial chinois. Dans le premier cas, le pouvoir avait un aspect prétorien, dans l'autre il s'agissait d'un mandarinat [...] Le prestige social des marchands dans les empires arabes surpassa toujours les honneurs accordés aux commerçants dans le Royaume Céleste [...] Les villes où ils opéraient n'étaient pas moins différentes. Les villes classiques en Chine formaient des quadrillages administratifs définis et segmentés, alors que les villes islamiques étaient des labyrinthes tortueux produits du hasard» (1978, p. 384).

De même, un État hégémonique ne signifie pas l'absence de différenciation sociale. Comme le souligne Mandel à propos des formations sociales asiatiques (1972, p. 122) : «Il faut insister sur le fait que cette société n'est nullement «primitive» dans le sens d'une absence de classes sociales clairement délimitées ou constituées. Au contraire, à côté des paysans existent non seulement les fonctionnaires publics mais encore des propriétaires fonciers (qui s'approprient illégalement la propriété du sol) et des marchands et banquiers, souvent immensément riches. Mais ce qui détermine la spécificité de ces classes, dans le mode de production asiatique, c'est que, devant l'hypertrophie du pouvoir d'État, ils ne peuvent jamais acquérir *la puissance sociale et politique* qui, dans d'autres pays, a donné naissance à la féodalité d'abord, au capitalisme moderne ensuite. Voilà ce dont le concept de mode de production asiatique doit rendre compte».

À l'image d'une stratification sociale parfois très complexe, le mode de production tributaire s'accommode également de rapports marchands, dans l'espace des transactions urbaines, sans que ces rapports se traduisent par l'émergence d'une société marchande, prélude à l'accumulation primitive du capital. Braudel se sert du cas de la Chine impériale pour distinguer l'économie de marché du capitalisme, en invoquant le rôle de l'État : «[…] La Chine a une solide économie de marché que nous avons décrite à plusieurs reprises, avec ses guirlandes de marchés locaux, le grouillement de ses petits peuples d'artisans et de marchands itinérants, le pullulement de ses boutiques et rendez-vous urbains. Donc, à la base, des échanges vifs et nourris, favorisés par un gouvernement pour qui les performances agricoles sont l'essentiel ; mais *au-dessus*, la tutelle omniprésente de l'État – et son hostilité nette vis-à-vis de tout individu qui s'enrichirait anormalement» (1979, T2, p. 525).

Il est possible d'illustrer d'une autre manière le statut dominé de cette économie marchande, en s'appuyant sur Polanyi : «Ce n'est pas l'existence des marchés qui est significative, c'est plutôt leur institutionnalisation et leur évolution» (Maucourant, 2005, p. 85). Or l'État du despotisme oriental, en se soumettant les statuts sociaux et les sources de la richesse, en imposant l'arbitraire et l'incertitude dans les échanges, en prévenant toute autonomie politique des classes sociales urbaines, empêche la constitution du marché comme institution. Ainsi que le montrent notamment Gallissot et Badia (1976), mais aussi Braudel (1979) et Hartog (2003), le comparatisme historique nous apprend comment l'évolution des formations sociales se trouve façonnée par des phénomènes qui se différencient en fonction d'un facteur discriminant principal, ici l'emprise de l'État sur l'économie et la société.

2. Les fondements de l'intervention publique

Alors que la Chine sous Mao voit s'ériger les institutions du communisme, sous une forme originale, les États arabes vont s'appuyer, après une première période marquée par les modèles de développement nationalistes issus des indépendances, sur une organisation économique dominée par la rente pétrolière.

2.1. *État, planification et rapports de propriété en Chine*

Dans la Chine d'après 1949, la domination de l'État ne renvoie pas à des fonctions purement idéologiques, même si celles-ci ont joué un rôle important dans certaines circonstances historiques. Elle ne s'appuie pas non plus seulement sur le principe classique du monopole de la violence légitime. Elle s'affirme également comme la contrepartie de la prise en charge d'activités collectives pour lesquelles les coûts fixes d'un côté et les externalités de l'autre pèsent d'un poids prépondérant dans la régulation sociétale d'ensemble.

L'État entrepreneur du mode de production tributaire et l'État planificateur du régime communiste remplissent, de ce point de vue, les mêmes orientations fonctionnelles. Par la conception, la réalisation et l'entretien des infrastructures civiles et militaires, pour l'État hydraulicien, et par les directions données à l'accumulation, à l'affectation des ressources et aux relations matricielles entre inputs et outputs, pour l'État planificateur de la Chine communiste (Bettelheim, 1976), les fonctions régaliennes s'attribuent dans l'un et l'autre cas les leviers de la reproduction économique, et l'État se soumet l'économie et la société.

Pour autant, l'État hydraulicien et l'État planificateur ne définissent pas l'existence d'un seul et même régime de propriété, pour répondre aux critiques avancées, notamment par Anderson (1978), sur le caractère déterministe de l'appropriation foncière à l'intérieur des grilles de lecture du mode de production asiatique. Dans la Chine impériale, les droits fonciers ont évolué d'une propriété étatique à des régimes de tenure plus ou moins restrictifs selon les périodes et les dynasties, jusqu'à la formation d'une propriété paysanne familiale, voire d'une grande propriété foncière absentéiste (CERM, 1974a). Dans la Chine d'après 1949, la propriété socialiste des moyens de production s'est accompagnée d'un régime d'occupation des terres, marqué par la propriété étatique sous Mao Zedong, puis par la distribution de droits d'usage aux familles paysannes à partir des réformes engagées par Deng Xioping. Concernant les activités non agricoles, la réforme des droits de propriété s'est traduite par la constitution progressive d'une structure hybride, avec des relations complexes entre les entreprises d'État, les entreprises collectives et les entreprises privées chinoises et sino-étrangères.

L'hégémonie de l'État à l'intérieur de la formation sociale chinoise s'accommode donc d'une administration différenciée des droits de propriété. Mais l'existence à certaines périodes d'une propriété privée, voire de la grande propriété foncière, ne signifie pas pour autant qu'une classe possédante peut mettre en avant des droits de propriété sur la terre pour s'accaparer le pouvoir économique et politique.

Dans la Chine dynastique, l'appropriation privée sur une grande échelle demeure l'apanage d'une bureaucratie impériale, qui se confond avec le service de l'Etat entrepreneur et qui en reçoit, en contrepartie, des droits d'usage, en particulier sur le domaine foncier. Mais les droits d'usage eux-mêmes limitent le champ d'application des droits de propriété. Ils tendent à faire émerger, sous l'appropriation privée, les conditions d'un véritable régime de propriété indivis. Il manque, en quelque sorte, à cette formation sociale l'architecture wébérienne d'un droit rationnel, une institution qui s'affirme comme une condition nécessaire à l'émergence d'une économie de marché, au sens de Polanyi (1983). Comme le souligne Maucourant (2005, p. 65) : «Un trop grand arbitraire du pouvoir politique sur le patrimoine de ses membres [...] ne peut permettre des logiques marchandes rationnelles». Nous reprendrons, sur ce point encore, les remarques de Braudel sur la propriété privée de la terre en Chine, et sur le décalage entre l'appropriation économique et le régime juridique de propriété : «Des paysans et même des propriétaires fonciers importants peuvent être déplacés autoritairement d'un point à l'autre de l'Empire, là encore au nom du bien commun et des besoins de la colonisation agricole [...] Il est vrai qu'une noblesse terrienne s'est établie sur le dos des paysans et leur soutire du travail, mais sans aucun droit légitime et seulement dans la mesure où elle accepte, dans les villages où aucun fonctionnaire n'exerce de surveillance directe, de représenter l'Etat, en particulier de lever pour lui l'impôt. La noblesse elle-même, donc, dépend de la bénévolence de l'Etat» (1979, T2, p. 524).

Il en est de même pour la Chine d'après 1949, où la bureaucratie communiste s'appuie sur le pouvoir d'État, tant au niveau central que local, pour s'approprier des rentes de situation liées aux rapports de subordination politique et prélevées sur la valeur créée dans la production. Comme pour la bureaucratie impériale qui l'a précédée, les droits d'usage sur la production en faveur de la bureaucratie communiste constituent la contrepartie du service de l'État, ils ne sont pas appropriables, et donc pas cessibles ni transmissibles. La propriété sociale des moyens de production constitue un instrument de légitimation qui justifie l'intervention de l'État et le pouvoir de la bureaucratie qui en garantit la pérennité. Mais celle-ci s'accommode aussi de la transition vers des formes non étatiques de propriété. La bureaucratie profite alors de l'hybridation de la propriété pour contrôler des entreprises collectives et investir dans des entreprises privées nationales ou sino-étrangères.

Pour autant, le dogme de la propriété socialiste n'acquiert son sens moderne que rapporté à l'économie politique du socialisme, que l'on trouve théorisée chez des auteurs comme Boukharine (1976 ; Salmon, 1980) ou Preobrajensky (1966), et codifiée définitivement dans le *Manuel d'économie politique* de l'Académie des Sciences de l'URSS, publié en 1956. Malgré la rupture politique et idéologique avec l'Union soviétique, l'Etat chinois ne remet pas fondamentalement en cause les principes fondateurs de l'économie politique du socialisme (Bettelheim, 1978), que l'on retrouve sous le régime de Mao Zedong et ensuite, à travers les contenus programmatiques que traduisent les expressions «production marchande socialiste», «système économique socialiste» (Chavance, 1980) et, plus récemment, «économie socialiste de marché» (Béraud, 2006).

Dans les campagnes chinoises, le statut de la propriété doit composer avec l'expérience des communes populaires et celle de l'industrialisation rurale, qui ont été érigées de manière conjointe en schéma de développement alternatif par rapport aux orientations économiques du système soviétique. Fondées sur la collectivisation des moyens de travail, dont la terre, et sur la décentralisation des formes d'organisation de la production, elles sont considérées, l'une et l'autre, comme des institutions spécifiques du modèle maoïste (Tissier, 1976a et 1976b).

Dans le cadre d'un régime foncier dominé par la propriété indivise, alors que le prélèvement du surplus agricole se faisait sous forme de contrepartie, au sein du dispositif complexe des prestations réciproques lié au mode de production tributaire, il s'opère désormais sous la pression des prix administrés, à l'intérieur du système de l'Etat-plan du régime maoïste. À défaut de droits de propriété, la contrainte fonctionnelle dans le premier cas et la planification impérative, dans le second, associent dans les mêmes rapports l'appareil de contrôle du pouvoir central et les représentants de celui-ci au plan local, dans les provinces et les communes, qui assurent par délégation l'administration de la rente (Bianco, 2005). Les conditions d'appropriation diffèrent selon les régimes historiques, mais le tribut foncier rural constitue bien un enjeu fondamental, à la fois pour le pouvoir central qui peut ainsi privilégier, le cas échéant, les transferts de surplus de productivité vers l'industrie, et pour les autorités locales, dont les objectifs peuvent obéir à des considérations alternatives, allant de la captation d'une part variable des ressources à la consolidation d'un pouvoir personnel.

2.2. *État, rente pétrolière et rapports de distribution dans le monde arabe*

Les stratégies de rente minière mises en œuvre depuis plus de trois décennies dans les pays arabes et en Iran s'inscrivent à l'intérieur de la dynamique économique du secteur énergétique mondial. Jusqu'à la nationalisation des actifs des compagnies opérant au Maghreb et au Machrek, l'industrie pétrolière reste dominée par l'organisation interterritoriale des compagnies anglo-saxonnes qui s'approprient la plus grande partie de la rente (Angelier, 1976 et 1990). De leur côté, les pays importateurs retirent également, sous forme de taxes et impôts, d'importants avantages énergétiques et fiscaux de l'impuissance des pays exportateurs à retenir les revenus différentiels procurés par l'exploitation de leurs gisements domestiques (Chevalier, 2004). Ainsi la propriété foncière incarnée par les pays-hôtes, dans le monde arabe et en Iran, loin de faire obstacle à l'accumulation du capital, se trouve au contraire exclue du partage de la proportion la plus importante des gains de l'avantage géologique.

Mais les termes du rapport de force se modifient radicalement à partir de la décennie 1970. L'industrie pétrolière entre dans une phase de coûts croissants (Chevalier, 1975 ; Bromley, 1991). Dans le même temps, les idéologies nationalistes amènent les gouvernements des pays producteurs arabes à donner la priorité au recouvrement de la souveraineté pétrolière (Corm, 1983 et 2007). Les conditions de formation du surplus pétrolier demeurent inchangées, mais les mécanismes d'appropriation jouent désormais en faveur des pays producteurs. En récupérant la propriété économique des gisements, ces derniers bénéficient désormais d'un partage plus favorable des rentes différentielles. Cette évolution va infléchir l'organisation de l'industrie pétrolière internationale et contribuer à faire émerger un modèle de développement spécifique, dont les États arabes seront les principaux initiateurs, et qui place l'intervention publique au centre de la politique pétrolière et de l'industrialisation (Owen, 2004).

L'État dans les pays producteurs arabes incarne jusqu'à aujourd'hui le centre de gravité d'une orthogonalité, dans une conception proche de l'analyse systémique développée par Marc Humbert (1990), au sein de laquelle se recoupent le plan vertical de l'industrie pétrolière et le plan horizontal de l'économie de rente. À l'intersection de ces deux agencements, l'intervention publique doit donc s'efforcer de concilier les intérêts du propriétaire foncier collectif et ceux du producteur de nouveaux rapports sociaux. Le statut ambivalent de l'État dans les pays exportateurs d'hydrocarbures, en particulier au Maghreb et au Machrek, constitue une question importante qui, à notre connaissance, n'a jamais été traitée sous cette forme. Elle permet, au plan méthodologique, de compléter les interprétations propres à deux domaines d'investigation : l'économie de l'énergie, qui privilégie les mécanismes à l'œuvre sur les marchés des hydrocarbures; l'économie du développement, qui s'intéresse aux stratégies d'industrialisation.

·Les États pétroliers doivent assurer l'adéquation entre la défense de leurs intérêts de propriétaires fonciers collectifs et les impératifs de la dynamique économique territoriale. Lorsque cette adéquation s'avère difficile à maintenir, comme ce fut le cas lors des périodes 1976-1978, 1982-1988, dans la décennie 1990 et au cours de la première moitié des années 2000, les pays producteurs doivent procéder à des arbitrages. Mais ces derniers demeurent fragiles. Ainsi, l'instauration de quotas de production destinés à soutenir le prix du brut et, sur le plan national, les révisions à la baisse des programmes d'investissement ne constituent pas des mesures suffisantes pour ramener l'équilibre entre les deux fonctions. Des tensions entre ces fonctions résultent un certain nombre d'effets négatifs induits, alternativement pour l'Etat-propriétaire foncier et pour l'Etat-entrepreneur garant de l'intégration économique territoriale. On peut regrouper ces effets en fonction de l'articulation contradictoire correspondante :

- État-entrepreneur versus État-propriétaire foncier :
  - Dilemme quantité/prix
  - Négociations difficiles pour aboutir à un accord sur la répartition des efforts de limitation de la production entre les différents pays membres de l'OPEP
  - Dépassements fréquents des quotas individuels
  - Généralisation de la pratique des rabais
  - Multiplication des contrats à très court terme alignés sur les cours du marché libre
  - Réajustements des prix officiels en fonction de l'évolution des prix spot, qui deviennent les prix directeurs du marché
- État-propriétaire foncier versus État-entrepreneur :
  - Réajustements des plans de développement et des programmes d'investissement, avec le risque de voir compromettre leur cohérence économique initiale
  - Report ou annulation de projets industriels ou agricoles
  - Rigueur budgétaire accrue, susceptible de déclencher une crise de l'économie de rente qui remet en cause la cohésion de la formation sociale
  - Prélèvements sur les avoirs extérieurs ou/et recours à l'endettement international.

Mais les deux formes de gouvernementalité n'ont pas une portée équivalente, dans la mesure où la politique pétrolière conditionne le déroulement de la politique économique. La part prépondérante des recettes pétrolières dans le budget de l'État et l'accroissement plus rapide des revenus tirés des hydrocarbures par rapport au PIB contribuent à renforcer le secteur public et à élargir l'influence de la politique économique dans les pays producteurs du Maghreb et du Machrek. La perception des revenus pétroliers confère à l'intervention publique un degré d'indépendance très élevé vis-à-vis de la nation et de l'économie non pétrolière (Alnasrawi, 1991). L'internationalisation du secteur des hydrocarbures assure l'autonomie économique et politique de l'État, en lui offrant la possibilité de substituer aux prélèvements effectués sur le surplus domestique un transfert de revenus opéré sur l'étranger (Katouzian, 1979). L'intervention publique ne dépend donc plus de la conjoncture économique locale, mais des conditions de valorisation internationale de l'économie pétrolière (Sid Ahmed, 1989). L'État se place en aval du secteur pourvoyeur de rente et en amont du système productif. De ce point de vue, le statut de l'Etat-entrepreneur dans les économies pétrolières arabes est largement surdéterminé par l'origine, la nature et l'ampleur des recettes publiques, indexées sur les cours mondiaux des hydrocarbures.

Si l'évolution de la politique pétrolière de l'OPEP dépend de l'orthogonalité industrie mondiale/État national, les objectifs de l'intervention publique dans les pays membres divergent en fonction de la position occupée au sein du dispositif de la propriété minière. À cet égard, la répartition des ressources énergétiques, la durée de vie des réserves d'hydrocarbures et le poids inégal de la démographie constituent des facteurs de discrimination qui contribuent à diviser les intérêts des pays producteurs (Yousef, 2009). Des États pétroliers richement dotés en ressources énergétiques et faiblement peuplés, tels la Libye, l'Arabie saoudite et les Émirats du Golfe, peuvent optimiser les gains de l'avantage géologique en allongeant leur horizon de production. Moins bien dotés que les précédents ou plus peuplés, l'Égypte, la Syrie, l'Irak et l'Iran occupent des positions intermédiaires dans l'ordre pétrolier régional (Alami, 2006). De même, l'Algérie doit composer avec une forte capacité d'absorption et un horizon de production assez court en ce qui concerne le pétrole. Cette hiérarchie n'est pas indifférente.

Elle traduit le degré de liberté de la politique économique vis-à--vis de la politique pétrolière.

Dans les pays producteurs à faible capacité d'absorption, bénéficiant d'un horizon de production suffisamment long, la valorisation des avantages absolus et le renforcement de l'appareil de légitimation politique constituent les deux objectifs majeurs de l'intervention publique. La fonction d'accumulation s'appuie sur la flexibilité des mécanismes d'ajustement de la production pour tendre à surmonter progressivement l'asymétrie des avantages concurrentiels dans les industries connexes, raffinage, chimie des engrais et des grands intermédiaires, sidérurgie. L'étroitesse des marchés intérieurs, l'absence d'intégration régionale et la pénurie de main-d'œuvre d'un côté, les surplus financiers et l'abondance en énergie et en matières premières énergétiques de l'autre, conditionnent le choix initial du processus, une industrialisation par grands complexes, fondée sur la valorisation des ressources naturelles ou *Resource-based industry* (Auty, 1990). L'adoption de ce modèle de développement consacre l'hégémonie des hydrocarbures et contribue à créer les conditions d'une réintégration de l'industrie, comme en témoignent les exemples de la Libye, du Koweit et de l'Arabie saoudite (Niblock, Malik, 2007). La fonction de légitimation politique, quant à elle, repose sur la distribution clientéliste de statuts, fonctions et moyens de consommation.

Les pays producteurs moins bien dotés en hydrocarbures et à forte capacité d'absorption vont chercher, de leur côté, à compenser la rigidité des mécanismes d'ajustement de la production en tentant d'amoindrir l'influence de l'industrie pétrolière dans le processus de développement. Ainsi la rente sert de fonds d'accumulation pour financer une industrialisation de substitution aux importations à partir de l'amont du système productif. Une telle orientation économique rencontrait, à l'origine, les aspirations nationalistes des régimes politiques en Algérie, Égypte, Syrie et Irak. Mais l'instrumentalisation de la rente au service du développement repose sur un paradoxe lourd de conséquences. En effet, elle contraint à faire de l'expansion des hydrocarbures l'objet principal de la politique économique. Supporté par une industrialisation hautement capitalistique, le dispositif rentier détourne les dépenses d'investissement à son profit, consomme une part croissante des devises qu'il contribue à faire rentrer et alimente l'endettement extérieur (Béraud, 1994 ; Aissaoui, 2001).

3. L'État, entre rente pétrolière et rente capitalistique

Les réformes entreprises en Chine ont pour objet de libéraliser l'économie, sans pour autant remettre en cause les fondements de l'Etat-parti. Les résultats économiques des entreprises chinoises contrastent avec les difficultés des États arabes pour mettre en place une organisation entrepreneuriale susceptible de prendre le relais de l'économie pétrolière.

3.1. *La plasticité de l'Etat-parti en Chine*

Si la question de la propriété des moyens de production ne constitue pas le seul facteur des transformations économiques qui caractérisent la période de transition en Chine, depuis le début des réformes en 1978, elle n'en conditionne pas moins les autres aspects du débat sur l'évolution conjointe des formes de contrôle des exploitations agricoles et des entreprises industrielles, ainsi que des modalités d'affectation et d'appropriation du surplus social.

Dans l'agriculture, la suppression des communes populaires, à partir de 1978-1981, s'inscrit dans un processus plus général de remise en cause des dispositifs de collectivisation de l'ère maoïste et de modernisation des conditions de production. Pour autant, les exploitations ne sont pas privatisées, au sens où le principal moyen de travail, le support de l'activité agricole, c'est-à-dire la terre, demeure soumise au régime de la propriété collective. La distribution relativement égalitaire des droits d'usage des terres, concédés par les collectivités villageoises aux unités familiales, se traduit par la domination des micro-exploitations, dans le cadre d'un modèle d'exploitation parcellaire simple, par opposition à l'exploitation parcellaire capitalisée.

Les obstacles à la capitalisation dans les campagnes chinoises tiennent, pour une part, à un régime d'occupation des terres qui freine l'investissement, dissuade les échanges entre exploitants et empêche la rotation des ressources foncières. La valorisation des investissements est rendue d'autant plus difficile que les transactions sur le marché foncier s'avèrent très limitées et que les transferts des droits d'usage entre paysans demeurent des accords informels, de courte durée et restreints à l'unité familiale (OCDE, 2003).

En outre, la nature collective du régime des droits de propriété laisse apparaître un espace de conflits potentiels entre les paysans et les bureaucraties locales, qui représentent de manière contradictoire les intérêts du pouvoir central et leurs propres intérêts (Bianco, 2005). À l'image de la situation prévalant dans les entreprises industrielles, la dichotomie des modes de contrôle étatique dans les campagnes chinoises peut se laisser analyser, en référence à la théorie de l'agence, comme un modèle «multi-principaux, un agent» (Huchet et Richet, 2005), où les asymétries d'information entre le pouvoir central et les délégations périphériques se traduisent par des comportements de «chasseurs de rente» de la part de ces dernières, particulièrement préjudiciables aux intérêts des agriculteurs. En témoignent les nombreuses décisions arbitraires prises à l'encontre des paysans, notamment dans le cadre de l'attribution ou du transfert des droits d'usage sur les terres.

Dans l'industrie, avec les réformes mises en œuvre entre 1979 et 1993, les entreprises bénéficient d'une autonomie plus importante, sur les profits, les prix et la fiscalité. En contrepartie, elles doivent acquitter un coût d'accès au capital en assurant le financement de leurs investissements par des crédits bancaires. La marge de manœuvre nouvelle des entreprises chinoises s'accompagne d'une décentralisation des niveaux de contrôle, qui se traduit par un transfert important des prérogatives du pouvoir central aux autorités locales. Le nouvel ancrage territorial des entreprises n'opère pas seulement une déconcentration des responsabilités, il contribue à multiplier les formes de contrôle externe et à diluer la propriété sociale des moyens de production dans les rapports de forces entre les managers, les représentants de l'État et les membres des réseaux d'influence locaux du PCC, sachant que les mesures de décentralisation devraient largement contribuer à accentuer la superposition des différentes strates périphériques agissant par délégation pour le compte du pouvoir central.

Le déroulement de ces premières réformes montre bien que, pour le gouvernement chinois, au cours de cette période, l'idée d'une équation combinant la propriété sociale des forces productives et la codification matricielle des moyens (inputs) et des objectifs (outputs) peut être conservée, à condition d'assouplir les modalités internes et externes de contrôle des entreprises. De ce point de vue, les mesures adoptées peuvent être assimilées à un tâtonnement sur le choix des techniques de gestion, d'évaluation et de décision. Les réformes ne revêtent donc pas de contenu politique, à proprement parler, même si elles aboutissent *in fine*, par la décentralisation des responsabilités, à renforcer les asymétries d'information et les comportements prédateurs dans le cadre du modèle «multi-principaux, un agent» déjà évoqué pour l'agriculture. En témoignent les prélèvements sur les bénéfices par le biais des mesures de taxation et les transferts des actifs les plus rentables dans le cadre de la filialisation des activités des entreprises d'État ou des entreprises du secteur collectif.

Les réformes affichées à partir des années 1990 tentent de répondre aux dysfonctionnements des entreprises, en remettant partiellement en cause le principe de la propriété sociale des moyens de production. À l'origine, la détérioration des résultats des firmes d'Etat vient sanctionner les limites des changements introduits au cours de la période précédente. Malgré un rythme d'accumulation élevé, l'intégration du progrès technique dans les générations de capitaux nouveaux et la diffusion de l'innovation au sein des entreprises, dans le cadre de relations horizontales ou verticales, restent des phénomènes très inégaux.

La productivité et la rentabilité insuffisantes des entreprises du secteur d'État pèsent sur le coût de l'investissement. Il n'est donc pas étonnant que le taux de croissance de la Formation Brute de Capital Fixe dans l'industrie ait pour contrepartie une forte mobilisation du crédit auprès des banques publiques, ainsi que des reports sur le budget de l'État, qui enregistre des moindres rentrées fiscales, des retards de paiement de l'impôt et qui doit consentir des subventions d'exploitation. Le crédit bancaire et le budget de l'État s'affirment donc comme des instruments contracycliques, qui permettent de reporter dans le temps la sanction sociale liée au déficit de rentabilité des entreprises d'Etat.

L'expression «socialisme de marché» acquiert ici une signification particulière, puisque l'Etat-parti semble s'orienter, dans le discours et dans la pratique, vers un processus progressif de désengagement du contrôle du capital des entreprises. En témoignent les différentes étapes de libéralisation, depuis la promulgation d'une loi sur les sociétés en 1994, la suppression des ministères sectoriels en 1998, la transformation des organismes locaux de tutelle en sociétés de gestion des actifs d'État, propriétaires du capital des entreprises, jusqu'à l'ouverture, en 2002, du capital des sociétés publiques cotées en Bourse aux investisseurs étrangers.

Cependant, la remise en cause de la propriété sociale des moyens de production à travers les mutations d'actifs doit être nuancée. Trois phénomènes au moins militent en ce sens.

En premier lieu, un traitement dichotomique paraît s'imposer, entre les PME et les grandes firmes du secteur d'Etat. Les premières sont transformées en entreprises collectives ou privatisées sous l'égide des autorités locales, avec des cessions d'actifs au profit du personnel ou d'investisseurs extérieurs. Les grandes firmes, quant à elles, voient leur régime de propriété évoluer plus graduellement. Elles demeurent, dans leur grande majorité, sous l'emprise de l'État, en dépit du changement de statut et de l'ouverture du capital.

En second lieu, la domination des intérêts du secteur public est assurée, *en amont*, par le pilotage des grandes entreprises d'État, principales donneuses d'ordre à l'intérieur des systèmes de valeur propres aux différentes industries, et bénéficiant à la fois des financements, de la technologie et de la main-d'œuvre qualifiée, et, *en aval*, du contrôle des petites entreprises dont les enquêtes montrent qu'il n'échappe guère aux bureaucraties locales (Huchet et Richet, 2005). Tour à tour pôles d'accumulation et leviers de commande des flux financiers vers le reste de l'industrie, les firmes d'État contribuent donc puissamment à relayer les orientations de l'intervention publique.

En troisième lieu, les grandes entreprises étatiques s'affirment encore comme les supports économiques privilégiés du pouvoir politique des bureaucraties et de leurs organes représentatifs. Pourvoyeuses d'emplois réservés et surtout de moyens financiers captifs, elles contribuent à entretenir les appareils et réseaux d'influence qui conditionnent la domination de l'Etat-parti au niveau central, régional et local.

Mais l'infléchissement des conditions d'intégration de l'économie chinoise dans le système industriel mondial, vers davantage d'extraversion sur le marché intérieur et sur les marchés extérieurs, impose désormais une contradiction majeure entre, d'un côté, le soutien à l'architecture politique issue de la période maoïste et, de l'autre, les besoins de l'accumulation et de la mise en valeur du capital. En témoignent l'ouverture du capital des entreprises publiques aux participations étrangères, ainsi que les débuts d'une financiarisation de leurs activités par l'intermédiaire des transformations du système bancaire et du marché boursier.

3.2. *Les difficultés entrepreneuriales des États arabes*

Dans le monde arabe, la formation d'une classe d'entrepreneurs déliée de l'économie pétrolière se heurte à deux obstacles.

Le premier est constitué par l'économie d'allocation dont l'influence se traduit par la domination de comportements rentiers, peu propices à la prise de risque et à l'esprit d'entreprise. Le deuxième obstacle concerne l'effet de nature des industries de l'économie pétrolière, dont les caractéristiques apparaissent constituer des facteurs d'exclusion pour le secteur privé.

En transformant l'autonomie techno-économique de l'industrie pétrolière en une autonomie socio-économique de l'État, le prélèvement des recettes d'exportation et la nature dominante du processus d'industrialisation ont contribué à faire de la distribution de la rente le fondement principal de la stratification sociale dans les pays producteurs du monde arabe. La nature spécifique du surplus économique place les individus et les groupes sociaux dans une situation de dépendance irréductible vis-à-vis de l'Etat. La hiérarchie des positions relatives des uns et des autres est déterminée par le degré de proximité variable qui caractérise leurs relations avec le clan ou le parti dirigeant, le gouvernement et l'administration. La fonction de légitimation politique se traduit donc par une orientation favorable au clientélisme et à l'esprit de rente. L'économie d'allocation permet de regrouper, au sein des clientèles, toutes les catégories sociales qui, par le biais de la tradition, de la propriété ou de l'éducation, représentent une menace pour la stabilité du régime politique et pour le projet d'appropriation exclusive par l'État de l'ensemble des droits socio-économiques. En contrepartie, l'insertion dans le circuit de la rente a suscité un biais anti-productif durable, perceptible notamment à travers la faiblesse du taux d'activité nationale au Moyen-Orient et en Libye.

Mais ce biais anti-productif a été largement accentué par l'effet de nature de l'industrialisation fondée sur l'exploitation des ressources naturelles (Béraud, 1994). Le caractère excluant des régimes d'appropriation de la technologie, les irréversibilités et les risques de dépendance de sentier, le niveau élevé des dépenses d'investissement, la part prépondérante du capital fixe, le poids des actifs industriels spécifiques et des coûts irrécupérables liés aux infrastructures principales et secondaires, l'inégalité cyclique et la faiblesse des profits, l'horizon de long terme du retour sur investissement constituent autant de barrières à l'entrée, qui ont dissuadé les entrepreneurs locaux de s'associer aux activités de l'industrialisation tirée par les hydrocarbures. En dépit des aides diverses dont le secteur privé arabe a pu bénéficier, et malgré les accords de joint-ventures passés avec les entreprises étrangères, la contribution des entrepreneurs locaux est restée faible. L'effet de nature du modèle *Resource-based industry* n'a pas permis au secteur privé, notamment dans les pays où le contexte économique et juridique l'encourageait (Arabie saoudite, Émirats du Golfe), de trouver un point d'entrée sur la trajectoire industrielle pilotée par le secteur public.

Le biais anti-productif a été également renforcé par le puissant effet d'éviction exercé sur les industries de l'économie non pétrolière par la concentration des investissements dans les hydrocarbures et les activités connexes. Les premières ont subi de ce fait une décapitalisation préjudiciable à leur développement, d'autant que les ressources investies par le secteur privé ne pouvaient compenser la désaffection du secteur public et le renchérissement du facteur capital. Deux raisons peuvent être invoquées pour expliquer ce phénomène. D'une part, dans les États arabes marqués par une politique économique dirigiste, le secteur privé s'est vu officiellement cantonné dans un nombre limité d'activités industrielles liées généralement à la production et à la commercialisation de biens de consommation non durables. D'autre part, pour ce qui concerne les autres États de la région, dotés de politiques plus libérales, le secteur privé a été incité à préférer aux activités industrielles à rentabilité différée les opportunités à court terme offertes par les investissements à caractère spéculatif dans l'immobilier et les services d'accompagnement de l'économie de rente.

Dans tous les cas, le biais anti-productif a été aussi favorisé par la dynamique des revenus pétroliers. L'afflux des recettes d'exportation a suscité des phénomènes de surévaluation monétaire qui ont constitué autant d'effets discriminants à l'égard des industries tournées vers le marché intérieur. En effet, l'appréciation des monnaies nationales a contribué à déformer la structure des prix relatifs et à renforcer ainsi les tensions inflationnistes pesant sur les biens produits localement. La demande s'est alors déplacée vers les biens importés, ce qui a eu pour effet de sanctionner la production nationale et de décourager l'investissement productif. Au surplus, l'appréciation des changes a fragilisé les systèmes financiers locaux en favorisant les exportations de capitaux. Ces mouvements spéculatifs ont constitué un obstacle supplémentaire aux besoins de financement des industries domestiques non pétrolières.

Conclusion

Notre hypothèse principale est que les économies de la Chine et du monde arabe ont connu une continuité historique remarquable, de période en période, dans les formes successives de contrôle exercé par l'État sur les conditions de production et d'appropriation des richesses. Aujourd'hui, l'économie chinoise s'inscrit dans le processus d'appropriation mondiale de valeurs d'usage mesurables, de titrisation des actifs, qui contribue à convertir des droits d'usage de nature collective en droits de propriété à caractère privatif. Les «nouvelles enclosures», pour reprendre une expression heureuse de Moulier-Boutang (2001), s'accompagnent également d'une captation des rentes, qui trouvent ensuite à s'investir dans les activités les plus lucratives. Ici également, la rente nourrit la rente. Et de ce point de vue, la rente mondialisée du capitalisme chinois constitue certainement le phénomène le plus marquant des transformations contemporaines, non seulement parce qu'il suscite une accumulation primitive qui ajoute de nouvelles pressions à la baisse sur le coût du travail, mais aussi parce que cette rente vient irriguer l'espace des échanges et représente ainsi le moteur de la croissance du marché chinois et le nouveau fondement du pouvoir de l'Etat-parti.

Cependant, tout exercice de prospective sur les rapports entre l'État, l'économie et la société civile en Chine se heurte à de lourdes hypothèques. Il ne s'agit pas seulement de mettre en relief les implications de la question démographique qui s'affirme comme un problème récurrent dans l'histoire de la Chine. Il ne s'agit pas non plus uniquement d'évaluer la capacité de l'État chinois à encourager la diffusion interrégionale des retombées de la croissance et des effets de liaison issus des pôles d'attraction industrielle. De fait, la redistribution ne peut être séparée des conditions d'organisation de la production, et celles-ci, des rapports de propriété qui tendent à s'imposer. Et les mouvements sociaux enregistrés un peu partout en Chine depuis quelques années montrent que l'Etat-parti pourrait être à terme sanctionné pour sa gestion rentière des droits de propriété, avec la multiplication de nouvelles «jacqueries» – pour reprendre l'approche de Bianco (2005) – qui viendrait s'opposer aux effets d'exclusion suscités par la tyrannie des enclosures.

En tenant compte des hydrocarbures comme variable d'ajustement du circuit économique et des effets induits sur l'intervention publique et la distribution des revenus, mais aussi sur la nature de l'industrie, on peut en déduire que l'alternative entrepreneuriale ne s'affirme pas comme le scénario le plus vraisemblable, dans les pays producteurs arabes. Cette affirmation n'est pas contradictoire avec les avantages dont les États de la région entourent le secteur privé. La libéralisation des moyens de la production et des échanges, le maintien de certaines protections extérieures, l'intégration dans les marchés publics, la recherche de partenaires étrangers, l'encouragement à l'innovation, ou encore, les projets visant à favoriser les tissus de PME, constituent aujourd'hui des politiques largement partagées dans les États pétroliers du Maghreb et du Machrek. Pour autant, les comportements restent conditionnés par les biais anti-productifs de l'économie d'allocation. En témoignent les programmes de privatisation, dont le succès dépend des avantages que l'État peut accorder aux bénéficiaires du processus redistributif, tels l'endossement des coûts de restructuration et de mise à niveau, les dépréciations d'actifs et les défiscalisations. Mais les expériences actuelles et celles du passé montrent que, même dans ces conditions, la privatisation des systèmes productifs locaux ne garantit pas la prise en charge du risque industriel par les nouveaux détenteurs d'actifs. Et c'est sans doute à travers ces expériences aussi qu'apparaissent les limites d'un scénario entrepreneurial déployé à l'intérieur d'une économie étatique de rente minière.

Bibliographie

AISSAOUI A. (2001), *Algeria : The Political Economy of Oil and Gas*, Oxford University Press, Oxford.

ALAMI R. (2006), «Oil in Egypt, Oman and Syria : Some Macroeconomics Implications», *Oxford Institute for Energy Studies*, WPM 30, Oxford, October.

ALNASRAWI R., *Arab nationalism, oil, and the political economy of dependency*, Greenwood Press, Wesport.

ANGELIER J.P. (1976), *La rente pétrolière*, Editions du CNRS, Paris.

ANGELIER J.-P. (1990), «Le prix directeur de l'énergie», *Energie internationale 1990-91*, Economica, Paris, p. 13-23.

AMIN S. (1976), *La nation arabe*, Minuit, Paris.

ANDERSON P. (1978), *L'Etat absolutiste, Tome II, L'Europe de l'Est*, François Maspero, Paris.

AUTY R.M. (1990), *Resource-Based Industrialization : Sowing the Oil in Eight Developing Countries*, Clarendon Press, Oxford.

BÉRAUD P. (1994), «Un palimpseste du capitalisme de rente : industrie sans entrepreneurs dans les hydrocarbures arabes», in P. Béraud et J.-L. Perrault (dir.), *Entrepreneurs du Tiers Monde*, Editions Maisonneuve et Larose, Paris, chapitre 5.

BÉRAUD P. (2006) (Dir.), *La Chine dans la mondialisation*, Maisonneuve et Larose, Paris.

BETTELHEIM C. (1978), *Questions sur la Chine après la mort de Mao Tsétoung*, François Maspero, Paris.

BETTELHEIM C. (1976), *Calcul économique et formes de propriété*, François Maspero, Paris.

BIANCO L. (2005), *Jacqueries et Révolution dans la Chine du XXe siècle*, La Martinière, Paris.

BROMLEY S. (1991), *American Hegemony and World Oil: The Industry, the State System and the World Economy*, Pennsylvania State University Press, University Park, Penn.

BOUKHARINE N. (1976), Economique de la période de transition. Théorie générale des processus de transformation, EDI, Paris.

BRAUDEL F. (1979), *Civilisation matérielle, économie et capitalisme, XVe-XVIIIe siècle*, 3 tomes, Armand Colin, Paris.

C.E.R.M. (1974a), *Sur le mode de production asiatique*, Editions Sociales, Paris.

C.E.R.M. (1974b), *Sur le féodalisme*, Editions Sociales, Paris.

CHAVANCE B. (1980), *Le capital socialiste*, Le Sycomore, Paris.

CORM G. (1983,2007), *Le Proche-Orient éclaté*, La Découverte, Paris.

GALLISSOT R., BADIA G. (1976), *Marxisme et Algérie*, UGE, Paris.

HARTOG F. (2003), *Régimes d'historicité. Présentisme et expériences du temps*, Seuil, Paris.

HUCHET J.-F., RICHET X. (2005), *Gouvernance, coopération et stratégie des firmes chinoises*, L'Harmattan, Paris.

HUMBERT M. (1990), «Le concept de système industriel mondial», in Humbert M. (éd.), *Investissement international et dynamique de l'économie mondiale*, Economica, Paris.

KATOUZIAN H. (1979), «The Political Economy of Oil Exporting Countries», *Peuples Méditerranéens*, nº 8, juillet-septembre.

LEFEBVRE HENRI (1972), *La pensée marxiste de la ville*, Casterman, Paris.

LEFEBVRE HENRI (1976a, 1976b, 1977, 1978), *De l'Etat*, 4 volumes, UGE, 10/18, Paris.

MANDEL, ERNEST (1972). *Le troisième age du capitalisme*. 3 tomes, UGE, Paris.

MARX K. (1980), *Manuscrits de 1857-1858 («Grundrisse»)*, 2 tomes, Editions Sociales, Paris.

MAUCOURANT J. (2005), *Avez-vous lu Polanyi ?*, La Dispute, Paris.

MOULIER-BOUTANG Y. (2001), « Richesse, propriété, liberté et revenu dans le *capitalisme cognitif*» , *Multitudes*, nº 5, mai.

NIBLOCK T., MALIK M. (2007), *The Political Economy of Saudi Arabia*, Routledge, London.

OCDE (2003), *Examens de l'OCDE des politiques de l'investissement. Chine : progrès et enjeux de la réforme*,

OWEN R. (2004), *State, Power and Politics in the Making of the Modern Middle East*, Routledge, London.

POLANYI K. (1983), *La Grande Transformation*, Gallimard, Paris.

PREOBRAJENSKY E. (1966), *La Nouvelle Economique*, EDI, Paris.

RODINSON M. (1966), *Islam et capitalisme*, Le Seuil, Paris.

SALMON C. (1980), *Le rêve mathématique de Nicolas Boukharine*, Le Sycomore, Paris.

Sɪᴅ-Aʜᴍᴇᴅ A. (1989), Economie de l'industrialisation à partir des ressources naturelles, tome 2, Publisud, Paris.

Tɪssɪᴇʀ P. (1976a), *La Chine, transformations rurales et développement socialiste*, François Maspero, Paris.

Tɪssɪᴇʀ P. (1976b), *Les communes populaires chinoises*, UGE, Paris.

Toʀʀᴇs A. (1991a), *O Império Português entre o Real e o Imaginário* , Escher, Lisboa.

Toʀʀᴇs A. (1991b) (Coordenação de) *Portugal – Palop: As Relações Económicas e Financeiras*, Escher, Lisboa.

Toʀʀᴇs A. (1998), «La nouvelle 'Communauté des Pays de Langue Portugaise-CPLP' et la coopération de l'Union européenne: quelques problèmes» in Béraud P., Perrault J.P. et Sy O. (Dir.), *Géo-économie de la Coopération européenne : de Yaoundé à Barcelone*, Maisonneuve & Larose, Paris.

Toʀʀᴇs A. (1999), *Horizontes do Desenvolvimento Africano no Limiar do Século XXI* , Vega, 2ª edição, Lisboa.

Toʀʀᴇs A. (2004), «Terrorismo : o apocalipse da Razão», in Adriano Moreira (Coordenação de), *Terrorismo*, Almedina, 2004, (2ª ed. 2005), Coimbra.

Vɪᴅᴀʟ-Nᴀǫᴜᴇᴛ P. (1964), *Avant-propos,* dans WITTFOGEL K., *Le despotisme oriental,* op. cit., pp. 7-60.

Wɪᴛᴛғᴏɢᴇʟ K. (1964), *Le despotisme oriental*, Les Editions de Minuit, Paris.

Yᴏᴜsᴇғ T.M. (2009), *Labour Markets in the Middle East and North Africa*, Routledge, London.

Crescimento e Desenvolvimento Económico: Em busca do factor primordial

Sacramento Costa[*]

> *"**Contexto**
> O texto faz a lei
> mas é o contexto
> que ilumina a liberdade."*
>
> *"**Bom senso**
> O sábio contenta-se
> com verdades imperfeitas
> e sabe que uma função matemática
> não se toca ao piano..."*
>
> ADELINO TORRES in Histórias do Tempo Volátil

O enfoque e o método na revisão da teoria e literatura

O presente trabalho procede ao exame das teorias de desenvolvimento e crescimento económico. O objectivo deste exame é o de relevar o contributo do desenvolvimento económico para o moldar dos processos de comunicação interpessoal escrita – por

---

[*] CTT; sacramento.f.costa@ctt.pt

carta o pelos processos electrónicos que as novas tecnologias vieram permitir, mensagens escritas de telefone móvel e correio electrónico.

Começa-se por observar a conceptualização que a teoria económica faz do sistema económico focalizando-se *na identificação do fenómeno fundamento do desenvolvimento ou crescimento económico.*

De seguida apresentam-se duas classificações das necessidades humanas, dentro das quais se relevam as necessidades de comunicação.

Por fim, seguindo uma metodologia específica procede-se então de forma selectiva à "revisão da literatura".

***

Quando se fala de Desenvolvimento quase sempre e quase todos sabemos o queremos dizer. Quando necessitamos de o definir surgem as dificuldades. Uma das formas de o fazer é considerar a sua decomposição nas diferentes dimensões do Humano, entre elas a dimensão económica, e a dimensão social e cultural, para além de outras: antropológica, psicológica, histórica, política e ideológica. É preciso interdisciplinaridade ou então, no dizer de Edgar Morin, "transdisciplinaridade porque *"A Ciência nunca teria sido ciência se não tivesse sido transdisciplinar". (Morin, 1994 p.104).*

Também Adelino Torres afirma:

"... os objectos de estudo (da ciência económica) *são "factos sociais totais", o que implica a necessidade de ultrapassar uma visão estritamente económica..."* Adelino Torres in AAVV, (1996).

De facto quando se passa do domínio estritamente económico, para os âmbitos do social, cultural, humano, a panóplia de campos de análise não é unanimemente entendida. Muito menos as variáveis ou indicadores a utilizar para a sua avaliação são tão axiomáticas quanto o PIB para representação do crescimento económico. Entra-se na complexidade da pessoa e das suas relações e interacções com os outros, no âmbito da sua inserção mais ou menos conseguida no todo cultural, social e económico da comunidade a que pertence.

No dizer de Adelino Torres:

"*A análise do desenvolvimento é inseparável do contexto societal em que este se projecta, ou seja da cultura onde a acção mergulha as suas raízes.*" (Torres, 2000)[1]

Desenvolvimento é uma "*Noção qualitativa, complexa, que envolve a explicitação de juízos de valor; conceito normativo que traduz uma determinada concepção desejável de mudança social ou do processo histórico em determinada formação social referenciada no espaço e no tempo.*" (Murteira, 1983 p.52)

Esta complexidade leva muitas vezes a que os economistas abandonem as outras disciplinas, enquanto objecto de investigação interligado com o económico. Por serem problemáticas especializadas de áreas do conhecimento que não são dominadas convenientemente pelo especialista em economia, isto é, exigem multidisciplinaridade.

"*Relatively few economists have had the courage to attempt a systematic theory of development, which would incorporate strategic sociological, cultural, and psychological forces*". (Higgins, 1959 p.295)

A dificuldade do estudo, da complexidade das relações entre o desenvolvimento e a comunicação, nestes tempos em que acordamos em cada dia e existe mais um *upgrade* tecnológico na forma de comunicar, foi-se tornando cada vez mais estimulante. Como a sistematização que faz Tool:

---

[1] "Desenvolvimento económica, cultura e complexidade" Texto apresentado sob a forma de comunicação no seminário "Cultura do Desenvolvimento, Cultura e Desenvolvimento, Desenvolvimento da Cultura", organizado pela Fundação Luso-Americana para o Desenvolvimento (FLAD) em Lisboa, Outubro de 2000. a versão aqui citada foi retirada do site e, conforme o autor informa "sofreu alterações e acréscimos em relação à redacção original"

"A visão de Ayres sobre o desenvolvimento económico elabora quatro princípios): a) o desenvolvimento é irresistível (como documenta a experiência histórica da Europa); b) a evolução tecnológica difunde-se em relação inversa com a resistência institucional; c) a criação de capital humano é crucial no processo de desenvolvimento; d) a revolução tecnológica gera e permite fruir os seus próprios valores em detrimento dos valores locais e tribais e os valores emergentes são universais." (Caldas, 1994 p.6)[2]

Por tudo isso este trabalho debruça-se sobre o essencial do que a teoria económica foi produzindo quanto às temáticas do crescimento económico e do desenvolvimento procurando em cada época e corrente imaginar como se relacionaria o uso da carta com os factores explicativos do desenvolvimento. Este exercício, entre outros resultados, permitiu consciencializar e ilustrar as dificuldades de conter numa só abordagem a multitude de fenómenos que se agarram à economia mesmo quando se pretende tomá-la no seu sentido e âmbito estrito da produção e distribuição de bens e serviços[3].

Quando se procura medir o desenvolvimento económico frequentemente pensamos em medir a riqueza, a produção de bens e serviços, o crescimento económico, geralmente representado pelo PIB (Produto Interno Bruto) e pela sua evolução em períodos mais ou menos longos, de uma geração ou duas segundo a visão de Higgins nos anos 50.

"We have been using the term economic development to mean a discernible rise in total and per capita income of a country, widely

---

[2] *Citado do texto: " Institucionalismos): Passado e futuro" José Maria Castro Caldas 20 Março2004, Seminário apresentado no ISEG em Abril de 2004; Bibliografia referida: Tool, Marc (1994) Ayres,Clarence in Hogdgson, Geoffrey, Warren Samuels, e Marc Tool (eds.),* the Elgar Companion to Institutional and Evolutionary Economics. *Aldershot: Edward Elgar.*

[3] Não se tem a pretensão de apontar uma definição para economia mas tão-somente usar para ela uma ideia simples e sintética para concluir o pensamento relativo à complexidade fenomenológica desta ciência social.

diffused throughout occupational and income groups, and continuing long enough to become cumulative, long enough means a generation or two." (Higgins, 1959 p.432).

Sentimos como a noção de tempo se modificou muito a partir da era da informática e das tecnologias de comunicação combinadas, particularmente no último quartel do século XX, o que nos leva a relativizar este período temporal. Contudo permanece a ideia de que mudanças estruturais em que assentam os processos de desenvolvimento, mesmo no nosso tempo, provavelmente também não podem ser observadas, ou convenientemente captadas em períodos, digamos, menores do que uma década.

Como veremos na presente revisão das teorias e modelos de desenvolvimento e crescimento económico, muitas das contribuições – procurando medir e explicar a riqueza das nações pelo valor e crescimento do PIB – seguem a "perspectiva neoclássica de crescimento, onde *este é função de acumulação dos factores de produção (capital e trabalho sobretudo).*" (Adelino Torres in AAVV, 1996).

Crescimento Económico será assim *uma "noção essencialmente quantitativa e refere-se ao aumento regular do Produto Nacional a preços constantes, i.e., em termos reais."* (Murteira, 1983 p.52)

Tendo em mente estas reflexões prosseguimos no objectivo de encontrar variáveis representativas do desenvolvimento económico, social e cultural a explorar em aplicações empíricas[4] relacionando-as com o tráfego de correspondências e o uso da carta e dos meios de comunicação electrónicos de que hoje dispomos como alternativos.

O método de revisão da teoria económica constituiu-se em duas abordagens. De uma forma sintetizada, para as primeiras reflexões filosóficas ainda sem consequências quantitativas e modelares de relevo. De uma outra forma, mais detalhada, quando se trata dos modelos surgidos no século XX de essência empí-

---

[4] Realizadas mais tarde e constantes da tese de doutoramento da autora deste *paper*, orientada pelo Digm°. Professor Adelino Torres.

rica ou analítica e matemática e nos quais surgem já factores de crescimento e de riqueza como o progresso técnico, as ideias e a educação ou seja a ciência, a técnica e o conhecimento, muito mais próximos e semelhantes aos da realidade actual.

O fio condutor da análise que assim se fez da teoria económica, consistiu em supor que ao longo dos tempos se teria que produzir um exercício como o que pretendíamos realizar: procurar explicar o tráfego postal por variáveis e indicadores macro económicos que possam ser representativas do crescimento e do desenvolvimento, em cada momento do tempo.

Faz-se também o enquadramento das necessidades de comunicação inerentes aos processos de comunicação no conjunto de necessidades humanas, as quais são satisfeitas pelo *output* do processo económico, que influencia a nível de satisfação das mesmas.

Da compreensão dos processos comunicacionais conjugada com a dos fundamentos a riqueza, do crescimento e do desenvolvimento que se segue especificou-se depois a pesquisa empírica, macro e micro económica que tratou da problemática da comunicação interpessoal por carta e meios alternativos relacionando-a com variáveis diversas representativas ou *proxy* do desenvolvimento económico, social e cultural a nível macro e com as necessidades que geram preferências e hábitos dos indivíduos face a este tipo de comunicação, bem como a caracterização socio-demográfica, económica e cultural dos mesmos.

As necessidades de comunicação no contexto amplo das necessidades humanas

Subjacente ao desenvolvimento económico, social e cultural está, em geral, a disponibilidade de recursos e a produção de riqueza para satisfazer necessidades. A classificação das necessidades é feita em diferentes tipologias consoante a ciência que a enquadra e os autores que a desenvolvem. Dois tipos de classificação de necessidades: um mais situado no contexto estritamente económico o outro com uma visão mais psicológica. Do ponto de vista económico, e tomando como referência as despesas de consumo, as necessidades podem surgir agrupadas em três tipos: Tipo I – Necessidades básicas: alimentação e bebidas, vestuário e calçado, Tipo II – Habitação e necessidades correlativas: compra, aluguer, aquecimento e iluminação, mobiliário, manutenções e reparações e Tipo III – Necessidades de serviços: higiene e saúde, transportes e <u>comunicações,</u> educação e tempos livres, outros bens e serviços. (Murteira, 1983)

Por sua vez alguns estudiosos do comportamento dos consumidores preferem seguir a classificação proposta por Abraham Maslow (1908-1970), considerado um dos fundadores da psicologia humanista[5]. Maslow classifica as necessidades humanas e hierarquiza-as numa pirâmide cuja base é ocupada pelas necessidades fisiológicas de ar, água, alimentos, sono e sexo. Seguem-se as necessidades de segurança, de estabilidade e consistência no mundo que caracteriza como caótico. São as necessidades de segurança em casa e nas ruas. Em terceiro lugar, no sentido ascendente da pirâmide, Maslow coloca as necessidades de pertença. À família, a clubes, a grupos de trabalho, enfim o ser aceite. Seguem-se as necessidades designadas de Estima. As de auto-estima e de reconhecimento dos outros. Por fim, no topo da pirâmide as necessidades de realização pessoal. De adquirir conhecimento, de paz, de experiências estéticas e religiosas, de causas. Em resumo necessidades de educação e cultura as quais concorrem no sentido de maximização do potencial da pessoa humana.

---

[5] Abraham Maslow, *Motivation and Personality*, 2nd ed., Harper & Row, 1970.

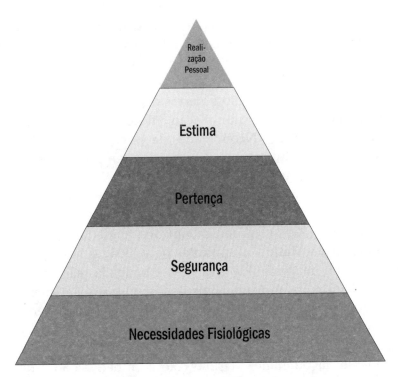

FIGURA 1: **Hierarquia de necessidades de Maslow**

Mesmo que se tenham concepções diferentes sobre uma taxionomia das necessidades humanas, mais ou menos exemplar e aperfeiçoada, com maior ou menor número de categorias, com designações mais da ciência económica ou mais aparentadas com as ciências comportamentais, psicologia e sociologia, no essencial é possível dizer que o desenvolvimento económico e social leva a que se chegue ao topo de uma pirâmide de necessidades e que o crescimento económico, a riqueza, será a base do mesmo. Um outro detalhe se pode ler da forma como se ordenam as necessidades e da dimensão que a pirâmide sugere para cada um dos tipos é o da importância e da dimensão visível. Por exemplo se compararmos o nível inferior com o nível de topo poderá ler-se muito maior importância e muito maior dimensão nas necessidades fisiológicas, próximas da sobrevivência básica, e muito menor importância e dimensão nas necessidades de realização pessoal. Isso mesmo estabeleceria as prioridades do ser humano tal como Abraham Maslow escreveu que ... *"human beings are motivated by unsatisfied needs, and that certain lower needs need to be satisfied before higher needs can be satisfied"*. http://web.utk.edu/~gwynne/maslow.HTM

Nesta classificação pode ainda imaginar-se um conjunto de efeitos de *feed back* ou mesmo de circularidade. Retomando o mesmo exemplo dos dois extremos da pirâmide, é admissível que se um indivíduo ou grupo atinge o topo da pirâmide e desenvolve esforços no sentido da realização pessoal, também acabe por reformular o padrão das necessidades básicas e das necessidades seguintes na hierarquia. A organização da pirâmide sugere pois que as escolhas a fazer em cada nível sejam, de uma forma dinâmica e incremental, influenciadas e reformuladas por se ter atingido o nível mais elevado, anterior, de necessidades satisfeitas.

Numa análise comparada das duas classificações quanto às necessidades de comunicação verifica-se que a primeira classificação refere explicitamente necessidades de comunicação enquanto que a segunda não lhes faz qualquer referência explícita.

Contudo, as necessidades de comunicação, em sentido amplo, estão presentes no processo de satisfação de todos os tipos de necessidades humanas. Porque não existe "não comunicar". O enquadramento específico da comunicação interpessoal escrita na tipologia de Maslow, acontece com diferentes intensidades em particular a partir das necessidades de segundo nível hierárquico, as de segurança e percorre toda a pirâmide até ao topo.

Quando se enviam e recebem cartas, elas consubstanciam conteúdos de três naturezas básicas essenciais: Pessoal – envolvendo família e amigos, trocada entre particulares, Transaccional ou económico – trocada com e entre empresas, e Oficial – trocada com entidades oficiais, estatais e públicas.

Riqueza e desenvolvimento são os requisitos necessários para que se possam cumprir e realizar as necessidades humanas, e quanto mais elevado for o nível em que cada um se situa na pirâmide mais a sua procura se eleva na mesma, como o próprio Maslow afirma. Infere-se desta racionalidade qualquer coisa de evolutivo e de progressivo, quase como que inevitável.

Por outro lado, quando se pensa na comunicação por via postal – o correio – tem-se a ideia e é recorrentemente afirmado, de que ela foi ao longo dos tempos e continua a ser fundamental para o desenvolvimento económico. Desde logo por si mesmo, enquanto sector de actividade económica gerador de emprego e de riqueza. É-o também, pela sua natureza de *input* para outros sectores produtivos da economia e também como veículo de comunicação de conteúdo pessoal, que não estritamente económico.

Dado que esta investigação tem como finalidade estudar as relações entre comunicação interpessoal escrita[6] e o desenvolvimento, sentiu-se então a necessidade de percorrer algum do caminho relativo às contribuições da teoria e ciência económica que ajudam a explicar o crescimento e o desenvolvimento.

Fez-se esse percurso de uma forma aproximadamente cronológica e selectiva. Utilizou-se de uma forma adaptada a grelha de análise proposta por Matthew C. Harding para a revisão que fez da literatura sobre modelos de procura de serviços postais[7]. Esta sua grelha de análise agrupa os modelos de procura postal que encontra na literatura, quanto à sua estrutura económica, em três grupos: Descritivos, Estruturais, e de Escolha[8]. Para a nossa pesquisa na ciência económica com vista à identificação dos fenómenos e variáveis responsáveis pelo crescimento, a criação de riqueza e o desenvolvimento, a adaptação que se fez, da grelha de

---

[6] Realizada por carta e por meios alternativos.

[7] A grelha referida foi criada por Mathew C. Harding, do Departamento de Economia do Massachussets Institute of Technology, e apresentada no *Background Paper* nº 1, de 12 de Novembro de 2004, chamado *Mail Demand Models*.

[8] Os modelos estruturais suportam-se frequentemente numa equação de procura, em geral linear. Os de Escolha procuram explicações relacionadas com a difusão das tecnologias e a utilidade das comunicações. (Harding, 2004).

Harding, resultou em arrumar as principais contribuições teóricas da ciência económica nestes domínios, em três tipos de abordagens. Uma do âmbito das reflexões filosóficas, do racional e do lógico. Até finais do século XIX as contribuições para a Ciência Económica surgem neste âmbito do pensamento filosófico, racional e lógico. No século XX as abordagens são analíticas modelares suportadas por instrumentos matemáticos e são de dois tipos essenciais: um tipo de abordagem suportada em modelos analítico-matemáticos e pesquisa de evidências empíricas. O outro, mais recente, constituído também por modelos analítico–matemáticos mas com calibragem dos resultados dos modelos pela realidade. É o que mostra a figura seguinte.

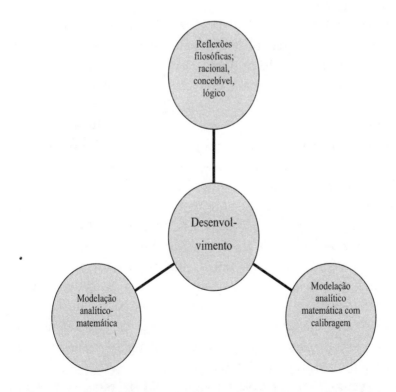

FIGURA 2: **A complexidade do fenómeno do crescimento e desenvolvimento económico e a classificação das abordagens da teoria**

As teorias e modelos: aspectos de relevo para o estudo do desenvolvimento e comunicação

A leitura que se segue, sobre as fontes de crescimento económico que ao longo dos tempos a teoria económica foi definindo e propondo, começa com o nascimento destas teorias porque os correios – que transportam as cartas pelas quais se faz comunicação escrita interpessoal – são criados formalmente em Portugal em 1520, embora já antes a sua actividade existisse. Então a ideia é de supor que em cada momento do tempo se pretendia especificar um modelo, uma função que relacionasse o tráfego de correio com as variáveis representativas das fontes do crescimento e do desenvolvimento.

Pelos séculos XVI e XVII da expansão colonial, do capitalismo comercial, os Mercantilistas preocupavam-se, principalmente, com o enriquecimento do príncipe. Pode dizer-se que criaram um "modelo" quando afirmavam que esse enriquecimento se dava pelo incremento do Comércio Externo. Quanto mais dinâmico fosse o Comércio Externo, quanto maior fosse o excedente nas trocas externas, maior seria a riqueza em metais preciosos e por essa via maior poderia ser a dominação sobre os menos ricos. De forma simplificada, se a relação que entendem ser a da riqueza, tivesse sido olhada com olhos do século XX, com o objectivo de a testar empiricamente, seria uma relação do tipo $Y = f(X)$ em que a variável Y mediria a riqueza e a variável X o excedente do Comércio Externo, existindo entre ambas uma relação de causa (X) efeito (Y) e de estímulo/resposta positivos. Se estivéssemos a procurar a variável explicativa do tráfego postal nesta época, assumindo que ela se relaciona com o nível de crescimento e de desenvolvimento, tudo quanto a teoria propõe como fonte dos mesmos é a magnitude do comércio externo.

No século XVII, a Escola francesa dos fisiocratas, considerada a primeira escola de economistas, cujo principal representante é

Quesnay[9] defende, de modo semelhante aos mercantilistas, que o excedente do comércio externo traria a riqueza porque um maior stock de moeda gerava maior prosperidade. Mas entenderam que este excedente era apenas a riqueza gerada pela produção a mudar de forma, e consideraram ilusório querer obter ganhos à custa de outros povos. Acreditavam que apenas a agricultura era produtiva (Murteira, 1979, p.12), e que só a produção gerava riqueza. Nesta época, a partir dos ensinamentos da escola dos fisiocratas relacionaríamos o tráfego postal com algo semelhante ao nível de produção agrícola.

A partir da escola fisiocrata surgem diversas escolas e correntes que, contribuem para a edificação da ciência económica nos séculos XVIII e XIX.

Adam Smith[10], Thomas Malthus[11], David Ricardo[12], Stuart Mill[13] constituem o grupo dos chamados clássicos ingleses. A meta principal da sua produção teórica é a de definir como seria a economia a longo prazo.

Esse é o traço geral dos clássicos embora cada um deles tenha produzido uma inovação teórica que contribuiu para o enriquecimento da teoria económica.

Em particular Ricardo referencia como objecto da ciência económica a pesquisa das leis de distribuição do Produto Nacional pelas classes sociais. Muito interessante se se pensar que a classe

---

[9] François Quesnay [1696-1774], médico pessoal de Luís XV, que só se dedica à economia depois dos 60 anos.

[10] O livro de Adam Smith [1723-1770] An *Inquiry Into The Nature and Causes of The Welth of Nations*, foi publicado em Londres em 1776, editado por Mrs. Strahan and Caddel, então em dois volumes *com mais de 100 páginas de texto*.

[11] Thomas Malthus [1766-1834] *Essay on Population*, publicada por Maltthus anonimamente em 1798; tem nova publicação em 1803 com alterações.

[12] A obra principal de David Ricardo [1772-1823] *On the Principles of Political Economy and Taxation*, foi publicada pela primeira vez em 1817; existe ainda referência a uma terceira edição, London: John Murray, 1821.

[13] John Stuart Mill, [1806 – 1873] obra de referência sobre economia: Princípios de economia Política, 1848

social dos indivíduos (inquiridos no estudo micro económico que se realizou) mostrou ser uma variável de grande importância para o perfil comunicacional[14].

Karl Marx[15] segue-se aos clássicos cronologicamente e também teoricamente (o Capital é publicado em 1867).

Marx interpreta o sistema capitalista como progressivo. Através do progresso económico alterar-se-ia a estrutura social e também a organização do sistema político. A sua teoria sobre o sistema económico deriva dos Clássicos. Tem uma função de produção que depende do trabalho, do capital, da terra disponível e do progresso técnico. Os clássicos viam o colapso do sistema pela pressão da população que originaria produção com rendimentos decrescentes devido ao aumento dos custos do trabalho e consequente diminuição dos lucros. Para Marx vai ser a manutenção dos lucros que obriga a reduzir a parte dos salários no rendimento. Reduzindo-se deste modo o consumo, parte do *output* não tem procura e assim diminuem as taxas de lucro.

Do ponto de vista do nosso olhar sobre a contribuição de Marx para a explicação do crescimento e do desenvolvimento diríamos que encontrámos variáveis progressivas e variáveis que inibem o progresso económico, por serem geradoras de ciclos que estimulam a diminuição dos rendimentos, lucros e salários. Se a nossa ideia de fundo é de que o desenvolvimento explica o tráfego de correio escolheríamos as primeiras. Nessa escolha estaria o progresso técnico que é de alguma forma o que hoje consideramos a evolução científica e tecnológica, a evolução das Tecnologias da Informação e Comunicação (TIC).

Já no século XX, é marcante a visão da teoria económica de **Joseph Schumpeter** a quem se deve a noção de crescimento instável[16]. Schumpeter publicou, pela primeira vez em 1911, na Alema-

---

[14] Publicado na tese de doutoramento
[15] Marx vive entre 1818 e 1883.
[16] Schumpeter publicou, pela primeira vez em 1911, na Alemanha a sua *Theory of Economic Development*.

nha a sua *Theory of Economic Development*. O que a sua teoria tem de novidade face às anteriores, que retoma, consiste na introdução de variáveis novas no seu modelo explicativo do sistema económico. Começa por uma função de produção igual à da escola clássica e de Marx, em que o *output* é resultado do trabalho do capital, da terra e da tecnologia. O investimento total tem duas componentes, o investimento induzido e investimento autónomo. O primeiro resulta de acréscimos de *output*, de transacções e de lucros, depende portanto da taxa de juro e do nível dos lucros. O segundo resultante de decisões de longo prazo, em geral relacionadas com inovações, mudança tecnológicas. O progresso técnico e a taxa de inovações dependem da oferta de empresários, empreendedores (*entrepeneurs*). Este é um dos aspectos de maior novidade na teoria de Schumpeter. As descobertas e invenções constituem uma espécie de banco de recursos, sendo que muitas nunca passam de protótipo. A aplicação das descobertas na actividade económica, necessita de alguém com talento especial para ver nelas o seu potencial económico. Esse alguém é o empresário que junta os capitais e o trabalho isto é, as competências de gestão e de execução e organiza tudo para pôr em marcha uma qualquer descoberta que assim se torna inovação no sistema económico. Para Schumpeter a oferta de empresários depende da taxa de lucro e do clima social. Esta variável é também completamente nova face às teorias anteriores. Trata-se de um conceito multifacetado que leva em conta o contexto social, político e psicossocial, que tem a sua tradução nos comportamentos, atitudes e valores de uma sociedade. Shumpeter considera também que a distribuição do rendimento é um indicador aceitável desta variável clima social. Em particular refere alterações nas regras do jogo económico que os empresários enfrentam tais como foi observando nas décadas de 30 e 40, de reforço das forças sindicais e do desenho e aprofundamento do estado providência em particular após a crise de 1929/33.

Para além de duas novas dimensões que considerou – os empresários e o clima social – também distinguiu o crescimento económico do *verdadeiro* desenvolvimento. Este requer mudanças qualitativas geradas dentro da própria vida económica, para além das mudanças quantitativas nos valores dos indicadores económicos de riqueza ou de população, que considera mero crescimento económico. Do ponto de vista da nossa investigação, Schumpeter trás muito de interessante. De entre as diversas ligações do tráfego de correio às variáveis económicas apontadas por Schumpeter distinguimos a ideia das inovações do conhecimento do progresso técnico e o papel dos empresários como interventores na sua divulgação.

Quanto ao primeiro, a evolução das TIC tem levado a que se escrevam cada vez menos cartas, esta relação existe embora com impactos diferenciados para os diferentes agentes económicos.

Quanto ao papel dos empresários, fazendo a ponte para a influência ou à interacção mútua, dos meios de comunicação sobre o todo social, referimos três correntes[17]. A *decisionista* que aponta os decisores, nomeadamente os da produção, como motor de difusão e apropriação das inovações pelas sociedades. Encaixa na ideia Schumpeteriana de uma actuação dinâmica dos empresários na operacionalização e difusão das inovações. Se no outro extremo do raciocínio supusermos que eles falham completamente então serão apenas as próprias inovações que fazem o seu caminho e estamos no âmbito das teorias *deterministas mcluanianas*. Entre um e outro extremo estão os pragmáticos. Neste terreno do pragmatismo aceita-se que os movimentos de difusão, e de consequente influência nas estruturas sociais, das inovações / novidades, em particular as técnicas e tecnológicas, resultam das decisões de política e das dinâmicas sociais.

Neste mesmo século XX é identificada pelos historiadores da ciência económica, uma nova escola a dos neoclássicos, embora talvez se deva considerar que ela se inicia ainda no século XIX. Com eles a teoria económica ganha uma nova categoria analítica:

---

[17] Pormenorizadamente tratadas a tese de doutoramento.

o equilíbrio. Dado que o equilíbrio irá ser um postulado ou axioma[18], deixando de se tratar de uma tese a demonstrar o seu atingimento, a teoria neoclássica perde a visão de longo prazo, de dinâmica dos processos de crescimento e de desenvolvimento que são a principal preocupação da presente reflexão e da investigação que serviu. Não deixaremos contudo de os referir breve e selectivamente.

Uma das contribuições relevantes no âmbito do equilíbrio é a de Leon Walras[19], publicada em 1874 e titulada *Éléments d'Économie Politique Pure*. Tratou-se da, que se considerou pioneira, análise matemática do equilíbrio económico geral. Mais especificamente aquilo a que Walras procura responder é quais os preços de equilíbrio, quando em livre e perfeita concorrência são trocadas certas quantidades de bens e serviços resultantes de um dado aparelho produtivo e de um certo perfil de preferências e gostos dos consumidores. É a definição de preços de Equilíbrio Geral. A sua teoria do equilíbrio geral abrange a produção, as trocas, o dinheiro e o capital, usando conceitos que se tornam típicos desta corrente, tais como teoria subjectiva do valor, maximização da utilidade, e conceitos marginais de rendimentos, produtividades e utilidades. Uma nova figura, a do leiloeiro é introduzida por Walras para o "tâtonnement", balanceamento, dos mercados. Principalmente a utilização da matemática foi o que lhe granjeou mais simpatias e também as maiores críticas. Dessas críticas uma porventura mais contundente dirigida ao seu trabalho, é-lhe endereçada em 1939 por John Hicks:

---

[18] "axiomatic imposition of equilibrium", como é classificado por Christiam Arnsperger (University of Lovain, Belgium) e Yanis Varoufakis (University of Athens, Greece), What is Neoclassical Economics?

In Post Autistic Economics Review, issue nº 38, 1 July 2006, www.pae con.net.

[19] Walras, de seu nome completo Marie-Esprit-Léon Walras, nasceu em França em 1834 e morreu na Suíça em 1910.

"To some people (including no doubt Walras himself) the system of simultaneous equations determining a whole price-system seems to have vast significance. They derive intense satisfaction from the contemplation of such a system of subtly interrelated prices; and the further the analysis can be carried (in fact it can be carried a good way)...the better they are pleased, and the profounder the insight into the working of a competitive economic system they feel they get." (Hicks[20], 1939, p.60).

Também classificado como neoclássico Alfred Marshall[21] vê publicada a sua obra fundamental *Principles of Economics* em 1890. Ao contrário de Walras, a sua contribuição para a teoria económica tem essência micro económica. Para Marshall a questão é de equilíbrio mas parcial, isto é, de como se atinge o equilíbrio, preço e quantidade, num sector produtor de um bem e no seu mercado. As condições são de existência de concorrência perfeita com agentes económicos do lado da produção, da afectação de recursos e vendas – o produtor – e do lado do consumo, compras de bens e oferta do recurso trabalho – o consumidor.

As suas estruturas conceptuais são neoclássicas: valor e custo marginais, excedente do consumidor e do produtor, optimização e os comportamentos dos agentes económicos. Teve uma sólida formação matemática cuja racionalidade perpassa nos processos económicos que estudou.

Como podemos compreender já não se trata de uma análise económica da "riqueza das nações" ou de como as economias evoluirão a longo prazo, se se desenvolvem e progridem ou se estiolam e estagnam que era a preocupação dos clássicos. O que aqui se passa na teoria económica é:

"A Ciência Económica transforma-se numa "Ciência Pura", isto é estritamente dedutiva a partir de certos postulados, e esvazia-se de qualquer conteúdo sociológico e histórico"[22].

---

[20] Sir John R. Hicks, 1904-89
[21] Alfred Marshall nasce em 1842 em Londres e morre em 1924.
[22] Murteira (1983), p.45

Como acima se refere o arquétipo neoclássico edifica-se assim em torno de estruturas conceptuais sobre o funcionamento da economia que não têm qualquer relação com as dinâmicas sociais, antes se sustentam na racionalidade postulada do indivíduo e no balanceamento matemático entre valor utilidade e custo marginal que estará sempre na base de qualquer decisão de qualquer agente económico. Se apenas retivermos este aspecto mais à superfície da teoria neoclássica podemos dizer que a escolha e adopção pelos indivíduos de um novo meio de comunicação tem por base aquele balanceamento racional entre valor utilidade e custo marginal. Mas sabemos que a realidade das decisões é muito mais complexa e que por exemplo muitos dos detentores de telemóvel o substituem por outro sem que essa troca lhe aporte mais valor utilidade. Por vezes é tão-somente por imitação social dentro do grupo de pertença.

Discípulo de Alfred Marshall (e também de A.C. Pigou), John Maynard Keynes[23] é considerado o fundador da macroeconomia com a sua obra principal, frequentemente referida simplesmente como a Teoria Geral, que é publicada em 1936 com o título *The General Theory of Employment, Interest, and Money*. A teoria Keynesiana surge no contexto da Grande Depressão de 1929/33 nos Estados Unidos, a qual não encontrou respostas na teoria económica conhecida. Viria a ser a procura efectiva a explicar as oscilações nos níveis de actividade económica tais como as que estiveram na origem da dita grande depressão. O elemento novo que integra na sua abordagem à teoria económica tem então por base a insuficiência de "procura efectiva" e culmina na proposta de intervenção do Estado, com investimentos públicos para a estimular, provando o efeito multiplicador do consumo, que resulta daquela actuação estatal, sobre a riqueza gerada. A dedução do multiplicador no seu modelo leva a que este seja o inverso da propensão marginal a poupar. Por consequência a capacidade de

---

[23] J. M. Keynes nasceu em Inglaterra em 1881 e morreu em 1946.

gerar riqueza por uma unidade de investimento será tanto maior quanto maior for a propensão marginal ao consumo, isto é quanto maior for a fracção do rendimento disponível afectada à procura de bens. O montante global de poupança varia directamente com o rendimento total. Assim, maior consumo gera maior rendimento o qual origina maior volume de poupança e, por aí, maior investimento e de novo rendimento acrescido.

A teoria keynesiana é de curto prazo. Os instrumentos analíticos que usou virão contudo a ser aplicáveis a "análises perspectivadas noutro horizonte temporal. Assim fizeram autores *seus continuadores como Domar, Harrod e Kaldor...*" (Murteira, 1983).

No que à nossa investigação respeita, a procura efectiva poderia ser a variável exógena a tomar em consideração no estudo do tráfego postal tal como o têm feito com o consumo e o PIB alguns dos investigadores e tal como também se fez no nosso estudo empírico usando, por exemplo, o índice do PIB (Costa, 2008).

Roy Harrod[24], à semelhança dos clássicos e de Marx, preocupa-se com a explicação do desenvolvimento das economias capitalistas e com a pesquisa das condições em que o crescimento poderá cessar, isto é em que a estagnação poderá ocorrer[25]. Estuda o movimento cumulativo de afastamento do equilíbrio, através da análise das tendências seculares dos fenómenos de desemprego e sub-emprego, da inflação e da taxa óptima de acumulação de capital, a sua produtividade e o nível de poupança. Estuda pois três dimensões essenciais da produção de riqueza: mão-de-obra, o produto *per capita*, a quantidade de capital disponível.

---

[24] Roy Forbes Harrod nasceu em Inglaterra em 1900 e morreu em 1978. A obra em que Harrod desenvolve a sua teoria chamou-se *Towards a Dynamic Economics* e foi publicada em Londres em 1948.

[25] Evsey Domar (nascido em 1914 na Polónia, ainda parte da Rússia, emigra para os USA em 1936 apresenta aproximadamente a mesma teoria que terá desenvolvido em simultâneo com Harrod mas só vem a publicar mais tarde, cf Higgins (1959 p.146 e Barro (1995), p.10 O modelo é conhecido como de Harrod-Domar.

Considera a taxa de evolução do progresso técnico e de crescimento da população como variáveis independentes. Define o "capital necessário" como o montante de produto que é necessário poupar para investir a uma dada taxa de crescimento do progresso técnico e de população. Esta é a variável principal visto que determina existência ou não de crescimento estável. A poupança, sendo crucial para o crescimento estável é objecto de análise pormenorizada e de decomposição por tipos consoante o agente económico, individual e empresarial. Define a equação de equilíbrio para crescimento estável através da igualdade entre a poupança e a taxa de crescimento do Produto nas condições de crescimento estável multiplicada pelo Investimento necessário nas mesmas condições (Capital deduzido da depreciação). Assim, tanto a taxa verificada de crescimento se pode afastar da linha de tendência do crescimento estável, como o nível de investimento necessário e a poupança de equilíbrio. Em síntese pode dizer-se que acrescenta ao modelo Keynesiano a visão de longo prazo. O Investimento em Keynes é autónomo e gera efeitos multiplicados no rendimento através do aumento do consumo, isto é da procura efectiva. Em Harrod também o investimento é estimulado pelos aumentos de consumo. É o acelerador de Harrod. Deduz a condição de crescimento equilibrado no longo prazo, em que se terá Investimento igual à Poupança.

Embora seja suportado matematicamente, é reconhecida a simplicidade do modelo de Harrod (tal como o de Domar[26]) sendo elogiada ou criticada conforme o enfoque que é dado à apreciação. É apontada como uma dificuldade dado que não providencia instrumentos que possibilitem a discussão do que é o crescimento equilibrado e de como é que a realidade se acomodará neste modelo simples, sendo tão complexa. Se de cresci-

---

[26] Evsey David Domar (April 16, 1914 - April 1, 1997) Economista nascido polaco em 1914, quando a Polónia ainda pertencia à Rússia, e emigrado para os USA em 1936, morreu em 1997.

mento equilibrado nos ocuparmos, o que dizer da teoria de Schumpeter segundo o qual a destruição, que é desequilibradora pela sua própria natureza, é também criadora e indispensável ao desenvolvimento? É da ruptura do estado estacionário das economias que se gera o desenvolvimento através de actos empreendedores dos empresários.

"...se a realidade é uma sucessão de desequilíbrios como o indica a visão schumpeteriana da dinâmica do capitalismo na qual é a consciência do desequilíbrio que está na origem dessa evolução económica..." (Torres, 1996 p.7)

Harrod e Domar são considerados precusores da escola neoclássica. Contudo os modelos seguintes apresentam características muito específicas que serão novidade, em especial na grande formalização e preocupação em olhar a realidade e simplificá-la explicitamente, através de hipóteses, para poder desenvolver modelos formalmente perfeitos.

Na escola neoclássica do crescimento Robert Solow que é considerado um neo-Keynesiano e que foi Nobel da Economia em 1987, tem como principal edifício analítico, em torno da temática do crescimento, o modelo chamado de Crescimento Solow-Swan. *"A Contribution to the Theory of Economic Growth"* foi publicado em 1956[27].

Os resultados dos seus modelos apontam para a criação do conceito de convergência condicional de todas as economias no longo prazo para um estado de equilíbrio de crescimento sustentado estacionário. Assim o seu poder explicativo das diferenças de riqueza entre nações fica aqui claro visto que a condição de con-

---

[27] Tratou-se de duas abordagens independentes mas semelhantes nos resultados pelo que são referidas como se fosse um trabalho único. Mas na verdade cada um dos seus autores trabalhou distante do outro, por meados dos anos 50. Robert Solow esteva no MIT e em Cambridge e Trevor Swan em Camberra.

vergência tem por base os diferentes níveis de acumulação de capital a que chegam as diferentes economias dependendo dos diferentes níveis de capital do ponto de partida. É como se tudo atingisse o equilíbrio, mas em patamares diferentes de riqueza, no longo prazo.

O modelo Solow-Swan surge na exacta sequência dos modelos de Harrod e Domar para mostrar as suas dificuldades no estabelecimento das condições de crescimento equilibrado no longo prazo nas economias capitalistas

Por detrás do modelo está um conjunto de hipóteses necessárias às conclusões: função de produção é agregada e neoclássica; combina Capital, Trabalho e Progresso Técnico, com rendimentos constantes à escala e rendimentos decrescentes em cada *input*.

O Progresso Técnico é factor indispensável de crescimento embora não seja endógeno ao modelo. Portanto uma das con dições chave de existência de crescimento não é explicada pelo modelo, é exógena. Do mesmo modo, o crescimento de longo prazo depende da taxa de crescimento da população, ela também exógena ao modelo.

Estas elaborações, especialmente pela dificuldade de acomodarem endogenamente os factores ou variáveis ou fenómenos críticos ao crescimento de longo prazo que se pretende explorar, vão originar novos desenvolvimentos teóricos dentro da corrente neoclássica. É porque os problemas dos modelos de longo prazo resultam em parte do *"carácter aleatório das decisões dos agentes económicos e do papel que os factores psicológicos imprevisíveis podem desempenhar na percepção da actividade económica"* (Adelino Torres, 1999)[28].

---

[28] *in* "A Economia como Ciência Social e Moral, Algumas observações sobre as raízes do pensamento económico neoclássico; Adam Smith ou Mandeville?" Comunicação ao 1º Congresso Português de Sociologia Económica, Lisboa, 4,5-6 de Março de 1998, Organizado pelo Socius/ISEG na Fundação Calouste Gulbenkian, Tanbém publicado na Revista *Episteme* (Lisboa), nº 2, 1999.

Os modelos de Harod-Domar e de Solow-Swan são considerados principais sendo dos que de mais tipicamente neoclássico se produziram, integrando o paradigma dos pressupostos herdados dos clássicos.

De facto as teorias e modelos considerados sob a designação de neoclássicos caracterizam-se por processos analítico-formais mais aprofundados do que os modelos pré-existentes e preocupam-se com a problemática do crescimento económico de longo prazo.

Alguns elementos comuns a estas teorias e modelos de crescimento económico têm a ver com o quadro de hipóteses que é definido à priori de que o primordial é o da concorrência perfeita logo seguido do não menos importante de que todos os agentes são racionais, individualistas nas decisões e perfeitamente informados até porque toda a informação está disponível para todos. "Agentes racionais" agem no seu interesse individual e egoísta. Significa que maximizam objectivos. Lucros se forem empresários, salários ou o balanço da utilidade resultante do trabalho se forem trabalhadores. Minimizam outros objectivos de valor contrário como sejam custos e desutilidades.

A função de produção tem características e propriedades no modelo base muito peculiares e convenientes, integra Capital o Trabalho e o Progresso Técnico em certa relação e proporções, sendo mais frequentemente utilizada a função Cobb-Douglas[29].

Estes modelos trazem com efeito, a novidade relevante de integrarem como variável explicativa do crescimento económico o progresso técnico, que é representativo das inovações técnicas e tecnológicas de que também se ocupa o nosso trabalho. Progresso técnico, procura e produto, lucros extraordinários, entrada nos mercados por via da sua existência, são conceitos que nos foram instrumentais quer no estudo do sector postal e na sua transição do monopólio para a concorrência quer no trabalho empírico

---

[29] Função de produção de Cobb-Douglas: $F(K,L) = AK^{\alpha}L^{\beta}$ com A, α, $\beta > 0$, A = Progresso Técnico, K = Capital, L = Trabalho. a .e □ definem a natureza dos rendimentos. Outras funções de Produção: Linear, Leontief e CES (Constant Elasticity Substitution)

macroeconómico de modelação do tráfego postal em consonância com a riqueza e o desenvolvimento.

Por volta de uma década depois de Solow-Swan, pelos anos 60, referencia-se o Modelo Kass-Kopmans. Integra as hipóteses a que se fez referência. Além da hipótese de concorrência perfeita, quase sempre presente nas teorias e modelos desde Adam Smith, aprofundam as consequências económicas dos comportamentos racionais dos agentes económicos do lado da produção e do consumo. Dado que a poupança é condição necessária à acumulação de capital que permite o crescimento económico, o avanço deste contributo vai ser o de considerá-la endógena, isto é explicá-la dentro do modelo. Resta ainda a exogeneidade do progresso técnico, que alguns modelos vão tentar resolver, procurando explicar como se produzem invenções, novas ideias – estudando a actividade de Investigação e Desenvolvimento – e como se processa a difusão da tecnologia, numa palavra como se processa, se desenvolve e propaga o conhecimento. A hipótese da concorrência perfeita é pela primeira vez colocada em causa justamente com as tentativas de modelação do Progresso Técnico que até aí era considerado exógeno e portanto não problemático nas construções analíticas. Uma das contribuições inovadoras neste foi desenvolvida conjuntamente com Sheshinski e data também da década de 60. Trata-se do modelo que introduz o mecanismo da aprendizagem, de geração de novas ideias que serão resultado de um "... *mechanism described as learning-by-doing*" (Barro, 1995, pág.11). A sua difusão é, porém, por hipótese, instantânea.

Nesta nova corrente do crescimento endógeno os autores Barro e Sala (Barro, 1995) apresentam diversas contribuições: Paul M. Romer cuja obra principal tem por título *Economic Growth*, Robert Lucas, Peter Howitt, Gene Grossman e Ehanan Helpman.

Os trabalhos destes autores datam dos finais da década de 80 e da década de 90 do séc. XX. Vêm a ser designadas como Modelos de Crescimento Endógeno. Aprofundam os modelos de crescimento na vertente de Inovação e Desenvolvimento, sem a simplificação dos anteriores sobre a difusão. Romer considera que a difusão é gradual, o que é mais realista. Contudo isto leva a ter necessidade de deixar cair a hipótese primordial de concorrência perfeita; o detentor da inovação é temporariamente mais informado – logo gera-se informação assimétrica. Mesmo com a racionalidade económica que lhes é inerente os outros produtores não acedem livremente às inovações que estão na posse de outros e que lhes proporcionam poder de monopólio temporário e períodos de rendimentos crescentes. Também estes contrários ao postulado de rendimentos marginais decrescentes nos factores até aqui considerados, ou mesmo externalidades positivas para os recursos humanos decorrentes das inovações e da nova produção de ideias pelo facto de existir conhecimento anterior em stock...

Esta constatação abre então o caminho aos modelos de concorrência imperfeita, como afirma Robert Barro *"... a descentralized theory of technological progress requires basic changes in the neoclassical growth model to incorporate models of imperfect competiton."* (Barro, 1995 p.12)

O crescimento é assegurado pelas novas ideias criadas na actividade de I&D (Investigação e Desenvolvimento), mas ao mesmo tempo geram-se distorções e rupturas relacionadas com novos métodos de produção e comercialização e novos produtos, isto é provoca situações distantes do óptimo de Pareto. A acção do Governo virá a ser indispensável na regulação e melhoramento da situação dos agentes económicos através de *"...taxation, maintenance of law and order, provision of infrastructures services, protection of intellectual property rights,and regulations of international trade, financial markets, and other aspects..."* (Barro, 1995 p.13)

Ao lado destas abordagens, metodologicamente fundadas na matemática, desenvolvem as suas ideias e contributos teóricos no âmbito da reflexão filosófica e racional um conjunto de economistas que enfocam o seu pensamento no desenvolvimento económico. Num esforço de interdisciplinaridade[30] típico da heterodoxia na

---

[30] *"Na obra dos seus fundadores a economia política foi um pensamento pluridimensional e a economia do desenvolvimento procurou ser fiel a essa tradição."* (Torres, 1996 p.9)

ciência económica, cujo aparecimento ocorre nos anos 40 do século XX, como resposta à dificuldade que a teoria económica dominante atravessava:

> "O aparecimento da economia do desenvolvimento nos anos 40 deu origem a uma vasta panóplia de conceitos e de modelos num esforço de definir uma nova disciplina num campo em que a economia tradicional era desadequada. ... novas teorias portadoras de um vasto conjunto de conceitos e modelos e o esforço intelectual para estruturar uma área do conhecimento específica que ajudasse a resolver os problemas concretos do subdesenvolvimento e da pobreza." (Torres, 1996 p.2)

Albert Otto Hirshman foi considerado um economista liberal, foi contemporâneo de Evsey Domar, nasceu um ano após este, em 1915, e produziu diverso pensamento económico e político em torno da problemática do desenvolvimento e da definição de estratégias para superação do subdesenvolvimento. A sua obra principal tem mesmo o título: *The Strategy of Economic Development*.

Nas teorias até há duas décadas designadas como do subdesenvolvimento, e que na literatura anglo-saxónica são referidas como da "high development theory", além de Hirschman, outros autores preocuparam-se em compreender as causas e apontar estratégias de superação de forma a ser atingido o desenvolvimento. É pelas estratégias que recomendam e procuram estruturar ou comprovar que se agrupam os seus trabalhos teóricos. Oscilam entre a defesa de um crescimento equilibrado ou de descontinuidades e *"Big Push"*. Estas teorias datam dos anos 40 e 50 do século passado e têm como outros nomes importantes Rosenstein Rodin, Harvey Leibenstein, Richard Nelson, Ragnar Nurske, Hans Singer, para além de Albert Hirschman, Arthur Lewis[31], Fleming.

---

[31] Sir W. A. Lewis nasceu em 1915 e morreu em 1990 e obteve o Prémio Nobel em 1979.

De acordo com o consenso predominante no pós-guerra, envolvendo quer economistas quer agentes políticos, o desenvolvimento económico consistiria num processo de industrialização a ser liderado pelo Estado. Esta visão "clássica" sobre o desenvolvimento e sobre o "estado desenvolvimentista" decorria das muito influentes contribuições de Rosenstein-Rodan (1943) e de Arthur Lewis (1954).

Apesar da predominância da perspectiva "clássica", a recém-nascida economia do desenvolvimento, que emergiu da necessidade de proporcionar aos governos linhas de intervenção, era pluralista. As abordagens keynesianas, estruturalistas e marxistas coexistiam e cooperavam com as neoclássicas na academia e nas recém-criadas agencias das Nações Unidas. A participação das correntes neoclássicas nesta convergência em torno do "Estado desenvolvimentista", à luz de desenvolvimentos mais recentes poderia hoje parecer estranha. Mas é compreensível se for tido em conta que a economia do bem-estar havia estabelecido as "falhas de mercado" como argumento justificativo para a intervenção estatal, o planeamento e mesmo barreiras mitigadas e temporárias ao livre comércio internacional. Para esta economia do desenvolvimento o fracasso no desenvolvimento era um produto de falhas de mercado". (Caldas, 2004 p. 20).

Hirschman, em particular, enfatiza a variável "ability to invest" como crucial para o desenvolvimento, sendo em geral um constrangimento nos países subdesenvolvidos. Constata também que a economia americana não cresceu equilibradamente em todos os sectores e que a estratégia de crescimento deverá ser a do *big push* em sectores estrategicamente seleccionados da economia. O crescimento seria comunicado dos sectores lideres aos outros sectores de actividade seguidores, de uma indústria a outra, de uma firma a outra[32], sendo crucial uma escala mínima de procura e produção[33].

---

[32] Higgins, 1959 p. 403

[33] É muito interessante esta referência já que quando atrás apresentámos a teoria clássica da convergência para o equilíbrio no longo prazo, fomos conduzi-

A teoria do *big push* contrapõe-se e pretenderia solucionar a da armadilha do crescimento de baixo nível que se verificaria nos países de fraco desenvolvimento.

No que respeita ao comércio externo, a estratégia recomendada é a da substituição de importações através de subsidiação das indústrias e actividades que as produzam desde que tenham mercado de dimensão suficiente. Importa referir que esta visão de estratégia de crescimento foi seguida de muito perto pelos países asiáticos na sua primeira fase de maiores taxas de crescimento nas décadas de 50 e 60 do século passado. Consistiu no controlo dos sectores em que podia ser realizado investimento estrangeiro e na protecção dos sectores produtores de produtos destinados a substituir importações. Conjuntamente com uma cultura de trabalho e de (não) lazer muito próprias e com acções de imitação de processos produtivos dos países mais avançados, vem a resultar, após os anos 70 e 80, em taxas de crescimento elevadas.

A racionalidade inerente a estas teorias é a de que a economia interna se desenvolverá estimulada pelas correctas políticas económicas sobre as exportações e importações e na escolha dos sectores que, modernizando-se gerarão ciclos de modernização no tecido económico.

Não têm pois qualquer suporte matemático, referindo-se a efeitos circulares e cumulativos preferencialmente de natureza virtuosa, dependendo das políticas económicas adoptadas pelos Estados.

Pelos anos 80 e 90 uma conjugação de factos leva ao enfraquecimento da economia do desenvolvimento, e a um vazio em torno desta corrente heterodoxa. Entre outros factos lista-se a política de Tatcher no Reino Unido e de Reagan nos Estados Unidos que influenciaram o resto do mundo. Também a crise económica desencadeada no início deste período, as rupturas políticas a Leste e o consequente abanão no modelo geopolítico do pós-

---

dos a um desfecho de equilíbrio para toda e qualquer economia sim, mas de níveis diferentes consoante as condições de partida (cf Solow).

-guerra, bem como as *"dificuldades que se foram registando em experiências de desenvolvimento"* resultantes das políticas económicas adoptadas com inspiração frequentemente desvirtuada na teoria do Desenvolvimento". (Torres, 1996 pp. 3-5).

Uma grande parte das contribuições seleccionadas e atrás apresentadas para a compreensão da economia, em especial da compreensão de como se gera riqueza e com ela o bem-estar de uma grande maioria de indivíduos são aquilo que os "taxionomistas" chamam o *mainstream*. Excepção feita a Marx que na sua obra, primeiro filosófica e depois de ciência económica, desconstrói o processo económico relevando tópicos que os seguidores da economia liberal encaram de forma substancialmente diferente. Um dos exemplos mais interessantes e extremados é porventura a teoria do valor: trabalho de um lado e utilidade do outro.

No tempo presente e de há já alguns anos surgem novas abordagens dos problemas económicos.

De um lado e do outro do entendimento da economia, do *mainstream* à economia do desenvolvimento, assistiu-se a rupturas que dão origem a uma multitude de caminhos de investigação.

"As rupturas conduziram a uma implosão da própria ciência económica dedicada hoje a desenvolver uma multidão de trabalhos consagrados a objectivos pontuais com abordagens muitas vezes redutoras. Ora o objecto de estudo ...são 'factos sociais totais', o que implica a necessidade de ultrapassar uma visão estritamente económica e o acolhimento de contribuições dos não-economistas..." (Torres, 1996 p.9)

Por outro lado, as realidades económica e social e até política e institucional, em cujo contexto somos obrigados a viver desde o último quartel do século passado, mesmo em países mais desenvolvidos, evidencia que nem o mercado liberal mais próximo da teoria abstracta ou o Estado mais ou menos intervencionista ou qualquer combinação destas duas opções, trouxe o bem estar à maioria das pessoas.

Recentemente, um dos novos caminhos é o da economia institucional ou dos efeitos das Instituições e das suas regras sobre percurso da economia. É possível saber quais as instituições e regras que se poderão determinar o perfil mais adequado ao desenvolvimento económico mais desejável para um país? É possível às instituições, sobretudo as que acompanham mais ou menos interventivamente a economia fazê-la caminhar num sentido escolhido?

Há já uma multiplicidade de trabalhos nesta temática. É porventura ainda cedo para os classificar. Contudo esta abordagem institucional sugere a necessidade de retomar a visão de Polanyi a esse respeito. Na sua abra *The Great Tranformation: The Political and Economic Origins of Our Time* publicada em 1944, teve como objectivo a compreensão e explicação das transformações e desestabilização económica que se viveram nos anos vinte comparativamente com a relativa estabilidade e prosperidade que se viveu no século XIX. Um dos fundamentos dessa prosperidade teria sido a sua edificação sobre quatro instituições principais: um poder político estável, o padrão-ouro, um sistema de mercado auto-regulado e um estado liberal, portanto não intervencionista[34].

Sempre na procura de responder aos problemas da economia real e do bem-estar dos cidadãos, permanece, por exemplo, a questão concreta de "quanto vale" o desenvolvimento.

Esta é também uma preocupação principal da nossa investigação posto que se pretendemos compreender a relação entre o desenvolvimento e o tráfego postal, não só necessitamos de compreender a sua génese, o que se fez no presente trabalho, como também precisamos de o medir.

Essa necessidade de medição traz para este campo da ciência económica abordagens e instrumentos que possibilitam a sua

---

[34] Ver Mayhen, Anne, "Review of Karl Polany The Great Transformation: The Political and Economic Origins of Our Time" Economic History Services, Jun 1, 2000: http://eh.net/bookviwers/lybrary/polany.shtml

quantificação e comparação estática entre países ou dinâmica para um mesmo país. Foi o caso dos conceitos de "Paridade de Poder de Compra" (PPP) e de "Desenvolvimento Humano" para cuja medida se desenvolveu um indicador "Índice de Desenvolvimento Humano". O Índice de Desenvolvimento Humano decorre dos trabalhos de Amartya Sen[35]. A sua obra é tão relevante quanto revolucionária porque aporta para a ciência económica dimensões novas a acrescentar às que já vinham dos economistas do desenvolvimento dos anos 40 e 50, tais como pobreza e fome, desigualdade. Em trabalhos mais recentes, dos anos 2000, reexamina estas temáticas e acrescenta novas abordagens às suas reflexões em torno do desenvolvimento, tais como: racionalidade, liberdade, identidade ou escolha.

Do lado do paradigma neoclássico após a queda da hipótese da concorrência perfeita, ocorrida com os modelos de crescimento endógeno e com a admissão de externalidades, outro tipo de avanços se registam nesta linha de pensamento. Ou será numa linha de pensamento que procura compreender melhor o outro dos pressupostos da teoria neoclássica e que tem a ver com a definição do indivíduo enquanto agente económico e da pressuposição da sua total e completa racionalidade quando confrontado com qualquer decisão de natureza económica?

Não será de encarar como possível que, como refere Castro Caldas relativamente à concepção da acção e da escolha baseada na maximização caso a caso face ao papel da rotina e do hábito: *"As transacções de rotina, a maior parte das transacções, assentam em "pressupostos habituais" que dispensam a consideração e a deliberação permanente".* (Caldas, 2004 p.7)

A pesquisa encaminha-se no sentido de encontrar de razões psicológicas da actuação do indivíduo enquanto agente económico que estão mais próximas do real. Estas apontam em várias direc-

---

[35] Amartya Kumar Sen, nasceu na Índia em 1933 e foi laureado Nobel em 1998 pelo seu trabalho na economia em particular do bem-estar e do desenvolvimento.

ções e caracterizam-se por uma grande interdisciplinaridade, sobretudo com a psicologia e a sociologia. São chamadas a estas abordagens: Economia Comportamental, Cognitiva e Experimental decorrem também de trabalhos de economistas Prémios Nobel como McFadden em 2000, V. L. Smith prémio Nobel em 2002, Reinhard Selten em 1994.

E a disciplina propriamente dita da economia do desenvolvimento nos anos mais recentes?

"Se apesar das contribuições dadas por grandes nomes da ciência, a Economia do Desenvolvimento continua a ser um 'projecto[36]' inacabado... Nessa nova Economia do desenvolvimento a questão central será a inserção do económico no social e não a sua separação artificial." (Torres, 1996 p.10)

A dimensão social e cultural do desenvolvimento económico constitui, de facto, objecto de estudo e de reflexão com mais de meio século. A mudança cultural, tanto quanto a mudança económica, é condição do desenvolvimento. A ideia é transmitida por Higgins (Higgins, 1959 pp.294 e seguintes), referindo-se a G.M.Meier e R.E.Baldwin, e é de que os requisitos que acompanham o desenvolvimento e o crescimento económico têm natureza sociológica, psicológica e até institucional. O desenvolvimento vai ocorrendo e vai modificando os padrões culturais e institucionais e organizativos da sociedade. Faz a ligação com os conceitos Shumpeterianos de capacidade de empreender. A busca da eficiência é característica de sociedades tecnologicamente mais avançadas. O melhor trabalhador para um determinado trabalho é o que procuram os empresários modernos e isso não acontece nas organizações produtivas familiares.

Desta revisão da teoria económica, teve-se em mente um objectivo principal: o de identificar dimensões económicas, sociais e culturais que pudessem vir a ser operacionalizadas na investigação aplicada que se seguiu[37]. Resultou claro que é quase um lugar

---

[36] Em itálico no original.
[37] Tese de Doutoramento...

comum sublinhar um ponto acerca do qual a maioria dos economistas está de acordo: a dificuldade em definir o que é o desenvolvimento económico e social de um país e de encontrar o seu factor desencadeador ou primordial.

Reconhecemos que esta dificuldade existe quando nos debruçamos em profundidade sobre o fenómeno do desenvolvimento económico, e que piora quando lhe juntamos o social e o cultural.

Esta dificuldade contudo não impede que se verifiquem coincidências de pensamento e acordo sobre o que se está a procurar definir: ao nível conceptual (o que é e em que consiste) e do normativo (o que deve ser e como deve ser feito).

Para lá destes consensos ao nível do racional e do filosófico, as restantes abordagens, quer as de natureza quantitativa empírica, quer as de natureza analítico matemática, já só conseguem ser parcelares relativamente ao fenómeno do desenvolvimento e são muito menos consensuais.

De facto a maioria das abordagens, de inquestionável valor no contexto da teoria económica, buscam explicar a riqueza, o produto. São menos teóricas e mais descritivas das realidade as abordagens que medem e comparam níveis de desenvolvimento indo além do PIB.

Porque o desenvolvimento pode ser definido como Perroux[38] o fez: é "enriquecimento e liberdade" (Murteira, 1979 p.13), diversas foram as características e dimensões que encontrámos desde a mais simples, o Produto, passando pela vastidão apresentada por Higgins, ou à angústia que resulta da observação de Adelino Torres de que *"Muitos autores consideram que a economia do desenvolvimento deverá retomar a concepção fundamental segundo a qual a ciên-*

---

[38] *François Perroux, 1903-1987* Em A New Concept of Development, François Perroux asserted that "personal development, the freedom of persons fulfilling their potential in the context of the values to which they subscribe and which they experience in their actions, is one of the mainsprings of all forms of Development." http://www.burmafund.org/Pathfinders/nld/

cia económica estuda a relação entre os homens e as coisas..." (Torres, 1996 p 10)

Foi também possível observar ao longo desta revisão da teoria o tratamento que é feito em diversas fases da ciência económica das inovações do progresso técnico do conhecimento das ideias e da aprendizagem como variáveis com papéis de extrema importância na explicação da riqueza, do crescimento e desenvolvimento económico. Tecnologia, conhecimento e riqueza serão fulcrais nos dois trabalhos empíricos que se seguiram a este[39].

Trata-se nos dois trabalhos empíricos sobre o estádio de desenvolvimento e a comunicação interpessoal através da mensagem escrita, que se faz por carta e por meios electrónicos.

No primeiro, de abordagem macro económica, usaram-se as opções de conceito e de medida do desenvolvimento, com as quais se decidiu realizar o trabalho empírico, relacionando-as com o tráfego postal. No segundo, de enfoque micro económico, tratou-se do indivíduo, com a sua racionalidade própria manifestada nas suas preferências e opções pelos meios de comunicação interpessoal, carta, fax, e-mail e SMS e ligou-se essa realidade com o seu perfil económico, social e cultural.

Tal foi a utilidade da revisão abrangente da ciência económica que aqui se realizou.

Fontes e Bibliografia

AAVV, *A Guide to What's Wrong with Economics,* Anthem Studies in Political Economy and Globalisation, London, edited by Edward Fullbrook, 2004, 323 p.

ALMEIDA (Nicole d'), *Les promesses de la communication,* Paris, Presses Universitaires de France, 1e éd., 2001, 264 p.

ARNSPERGER (Christian) and VAROUFAKIS (Yanis), "What is Neoclassical Economics?" in *Post-autistic Economics Review,* issue nº 38, http://www.paecon.net/PAEReview/issue38/contents38.htm

---

[39] (Costa, 2008) Tese de Doutoramento.

BARATA (J. P. Martins), *Correios sinais do passado*. Lisboa, Fundação da Comunicações, 1995, 86 p.
BARRO (Robert J.) and SALA-I-MARTIN (Xavier), *Economic Growth*, New York, Mc Graw-Hill, 1995, 539 p.
BARROS (Guilhermino Augusto de), *Relatório postal do anno economico de 1877-1878*, Lisboa, Editado pela primeira vez em 1879, por Lallement Frères, Typ., Reedição, Lisboa, Grupo dos Amigos do Museu dos CTT, 1992
BELL (Daniel), "La télécommunication et le changement sociale", *Les cahiers de la communication*, Nº 1 Paris, Dunod, 1981
BERTHOUD (Gérard) et alii, *La société de l'information : La nouvelle frontière?*, Lausanne, Université de Lausanne/Institut d'Anthropologie et de Sociologie, 2002, 233 p.
BERTRAND (André) et alii, *Internet et le droit*. Paris, Presses Universitaires de France, 2nd édition, 2000, 127 p.
CÁDIMA (Francisco Rui), *História e crítica da comunicação*, Lisboa, Edições Século XXI, 2ª Ed., 2002, 218 p.
CAETANO (Joaquim) et alii, *Gestão da comunicação*, Lisboa, Quimera, 2004, 231 p.
CALDAS (José Maria Castro), " Institucionalismo(s): Passado e futuro" 20 Março 2004, Seminário apresentado no ISEG em Abril de 2004.
CAZALS (Catherine) and FLORENS (Jean-Pierre), "Econometrics of Mail Demand: A Comparison between Cross Section and Dynamic Data", 2002 não publicado
CLEMENTS (Michael P.) and HENDRY (David F.), "Modelling Methodology and Forecasting Failure", in *The Econometrics Journal*, Vol. 5, nº 2, 2002 pp. 319-344
COSTA (C. Sacramento), *"Desenvolvimento e Comunicação - A comunicação por Carta no Tempo Presente e a sua Relação com o Desenvolvimento Económico, Social e Cultural em Portugal"*, Tese de Doutoramento, ISEG-UTL, 2008
CUTHBERTSON (Keith) and RICHARDS (Paul), *"An Econometric Study of the Demand for First and Second Class Inland Letter Services" in* The Review of Economics and Statistics, *Vol. 72, número 4 (Nov. 1990), pp.640-648. http://www. jstor.org/*
DENIS (Henri), *Histoire de la pensée économique* (1978) Presses Universitaires de France, 3ª Edição, Trad. Port. *História do pensamento económico*, Lisboa, Traduzido Livros Horizonte, Lda., 1978, 782 p. [Tradução de António Borges Coelho]
FLORENS (Jean-Pierre), MARCY (Sarah) and TOLEDANO (Joelle), "Mail Demand in the Long and Short Term", In *Postal and Delivery Services: Pricing, Productivity, Regulation and Strategy*, 387 p. Boston: Kluwer Academic Publishers, 2002, pp.171-190
FURTADO (Celso), *Théory du développement économique*, Vendôme, Press Universitaire de France, 1970, 264 p.
GUELLEC (Dominique) e RALLE (Pierre), *Les nouvelles théories de la croissance* (1ère edition 1995), Tradução port., *As Novas teorias do crescimento*, Porto, Civilização, 2001, 149 p. [Tradução de G. Cascais Franco]
HABERMAS (Jürgen) *Técnica e Ciência Como «Ideologia»*, Lisboa, Edições 70, 2007, 147 p.
HABERMAS (Jürgen), *Racionalidade e comunicação*, Lisboa, Edições 70, 2002, 224 p. [Tradução Paulo Rodrigues]

HABERMAS (Jürgen), *Technick und Wissenschaft als "Ideologie"*, Tradução port. *Técnica e ciência como "ideologia"*, Lisboa, Edições 70, 1987, 149 p. [trad. Artur Morão]
HARROD (R. F.), *Economic Dynamics*, London, Macmillan-St. Martin's Press, 1973, 195 p.
HENDRY (David F.) and WALLIS (Kenneth F.), *Econometrics and Quantitative Economics*, Oxford, Basil Blackwell, 1984, 342 p.
HICKS (John), *Value and Capital: An inquiry into some fundamental principles of economic theory*, 1939, http://cepa.newschool.edu/het/profiles/hicks.htm
HIGGINS (Benjamim), *Economic Development - Principles, Problems and Policies*, New York, W.W. Norton & Company, 1959, 803 p.
HIRSCHMAN (Albert O.), *The Strategy of Economic Development*, New York, W.W. Norton, 1978, 217 p.
HOSELITZ (Bert F.), "Balanced Growth, Destabilizers and the Big Push", in *World Politics*, M.I.T., Center of International Studies, Vol. 12, No. 3 (Apr., 1960), pp. 468-477
HUNT (Diana), *Economic Theories of Development An Analysis of Competing Paradigms*, Exeter (G.B), BPCC Wheatons, Ltd.,1989, 363 p.
INTRILIGATOR (Michael D.), *Econometric Models, Techniques, and Application*, New Jersey, Prentice-Hall, Inc./Englewood Cliffs, 1978, 638 p.
JOHNSTON, (John), *Econometric Methods*, Singapore, McGraw-Hill, 4ª ed. 1984, 3rd printing, 1987, 568 p.
JONHSON (Aaron C.) et alii, *Econometrics Basic and Applied*, New York, Macmillan, 1987, 480 p.
KEYNES (John Maynard), *A teoria geral do emprego, do juro e da moeda: inflação e deflação*, São Paulo, Nova Cultura, 2ª ed., 1985, 333 p.
LEIBENSTEIN (Harvey), *Economic Backwardness and Economic Growth*, New York, John Wiley & Sons, 1957, 295 p.
MAIGRET, (Eric), *Sociologie de la communication et des media*, Paris, Armand Colin Éditeur, 2003, 287 p.
MARCONI (Marina de Andrade) et alii, *Técnicas de pesquisa*, São Paulo, Atlas, 1999, 260 p.
MATA (Eugénia) e VALÉRIO (Nuno), *História económica de portugal: uma perspectiva global*, Lisboa, Presença, 1994,323 p.
MATTELART (Armand e Michèle), *Histoire des théories de la communication (1995)*, Tradução Port. *História das teorias da comunicação*, Porto, Campo das Letras, 2ª ed., 2002, 182 p. [Tradução Nelson Amador]
MATTELART (Armand), *La Mondialisation de la communication*. Paris, Presses Universitaires de France, 2e éd. corrigée, 1998, 128 p.
MCLUHAN (Marshall) and FIORE (Quentin) *The Medium is the Massage : an Inventory of Effects*, New York, Corte Madera CA, Gingko Press, 2001, 159 p.
MILL (Stuart), *On Liberty* Tradução Port. *Ensaio sobre a liberdade*, Lisboa, Arcádia, 1973, 250 p. [Tradução Orlando Vitorino]
MORIN (Edgar), *Science avec conscience* (1982). Tradução port. *Ciência com consciência*, Colecção Biblioteca Universitária, Lisboa, Publicações Europa-América, 1994, 263 p. [Tradução Maria Gabriela de Bragança e Maria da Graça Pinhão]

MURPHY (Kevin M.), SHLEIFER (Andrei) and VISHNY (Robert W.), "Industrialization and the Big Push" in The Journal of Political Economy, Vol. 97, No. 5 (Oct., 1989), pp. 1003-1026

MURPHY (Kevin), SHLEIFER, (Andrei) and VISHNY (Robert), "Industrialization and the Big Push" in The Journal of Political Economy, Vol. 97, No. 5 (Oct., 1989), pp. 1003-1026

MURTEIRA (Mário), Desenvolvimento, subdesenvolvimento e o modelo Português, Colecção Análise Social dirigida por A. Sedas Nunes, Lisboa, Presença/ /Gabinete de Investigações Sociais, 1983, 189 p.

NELSON (Richard), "A Theory of Low-Level Equilibrium Trapin undeveloped Economies" in American Economic Review, December, 1956, pp 894-908

NETO (Margarida Sobral) coordenação As Comunicações na Idade Moderna, Lisboa, Edição da Fundação das Comunicações, 2005,260 p.

POLANYI (Karl), The Great Transformation (1944). Tradução port., A Grande Transformação. Rio de Janeiro, Elsevier, 11ª Reimpressão, 2000, 349 p. [Tradução de Fanny Wrobel].

ROMER (David.) Advanced Macroeconomics, New York, Mc Graw-Hill, 2nd ed., 2001, 540 p.

ROSENSTEIN-RODIN (P. N.), "Problems of Industrialization of Eastern and Southeastern Europe", in The economic Journal, June-September 1943, pp.202-211

SCHILLER (Dan), Digital Capitalism – Networking the Global Market System, Tradução port. A Globalização e as Novas Tecnologias, Lisboa, Presença, 2002, 316 p. [Tradução de Saul Barata]

SFEZ (Lucien), Technique et Ideologie. Tradução port., Técnica e Ideologia Uma Questão de Poder, Lisboa, Instituto Piaget - Storia editores, 2002, 330 p. [Tradução de Joana Chaves]

SILVA (Manuel José Lopes da), Temas Filosóficos da Comunicação, Lisboa, Rei dos Livros, 2ª edição, 1990, 129 p.

SZETO (Chrystal) and JIMENEZ (Luis), "Consumer Preferences for Communication Media" www.postinsight.com , April 2005

TEULON (Frédéric), Croissances, Crises et Développement (1992). Trad Port. Crescimento, Crises e Desenvolvimento, Lisboa, D. Quixote, 1ª Edição, 1994, 344p.

TORRES (Adelino), "A Economia como ciência social e moral, Algumas observações sobre as raízes do pensamento económico neoclássico; Adam Smith ou Mandeville?" Comunicação ao 1º Congresso Português de Sociologia Económica, Lisboa, 4,5-6 de Março de 1998, Organizado pelo Socius/ISEG na Fundação Calouste Gulbenkian, Também publicado na Revista Episteme (Lisboa), nº 2, 1999

TORRES (Adelino), "A economia como ciência social e moral: algumas observações sobre as raízes do pensamento económico neoclássico" in Episteme: revista de epistemologia e história das ciências e das técnicas da UTL. - Ano 1, nº 2 (Jun. /Jul. 1998), pp. 95-122

TORRES (Adelino), "As colónias: da perda do Brasil à luta contra a escravatura" in Portugal Contemorâneo, Lisboa, Alfa pp.137-150

TORRES (Adelino), "Demografia e desenvolvimento", Lisboa: Universidade Técnica de Lisboa. Centro de Estudos sobre Africa e do Desenvolvimento, 1995

TORRES (Adelino), "Economia do desenvolvimento e interdisciplinaridade: da heterodoxia desenvolvimentista à ortodoxia neoclássica", pp. 117-130 in *Ensaios de homenagem a Manuel Jacinto Nunes*, 1996

TORRES (Adelino), "Economia do Desenvolvimento e Interdisciplinaridade: da heterodoxia desenvolvimentista à ortodoxia neoclássica" in AAVV, *Ensaios de homenagem a Manuel Jacinto Nunes*, Lisboa Ed. ISEG/UTL, 1996, pp. 117-130

TORRES (Adelino), "Economia do Desenvolvimento e Interdisciplinaridade: da heterodoxia desenvolvimentista à ortodoxia neoclássica", in AAVV, *Ensaios de Homenagem a Manuel Jacinto Nunes*, Lisboa, Ed. ISEG/UTL, 1996, pp 117-130

TORRES (Adelino), *Economia do desenvolvimento I: problemas teóricos do crescimento e do desenvolvimento*, Lisboa: UTL. ISEG, 1995/96

TORRES (Adelino), *Economia do desenvolvimento II: problemas teóricos do crescimento e do desenvolvimento*, 2ª ed. rev. e aum., Lisboa : UTL. ISEG, 1995-96

TORRES (Adelino), *Problemas do desenvolvimento: texto de apoio*. Lisboa, UTL.ISEG, 1995, 136 p.

VERBEEK (Marno), *A Guide to Modern Econometrics*, Edited by John Wiley and Sons, Ltd., Chichester – England, 2002, 385 p.

WALTON (Dominique), *L'Autre Mondialisation*. Paris, Flamarion, 2003, 211 p.

WEBSTER (Frank), *Theories of the Information Society*, 2nd Edition, New York Routledge, Taylor & Francis Group, Jonhn Urry, University of Lencaster, 2002, 304 p.

WINKIN (Yves), *Anthropologie de la Communication, De la Théorie au Terrain*. Paris, Boeck & Larcier/Seuil, 2001, 332 p.

WOLTON (Dominique), *Penser La Communication* (1997).Trad. Port. *Pensar a Comunicação*, Algés, Difel, 1999, 441 p. [Tradução Vanda Anastácio].

Sobre a natureza multidimensional do desenvolvimento

Sandrina Berthault Moreira[*]
Nuno Crespo[**]

1. Introdução

Durante um largo período, nomeadamente na fase posterior à Segunda Guerra Mundial, o desenvolvimento dos países estava essencialmente associado ao seu nível de crescimento económico, sendo este considerado como uma condição necessária e suficiente para o desenvolvimento, de que dependiam os ganhos de bem--estar da população. No contexto da avaliação quantitativa do nível de desenvolvimento, a implicação mais imediata desta estreita ligação entre os dois conceitos consistiu na utilização, de forma sistemática, de indicadores de crescimento económico, nomeadamente o nível de rendimento *per capita* enquanto medida exclusiva de desenvolvimento.

---

[*] ESCE – IPS, Departamento de Economia e Gestão e PROTEC; sandrina.moreira@esce.ips.pt
[*] ISCTE-IUL, Departamento de Economia e ERC/UNIDE[1]; nuno.crespo@iscte.pt
[1] Os autores agradecem o apoio da Fundação para a Ciência e a Tecnologia – UNIDE; PROTEC.

Contudo, a partir da década de 1970 verifica-se um ponto de viragem decisivo nas abordagens e práticas do desenvolvimento, assistindo-se à emergência de novos e mais abrangentes conceitos de desenvolvimento. Os novos conceitos que se foram estruturando assentam fundamentalmente numa perspectiva multidimensional e interdisciplinar, vindo a estabilizar nos conceitos de desenvolvimento sustentável, local, participativo, humano e social.

Em paralelo, várias tentativas começaram a emergir no sentido de corrigir, complementar ou substituir o rendimento *per capita* enquanto medida sumária de desenvolvimento, assistindo-se, progressivamente, a uma mudança de abordagem na medição do desenvolvimento, que de uni passa a multidimensional. Neste contexto, ganha especial destaque o recurso a indicadores compósitos de desenvolvimento, como os referenciados em vários *surveys*, de que Booysen (2002), Bandura (2008) ou Saisana (2008) são exemplos representativos.

Neste âmbito de análise, o presente artigo aborda a noção de desenvolvimento e a sua forma de medição, procurando ilustrar, em termos conceptuais, a natureza multidimensional do fenómeno do desenvolvimento e sistematizando os diferentes conceitos de desenvolvimento que têm emergido na literatura ao longo das décadas mais recentes.

Para além destas considerações introdutórias, o artigo encontra-se estruturado em cinco partes fundamentais. A secção 2 sintetiza a associação predominante, durante um largo período, entre crescimento e desenvolvimento, abordando o conceito de desenvolvimento económico. A secção 3 sintetiza as mensagens centrais que decorrem de algumas das principais abordagens teóricas do desenvolvimento. A secção 4 expõe os elementos caracterizadores dos novos conceitos de desenvolvimento que emergem a partir da década de 1970. A secção 5 aborda as implicações deste alargamento conceptual da noção de desenvolvimento para a sua análise quantitativa. Finalmente, a secção 6 apresenta algumas observações conclusivas.

2. O conceito de desenvolvimento económico

A tendência verificada, em termos empíricos, para diferenças nas taxas de crescimento entre países e, no mesmo país, ao longo do tempo justifica, por si só, o interesse suscitado pela análise do crescimento económico por parte, entre muitos outros, de autores clássicos como Adam Smith, David Ricardo, Thomas Malthus ou Karl Marx e, mais recentemente, Robert Solow, Paul Romer ou Robert Lucas.[2]

A tendência para os economistas *mainstream* "evitarem" a análise da complexidade do processo de desenvolvimento deve-se, essencialmente, a duas principais ordens de razões:

(i) *"the complexity of the real world may be such that the attempt to portray it by a model simple enough to have analytical solutions, or diagrammatic solutions, is foredoomed to failure"* (Scott, 1989, p. 127);

(ii) *"the universal features of economic development – health, life expectancy, literacy, and so on – follow in some natural way from the growth of per capita GNP"* (Ray, 1998, p. 9).

Talvez a principal característica da abordagem económica *mainstream* (neoclássica) consista numa excessiva preocupação com a construção de modelos (Brinkam, 1995). A visão neoclássica de absoluta necessidade de formalização explica que autores como Lucas (1988) assumam *"growth theory defined as those aspects of economic growth we have some understanding of, and development defined as those we don't"* (Lucas, 1988, p. 13) e, nessa medida, se centrem apenas na problemática do crescimento económico, estudando as fontes e os factores desse crescimento, através da construção de modelos de diferente inspiração teórica.

---

[2] Na secção seguinte abordaremos, sumariamente, alguns dos traços essenciais das principais perspectivas teóricas sobre o crescimento e o desenvolvimento.

Por seu lado, no que respeita à associação entre rendimento *per capita* e outras dimensões do desenvolvimento, a evidência empírica não se revela conclusiva. Autores como Pritchett e Summers (1993) ou Gangadharan e Valenzuela (2001) apresentam prova empírica da existência de uma estreita ligação entre rendimento e outros indicadores que afectam a qualidade de vida, enquanto para Preston (1975) ou Easterly (1999) a ligação é ténue. Kenny (2005) faz referência a este balanço misto, sendo os resultados do seu estudo concordantes com os autores que questionam a validade daquela relação, i.e. *"that income is the driving factor behind improvements in a number of potential measures of elements of the quality of life"* (Kenny, 2005, p. 2). Não sendo possível estabelecer uma relação inequívoca entre rendimento *per capita* e vários outros elementos constitutivos do desenvolvimento ou qualidade de vida, analisá-lo exclusivamente por intermédio do rendimento *per capita* afigura-se insuficiente, exigindo-se abordagens mais abrangentes.

Actualmente, apesar de não haver uma definição universalmente aceite, existe um amplo consenso de que desenvolvimento tem claros pontos de contacto com outros conceitos utilizados na literatura (frequentemente de forma indiferenciada) como bem-estar e qualidade de vida. Por exemplo, Simon (2003) define desenvolvimento como: *"a diverse and multifaceted process of predominantly positive change in the quality of life for individuals and society in both material and non-material respects"* (Simon, 2003, p. 8).

Crescimento económico toma um sentido cada vez mais restrito e contrapõe-se, portanto, a desenvolvimento, que engloba o crescimento económico propriamente dito e as suas implicações sobre o bem-estar das pessoas e o próprio sistema social (Matos, 2000). Bem-estar e qualidade de vida das populações estão associados ao desenvolvimento dos respectivos espaços económicos (usualmente países), uma vez que reflectem, globalmente, os benefícios que as pessoas obtêm sobre as várias dimensões do desenvolvimento.

Desenvolvimento é, necessariamente, um conceito normativo: *"what is or is not regarded as a case of "development" depends inesca-*

pably on the notion of what things are valuable to promote" (Sen, 1988, p. 20). Morse (2004) é também peremptório quando questiona os termos *"positive change"* e *"quality of life"* – acima referidos na definição de Simon (2003) – e adianta que, em última análise, não é possível evitar juízos de valor. Em síntese, o conceito de desenvolvimento e outros com ele fortemente relacionados estão claramente envoltos num grau significativo de subjectividade.

3. Principais perspectivas teóricas sobre o desenvolvimento económico

A análise teórica dos problemas do desenvolvimento (e do crescimento) é uma área de múltiplos contributos e perspectivas diversas, transversal a várias correntes de pensamento económico. Nesta secção, fazemos breve menção a algumas das principais abordagens sobre esta questão.

Para Adam Smith, o crescimento económico surge como um processo cumulativo em que a acumulação de capital gerada pela poupança permite uma crescente divisão do trabalho, com os inerentes ganhos de produtividade. Tal levará ao aumento da produção, o qual, mediante um processo de repartição, gera um novo aumento do capital, dando sequência ao processo. Este processo de acumulação de capital/divisão do trabalho é, contudo, condicionado por dois elementos: a dimensão do mercado (emergindo o comércio como fulcral para o crescimento) e alguns aspectos de cariz institucional. O Estado deve, pois, confinar a sua actuação a domínios específicos como a justiça, a defesa ou certos serviços públicos, bem como à garantia da propriedade privada.

A esta perspectiva optimista de Adam Smith, contrapõe-se uma visão mais negativa de outros autores da escola clássica inglesa, com expressão mais significativa na célebre lei malthusiana da população, segundo a qual o crescimento populacional ocorre a um ritmo muito superior ao do crescimento dos meios de subsistência alimentar. O facto de o crescimento populacional implicar o uso mais intensivo das terras e o recurso a terras menos férteis acabará por conduzir a economia para um estado estacionário com um rendimento *per capita* ao nível de subsistência.

Na análise de Schumpeter, é estabelecida uma diferença fundamental entre os conceitos de crescimento e de desenvolvimento. O crescimento é associado à variação – contínua e lenta – na quantidade dos factores produtivos. Por seu lado, o desenvolvimento é um fenómeno mais complexo que quebra o "fluxo circular da vida económica" (correspondendo ao funcionamento da economia em estado estacionário, em que esta apenas se auto-reproduz), alterando o equilíbrio previamente existente. Este processo de ruptura encontra na inovação o seu elemento indutor, sendo ela que afasta a economia do equilíbrio anterior e a conduz a um novo, caracterizado por um nível superior de rendimento.

No período pós Segunda Guerra Mundial emergiu uma corrente especialmente focada na análise e explicação dos "problemas e vícios do subdesenvolvimento" – a Economia do Desenvolvimento.[3] Entre as principais teorias do desenvolvimento do pós-guerra impôs-se a escola da modernização, com destaque para a abordagem funcionalista de Artur Lewis com o modelo dos dois sectores e a perspectiva evolucionista de Walt Rostow com o modelo das etapas de crescimento. Na década de 80, a corrente da contra-revolução neoclássica passa a ser a ortodoxia do desenvolvimento prevalecente, inicialmente nas suas abordagens *free-market* e *new political approach* e, mais tarde, na abordagem *market-friendly* . (Todaro e Smith, 2000).

O conceito de desenvolvimento da escola da modernização estava, essencialmente, conotado com o crescimento económico, considerando-se este como condição necessária e suficiente do desenvolvimento. Por seu lado, a contra-revolução neoclássica parte dos fundamentos da teoria neoclássica do crescimento nas

---

[3] Para uma síntese das principais vertentes em que se desdobra a Economia do Desenvolvimento, veja-se, por exemplo, Moreira e Crespo (2010a).

vertentes exógena e endógena para interpretar os insucessos dos países em desenvolvimento. Em ambas as correntes o crescimento económico assume-se como uma peça fundamental na explicação do complexo puzzle do desenvolvimento.

A teoria neoclássica do crescimento económico tem no modelo de Solow (1956) o seu contributo fundador e nuclear. Este modelo – que serviu de base para o desenvolvimento de múltiplas perspectivas teóricas posteriores – situa na acumulação de capital o elemento crucial de explicação do crescimento económico. Uma vez alcançado o estado estacionário, o rendimento *per capita* crescerá em função do progresso tecnológico.[4] Na medida em que, no quadro deste modelo, essa taxa de progresso tecnológico é assumida como exógena, a capacidade explicativa do fenómeno do crescimento é, todavia, limitada. O desconforto perante esta situação levou à emergência, em meados dos anos 80, da designada nova teoria do crescimento (ou teoria do crescimento endógeno).

Contrariamente ao modelo de Solow, a teoria do crescimento endógeno assume rendimentos não decrescentes do capital. Em consequência desta alteração, a generalidade dos modelos enquadráveis na teoria do crescimento endógeno não prevê a convergência real entre os países. Alguns dos modelos mais influentes desta abordagem teórica apresentam razões distintas para a existência de rendimentos não decrescentes do capital. No caso do modelo de Romer (1986) – contributo fundador desta abordagem – tal é obtido através da hipótese de aprendizagem pela experiência (*learning by doing*), enquanto em Lucas (1988) é considerada a aprendizagem pelo estudo (*learning by studying*). Por seu lado, na análise desenvolvida por Barro (1990) a existência de rendimentos

---

[4] O modelo de Solow (1956) tem várias limitações, entre as quais a consideração de uma taxa de poupança constante e exógena. Essa lacuna é superada no modelo de Ramsey-Cass-Koopmans (RCK). Todavia, as conclusões qualitativas principais desse modelo não diferem significativamente das obtidas por Solow.

não decrescentes do capital é gerada pela provisão de bens públicos por parte do Estado.

Alguns contributos teóricos centram a sua explicação para o crescimento e para as diferenças em termos de rendimento *per capita* entre os países na existência de um gap tecnológico. Gerschenkron (1962) distingue entre países situados na fronteira tecnológica e países tecnologicamente mais atrasados. O gap que estes últimos enfrentam representa uma oportunidade na medida em que, por imitação, esses países podem beneficiar da tecnologia desenvolvida nos países mais avançados e assim crescer a um ritmo mais acentuado, convergindo em termos reais face aos primeiros. Para Abramovitz (1986), a convergência entre os países requer a existência de "capacidade social" (competências técnicas, desenvolvimento das instituições políticas, infra-estruturas, desenvolvimento dos mercados e instituições financeiras) e de "congruência tecnológica", ou seja, de um desfasamento não demasiado acentuado entre países seguidores e países líderes no que concerne à oferta de factores ou à dimensão de mercado, de modo a que estes últimos tenham capacidade para adaptar a tecnologia introduzida nos países líderes.

Tendo inspiração em Schumpeter e assumindo a inovação e as dinâmicas tecnológicas como vectores-chave, a perspectiva evolucionista é uma visão alternativa face à teoria neoclássica. Enquadrado nesta perspectiva, o modelo de Fagerberg (1988) salienta que tanto a inovação como a imitação contribuem para o crescimento económico. Em concreto, neste modelo, o crescimento económico é função de três elementos: (i) a difusão da tecnologia do exterior (captada por imitação), sendo que a importância desta factor varia positivamente com a distância à fronteira tecnológica; (ii) a criação de nova tecnologia no país (inovação); (iii) o desenvolvimento das capacidades do país para explorar os benefícios criados pela tecnologia disponível (capacidade de absorção).

Por último no quadro da nova geografia económica prevê-se que o processo de integração económica pode conduzir, devido à interacção entre economias de escala e custos de transporte, à emergência de um padrão "centro-periferia", com a concentração das indústrias com rendimentos crescentes à escala nas regiões mais centrais em termos de localização da actividade económica. A aglomeração pode ser causada por diferentes mecanismos. No quadro da abordagem da nova geografia económica, cabe destacar a mobilidade do factor trabalho (Krugman, 1991) ou as ligações *input-output* entre empresas (Venables, 1996).

4. Abordagens Alternativas do Desenvolvimento

A partir das décadas de 1950 e 1960 e, mais vincadamente, da década de 1970, assiste-se ao alargamento da discussão conceptual em torno da noção de desenvolvimento, culminando na emergência de novos e mais alargados conceitos de desenvolvimento. Na origem desta tendência situam-se vários factores que Amaro (2003) sintetiza nos seguintes: (a) frustrações dos países do Terceiro Mundo relativamente à evolução do seu desenvolvimento; (b) sinais crescentes de mal-estar social nos países desenvolvidos; (c) tomada de consciência dos problemas ambientais gerados pelo desenvolvimento; (d) irregularidades do crescimento económico nas décadas seguintes aos "anos dourados" e mudança de paradigma de crescimento económico (do fordismo à acumulação flexível); (e) existência de diversas crises nos países socialistas.

Estas novas abordagens, apesar de não excluírem a relevância do crescimento económico, argumentam que ele é insuficiente para garantir o desenvolvimento, sendo necessário, igualmente, equacionar a influência de um conjunto de dimensões genéricas e inter-actuantes, das quais se destacam a económica, a social, a política, a cultural e a ambiental (Goulet, 1992; Brito, 2004).

Esta nova e multidimensional concepção do desenvolvimento resulta do cruzamento de várias visões sobre o conceito e pressupõe uma abordagem interdisciplinar, dada a diversidade de componentes interrelacionadas que o constituem. São incentivadas, portanto, análises interdisciplinares do conhecimento científico no plano mais amplo das ciências sociais e não apenas da ciência económica (Brito, 2004; Reis, 2005).

Seguidamente, apresentamos três vertentes fundamentais em torno das quais a discussão conceptual sobre a noção de desenvolvimento tem evoluído ao longo das últimas quatro décadas.

4.1. *Desenvolvimento sustentável*

No início da década de 1970, emerge o conceito de ecodesenvolvimento, o qual estaria na base do futuro conceito de desenvolvimento sustentável, na sequência de dois acontecimentos marcantes para a afirmação de uma mais clara preocupação com o desenvolvimento e o ambiente – a Primeira Conferência das Nações Unidas sobre Ambiente e Desenvolvimento (Conferência de Estocolmo, em 1972) e o estudo encomendado pelo Clube de Roma sobre a compatibilidade das reservas de recursos estratégicos com os ritmos de crescimento (Meadows e Meadows, 1972).

O conceito de ecodesenvolvimento, largamente desenvolvido por Sachs (1980, 1986), compreende a dimensão económica e a dimensão ecológica, prevendo a satisfação das necessidades mediante a utilização controlada e racional dos recursos existentes, minimizando os desperdícios e a degradação ambiental. Neste contexto, o meio ambiente encerra, simultaneamente, valor em si mesmo e enquanto promotor do crescimento económico. Remetendo para o conceito de sustentabilidade, a preocupação central desta perspectiva consiste em acautelar o desenvolvimento futuro, evitando a destruição no presente de recursos não renováveis.

O conceito de desenvolvimento sustentável decorre do Relatório de Brundtland, publicado pela Comissão Mundial para o Ambiente e Desenvolvimento (WCED), das Nações Unidas. A definição apresentada nesse Relatório continua a situar-se como uma referência de grande receptividade internacional: *"development that meets the needs of the present generation without compromising the ability of future generations to meet their own needs*" (WCED, 1987, p. 43). Desenvolvimento sustentável é, portanto, um processo que permite às gerações presentes satisfazer as suas necessidades sem que tal coloque em risco a satisfação das necessidades das gerações futuras. Essa possibilidade implica, portanto, solidariedade intergeracional.

A questão da sustentabilidade prende-se igualmente com a gestão dos recursos naturais. Numa primeira fase, a preocupação centrava-se na gestão das reservas de recursos não renováveis (petróleo, minérios e recursos estratégicos em geral). Todavia, a gestão dos recursos renováveis (caso dos serviços ambientais permitidos pela radiação solar) passou também a ser equacionado devido ao problema do ritmo de renovação / qualidade desses recursos. Além disso, o conceito de desenvolvimento sustentável pressupõe uma nova relação com a Natureza, assente numa interdependência sistémica, definida através de um ritmo sustentável de equilíbrio entre *inputs, throughputs* e *outputs* na interacção entre a economia e a ecologia (Amaro, 2003).

O conceito de desenvolvimento sustentável passou a ser amplamente usado, sobretudo a partir da Segunda Conferência das Nações Unidas sobre Ambiente e Desenvolvimento, que decorreu no Rio de Janeiro, em 1992. A Conferência do Rio (também conhecida por Cimeira da Terra ou Eco-92) deu visibilidade internacional ao conceito, sendo, actualmente, um conceito assumido ao nível de várias instâncias e organismos internacionais, bem como pelos governos de diversos países, para além das organizações não-governamentais que actuam neste domínio. A Conferência de Joanesburgo (ou Rio+10), realizada em 2002, relativiza a componente ambiental dominante até aqui, realçando uma visão tridimensional da sustentabilidade, no âmbito da qual viabilidade económica, preservação ambiental e coesão social passam a constituir os três pilares do desenvolvimento sustentável (Harris, 2001).

4.2. Desenvolvimento local e metodologia participativa

O desenvolvimento local emerge da herança do desenvolvimento comunitário da década de 1960, proposto por autores como Silva (1962, 1963) e organizações como as Nações Unidas, procurando incorporar os seus três pilares fundamentais – auscultação das necessidades das populações, mobilização das capacidades locais como ponto de partida para as respostas e visão integrada dos problemas e soluções.

Uma multiplicidade de formulações seguiram-se à concepção alternativa do desenvolvimento comunitário, vindo a culminar no conceito de desenvolvimento local.[5]

A definição de desenvolvimento local apresentada por Pecqueur (1989), Vachon (1993) ou Houeé (2001) destaca um conjunto de elementos. Em primeiro lugar, o desenvolvimento local é um processo de mudança, de base comunitária, que tem normalmente como ponto de partida a existência de necessidades que atingem o colectivo, às quais se procura responder mobilizando, prioritariamente, as capacidades locais. Na realidade, o desenvolvimento local fundamenta-se, no plano teórico, no paradigma territorialista da economia regional e das ciências do território, o qual destaca a ideia de que a diversidade de territórios de âmbito infranacional requer uma concepção do desenvolvimento que atenda aos recursos disponíveis, às necessidades locais, que seja diferenciado e multiforme e que parta do potencial endógeno em recursos e capacidades (Amaro, 1999).

Por outro lado, o desenvolvimento local obedece a uma lógica participativa, sendo dada especial importância à participação das

---

[5] Entre estas, cabe destacar: (i) *village concept*, proposto pela Organização Mundial de Saúde (WHO); (ii) *another development* (Dag Hammarskjöld Foundation, 1982); (iii) desenvolvimento endógeno ou *bottom-up* (Stöhr, 1981); (iv) desenvolvimento territorial, de teóricos do paradigma territorialista, com destaque para Stöhr (1990); (v) desenvolvimento participativo.

comunidades locais na resolução dos seus problemas e na valorização dos recursos locais. O reforço do poder das pessoas e das comunidades através do aumento das suas capacidades (*empowerment*) é uma condição para a participação e liderança, aspecto que veio a ser aprofundado por Friedmann (1992). Tal não implica porém ignorar a relevância da utilização de recursos exógenos, na medida em que permitam complementar ou potenciar os recursos endógenos.

A visão integrada é outro dos aspectos caracterizadores do conceito, pressupondo a averiguação do quadro sistémico em que o problema se manifesta e a equação de respostas que abarquem essa diversidade. Isto exige uma lógica de parceria, uma dinâmica de trabalho conjunto da parte de instituições formais e informais, de empresas, cidadãos e administração pública, com um empenhamento e participação directa de todos os intervenientes e com impacto tendencial em toda a comunidade.

Paralelamente ao conceito de desenvolvimento local surge o conceito de desenvolvimento participativo. Os contributos teóricos mais importantes para esta concepção do desenvolvimento são de Friedmann (1992) – com o conceito de *alternative development* – e Korten (1992) – com a ênfase no *people-centered development* ao invés do *goods-centered development*. O desenvolvimento participativo consiste não apenas na melhoria genuína e duradoura das condições de vida e de existência, mas sobretudo na luta política pelo *empowerment* dos indivíduos, que remete para a ideia de cidadania e, portanto, democracia activa e permanente (Friedmann, 1996).

4.3. *Desenvolvimento humano e compromissos de política social*

O embrião do desenvolvimento humano remonta à década de 1970 e pode ser situado na reivindicação, por parte de responsáveis institucionais na altura, em particular Mahbub ul Haq, no âmbito da Organização Internacional do Trabalho (ILO), e Robert

McNamara, do Banco Mundial, de que o desenvolvimento tenha o seu critério crucial ao nível da satisfação das *basic needs*. Esta reivindicação institucional de satisfação das necessidades básicas como critério decisivo no desenvolvimento é acompanhada pelas análises de teóricos como Seers (1979) e Streeten (1981).

O conceito *basic needs* é definido pela ILO como um conjunto de necessidades fundamentais que têm, prioritariamente, que ser satisfeitas para toda a população do planeta, i.e. alimentação, vestuário, habitação, educação e saúde (Stöhr, 1990). Por outras palavras, partindo do patamar de sobrevivência para o patamar de dignidade mínima, a sobrevivência fisiológica, a educação e a saúde são os pilares das *basic needs* e o emprego um pilar instrumental (um meio de obter rendimento).

A discussão do conceito de desenvolvimento humano a partir das necessidades básicas foi apresentada, em 1990, pelo Programa das Nações Unidas para o Desenvolvimento (UNDP), de acordo com o qual o desenvolvimento humano é: *"a process of enlarging people's choices. In principle, these choices can be infinite and change overtime. But at all levels of development, the three essential ones are people to lead a long and healthy life, to acquire knowledge and to have access to resources needed for a decent standard of living. If these essential choices are not available, many other opportunities remain inaccessible"* (UNDP, 1990, p. 10).

Actualmente, o conceito de desenvolvimento humano é mais complexo e abrangente, incluindo, para além das três componentes acima consideradas, outras dimensões, de que se destacam a liberdade, a igualdade de oportunidades, a sustentabilidade e a segurança (UNDP, 1996).

Sen (1999) – colaborador na idealização do conceito de desenvolvimento humano – concebe o desenvolvimento como liberdade, entendida esta no seu sentido amplo, de forma a incluir não só as capacidades elementares como a de evitar privações de fome, subnutrição, mortalidade evitável, mortalidade prematura, mas também as liberdades associadas com a educação, a participação política, a proibição da censura, etc. Desenvolvimento é, assim, segundo Sen, um processo de expansão destas e de outras liberdades fundamentais.

A equidade é outra componente do desenvolvimento humano que vem assumindo uma importância crescente e que ultrapassa a vertente da distribuição dos rendimentos. Esta dimensão sublinha o direito de todos a uma igual oportunidade de acesso a uma vida longa e saudável, a um nível de conhecimentos aceitável e a um padrão de vida adequado, i.e. independente do género, estrato socioeconómico, origem étnica, escalão etário, opções políticas, ideológicas ou religiosas, ou ainda origem regional. A sustentabilidade implica uma visão de longo prazo assente na responsabilização e na equidade intergeracional. Em suma, "o que é preciso legar não é tanto uma reserva específica de riqueza produtiva, mas o potencial para atingir um determinado nível de desenvolvimento humano" (UNDP, 1996, p. 56).

Por último, a concepção humana do desenvolvimento passou também a incluir a segurança humana, associada não só à subsistência alimentar e satisfação de outras necessidades básicas como também à protecção relativamente a desastres naturais ou a coações impostas pela repressão política, pelo crime organizado, etc. (UNDP, 1994).

De forma sumária, desenvolvimento humano constitui um processo de alargamento das escolhas e das oportunidades dos indivíduos, de expansão das liberdades humanas, de valorização das capacidades dos indivíduos, que lhes permitam ter uma vida longa e saudável, adquirir conhecimento, ter acesso aos recursos necessários para um nível de vida digno, enquanto os preservam para as gerações futuras, com igualdade de oportunidades e em segurança.

Na medida em que pobreza é, em rigor, a ausência de desenvolvimento humano, ou seja, a negação das oportunidades e escolhas elementares, a concepção do desenvolvimento humano cruza-se, ainda, com as questões de "luta contra a pobreza", as quais assumiram uma especial dimensão com a Cimeira do Milénio, das Nações Unidas, realizada em 2002, e na sequência da qual se definiram os Objectivos de Desenvolvimento do Milénio (MDG), i.e. "*a pact between nations to defeat human poverty*" (UNDP, 2003, p. 31).

Finalmente, os compromissos de política social decorrentes da filosofia do desenvolvimento humano foram assumidos na Conferência Mundial sobre o Desenvolvimento Social, organizada pelas Nações Unidas, em 1995, dando origem ao conceito de desenvolvimento social. Neste âmbito, os países-membros comprometeram-se a promover a dimensão social do bem-estar mediante a introdução de mínimos sociais como o salário mínimo, o rendimento mínimo, a pensão social mínima, a escolaridade obrigatória, o plano nacional de saúde, entre outros mínimos de bem-estar social. O desenvolvimento social é, pois, entendido como o processo de garantia de condições sociais mínimas, bem como de promoção da dimensão social do bem-estar por parte de vários países e organizações internacionais (Amaro, 2003).

5. A medição do desenvolvimento – uma análise efectivamente multidimensional?

Como as secções anteriores evidenciaram, o conceito de desenvolvimento conheceu, nas últimas décadas, uma ampla análise, traduzida no alargamento do seu espectro conceptual. Nessa medida, não surpreende que a essa maior abrangência do próprio conceito de desenvolvimento se tenham procurado associar, nos anos mais recentes, as metodologias empíricas que a permitissem captar de forma mais adequada. Neste contexto, várias tentativas começaram a emergir no sentido de complementar o rendimento *per capita* enquanto medida sumária de desenvolvimento, assistindo-se a uma tentativa crescente de tornar multidimensionais os indicadores de desenvolvimento. Especial proeminência assume, neste âmbito, a proliferação de indicadores compósitos de desenvolvimento, os quais conseguem, de forma mais directa, captar as diferentes dimensões constitutivas do desenvolvimento, permitindo uma avaliação mais rigorosa desse fenómeno (Bandura, 2008; Saisana, 2008; Soares e Quintella, 2008).

Os indicadores compósitos são agregações de um conjunto de indicadores mais específicos. Apesar de ser longo o debate em torno dos seus méritos e deméritos, a sua profusa aplicação fundamenta-se essencialmente no facto de permitirem sintetizar, sem perda de informação, questões complexas ou multidimensionais e na maior facilidade de interpretação quando comparados com um leque de indicadores individualmente considerados (OECD e European Commission, 2008).

Com base numa proposta de nomenclatura das principais dimensões integrantes do desenvolvimento, Moreira e Crespo (2010b) avaliam 54 indicadores compósitos de desenvolvimento no sentido de analisarem a sua capacidade para captarem as diferentes componentes do desenvolvimento. Entre outros resultados, cabe destacar duas conclusões fundamentais. Em primeiro lugar, verifica-se, no caso de um número muito significativo de indicadores, que esses mesmos indicadores captam poucas dimensões constitutivas do desenvolvimento. Em segundo lugar, e atendendo às dimensões captadas, constata-se que a educação e a saúde são as dimensões mais frequentemente incluídas nos indicadores compósitos de desenvolvimento avaliados (num contexto em que são consideradas as seguintes dimensões do desenvolvimento: rendimento, distribuição do rendimento, educação, saúde, emprego, infra-estruturas, valores e ambiente).

As considerações estabelecidas nesta secção deixam clara a necessidade de um aprofundamento da investigação na área do desenvolvimento que abarque a dupla dimensão de, por um lado, converter no domínio dos indicadores de desenvolvimento a riqueza conceptual actualmente extraível dos diversos conceitos existentes na literatura e, por outro, que os indicadores que vão emergindo consigam incluir na sua construção as principais dimensões que uma visão lata e ecléctica do desenvolvimento comporta.

6. Observações conclusivas

O desenvolvimento é um fenómeno complexo, multidimensional e que não conhece uma definição inequívoca e plenamente esclarecedora. Desde muito cedo, se observam esforços na pesquisa de novos conceitos de desenvolvimento que se afastassem da sua identificação com o crescimento económico saída do pós Segunda Guerra Mundial. Os contributos críticos e de busca de um novo conceito de desenvolvimento surgem, de forma embrionária, durante os anos 1950 e 1960 mas é, especialmente, a partir da década de 1970 que prolifera uma variedade enorme de adjectivos acoplados ao termo "desenvolvimento".

No contexto das abordagens alternativas ao desenvolvimento das últimas quatro décadas, a referência especial aos conceitos de desenvolvimento sustentável, humano e local não está dissociada da importância crescente que vêm assumindo, por um lado, as estratégias *from below* e *people-centered development*, que procuram devolver às pessoas *empowerment*, permitindo-lhes que sejam protagonistas activos dos seus próprios processos de vida; por outro, a questão ambiental e a prioridade atribuída às capacidades das pessoas na promoção do desenvolvimento, que procuram que a produção de bens e serviços se subordine à Natureza e ao bem-estar em geral. No essencial, são abordagens do desenvolvimento que assumem explicitamente uma perspectiva multidimensional, procurando estabelecer relações entre as dimensões económica, social, cultural, política e ambiental das sociedades.

A riqueza de reflexões e propostas das últimas quatro décadas traduz-se, globalmente, num ponto de viragem fundamental em relação às tradicionais abordagens e práticas do desenvolvimento, mas, em especial, as concepções actuais de desenvolvimento económico, sustentável, humano e local contribuem para a afirmação crescente de uma noção ecléctica de desenvolvimento, pese embora o facto de esta não se encontrar ainda plenamente consolidada na literatura.

Se o fenómeno do desenvolvimento é, por definição, multidimensional, então o indicador tradicional de eleição na medição do desenvolvimento – o PIB e a sua família de indicadores (em termos *per capita*) – revela-se claramente insuficiente. Sendo possível e desejável a consideração de conjuntos de indicadores representativos das dimensões cruciais do desenvolvimento, este fica melhor retratado em termos quantificados.

No âmbito da avaliação quantificada do desenvolvimento, os indicadores compósitos são uma forma de operacionalização empírica do conceito que pode exprimir a sua multidimensionalidade, no sentido de incluírem um conjunto de variáveis representativas de uma visão mais alargada do nível de desenvolvimento dos países. No entanto, os índices de desenvolvimento que vêm sendo propostos na literatura, ora apresentam uma natureza unidimensional (captam sub-dimensões de uma dimensão específica do desenvolvimento), ora, quando são de carácter multidimensional, incluem um número escasso de dimensões do desenvolvimento e, nessa medida, fornecem uma visão eminentemente parcelar do fenómeno. Desta forma, parece aberto o espaço para a emergência de novos contributos que permitam colmatar esta fragilidade ao nível da avaliação empírica de um fenómeno decisivo como o desenvolvimento.

Referências Bibliográficas

ABRAMOVITZ, M. (1986), "Catching Up, Forcing Ahead and Falling Behind", *Journal of Economic History*, 46(2), pp. 385-406.
AMARO, R. (2003), Desenvolvimento – Um Conceito Ultrapassado ou em Renovação? Da Teoria à Prática e da Prática à Teoria, *Cadernos de Estudos Africanos*, 4, Janeiro / Julho, pp. 37-70.
AMARO, R. (1999), *Análise das Necessidades e das Potencialidades da Freguesia de Santa Marinha (Concelho de Vila Nova de Gaia) numa Perspectiva de Criação de Emprego e de Desenvolvimento Local*, Lisboa: PROACT e S.A.E./ISCTE.
BANDURA, R. (2008), *A Survey of Composite Indices Measuring Country Performance: 2008 Update*, UNDP/ODS Working Paper, New York: Office of Development Studies.

BARRO, R. (1990), "Government Spending in a Simple Model of Endogenous Growth", *Journal of Political Economy*, 98(5), pp. 103-125.
BOOYSEN, F. (2002), An Overview and Evaluation of Composite Indices of Development, *Social Indicators Research*, 59 (2), pp. 115-51.
BRINKAM, R. (1995), Economic Growth versus Economic Development: Toward a Conceptual Clarification, *Journal of Economic Issues*, XXIX (4), pp. 1171-88.
BRITO, B. (2004), Turismo Ecológico: Uma Via para o Desenvolvimento Sustentável em São Tomé e Príncipe, Tese de Doutoramento em Estudos Africanos, ISCTE.
DAG HAMMARSKJÖLD FOUNDATION (1982), *What Now? Another Development. The 1975 Dag Hammarsköld Report on Development and International Cooperation*, Sweden: Motala Gafiska.
EASTERLY, W. (1999), Life During Growth, *Journal of Economic Growth*, 4 (3), pp. 239-76.
FAGERBERG, J. (1988), Why Growth Rates Differ, in: G. Dosi, C. Freeman, R. Nelson, G. Silverberg e L. Soete (eds.), *Technical Change and Economic Theory*, London: Pinter Publishers.
FRIEDMANN, J. (1996), *Empowerment: Uma Política de Desenvolvimento Alternativo*, Oeiras: Celta Editora.
FRIEDMANN, J. (1992), *Empowerment: the Politics of Alternative Development*, Cambridge: Blackwell.
GANGADHARAN, L. e VALENZUELA, M. (2001), Interrelationship Between Income, Health and the Environment: Extending the Environmental Kuznets Curve Hypothesis, *Ecological Economics*, 36, pp. 513-31.
GERSCHENKRON, A. (1962), *Economic Backwardness in Historical Perspective*, Cambridge: The Bellknap Press.
GOULET, D. (1992), Development: Creator and Destroyer of Values, *World Development*, 20 (3), pp. 467-75.
HARRIS, J. (2001), *A Survey of Sustainable Development: Social and Economic Dimensions*, Washington: Island Press.
HOUEÉ, P. (2001), Le Développement Local au Défi de la Mondialisation, Paris: L'Harmattan.
KENNY, C. (2005), Why Are We Worried About Income? Nearly Everything that Matters is Converging, *World Development*, 33 (1), pp. 1-19.
KORTEN, D. (1992), People-Centered Development: Alternative for a World in Crisis, in: K. Bauzon (ed.), *Development and Democratization in the Third World: Myths, Hopes and Realities*, New York: Crane Russak.Korten, cap. 2.
KRUGMAN, P. (1991), "Increasing Returns and Economic Geography", *Journal of Political Economy*, 99(3), pp.483-499.
LUCAS, R. (1988), "On the Mechanics of Economic Development", *Journal of Monetary Economics*, 22(1), pp. 3-42.
MATOS, A. (2000), *Ordenamento do Território e Desenvolvimento Regional*, Tese de Doutoramento em Economia, Universidade da Beira Interior.
MEADOWS, D. e MEADOWS, D. (1972), *The Limits of Growth*, London: Pan Books.
MOREIRA, S. e CRESPO, N. (2010a), "Economia do Desenvolvimento – das Abordagens Tradicionais aos Novos Conceitos de Desenvolvimento", mimeo.

MOREIRA, S. e CRESPO, N. (2010b), "Indicadores Compósitos – uma Avaliação Efectivamente Multidimensional do Desenvolvimento?", mimeo.
MORSE, S. (2004), *Indices and Indicators in Development*, London, Stirling VA: Earthscan Publications Ltd.
OCDE e EUROPEAN COMMISION (2008) Handbook ou Constucty Confront Indicators: Methodology and User Guide, Paris e Is pra : OECD /the Statitics Directorate and the Directorate for Science Technology and Industry) e European Commission (the Econometries and Applieed Statitics Unit of the Joint Reserch Centre)
PECQUEUR, B. (1989), *Le Développement Local*, Paris: Syros-Alternatives.
PRESTON, S. (1975), The Changing Relation Between Mortality and Level of Economic Development, *Population Studies*, 29 (2), pp. 231-48.
PRITCHETT, L. e SUMMERS, L. (1993), *Wealthier is Healthier*, World Bank Policy Research Working Paper No. 1150, Washington, DC: The World Bank.
RAY, D. (1998), *Development Economics*, Princeton: Princeton University Press.
REIS, V. (2005), *Desenvolvimento e Investimento Directo Estrangeiro em Cabo Verde: Contributo Português*, Tese de Doutoramento em Estudos Africanos, ISCTE.
ROMER, P. (1986), "Increasing Returns and Long-Run Growth", *Journal of Political Economy*, 94(5), pp. 1002-1037.
SACHS, I. (1986), *Ecodesenvolvimento: Crescer Sem Destruir*, S. Paulo: Vértice.
SACHS, I. (1980), *Stratégies de l'Écodeveloppement*, Paris: Les Éditions Ouvrières.
SAISANA, M. (2008), *List of Composite Indicators*, [http://composite-indicators.jrc.ec.europa.eu/], 6 de Junho de 2009.
SAISANA, M. e TARANTOLA, S. (2002), *State-of-the-art Report on Current Methodologies and Practices for Composite Indicator Development*, Joint Research Centre, European Comission.
SCOTT, M. (1989), *A New View of Economic Growth*, Oxford: Clarendon Press.
SEERS, D. (1979), Os Indicadores de Desenvolvimento: O Que Estamos a Tentar Medir?, *Análise Social*, XV (60), pp. 949-68.
SEN, A. (1999), *Development as Freedom*, New York: Alfred A. Knopf.
SEN, A. (1988), The Concept of Development, in H. Chenery e T. Srinivasan (eds), *Handbook of Development Economics*, Volume I, Amsterdam: Elsevier Science Publishers.
SILVA, M. (1963), Fases de um Processo de Desenvolvimento Comunitário, *Análise Social*, I (4), pp. 538-58.
SILVA, M. (1962), *Desenvolvimento Comunitário: Uma Técnica de Progresso Social*, Lisboa: AIP.
SIMON, D. (2003), Dilemmas of Development and the Environment in a Globalizing World: Theory, Policy and Praxis, *Progress in Development Studies*, 3 (1), pp. 5-41.
SOARES, J. e QUINTELLA, R. H. (2008), Development: An Analysis of Concepts, Measurement and Indicators, *Brazilian Administration Review*, 5 (2), pp. 104-24.
SOLOW, R. (1956), A Contribution to the Theory of Economic Growth, *Quarterly Journal of Economics*, 70 (1), pp. 65-94.
STÖHR, W. (1990), *Global Challenge and Local Response; Initiatives for Economic Regeneration in Contemporary Europe*, New York: The United Nations University.

STÖHR, W. (1981), Development from Below: The Bottom-Up and Periphery-Inward Development Paradigm, in: W. Stöhr e D. Taylor (eds.), *Development from Above or Below? The Dialectics of Regional Planning in Developing Countries*. Chichester, John Wiley and Sons, pp. 39-72.

STREETEN, P. (1981), *First Things First: Meeting Basic Human Needs in Developing Countries*, New York: Oxford University Press.

TODARO, M. e SMITH, S. (2000), *Economic Development*, 8ª edição, New York: Oxford University Press.

UNDP (2003), *Human Development Report 2003*, New York: Oxford University Press.

UNDP (1996), *Human Development Report 1996*, New York: Oxford University Press.

UNDP (1994), *Human Development Report 1994*, New York: Oxford University Press.

UNDP (1990), *Human Development Report 1990*, New York: Oxford University Press.

Vachon, B. (1993), *Le Développement Local: Théorie et Pratique*, Montréal: Gaëtem Morin.

VENABLES, A. (1996), "Equilibrium Locations of Vertically Linked Industries", *International Economic Review*, 37(2), pp. 341-359.

WCED (1987), *Our Common Future: Brundtland Report*, New York: Oxford University Press.